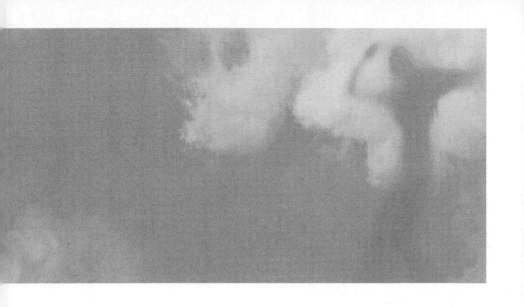

존재의 충만, 간극의 현존

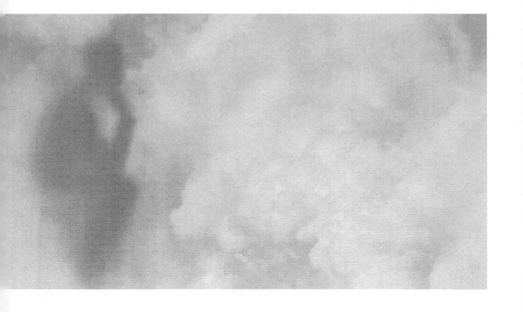

존재의 충만, 간극의 현존 2권 —장 폴 사르트르의 『존재와 무』 강해

초판1쇄 펴냄 2013년 1월 10일
초판3쇄 펴냄 2022년 12월 13일

지은이 조광제
펴낸이 유재건
펴낸곳 (주)그린비출판사
주소 서울시 마포구 와우산로 180, 4층
대표전화 02-702-2717 | **팩스** 02-703-0272
홈페이지 www.greenbee.co.kr
원고투고 및 문의 editor@greenbee.co.kr

편집 이진희, 구세주, 송예진, 김아영 | **디자인** 이은솔
마케팅 육소연 | **물류유통** 유재영, 류경희 | **경영관리** 유수진

독자의 학문사변행學問思辨行을 돕는 든든한 가이드 _(주)그린비출판사

존재의 충만, 간극의 현존 2

장 폴 사르트르의 『존재와 무』 강해

조광재 지음

그린비

차 례

1권

1권에 이어 3부 2장부터 시작됩니다.

제2장 | 몸

1. 문제 설정

1) 기본 얼개

'시선' 장을 마무리하면서, 사르트르는 나에게 주어지는 타인의 현존에 대해 체험(혹은 파악)과 인식(혹은 봄)이라는 두 형식이 있다는 것을 말했습니다. 그리고 이 두 형식은 서로 길항작용을 하듯 둘 중 하나가 제대로 이루어지면 다른 하나가 제대로 이루어질 수 없고, 둘 사이에 그 어떤 종합도 불가능하다고 했습니다. 그런데 그런 뒤, "그러나 우리는 여기에서 멈출 수 없다"라는 말을 했습니다. 이에 우리는 사르트르가 이 둘에 대한 종합을 모색하려고 하는가 보다 하고 생각하게 되었습니다.

하지만 그게 아닌 모양입니다. 나에 대한 타인의 현존을 말하다가 갑자기 '나에 대한 대상으로서의 타인'과 '타인에 대한 대상으로서의 나'를 언급하면서 이 두 대상이 몸으로 증시된다는 것을 지적하고, 그리하여 "나의 몸은 과연 무엇인가? 타인의 몸은 과연 무엇인가?"라는 다소 엉뚱한 문제를 제기했기 때문입니다.

이렇게 되면, '나에 대한 대상으로서의 타인'과 '타인에 대한 대상으로서의 나'라고 하는 두 대상에 대해 다시 체험(혹은 파악)과 인식(혹은 봄)이라는 두 형식을 적용하지 않을 수 없게 되고, 나와 타인이 서로에게 몸으로 증시되기에 결국에는 몸에 대한 체험과 인식을 구분하지 않을 수 없게 될 것입니다. 여기에서 일정하게 몸을 현상학적으로 분석하는 데 필요한 기본적인 얼개를 확보하게 됩니다.

2) 몸과 의식의 관계에서 오는 어려움

사르트르는 '몸' 장을 열면서 맨 먼저 몸의 문제와 몸이 의식과 맺는 관계의 문제가 수시로 난항에 빠져든다고 말합니다.

> 몸의 문제와 몸이 의식과 맺는 관계의 문제는 수시로 난항에 빠진다. 이는 흔히 몸과 의식에 대해 함부로 생각하는 것에 기인한다. 말하자면, 흔히 몸을 그 나름의 법칙들을 지니고서 외부로부터 규정됨을 받아들이는 어떤 하나의 사물로 정립하고, 그 반면 의식은 의식 자신에게 고유한 내적인 직관과 같은 것에 의해 접근할 수 있다고 여기는 것에 기인한다.(342/11)[1]

사르트르는 '나의' 의식을 파악한 뒤, 이를 몸을 구성하는 것으로 알

---

1) 1권에서처럼 앞의 숫자는 『존재와 무』 불어판(*L'être et le néant*, Paris: Gallimard, 1943)의 쪽수를, 뒤의 숫자는 한글판(손우성 옮김, 삼성출판사, 1976) 1~2권의 쪽수를 나타내며, 앞의 숫자가 뒤의 숫자보다 클 경우 뒤의 숫자는 번역본 제2권에 해당하는 것입니다. 반대로 뒤의 숫자가 클 경우 뒤의 숫자는 번역본 제1권에 해당합니다.

려져 있는 각종 생리 기관들이나 장치들로 구성된 살아 있는 것과 연결해서 통일시키려고 할 경우, 단박에 극복할 수 없는 난관에 봉착한다는 것을 지적합니다. 예컨대 '나의' 의식을 '나의' 신경활동과 연결시키고자 할 경우 지독한 난관에 봉착한다는 것입니다. 그러면서 다음과 같은 의미심장한 말을 합니다.

> 이러한 어려움들은 내가 나의 의식을 나의 몸이 아니라 **타자들의 몸**에 연결해 통일시키고자 하는 데서 생겨난다.(342/11)

"나의 몸"과 "타자들의 몸"을 구분하고 있습니다. 이 구분은 사르트르가 몸 이론을 전개하면서 계속 유지하는 중요한 사안입니다. 과연 어떻게 구분되나요? 대략 보면 나의 몸도 다른 사람들의 몸처럼 나에게 인식되기도 하지 않나요? 하지만 사르트르는 그렇게 함부로 쉽게 접근해서는 안 된다는 것을 경고하고 있습니다.

3) 두 종류의 몸

이에 관련해서 사르트르는 중요한 언명을 합니다.

> 의사들이 내 몸에 대해 행하는 실험들을 출발점으로 삼는 것은 **세계 한복판에 있는 내 몸**, 그러니까 타인에 대해 있는 그대로의 내 몸을 출발점으로 삼는 것이다. 나에 대해(*pour moi*) 있는 그대로의 나의 몸은 세계의 한가운데서 나에게 나타나지 않는다.(342/11)

'세계 한가운데 있음'이 관건이 되고 있습니다. 세계 한가운데 있다는 것은 나에 의해 대상이 된다는 것입니다. 나에 의해 대상이 되는 것은 무엇이든지 세계 한가운데 있다고 할 수 있습니다. 예컨대 내가 오른손 바닥으로 나의 왼 손등을 만질 때, 나의 왼 손등은 세계 한가운데 있습니다. 그런데 세계 한가운데 있는 나의 몸은 나에 대해 있는 그대로의 나의 몸이 아닙니다.

이렇게 되면 "나에 대해 있는 그대로의 나의 몸"이 어떤 존재인가가 궁금해지면서, 특히 "나에 대해"라는 말이 의미하는 바가 무엇인가를 정확하게 파악하지 않으면 안 된다는 생각을 할 수밖에 없습니다. 왜냐하면 방금 든 예에서 나의 왼 손등 역시 나에 대해 있는 나의 몸이라 할 수도 있을 것 같은데, 정의상 세계 한가운데 있기 때문에 '나에 대해 있는 그대로의 나의 몸'이 아니라고 말하고 있기 때문입니다. 이에 관련된 사르트르의 중요한 언급이 있습니다.

나의 손가락으로 나의 다리를 만질 때, 나는 내 다리가 만져진다는 것을 느낀다. 그것은 의심할 여지가 없다. 그러나 이 이중감각(double sensation)의 현상은 본질적인 게 아니다. 추위나 모르핀 주사를 통해 이 이중감각을 사라지게 할 수 있다. 본질적으로 상이한 실재의 두 질서가 있다는 것이 중요하다. 만짐과 만져짐, 만진다는 것을 느낌과 만져진다는 것을 느낌. 이 두 종류의 현상을 '이중감각'이라는 이름으로 재통일시키고자 노력한들 아무런 소용이 없다. 사실 이 두 현상은 근본적으로 구분되고, [각기] 서로 통약불가능한 두 판면 위에 존립한다.(343/13)

이중감각은 몸에 대한 현상학적 분석에서 대단히 중요합니다. 이중감각은 두 손바닥을 마주해서 비빌 때 생겨나는 묘한 감각입니다. 만지는 것 같으면서 만져지는 것 같고, 만져지는 것 같으면서 만지는 것 같은 느낌이 주어지기 때문입니다. 이 이중감각은 후설에서도 이미 분석된 바가 있는데, 메를로-퐁티에 이르게 되면 '몸이 수행하는 반성'을 발견해내는 좋은 소재가 됩니다.[2]

그런데 여기에서 사르트르는 이중감각은 어디까지나 확실히 구분되는 두 종류의 감각이 잇대어 있을 뿐 결코 혼동될 수 없는 것임을 분명히 제시하고 있습니다. 이는 사르트르가 두 종류의 몸을 엄격하게 구분하는데 활용됩니다. 즉 만지는 몸과 만져지는 몸이 설사 둘 다 내 몸에서 동시에 일어난다고 할지라도 두 종류의 몸은 확실하게 구분된다는 것입니다. 이는 이렇게 언급됩니다.

---

2) 메를로-퐁티는 『지각의 현상학』에서 이렇게 말합니다. "만약 내가 나의 왼손으로 어떤 대상을 만지고 있는 나의 오른손을 만진다고 했을 때, 대상인 나의 오른손은 만지고 있는 오른손이 아니다. 즉 대상인 오른손은 공간의 어떤 지점에 펼쳐져 있는 뼈와 근육과 살의 교직이다. 그런데 만지고 있는 오른손은 자신의 자리에서 외부 대상을 드러내기 위한 중심축의 역할을 하면서 공간을 가로지른다. 나의 몸이 세계를 보거나 만지는 한에서 나의 몸은 보일 수도 만져질 수도 없다. …… 따라서 몸은 외부 대상들 중의 임의의 하나가 아니다."(Maurice Merleau-Ponty, *La phénoménologie de la perception*, Paris: Gallimard, 1945, p.108) 이는 사르트르가 위 인용문에서 말하는 것과 거의 유사한 입장을 보이는 것입니다.
그런데 메를로-퐁티는 한 걸음 더 나아가 이중감각에서 몸이 수행하는 반성을 간취해 냅니다. 그는 이렇게 말합니다. "'이중감각들'에 대해 우위함으로써 언급하고자 하는 것이 있다. 그것은 [손이] 한 기능에서 다른 기능으로 넘어갈 때 지금 만져지는 [오른]손이 곧 [뭔가를] 만지게 될 [오른]손임을 내가 인식할 수 있다는 것이다. 나의 왼손에 대해 있는 나의 오른손인 뼈와 근육의 덩어리에서, 내가 대상들을 탐색하기 위해 대상들을 향해 내뻗는 예민하고 살아 있는 다른 오른손이 그 속에 싸여 있거나 체화되어 있음을 나는 순간적으로 짐작한다. 몸은 인식 기능을 수행하면서 외부로부터 스스로를 알아챈다. 몸은 만지는 자기 자신을 만지려고 한다. 몸은 '일종의 반성'의 윤곽을 그려낸다."(ibid, p.109)

내가 나의 다리를 만질 때, 혹은 내가 나의 다리를 볼 때, 나는 내 자신의 가능성들을 향해 그 나의 다리를 넘어선다. …… 그 나의 다리는 '다리'인 사물이다. 그것은 내가 걷고 달리고 축구를 즐길 수 있는 가능성으로서의 다리가 아니다. 그래서 내 몸이 세계 내에서 나의 가능성들을 지시하는 만큼, 내 몸을 보고 내 몸을 만지는 것은 나의 것인 그 가능성들을 죽은 가능성들로 변형하는 것이다. 이 변형은 달리고 춤추고 하는 등의 살아 있는 가능성인 한에서의 몸 그것에 대해 필연적으로 완전한 맹목성을 끌어들일 수밖에 없다.(344/13)

너무 심한 것 아닌가 하는 생각이 듭니다. 내가 보고 만지고 하는 내 몸을 사물이라고 말하는 것은 세계 한가운데 있는 다른 사물들과 내 몸을 동연적인 차원으로 분류하는 것입니다. 그런데 나에 의해 보이고 만져지고 하는 내 몸은 조금만 상황이 바뀌면 보고 만지고 하는 내 몸으로 순식간에 돌변합니다.

언제든지 주체로서, 즉 죽은 가능성들을 벗어나서 나의 본래의 가능성으로서 돌변할 수 있는 '나의 대상인 나의 몸'을 이렇게 손쉽게 사물이라고 말할 수 있다는 데에서 사르트르의 기본적인 태도를 읽을 수 있습니다. 그것은 어떤 방식으로건 인식 대상으로밖에 다른 자격을 갖추지 않는 현상은 그 자체 인식 주체에 대해서 대타적일 수밖에 없다는 것, 그리고 대타적인 것인 것과는 달리 대자적인 것은 전혀 차원을 달리해서 존립한다는 것을 말하는 것입니다. 그래서 사르트르에게 있어서 몸은 크게 두 가지의 몸, 즉 대자존재로서의 몸과 대타존재로서의 몸으로 나뉩니다.

4) 온통 몸인 나

그런데 이 대자존재로서의 몸과 대타존재로서의 몸은 결국 실질적으로 분리될 수는 없기에 결국은 하다못해 동근원적인 어떤 공통된 바탕을 지녀야 하지 않겠는가 하는 예상을 우리 나름으로 하게 됩니다. 하지만 일단 사르트르는 그 길을 전혀 예비하지 않고 있습니다.

> 우리는 계속해서 존재론적인 판면들을 혼동할 수 없다. 우리는 대자존재인 한에서의 몸과 대타존재인 한에서의 몸을 차례대로 검토해 나가야 한다. …… 우리는 몸의 이 두 양상이 분별되고 통약 불가능한 두 존재의 판면들 위에 존재하기 때문에 서로에게로 환원될 수 없다는 생각을 철저히 해야 한다. 대자존재는 전적으로 몸이어야 한다. 그리고 대자존재는 전적으로 의식이어야 한다. 대자존재는 하나의 몸에 **결합될** 수 없을 것이다. 마찬가지로 대타존재는 전적으로 몸이다. 거기에는 몸에 결합될 '심리적인 현상들'이 있지 않다. 몸 **배후에는** 아무것도 없다. 오히려 몸은 전적으로 '심리적'이다. 우리가 이제부터 탐구하고자 하는 것은 몸의 이러한 두 존재양식이다.(344~345/14~15)

이제부터 탐구하겠다고 하니, 그 구체적인 내용들을 지금 당장 정확하게 지목해 낼 수는 없는 일입니다. 하지만, 사르트르가 대자존재로서의 몸과 대타존재로서의 몸을 분명하게 구분하면서 이를 몸의 두 존재양식이라 부르고 있다는 사실만큼은 분명하게 지적할 필요가 있지 싶습니다. 이 둘은 워낙 다른 존재론적인 판면에서 존립하기 때문에 서로 환원이 불가능하고 서로 통약 불가능하다는 지적과 함께 말입니다.

이제까지 우리는 사르트르의 존재론이 대자와 즉자라는 이분법을 바탕으로 인간실재에 대한 존재론적인 분석에 집중해 있다는 것을 가늠할 수 있었습니다. 인간실재에 대한 사르트르의 분석은 대자존재(혹은 대자)와 대타존재(혹은 대타)의 관계에 집중되어 있었지요. 한 사람의 인간에게 대자와 대타의 계기는 도대체 분명 다른 한 쪽이 없이는 어느 한 쪽이 성립할 수 없을 정도로 필연적인 상관관계를 맺고 있는 것이었습니다. 하지만, 양쪽은 도대체 서로에게 환원불가능한 것이었습니다. 이 관계가 몸에 대해서도 그대로 적중되고 있습니다.

어려운 대목은 대자존재가 전적으로 몸이고 또 전적으로 의식이어야 한다는 것입니다. 이렇게 되면, 적어도 대자존재의 관점에서 보면 몸은 곧 의식이고, 의식은 곧 몸입니다. 그래서 대자존재가 따로 있어서 하나의 몸에 결합되는 것이 아니라는 이야기가 성립합니다. 만약 대자존재가 따로 있어서 하나의 몸에 결합된다고 하면, 대자존재인 의식을 실체화시키는 꼴이고, 그렇게 되면 즉자적인 몸에 대자적인 의식이 결합함으로써 이 대자적인 의식이 즉자적인 몸을 대자적인 존재방식을 갖도록 하는 것이 됩니다. 이렇게 되면, 데카르트의 정신·물질 이원론에 빠지게 됩니다.

사르트르로서는 이런 실체론적인 관점을 취할 수 없습니다. 이제까지 살펴본 결과, 사르트르의 존재론에서 '실체'라는 말이 정확한 존재론적인 지위를 갖고서 논의된 적이 없습니다. 그저 과거의 철학자들, 특히 데카르트의 이원론적인 실체론이 지닌 난점을 제거하지 않을 수 없는 논의 과정에서 '실체'라는 개념을 부정적으로 다루고 있을 뿐이었습니다. 그 핵심은 의식은 결코 실체가 아니라는 것입니다. 이는 서설에서부터 정확하게 정립되어 이후의 논의를 통해 줄곧 관철됩니다.

의식은 실체적인 것이라고는 아무것도 갖지 않는다. 의식은 자기가 스스로를 드러내는 한에서만 존립한다는 의미에서 순수한 '외현'(apparance)이다. 그러나 의식이 절대자로서 간주될 수 있는 것은 의식이 순수한 외현이기 때문이며, 의식이 전적인 공(空)이기(세계 전체가 의식 밖에 있기 때문에) 때문이며, 의식에서 외현과 현존이 동일하기 때문이다.(23/71)

대자가 즉자의 존재감압에 의해 발융한다고 할 때에도, 즉자가 무슨 실체로서 존립하는 것은 아니었습니다. 왜냐하면 즉자는 칸트의 물 자체(Ding an sich)와는 달리, 대자의 부정을 벗어나 성립할 수 없고 대자의 부정과 더불어 대자에게 현전하지 않을 수 없는 것이기 때문입니다.

그런데 지금 문제는 몸입니다. 대자존재가 전적으로 몸이면서 동시에 전적으로 의식이라고 하는 것은 몸과 의식의 구분을 불가능하게 합니다. 나의 몸이 없이는 나의 대자 혹은 나의 의식이라는 식으로 개별화된 대자 혹은 의식은 있을 수 없습니다. 의식이 몸이 없이도 존립할 수 있는 실체가 아니기 때문에 그러기도 하거니와, 적어도 대자적인 측면에서는 의식과 몸 혹은 몸과 의식이 구분되지 않기 때문입니다.

이렇게 되면 대타존재가 전적으로 몸이라고 하면서 몸 배후에는 아무것도 없다고 하는 대타적인 측면에서의 분석도 일정하게 이해될 수 있습니다. 예컨대 타인의 시선이 열쇠 구멍을 들여다보는 나에게 꽂힌다고 할 때, 그래서 나의 대타성이 한껏 발융된다고 할 때, 그것은 전적으로 몸인 나의 대자존재가 대타적인 존재양식으로 추락하는 것입니다.

이 정도 되면, 사르트르의 존재론은 메를로-퐁티 못지않게 몸을 존재론의 바탕으로 삼고 있다고 해도 전혀 문제될 게 없을 것 같습니다. 대자존재도 전적으로 몸이고, 대타존재 역시 전적으로 몸이라고 말하면서, 더군다나 몸 배후에 무슨 심리적이라 할 수 있는 것들이 전혀 없다고 말하는 것은 나라는 존재가 '송두리째 몸임'을 제시하는 것이 아닐 수 없기 때문입니다. 사르트르가 이런 우리의 이해를 과연 만족시킬 것인지, 아니면 쉽게 그렇지는 않겠지만 전혀 예기치 않은 엉뚱한 방향으로 튀게 될지 자못 궁금하지 않을 수 없습니다.

2. 대자존재인 몸: 현사실성

이야기한 것처럼 사르트르는 대자존재인 몸과 대타존재인 몸을 차례로 분석하고자 합니다. 그런데 사르트르가 이를 분석하기 위해 짚고 들어가는 내용이 도대체 만만찮지요. 뉴턴, 아인슈타인, 하이젠베르크 등 탁월한 과학자들이 제시한 물리학이론이 함축하고 있는 바를 현상학적인 관점으로 검토함으로써, 그는 인간 존재가 개입된 상태를 전제로 하지 않고서는 그러한 물리학이론이 성립할 수 없다는 것을 밝히는 작업부터 합니다. 그것은 아마도 존재양식에 있어서 몸과 동질적이라 여겨질 수 있는 사물 연관을 물리학이 마치 최종적인 형태로 마름질하는 것처럼 흔히들 여기고 있기 때문일 것입니다.

1) 대자존재인 몸에 대한 분석의 출발지

사르트르는 대자존재인 몸에 대한 분석을 위해 출발지를 어디에서 어떻게 포착해야 할 것인가를 우선 논의합니다. 그는 데카르트가 사유의 사실들과 몸의 사실들을 철저하게 구분하고자 한 것을 먼저 비판하고, 또 정확하게 이름을 거론한 것은 아니지만, 스피노자의 기회원인론을 비판합니다. 즉 몸을 의식에 대한 기호들로 보고, 의식의 현상들이 몸을 기호로 삼아 감응을 일으킨다고 생각하는 입장을 비판합니다. 이들 모두 의식으로부터 몸을 되돌릴 수 없이 몰아냄으로써 그 어떤 방식으로도 몸과 의식을 결합할 수 없도록 한다는 것입니다.

그러면서 사르트르는 다음과 같이 자신의 입장, 즉 대자존재인 몸을 올바로 분석해 나갈 수 있는 출발지를 제시합니다.

> 즉자에 대한 우리의 최초의 관계로부터, 즉 우리의 세계-내-존재로부터 출발해야 한다. 아다시피 이는, 한편에는 하나의 대자가 다른 한편에는 하나의 세계가 각기 닫힌 두 전체(deux touts)로 있어 나중에 그것들이 어떻게 소통하는가를 모색하자는 것이 결코 아니다. 오히려 대자는 그 자체 세계에 대한 관계다. 대자는 자기 자신에 대해 자기가 존재임을 부정함으로써 하나의 세계가 있게끔 한다. 그리고 자신의 고유한 가능성들을 향해 이 부정을 넘어섬으로써, 대자는 이것들(les ceci)을 도구인 사물들(choses-ustensiles)로 노출시킨다.(345/15)

세계-내-존재를——이 또한 서설에서 문제제기했던 것인데——사르트르는 이제 몸과 의식의 관계를 고찰하는 데서 적극적으로 활용하고자 합니다. 이를 이해하는 데 있어서 대자와 세계가 각기 전체로서 따로 있다가 이윽고 만나는 것으로 보아서는 안 된다는 것을 역설하고 있습니다. 말하자면 대자와 세계는 따로 분리할 수 없다는 이야기입니다.

그래서 대자가 아예 '세계에 대한 관계'(rapport au monde)임을 밝히고 있습니다. 이 관계는 대자가 제 스스로 존재임을 부정함으로써 세계를 있게끔 하는 관계입니다. 대자가 제 스스로 존재임을 부정한다는 것은 결국 자신이 세계에 속할 수 없는 무임을 자임한다는 것입니다.

그런데 그다음이 어렵습니다. 대자가 자신이 존재임을 부정하는 그 부정(négation)을 넘어선다는 것이 무슨 뜻인가가 포착하기 쉽지 않습니다. 넘어선다는 것은 일종의 부정이 아닐까요? 그렇다면 대자가 부정의 부정을 일삼는다는 이야기가 됩니다. 이를 이해하기 위해서는, 그럼으로써 대자가 세계 한가운데 들어 있는 '이것들' 하나하나를 도구인 사물들로 노출시킨다는 데에 함축되어 있는 바를 추출해 낼 필요가 있습니다. 비록 대자가 세계에 속한 것이 아니고 오히려 세계를 존재하게끔 하는 것이지만, 세계 한가운데 있는 이것들을 도구들로 노출시킨다는 것은 대자가 그것들을 도구들로 활용한다는 것을 의미합니다. 그리고 이러한 활용이야말로 바로 대자 자신의 고유한 가능성들을 전개하는 구체적인 활동이 아닐 수 없습니다. 이 대목에서 우리는 벌써 대자가 전적으로 몸이 아니어서는 안 된다는 사실을 미리 간파하게 됩니다. 도구들을 활용하는 것은 몸이 아닐 수 없기 때문입니다.

따라서 우리 나름으로 논리를 펼쳐 말하면, '우리의 세계-내-존재'를 '대자의 세계-내-존재'로 바꾸게 되고, 이어서 '몸의 세계-내-존재'를 생각하게 되면서, 결국에는 몸을 바탕으로 하지 않고서는 우리가 세계-내-존재로서 존립할 수 없다고 생각하게 됩니다. 아울러 대자를 전적으로 몸이라고 할 때, 그것은 몸을 통해 세계가 존립하게 됨과 동시에 몸을 통해 세계가 도구인 사물들의 이것들로 구성된다는 것을 의미한다는 것을 알 수 있습니다. 나아가 대자가 세계에 대한 관계로서 정의될 수 있고, 대자가 세계를 활용해 자신의 고유한 가능성들을 전개할 수 있는 것도 대자가 전적으로 몸이기 때문에 가능하다는 것을 알 수 있게 됩니다.

2) 나와의 관계에 의거한 세계의 존립

세계-내-존재를 이야기할 때, 무엇보다 중요한 것은 세계 개념이 아닐 수 없습니다. 이 세계 개념을 분석하면서 사르트르는 여러 과학적인 사유들을 비판적으로 검토합니다. 그 출발은 이렇습니다.

> 하나의 세계가 거기에 있다(*il y a* un monde)고 하는 유일한 사실을 볼 때, 세계가 나에 대한 관계에 의거한 일관된 방향을 설정하지 않고서는 존립할 수 없을 것이다.(346/16)

대자는 하나의 세계가 있다는 것을 확인합니다. 이때 대자가 그 세계 전체를 허공에 떠서 조감하듯 하는 것이 아님을 사르트르는 역설합니다. 즉 대자는 철저히 조망적인 관점(la vue perspective)을 지니지 않을 수 없고, 그런 조망적인 관점하에서만 하나의 세계가 있다는 것을 확인하게 된다는 것입니다. 그렇지 않을 경우, 세계 한가운데 존재하는 '이것들' 각각은 무차별적인 자기동일성으로 되돌아가고 공간 자체도 순수한 외부성의 관계가 되어 소실되고 말 것이라는 것입니다(345~346/16 참조).

그러니까 이 인용문에서 "하나의 세계가 거기에 있다"고 할 때 "거기"는 바로 대자인 나의 조망적인 관점에 의거해서 일정하게 방향을 잡고 있다는 것을 의미합니다. 그렇기 때문에 바로 그 사실에 의해 세계는 나와의 조망적인 방향 설정에 의한 관계를 떠나서는 존립할 수 없다고 말하는 것입니다.

그렇다면, 중요한 것은 나, 즉 대자가 조망적인 관점을 취할 수 있기 위해서는 반드시 몸을 필요로 하지 않을 수 없다는 것이 될 것입니다. 그런데 사르트르는 미리 성급하게 이를 적시하지 않고 이를 무시하는 것으로 여겨지는 과학적인 관점들을 분석하면서 그러한 과학적인 관점들이 성립하는 데에 조망적인 관점이 반영되어 있음을 먼저 밝히고자 합니다.

① 뉴턴적인 관념론에 관하여

먼저 사르트르는 뉴턴 과학에 입각한 관념론을 비판하고자 합니다.

> 관념론이 관계가 세계를 만든다는 사실을 주장한 것은 정당하다. 그러나 관념론은 뉴턴 과학의 지반 위에 서 있기 때문에, 이 관계를 상호성의 관계로 생각했다. 그리하여 관념론은 순수한 외부성의 추상적인 개념들, 작용과 반작용 등의 개념들에만 도달했고, 바로 그 사실에 의해 세계를 상실했으며 오로지 절대적인 객관성의 한계 개념을 밝힐 수 있었을 뿐이다. 이 객관성의 한계 개념은 요컨대 '불모의 세계' 내지는 '인간들이 없는 세계'로 되돌아간 것인데, 이는 모순으로 되돌아간 것이다. 왜냐하면 인간실재에 의해 세계가 [거기에] 있기 때문이다. 그래서 객관성의 개념은 표상들 간의 상호적인 일치라고 하는 순수한 관계로서 독단적인 진리의 즉자를 대체하려고 한 것인데, 이를 끝까지 밀어붙이게 되면 객관성의 개념 자체가 파괴된다. 그런데 과학의 진보는 절대적인 객관성이라는 개념을 거부하는 데로 나아간다.(346/16~17)

인간들을 아예 배제해 버린 절대적인 객관성은 그 자체로 모순을 연출한다는 이야기입니다. 그저 외부적인 상호 관계만으로, 예컨대 뉴턴 역학에서 말하는 작용과 반작용과 같은 관계만으로 세계를 설명하고자 하는 것은 조망적인 관점을 아예 배제해 버린 극단적인 추상적 사유임을 역설하고 있습니다. 그리고 이러한 사유에 의거한 것이 관념론이라는 이야기인데, 이 관념론은 사르트르가 지목하지는 않지만 칸트의 관념론임에 틀림없습니다.

칸트가 물리적 세계로서의 자연을 가능케 하는 근본 지반으로서 초월론적 통각(transzendentale Apperzeption)을 설정했을 때, 그것은 전혀 구체적으로 세계와 마주하고 있는 것이 아니었습니다. 즉 처음부터 조망적인 관점을 배제해 버린 것이었습니다. 사실 칸트가 노린 것은 분명 인간의 표상 작용들을 바탕으로 하지 않고서는 우리가 물리적으로 알고 있는 세계가 존립할 수 없다는 것을 밝히는 것이었습니다. 하지만, 동시에 그렇다고 해서 인간 주관이 개입함으로써 이른바 주관적인 세계를 구축하는 것이어서는 안 된다는 것이었습니다. 그럼으로써 독단적인 합리론과 회의론적인 경험론 모두를 넘어서서 '위대한 천재' 뉴턴이 밝힌 순수 객관적인 물리적인 자연의 세계가 어떻게 가능한가를 철학적으로 밝히고자 한 것이었습니다.

그런데 사르트르는 그와 같은 극단적인 객관성을 위해 인간의 개입에 의거한 조망적인 관점을 아예 삭제해 버리는 것은 세계 자체를 붕괴시키는 것이고, 그 스스로를 파괴하는 것이라고 역설하고 있습니다. 그러면서 현대 물리학이 전개되면서 그와 같은 절대적이고 순수한 객관성의 세계는 거부되고 있음을 말하고자 합니다.

② 현대 물리학에 대한 검토

과학의 발달은 절대적인 객관성이라는 그런 개념을 거부하는 데로 이어졌다. 드브로글리[3] 같은 이가 '실험'(expérience)이라고 부르게 된 것은 관찰자가 배제되지 않은 일의적인 관계들의 체계이다. …… 예컨대 하이젠베르크[4]의 불확정성 원리는 결정론적인 공준(公準)의 파기로도 간주될 수 없고 확정으로도 간주될 수 없다. 다만, 이 원리는 사물들 간의 순전한 연결인 것이 아니라, 그 자체로 사물들에 대한 인간의 근원적인 관계와 세계 속에서의 인간의 위치(place)를 포함한다.(346~347/17)

양자역학에서 인간이 관찰하기 전의 물질 상태와 관찰할 때의 물질 상태가 다르다고 여기는 것은 대체로 알려져 있습니다. 이에 관해, 사르트르는 드브로글리의 '실험' 개념을 끌어들이고 있습니다. 대개의 상식에서 보면, 과학에서 실험은 실험자의 관찰과는 독립해서 이루어지는 것이라 여겨집니다. 하지만, 사르트르가 소개하고 있는 드브로글리의 '실험'은 관찰자와 관찰 대상들이 차원을 달리한 관계를 맺는 것이 아니라 양자가 일의적으로(univoque), 즉 일관된 체계를 형성하는 관계를 맺는 상태에서 그 전체의 일의적인 관계들의 체계를 의미하는 것입니다.

---

3) 루이 빅토르 피에르 레몽 드브로글리(Louis-Victor-Pierre-Raymond de Broglie, 1892~1987). 양자 이론에 관한 연구에서 전자 파동론으로 노벨 물리학상을 받았습니다.

4) 베르너 칼 하이젠베르크(Werner Karl Heisenberg, 1901~1976). 양자역학의 기초를 놓은 독일의 이론 물리학자입니다. 양자 이론의 불확정성 원리를 구축한 것으로 유명합니다. 불확정성 원리는 모든 양자의 위치의 변화량과 운동의 변화량의 곱은 플랑크 상수를 2로 나눈 값보다 크거나 같다는 것입니다. 이는 물리적인 체계에 있어서 원리상 양자의 위치와 운동량(속도)을 동시에 정확하게 측정할 수 없다는 것을 나타냅니다. 결정론을 따르는 물리학에서는 한 입자의 현재 위치와 운동 속도와 운동의 방향을 정확하게 알면 일정한 시간 뒤 그 입자가 어느 위치에 가 있을 것이라는 것이 정확하게 결정됩니다. 하지만 불확정성 원리에 의거해서 보면, 하나의 양자가 그 운동 속도가 결정되면 그 위치가 결정되지 않고, 그 위치가 결정되면 운동 속도가 결정되지 않기 때문에 지금의 양자 상태(위치와 운동속도)에서 나중의 양자 상태가 결정된다는 것은 불가능합니다. 하지만, 그 확률적인 범위는 플랑크 상수와 관련하여 일정하게 정해져 있습니다.

사르트르가 이렇게 드브로글리의 '실험' 개념을 중시한 것은 인간과 세계가 처음부터 한통속이 됨으로써 존립할 수 있다는 사실을 제시하기 위한 것입니다. 하이젠베르크의 불확정성의 원리가 그 자체로 인간과 사물들의 근원적인 관계를 포함하고 있음을 강조하는 것도 마찬가지지요.

사르트르는 지금 세계관에 관련해서 대단히 근본적인 문제를 건드리고 있습니다. 이에 관련하여 우리 나름으로 다음과 같은 생각을 해볼 수 있습니다. 과학 탐구는 과학적인 현상들이 어떻게 생겨나는가에 대한 원리들과 법칙들을 수식으로 표현하는 것을 목표로 삼습니다. 이때 과학적인 현상들로 알려진 사실들, 예컨대 양자 현상들은 어떻게든 과학자들의 뇌 활동을 통해 파악된 것들입니다. 만약 뇌 활동을 통해 파악된 양자 현상들이 오로지 순수하고 절대적인 객관성, 즉 과학자를 비롯한 인간의 뇌 활동과 근원적으로 무관하게 존립하는 성격을 갖기 위해서는, 뇌 활동이 자신의 활동에 의거한 그 어떤 영향도 배제할 수 있어야 합니다. 그러나 현재 우리로서는 뇌 활동이 근본적으로 어떻게 그럴 수 있는가에 대한 이른바 '과학적인' 근거를 전혀 가지고 있지 않습니다. 오히려 우리로서는 다음과 같은 추론이 더 온당하다고 여길 수밖에 없습니다. 즉 복잡하기 이를 데 없는 뇌 활동이 어떻게든 탐구되는 현상들에 영향을 미칠 가능성이 높고, 따라서 전통적인 의미의 순수하고 절대적인 객관성이라는 개념은 성립할 수가 없다고 말입니다. 처음부터 뇌 활동과의 연동을 통해서만 과학적인 현상들이 성립할 것이기 때문입니다. 요컨대 과학적인 현상들이 성립하는 데에 이미 처음부터 뇌 활동이 개입해 있을 것이고, 따라서 뇌 활동 중 과학 탐구에 있어서 가장 중요한 활동인 인간의 관찰을 배제하고서는 이미 처음부터 과학적인 현상들이 성립할 수 없을 것입니다.

이를 염두에 두면서, 다소 길지만 사르트르의 다음 이야기를 들어보도록 하지요.

만약 우리가 맨눈으로 한 물체가 다른 물체를 향해 운동하는 것을 관찰하다가 곧이어 현미경으로 관찰한다면, [그 운동은] 처음보다 백 배 정도 더 빠른 속도로 나타날 것이다. 왜냐하면 운동하고 있는 그 물체가 당도하고자 하는 그 물체에 더 한층 가까이 다가간 것이 아니라 할지라도 그 물체는 동일한 시간 동안 백 배로 더 큰 공간을 가로질렀기 때문이다. 그래서 속도 개념은, 만약 그것이 운동하고 있는 물체의 주어진 크기들과의 관계에 의거한 속도가 아니라면, 이미 아무런 의미도 가질 수 없을 것이다. 그러나 세계 속에 우리가 발융함으로써 이 크기들을 결정하는 것은 바로 우리 자신들이다. 그리고 우리가 그 크기들을 결정하는 것이 마땅하다. 그렇지 않으면 그 크기들은 도대체 **존재하지** 않을 것이다. 그렇다고 해서 그 크기들이 우리가 그것들에 대해 갖는 인식에 상대적인 것이 아니다. 그게 아니라, 그 크기들은 세계의 중심에 우리가 처음부터 개입해 있음(notre engagement)에 대해 상대적이다. 이는 상대성 이론이 완벽하게 표현하는 것이다. 즉, 계(système)의 중심에 위치해 있는 한 관찰자는 그 계가 정지하고 있는지 운동하고 있는지를 그 어떤 실험에 의해서도 결정할 수 없다. 그러나 이 상대성은 일종의 '상대주의'가 아니다. 이 상대성은 **인식**에 관련된 것이 아니다. 그런데 이 상대성은 교설적인 공준을 함축하는데, 그것에 따르면 인식이 우리에게 **존재하는** 바의 것을 넘겨준다는 것이다. 현대 과학의 상대성은 **존재**를 겨냥한다. 인간과 세계는 상대적인 존재들이다. 그리고 그것들의 존재의 원리는 연관(relation)이다. 그러므로 최초의 연관은 인간실재에서 세계로 나아가는 연관이다. 즉 나에게 있어서 발융한다는 것은 사물들에 대한 나의 거리들을 펼치는 것이며, 바로 그 펼침 자체에 의해 사물들이 있게끔 하는 것이다.(347/17~18)

세계의 중심에 우리 인간들이 인식적으로가 아니라 존재적으로 이미 개입해 있고 이 개입에 의거해서 상대적으로 과학적인 개념들이 성립한다는 사실, 이 사실을 현대 과학의 발판이라 할 수 있는 아인슈타인의 상대성 이론에서 완벽하게 표현하고 있다고 말하고 있습니다. 그런데 이러한 상대성은 인식에 의거한 상대성, 즉 일종의 상대주의가 아니라 존재 자체에서부터 성립되는 상대성임을 애써 강조하고 있습니다.

과학적인 세계가 성립하는 데 있어서 우리 인간의 개입을 결코 배제할 수 없을 뿐만 아니라, 바로 그러한 개입에 의해 사물들이 존재할 수 있음을 역설하고 있습니다. 그의 이러한 입장은 후설의 생활세계 개념을 떠올리게 합니다. 후설이 말하는 생활세계는 과학세계에 대해 일차적인 바탕을 차지합니다. 과학세계는 생활세계를 이론적 태도에 의해 양적으로 이념화함으로써 사후에 성립하는 이차적인 세계라는 것입니다. 그런데 후설은 생활세계가 성립하는 데에 인간의 초월론적인 주체성이 그 바탕에서부터 작동한다는 사실을 강조했습니다. 그러니까 이론적인 측면에서뿐만 아니라 존재 연관에서부터 이미 인간의 개입을 바탕으로 하지 않고서는 도대체 과학세계가 성립할 수 없음을 역설한 셈입니다. 이러한 후설의 생활세계 이론을 당시 사르트르로서는 정확하게 알 수는 없었을 것입니다. 후설의 생활세계 개념이 정확하게 표명되고 논구된 『유럽 학문의 위기와 초월론적인 현상학』이 1934~1937년에 걸쳐 연구되었다고는 하나 이 책이 첫 출판된 것은 1953년이기 때문입니다. 그런데 사르트르가 현대 물리학을 논의의 대상으로 삼으면서까지(후설은 현대 물리학을 논구의 대상으로 삼지 않았습니다) 인간 존재를 바탕으로 한 세계의 존재를 역설한 것은 정말이지 현상학적인 태도를 극적으로 잘 표현한 것이라 하지 않을 수 없습니다.

3) '개입된 인식'과 '거기에-있음'이라는 존재론적 필연성

중요한 사실은 사르트르가 인간과 세계의 근원적인 연관과 그에 따른 상대성을 인식에 관련된 것이 아니라 존재에 관련된 것으로 여기고 있다는 것입니다. 이러한 태도는 이 책 『존재와 무』를 통해 시종일관 유지해 온 것인데, 이 대목에서도 여지없이 관철되고 있습니다. 인식에 관련한 사르트르의 다음의 언명은 근대의 인식론을 일거에 뒤집어엎는 중요한 대목입니다.

> 순수 인식의 관점은 모순적이다. 개입된(*engagée*) 인식의 관점만이 있을 뿐이다. 다시 말하자면, 인식과 행동은 근원적이고 구체적인 한 연관의 두 추상적인 측면일 뿐이다. …… 사실 순수 인식은 관점 없는 인식이 되고 말 것이고, 따라서 원리상 세계 바깥에 위치한, 세계에 대한 인식이 되고 말 것이다. 그러나 이는 아무런 의미가 없다. …… 그래서 인식이란 규정된 관점에 개입된 발용일 수밖에 없고, 그때 규정된 관점은 바로 사람(l'on)이다. 인간실재에 있어서 존재함은 **거기에-있음**이다. 즉, '이 의자 위, 거기', '이 책상 앞, 거기', '이러한 크기들과 이러한 방향 등을 갖추고서 이 산꼭대기, 거기' 등에 있음이다. 이는 하나의 존재론적인 필연성이다.(347/18)

근원적이고 구체적인 상황에 개입해 있는 인식 이외에는 근본적으로 그 어떤 인식도 성립할 수 없다는 사실을 역설하고 있습니다. 말하자면, 인식은 근본적으로 항상 행동과의 필연적인 관계 속에서만 성립한다는 이야기입니다. 이 정도 되면, 예컨대 순수 수학이니, 순수 물리학이니 하는 인식 체계들은 결코 그 자체로 성립할 수 없고, 알고 보면 그 바탕에 구체적인 상황 속에 이미 처음부터 개입하고 있는 인간실재와의 연관이 작동하고 있는 것으로 됩니다. 말하자면 순수 수학은 인간이 개입한 상태에서의 직관적인 내용이 아닐 수 없을 것이고, 만약 순수 수학이 그저 복잡하기 그지없는 형식에 불과하다면 동어반복에 불과하기에 인식이라고 할 수 없게 될 것입니다.

인간이 존재한다는 것은 항상 '거기에-있음'이라는 주장은 분명히 후설의 영향이 아니라 하이데거의 영향입니다. 하이데거가 말하는 인간, 즉 'Dasein'(현존재)은 'da-sein'(거기에-있음)에서 조성된 것이고, 사르트르가 이를 그대로 이어받고 있기 때문입니다. 이는 하이데거에서부터 철학적인 큰 변화가 있음을 말합니다. 그것은 데카르트로부터 칸트를 거쳐 후설에 이르기까지 흔히 운위되어 온 '초월론적인 인식 주체'가 근본적으로 불가능하다는 것을 천명한 것이기 때문입니다. 그런데 이에 '하나의 존재론적인 필연성'이라는 이름을 붙여 아예 더 이상 두말해서는 안 된다고 못 박아 버리는 사르트르의 태도야말로 하이데거에 비해 더 결연하다 할 것입니다.

'개입된 인식이 있을 뿐이다'라고 할 때, '개입된'(engagée)은 '참여된'으로 달리 새길 수도 있습니다. 사르트르의 참여문학론에 대한 인식론적인 바탕을 엿보게 합니다. 인식 자체가 근본에서부터 참여적일 수밖에 없으니, 하물며 인간 존재를 전면적이면서도 심오하게 다루고자 하는 문학은 오죽 하겠습니까. 인간이 존재한다는 것은 살아간다는 것이고, 살아간다는 것은 구체적이면서 복합적인 상황을 견뎌낸다는 것이고, 그럴 때 정치·사회적인 온갖 억압과 갈등을 문제 삼지 않을 수 없을 터, 구체적인 정치·사회적인 상황으로부터 도피하는 것조차 하나의 참여가 아닐 수 없는 탓입니다.

4) 두 우연성과 존재론적인 필연성에 입각한 대자의 현사실성

그런데 사르트르는 이러한 '존재론적인 필연성'이 두 우연성 사이에서 나타난다고 말합니다. 그 내용이 심상찮게 어려움을 예상케 합니다.

> 하지만 잘 이해해야 할 것이 있다. 이 존재론적인 필연성이 두 우연성 사이에서 나타나기 때문이다. 사실 한편으로, 내가 거기에-있음이라는 형식하에 존재하는 것이 필연적이라 할지라도, 내가 존재한다는 것은 전적으로 우연적이다. 왜냐하면 나는 내 존재의 토대가 아니기 때문이다. 다른 한편으로, 내가 그러그러한 관점 속에 개입되어 있는 것이 필연적이라 할지라도, 모든 다른 관점을 배제한 채 바로 그 관점을 취한다는 것은 우연적이다. 우리가 대자의 **현사실성**이라 불렀던 것은 하나의 필연성을 포함하고 있는 이 이중적인 우연을 말한다.(347~348/19)

'거기에-있음'은 일정하게 상황에 개입되어 있음으로써 규정된 관점을 취하지 않을 수 없도록 합니다. 강의하는 조광제는 하필이면 지금 여기 이 강의하는 자리에 앉아 수강자들을 일정한 관점으로 대할 수밖에 없습니다. 조광제가 여기에 있다고 할 때, 그 '있음'은 도대체 우연적입니다. 그뿐만 아니라 하필이면 바로 여기에 이렇게 있음으로써 바로 이러한 관점을 취한다는 것 역시 우연적입니다. 하지만, 내가 어디에 있어서 어떤 관점을 취하든지 간에 나는 이미 항상 '거기에-있음'이라는 존재방식을 필연적으로 취할 수밖에 없습니다. 다만, 필연적이라고 해서 거기에 무슨 본질적인 내용이 개입해 있는 것은 결코 아닙니다.

그런데 바로 이러한 사태, 즉 존재론적인 필연성을 감싸 쥐고 있는 이중적인 우연성을 일컬어 대자의 현사실성이라고 말하고 있습니다. 대자라고 해서, 말하자면 의식이라고 해서 그 자체 구체적인 상황을 벗어나 있는 것이 결코 아니며, '지금 여기에서' 규정된 관점을 벗어나 있을 수 있는 것이 결코 아니라는 사실을 잘 나타내 주는 것이 바로 '대자의 현사실성'이라는 것입니다.

5) 몸의 대자됨

이쯤 되면, 대자와 몸의 관계를 눈치채지 않을 수 없습니다. 몸이 아니고서는 도대체 존재론적인 필연성인 '거기에-있음'을 떠받칠 수 있는 존재론적인 기반을 찾을 수 없기 때문입니다.

> 이런 의미에서 우리는 몸을 나의 우연성으로부터 필연성을 간취해 내는 우연적인 형식으로 정의할 수 있을 것이다. 몸은 대자 이외에 다른 아무것도 아니다. 몸은 대자 속에 있는 하나의 즉자가 아니다. 왜냐하면 그렇게 되면 몸은 모든 것을 응고시킬 것이기 때문이다. 오히려 몸은 대자가 대자 자신의 토대가 아니라는 사실 바로 그것이다. [이때] 이 사실은, 우연적인 존재들 사이에 개입되어 있는 우연한 존재로서 존립할 수

밖에 없다는 필연성에 의해 표현될 뿐이다. 그런 한에서, 몸은 대자의 **상황**과 구분되지 않는다. 왜냐하면, 대자에게 있어서 현존한다는 것과 상황에 처해 있다는 것은 같은 것이기 때문이다. 그리고 다른 한편으로, 세계가 대자의 전반적인 상황이고 대자의 현존에 대한 척도인 한에 있어서, 몸은 전적으로 세계와 일체가 된다.(348/19~20)

대자, 몸, 세계(상황)라고 하는 세 항이 묘한 그림을 형성하고 있습니다. 우선 '우연성으로부터 필연성을 간취해 내는 우연적인 형식'이라는 말이 어렵습니다. 앞에서 보아 알 수 있듯이, '우연성으로부터'라고 할 때, 우연성은 이중적인 우연성, 즉 '나의 있음'과 '나의 그러그러한 관점을 취함'입니다. 이 두 우연성이 '나의 거기에-있음'이라는 필연성을 감싸고 있다고 했습니다. 그러니까 두 우연성으로부터 필연성을 간취해 낼 수 있는 것입니다. 그런데 그 필연성이 몸에서 비롯된다는 것입니다. 그 몸은 그 나름 또 하나의 우연적인 형식입니다. 요컨대 대자의 현사실성이 몸을 근거로 해서 성립한다는 것입니다.

그런데 사르트르는 몸을 근거로 해서 대자가 성립한다는 말을 하지 않습니다. 그 반대로 몸은 대자 이외의 다른 것이 아니라고 말합니다. 대자, 즉 의식을 '격하'시키려 하지 않고 그 반대로 몸을 '격상'시킵니다. 여기에서 우리는 메를로-퐁티와 사뭇 다른 사르트르의 입장을 암암리에 확인하게 됩니다. 메를로-퐁티는 '체화된 의식'(conscience incarée)이야말로 본래의 의식이라고 주장합니다. 이는 사르트르식으로 말하면 '체화된 대자'가 될 것입니다. 그런데 지금 우리는 사르트르에게서 '대자화된 몸'을 목도하고 있습니다. 사르트르는 끝내 인간의 자유에 집중하고 있고, 메를로-퐁티는 인간의 자연화에 집중하고 있는 셈입니다.

자, 아무튼 그래서 사르트르는 몸은 대자 속의 즉자가 아니라고 말합니다. 그렇게 하면 안 되지만 데카르트와 사르트르를 뒤섞어서 그러면서 데카르트식으로 말하면, 몸은 즉자인 물질로서 그 속에 대자인 영혼을 담고서 대자인 영혼의 도구 역할을 하는 것입니다. 방금 우리 나름대로 말한 '대자화된 몸'을 이에 견주어 보면 묘한 구도가 나옵니다. 영혼이 몸을 완전히 지배하는 상황을 염두에 두면, 몸은 전적으로 영혼의 존재방식을 닮을 것입니다. 대자가 결코 실체가 아니기 때문에 그렇게 하면 곤란하긴 하지만, 만약 영혼을 대자라고 여기게 되면 몸은 전적으로 대자의 존재방식을 취하는 것으로 됩니다. 즉 대자화된 몸이 성립되는 것입니다. 사르트르에게서 여전히 데카르트적인 흔적이 남아 있는 대목이 아닐 수 없습니다. 사르트르는 왜 끝내 대자의 존립 근거가 몸이라는 말을 정확하게 하지 않을까요? 몸을 대자에 다름 아니라고 말할 뿐, 대자는 몸에 다름 아니라는 말을 왜 하지 않을까요?

사르트르는 몸을 대자에 다름 아니라고 하면서, 또 몸은 대자의 상황이라고 말하고 있습니다. 이는 대자가 근본적으로 상황에 입각해 있는, 달리 말하면 상황에 개입되어 있는 존재임을 여실히 말하는 것이기도 하지만, 동시에 몸과 대자를 어느 정도 구분하는 것이기도 합니다. 더욱이 상황을 최대한 확대시켜 세계라고 일컬으면서 몸이 세계와 일체가 된다고 말하는 대목에서는 대자와 몸은 더 크게 구분되는 느낌을 줍니다.

대자가 상황을 벗어나서는 존립할 수 없다는 것을 주장한 것은 정말 그 의의가 크다 할 것입니다. 하지만 대자를 대자가 처한 상황 자체라고 말하지는 않습니다. 만약 그렇게 말한다면, 몸은 대자가 처한 상황과 구분되지 않기에 대자가 곧 몸이라고 말하는 셈이 될 터인데, 그는 그렇게 말하지 않습니다. 한편으로 보면, 바로 여기에 메를로-퐁티와는 달리 사르트르의 강점이 있다고 할 수도 있습니다. 사르트르에게는 메를로-퐁티에서 볼 수 없는 인간만이 수행할 수 있는바 자유를 일구어 낼 수 있는 '부정'과 '무'에 관한 강력한 메시지가 있기 때문입니다. 메를로-퐁티는 주체를 몸으로 보면서 몸은 항상 세계와 하나가 되고자 한다고 말합니다. 이는 인간 주체가 근본적으로 세계를 긍정하고자 하는 경향을 띤다고 하는 것입니다. 이를 특별히 정치적인 판면으로 옮기게 되면, 메를로-퐁티의 존재론이 보수성을 띤다고 말하게 됩니다. 사르트르가 끝내 부정과 무를 강조하면서 끝없이 세계를 넘어서고자 하는 대자존재로서의 인간을 제시한 것은 이와 달리 정치적으로 보아 진보적이지 않을 수 없는 것입니다. 따라서, 개입해 있으면서 부정하는 힘을 제시한다는 점에서 사르트르가 메를로-퐁티에 비해 인간 존재를 더욱 복합적으로 읽어낼 수 있는 힘을 지니고 있다고 할 수 있습니다.

6) 대자인 몸

대자에게서 몸은 떼려야 뗄 수 없는 근원적인 것입니다. 그런가 하면 몸은 대자를 현사실적인 진정한 대자이게끔 하면서 그 스스로 대자적으로 현존합니다. 이에 몸은 아예 '대자인 몸'(le corps-pour-soi)으로 정위되면서 이렇게 이야기됩니다.

대자인 몸은 내가 인식할 수 있는바 하나의 소여가 결코 아니다. 대자인 몸은 지양된 것(le dépassé)으로서 거기 도처에 있다. 대자인 몸은 내가 나를 무화함으로써 그것[대자인 몸]으로부터 벗어나는 한에서 현존할 뿐이다. 대자인 몸은 내가 무화하는 바로 그것이다. 대자인 몸은 무화하

는 대자에 의해 지양된, 그러면서 그러한 지양 자체에 의해 대자를 되잡
는 즉자이다.(348/20)

　　대자인 몸은 흔히 우리가 남의 몸을 볼 때나 나의 몸을 볼 때 보이는
그런 몸이 아닙니다. 대자인 몸이 인식되는 하나의 소여가 아니라는 것
이 그 말입니다. 대자인 나는 나를 무화합니다. 이는 사르트르의 대자 개
념에서 기본적인 사안입니다. 그러니까 대자와 대자인 몸은 다른 것입니
다. 대자는 끊임없이 자신을 무화하는 데서 성립하는 데 반해, 대자인 몸
은 대자의 그런 무화작용을 통해 지양되는 것입니다. 대자가 자신을 무
화한다고 할 때, 무화의 대상은 바로 대자인 몸인 셈입니다. 대자는 무이
지요. 무인 대자는 대자인 몸에 마치 두께=0인 피막처럼 덧붙여져 있는
셈입니다. 이렇게 덧붙여져 있을 수 있는 것은 대자인 몸이 대자에 의해
지양되면서 그런 지양을 통해 오히려 대자를 붙들기 때문입니다. 그렇기
때문에 대자는 상황에 입각해 있고 일정하게 규정된 관점을 지닐 수 있
는, 이른바 현사실성을 지니는 것이지요.

　　대자가 그 자체로 즉자와 분리된 채 존립할 수는 없습니다. 그렇게
되면, 데카르트처럼 실체로서의 영혼을 설정하게 됩니다. 즉자가 없이
는 대자가 존립할 수 없습니다. 하지만 즉자가 그 자체로 대자일 수도 없
고, 대자가 그 자체로 즉자일 수도 없습니다. 사르트르는 대자인 몸을 즉
자라고 말합니다. 즉자이긴 하나 대단히 특이한 즉자입니다. 인간 존재의
구도가 그렇다는 이야기지요.

　　인간이란 자기를 무화함으로써 지양해 버릴 수 있습니다. 하지만 그
렇게 해서 지양된 자기 자신은 무화작용을 하는 자신을 되잡고서 놓아
주지 않습니다. 내가 이제까지 살아오면서 형성한 나를 다 합쳐도 그것

이 바로 나 자신의 본질이라고 긍정할 수 없습니다. 넘어서 버립니다. 그러나 넘어선다고는 하나 넘어선 그 영역을 벗어난 어떤 다른 곳에 있는 것이 결코 아닙니다. 굳이 말하면 그 다른 곳은 아무 곳도 아닌, 무인 것이지요.

이를 몸을 고려하여 이야기하면 이렇게 됩니다. 인식될 수 없는, 항상 나의 활동의 바탕에 서 작동하고 있는바, 지금 당장 활동하고 있는 내 몸은 이제까지 어떤 방식으로건 규정되어 온 즉자적인 몸 전체를 지양함으로써만 그런 몸일 수 있습니다. 그 몸이 대자인 몸입니다. 대자인 몸은 세계적인 상황 속에 그 상황과 일체를 이룰 정도로 이미 늘 개입되어 있습니다. 이렇게 세계 속에 이미 늘 개입된 나를 나는 벗어나고자 합니다. 이때 벗어나고자 하는 나는 대자로서의 나입니다. 대자로서의 나는 세계 속에 이미 늘 개입된 나를 벗어나기 위해 그런 나를 무화시키고자 합니다. 그렇게 대자인 나의 무화작용에 의해 지양된 대자인 몸은 그렇다고 해서 대자인 나를 홀로 내버려 두지 않고 이미 늘 끌어당깁니다. 그래서 대자인 나는 현사실성을 띠면서 세계 속에 개입해 있습니다.

> 몸은 대자의 본성으로부터 필연적으로 유래한다. [이때] 대자의 본성이란 대자가 몸이라는 것, 즉 대자가 무화하면서 존재로부터 벗어나는 것은 세계 속으로의 개입(engagement dans le monde)이라는 형식하에서 이루어진다는 것이다.(349/20)

대자가 몸의 성격을 띠지 않고서는 대자로서 작동할 수 없다는, 대자의 본성을 지적하고 있습니다. '대자가 몸이라는 것'에서 우리는 사르트르가 대자를 곧 몸으로 여긴다고 생각할 수 없습니다. 그것은 이어지는

풀이에서 알 수 있듯이, 대자의 무화작용이 세계 속으로의 개입 상태에서만 가능하다는 것을 지칭하는 것일 따름이기 때문입니다.

3. 몸과 감각

1) 주관성과 객관성

사르트르는 이렇게 복잡하게 얽힌 인간의 존재방식에 대한 지적들을 감각적인 인식이라는 문제에 적용하게 되면 더 잘 파악할 수 있을 것이라고 말합니다. 그런데 사르트르는 감각 문제를 둘러싸고서 여전히 객관성과 주관성의 문제를 거론합니다.

　이를 위해 사르트르가 드는 예는 일종의 생리심리학적인 실험입니다. 예컨대 피험자인 내가 스크린이 밝은 상태에서 어두운 상태로 변하는 것을 보고 있습니다. 그리고 실험자는 나의 눈을 보고 있습니다. 이와 관련해서 사르트르는 이렇게 말합니다.

> 스크린의 밝기는 나의 세계에 속한다. [그 반면] 객관적인 기관들인 나의 두 눈은 실험자의 세계에 속한다. 그러므로 이 두 계열의 연결은 두 세계의 교량과 같은 것이었다. [그러나] 어떤 경우에도, 이 두 계열의 연결은 주관적인 것과 객관적인 것 간의 대응표일 수는 없었다.
> 2월 어느 날 파리에 있는 이 실험실에서 나에게 나타나는 바 그대로의, 빛을 내거나 무겁거나 냄새가 나는 대상들의 집합을 사람들은 사실이지 왜 주관성[주관적인 것]이라 불러야 하는 것일까? 그리고 만일 어떻게든 이 집합을 주관적인 것으로 간주해야만 한다면, 같은 시각 같은 실험

실에서 실험자에게 동시에 노출되는 대상들의 체계에 대해 객관성을 인정해야 하는 이유는 무엇인가? 여기에서 두 개의 저울추가 있는 것도 아니고 두 개의 척도가 있는 것도 아니다. 어떠한 경우에도 우리는 순수하게 감각되는(senti) 것, 그러니까 객관화되지 않고 [오로지] 나에게 체험되는 것으로서 주어지는 어떤 것을 만나지는 못할 것이다. 여느 때와 마찬가지로 여기에서도 나는 세계를(du monde) 의식하고 있으며, 세계를 바탕으로 해서 초월적인 어떤 대상들을 의식하고 있다. 여느 때와 마찬가지로 나는 내가 그래야만 하는 가능성, 예를 들면 실험자에게 똑바르게 응답하고 실험이 성공할 수 있도록 하는 가능성을 향하여 나에게 노출되는 것을 넘어서고 있다.(351/23~24)

세계가 일체를 이루면서 세계에 이미 늘 개입해 있는 대자인 몸, 이 대자인 몸을 통해 현사실성을 확보하여 이미 늘 세계에 개입해 있는 대자인 의식, 이들을 통해 세계 혹은 대상 들을 의식할 때 거기에서 주어지는 감각들은 결코 세계를 벗어나 있는 주관적인 것에 불과할 수 없을 것입니다. 피험자인 나에게 주어지는 '스크린의 밝기'라고 하는 감각은 주관적이고, 실험자인 그에게 주어지는 '나의 두 눈의 상태'에 관련된 감각은 객관적이라고 해서 양쪽을 구분해서 말할 수 있는 그 어떤 근거도 없다는 것입니다. 요컨대 영국 경험론자들로부터 내려오는바 흔히 주관적이라고 일컬어지는 '순수 인상'이라든가 '순수 감각적인 관념' 등은 애당초 성립할 수 없다는 것입니다.

그렇다면 과연 주관성과 객관성의 구분은 전혀 의미가 없다는 말인가요? 사르트르는 미지근한 온도의 물을 그 전에 보다 뜨거운 물에 손을 담갔느냐 아니면 차가운 물에 담갔느냐에 따라 물을 만질 때 따뜻하거나 차갑거나 하는 판단이 달라지는 현상을 제시한 뒤, 주관성이라는 개념이 유래하는 바를 다음과 같이 지적합니다.

> 다만, 물의 객관적인 성질과 (온도계가 나에게 알려 주는) 동일하게 객관적인 가르침을 비교해 보면 나에게 모순이 생긴다. [그런데] 이 모순은 내 입장에서 참다운 객관성에 대한 자유로운 선택을 동기 짓는다. 나는 내가 선택하지 않은 객관성을 주관성이라 부를 것이다.(351/24)

뜨거운 물에 손을 담갔다가 미지근한 물에 손을 담그면 그 미지근한 물은 차갑게 여겨질 것이고, 차가운 물에 손을 담갔다가 미지근한 물에 손을 담그면 그 미지근한 물은 뜨겁게 여겨질 것입니다. 그런데 온도계를 통해 그 미지근한 물의 온도를 재보면 내가 뜨겁다고 여길 때나 차갑다고 여길 때나 상관없이 동일한 온도를 나타낼 것입니다. 이때 온도계에 의거한 미지근한 물의 온도, 즉 뜨겁거나 차가운 정도를 객관적인 것이라 여길 것인가, 아니면 내 손에 의거해서 경우에 따라 차갑기도 하고 뜨겁기도 한 물의 온도를 객관적인 것으로 여길 것인가 하는 물음을 던지면서, 사르트르는 둘 중 한 쪽은 객관적이고 다른 쪽은 주관적이라고 단정 짓는 것은 불가능하다고 말합니다. 어느 쪽을 객관적이라고 할 것인가는 선택의 문제라는 것입니다.

과연 그런가요? 일단 '과학적인 객관성'에 관련된 사르트르의 이야기를 더 들어보고 논의해 보도록 합시다.

> 과학적 객관성은 구조들을 전체로부터 고립시킴으로써 그 구조들을 따로 고찰하는 데서 성립한다. 그럼으로써 그 구조들은 다른 특성들을

지닌 것으로 나타난다. 그러나 어떤 경우에도 우리는 현존하는 하나의 세계로부터 벗어나지 않는다. 마찬가지로, 사람들은 흔히 '감각의 역치' (seuil de la sensation)라 일컫는 것 혹은 감각(sens)의 특수성이라 일 컫는 것이 대상들 그대로의 대상들에 대한 순수한 규정들로 귀착된다 는 것을 보여 줄 것이다.(352/24)

'전체로부터 고립된 구조들'이라는 말이 핵심입니다. 전체로부터 고 립되면 어느 것이든지 그 특성을 달리하게 마련이라는 전제하에, 고립된 구조들을 따로 고찰하는 데서 성립하는 과학적 객관성은 그렇게 전체로 부터 고립된 구조들을 따로 고찰하는 데서 성립하는 것만을 객관적이라 고 해서 선택한 결과 발생했다는 이야기입니다.

그렇다면 전체를 고려한다고 할 때의 객관성은 어떤 것일까요? 굳이 후설의 용어를 빌려 말하면, '생활세계적인 객관성'이 될 것이고, 지금의 맥락을 원용해서 말하면, '상황적인 객관성'이 될 것입니다.

2) 감각적 객관성의 허구

하지만 사르트르는 우리가 제시하고자 하는 그런 이름의 객관성을 말하 지 않고 다음과 같이 말합니다.

우리는 가장 작고 가장 짧은 지각가능한 자극들에 상응하는 객관적인 단위를 생각할 것이다. 그리고 그것을 감각(sensation)이라 부를 것이 다. 우리는 이 단위에 타성을 부여할 것이다. 즉 이 단위는 순수한 외부 성일 것이다. 왜냐하면 이 단위가 이것으로부터 출발해서 생각되었기에 즉자의 외부성에 참여할 것이기 때문이다. 감각의 중심에 투사된 이 외부성은 감각의 현존 자체에까지 거의 가 닿는다. 말하자면, 감각의 존재 근거와 감각의 현존 기회는 감각 바깥에 있다. 그러므로 감각은 **자기 자신에 대한 외부성**이다.(352/25)

이 인용문의 전반부에 역점을 두면서 굳이 잠정적으로 이름을 붙이자면, 사르트르의 객관성 개념은 '감각적 객관성'이라 할 수 있을 것 같습니다. 감각이야말로 객관적인 근본 단위라고 말하고 있기 때문입니다.

그런데 여기에서 제출되고 있는 '감각' 개념이 묘합니다. 그것은 자극들과 구분되면서 자극들에 상응하는 어떤 무엇입니다. 그러면서 그것은 객관적인 단위라고 여겨지고 있습니다. 여기에서 사르트르가 감각과 구분하고 있는 **'지각가능한 자극들'**의 정체가 문제입니다. 특히 '지각가능한'이라는 수식어가 문제입니다. 예컨대, 여기 이 칠판의 초록색은 '지각가능한 자극'인가요 아니면 '감각'인가요? 더군다나 감각을 객관적인 단위라고 지칭하는 데서 더욱 복잡해집니다. 자극이야말로 객관적이라고 해야 할 터이기 때문입니다. 이에 관한 사르트르의 설명은 없습니다. 나중에 보면 알겠지만, 사르트르는 감각(sensation)이라는 개념을 아주 싫어합니다.

하지만 우리로서는 이렇게 억지로나마 구분해 보고자 합니다. 여기 이 분필의 흰색만을 따로 떼 내어 고려하게 되면 감각이라 할 수 있을 것입니다. 그와 달리 이 분필의 흰색을 이 분필인 '이것'과 연결해서 고려하게 되면, 지각가능한 자극이라 할 수 있을 것입니다. 이를 더 깊이 이해하기 위해서는 이전에 저 앞에서 살펴보았던 다음의 글을 볼 필요가 있습니다.

거꾸로 말하면, 만약 내가 꿀단지에 내 손가락을 집어 넣는다면, 그 꿀의 끈적거리는 차가움은 내 손가락들에 그 단맛을 드러내 보일 것이다. 어느 연못의 액체성과 미지근함과 푸르죽죽한 색깔과 파동 등은 서로가 서로를 관통하면서 한꺼번에 주어진다. 이것이라 불리는 것은 이러한 [질들 간의] 전반적인 상호관통이다. 이는 화가들, 특히 세잔의 경험들이 잘 보여 준다.(223/345)

우리는 이 인용문에서 제시된 사르트르의 생각이 메를로-퐁티의 살존재론을 선취한 것이라 하여 상찬한 바 있습니다. 여기에서 '이것'은 자극자인 실재 대상을 일컫는 것 외에 다른 무엇을 지칭할 수 없습니다. 그리고 여기에서 '질'이란 제시된 예에서도 알 수 있듯이, 만약 각각의 질을 따로 떼 내어 그 자체로 고려해 볼 수도 있을 것인데, 그렇게 되면 감각이 됩니다. 하지만, 사르트르에게서 이 사물인 '이것'은 '질들 간의 전반적인 상호관통'이고, 이를 떠나서 개개의 질이 따로따로 존립할 수 없습니다. 그래서 우리는 '질들 간의 전반적 상호관통'을 '감각들 간의 전반적 상호관통'으로 달리 번역할 수는 있지만,[5] 그렇다고 하나하나의 개별적 감각이 그 자체로 존립한다고 할 수는 없습니다. 감각 이야기는 어디까지나 '이것', 즉 '질들 간의 전반적 상호관통'에서 출발했기 때문입니다.

이를 염두에 두게 되면, 감각의 외부성이 아울러 쉽게 이해됩니다. 감각의 외부성은 감각이 제 스스로 존립할 수 없다는 것입니다. 사르트

---

5) 사르트르는 이렇게 말합니다. "우리는 객관성을 존재와의 직접적인 연결로 불러서는 안 되고, 더 많은 영속성과 더 많은 규칙성을 현시할, 혹은 우리의 표상들의 집합과 최상으로 조화를 이루는 감각들의 어떤 묶음들로 불러야 할 것이다."(354/27)

르는 이를 "감각은 자기 자신에 대해 외부성이다"라는 명제로 표현하고 있습니다. 이 말은 감각이 감각 자체가 근거할 내부를 갖지 않는다는 것일 뿐만 아니라, 감각 바깥에 존립한다고 할 수밖에 없는 자극자인 실재의 대상과 감각 기관들로부터 존재 근거를 갖는다는 것입니다.

이렇게 되면, 감각을 '객관적인 단위'라고 한 대목이 이해하기 어려워집니다. '이것'으로부터 따로 떼 내어 단위로 만들었다는 뜻에서 객관적인지, 아니면 주체가 어찌할 수 없다는 의미에서 객관적인지 불분명하기 때문입니다.

아무튼 분석해야 할 사태가 복잡하게 꼬입니다. 감각이 객관적임을 양보할 수 없다 할지라도, 감각이 자극자인 실재의 대상과 그것에 영향을 받은 감각 기관들로부터 존재 근거를 갖는다면, 우리는 감각 이전의 이른바 실재 대상의 영역을 더욱 근원적인 객관성을 띤 것으로 보지 않을 수 없기 때문입니다. 그렇게 되면, 갑자기 감각의 존재 자체가 위협을 받게 됩니다. 부차적이고 파생적이고, 따라서 진정으로 존재한다고 말할 수 있는 근거가 사라지기 때문입니다.

3) 감각의 장(場)인 정신의 허구

그런데, 지금 우리가 어려워하는 이 대목에서 사르트르는 자극자인 실재 대상에 의해 어떻게 해서 감각이 존립하도록 결정되는가를 생각할 수 없다고 하면서(이는 사실입니다) 사르트르 자신으로서는 쉽게 할 수 없는 묘한 이야기를 합니다.

감각을 유지하기 위해 그리고 감각에게 존재를 제공하기 위해, 나는 감각과 동질적이고 감각과 마찬가지로 외부성으로서 구성되는 하나의 환경을 생각한다. 이 장을 나는 **정신**(*esprit*) 혹은 때로는 심지어 **의식**이라 지칭한다. 그러나 나는 이 의식을 **타자의 의식**으로 여긴다. 즉 하나의 대상으로 여긴다. 그런데도 감각 기관과 감각 간에 내가 확립하고자 하는 연관들은 보편적이어야 하기 때문에, 나는 그렇게 생각된 의식이 또한 나의 의식이어야 함을 제시한다. 다만, 이때 나의 의식은 **타자에 대한 나의 의식**이 아니라 즉자적으로 나의 의식이다.(353/25~26)

상당히 복잡해졌습니다. 하나의 대상이면서 즉자적인 타자의 의식을 제시하면서 이를 정신 혹은 심지어 의식이라 부르고자 하기 때문입니다. 나의 의식이라 할지라도 즉자적으로 존재한다면, 그 타자의 의식이라 해야 합니다. 즉자적으로 존재한다면, 스스로를 무화시킬 수 있는 역량이 없다는 이야기고, 타자의 의식은 적어도 타자의 의식인 한 내가 그 스스로를 무화시킬 수 없기 때문입니다.

여기에서 사르트르가 말하는 의식을 이해하기 위해서는, 이러한 종류의 나의 의식을 작용으로서의 의식이 아니라 내용으로서의 의식이라 여길 필요가 있습니다. 더욱이 사르트르가 이 정신 혹은 의식을 '일종의 내적인 공간'이라 부르기도 하고, '순수 수동성인 공간'이라 달리 부르기도 하기 때문입니다.

아무튼 사르트르는 정신이라 부르는 이 순수 수동성의 내적인 공간이 감각들로 각인되기라도 하듯이 감각들을 받아들인다고 말합니다. 본래 대자인 의식은 자신에게 주어지는 감각 내용들을 매 순간 지양해서 자기 스스로의 가능성으로 나아가고자 하는 의식입니다. 이와 전혀 다른 의미로 즉자적으로 존재하는 대상인 의식을 제시하고 있는 것입니다. 그런데 과연 이런 의식을 사르트르가 인정할 수 있을까요?

4) 감각적인 생명의 허구, 심리학적인 주관성의 허구

그런데 사르트르는 이 즉자적 의식 내지 정신을 감각에 관련해서 감각을
사는(혹은 체험하는) 생명으로 보려 합니다. 대단히 특이한 발상입니다.

> 이 내적인 공간은 그의 감각을 **산다**(*vit*)고 나는 주장한다. 그래서 생명
> (vie)은 수동적인 장과 이 장의 수동적인 양식 사이에서 내가 확립하는
> 마술적인 연결이다. 정신은 그 자신의 감각들을 산출하지 않는다. 이러
> 한 사실에 의거하여, 감각들은 정신에 대하여 **외부적으로** 머문다. 그러
> 나 다른 한편으로, 정신은 감각들을 살아냄으로써 감각들을 [자기 것
> 으로서] 전유한다. 사실이지, '살아지는 것'과 '살아내는 것' 간의 통일
> 성은 공간적인 병립도 아니고 용기(容器)와 내용물 간의 관계도 아니
> 다. 그것은 마술적인 내속(內屬, inhérence)이다. 정신은 자기 자신의
> 감각들과 전적으로 구분되면서도 자기 자신의 감각들이다. 또한 감각
> 은 특수한 유형의 대상, 즉 타성적이고 수동적이고 그저 살아질(체험될,
> vécu) 뿐인 대상이 된다. 이에 우리는 감각에게 절대적인 주관성을 부
> 여하지 않을 수 없다. 그러나 주관성이라는 말에 대해 이해해야 할 것
> 이 있다. 그것은 여기에서 주관성은 주체에 속한 것이 아니라는 것, 즉
> 스스로 자발적으로 움직이는 자성(自性)에 속한 것이 아니라는 것이
> 다.(353/26)

정신이 감각들을 살아낸다는 이야기는 대단히 그럴듯하게 들립니

다. 그런데 결국 그런 연관으로 볼 때 감각은 절대적인 주관성을 띤 것으로 되고 맙니다. 도대체 이 주관성은 어떤 주관성인가요? 그 자체로 충분히 객관적일 수 있다는 의미에서 절대적인가요? 결코 그렇지 않을 것입니다. 사르트르로서는 타성적이고 수동적인 것에 그치는 정신 내지는 의식을 궁극적인 것으로 인정하지 않습니다.

곧이어 사르트르는 이러한 감각의 절대적 주관성은 바로 심리학적인 주관성임을 밝힙니다. "심리학자들이 내세우는 주관성은 타성뿐만 아니라 모든 초월성의 부재를 명시한다"(353/26). 그러면서 그는 이렇게 말합니다.

> 감각은 결코 현시적인(présentative) 것도 아니고 재현적인 것도 아니다. 그렇기 때문에 감각은 주관성이다. 대상인 타인의 주관적인 것, 그것은 순전히 그리고 단지 하나의 닫힌 상자다. 감각은 상자 속에 있다. 이것이 **감각** 개념이다. 우리는 그 부조리함을 보고 있다. 무엇보다도 우선, 감각 개념은 순전히 고안된 것이다.(353/27)

실컷 논의를 해놓고서는 감각 개념의 부조리함을 고발하고 있습니다. 감각의 외부성을 바탕으로, 즉 감각이 제 스스로를 산출하는 것이 아니라는 점을 바탕으로 해서 기이하게도 정신 혹은 즉자적으로 존재하는 대상으로서의 의식으로 나아가더니, 그것은 결국 닫힌 상자와 같아서 그것과 마술적인 연결을 맺고 있는 감각은 절대적인 주관성을 면할 길이 없다는 결론을 내고 있습니다. 그러면서 사르트르는 감각 개념 자체를 말하자면 심리학적인 관념론에 의거해 순전히 고안된 것으로서 내치고 있습니다.

5) 감각 개념의 부조리

그렇다면 과연 감각 개념은 근본적으로 어떻게 해서 부조리한가요? 사르트르의 다음의 이야기를 들어보도록 하겠습니다.

> 감각은 그 자체로 인간이 이미 세계 속에 있음을 전제한다. 왜냐하면 인간은 감각 기관들을 갖추고 있기 때문이다. 그런가 하면, 감각은 인간이 세계와의 관계들을 온전히 단절한 것으로서 인간에게 나타난다. 동시에 이 순수한 '주관성'은 감각의 현출로 인해 사라진 모든 초월적인 연관들을 재구성해야만 하는 데 있어서 필수적인 기초로서 주어진다.(354/27)

언뜻 보기에, 칸트나 후설의 구성주의적인 초월론 철학을 한꺼번에 질타하는 것으로 여겨집니다. 근원적인 자료가 오로지 감각밖에 없다고 할 때, 여기에서부터 초월적인 대상들인 사물들, 즉 '이것들'을 구성해 내야 합니다. 후설의 현상학적인 에포케는 결국 순전한 감각 영역이라 할 수 있는 '질료'의 영역과 작용하는 의식인 '노에시스'의 영역을 찾아가는 것입니다. 그리고 칸트의 경우, 경험하는 모든 대상들이 존립하는 데 바탕이 되는 재료는 복합 다양한 순전한 감각자료들일 뿐입니다. 그렇기 때문에 일체의 초월적인 연관들, 즉 구체적인 실재의 사물들이나 세계는 구성(구축)해 내야만 하는 것입니다.

그런데 감각에서 이러한 측면은 일면에 불과합니다. 다른 면을 보면, 감각은 감각 기관들을 전제로 하지 않을 수 없습니다. 이를 사르트르는 감각의 외부성으로 설명했습니다. 인간이 감각 기관들을 갖추고 있다는 것은 인간이 감각 기관들을 포함하는 세계 속에 이미 들어서 있음을, 즉 '거기에-있음' 혹은 '상황에 처해 있음' 등을 나타냅니다. 이 두 측면을 한 꺼번에 아우른다는 것은 그 자체로 불가능하고, 그렇기 때문에 감각 개 념 자체가 부조리하다는 것입니다.

결국 사르트르는 감각에 대해 이렇게 정돈합니다.

감각은 주관적인 것과 객관적인 것 간의 잡종 개념이다. 대상으로부터 출발해서 생각된 것인데 뒤이어 주체에 적용되는 개념이다. 감각은 사 실상 존재하는 것인지 권리상 존재하는 것인지 말할 수 없는 사생아적 인 현존이다. 감각이란 심리학자의 한갓된 몽상이다. 감각은 의식과 세 계의 관계들을 진지하게 탐구하는 모든 이론들에서 단호하게 거부되 어야 한다.(354/28)

만약 저 위에서 우리가 생각한바, 감각이란 '질들 간의 전반적인 상 호관통'인 '이것'으로부터 하나하나의 감각적인 질을 따로 떼 내어 생각 한 것이라면, 그런데 실제로 감각적인 질이 개별적으로 분리되는 것이 불가능하다면, 감각 개념은 그야말로 심리학자에 의한 추상 작용의 결과 에 다름 아니고, 그런 점에서 몽상의 산물입니다. 하지만, 심리학적인 폐 쇄된 상자인 정신에서 산출되는 것이 아니기에, 이런 정신으로 볼 경우 감각은 마치 사실상 존재하는 것처럼 여겨질 수도 있습니다. 그리고 논 리상 추상적으로 따로 떼 낼 수 있다는 점에서 권리상 존재하는 것으로 여겨질 수도 있습니다.

4. 확산의 축이자 응축의 축인 몸

1) 감각에서 감각함으로

지난 시간에 우리는 사르트르가 감각을 사생아적인 개념이라고 해서 배척하는 것을 보았습니다. 그런 뒤, 그는 후설의 현상학적인 환원을 통해 대상들을 괄호로 묶는다고 할지라도 적어도 감각함들(les sens)[6]이 남는다고 하면서 이렇게 말합니다.

> 그러나 적어도 **감각함들**은 남는다. 나는 저 푸름을 **본다.** 나는 반들반들하고 차가운 이 대리석을 **만진다.** 어떤 사고가 나서 내가 하나의 감각함을 완전히 상실할 수 있다. 나는 시력을 잃을 수도 있고, 귀머거리가 될 수도 있다. 그렇다면 우리에게 감각을 제공하지 않는 하나의 감각함은 무엇인가?(355/29)

그가 강조하는 굵은 글씨체로 보아 알 수 있듯이, 사르트르는 대상의

---

6) 사르트르의 용법에서 이 'sens'를 어떻게 우리말로 옮겨야 할지 다소 난감합니다. 전체 문맥으로 볼 때, '감각함'이라 할 수밖에 없을 것 같습니다. 'sensation'을 이미 '감각'이라고 옮기고, 'organe sensible'을 '감각기관'으로 옮겼으니 이럴 수밖에 없습니다. 그런데 우리말 '감각'은 '감각된 내용'도 되고, '감각하는 작용'도 됩니다. 전자의 내용으로서의 감각은 여기에서 'sensation'이면서, 사르트르의 표현을 따르면 '환상적이고 엄격하게 말해 주관적인 인상'입니다. 이런 건 애당초 없다는 것이 사르트르의 입장입니다. 이러한 입장은 근대 영국의 경험론자들의 주장을 아예 뒤엎는 것입니다. 후자의 작용으로서의 감각은 여기에서 'sens'가 되면서 지금 논의의 주제가 되고 있습니다. 'sens'와 'organe sensible'의 차이는 일단 시선과 눈의 차이로 보기 바랍니다. 따라서 손우성 선생이 'sens'를 '감관'으로 번역한 것은 대단히 잘못되었습니다.

감각적인 질들을 감각하는 것을 감각함이라고 말하고 있습니다. 그의 말처럼, 사고를 당해 감각함을 상실하게 되면 그것에 해당하는 감각을 얻지 못할 것입니다. 그처럼 감각을 제공하지 않는 감각함이란 게 무엇인지 묻고 있습니다. 물음 자체를 이해하기 쉽지 않습니다. 감각을 제공하지 않는데도 감각함이라는 말을 할 수 있는가 하는 것이 선결되어야 하기 때문입니다. 그런데 이에 관해 사르트르는 이렇게 말합니다.

> 대답은 쉽다. 우선 **감각함**이 도처에 있지만 도대체 파악할 수 없는 것임을 확인하자. 책상 위 이 잉크병은 **사물**이라는 형식을 띠고서 나에게 직접 주어져 있다. 그러나 이 잉크병은 봄(la vue)[7]에 의해 나에게 주어진다. 이는 이 잉크병의 현전이 시각적인(visible) 현전임을 의미한다. 그리고 이는 내가 이 잉크병이 나에게 시각적인 것으로서 현전한다는 의식을 갖는다는 것, 즉 이 잉크병을 본다는 것(에 대한) 의식을 갖는다는 것을 의미한다. 그러나 그 봄은 잉크병에 대한 **인식**임과 동시에, 모든 인식으로부터 빠져나간다. 봄에 대한 인식은 없다. 반성조차도 이러한 봄에 대한 인식을 우리에게 주지 않을 것이다. 사실이지, 나의 반성적인 의식은 잉크병에 대한 반성된 나의 의식에 대한 하나의 의식을 나에게 줄 뿐, 감각적인 활동에 대한 하나의 의식을 주지 않을 것이다.(355/29)

책상 위에 놓인 잉크병을 보면서, 하나의 감각함으로서의 봄(la vue

---

7) 'la vision'도 '봄'으로 옮겨야 하지만, 여기에서는 일단 이 'la vue'를 '봄'으로 옮깁니다. '시선'으로 옮기면 되지 않겠느냐 싶지만, 이 또한 저 앞에서 그렇게 옮겼던 'le regard'가 있기 때문만이 아니라, 여기의 맥락에서 그렇게 명사화된 낱말을 쓰면 안 되기 때문입니다. 바로 앞에서 '시력'으로 옮긴 것은 해당 맥락 때문이지요.

comme un sens)에 관한 이야기를 하고 있습니다. 사르트르는 이 봄이 그 자체로 보면 잉크병에 대한 인식이지만, 또 다른 인식의 힘, 심지어 반성을 통해서도 도대체 인식될 수 없는 인식이기도 함을 말하고 있습니다. 감각함은 활동성(activité) 내지는 현행성(actualité)이라는 성격을 벗어날 수 없고, 그런 한에서 만약 의식 활동이라면 '……(에 대한)'이라는 형식으로 억지로 표기될 수밖에 없는 비정립적인 의식 활동입니다. 또 그런 한에서 그것은 도대체 대상이 될 수가 없고, 대상이 될 수 없기에 객관적으로 내 눈이 내 얼굴의 윗부분에 있다고 하듯이 어디에 있다고 말할 수도 없다는 것이지요. 즉 도처에 있다고 할 수밖에 없는데, 파악될 수 있는 것은 결코 아니라는 것입니다.

저 앞에서 시선 문제를 다룰 때, 눈과 구별하면서 눈을 파괴하지 않고서는 시선이 성립할 수 없다고 한 것이 여지없이 떠오릅니다. 시선은 봄이라는 활동성에서 비롯됩니다. 눈은 보는 기관에 해당됩니다. 눈은 대상이 될 수 있지만, 시선은 대상이 될 수 없습니다. 대상이 되는 순간, 시선은 사라지지요.

그러고 보면, 그럴듯한 설명입니다. 감각되는 내용(사물인 대상 혹은 그 대상의 감각적인 질), 감각하는 기관, 그리고 감각하는 활동(작용) 자체로서의 감각함 등, 감각에 있어서 세 가지 계기를 구분하는 것은 얼마든지 정당하게 여겨지기 때문입니다. 사르트르는 좀더 보충해서 이렇게 말합니다.

나는 보고 있는 눈을 볼 수 없다. 나는 만지고 있는 손을 만질 수 없다. 그래서 감각함은, 그것이 나에-대해-있는(est-pour-moi) 한, 파악될 수 없는 것이다. …… 설사 내가 나의 감각 기관들을 보거나 만질 수 있다 할지라도, 나는 세계 속에 있는 순수한 대상들의 드러남을 얻는 것이지, 노출시키고 있는 혹은 구성하고 있는 활동들의 드러남을 얻는 것이 아니다. 하지만, 감각함은 거기에 있다. 봄이 있고, 만짐이 있고, 들음이 있다.(355/29~30)

상당히 이해가 쉬워졌습니다. '대상들을 노출시키고 있는 혹은 구성하고 있는 감각함'이라는 규정을 얻을 수 있기 때문입니다. 문제는 감각 기관들과는 달리 도무지 파악될 수 없는 감각함이 있는 '거기'는 도대체 어디인가 하는 것입니다. 언뜻 생각해 보아도 이 문제를 풀어내는 것은 녹록치 않을 것 같습니다.

2) 객관적인 필연성과 주관적인 자유의 결합인 감각함

이 문제를 풀어내기 위해 사르트르는 대상들이 시각적으로 주어지되 아무렇게나 주어지지 않고 일정한 '방위 체계'(orientation)에 의거해서 주어진다는 점을 중시합니다. 방위 체계란 내가 몸을 움직이면 그에 따라 나의 봄에 전개되는 사물들의 배치와 배열의 방식이 달라짐을 지칭합니다. 보이지 않던 것들이 보이고 보이던 것들이 보이지 않으면서 전체의 지각 장이 변화하되, 제 나름의 일정한 방식을 고수하는 것처럼 보이게 됩니다.

그러니까 내 눈앞에서 전개되는 사물들의 배치와 배열은 나의 움직임이나 위치와도 관계를 맺으면서 동시에 저쪽 사물들 나름의 질서와도 관계를 맺습니다. 즉 주관적이면서 객관적이고 객관적이면서 동시에 주관적인 것이 지각 장의 방위 체계인 것이지요. 이에 관련해서 사르트르는 이렇게 말합니다.

> [책상 위의] 책이 책상의 오른쪽 혹은 왼쪽에서 나에게 나타나는 것은 필연적이다. 그러나 그 책이 정확하게 왼쪽에서 나에게 나타나는 것, 그리고 결국 책상 위의 저 책을 주시할 것인가 아니면 저 책을 떠받치고 있는 이 책상을 주시할 것인가에 있어서 나는 자유롭다. 우리가 감각함이라 부르는 것은 그 필연성과 나의 선택의 자유 사이에서 성립하는 그 우연성이다.(356/31)

나의 선택의 자유를 특별히 주관성(혹은 주체성)이라 하고, 필연성을 사물들끼리의 방향 체계에서 오는 객관성이라 한다면, 그 사이를 꿰뚫고서 성립하는 우연성을 감각함이라 할 때 감각함은 주관성과 객관성의 종합이라 하지 않을 수 없습니다.

이를 설명하기 위해서는 사르트르가 활용하지 않고 있는 후설의 지평(地平, Horizont) 개념을 원용할 필요가 있습니다. 지각 장은 내가 초점을 두고서 보고 있는 특정 사물(예컨대, 책상 위의 이 책 혹은 이 책을 떠받치고 있는 이 책상)을 에워싸고 있는 지평입니다. 그런데 이 지평은 아무렇게 조성되어 있는 것이 아니라, 위·아래·오른쪽·왼쪽·멀리·가까이 등의 일정한 방위 체계에 의거해 있습니다. 그럴 수밖에 없는 사태에 대해 사르트르는 필연성이라 말하고 있습니다. 그런가 하면, 내가 지평 속에 있는 여러 사물들 중에서 어떤 사물에 특별히 관심을 갖고서 주시하는가는 나의 선택에 따른 것입니다. 이를 사르트르는 자유라고 말하고 있습니다. 그러면서 필연성과 자유 사이에서 성립하는 우연성을 지목하고 그것이 바로 감각함의 존재방식이라고 말하고 있습니다.

3) 감각함의 원천인 내 몸

말하자면, 감각함은 나의 자유에 따른 것만도 아니고 그렇다고 해서 지평의 필연적인 방위 체계적 구조를 따른 것만도 아니라는 이야기입니다. 이럴 때, 이러한 애매한 존재방식을 갖는 감각함을 지지하는 존재론적인 기반은 과연 무엇이며, 어디에서 연원하는가를 생각하지 않을 수 없습니다. 사르트르는 바로 이 대목에서 몸을 끌어들입니다. 그것은 우선 지각 장이 지시 중심이 있다는 점을 중시하는 데서 시작됩니다.

> 지각 장은 객관적으로 정의되는 하나의 중심에 지시적으로 향한다(se réfère). 이 중심은 이 지시(référence)에 의해 객관적으로 정의되면서 자신의 주변에 방위를 잡고 있는 장 자체 속에 자리 잡고 있다. 다만, 이 중심은 고려되고 있는 지각 장의 구조인데, 우리는 그것을 보지 않는다. **우리는 그 중심이다.**(357/31~32)

후설은 우리의 몸이 지각 장의 방위 체계의 원점이라고 했습니다. 내가 90도로 오른쪽으로 돌아서면 앞이던 곳이 왼쪽이 되고 오른쪽이던 곳이 앞이 됩니다. 내가 물구나무서기를 하면 아래였던 곳이 위가 되고 위였던 곳이 아래가 됩니다. 그리고 후설은 이러한 몸 중심의 방위 체계를 바탕으로 동서남북이라고 하는 객관적인 방위 체계가 생겨난다고 했습니다. 지금 사르트르는 이 같은 후설의 관찰과 분석을 따르고 있는 셈입니다. 방위 체계 내의 지시 관계에서 우리 자신이 바로 중심인 것입니다.

중요한 것은 그 중심이 지각 장을 벗어난 곳에 있는 것이 아니라 지각 장 속에 자리를 잡고 있고 그런 만큼 객관적으로 정의되기도 한다는 사실입니다. 이를 바탕으로 사르트르는 다음과 같은 중요한 언명을 내뱉습니다.

> 세계의 구조는 우리가 **가시적이지 않고서는** 볼 수가 없다는 것을 함축한다.(357/32)

만약 신이 원리상 우리의 눈에 보일 수 없는 존재라면, 즉 가시적이지 않은 존재라면 신은 원리상 우리를 볼 수가 없다는 이야기입니다. 한때 메를로-퐁티가 설파하는 몸 중심의 지각론을 강의하면서 힘주어 말했던 내용인데, 여기 사르트르의 몸 이론에서 미리 여지없이 제시되고 있습니다. 그때 우리는 "따라서, 하나님이 볼까 봐 두려워할 이유가 없습니다. 그죠"라고 했었습니다.

그런데 사르트르는 이 대목에서 쉽사리 그리고 분명하게 몸을 끌어들이지 않고 뜸을 들입니다. 그런 뒤 이윽고 몸을 끌어들입니다. 다소 길지만 이 대목을 연이어서 인용해 보기로 합시다.

> 나인 그것은 사실 원리상, 내가 바로 **그것**인 한, 나에 대한 대상일 수 없다. 세계의 사물들이 가리키고 있는, 그러면서 세계의 사물들이 동그라미를 그려 둘러싸고 있는 그 대상은 그 자체로 그리고 원칙적으로 비-대상이다. 그러나 내 존재의 발용은 하나의 중심에서 출발하여 거리들을 전개하면서 바로 그 전개의 작용에 의해서 그 자신인 하나의 대상을 규정한다. 이 하나의 대상은 세계가 자신을 가리키도록 하고 그런 한에서 내 존재가 된다. 그런데도 이 하나의 대상에 대해 내가 그것을 대상으로 여기는 직관을 가질 수가 없는데, 그 이유는 내가 바로 그것이기

때문이다. [이때] 이 나는 내 자신의 무인 존재로서 내 자신에 대한 현전이다. 이에 나의 세계-내-존재는, 그것이 세계를 실현한다는 사실만으로, 자신이 실현한 그 세계에 의해 스스로를 가리켜 하나의 세계-한복판의-존재라고 자기 자신에게 일러 준다. 그리고 이 일은 다르게 있을수가 없을 것이다. 왜냐하면 **세계로부터 존재한다는 것**은 세계와 접촉해들어간다는 것과 다른 방식이 아니기 때문이다. 내가 거기에 존재하지않는 세계, 허공의 명상에 대한 순수 대상인 세계를 실현한다는 것은 나에게 불가능한 일이 될 수밖에 없다. 그 반대로, 세계를 존립하도록 하고 내가 그 세계를 초월할 수 있기 위해서, 나는 내가 존립하도록 한 그세계 속에서 나를 상실해야만 한다. 그러니까, 나는 세계 속에 들어와있다고 말한다거나, 내가 '세계에 와 있다'고 말한다거나, 하나의 세계가 있다고 말한다거나, 나는 몸을 가지고 있다고 말하는 것 등은 똑같은것이다. 이런 의미에서 내 몸은 세계 위 도처에 있다. …… 내 몸은 세계와 공외연적(共外延的, coextensif)이면서 사물들을 전적으로 관통해서확장되어 있다. 그와 동시에 내 몸은 사물들 전체가 가리키는 유일한 그점으로, 내가 그것을 인식할 수 없는 상태에서 내가 바로 그것인 그 점으로 집중된다.(357~358/32~33)

너무 길게 인용한 것 같습니다. "내 몸은 세계 위 도처에 있다"라는말이 전혀 범상치 않습니다. 시선이 세계 전체를 향해 나아간다는 것을그럴듯한 명제로 만든 것이 아닙니다. 이는 세계가 대자의 부정을 통해현시된다고 하는 사르트르 자신의 근본적인 주장과 연결되어 있습니다.대자인 몸, 대자의 현사실성을 가능케 하는 몸 등을 염두에 두어야 합니다. 그래야만 이 명제가 어느 정도 이해될 수 있습니다.

하지만 내 몸이 그저 세계 위 도처로 확산되어 있기만 한 것은 아닙니다. 내 몸은 사물들 전체가 펼쳐지는 준거점이기도 하기 때문입니다. 세계와 관련한 내 몸의 확산과 응축의 동시성이 제시되고 있습니다. 지평으로만 존재하는 잠정적인 세계 속으로 쫙 퍼져나감으로써 세계를 현행적인 것으로 실현하면서 동시에 그 세계 속에 존재하는 모든 사물들이 다함께 지목할 수밖에 없는 어떤 하나의 수렴점을 향해 집중되는 내 몸, 말하자면 확산과 응축을 동시에 수행하는 내 몸, 그럼으로써 확산을 통해서는 세계와 너비를 똑같이 하면서 세계의 도처에 퍼져 있게 되고, 응축을 통해서는 나 자신이 되는 내 몸. 내 몸의 응축을 통해 내 자신이 된 몸이 다시 확산을 통해서 세계를 실현함으로써 존립토록 하고 또 그 세계를 초월하기 위해 오히려 세계 속으로 스스로를 놓아 버립니다. 일컫자면 기기묘묘한 존재방식을 띤 내 몸을 사르트르는 정확하게 분석하여 개설해 놓고 있는 것이지요.

과연 내 몸이 이러하다면, 지금 당장 손쉽게 내 몸이라고 생각하고 있는 이 일상적인 내 몸은 도대체 이 기묘한 내 몸과 어떻게 구별되며 또 어떤 관계를 맺고 있단 말인가요?

4) 감각함과 감각적인 대상들의 동시성

이러한 우리의 의문을 뒤로 한 채, 사르트르는 우선 감각함과 감각적인 대상들 간의 관계를 분석합니다. 그 핵심은 감각함과 감각적 대상들의 동시성입니다.

감각함은 감각적인 대상들보다 **먼저** 주어지지 않는다. 사실이지, 감각함은 타인에게 대상으로서 나타날 수 있는 것 아닌가? 감각함은 감각적 대상들보다 **나중**에 주어지는 것도 아니다. 만약 나중에 주어진다면, 소통 불가능한 이미지들, 말하자면 실재의 단순한 복사(複寫)물들로 된 세계를 상정해야 할 것이고, 그럴 때 그러한 복사된 이미지들이 어떻게 해서 나타나는가 하는 메커니즘을 알지 못할 것이다. 감각함들은 대상들과 동시발생적이다. 이때 대상들은 조망 속에서 우리에게 노출되는 그대로의 사물들 자체다. 대상들은 그 노출의 객관적인 규칙을 간명하게 보여 준다.(358/33)

우리는 남이 감각한다는 사실을 압니다. 이는 어떤 방식으로건 감각함이 대상으로 될 수 있다는 것을 나타냅니다. 이에 관해서는 좀더 세심한 분석이 필요할 것입니다. 만약 감각함이 감각적인 대상들보다 먼저 주어진다면, 감각적인 대상이 없이도 감각함이 미리 존재할 수 있다는 것을 상정해야 합니다. 그리고 감각적인 대상들이 나중에 존립하는 것은 결국 미리 존재하는 감각함이 그 감각적인 대상들을 어떻게든 구성함으로써 가능해지는 것입니다. 그런데 사르트르는 감각함이 감각되는 대상들보다 먼저 주어지는 것이 아니라고 말합니다. 이는 칸트에서 후설로 이어지는 초월론적인 경험 대상의 구성을 비판하는 것이라 할 수 있습니다. 아울러 칸트가 말하는 초월론적 통각이나 후설이 말하는 초월론적 주체성을 비판하는 것이라 할 수 있습니다. 감각적인 대상들이 없는 상태에서 감각함이라고 하는 주체적인 활동은 도대체 있을 수 없다는 것을 분명히 하는 대목입니다.

또 감각함이 감각적 대상들보다 나중에 주어진다는 것은 감각적 대상들이 감각함과 무관하게 마치 칸트가 말하는 도무지 알 수 없는 물 자체처럼 미리 존재해 있다는 것을 상정하는 것입니다. 이때 감각함이 뒤늦게 이 기묘한 대상들에 접근한다는 것은 대상들의 표피만을 파악하는 것이 되고 말 것입니다. 그러한 표피를 사르트르는 이미지 혹은 실재의 복사물이라고 말하고 있습니다. 그래서 사르트르는 감각함이 감각적인 대상들보다 나중에 존립하는 것이 아니라고 말합니다. 이는 순수 객관주의적인 사물을 설정하는 것을 비판할 뿐만 아니라, 근대의 영국 경험론자들의 주장, 즉 '사물은 감각적 관념들의 다발'이라는 주장을 아울러 비판하는 것입니다.

결국은 감각함과 감각적인 대상들은 동시발생적이라고 말하고 있는데, 이는 사르트르가 우리로서는 그야말로 신비 내지는 비의라고 할 수밖에 없는 이 우연적이면서 절대적인 통상적 경험의 구조를 곧이곧대로 받아들이는 것이라 할 수 있습니다. 왜 하필이면 이 모든 대상들은 처음부터 감각될 수밖에 없는(감각적인, sensible) 존재로 주어지는가, 그러면서 이 모든 대상들은 도대체 왜 처음부터 감각함과 떼려야 뗄 수 없는 방식으로 주어지는가. 이는 어쩌면 최초의 절대적인 우연이기에 그 배후를 치고 들어간다는 것은 아예 불가능할 것입니다.

이를 받아들이게 되면, 감각적 대상들은 무슨 칸트식의 물 자체라고 하는 배후를 지닐 수 없고, 따라서 그 자체로 진정한 사물 자체이며, 사물 자체는 처음부터 우리에게 조망적인 구도 속에서 주어지는 그대로일 수밖에 없습니다.

감각함과 감각적 대상들의 동시발생은 후설이 제시한 '의식은 항상 무엇인가에 대한 의식이다'라는 의식의 지향성 개념을 더욱 강력하게 밀어붙임으로써 성립한 것이라 할 수 있습니다. 후설은 의식의 지향성을 말하면서 결국에는 세계가 없이도 존재할 수 있는 초월론적인 주체성인 절대의식을 제시합니다. 그리고 그 절대의식에 의해 세계가 지향적으로 구성된다는 것입니다. 그런데 사르트르는 그와 같은 의식을 인정치 않습니다. 즉자 없이는 대자가 있을 수 없고, 사물이 없이는 의식이 그 자체로 있을 수 없으며, 지금은 감각적인 대상이 없이는 감각함이 따로 있을 수 없음을 분명히 밝히고 있습니다. 굳이 지향적 관계를 말해야 한다면, 그 지향적 관계, 즉 감각함과 감각적 대상 간의 지향적 관계를 이미 주어진 것으로 보아야 하며, 따라서 지향적 관계를 맺는 두 항을 동시발생적인 것으로 보아야 한다는 것입니다. 여기에서 우리는 사르트르가 지향성을 새롭게 해석하는 것을 목도하고 있는 셈입니다.

중요한 것은 이때 감각적인 대상들이 진정한 사물들 자체이기 때문에 그것들이 우리에게 노출되는 것 역시 그 자체로 객관적인 것이고, 그러한 객관적인 연관 속에서 감각함이 이루어진다는 것입니다. 이에 사르트르는 감각함을 덮어놓고 주관적이라고 여겨서는 안 된다는 것을 강조하게 됩니다.

그렇기 때문에, 봄은 시각적인 **감각들**을 **산출하지 않는다**. 그렇다고 봄이 광선들에 의해 **촉발되는** 것도 아니다. 그게 아니라, 봄은 가시적인 모든 대상들의 결집인데, 가시적인 대상들 간의 객관적이고 상호적인 관계들 모두가 척도로 작동하는 어떤 선택된(동시에 수용된) 크기들과 하나의 어떤 조망적인 중심에 의거하는 한에서 그러하다. 이런 관점에서 보면, 감각함은 주관성과 전혀 같을 수 없다. 지각 장에 등록할 수 있는 모든 변양들은 기실 **객관적인 변양들**이다.(358/33~34)

"감각함은 주관성과 전혀 같을 수 없다"라는 말이 정말 인상적입니다. 이 명제는 "봄은 가시적인 모든 대상들의 결집"이라는 어쩌면 충격적일 정도의 명제와 정확하게 짝을 이루고 있습니다. 또한 앞에서 제시한 "내 몸은 세계 위 도처에 있다"라는 명제와 공명을 하고 있습니다.

사르트르는 감각함에서 독자적인 주체성을 찾으려 해서는 안 될 뿐만 아니라, 그 어떤 종류의 주체성도 찾으려 해서는 안 된다는 것을 말하고 있습니다. 하지만 우리로서는 감각함에서 주관성, 즉 주체성을 어떻게 완전히 삭제할 수 있단 말인가요? 그 존재방식에 있어서 내 몸과 거의 동일시되고 있고, 따라서 감각함이 내 몸과 떼려야 뗄 수 없다는 점을 감안하면 더욱 그러합니다.

5) 잠정적 지각 장과 현행적 지각 장

하지만 사르트르가 제시하는 다음의 말을 들으면 감각함과 감각적인 대상들에 대해 또 다른 규정을 얻게 되면서 생각이 달라집니다.

> 만약 어떤 이유로건 시각적인 지시 중심이 파괴되면, 가시적인 대상들
> 역시 동시에 무화된다. 가시적인 대상들은 **나에 대해** 계속해서 존립한
> 다. 하지만 가시적인 대상들은 그 어떤 지시 중심도 없이 가시적인 **총**
> **체**로서만, 그 어떤 특정한 **이것**의 현출도 없이, 즉 그것들 간의 관계들
> 의 절대적인 상호성 속에서만 존립한다. 그러니까, 사물들의 총체인 세
> 계와 사물들의 성질들이 제시되는 객관적인 방식인 감각함을 동시에
> 존립케 하는 것은 세계 속에서의 대자의 발융이다. 근본적인 것은 세
> 계에 대한 나의 관계이다. 이 관계는 세계와 감각함을 동시에 규정한
> 다.(358~359/34)

이야기의 판이 달라졌습니다. 시각적인 지시 중심은 내 몸이었습니다. 시각적인 지시 중심이 있어야만 봄(즉 감각함)이 성립합니다. 봄이 성립할 때 동시에 봄의 특정한 시각적인 대상인 '이것'이 성립합니다. 봄은 적어도 일정한 조망에 의거해서 나름의 초점을 맞추어야 하는 것이기 때문입니다. 그런데 사르트르는 시각적인 지시 중심이 없는 상황을 제시하고 있습니다. 이는 전혀 초점이 없는 봄, 그에 따른 이른바 순수 지평이기만 한 '지각 장 이전의 지각 장'을 염두에 둔 것입니다. 그 어떤 시각적인 대상도 특권을 가지지 않은 상태에서, 등가적으로 표백된 상태에서, 절대적인 상호 관계들을 갖는 상태에서, 모든 시각적 대상들이 그저 '가시적인 총체'로서만 존립하는 상황입니다. 이는 그다지 쉽지는 않지만 우리가 아무런 관심도 없이 그저 멍하니 지각 장을 바라볼 때 성립함 직한 상황, 따라서 제대로 된 의미에서 본다고 말할 수 없는 상황입니다. 그렇다고 이때 내가 내 의식의 내면으로 기어들어 가 반성을 일삼고 있는 것은 전혀 아닙니다. 이때 나는 이 무덤덤한 가시적인 총체를 대하고 있을 뿐이고, 그것은 나에 대해 있을 뿐입니다.

그러다가 이제 하나의 특정한 대상을 봅니다. 왜 그렇게 보게 되었을까요? 욕망에 의거한 의식적인 관심이 발동한 것입니다. 이 대목에서 사르트르는 이를 '대자의 발융'이라고 말하고 있습니다. 하지만 이때 대자는 세계를 벗어나 있는 곳에 있다가 세계 속으로 들어오는 것이 아니라, 이미 세계 속에서 존립해 있는 것입니다.

대자의 발융으로 인해 이제 세계는 하나하나의 특정한 이것들의 총체로 드러납니다. 잠정적이던 시각적 대상들이 현행적인 시각적 대상들로 부각되고, 아울러 잠정적인 세계가 현행적인 세계로 부각된 셈입니다. 멍하니 잠정적으로 수행되던 '봄 아닌 봄'이 이제 현행적인(활동적인) 봄으로 부각됩니다. 이 봄은 사물들의 시각적인 성질들을 노출시키되 객관적으로 노출시킵니다. 현행적인 봄은 사물들이 노출되는 객관적인 규칙을 그대로 반영하기 때문입니다. 이에 이제 세계와 감각함을 존립케 하는 것이 대자의 발응인 것으로 정돈됩니다.

전체적으로 보면, 사르트르는 가장 넓은 의미의 감각함과 세계의 동시발생적 연관을 벗어나지 않습니다. 우리가 '순수 지평으로서의 지각 장 아닌 지각 장'이라 일컬었던, 혹은 '잠정적인 세계'라고 일컬었던 상황에서도 '멍하긴' 하지만 감각함을 수행하고 있었다고 말할 수 있기 때문입니다.

6) 순수 이성적인 세계의 성립

지나가는 길에 사르트르는 순수 이성에 의거해서 구성하는 세계가 어떻게 생겨나며 어떤 난점을 갖는가를 간단하게 지적합니다. 추상적인 사유에 의거한 과학적인 세계와 일상적으로 지각하는 현실 세계의 관계에 대한 것이라 대단히 중요한 대목입니다.

> 이성적이면서 보편화하는 나의 사유는, 사물들이 나의 감각함에 대해 나 자신에게 제공한 단서들을 추상적인 것 속으로 연장한다. 그리고 그런 이성적이고 보편화하는 나의 사유는 그러한 신호들에서 출발하여 감각함을 **재구성한다.** …… 이 경우, 나는 사유에 의해 나를 세계로부터 빼버리고 그럼으로써 순수 합리성의 터전 위에서 세계를 재구성해 버린다. 나는 세계에 가닿지 않고 세계를 [허공에서] 조감한다. 나는 절대적인 객관성의 태도를 취하고, 감각함은 대상들 중의 한 대상이 되면서

그 자체 좌표를 전제로 하는 **상대적인** 지시 중심이 된다. …… 나는 세계에 가닿은 나의 접촉을 끊어 버리고, 그저 허공(survol)의 상태에 놓이게 된다. 그러면서 세계는 무한 가능의 관계들이 갖는 절대적인 등가성 속으로 사라진다.(359/34~35)

여기에서 중요한 것은 감각함과 절대적인 객관성의 태도 간의 관계입니다. 순수 이성에 입각한 절대적인 객관성의 태도에서는 감각함이 사물들의 지시 중심이 될 수 없습니다. 구체적이고 실질적인 조망이 없이는 감각함이 성립할 수 없는데, 사실 어떠한 구체적이고 실질적인 조망도 갖지 않는 것이 절대적인 객관성의 태도이기 때문입니다. 그런데도 감각함이 좌표를 전제로 한 '상대적인' 지시 중심이 된다는 것은 감각함 역시도 다른 대상들과 동일한 자격의 한 점을 차지할 뿐이라는 이야기입니다.

중요한 것은 순수 이성에 의해 절대적으로 객관적인 세계를 구성했을 때, 그 세계와 나는 구체적으로 어떠한 관계도 없다는 것입니다. 이때 구체적이라는 것은 내가 사물들을 도구로 삼아 행동을 한다는 것을 뜻합니다.

7) 행동으로 본 내 몸

너무 진도가 밀리고 있습니다. 그래서 좀더 속력을 내고자 합니다. 사르트르는 몇 쪽이나 되는 지면을 할애하면서 심도 깊게 그리고 구체적으로 행동에 관련해서, 그리고 행동에 필요한 도구-사물들의 연관에 관련해서 '나의 몸'을 분석합니다.

(1) 행동하는 타인의 몸을 행동하는 내 몸의 모델로 삼아서는 안 된다

그 출발점은 남들이 행동할 때 나타나는 몸을 보고서 내가 행동할 때 존립하는 몸을 추정해서는 안 된다는 것입니다.

> 타자의 몸은 다른 도구들의 환경에 속해 있는 하나의 도구로서 나에게 나타난다. 단지 용구들을 만들기 위한 하나의 용구로서뿐만 아니라 용구들을 다루는 하나의 용구로서 나타난다. 한마디로 타자의 몸은 하나의 용구-기계(une machine-outil)다. 만약 내가 내 몸의 역할을 내 행동에 비추어 해석하되 타자의 몸에 대한 나의 인식들이 제공하는 어렴풋한 빛에 의거해 해석한다면 다음과 같은 잘못된 일이 벌어질 것이다. 어떤 하나의 도구[8]가 있다. 나는 이 도구를 내 마음대로 부릴 수 있다. 그런데 이 도구는 그 나름으로는 내가 추구하는 어떤 목적을 함수로 삼아 다른 도구들을 부린다. 그런데 위 해석에 의거하면 나는 나를, 이 도구를 부리는 자로 간주하게 된다. 이렇게 되면, 우리는 영혼(âme)과 몸의 고전적인 구분으로 되돌아가게 된다. 그리하여 영혼은 몸인 용구를 활용한다고 말하게 되고 만다.(360/36)

남들이 어떤 목적을 갖고서 행동하고 있는 모습을 보면, 그의 몸이 다른 도구들과의 연쇄 속에 끼어들어 일종의 매개적인 도구로 나타난다는 것을 지적하고 있습니다. 그것은 나의 시선에 포착된 '행동하는 남의 몸'은 대상화되고 객관화된 대상으로 나타날 수밖에 없고, 또 사물이란 기실 도구-사물일 수밖에 없기 때문입니다.

---

8) 내 몸을 지칭하는 것입니다.

그런데 이런 타인의 몸을 모델로 삼아 행동하는 나의 몸도 마찬가지 방식을 띠지 않을까 해서 내 몸을 하나의 도구로 여기게 되면, 그런 도구를 부리는 내가 따로 있다고 여기기 마련이기에, 그리고 도구를 부리는데 또 다른 도구가 필요하다면 계속해서 이 사태가 이어지면서 무한퇴행에 빠지기 때문에, 이를 중지시키기 위한 종착점 너머의 영혼을 상정할 수밖에 없고, 궁극적으로 그 영혼이 몸을 도구로서 부린다고 말하는 고전적인, 즉 데카르트적인 이원론에 빠지게 된다는 것입니다.

(2) 세계는 도구-사물들의 무한 복합이다

세상에 널려 있는 사물들은 적어도 세계 내의 대자, 즉 자기인 것이 아니고자 하고 자기 아닌 바로 그것이고자 하는 인간실재의 존재방식을 전제로 하는 한, 그 사물들은 본질적으로 '도구-사물'이라고 했습니다. 이 도구들은 서로에게로 회부되는 방식을 취하면서 주어집니다. 그래서 이렇게 이야기됩니다.

> 이런 의미에서, 지각은 세계 안에 존립하는 것들의 실천적인 조직과 전혀 구별되지 않는다. 각각의 도구는 다른 도구들에게 회송된다. 즉 자신은 다른 도구들에게 **열쇠**가 되고 다른 도구들은 자신에게 **열쇠**가 되는 그런 관계 속에서, 다른 도구들에게 회송된다. 그러나 이러한 회송들은 순수하게 명상적인 의식에 의해서는 파악되지 않을 것이다. 그런 의식에 대해서는 망치는 못들에게 회송되지 않을 것이다. 망치는 [그저] 못들 **옆에** 있을 것이다. 더욱이 '옆에'라는 표현이 망치에서 못으로 가는, 돌파되어야만 하는 하나의 통로를 전혀 그려내지 않는다면, '옆에'라는 표현은 그 모든 의미를 상실하고 말 것이다. 나에게서 발견되는 본래의

공간은 노정적(路程的, hodologique) 공간이다. 본래의 공간은 통로들과 길들로 이랑져 있다. 본래의 공간은 도구적이고, 도구들의 **장소**(*site*)다.(361/38)

사르트르의 현상학적 공간론이 전개되고 있습니다. "공간은 통로들과 길들로 이랑져 있다"라고 하는 '노정적 공간론'이 이채롭고 멋집니다. 물론 여기에서 길들은 실천적인 방식으로, 복잡 미묘하기 이를 데 없는 방식으로, 마치 현대의 인터넷 네트워크보다 훨씬 더 복잡 미묘하게 조직되어 있을 것입니다. 그저 객관적인 위치의 관계나 거리의 관계들만으로는 도저히 상상조차 할 수 없이 기이하게 우리의 실천에 바탕을 두고서 조직적으로 포진되어 있는 것이 '도구-사물들'의 세계인 것입니다. 그렇다면, 도구-사물들과 그 복합적인 조직인 세계는 그 존재방식에 있어서 미래를 바탕으로 할 수밖에 없을 것입니다. 다시 이렇게 정돈됩니다.

세계는 '항상 미래적인 하나의 허방'(une 'creux toujours futur')으로 노출된다. 우리가 우리 자신들에 대해 항상 미래적이기 때문이다.
그러나 우리에게 이렇게 노출되는 세계의 이 미래는 엄격하게 객관적이다. 도구-사물들은 다른 도구들을 가리키고 또 그 다른 도구들을 사용하는 경우 그 객관적인 방식들을 가리킨다. 못은 그러저러한 방식으로 '박혀져야' 하고, 망치는 '자루에 의해 잡혀져야 하고, 찻잔은 '손잡이에 의해 잡혀져야' 한다, 기타 등등. 사물들의 이 모든 속성들은 직접 노출된다. 이는 라틴어의 현재분사들이 탁월하게 번역한다. 틀림없이 이 속성들은 우리 자신들인 비정립적 기획들에 대한 상관자들이다. 그러나 이 속성들은 그저 세계의 구조들인 잠세성들(potentialités), 부재들, 도구성 등으로 노출된다. 그래서 세계는 나에게 객관적으로 분절된 것으로 나타난다. 세계는 창조적인 주체성으로 결코 회송되지 않는다. 세계는 무한한 도구 복합으로 회송된다.(362/39)

우리는 세계의 객관적인 조건, 특히 세계의 객관적인 미래를 염두에 두지 않고서 실천적인 기획을 할 수 없습니다. 세계는 당장 나에게 현전해 있으면서 미래를 향해 속도를 내고 있는 형국입니다. 사물들의 속성들이 라틴어의 현재분사들에 의해 탁월하게 번역된다는 것은 정확하게 알 수 없지만, 미래적인 당위들을 지니고 있는 사물들(도구들)의 속성들이 결코 단순하지만은 않다는 것은 쉽게 알 수 있습니다. 특히 로봇처럼 복잡하기 이를 데 없는 기계 장치의 경우 세계가 본래 얼마만큼 강력한 객관적인 힘을 지니고 있는가를 여실히 드러냅니다. 세계를 바라보고 있노라면 창조주를 생각할 수밖에 없는 것이 아니라 무한한 도구 복합을 생각하게 되고, 그래서 세계를 그쪽으로 회송하여 그 무한한 유동성과 열림을 생각하게 되는 것입니다.

(3) 행동에서 도구를 사용하는 나의 손

이제 타인의 행동을 볼 때 마치 객관적인 도구-사물처럼 나타나는 타인의 몸과 달리, 행동할 때 즉 다른 도구들을 사용하여 일을 할 때 나의 몸은 과연 어떻게 근원적으로 달리 나타나는가를 살피게 됩니다.

나는 글 쓰는 행위에서 나의 손을 잡지 않는다. 그저 글을 유출해 내는 펜대를 잡고 있을 뿐이다. 이것이 의미하는 바는 이렇다. 나는 글자들을 쓰기 위해 펜대를 이용하는 것이지 펜대를 잡기 위해 내 손을 이용하는 것이 아니다. 내가 펜대와 맺는 관계에 관련하여 갖는 이용에 입각한 태도와 내가 나의 손과 맺는 관계에 관련하여 갖는 태도는 다르다. 후자의 태도는 이용에 입각한 태도가 아니다. 나는 내 손이다. 즉 내 손은 회송들의 정지이며 회송들의 귀결이다. 손, 그것은 단지 펜대를 이용함이다. 이런 의미에서 손은 인식불가능하고 이용될 수 없는 항이며, …… 그와 동시에 [도구 복합의] 전반적인 계열의 방위이다. …… 나의 손은 사라진다. 나의 손은 도구성의 복합 체계를 존립토록 하기 위해 그 복합 체계 속에서 상실된다. 나의 손은 도구성의 복합 체계의 감각함이자 방위이다. 그저 그럴 뿐이다.(363/40~41)

남이 글을 쓸 때, 그 남의 손은 그가 글을 쓰기 위해 이용하는 것처럼 보이지만, 내가 글을 쓸 때 나의 손은 나에게 있어서 전혀 그렇지 않다는 이야기를 도구들 복합의 질서를 염두에 둔 채 기술하고 있습니다. 도구들 복합은 전체적으로 지시 체계 혹은 회송 체계입니다. 지시 체계 혹은 회송 체계가 끝나는 지점은 어디인가요? 그것이 문제입니다. 만약 끝나는 지점이 몸 전체를 넘어선 어떤 무엇이라면 그것에 대해 우리는 영혼 내지는 정신 등의 이름을 붙여, 앞서 말한 것처럼 그것이 몸을 도구로 이용한다고 해야 합니다.

사르트르는 창조주인 신조차 무시하면서 이를 단호히 거부하고, "나는 내 손이다"라는 명제를 제시합니다. 사르트르의 이 명제는 일찍이 가브리엘 마르셀(Gabriel Marcel, 1889~1973)이 『존재와 소유』에서 말한 내 몸, 그것은 내 자신이다"[9]라는 명제를 떠올리게 하고, 메를로-퐁티가

---

9) Gabriel Marcel, *Être et avoir*, Paris: Aubier, 1935, pp.14~15

이를 이어받아 더욱 분명한 어조로 "나는 내 몸이다"[10]라고 한 명제를 떠올리게 합니다. 사실은 후설도 몸이 주체성을 가질 수 있음을 여러모로 이야기했는데, 그 초월론적인 기반에 절대의식이라고 하는 초월론적인 주체성을 두고 있는 것이어서, 여기에서 보는 프랑스 철학자들의 입장과 다릅니다.

과연 나는 내 손인가요? 나는 내 몸이라고 할 때보다 직관적으로 입증하기에 더 어려워 보입니다. 사실이지, 이때 '내 손'은 '내 몸'과 구분되는 것이 아닙니다. 내 몸 전체로부터 따로 분리된 것으로 보는 내 손이란 여기에서 말하는 내 손과 아예 거리가 멀어도 한참 멀기 때문입니다.

내가 자판기를 치면서 글을 쓰고 있는 내 손에 의식을 집중하면 타자를 하는 내 손은 인식의 대상이 됩니다. 그럴 때 내 손에 대한 의식은 정립적입니다. 그와 달리, 내가 모니터만을 열심히 보고서 타자를 치고 있다고 해도 내 손에 대한 의식이 없을 수는 없는데, 그때 내 손에 대한 의식은 비정립적입니다. 비정립적인 의식은 메를로-퐁티가 말하는 체화된 의식과 꼭 마찬가지로 그 자체 흔히 생각하는 의식이라 하기가 쉽지 않습니다. 하지만, 사르트르는 모든 주제에 관한 기술을 하고 논의를 할 때, 바로 그 비정립적 의식을 출발점이자 토대로 삼습니다.

이때 내 손은 세계 '속에' 있긴 하지만 세계로부터 부각되지 않고 오히려 세계 속에서 사라집니다. 어디에 있다고 말할 수 없게 됩니다. 그저 세계 도처에 확장되어 있고, 그러면서 세계 내의 모든 도구 복합들을 불러 모으는 응축의 중심으로서 도구 복합의 방위 역할을 하는 것입니다.

---

10) Maurice Merleau-Ponty, *Phénoménolgie de la perception*, Paris: Gallimard, 1945, p.175

(4) 도처에 있는 내 몸

이외에 도구-사물이 몸에 대해 저항을 발휘하는 경우들을 살피면서 여러 복잡한 논의들을 거친 뒤, 사르트르는 다음과 같이 내 몸에 대해 결론을 냅니다.

> 그래서 내 몸은 일차적으로는 도구들-복합에 의해 지적되고, 이차적으로는 파괴적인 기구들(engins)에 의해 지적된다. 나는 온순한 도구들에 대해서와 마찬가지로 위협적인 기구들에 대해서 위험 속에서 내 몸을 산다. 내 몸은 도처에 있다. 집이 이미 내 몸을 가리키는 표지(indication)인 한에서, 내 집을 파괴하는 폭탄은 역시 내 몸에 타격을 가한다. 그것은 내 몸이 항상 그가 사용하는 도구를 통해 확장되어 나가기 때문이다. 내 몸은 내가 의지하는 지팡이 끝에 있으면서 땅에 대항한다. 내 몸은 나에게 천체들을 보여 주는 천문 망원경의 끝에 있다. 내 몸은 의자 위에, 집 전체 속에 있다. 내 몸은 이러한 도구들에 대한 나의 적응이기 때문이다.(364~365/43)

도구라고 해서 모두 안전한 것은 결코 아닙니다. 어쩌면 모든 도구가 내 몸에 저항하는 성격을 가졌다고 해야 할 것입니다. 이는 하이데거가 『존재와 시간』에서 도구가 '손 안에 있음'(Zuhandenheit)을 벗어나는 경우들을 논할 때, 도구의 망가짐에 의한 '돌출'(Auffallen), 도구의 없음에 의한 '융기'(Aufdringlichkeit), 현재의 도구사용을 방해하는 다른 도구들의 '저항'(Aufsässigkeit) 등의 양태들을 제시한 것[11]과 연결됩니다.

---

11) Martin Heidegger, *Sein und Zeit*, Tübingen: Max Niemeyer, 1972, pp.107~108 참고.

그 같은 내 몸에 대해 부정적인 도구들조차 내 몸으로 회송되고(물론 부정적인 방식으로 회송될 것입니다), 내 몸을 지시 중심으로 삼아 존립합니다. 하지만 사르트르는 긍정적인 도구들의 회송 방식과의 차이를 자세히 논구하지 않습니다. 이를 면밀히 분석해서 검토하면 생태 및 평화에 관련된 철학적인 성찰을 보충할 수 있을 것입니다.

이 와중에 사르트르는 내 몸이 어떻게 도처에 확산되어 있는가를 다소 구체적인 표현을 써 가면서 예시하고 있습니다. 그런 뒤 "내 몸은 이러한 도구들에 대한 나의 적응"이라고 하는 중요한 정의를 내립니다. 논의의 편의상 이를 '내 몸은 적응이다'라고 간명하게 축약시켜 보겠습니다. 여기서 '적응'은 '적응하려는 상태 내지는 적응된 상태'일 것입니다. 혹은 그러한 활동으로서 적응함일 수도 있습니다.

(5) 정리

이제 그야말로 오늘 강의를 정리해야 할 단계입니다. 사르트르가 말하는 나와 내 몸, 몸과 세계, 나와 세계 등의 관계들에 대해 제시하는 주요 문장을 인용함으로써 강의를 마치고자 합니다.

어떤 의미에서 보자면, 몸은 직접 나인 바로 그것이다. 다른 의미에서 보자면, 나는 세계의 무한한 두께에 의해 몸으로부터 격리되어 있다. 몸은 세계가 나의 현사실성을 향해 밀려남에 의해 나에게 주어진다. 그리고 이 영구적인 밀려남의 조건은 영구적인 초월(dépassement)이다.(365/44)

지난 시간에 우리는 대자의 현사실성을 살펴본 적이 있습니다. 우리는 내가 세계 속에서 어떤 조망(관점)을 취할 수밖에 없다는 필연성을 둘러싸고서, 내가 존재한다는 우연성과 하필이면 다른 조망이 아니라 지금 이 조망을 갖게 된 우연성이 성립할 때, 대자의 현사실성이 그 두 우연성의 결합이라고 했습니다. 세계가 나의 현사실성을 향해 밀려난다는 것은 지금 당장 우리가 바라보고 있는 이 강의실 전체가 나로부터 물러나 있음을 목도함으로써 쉽게 경험할 수 있습니다. 만약 이 강의실 전체(세계를 대신함)가 내 속으로 파고들어면(예컨대 이 강의실 전체가 내 의식에 각인된 이미지들의 총체가 된다면), 나는 현사실성을 지닐 수 없을 것입니다. 내 의식 속에 있는 것에 대해 내가 일정한 조망을 갖는다는 것은 애당초 불가능하고 무의미한 일이기 때문입니다. 그런 까닭에 세계가 나의 현사실성을 향해 나로부터 밀려남으로써 몸이 주어진다고 하는 것입니다.

세계가 이렇게 영구적으로 밀려나 있다는 것은 세계 내의 모든 도구들이 자신들 각자의 객관적인 권리를 주장하면서 그렇게 객관적으로 밀려나 있을 수 있는 근거를 봄을 수행하고 있는 나에게도 요구하는 것입니다. 그리고 그 요구에 따른 것이 내 몸의 현존이지요. 한편 세계가 영구적으로 밀려나 있다는 것은 달리 말하면 내가 세계를 넘어서서 영구적으로 내 쪽으로 물러나 있음, 즉 초월을 일삼고 있다는 것을 함께 알려 줍니다. 이에 대자의 초월성이 성립할 수 있는 것입니다. 그런데 사르트르는 이 대자의 초월성을 세계의 밀려남의 조건이라고 말하고 있습니다. 저 앞에서 우리는 "사물들의 총체인 세계와 사물들의 성질이 제시되는 객관적인 방식인 감각함을 동시에 존립케 하는 것은 세계 속에서의 대자의 발융이다"(358~359/34)라는 사르트르의 언명을 기억하고 있습니다. 이는 "나는 내 자신을 향해 존재를 초월함으로써 세계를 있게끔 한다"(365/43)라는 말로 분명하게 언급됩니다.

나의 대자적인 초월이 세계의 밀려남의 조건이 되고, 나의 현사실성을 향해 세계가 밀려남으로써 내 몸이 나에게 주어진다면, 몸이 나에게 주어지는 것은 나의 대자적인 초월에 입각한 것입니다. 몸이 나에게 주어졌다는 것을 나에게서 감각함이 존립하게 된다는 것과 거의 동일한 것으로 본다면, 바로 위 단락에서 재인용한 문장과 연결됩니다.

세계가 나로부터 영구히 밀려남으로써 세계는 무한한 두께를 갖습니다. 세계가 나로부터 밀려날 때, 그 세계의 도처에 있는 내 몸 역시 밀려난다고 보아야 합니다. 말하자면 내 몸의 확산의 계기를 통해서 보자면, 나는 내 몸과 격리되어 있습니다. 하지만, 한편으로 내 몸은 세계 전체의 두께가 응축되어 집결되는 지시 중심이었습니다. 이러한 내 몸의 응축의 계기에서 보자면, 나는 직접 바로 내 몸인 것입니다.

몸의 존재론적인 비의가 사르트르의 관찰과 사유의 시선을 한껏 적시고 있습니다.

5. 몸과 대자적인 의식

1) 초월된 몸

(1) 지각 구조에서 본 초월된 몸

사르트르가 찾고자 하는 몸은 흔히 우리가 남들을 볼 때 혹은 내 자신의 몸을 볼 때 주어지는 몸이 아닙니다. 그 몸들은 이른바 객관적인 대상으로서의 몸일 뿐입니다. 사르트르의 사유를 추동하는 몸은 감각함을 지금 당장 수행하고 있는 현행적이면서 비정립적이고, 따라서 결코 의식의 대상이 될 수 없는 몸입니다.

나는 지금 강의 준비를 하면서 간간히 커피를 마십니다. 나는 책상 위에 놓여 있는 커피잔을 봅니다. 이때 나는 커피잔에 직접 현전해 있습니다. 내가 이렇게 커피잔에 직접 현전할 수 있는 가능성은 나의 몸 때문입니다. 내가 바라보고 있는 커피잔은 내 왼쪽에 있습니다. 내가 이렇게 방향을 가리킬 수 있는 것은 내가 일정한 조망적인 위치를 가지고 있기 때문입니다. 그럴 수 있는 가능성은 나의 몸이 아니고서는 성립될 길이 없습니다. 그런데 이러한 내 몸은 어디에 있으며, 그 존재방식은 어떠한가요?

이러한 내 몸은 커피잔과 같은 존재방식을 띨 수도 없고, 커피잔에 현전해 있는 나와 똑같은 존재방식을 띨 수도 없습니다. 내 몸은 양쪽을 연결해 주면서 사라집니다. 이러한 내 몸을 일컬어 사르트르는 '초월된 몸'이라고 합니다.

이제 우리는 우리의 몸이 지니는 **우리에-대한-본성**을 정확하게 제시할 수 있다. 사실이지, 앞서 개진한 지적들을 통해 우리는 다음과 같이 결론을 내릴 수 있다. 즉 몸은 영구적으로 **초월된 것**이라는 것이다. 나는 [지금] 컵, 탁자, 혹은 저 멀리 나무를 지각하고 있다. 나는 이것들에 직접 현전해 있다. 사실인즉슨, 이러한 나는 감각적인 지시 중심인 몸 너머에서 성립한다.(365/44)

몸이 '초월된 것'인 까닭을 설명하고 있습니다. 내가 다른 사물들을 지각하면서 그것들에 직접 현전해 있기 위해서는 '몸 너머'로 나아가지 않으면 안 된다는 점에서 몸이 '초월된 것'이 된다는 것입니다. 바로 이어서 이렇게 말합니다.

사실, 지각[함]은 대상이 지각되면서 **거리를 갖지 않는** 바로 그 장소에서 이루어질 수밖에 없다. 그러나 동시에 지각[함]은 거리들을 전개한다. 그리고 지각된 대상이 자신의 존재를 나타내는 절대적인 속성으로서 자신의 거리를 지시하는데, 이때 지각된 대상은 몸과 관계하지 않고서는 자신의 거리를 지시할 수 없다. 마찬가지로 도구 복합의 용구적인 중심인 몸은 **초월된 것**일 수밖에 없다. 몸은 내가 새로운 복합의 조합을 향해 넘어서는 것이다. [내가 향하는] 그 도구적인 조합이 어떤 것이라 할지라도 [그 도구적인 조합을 향해] 내가 영구적으로 넘어서야만 할 것이 바로 몸이다.(365/44)

우리가 일상적으로 대상들을 지각할 때 그 대상들은 나와 거리를 갖는 상태에서 지각됩니다. 그 거리가 없어져 버리면 대상은 그 자신의 절대적인 현존의 힘을 상실하고 마치 이미지에 불과한 것인 양 나의 지각 속으로 함입되고 말 것입니다. 그런 나와 대상 간의 거리를 가능케 하는 것이 내 몸입니다. 만약 이 몸이 없다면, 지각함과 지각 대상은 그야말로 완전히 동일한 장소에서 이루어짐과 동시에 지각함이 거리를 전개한다는 것이 불가능해질 것입니다.

그런데 이때 지각되는 대상과 내 몸 간의 거리에서 그 거리는 내 몸의 어디에서부터인가요? 지금 내 책상 위에서 지각되는 커피잔과 내 몸 간의 거리는 커피잔과 타이프를 치고 있는 내 손까지의 거리인가요, 아니면 내 배까지의 거리인가요, 혹은 아니면 내 등가죽까지의 거리인가요? 이것들 중 그 어느 것도 그 거리를 전개하는 지시 중심일 수 없습니다. 이는 내 몸이 지각되는 대상에 대해서도 초월해 있음을 나타냅니다. 지각되는 대상들을 초월해 있다고 하거나 지각하는 나에 의해 초월되어 있다고 해서 존립하지 않는 것은 결코 아닙니다.

이어지는 도구 복합과 도구 조합에 관한 이야기는 자세히 논급하자
면 복잡하지만, 예컨대 내가 멀리 있는 것을 더 잘 보기 위해 망원경을 사
용한다고 할 때, 그 망원경을 사용하는 나는 내 몸을 초월함으로써 그 망
원경을 제대로 사용할 수 있게 된다는 정도의 이야기만 하고 넘어가고자
합니다.

(2) 초월된 몸의 시간성

사르트르는 이러한 초월된 몸을 시간성을 통해 다음과 같이 새롭게 정의
합니다.

> 몸은 초월된 것이기 때문에 과거다. 몸은 '감각적인' 사물들이 대자에
> 게 직접 현전하는 것이다. 이 현전이 하나의 지시 중심을 지시하는 한에
> 서, 그리고 이 현전이 새로운 **이것**의 현출을 향해서건 새로운 도구-사
> 물들의 조합을 향해서건 **이미 초월된** 한에서 그러하다. 대자의 각 기획
> 에 있어서, 각각의 지각에 있어서, 몸은 거기에 있다. 몸은 최측근의 과
> 거(le Passé immédiat)인데, 이는 몸이 몸을 달아나는 현재에 여전히
> 스칠 듯 접해 있기 때문이다. 이는 몸이 **관점**이자 동시에 **출발점**임을 의
> 미한다. 나는 바로 이 관점이자 출발점인데, 동시에 그런 내가 되어야만
> 하는 내가 되기 위해 이 관점과 출발점을 넘어선다.(366/44)

기기묘묘한 미세한 지점을 파고들어 갑니다. 지시 중심으로서의 관
점이자 출발점인 내 몸이 없이는 대자인 내가 지각뿐만 아니라 그 어떤
기획도 수행할 수 없는데도, 오히려 대자인 나는 그런 기획을 수행하기

위해 관점과 출발점으로서의 내 몸을 넘어서지 않으면 안 된다는 것입니다. 그래서 초월된 내 몸은 현재에 가장 가까이 있는 과거이고, 그 과거를 넘어서는 대자인 나에게서 '미래의 냄새를 풍기는' 현재가 성립한다는 것입니다. 시간성에 있어서 내 몸에 대한 대자의 초월에 의거해 과거와 현재의 극미한 격차가 생겨나고, 그 양쪽에 거의 들러붙어 있듯이 내 몸과 대자가 존재하는 것입니다.

(3) 내 몸인 나

극미한 시차(時差)를 두고서 내 몸과 대자인 내가 연결되어 있습니다. 몸이 없이는 대자가 있을 수 없고, 대자가 있음으로써 초월된 것으로 지각되는 일체의 대상으로부터 몸이 초월한 것일 수 있는 것입니다. 이에 이렇게 이야기됩니다.

> 몸을 갖는다는 것은 자기 자신의 무에 대한 토대가 된다는 것이고 자신의 존재에 대한 토대가 되지 않는다는 것이다. 내가 **존재하는** 한, 나는 내 몸이다. [그리고] 내가 나인 것이 아닌 한, 나는 내 몸이 아니다. 내가 내 몸으로부터 벗어나는 것은 나의 무화에 의해서다. 그러나 나는 이를 위해 몸을 하나의 대상으로 만들지 않는다. 왜냐하면 내가 벗어나고자 하는 것은 영구히 나인 그것이기 때문이다.(366/45)

두 개의 내가 미세한 틈을 사이에 두고서 숨바꼭질을 하고 있습니다. 하나는 대자인 나이고, 다른 하나는 내 몸인 나입니다. 대자[인 내]가 영구적으로 무화작용을 일삼는다고 할 때, 가장 먼저 벗어나는 것은 바로 내 몸 혹은 내 몸인 나입니다. 그런 다음에라야 일체의 대상들을 벗어날 수 있습니다. 내 몸은 대자인 몸입니다. 대자는 대자인 몸을 가장 먼저 벗어나는 것입니다. 그러나 벗어난다고는 하지만, 가장 빨리 다가와 대자를 되잡는 것이 내 몸 혹은 내 몸인 나입니다. 순간 대자는 이를 뿌리칩니다. 그래서 대자인 나는 궁극적으로 도대체 내 몸인 나를 "벗어날 수가 없지만, 벗어"나게 됩니다. 나는 내 몸이면서 동시에 내 몸이 아닌 것입니다. 하지만 대자인 나는 내 몸이 아니고서는 내 몸이 아닐 수 없습니다. 기묘한 존재론의 영역이 아닐 수 없습니다. 이에 사르트르는 이러한 이야기를 합니다.

> 대자존재, 그것은 세계를 넘어서고 그럼으로써 세계를 있게 한다. 그러나 세계를 넘어섬, 그것은 바로 허공에서 세계를 내려다보는 것이 아니다. 세계를 넘어섬은 세계로부터 창발하기(創發, émerger) 위해 세계 속에 참여하는 것이다. 세계를 넘어섬은 필연적으로 이러한 넘어섬의 조망을 이루는 것이다. 이런 의미에서, 유한성은 대자의 근원적인 기획에 있어서 필수적인 조건이다.(366/45)

한편의 구도로 보면, 내 몸 대신에 세계를 대입시킨 것 같습니다. 내 몸이 없이는 대자가 존립할 수 없는 것처럼, 대자가 세계 속에 참여(개입)하지 않고서는 세계로부터 창발될 수 없다는 것을 말하고 있기 때문입니다. 들어감으로써 나오고, 나오기 위해 들어가는 격입니다. 이 세계를 사는 인간의 근본적인 존재방식이 그러하다는 이야기입니다. 사르트르가 종전의 '허공의 사유'(pensée du survol)를 얼마만큼 적극적으로 배척하고 있는가를 여실히 드러냅니다.

2) 몸과 의식

(1) 출발점인 과거인 몸

늘 하는 이야기지만 워낙 논리가 촘촘하여 요약이 결코 쉽지 않습니다. 이제 사르트르는 과거인 몸을 활용하여 몸과 의식의 관계를 파악하는 데까지 나아갑니다. 우선 그 논의의 출발 지점을 보기로 합시다.

> 내가 세계를 존재로 오게 하는 것은 내가 존재임을 내 자신으로부터 부정하기 때문이다. 내가 그러그러한 존재임을 내 자신으로부터 부정할 수 있는 것은 나의 과거로부터 출발함으로써, 즉 내 자신의 존재 너머로 나를 기획투사함(projeter)으로써다. 이런 관점에서 볼 때 몸, 즉 주어지지만 파악할 수 없는 이 소여는 내 행동의 필수 조건이다.(367/46)

앞서 했던 몸의 시간성에 관련해서 생각해야 합니다. 나의 과거로부터 출발하지 않고서는 내가 내 자신의 존재를 부정할 수 없고, 내가 내 자신의 존재를 부정할 수 없으면 세계를 존재로 가져올 수 없다는 것입니다. 세계를 존재로 가져온다는 것이 그저 지각에서만의 일은 아닙니다. 도구 복합을 운위해 온 것에서 알 수 있듯이, 그리고 지각과 행동을 따로 떼어 생각할 수 없다고 한 데서 알 수 있듯이, 대자인 내가 나 자신의 무화를 통해 세계를 존재로 가져온다고 할 때, 거기에는 행동이 직접 관련되어 있습니다. 그런 행동의 필수 조건이 바로 몸이라는 것입니다.

대자는 존재하는 것이 아닙니다. 현존할 뿐입니다. 내가 내 자신의 존재를 부정한다고 해서 내 자신의 현존마저 부정하는 것이 아니고, 오히려 그럼으로써 내 자신의 현존을 이루는 것입니다. 그럼으로써 세계가 존재를 획득하게 됩니다. 대자와 세계의 관계, 그 중심에 파악할 수는 없는 엄격하게 주어져 있는 몸이 작동하고 있는 것입니다.

(2) 내 우연의 필연성이 취하는 우연적인 형식인 몸

사르트르는 몸을 통해 성립하는 과거의 내용들을 열거하면서 몸과 의식에 관련하여 이렇게 말합니다.

> 출생, 과거, 우연성, 관점의 필연성, 세계에 대한 가능적인 모든 행동의 사실적인 조건 등, 그 같은 것이 **몸, 나에 대해** 있는 그대로의 몸이다. 그러므로 몸은 나의 영혼에 우연히 덧붙여진 것이 아니라, 그 반대로 내 존재의 영구적인 조건이고, 세계에 대한 의식이자 내 미래를 향한 초월적인 기획인 내 의식의 영구적인 가능성의 조건이다.(367/47)

의식과 몸의 관계를 정식으로 나타내고 있는 대목입니다. "내 몸은 내 의식의 영구적인 가능성의 조건이다"라는 명제로 압축됩니다. "가능성의 조건"이라는 말에 역점을 두고 보면, 내 몸이 없이는 내 의식은 존립할 수 없다고 말하고 있음을 알 수 있습니다. 몸과 의식의 관계를 어떻게 보는가 하는 것은 철학적인 근본 입장을 결정합니다.

여기에서 드러나는 사르트르의 철학적인 근본 입장은 맑스가 물질이 없이는 정신이 존재할 수 없다고 하면서도 정신은 물질에 대해 나름대로 상대적인 자율성을 갖는다고 한 것과 거의 유사한 입장입니다. 더욱이 그가 대자존재(의식)가 즉자존재(물질)의 존재론적인 감압에 의해 생겨난다고 말한 것과 결부시켜 보면, 사르트르는 앙리 레비가 밝힌 것처럼, "결코 의식과 주체성, 곧 '인간'에 사로잡힌 유물론자가 아닙니다.

그는 20세기가 낳은 가장 위대한 유물론자"인 것이지요.[12]

이런 입장에서 사르트르는 '내 몸'을 다음과 같이 구체적으로 제시해서 말합니다.

> 대상들이 나에게 노출되는 방식을 조건 짓는 한에서의 나의 출생, ……나를 대하는 타인의 태도에 의해 지시되는 한에서의 나의 인종, ……내가 속해 있는 사회공동체의 노출에 의해 드러나는 한에서의 나의계급, …… 나의 국적, 도구들이 저항적이거나 순응적이거나 하는 방식으로 노출되는 방식 자체에 의해 암시되는 한에서의 나의 신체적인(physiologique) 구조, …… 나의 성격, 내가 체험하는 모든 것이 세계 그 자체에 의해 세계에 대한 나의 관점으로 지시되는 한에서의 나의 과거 등, 나는 이 모든 것을 나의 세계-내-존재의 종합적인 통일성속에서 넘어선다. 그렇게 넘어서는 한에서 이 모든 것은 바로 내 몸이다. 이러한 내 몸은 하나의 세계가 현존하는 것에 대한 필수적인 조건이고, 이러한 조건을 계속해서 실현하는 것이다. 이제 우리는 저 앞에서 우리에-대한-존재를 통해 몸을 정의하고자 한 것을 완전히 명백하게 파악한다. 몸은 내 우연성의 필연성이 취하는 우연적인 형식이다.(367~368/47~48)

삶을 사는 데 있어서 내가 벗어날 수 없는 기본적인 주요 조건들을예시하고서, 그 모든 것들을 내 몸이라고 말하고 있습니다. 다만, 이것들모두가 내 몸일 수 있기 위해서는 적어도 내가 그것들을 넘어서야 합니

---

12) 베르나르 앙리 레비, 『사르트르 평전』, 변광배 옮김, 을유문화사, 2009, 331쪽.

다. 내 몸이란 비정립적인 방식으로라도 내가 나를 넘어서는 데서 우리에-대한-존재로서 존립하기 때문입니다.

몸을 정의하는 마지막 문장이 어렵습니다. 내가 남자라는 사실, 내가 대한민국 국민이라는 사실, 내가 왼쪽 귀가 망가져 잘 듣지 못한다는 사실, 내가 프티부르주아인 지식인 계급에 속한다는 사실 등은 지금 당장 나에게 필연성으로 작동합니다. 하지만 이것들은 순전히 우연에 불과한 것입니다. 그런데 이것들은 또한 내 몸을 근본 형식으로 하지 않고서는 성립할 수 없는 것들입니다. 그러니까 지금 나는 우연적인 삶의 조건들을 필연적인 것으로 여길 수밖에 없는데, 그것들이 세계-내-존재라는 존재방식을 통해 종합적으로 드러나는 우연적인 근본 형식이 바로 내 몸이라는 것입니다.

(3) 자유의 조건인 몸

그런데 우연적인 필연성으로 주어진 내 몸은 전격적으로 나를 결정하는 것이 아닙니다. 예컨대 나는 내 왼쪽 귀가 어두워 나의 존재에 있어서 장애를 갖고 있습니다. 하지만 나는 나와 대화하는 사람에게 "죄송하지만, 더 크게 말해 주시오"라고 말할 수 있습니다. 말하자면, 나는 다른 가능성을 선택할 수 있습니다. 물론 보청기를 낄 수도 있습니다. 그래서 사르트르는 내 몸에서 오는 우연적인 필연성과 자유에 관해 이렇게 말합니다.

이 파악할 수 없는 몸, 그것은 바로 **선택**이 있다고 하는 필연성이다. 즉 내가 **단번에 모든 것으로** 있지 않다는 필연성이다. 그런 의미에서 나의 유한성은 나의 자유의 조건이다. 왜냐하면 선택 없는 자유는 없기 때문이다. 그리고 몸이 세계에 대한 순수 의식으로서의 의식을 조건 짓는 것과 마찬가지로, 몸은 그 의식이 자유 자체에 이르기까지 그 의식을 가능케 하는 것이기 때문이다.(368/48)

내 몸을 구성하는 우연적인 여건들이 지금 당장 한꺼번에 내 몸에 밀어닥치는 것은 아닙니다. 해외여행을 나갈 때는 대한민국 국적이라는 여건이 선택되고, 시국 선언을 할 때에는 지식인 계급이라는 여건이 선택되는 것입니다. 그런데 이러한 선택은 엉뚱하게 이른바 '허공에서' 이루어질 수는 없습니다. 내 몸은 선택의 폭을 한정하고 있습니다. 그래서 내 몸에서부터 오는 유한성이 나의 자유의 조건이 된다고 말하는 것입니다.

사르트르가 대자의 초월성을 너무 강조한 나머지 상황을 벗어난 절대적인 자유를 상정함으로써 자유 개념을 너무 추상적으로 만들고 말았다는 항간의 비판은 이 대목에서 여지없이 분쇄됩니다.

(4) 몸과 의식의 존재적인 관계 그리고 현존적인(실존적인) 관계

내 몸을 내가 파악할 수 있는 길은 없습니다. 내 몸은 대상으로서의 몸이 아니기 때문입니다. 하지만 어떻게든 나는 내 몸을 넘어섬으로써 대자적인 의식으로서의 나를 확보하고자 합니다. 의지를 발동해서 그런다기보다 시간성의 관련 속에서 이미 늘 그렇게 비정립적으로 내 몸을 넘어서고 있다는 것을 사르트르는 애써 강조합니다. 그렇게 내가 내 몸을 넘어섬이 없이는 내 몸이 현존(존립)할 수 없기 때문입니다.

나는 무한퇴행이 없이는 내 몸에 대해 관점을 취할 수 없을 것이다. 또한 단지 이 사실 때문에, 몸은 나에 대해 초월적이고 인식된 것일 수 없을 것이다. 자발적이고 비반성적인 의식은 몸에 **대한** 의식이 아닌 것이다. 차라리 '현존하다'(exister)라는 동사를 타동사로 여겨 자발적이고 비반성적인 의식은 **자신의 몸을 현존시킨다** 하고서 말해야 할 것이다. 그래서 사물들에 대한 관점인 몸의 관계는 **객관적인 관계**인 데 반해, 몸에 대한 의식의 관계는 **현존적인 관계**다. 이 후자의 관계를 어떻게 이해해야 하는가?(369/49)

관점을 취하기 위해서는 몸이 필수적입니다. 그래서 내 몸을 보는 관점은 또 그러한 관점에 필요한 내 몸을 요구하고, 이런 사태는 무한히 뒤로 물러나면서 계속됩니다. 내 몸에 대해 관점을 취할 수 없다는 이야기입니다. 이미 반성에 의거한 '허공의 사유'는 포기한 지 오래입니다. 의식인 대자는 세계를 벗어나 현존할 수 없습니다. 그렇다면 의식인 대자가 없고, 오로지 내 몸인 대자만이 현존한다고 말하면 되는 거 아닐까요? 그럴 경우, 내 몸 자체에서 수행된다고 할 수 없는 선택과 그에 따른 자유가 필연성 속으로 사라지고 맙니다. 사르트르의 고민이 여기에서 비롯됩니다. 그래서 분명히 내 몸과 구분되는 내 의식이 있어야 한다고 생각할 수밖에 없는데, 내 몸과 내 의식이 각기 어떻게 구분되어 생겨나는가에 대한 고찰은 접어 두고, 몸과 의식의 관계를 몸과 사물의 관계와는 차원이 다른 것으로, 즉 '현존적인 관계'로 규정해 놓고서 과연 그 관계가 어떤 것인가를 규명하고자 하는 것입니다. 그 규명의 출발이 범상치 않습니다.

의식이 자신의 몸을 의식으로서만 현존케 할 수 있다는 것은 무엇보다도 명백하다. 그러므로 내 몸은 내 의식의 한 의식적인 구조다. 그러나 내 몸은 그것에 대해 관점을 가질 수 없는 관점이기 때문에, 비반성적인 의식의 판면에서는 몸에 **대한** 의식이 없다. 그러므로 몸은 비정립적인 자기(에 대한) 의식의 구조들에 속한다. 그렇다고 해서 우리는 몸을 이 비정립적인 의식과 순전히 그리고 간단히 동일시할 수 있는가? 그것은 더 이상 불가능하다. 왜냐하면 비정립적인 의식은 자신의 가능성을 향한 자유로운 기획인 한에서, 즉 자기 자신의 무에 대한 토대가 되는 한에서, 자기(에 대한) 의식이기 때문이다. 비정립적인 의식은 몸(에 대한) 의식이다. [이때] 비정립적인 의식은 제 스스로를 의식으로 만듦으로써 몸을 넘어서고 무화한다. 다시 말하면, 비정립적인 의식은 그것으로 될 필요가 없는 어떤 것(에 대한) 의식이다. 의식은 자신이 되어야 하는 것이고자 이 어떤 것을 넘어간다. 한마디로 말해, 몸(에 대한) 의식은 측면적이고 회고적인 것이다. 몸은 **등한시된** 것, '침묵하에 통과된' 것이다. 그러나 몸은 의식인 그것이다. 의식은 도대체 몸 이외에 아무것도 아니다. 나머지는 무와 침묵이다.(370~371/49~50)

이 인용문을 통해 우리는 사르트르의 존재론을 이해하는 데 있어서 '존재'(존재함, être)와 '현존'(현존함, exister)을 구분하는 것이 얼마나 중요한가를 새삼 느끼게 됩니다. 존재의 판면에서는 의식은 몸 이외에 다른 것이 아닙니다. 하지만 현존의 판면에서는 의식은 몸이 아닙니다. 몸존재의 판면을 지배하고, 의식은 현존의 판면을 지배합니다. 그런데 존재가 없이는 현존이 성립할 수 없습니다. 의식은 몸을 존재의 토대로 삼아 현존합니다. 그러나 존재에 있어서 의식은 몸과 동일합니다.[13]

이를 염두에 두면서 인용문의 내용을 살펴보겠습니다. "의식이 자신

13) 묘한 구분법입니다. 맑스가 말한 물질에 대한 정신의 상대적 자율성은 지금 사르트르가 말하는 존재와 존립의 구분을 바탕으로 그 근거를 확보할 수 있지 않을까 싶습니다.

의 몸 ……" 운운할 때, '자신의 몸'은 '내 몸'으로 생각하면 됩니다. 그러면서 '내 몸'의 '나'를 '의식'으로 보는 것입니다. 그렇게 되면 "나는 내 몸을 나(의식)로서만 현존케 한다"라고 됩니다. 이는 내 몸에 대해 도대체 관점을 취할 수 없기 때문에 내 몸은 내 쪽으로 한껏 빨려 들어오게 됨을 말합니다. 그렇기 때문에, 비반성적이고 비정립적이고 자발적이고 현행적인 의식은 몸에 '대한' 의식일 수가 없습니다.

문제는 그렇다면 의식과 몸은 동일한 것이 아닌가 하는 것인데, 사르트르는 이를 거부합니다. 존재의 판면에 있어서는 그럴 수 있지만, 현존의 판면을 결코 무시할 수 없기 때문입니다. 현존의 판면은 이른바 나의 현존을 가능케 하는 지평입니다. 나의 현존이란 내가 되어야만 하는 그 가능성을 향해 내가 나를 무화시킴으로써 앞으로 내닫는 데서 성립합니다. 말하자면 의식은 이 현존적인 현존으로 인해 두께=0인 무화의 막을 경계로 삼아 몸과 겨우 구분되는 것입니다. 이때 의식은 과거인 몸과 구분된다고는 하나 들러붙어 있기에 측면적이면서 회고적인 것입니다. 그러나 존재의 판면에서 보면 몸과 의식은 하나인 것입니다.

의식은 존재에 있어서 이미 몸과 하나이기 때문에 몸이고자 할 이유는 없습니다. 오히려 의식은 몸을 현존적으로 뛰어넘어 또 자기가 아닌 의식이고자 하는 것입니다. 의식은 존재하는 것이 아니라 현존하는 것입니다. 존재의 판면에서 보면, 현존은 두께=0인 무에 불과합니다. 책 제목이 왜 '존재와 무'인가를 다시 한번 확인하게 됩니다.

(5) 몸에 대한 의식인 감정

몸이 비록 인식적인 의식의 정립적인 대상이 될 수는 없지만, 비정립적인 몸(에 대한) 의식은 얼마든지 있을 수 있습니다. 사르트르는 이를 감정

(기분, affectivité)에서 찾습니다.

몸(에 대한) 의식은 그렇게 되어야 할 필요가 없는 것에 대한 측면적이고 회고적인 의식이다. 즉 몸(에 대한) 의식은 자신의 파악할 수 없는 우연성에 대한 의식이고, 자신을 선택으로 만드는 출발점에 대한 의식이다. 그럼으로써 몸(에 대한) 의식은, 비정립적인 의식이 어떠한 방식으로 **감응될**(*est affecté*) 때, 그 방식에 대해 갖는 비정립적인 의식이다. 몸에 대한 의식은 근원적인 감정(affectivité)과 뒤섞인다.(370/50)

비정립적인 의식이라고 해서 대자가 아니라고 생각하면 안 됩니다. 오히려 반성적인 의식에 비해 더 근원적인 대자라고 여겨야 합니다. 이러한 대자로서의 비정립적인 의식이 이른바 비정립적인 몸(에 대한) 의식으로 작동합니다. 어떤 때에 우리는 이러한 몸(에 대한) 의식을 갖게 되나요?

어쩌면 우리는 늘 이런 몸(에 대한) 의식을 갖습니다. 내 몸은 이미 늘 감응**되고** 있습니다. '감응되고 있다'고 말하는 것은 정확한 표현이 아닙니다. 그것은 내가 내 몸을 대상으로 여겨 하는 표현이기 때문입니다. 차라리 내 몸은 스스로 감응되도록 한다는 표현이 올바를 것입니다. 그럴 때 사르트르의 표현처럼 의식이 감응된다고 할 수 있을 터인데, 이 감응되는 방식은 예컨대 기쁨이라든지 고통이라든지 하는 식으로 달리 감응될 것입니다. 이같이 의식이 달리 감응되는 방식에 대한 의식을 몸(에 대한) 의식이라고 말하고 있습니다. 그러면서 사르트르는 괄호를 풀어버리고 몸에 대한 의식은 감정과 뒤섞인다고 말하고 있습니다.

이를 뒤집어 표현하면 모든 감정들은 기실 몸(에 대한) 의식 혹은 몸에 대한 의식이라는 이야기입니다. 예컨대 내 얼굴이 뻣뻣한 나머지 불쾌함을 가진 상태에서 강의 준비를 하느라 이를 반성적으로 느끼지 못할 때에 그 불쾌함은 일종의 '몸(에 대한) 의식'일 것이고, 강의 준비를 하다가 멈추고서 내 얼굴이 뻣뻣함에 대해 노골적으로 불쾌함을 느낄 경우에 그 불쾌함은 일종의 '몸에 대한 의식'일 것입니다.

(6) 고통에 관한 이야기

몸(에 대한) 의식이 감정과 뒤섞이는 대목을 중시하면서, 사르트르는 이제 고통을 소재로 삼아 심리적 몸에 관한 이야기를 합니다. 그는 눈이 아픈데도 밤을 새워서라도 한 권의 철학 책을 다 읽어내야 하는 상황을 예로 삼아 다각적으로 분석해 나갑니다. 그리고 여러 복잡다단한 이야기를 한 끝에 이렇게 말합니다.

> 이 [눈의] 고통은 우주의 현행적인 대상들 사이 그 어디에도 현존하지 않는다. 이 [눈의] 고통은 [읽고 있는] 책의 오른쪽이나 왼쪽에 있는 것이 아니고, 책을 통해 드러나는 진리들 속에 있는 것도 아니며, 나의 대상인 몸에 있는 것도 아니고, 세계에 의해 암암리에 지시되는 한에서의 나의 관점인 몸에 있는 것도 아니다. …… 그러므로 이 고통은 공간 속에 있는 것이 아니다. 그렇다고 이 고통이 객관적인 시간 속에 속한 것도 아니다. 이 고통은 스스로를 시간화한다. 그리고 세계의 시간이 나타날 수 있는 것은 이러한 시간화 속에서 그리고 이러한 시간화에 의해서다. 이 고통은 도대체 무엇인가? 이 고통은 그저 의식의 반투명한 실질(matière translucide)이며, 의식의 **거기-있음**(être-là)이고, 의식이 세계에 결합되어 있음이며, 한마디로 말해 독서 행위의 고유한 우연성이

다. 이 고통은 모든 주의와 모든 인식 너머에 존립한다. 이 고통은 주의와 인식의 각기 작용 속으로 미끄러져 들어가기 때문에, 그렇게 미끄러져 들어가는 작용 자체이기 때문에 그러하다.(372~373/54)

눈이 아픈데도 책에 열중해서 빨리빨리 책 속의 낱말들을 넘기면서 읽지 않으면 안 되기 때문에 미처 눈이 아프다고 주의를 기울여 인식할 수 없는 상황에서 존립하고 있는 고통에 대해 묘사하고 있습니다. 정말이지, 이때 눈의 고통이란 정체불명이 아닐 수 없습니다. 과연 고통이 있기나 한 것인지 알 수 없는 상황입니다. 그러나 고통이 존립하지 않는 것은 결코 아닙니다. 고통이 초월되고 있을 뿐입니다.

눈을 대상으로 삼아 그 눈이 아프다고 하는 것이 아닙니다. 그렇기 때문에 이 고통이 객관적인 공간이나 시간 속 어디에 속한다고 말할 수 없습니다. 오히려 이 고통은 나의 의식과 나의 몸이 한데 엉켜 있는 상태입니다. 그래서 '의식의 반투명한 실질'이라 말하고, '의식의 거기-있음'이라고 말합니다.

고통이 의식과 세계의 결합을 이야기한다고 할 때, 고통은 세계에 연결되어 있는 것이기도 하지만, 동시에 의식에 연결되어 있는 것이기도 합니다. 말하자면 고통하는 의식(conscience douloureuse)은 자기에게 연결되어 있기도 한 것입니다. 하지만 고통하는 의식은 고통하지 않는 의식으로의 전환을 꾀할 것입니다. 여기에서 대자의 자기로부터의 이탈을 운위할 수도 있을 것이고, 무화를 이야기할 수도 있을 것입니다. 중요한 것은 고통이야말로 의식 자체와 거의 구분이 불가능한 내 몸(에 대한) 의식이라는 사실입니다.

(7) 병과 심리적 몸에 관한 이야기

고통에 관한 분석을 상당히 길게 한 뒤, 이제 사르트르는 고통이 반성을 통해 질환으로 전환되는 것을 제시합니다. 그런 뒤, 질환에 관한 이야기를 합니다.

> 그러나 여기에서 갑자기 책 읽기를 중단한다. 그리고 나는 이제 나의 고통을 **파악하는** 데 주력한다. …… 반성은 하나의 전체적인 파악이며 또 관점을 지니지 않는 하나의 파악이다. 반성은 그것-자신에 의해 포위된, 스스로를 객관화하고자 하는, 인식된 것을 정관(靜觀)하고 사유할 수 있기 위해 거리를 두고서 투사하는 인식이다. …… 반성은 고통을 하나의 심리적인 것으로 만들고자 한다. 고통을 통해 파악된 이 심리적인 대상, 그것이 **질병**이다. [질병인] 이 대상은 고통의 모든 특징들을 지니고 있으면서, 그러나 초월적이고 수동적이다. [질병인] 이 대상은 그 나름의 고유한 시간을 갖는다. 외부적인 우주의 시간도 아니고, 의식의 시간도 아닌, 심리적 시간을 갖는 하나의 실재다.(375/57)

그러고 보면 고통과 질병은 다릅니다. 고통은 비정립적인 의식에 결부되어 있는 것이고, 질병은 반성적인 의식에 결부되어 있는 것입니다. 말하자면 반성을 통해 고통을 객관적인 것으로 만든 것이 질병입니다. 그렇다고 해서, 질병이 사물들이 존재하는 객관적인 시간 속에 있는 것은 결코 아닙니다. 그 나름의 시간, 즉 심리적 시간을 갖습니다. 이 심리적 시간을 의식의 시간과 구분하는 것이 이채롭습니다. 의식은 실재일 수 없는 데 반해 심리적인 것인 질병은 어디까지나 실재입니다.

　문제는 질병을 하나의 심리적인 것으로 여기는 것입니다. 과연 질병은 심리적인 것인가요? 만약 몸을 순수 객관적인 사물로 본다면, 몸에서 질병이 있을 수 없는 것은 분명합니다. 어떻게 되건, 질병이란 객관적인 사물이 아닌 몸이 느끼는 것임에 틀림없기 때문입니다. 그렇다고 해서 심리적인 것이라 말하는 것은 너무 심한 것 아닌가 싶습니다.

그렇지만 굳이 사르트르의 입장을 이해하는 선에서 눈과 시선의 관계를 다시 가져오지 않을 수 없습니다. 눈이 고장 난다는 것은 시선을 제대로 발휘할 수 없다는 것을 뜻합니다. 따라서 눈이 아니라, 시선을 발휘할 수 없는 것이 고장 난 상태이지요. 고장 난 것을 질병이라고 한다면, 질병은 시선의 문제이지 객관적인 눈의 문제가 아닙니다. 현상학적으로 보면 그렇습니다. 말하자면, 이제 몸을 세 가지로 구분해야 할 판입니다. 객관적인 몸과 내 몸, 그리고 심리적인 몸으로 구분해야 합니다. 이는 후설이 몸을 세 층위, 즉 물리물질적인 층위로서의 몸, 신체감각적인 층위로서의 몸, 운동감각적인 층위로서의 몸으로 구분한 것과 유사합니다. 질병은 심리적인 몸의 문제라고 보는 것이 사르트르의 입장입니다.

> 이 수준에서 **몸**은 어떻게 되었는가? …… 비반성적인 의식에 대해 고통은 몸이었다. 반성적인 의식에 대해 질병은 몸과 분별된다. 질병은 그 나름의 형식을 갖고 있고, 왔다가 사라진다. 대타의 개입이 있기 전인 우리가 위치해 있는 반성적인 수준에서, 몸은 의식에게 명백하게 주제화되어 주어지지 않는다. 반성적인 의식은 질병**에 대한** 의식이다. …… 질병은 내가 그것에게 그 실질을 제공한다는 의미에서 **나의 것**이다. 나는 질병을 어떤 수동적인 환경에 의해 지탱되고 가꾸어지는 것으로 파악한다. …… 이 환경은 질병이 **갉아먹는 수동성**이며 질병에게 마술적으로 새로운 힘을 주는 **수동성**이다. …… 이 환경은 새로운 현존의 판면에 있

는, 말하자면 반성적인 의식의 노에마적인 순수 상관자인 나의 몸이다. 우리는 이 환경을 **심리적인 몸**이라 부를 것이다.(377/60)

(8) 전신감각적 감정인 구토

제2장 '몸'에서 제1절 '대자존재로의 몸: 현사실성'에서 제2절 '대타적인 몸'으로 넘어가고 있습니다. 제1절의 마지막 대목을 보기로 합시다.

> 의식은 몸을 '갖기'를 그치지 않는다. 전신감각적인 감정은 무색(無色)의 우연성을 비정립적으로 순수하게 파악함이고, 사실상의 현존으로서 자기를 순수하게 파악함이다. 내가 그것으로부터 벗어나기 위해 온갖 노력을 기울여도 나를 떠나지 않는바 거리도 없이 주어지는 무미건조한 맛, 나의 대자는 나의 맛인 그 맛을 영구적으로 파악한다. 이 영구적인 파악은 우리가 딴 곳에서 구토라는 이름으로 기술했던 것이다. 은연중에 생겨나는 억제할 길 없는 내 몸을 내 의식에게 끊임없이 노출시킨다. 우리는 이 구토로부터 우리를 구출하기 위해, 심적인 쾌감이나 또는 심적인 고통을 추구하는 데 이를 수도 있다. 그러나 고통과 쾌감이 의식에 의해 존립되자마자, 그것들이 이번에는 의식의 현사실성과 우연성을 증시한다. 그것들이 노출되는 것은 구토를 바탕으로 해서이다.(378/61~62)

1938년 사르트르를 유명하게 만들었던 소설 『구토』가 바로 여기에서 말하는 '딴 곳'입니다. 구토를 전신감각적인 감정이라 일컬으면서 묘하게도 그것이 '나의 맛'이라고 말하고 있습니다. 이때 '나'는 우선은 대자의 현사실성을 뒷받침하는 즉자적인 계기에 의거한 것이지만, 여기에서 '영구적으로'라고 하는 말에서 암시되듯이 결국에는 즉자대자적인 존재론적 충족을 이루고자 하는 몸으로서의 나 자신입니다.

6. 대타적인 몸

1) 엉뚱한 이야기, 파탄잘리

세계적인 종교학자인 엘리아데(Mircea Eliade, 1907~1986)가 쓴『파탄잘리』(Patañjali)에 묘한 대목이 있습니다. 파탄잘리는 요가의 경전인 『요가 수트라』(Yoga Sūtras)를 편찬한 인도의 성자로 꼽히는 기원전 2세기경의 인물입니다. 파탄잘리가 편찬한 『요가 수트라』를 소개하면서 엘리아데는 이런 말을 하고 있습니다.

> 좌법은 인간의 실존 양태들을 제거하기 위해 내디딘 첫번째 구체적인 발걸음이다. 육체의 수준에서 보면, 좌법은 일종의 '에카그라타', 즉 어느 한 점에 대한 집중이라고 할 수 있다. 왜냐하면 몸이 어느 한 점에 있기 때문이다. 에카그라타가 '의식상태'의 흐름과 산만함을 종식시키듯이, 좌법은 몸의 무한한 자세들을 단 하나의 엄숙하고 부동한 자세로 환원시킴으로써 몸의 가동성과 유동성을 종식시킨다.[14]

> 지난 시간, 사르트르가 말하는 '대자존재인 몸'에 대한 강해를 끝냈

---

14) 미르체아 엘리아데, 『파탄잘리』, 박인철 옮김, 대원사, 1988, 77쪽. 강조는 인용자. 한글본에서 '육체' 혹은 '신체'로 표기된 것을 강의 맥락에 맞추어 모두 '몸'으로 바꾸었습니다.

습니다. 처음에 세계가 존립하는 데 있어서 내 쪽 혹은 대자 쪽에서 '조망적인 관점'이 없으면 안 된다고 이야기했고, 그 조망적인 관점은 나의 몸으로부터 주어질 수밖에 없다고 했습니다. 또 눈과 시선이 다르듯이 감각 기관과는 다른 '감각함'이 곧 나의 몸이라고 했습니다. 그런가 하면, 나의 몸은 감각적으로 주어지는 모든 것들의 '지시 중심'이자 모든 도구-사물들의 '지시 중심'이라고 했습니다. 그 결과 내 몸은 결국 '나의 대자의 현사실성'으로서 '전신감각적인 감정, 즉 구토'를 통해 항상 나의 의식에 주어지는 것이라고 했습니다.

이 내용들을 각자가 납득하기 위해서는 각자가 스스로 이 내용들을 묘한 방식으로 체감할 수 있어야 합니다. 후설 같으면 '에포케'라고 일컬어지는 현상학적인 환원이라는 장치가 있지만, 사르트르에게는 그러한 장치가 없습니다. 간단히 말하면, 사르트르가 말하는 '내 몸', 즉 '대자존재인 몸'은 남들의 눈에 직접 보일 수도 없고, 나의 눈에 의해서도 직접 보일 수 없습니다. 보려고 하는 순간 대상으로 전락하여, 손가락 사이로 가는 모래알들이 스르르 빠져나가듯이 이미 빠져나가고 없습니다. 그저 객관적인 나의 몸을 포함한 이 세계가 주어지는 구조를 통해 간접적으로 그리고 전신적인 체감을 통해 어슴푸레하게 잡힐 듯 말 듯 한 것이 내 몸인 것입니다.

이런 생각들이 뇌리를 스쳐가는 데 마침 카페에서 『파탄잘리』의 위 대목을 읽게 된 것입니다. "몸은 어느 한 점에 있다"라는 말이 눈에 확 띈 것입니다. 잘 모르긴 한데, 요가는 몸으로부터 오는 일체의 저항을 제거하고, 나아가 의식의 흐름을 완전히 중지시킴으로써 뜻하지 않은 희열의 전혀 새로운 시간 속으로 들어가기 위한 것이 아닐까 합니다. 아무튼, 몸이 하나의 점에 있다고 할 때, 그 몸은 어떤 몸인가 의문이 일면서 사르트르의 '내 몸' 개념이 함께 떠올랐던 것입니다. 전혀 맥락도 다르고 내용도 사뭇 다르긴 하지만, 그 존재(론)적인 형식이 엇비슷하다는 직관이 떠올랐던 것입니다. 그만큼 사르트르가 말하는 '대자존재인 몸' 혹은 '내 몸'은 분명한 사실이면서도 일종의 비의적인 존재 같은 것입니다.

2) 대타적인 몸으로의 진입

이제 사르트르는 '내가 보는 남의 몸' 혹은 '남이 보는 나의 몸', 즉 '대타적인 몸'을 분석하고 논구하고자 합니다.

나에게 주어지는 나의 몸과 나에게 주어지는 남의 몸이 존재방식에 있어서 같을 수 없습니다. 저 앞에서 우리는 '타인의 현존'을 이야기하면서 눈을 파괴함으로써만 성립하는 '시선', 즉 나를 수치심으로 이끄는 타자의 시선을 이야기했고, 그 결과 다음과 같은 사르트르의 이야기가 있음을 확인했습니다.

> 간단하게 말해, 타인은 두 가지 형식하에서 우리에게 존립할 수 있다. 만약 내가 명백하게 타인을 체험한다면, 나는 그를 인식할 수가 없을 것이다. 그리고 만약 내가 타인을 인식한다면, 만약 내가 타인에게 작용을 미친다면, 나는 그의 대상됨(être-objet)과 세계 한복판에서의 그의 개연적인 현존에만 도달하게 될 것이다. 이 두 형식에 대해서는 그 어떤 종합도 있을 수 없다. 그러나 우리는 여기에서 멈출 수 없을 것이다. 나에 대해 대상인 타인과 타인에 대해 대상인 나, 이 두 대상들은 **몸으로** 증시된다. 그렇다면, 나의 몸은 무엇인가? 타인의 몸은 무엇인가? (341/503)

타인을 체험하는 것과 타인을 인식하는 것을 분명하게 구분하면서, 타인이 대상으로서 인식될 때 몸으로 증시된다는 것을 분명히 말하고 있습니다. 타인의 몸이란 분명 타인 자신에게 주어지는 타인 자신의 몸이 아니라(그렇게 되면 타인 바로 그에게서 '내 몸'이 성립합니다), 나에게 주어지는 타인의 몸입니다. 그럴 때, 그 타인의 몸은 나에게 대상으로 주어진다는 것입니다. 이는 전혀 어려운 이야기가 아닙니다. 우리가 늘 그런 상황 속에 놓여 있기 때문입니다.

중요한 것은 타인이 나에게 대상으로 나타날 때, 그 타인이 그의 몸으로 주어진다고 할 때, 타인의 몸이 갖는 대상성이 도대체 어떤 성격을 갖는가 하는 것입니다. 주변의 모든 도구–사물들 역시 나에게 대상으로 주어집니다. 그것들은 모두 이른바 '세계내속적인 것들'로서 나의 세계로부터 벗어날 수 없고 '세계의 부분'을 이루고 있습니다. 타인의 몸도 과연 그러한가요?

우리는 타인을 만날 때 타인의 몸을 '먼저' 보고 '그다음에' 타인을 보나요? 그렇지 않은 것 같습니다. 이를 사르트르는 다음과 같이 분명하게 확인하고 있습니다.

> 타인의 몸은 일차적인 만남이 아니고, 그 반대다. 타인의 몸은 나와 타인이 맺는 관계들의 한 에피소드일 뿐이고, 더 특별하게 말하자면 우리가 타자의 대상화(객관화)라고 불렀던 것의 한 에피소드일 뿐이다. 혹은 달리 말하면, 나에게 **먼저** 존립하는 것은 타인이다. 내가 타인을 그의 몸에서 파악하는 것은 **그다음**이다. 나에 대해 타인의 몸은 이차적인 구조다.(379/63)

다시 타인의 현존을 논구할 이유는 없습니다. 앞에서 거의 다 했기 때문입니다. 이제는 타인과 구분되는 타인의 몸, 즉 대상화된 타인을 논구해야 합니다. 하지만, 타인의 몸을 논구함에 있어서 일정하게 타인의 현존을 이야기하지 않을 수 없는 노릇입니다. 이에 사르트르는 '타인'에 관해 정돈하면서 인식 연관을 부각시킵니다. 인식과 대상화가 긴밀하게 연결되어 있기 때문입니다.

타인은 어디까지나 나에게 있어서의 타인입니다. 나에게 있어서, 타인은 초월된 초월 혹은 대상인 초월(transcendance-objet)이고, 도구인 사물들에 대한 이차적인 지시 중심입니다. 이때, 타인의 초월성은 비록 초월된 초월성이긴 하나 언제든지 나를 대상으로 파악할 수 있는 가능성을 지닌 것으로서, '저기에-있는' 초월성입니다. 나는 타인이 나를 대상으로 파악하는 인식이 '저기에-있음'을 인식합니다. 이를 감각함에 연결해서 말하면, "타인의 감각함은 **인식하는** 자로서 인식된 **감각함이다**"가 됩니다(379~381/63~66 참조).

그런데 이렇게 나에게 있어서의 '타인'을 중심으로 생각하면서, 그렇다면 그럴 때 타인의 몸은 과연 어떤 존재론적인 위상을 갖게 되는가를 다음과 같이 이야기합니다.

> 타인의 몸은 나의 대아적인 몸(corps-pour-moi)과 근본적으로 다르다. 타인의 몸은 내가 아닌 도구이고, 내가 활용하는(혹은 나에게 저항하는, 그러나 마찬가지인) 도구이다. 본래 타인의 몸은 순응적으로 활용될 수도 있고 저항적으로 대적할 수도 있는 어떤 비율을 갖고서 나에게 주어진다. 타인의 몸은 도구인 초월(transcendance-intrument)인 타인 그 자신이다.(380/64)

타인이 나에게 도구적인 측면을 보일 때, 그때 타인의 몸이 성립한다는 이야기입니다. 이렇게 되면, 타인의 몸이 지닌 도구성이 과연 어떤 것인가가 문제로 등장하게 됩니다. 그런데 우리는 과연 타인의 몸을 도구로 다루는 것을 용납할 수 있을까요?

우리는 흔히 남이 나를 도구로 다루는 것에 대해 대단한 혐오감을 갖고 있습니다. 그것은 남이 나를 대상적인 존재로만 여기고자 달려든다는 것을 뜻하기 때문입니다. 그리고 그 바탕에는 설사 내가 객관적인 내 몸을 갖지 않고 존재할 수는 없지만, 내 몸이 본래 그런 객관적인 존재방식을 취하는 것이 아니고 그런 점에서 진정으로 내 몸이 성립한다는 전제가 깔려 있습니다. 타인 역시 자신의 몸을 자기 나름의 '내 몸'으로 여기고 있을 것이기에, 내가 그의 몸을 그저 일반적인 도구-사물들처럼 여긴다는 것은 참을 수 없는 일이 될 것입니다. 그런 심정적인 차원을 넘어서서 존재론적인 차원에서 보면, 당연히 그 나름의 '내 몸'이 '나에게 주어지는 그의 몸'에 영향을 미침으로써 여느 도구인 사물들과는 전혀 다른 존재방식을 취할 것입니다.

3) 도구들과 관련하여 도처에 현전하는 타인의 몸

(1) 부재를 통해 현전하는 타인의 몸

이에 사르트르는 타인의 몸에 대한 논의를 새롭게 발전시켜 나가고자 합니다. 이렇게 논의의 물꼬를 틉니다.

우리는 나의 영토(univers)에 속한 도구인 사물들에 의해 측면적으로 지적되는 한에서의 타인의 몸만을 정의했다. 사실이지, 이러한 정의는

'살과 뼈를 지닌' 타인[의 몸]의 거기-있음을 우리에게 제공하지 않는다. 타인의 몸은 도구-사물들을 활용하고 인식한다. 이때 도구-사물들은 타인의 몸[의 존재]을 지시한다. 그러한 지시가 있는 곳이면 어디든지 타인의 몸이 현전한다. 이는 분명하다. 내가 어느 집 방 안에서 집 주인을 기다리고 있을 때, 그 방 전체가 그 방 소유주의 몸을 나에게 드러낸다. 안락의자는 그가-앉아 있는-안락의자이고, 책상은 그-위에서-그가-글을-쓰는-책상이고, 창문은 그가-바라보고-있는-대상들을-밝히는-빛이 들어오는 창문이다. 그리하여 그의 몸은 모든 부분들에서 묘사되고, 이 묘사는 대상-묘사(esquisse-objet)다. 하나의 대상은 순식간에 그 물질을 통해 묘사된다. 그러나 아직 집 주인은 '거기에 없다', 집 주인은 **딴 곳**에 있다. 그는 **부재한다**.

그러나 정히, 부재는 거기-있음의 한 구조임을 우리는 보았다. …… 이 다른-곳에-있음(être-ailleurs)은 하나의 어느-곳에인지-있음이다. 그것은 이미 그의 몸이다.(381~382/66)

이해하는 데 전혀 어려움이 없습니다. 우리는 돌아가신 어머니가 애용하던 물건을 결코 함부로 폐기하지 않습니다. 그것은 살아 계실 때의 어머니의 몸을 거기에서 느끼기 때문입니다. 하물며 살아 있는 다른 사람들이 사용하는 물건들을 보면서 거기에서 그 다른 사람의 몸을 느끼지 않을 수 있을까요(그리고 보면, 죽고 없는 자가 사용하던 물건들을 통해 그/녀의 몸을 느낀다고 할 때, 그/녀의 몸 역시 또 하나의 분석 대상임을 알 수 있습니다).

'거기-있음'은 몸을 통하지 않고서는 성립할 수 없는 존재방식입니다. 부재를 '거기-있음'의 한 구조라고 말하면서, 지금 여기에서 타인이 사용하는 물건들을 보면서 그가 '다른-곳에-있음', 즉 그의 부재를 파악할 때, 그 '다른-곳에-있음'은 타인의 몸을 지칭하는 것 외에 다른 것일 수가 없습니다.

이를 확대해서 보면, 우리 주변에 널려 있는 모든 도구인 사물들 하나하나에 타인의 몸들이 부재하는 방식으로 현전해 있는 것입니다. 그러고 보면, 우리는 타인들의 몸에 둘러싸여, 타인들의 몸에 둘러싸여 있음으로써만 우리의 삶을 영위할 수 있다는 것을 쉽게 알 수 있습니다.

(2) 현전을 통한 우연성의 기반인 타인의 몸

그런데 이제 집 주인이 방에 나타나고, 상황이 일변합니다. 방 안의 여러 물건들을 통해 나 혼자서 부재하는 그의 몸을 파악하고 있던 상태에서 그 물건들을 사용하는 그의 몸이 이제 직접 내 앞에 나타난 것입니다. 그의 몸은 그가 사용하는 각각의 물건들과 마찬가지로 '이것'으로서 나에게 주어집니다. 그렇다면, 과연 이때 그의 몸이 '이것'으로서 나타난다는 것은 무엇을 의미하나요?

> 지금 그가[타인이] 세계를 바탕으로 하나의 **이것**으로서 나타난다. 나는 그 이것을 직접 바라볼 수 있고, 파악할 수 있고, 활용할 수 있다. 이는 도대체 무엇을 의미하는가? 무엇보다도 그것은 타인의 현사실성이, 즉 그의 존재의 우연성이, 도구-사물들의 측면적인 지적들에 암암리에 포함되어 있던 것과는 달리, 지금은 '**명백하다**'는 것을 의미한다. 이 현사실성, 그것은 바로 그의 대자 속에서 그리고 그의 대자에 의해 그가 **현존한다**는 현사실성이다. 이 현사실성은 그가 그 자신인 우연성을 비정립적으로 파악하고 있다는 것, 자기를 사실상의 현존으로서 순수하게

파악하고 있다는 것이고, 이때 그가 끊임없이 구토를 통해 이러한 자신을 살아가고 있다는 것이다. 한마디로 말하면, 이 현사실성은 그의 전신 감각이다.(382~383/67)

이것, 타인의 대자, 현존, 현사실성, 우연성, 비정립성, 구토, 전신감각 등, 중요한 용어들이 등장합니다. 사르트르는 타인의 몸이 그 자신의 방에 나타나 나에게 현전하는 사태를 존재론적으로 풀어 내고자 하고 있습니다.

남의 방에 앉아 있는 나는 그 방의 주인이 그 방을 어떻게 지배하는가를 잘 압니다. 그런데 사르트르는 그러한 지배 관계를 타인의 대자성으로써 표현하고 있습니다. 그러면서 설사 그가 대자성을 통해 그 방을 지배하고 있다 할지라도, 그가 나에게 하나의 '이것'으로 나타나는 한에 있어서 그는 존재에 있어서 우연적일 수밖에 없다는 것, 즉 그의 현사실성을 여실히 드러낼 수밖에 없습니다. 우연적인 현사실성이 갖는 필연성, 그것은 다른 골머리 아픈 사태들을 다 제외하고 현존한다는 사실 자체가 전신을 휘감고서 파고든다는 것입니다. 이를 사르트르는 구토로 표현하고 있습니다. 어느 누구도, 이러한 사태를 벗어날 수 있는 자는 아무도 없는 것 아닌가 하는 것이지요. 이렇게 되면, 나는 나의 '구토적인 존재'에 대해 내 몸을 통해 끊임없이 '느닷없이 주어져 있음'을 깨달을 뿐만 아니라, 나에게 그 몸을 통해 번연히 드러나는 남의 '구토적인 존재'를 통해서도 그 '느닷없이 주어져 있음'을 깨닫게 되는 것입니다.

그렇다면, 이렇게 나의 면전에서 명백하게 주어져 있는 타인의 몸과 그것을 통한 타인의 구토적인 존재와 나의 관계는 구체적으로 어떻게 될까요?

지금 내가 파악하는 것은——다른 것이 결코 아니라——바로 저 우연성이다. 다만, 나는 저 우연성이 아니다. 나는 내 자신의 가능성들을 향해 저 우연성을 넘어선다. 그러나 [나의 그런] 넘어섬은 **한 타자로부터의 초월**(transcedance *d'un autre*)이다. 저 우연성은 피할 자리도 없이 나에게 전적으로 주어진다. 저 우연성은 돌이킬 수 없다. 타인의 대자는 이 우연성을 벗어나고 끊임없이 넘어선다. 그러나 내가 타인의 초월성을 초월하는 한, 나는 타인의 초월성을 고정시킨다. 타인의 초월성은 이미 현사실성에 반대되는 하나의 의지처가 아니다. 오히려 아주 반대로, 타인의 초월성은 그 나름으로 현사실성에 참여한다. 타인의 초월성은 현사실성에서 생긴다. 그리하여 [그의] **대자적인 풍미**(*goût pour soi*)[15]인 타인의 순수한 우연성과 나의 의식 사이에는 그 어떤 것도 끼어들지 않는다. 내가 파악하는 것은 현존하게 된 그대로의 그 풍미다.(383/68)

적어도 자신의 몸을 통해 나에게 나타나는 타인은, 나의 가능성들을 향해 도약하고 초월하고자 하는 나 때문에 나의 초월성과 동일한 진정한 초월성으로 나타날 수 없습니다. 타인의 초월성은 우연성에 입각한 현사실성에 묶인 방식으로 나에게 나타납니다. 그리고 그 토대는 타인 자신의 몸입니다. 나에 의해 극복되어 버린 타인의 몸, 설사 그것을 통해 내가 타인의 대자적인 풍미를 느낀다 할지라도, 그 풍미는 내가 어찌할 수 있는 것이 전혀 아닌 것입니다.

---

15) 전번 시간에는 그냥 '맛'으로 번역했는데, 사실은 그 뜻으로 보면 '느닷없이 전신을 휘감는 맛'입니다. 이를 한자어를 동원해서라도 손쉽게 표현해 보려 했으나 적당한 말을 찾지 못했지요. 어쩔 수 없이, 본디 '감치는 맛'을 뜻하는 '풍미'라는 말을 일단 택했습니다. 삶을 적극적으로 긍정한다면, 삶의 우연성이 풍미로 표현될 수도 있지 않겠습니까.

가끔씩 "어느 누구든 한세상 살아내는 것만으로도 위대하다"라는 말을 합니다. 특히 마치 풍경의 한 부분처럼 동그마니 조용하게 자신 속에 들어앉아 버린 것 같은 사람을 볼 때, 심지어 내가 대화를 나누는 사람에게서조차, 설핏 이 생각이 스쳐 지나갑니다. 누구든지 도무지 벗어날 수 없는 존재론적인 우연성을, 어쩌면 잔인하기 이를 데 없는 존재의 우연성을 강하게 느끼기 때문입니다. 전염성이 강하기 때문에 조심하지 않으면 안 되는 근원적인 사태가 아닐 수 없습니다. 이와 정확하게 맞아떨어질지 모르지만, 사르트르는 이를 구토라 말하고 있고, 전심감각적인 풍미라고 말하고 있습니다. 그것은 철저히 너와 나 할 것 없이 현사실적인 몸을 바탕으로 하지 않고서는 현존이 불가능하다는 것을 알려 줍니다.

이런 구도에서 볼 때, 타인의 몸은 자기 존재의 순수한 즉자로서 나에게 주어질 것입니다. 그리고 그 순수한 즉자로서의 타인의 몸은 우연히 여기 혹은 다른 곳에 있을 것이고, 우연히 이것으로서 이렇게 혹은 그것으로서 다르게 있을 것입니다. 그래서 결국 타인의 몸은 내 세계 속에서 타인의 현전을 알려 주는 순수한 사실에 불과할 것입니다. 요컨대 타인의 몸은 '거기에-있는-것'(un être-là) 그리고 '이것인 한-존재'(un être-comme-ceci)에 불과할 것입니다(383/68 참조).

(3) 살(chair)인 타인의 몸

그런데 타인의 존재론적인 풍미, 그의 대자적인 풍미인 근원적 우연성은 대자적인 방식으로만 존재하는 것이 아닙니다. 즉 자신의 현존 속으로 파고드는 방식으로만 존재하는 것이 아닙니다. 타인의 존재론적인 풍미는 얼굴과 감각기관 등을 통해 나에 대해 현전합니다. 그럼으로써 타인의 인종, 계급, 환경 등의 구체적인 우연성을 통해 즉자적인 방식을 취합니다. 충분히 바깥으로 드러나는 것입니다. 이에 타인에게 있어서 '즉자적인 풍미'가 성립합니다. 이는 사르트르의 몸 이론에서 대단히 중요한 대목을 형성합니다.

타인에게 있어서 **즉자적인 풍미**인 것이 나에게 있어서 **타자의 살**이 된다. 살은 현전의 순수한 우연성이다. 통상적으로 살은 옷, 화장품, 수염을 깎는 방식, 표정 등에 의해 가려진다. 그러나 어떤 한 인물과의 오랜 교제를 통해 이 모든 덮개가 벗겨지고 내가 **그의 현전이 갖는 순수한 우연성**을 맞닥뜨리는 순간이 오게 마련이다. 이 경우, 나는 한 얼굴이나 한 몸의 다른 부분들에 입각해 살에 대한 순수한 직관을 갖는다. 이 직관은 그저 인식이 아니다. 이 직관은 절대적인 우연성에 대한 감정적인 파악이다. 그리고 이 파악은 일종의 **구토**의 특수한 유형이다. (384/69)

'내 몸'에 관해서는 전혀 언급하지 않았던 '살' 개념이 나옵니다. 나는 이미 내 속에서 '내 몸'의 현전을 충분히 느낄 수 있기 때문에, 특별한 느낌의 사태가 아니고서는 즉자적인 풍미를 지닐 수 없습니다. 하지만, 적어도 나에게 있어서, 타인의 몸이 풍기는 맛은 이른바 즉자적이라 일컬을 수밖에 없습니다. 그런데 사르트르는 타인의 몸이 지닌 즉자적인 풍미가 나에게로 다가와 살이 된다고 말하고 있습니다.

타인이 나에게 풍기는 즉자적인 풍미, 이를 사르트르는 타자의 살이라고 하는데, 과연 그 본뜻은 무엇인가요? 메를로-퐁티가 1960년 앞뒤의 몇 년에 걸쳐 이른바 '살 존재론'을 기획했고, 그 내용은 특히 『보이는 것과 보이지 않는 것』(1964년 출간)을 통해 그의 사후 3년 뒤에 출간되었습니다. 메를로-퐁티의 살 존재론은 그야말로 전대미문의 것으로서 평가됩니다. 메를로-퐁티는 '〈사물=감각〉=살'이라는 것을 영국의 경험론자들과는 전혀 다르게 정신이나 의식의 매개 없이 그 자체로 전(全) 보편적으로 존재한다고 주장했습니다. "살은 존재의 원소이다"라는 그의 언명은 이를 잘 나타냅니다.

그런데 자그마치 15년이나 앞선 시기에 비록 맥락은 다소 다르지만, 이렇듯 사르트르가 '살'을 거론했다는 것 자체가 사르트르 철학에 대한 연구보다 메를로-퐁티 철학에 대한 연구를 먼저 했던 저에게 하나의 충격이 아닐 수 없습니다. 특히 사르트르가 '이것인 사물'을 감각적 성질들의 상호관통(interpénétration)이라 해서 결국 사물과 감각을 하나의 동일한 차원으로 본 것(222~223/345 참조)을 함께 떠올리게 되면 더욱 충격적입니다. 메를로-퐁티의 존재론이 사르트르 존재론의 아류에 불과하다고 한 시몬느 드 보봐르(Simone de Beauvoir, 1908~1986)의 말이 올바른 평가가 아닌가 할 정도로 그 감흥이 남다르게 다가오는 것이지요.

옷을 입은 타인을 보는 경우보다 낫긴 하겠지만, 완전히 발가벗은 타인의 몸을 본다고 해서 그의 살을 직관한다고 말하기는 쉽지 않을 것입니다. 포르노그래피에서 예사로 볼 수 있는 벗은 몸은 오히려 어쩌면 살을 더 심하게 감추는 것이기도 하기 때문입니다. '오랜 교제'라는 말에 주시하게 됩니다. 오랜 교제를 통해 우리는 점점 더 상대방의 존재를 깊이 이해하게 될 것입니다. 그 교제의 과정이 깊어질수록 그/녀의 살을 점점 더 깊이 직관하게 된다는 뜻으로 이해해 보기로 합시다. 내가 그/녀의 존재 자체를 그/녀가 스스로에게서 느끼는 방식으로 느낄 수는 없는 노릇입니다. 그/녀가 나에게 드러내는 각종 표현들을 통해 그/녀의 존재로 육박해 들어갈 수밖에 없습니다. 이때 내가 그/녀에 대해 그/녀의 살을 직관한다고 말하는 셈입니다.

① 상황을 존립케 하면서 상황에 처한 타인의 몸

이 정도 되면 모르긴 해도, 그/녀의 존재 자체로 육박해 들어가는 것보다 그/녀의 살로 육박해 들어가는 것이 더 나은 것 아닐까요? 내 존재만으로 벅찬데, 그/녀의 존재마저 그 자체로 감당해야 한다면, 이는 일종의 저주일 수도 있기 때문입니다. 그/녀의 살을 통해 그/녀의 존재 주변에 머물면서 얼쩡거리는 것이 올바른 소통일 것 같은 느낌이 듭니다. 아무튼 사르트르는 '살인 타인의 몸'에 대해 이렇게 말함으로써 그 의미를 슬슬 풀어 나갑니다.

> 살인 타인의 몸은 타인의 주변에서 종합적으로 조직화되는 하나의 상황에 대해 지시 중심으로서 직접 주어진다. 그는 이 상황과 분리가 불가능하다. 그러므로 타인의 몸이 나에 대해 먼저 몸이고, 나중에 상황 속에 진입해 들어가는데 어떻게 그럴 수 있느냐고 물어서는 안 된다. 그게 아니라, 타인은 본래 상황에 처한 몸(corps en situation)으로 주어진다. 그러므로 예컨대 몸이 먼저 있고 행동이 나중에 있는 것이 아니다. 그게 아니라, 몸은 타인의 행동이 갖는 객관적인 우연성이다. …… 살인 타인의 몸은 미리 규정된 상황 속에 삽입될 수 없다. 살인 타인의 몸은 바로 상황이 있을 수 있는 출발점이다. 여기에서도 살인 타인의 몸은 초월 속에서만 그리고 초월에 의해서만 존립할 수 있을 것이다. 다만, 이 초월은 우선 초월된 것이고, 그 자체 대상이다.(384/69~70)

상황은 항상 행동과 떼려야 뗄 수 없는 것입니다. 타인의 몸이 그러한 상황을 출발시키면서 그 상황에 처해 있을 때, 그럼으로써 행동과 이미 결합되어 있을 때, 바로 그때 타인의 몸은 살입니다. 지금 우리는 강의라고 하는 상황을 통해 서로의 살을 직관하고 있는 셈입니다. 미리 말하자면, 이 살인 타인의 몸은 결코 해부학적이거나 생리적인 것이 아닙니다. 물리적인 대상에 불과한 것은 더더욱 아닙니다. 간단히 말하면, 살인 타인의 몸은 시체가 아닌 것입니다. 시간(屍姦)이라고 하는 특이한 성 행위의 유형이 없는 것은 아니지만, 시체와 성 행위를 할 수 없다는 것만으로도 이를 잘 알 수 있습니다. 그리고 시간은 살과 나누는 성 행위가 아닌 것입니다. 시체에 관해서는 곧 다시 이야기하게 될 것입니다. 핵심은 비록 나에 의해 초월되긴 한 상태이지만 그 나름으로 초월을 일삼고 있는 타인의 몸이 바로 살인 타인의 몸이라는 사실입니다.

살인 타인의 몸은 결코 부분적으로 주어지지 않습니다. 상황을 종합적으로 조직화하기도 하지만, 동시에 제 스스로도 완전히 하나로 통일된 복합으로 존재하는 것이 살인 타인의 몸입니다. 그 몸의 부분, 예컨대 손은 통일된 복합을 지시할 뿐입니다.

② 의미 관계의 총체인 몸

상황이란 그저 사물들이 개개의 대상으로서 탈색된 채 존재하는 것이 아닙니다. 개개의 대상들은 상황 속에서 비로소 의미를 갖게 됩니다. 상황이 살인 타인의 몸에 의거한 것이라면, 개개 대상들이 의미를 갖는 데 있어 몸과의 관계는 필수적입니다.

> 몸은 세계와 맺는 의미부여적인(signifiantes) 관계들의 총체다. 이런 의미에서, 몸은 그가 마시는 공기에 대한 지시에 의해, 그가 마시는 물에 대한 지시에 의해, 그가 먹는 고기에 대한 지시에 의해 또한 규정된다. 사실이지, 몸은 존재하는 것들의 총체와 더불어 의미부여적인 관계들

을 유지하지 않고서는 나타날 수 없는 노릇이다.(385/70)

의미부여(Sinngebung)라는 개념은 후설 현상학의 기본 개념입니다. 의식작용인 노에시스(Noesis)가 의식의 질료인 휠레(Hyle)에 의미부여 작용을 함으로써 노에마(Noema)라고 하는 의미가 생성된다는 것이 그 기본 골격입니다.

그런데 여기에서 사르트르는 의식 대신에 몸을 제시하고 있습니다. 몸이 세계와 더불어 의미부여적인 관계들을 맺는다는 것은 몸이 세계에 의미를 부여한다는 것입니다. 이 인용문 이전에 제시되었던, "타인의 몸은 **의미부여자**(*signifiant*)이다"(384/70)라는 말이 이를 잘 나타냅니다(여기에서 'signifiant'은 소쉬르적인 차원의 '기표'라고 새겨서도 안 되고, 일반적으로 '유의미한 것' 등으로 새겨도 안 됩니다. 몸의 초월적인 능동성을 살려 '의미부여자'로 새기는 것이 마땅합니다). 그러면서 동시에 몸, 즉 살인 타인의 몸은 그런 의미부여적인 관계의 총체라고 말하고 있습니다. 어쩌면 당연한 이야기지요. 몸을 의미 관계의 주체로 삼는 입장에서 보면 더욱 당연합니다.

③ 생명으로 나타나는 타인의 몸

그런데 지나가는 길에 그러는 것처럼, 이 대목에서 사르트르는 생명을 거론합니다. 의미 문제가 후설을 겨냥한 것이라면, 생명 문제는 베르그송을 겨냥한 것 같습니다.

행동으로서, **생명**(*la vie*)은 초월된 초월이자 의미화(singnification)다. …… 생명은 몸-형태(corps-form)와 대립되는바 타인의 몸-바탕

(corps-fond)이다. 이 몸-바탕이 파악될 수 있는 한에서 그러하다. ……
우리가 타인을 생명으로 파악하는 것은 오로지 몸의 어떤 구조들이 타
인에 의해 몸-바탕으로 체험되는 한에서이다.(385/71)

매 순간 타인은 어떤 방식으로건 행동합니다. 그 행동은 의미를 부여
하는 행동이고 그 자체로 생명(활동)입니다. 그렇다고 생명을 물리적인
몸을 살아 있는 몸이게끔 하는 어떤 초월적인 원리로 생각해서는 안 됩
니다. 여기에서 사르트르는 게슈탈트적인 구도를 활용하고 있는데, 바탕
으로서의 몸이 있고, 그 몸을 바탕으로 해서 현행적인 몸의 모습, 즉 몸의
형태가 성립한다는 것이고, 이럴 때 바탕으로서의 몸이 생명이라는 것입
니다. 예컨대 몸-형태는 물리적인 형태일 수도 있고, 일하거나 할 때의
몸의 자세일 수도 있을 것입니다. 혹은 몸의 부분적인 구조 중 하나인 손
일 수도 있고 얼굴일 수도 있습니다. 그 모든 몸-형태들의 바탕에 몸-바
탕이 작동하고 있고, 그것이 바로 생명이지 생명 자체가 마치 영혼처럼
따로 있을 수 없다는 것입니다.

④ 중간 정리
결국에는 이렇게 정돈됩니다.

[타인의] 몸은 상황으로부터 출발하여 생명과 행동의 종합적인 총체로
서 나타난다.
이러한 지적들에 의하면, 피에르의 몸이 나에-대한-피에르와 전혀 구
분되지 않는다는 것이 자명해진다. 타인의 몸은 그 여러 의미들을 지니
고서 오로지 나에게만 현존한다. 대타대상임(être objet-pour-autrui)

혹은 몸임(être-corps), 이 두 가지 존재론적인 양상들은 대자의 대타존재와 여지없이 등가적인 번역물들이다.(386/73)

나의 대자가 나에게 대타적으로 나타날 수는 없습니다. 나의 대자가 대타적일 수 있는 것은 타인의 현존에 대해서뿐입니다. 이를 뒤집어 생각해 보면, 타인의 대자는 나에게 대타적으로 나타날 수밖에 없고(그것을 초월된 초월이라고 합니다), 그래서 대자의 대타존재는 타인에게 대상으로 즉 몸으로 나타날 수밖에 없는 것입니다.

(4) 심리적 대상인 타인의 몸
위 중간 정리를 바탕으로 사르트르는 이제 나에게 타인의 감정이 어떤 방식으로 존재하는가를 고찰합니다. 이 대목은 행동주의(behaviorism)와 조심스럽게 구분하지 않으면 안 됩니다. 행동주의는 모든 의식 상태에 대한 연구를 심리학의 본분이라 여기지 않고, 몸을 통해 겉으로 드러나는 행동들만을 연구하는 것이 심리학의 본분이라 여기기 때문입니다. 그리고 사르트르가 다음 인용문에서 말하는 내용이 워낙 그러한 행동주의와 비슷하기 때문입니다.

눈살을 찌푸림, 상기된 얼굴, 말 더듬기, 가벼운 손 떨림, 소심하다고 할 수 있고 위협적이라고 할 수도 있는 시선 등은 분노를 **표현하는** 것이 아니다. 그것들은 분노다. …… 과거와 가능성들에 연결해서 고려되고 '상황에 처한 몸'이라는 종합적인 총체에 입각해서 이해될 때, [주먹을 불끈 쥐는] 이 의미 있는 행동은 분노다. …… '심리적 대상'은 전적으로 지각으로 넘겨진다. 그리고 심리적 대상은 신체적인 구조들을 벗어나서는 인지될 수 없다. …… 몸은 더할 나위 없이 심리적 대상이고, 유일한 심리적 대상이다.(387/73~74)

흔히 심리적이라고 하면 내성적(內省的, introspectif)인 영역을 지칭하는 것으로 여깁니다. 하지만, 사르트르는 특히 타인의 감정에 관련해서 심리적인 대상 영역을 다룰 때에 이러한 내성주의를 완전히 배격합니다. '상황에 처한 몸'을 염두에 두게 되면, 흔히 몸이 표현한다고 하는 그 표현 자체가 바로 심리적인 감정이라는 것입니다. 분노에 관련된 이야기가 이를 웅변해 줍니다. 그러면서 이를 바탕으로 몸은 유일한 심리적 대상이라는 말로써 아예 내성주의적인 태도에 쐐기를 박아 버립니다.

또한 사르트르는 그렇다고 해서 내성주의와 대별되는 행동주의자들이 주장하는바, 그 속에 깔려 있는 전제들을 받아들여서는 안 된다고 말합니다. 행동주의자들의 전제는 지각되는 것들이면 어느 것이나 산 것이건 죽은 것이건, 인간의 것이건 동물의 것이건 그 본성상 동일하다는 것입니다. 이를 경계하면서 이렇게 말합니다.

몸에 대한 지각이 점진적으로 풍부해진다고 이해해서는 안 된다. 몸의 지각은 본래 다른 구조를 띤 것이다.(387/74)

몸이 대자의 대타존재로서, 혹은 초월된 초월로서, 혹은 상황에 처한 존재로서, 혹은 살로서 나에게 주어지고 존립한다고 할 때, 그 몸에 대한 지각은 여느 다른 지각되는 대상들과 결코 같은 차원의, 같은 구조를 띤 것일 수 없습니다. 이를 진화론적으로 말하면, 인간의 몸은 다른 물질적인 사물이나 다른 동물들의 몸에 비해 완전히 급격한 도약을 이루어 그들과는 전혀 다른 구조를 띤 것이 될 것입니다. 하지만, 여기에서 사르트르가 말하는 '점진적으로 풍부해진다'라는 표현은 진화론적인 언명이 아닙니다. 어디까지나 지각 연관에서 하는 말입니다. 물질적인 사물에 대한 지각이 더욱더 풍부해짐으로써 동물의 몸에 대한 지각이 되고, 동물의 몸에 대한 지각이 더욱더 풍부해짐으로써 인간 몸에 대한 지각이 된다는 식으로 지각의 발전 단계의 연속성을 전제해서는 안 된다는 것입니다. 이는 결국 해부학과 생리학에 대한 비판으로 이어집니다.

> 넘어섬 속에서 그리고 넘어섬에 의해 넘어서진 것(dépassé)이라는 자격으로만 존립하는 이 순수 즉자는, 만약 초월된 초월에 의해 드러남과 동시에 숨겨짐을 그친다면, **시체의 계열로 추락한다. ······ 시체는 더 이상 상황 속에 있지 않다.** 동시에 이 순수 즉자는 그 자체로 각각이 다른 것들과 더불어 순수 외부성의 관계들을 유지하는 존재들의 다양 속으로 함몰된다. 외부성에 대한 탐구가 바로 **해부학**이다. 시체들에 입각해서 살아 있는 것을 재구성하는 것이 **생리학**이다. 생리학은 그 출발에서부터 생명에 관해서 아무것도 이해하지 못하도록 운명 지어져 있다. ······ 본래 우리에게 노출되는 타인의 몸, 그것이 해부학적-생리학적인 몸이라고 믿는 데에는 엄청난 오류가 있을 것이다. ······ 오히려 타인의 몸은 초월된 초월성의 현사실성이다. 다만, 이 현사실성이 끊임없는 탄생이라는 한에서, 즉 이 현사실성이 끊임없이 넘어서지는 한 즉자의 무차별한 외부성에 회송되는 한에서 그러하다. (388~389/75~76)

타인의 몸이 오로지 '살인 타인의 몸'만으로 나타나는 것은 아닙니다. 실제로 식물인간처럼 거의 시체에 가까운 것으로 나타나기도 하고, 보통 정상적인 사람도 묘한 관점에 의거해서 물질적인 기체(基體, substrat)로 나타날 수 있습니다. 이럴 때, 타인의 몸은 순수 즉자, 혹은 순수 살, 혹은 순수 현사실성으로 떨어진다고 말합니다. 여기에서 '순수'라는 말은 그 외의 것들은 배제해 버린 추상적이라는 의미를 가졌다고 보면 됩니다.

이러한 순수 즉자로서의 몸을 가장 잘 드러내는 것이 시체입니다. 시체는 다른 사물들과 마찬가지로 순전히 상호 외부적인 관계만을 가질 뿐이고, 그런 점에서 전혀 상황에 처해 있는 것이 아니며, 따라서 의미부여의 작동을 하는 것도 아니고, 지시 중심이 될 수 있는 것도 아니고, 초월된 초월성을 띨 수 있는 것은 더군다나 아닙니다.

해부학과 생리학은 바로 이러한 시체처럼 순수 외부적인 것들을 바탕으로 살아 있는 살인 몸을 재구성하고자 하는 것이기에 출발에서부터 생명을 이해할 수 없게 되어 있다는 것입니다. 따라서 몸이 초월된 초월성의 현사실성임을 분명하게 깨달아야 하고, 이를 전제로 해서만 제대로 타인의 몸을 파악할 수 있다는 것입니다.

4) 대타적인 몸: 결론

이어서 사르트르는 타인의 몸을 바탕으로 해서 볼 때, 기질과 성격이 어떻게 성립하는가에 관한 이야기를 제법 길게 논의합니다. 그런 뒤, 타인의 몸에 대한 분석을 통해 다음과 같이 결론을 냅니다.

몸은 초월된 초월성의 현사실성이기 때문에 항상 자기-자신의-너머를-지시하는-몸이다. 공간에 있으면서 ──이는 상황이다── 동시에 시간 속에 ——이는 대상인 자유(liberté-objet)다—— 있다. 그래서 타인의 몸은 항상 '몸-이상의-몸'(corps-plus-que-corps)이다. …… 타인의 몸은 타인의 객관성[대상성]과 혼동되어서는 안 된다. 타인의 객관성[대상성]은 타인의 초월된 초월성이다. 몸은 이 초월성의 현사실성이다. 그러나 타인의 몸성(corporéité)과 객관성[대상성]은 엄격하게 분리할 수 없다.(391/79)

상황 속에서 자유로운 대상으로 주어지는 것이 타인의 몸이라는 이야기입니다. 그런데 이 타인의 몸은 그냥 몸이라고 불러도 좋을 정도로 일반적인 몸입니다. 외부적인 객관성을 바탕으로 한 몸도 있을 수 있습니다. 시체라든가 하는 것이 그러합니다.

하지만, 이런 객관적인 몸으로는 도대체 감정의 몸, 상황 속에서의 몸, 살인 몸 등을 확보할 수 없습니다. [타인의] 몸은 나에게 대상으로 나타나긴 하지만, 동시에 그 나름 지금 나에게 현전하는 대상들 모두에 지시적으로 현전합니다. 그런가 하면, 다른 여느 도구-사물들처럼 세계 내에 '이것'으로 존재하면서도 정확하게 상황을 가능케 하면서 상황에 처해 있고, 비록 나에게 대상적으로 주어지긴 하나 그 상황 속에서 자유롭습니다. 그래서 타인의 몸은 '몸-이상의-몸'인 것입니다.

다만, 타인과 타인의 몸을 혼동해서는 안 된다는 것을 힘주어 말하고 있습니다. 타인은 나에게 초월된 초월성으로 현존하고, 타인의 몸은 그런 타인이 우연적임을, 즉 타인의 우연적 현사실성을 나타낸다는 것입니다.

전반적으로 볼 때, 사르트르는 우리의 몸이 너와 나의 인간관계 속에서 얼마나 어떻게 복잡다기한 층을 형성하면서 존립하는가를 잘 분석해주고 있다 할 것입니다. 그저 객관적인 시선에 얽매인 채 서로를 바라보기 쉬운, 혹은 그렇지 않다 할지라도 대략 건성으로 그렇거니 하고서 넘어가고 마는 몸에 대한 우리의 생각들을 자잘하게 나누어 미세하게 분석하고 있는 것입니다.

7. 3차원의 존재론적인 몸

1) 출발점

몸에 관한 마지막 고찰이 전개됩니다. 사르트르는 '3차원의 존재론적인 몸'이라는 제목의 절을 이렇게 시작합니다.

> 나는 내 몸을 현존케 한다. 그것이 내 몸이 갖는 제1의 존재 차원이다. 내 몸은 타인에 의해 활용되고 인식된다. 그것이 내 몸의 제2의 차원이다. 그러나 내가 타인에 대해 존재하는 한, 타인은 내가 그 대상인 주체로서 나에게 노출된다. 우리가 살펴보았던바, 바로 거기에서 문제되는 것은 타인과 나의 근본적인 관계다. 그러므로 나는 나에 대해, ──특히 나의 현사실성 자체에서 ──타인에 의해 인식되는 자로서 현존한다. 나는 나에 대해, 타인에 의해 몸(물체, corps)이라는 자격으로 인식되는 자로서 현존한다. 그것이 내 몸의 제3의 존재론적인 차원이다. 이제 우리가 탐구하고자 하는 것은 이 제3의 존재론적인 차원이다. 이와 더불어 우리는 몸의 존재양식들에 대한 물음을 망라한 셈이 될 것이다.(392/79~80)

몸의 존재론, 그 1차원의 영역은 '내 몸', 즉 대자적인 몸입니다. 그런데 "나는 내 몸을 현존케 한다"라는 말이 교묘합니다. 저 앞에서 사르트르는 "자발적이고 비반성적인 의식은 몸에 대한 의식이 아닌 것이다. 차라리 '현존하다'(exister)라는 동사를 타동사로 여겨 자발적이고 비반성적인 의식은 **자신의 몸을 현존시킨다** 하고서 말해야 할 것이다"(369/49)라고 말한 바가 있습니다. 본래 자동사인 'exiter'(현존하다/존립하다/실존하다)라는 동사를 타동사로 만들어, 이제 예사로 그런 표현을 하고 있습니다. 우리는 여기에서 '현존하다'라는 동사와 '존재하다'(있다, être)라는 동사가 사르트르에게서 어떻게 구분되어 쓰이는가를 염두에 둘 필요가 있음을 새삼 느끼게 됩니다. '내 몸'은 현존하는 것이지, 함부로 존재한다고 말할 수 있는 것이 아니라는 이야기입니다. 일단 요약해서 말하면, 현존은 대자와의 관련에서 성립하고, 존재는 즉자와의 관련에서 성립합니다. 재삼 강조하거니와 사르트르의 존재론을 이해하는 데 있어서 이보다 더 기본적인 것은 없습니다.

몸의 존재론, 그 2차원의 영역은 '대타적인 몸', 즉 '대타적인 내-몸'입니다. 이는 지난 시간에 살펴보았던 절(節)의 제목인데, 실상 그 내용은 '타인의 몸'이었습니다. 말하자면, 나에게 살로서 나타나는 타인의 몸이었습니다. 그런데 여기에서 '내 몸'의 2차원을 지시하면서, '타인에 의해 활용되고 인식되는 내 몸'을 제시하고 있습니다. 그러니 다소 이상한 것 같지만, 이는 나와 타인의 관계에서 서로 자신의 '내 몸'을 크게 염두에 둔 상태에서 이루어지는바 '나에 대한, 타인 그 자신의 내 몸' 혹은 '타인에 대한, 나 자신의 내 몸'이 성립하는 차원입니다. 말하자면 나와 타인 쌍방이 동일한 자격으로 서로에 대해 현존한다고 할 때, 그때 성립하는 '대타적인 내-몸'인 것입니다.

이제 몸의 존재론, 그 3차원의 영역은 타인에 의해 내 몸이 순전히 인식되기만 하는 데서 성립합니다. '타인에 의해 몸(물체, corps)이라는 자격으로 인식되는 자'인 나가 문제입니다. 여기에서 우리가 '몸(물체, corps)'이라고 해서 괄호 속에 '물체'라는 다른 역어를 넣은 것은 제3의 차원에서 드러나는 '내 몸'은 대단히 객관적인 것이어서, 마치 물체와 비슷한 차원으로 전락한 것이기 때문입니다. 미리 말하자면, 예컨대 의사가 내 몸을 진단한다고 할 때, 그 몸은 심지어 나의 활동적인 의식이나 심리와 전혀 무관하게, 그저 사회적으로(즉, 의학적으로) 공식화된 언어로 객관적으로 규정되는 내 몸의 차원을 말합니다. '헬리코박터균이 침범해 위궤양의 상태에 있는 내 위장', '세포들이 돌연변이를 일으켜 암의 상태에 있는 내 폐' 등과 같은 방식의 규정이 그것들입니다.

이를 염두에 두면서, 사르트르가 이러한 순전히 객관적인 내 몸이 과연 어떻게 성립하고 어떻게 현출되는가를 분석하는 과정을 따라가 보기로 합시다.

2) 소외된 나의 몸

(1) 나를 빠져 달아나는 내 몸

타인과의 만남에 의한 충격, 그것은 나에게 있어서 내 몸의 현존이 바깥에서 타자에 대한 하나의 즉자로서 공허하게 개현(開顯, révélation)된다는 것이다. 그래서 내 몸은 그저 순수하고 단순하게 체험되는 것으로서 주어지지 않는다. [내 몸에 대해] 체험된 것 자체가 타인의 현존이 갖는 우연적이고 절대적인 사실 속에서 그리고 그 사실에 의해 바깥으로 나가 나를 빠져 달아나는 도피의 차원으로 확장된다. 나에 대한 내 몸의 존재적인 깊이, 그것은 나의 가장 내밀한 '안'(dedans)이 끊임없이 갖는 '바깥'(dehors)이다. …… 내 몸은 거기에 있되, 나인 관점으로서만 아니라, 결코 내가 지닐 수 없는 관점들이 그 위에서 현행적으로 파악되는 하나의 관점으로 거기에 있다. 내 몸은 도처에서 나를 빠져 달아난다. 이는 우선 그 자체 파악될 수 없는 **감각함들**(*sens*)의 뭉치가 다른 곳에서 타자들에 의한 것으로서 주어진다는 것을 의미한다.(392~393/80~81)

아닌 게 아니라, 우리는 다른 사람들을 만나게 되면 내 몸은 마치 피부로 감싸인 한계 내의 내 몸인 양 한없이 졸아든다는 것을 알게 모르게 느끼지요. 내 몸을 도구인 사물들의 배치나 감각적인 사물들의 펼침에 있어서 지시 중심이라고 했을 때, 그때 내 몸은 나의 세계 혹은 나의 영토 전체를 향해 확산되면서도 내 자신을 상실하기는커녕 내 자신을 강화하는 쪽으로 존립합니다. 여기에 타인이 나타나면, 내가 아무리 그 타인의 몸을 초월한다고 할지라도, 그 타인의 몸이 초월된 초월로서 작동하는 만큼 내 몸의 영토는 침범되고 줄어들 수밖에 없습니다. 그런데 이런 과정이 극적으로 강화될 때, 내 몸은 충격에 빠집니다.

이에 대해 사르트르는 내 몸이 타인에 대한 하나의 즉자로서 나에게 체험된다고 말합니다. 그리고 그 체험된 내용이란 내가 나를 빠져 달아나는 것이라고 말하고 있습니다. 심지어 "내 몸은 도처에서 나를 빠져 달아난다"라고 말하고 있습니다. 그리고 그것이 의미하는 바는 내가 어찌할 수 없는 기묘한 '감각함들의 뭉치', 즉 나에게서 발원하지 않는 다른 곳에서 타자들에 의해 주어지는 것이라고 말하고 있습니다.

'다른 곳에서 타자들에 의해 주어지는 감각함들의 뭉치', 이렇게 요약할 수 있는 사르트르의 이 표현은 대단히 중요한 의미를 띤 것으로 여겨집니다. 감각함에 있어서 유아론적인 틀을 깨는 표현이기도 하거니와, 그럼으로써 감각함 자체를 비인칭적으로 혹은 탈주체적으로 보도록 하는 표현이기 때문입니다. 타인들 한 사람 한 사람 역시 그 나름으로, 내 몸이 갖는 이러한 탈자적인 구도를 벗어날 수 없다는 사실을 염두에 두게 되면, 이러한 사실을 더욱 실감케 됩니다.

그런데 중간에 묘한 언명이 있습니다. "나에 대한 내 몸의 존재적인 깊이, 그것은 나의 가장 내밀한 '안'이 끊임없이 갖는 '바깥'이다"라는 언명이 그것입니다. 언뜻 보기에 내 몸의 본래적인 깊이가 타자적인 근원을 갖는 것으로 여겨질 수 있습니다. 하지만, 중시하지 않으면 안 되는 것은 '존재적인'이라는 수식어지요. 또다시 '현존하다'와 '존재하다'의 구분을 염두에 두어야 합니다. 내 몸이 '현존한다고 할 때의 깊이'와 내 몸이 '존재한다고 할 때의 깊이'를 구분해야 하는 것입니다. 전자의 경우, 내가 나 자신의 가능성들을 향해 미래를 끌어당기면서 그쪽으로 대자적으로 도약할 때 그러한 나의 대자의 도약을 현사실적으로 가능케 하는 데서 성립하는 내 몸의 깊이입니다. 그러나 후자의 경우, 대자와는 전연 무관하게 일종의 즉자적인 사물로서의 깊이를 말하는 것입니다. 그러니까 '나에 대한 내 몸의 존재적인 깊이'는 통상적으로 생각한 내 몸의 사물적인 깊이인 것입니다. 이를 직관하기 위해서는 내 몸이 나에게서 전체적으로 하나의 덩어리처럼 체험된다는 것에 집중하면 됩니다. 그 덩어리는 속을 알 수 없을 정도의 깊이를 가지고 있습니다. 그리고 그 깊이는 즉자적인 차원에서 보면 '나의 안'일 수 있지만, 대자적인 나의 입장에서 보면, 철저히 '나의 바깥'입니다.

이렇듯 완전히 바깥으로만 '발라내진' 내 몸은 도대체 대자적인 나의 입장에서 보자면, 심지어 나를 완전히 삭제해 버릴 정도로 나를 완전히 빠져 달아나는 내 몸일 수밖에 없는 것입니다.

(2) 소외된 내 몸

사르트르는 이렇게 나를 빠져 달아나는 내 몸을 "소외된"(aliéne) 것이라고 표현합니다. '소외'라는 것은 맑스의 노동 소외론에서 잘 드러나듯이 전통적으로 '본래 나인 것이 내 것이 아닌 타자의 것으로 됨'이라는 뜻을 갖습니다.

> 소외되는 한에서의 내 몸은 도구들-중의-한-도구임을 향해, 감각적인 기관들에-의해-파악된-감각적인 하나의-기관임을 향해 나를 빠져 달아난다. 이는 내 세계가 타인을 향해 흘러가고 타인이 그의 세계 속에서 내 세계를 되잡게 되는 것인바, 내 세계의 소외적인 파괴와 구체적인 함몰을 수반한다.(393/81)

나로서는 대단히 비극적인 상황입니다. 이러한 상황이 많이 빚어지면 질수록, 그리고 나와 타인 사이에 이러한 상황이 근본적인 것인 양 군림하면 할수록, 그 사회 상황은 비참할 것입니다. 나는 타인을 나를 위한 순전한 도구로 삼으려 하고, 타인은 나를 그를 위한 순전한 도구로 삼으려 하지 않으면 생존이 불가능할 것 같은 무의식적인 위기감이 사회 전체를 뒷받침하고 감싸게 되면, 그것은 지옥입니다. 자본주의 체제를 살고 있는 우리로서는 이를 이미 늘 실감하고 있습니다. 내 세계가 파괴되어 함몰되어 버리는 상황, 이것이 사르트르가 말하는 내 몸의 소외이지요.

그런데 이러한 일이 반드시 비극적인 상황에서만 일어나는 것은 아닙니다. 예컨대 몸이 아파 의사에게 진단을 받으러 가면, 어쩔 수 없이 필연적으로 일어나는 일입니다. 사르트르는 이런 경우를 예로 들어 일정하게 분석을 한 뒤 다음과 같은 말을 합니다.

> 나의 소외에 대한 경험은 감정적인 구조들 속에서 그리고 그 구조들에 의해 소심함(겁먹음, timidité)이 된다. '절로 낯이 붉어지다', '절로 진땀이 흐르다' 등은 소심한 자가 자신의 상태를 설명하기 위해 사용하는 엉뚱한 표현들이다. 그 표현들을 통해 소심한 자가 이해하는 것은 그가, 그에 대해 있는 것이 아니라 **타자**에 대해 있는 바 그대로의 자신의 몸에 대해 예민하면서도 영속적인 의식을 갖는다는 것이다. 이 영속적인 불쾌감은 내 몸의 소외를 구제 불가능한 것으로 파악하는 것이다. 이 영속적인 불쾌감은 적면공포증(赤面恐怖症)과 같은 정신병들을 일으킬 수 있다. 이 정신병들은 타자에 대한 내 몸의 현존을 형이상학적이면서 공포에 사로잡힌 방식으로 파악하는 것일 뿐 다른 것이 결코 아니다.(393~394/82)

붉은색을 보기만 하면 공포에 질리는 병이 적면공포증입니다. 비록 극단적인 형태이긴 하지만, 남들을 대하면 왠지 진땀부터 나고 안절부절하면서 낯이 절로 붉어지는 사람들이 가끔 있습니다. 정도의 차이가 있겠지만, 우리 모두는 어쩌면 이런 성향을 다 가지고 있습니다. 이에 대해 사르트르는 내 몸이 타자에 대해 현존할 때, 내 몸이 나로부터 완전히 빠져 달아나 소외되어 버리는데 그 소외를 극복할 방법이 도무지 없을 때 공포에 사로잡히기 때문에 그렇다고 분석하고 있습니다. 그런 다음, 이런 흥미로운 말을 덧붙이지요.

그가 '몸을 더 이상 갖지 않기를' 원할 때, 그가 [남들에게] 보이지 않기를' 따위를 원할 때, 그가 무화시키고자 하는 것은 그의 자신에-대한-몸이 아니라, 이해할 수 없는 차원의 이 소외된 몸이다.(394/83)

언젠가 텔레비전에서 지독한 화상을 입어 얼굴이 완전히 기형으로 변한 여성을 본 적이 있습니다. 그동안 수도 없이 많은 수술을 했다고 했습니다. 아예 외출을 할 수 없을 정도로 극도로 의기소침해진 상태에서 이제 다른 사람들의 시선을 크게 두려워하지 않을 정도가 되어 미국에서 열심히 공부해서 사회학 박사학위를 땄다고 했던 것 같습니다.

만약 누군가가 자신의 몸을 저주한다면, 그래서 그런 몸을 더 이상 갖기를 원하지 않는다고 한다면, 그때 그 몸은 자신에 대한 자신의 몸이 아니라, 남에 대한 자신의 몸임에 틀림없습니다. '자신에 대한 자신의 몸'은 자신의 현존(흔히 말하는 실존)을 가능케 하는 현사실적인 기반이기에 저주의 대상이 될 리 없습니다. 그러한 자신의 현존을 앗아가 버리는 '타자에 대한 자신의 몸'이 저주의 대상이 될 수 있을 것입니다. 남 혹은 남의 몸을 대하면서 그 남이 자신의 몸을 저주하도록 만드는 나의 시선은 참으로 냉혹하기 이를 데 없는, 오히려 저주받아야 할 것이라고 생각하게 됩니다. 그리고 그것이야말로 윤리의 출발점이 된다고 생각하게 됩니다. 자유로운 소통을 불가능하게 만드는 근본 요인이기 때문입니다.

(3) 언어를 통해 소통되는 소외된 몸

사르트르는 소외된 몸에 대한 논의를 발전시켜, 이러한 저주의 상태에서 벗어날 수 있는 일종의 위로 비슷한 분석을 합니다. 그 출발은 타자에-대한-몸이 바로 나에-대한-몸이라는 사실, 하지만 그 나에-대한-몸이 이해불가능하고 소외되어 있다는 것입니다.

그 결과, 타자가 나를 대신해서, 내가 할 수는 없지만 나에게 책임이 돌아오는 기능, 즉 내가 **존재하는 그대로 나를 보는** 기능을 수행한다는 것입니다. 사실이지 이는 누구에게나 통상적으로 일어나는 일입니다. 사르트르는 이와 관련해서 묘한 방식으로 언어를 끌어들입니다. 그러면서 언어에 의한 왜곡된 몸의 개현을 제시합니다.

> 언어는 우리의 대타적인 몸(이 현존케 된 몸이 말로 표현할 수 없는데도)이 갖는 주된 구조들을——빗나간 방식으로(à vide)——드러낸다. 그럼으로써 언어는 우리가 타인에 대해 갖는 소위 소명을 전적으로 벗어나도록 우리를 부추긴다. 우리는 타자의 눈으로 우리를 보는 것을 감수한다. 이는 우리가 언어에 의한 개현들(révélations)에 의해 우리의 존재를 알려고 한다는 것을 의미한다.(394/83)

비트겐슈타인(Ludwig Wittgenstein, 1889~1951)은 나의 언어의 한계는 나의 세계의 한계라고 했습니다. 그만큼 삶에 있어서 언어의 지배력이 강고하다는 이야기입니다. 이러한 비트겐슈타인의 입장은 사르트르가 펼치는 현상학적인 입장과 사뭇 대립됩니다. 현상학적인 입장은 나의 눈으로 나의 존재를 보는 것에서 출발하여 나의 세계가 타인들의 세계로 열려 나가는 것을 분석합니다.

이 인용문에서 사르트르는 나의 대타적인 몸이 언어적인 방식으로 처리된다는 것, 그런데 나의 대타적인 몸은 기실 나의 대자적인 몸이 소외된 것이라는 것, 따라서 언어를 통해 나의 대타적인 몸을 처리한다는 것은 나의 존재를 언어에 의해 알려고 하는 것이고, 이는 결국 '빗나간 방식으로' 나의 존재를 알려고 하는 것이라는 이야기입니다. 언어를 넘어서 있는 영역으로 치고 들어가는 것이 존재론적인 과업 중에 하나임을 생각하게 합니다. 그것은 반성적인 영역에서 비반성적인 영역으로 치고 들어가는 것이기도 합니다.

그러나 대타적인 몸에 대해 인식을 하기 위해서는 반성적인 판면으로 옮겨갈 수밖에 없고, 그럴 때 이 대타적인 몸은 그 존재방식을 달리하면서 일종의 가상적인 것으로 나타날 수밖에 없습니다. 이에 관해 사르트르는 이렇게 말합니다.

> 언어가 그 의미들을 지니고서 나의 몸과 나의 몸을 존립케 하는 나의 의식 사이로 미끄러져 들어갈 수 있는 것은 비반성적인 판면 위에서가 아님을 잘 염두에 두어야 한다. …… 타인이 내 몸에 관해 갖는 인식들이, 그러니까 타인이 언어를 통해 나와 주고받는 인식들이 나의 대아적인 몸에 특수한 유형의 구조를 줄 수 있도록 하기 위해서는, 그 인식들이 하나의 대상에 적용되도록 해야 하고, 내 몸은 이미 나에 대한 대상이어야 한다. 그러므로 그 인식들이 작동하기 시작하는 것은 반성적인 의식의 수준에서이다. 그 인식들은 비정립적인 의식으로부터 순전히 **현존케 된**바 현사실성을 질적으로 규정하는 것이 아니다. 그 인식들은 반성에 의해 알려진 준-대상(quasi-objet)으로서의 현사실성을 질적으로 규정한다. 준-대상과 반성적인 의식 사이에 개입함으로써 심리적인 준-몸의 객관화를 완성하는 것은 이 개념적인 층이다.(395/84)

반성적인 의식에 의해 인식을 할 경우, 개념적인 차원으로 옮아갈 수밖에 없습니다. 내 몸이 타인을 향해 소외되었다고 할 때, 그 본래의 사태는 비반성적이고 비정립적인 판면에서입니다. 하지만, 나와 타인이 언어를 통해 이와 관련해서 인식한 내용들을 주고받을 때에는 이미 반성이 작동하고 있습니다. 예컨대, "내 얼굴이 이상해. 뻣뻣한 것 같아. 어디 한번 만져 봐" — "어디 보자. 보기에도 그런 것 같은데 만져 보니 정말 네 얼굴이 뻣뻣한 것 같아. 무슨 경직성 운운하는 부작용이 생긴 것 아냐? 병원에 가 보는 게 좋겠어" 등과 같이 이야기를 주고받을 때, 이때 내 얼굴은 완전히 하나의 객관적인 대상으로 고착됩니다. 이러한 이야기를 주고받게 된 데에는 그 전에 비반성적인 판면에서 이미 내 얼굴이 타자적인 것으로 소외되어 있었기 때문입니다.

(4) 심리적인 몸

이제 반성을 통해 언어적인 소통을 함으로써 내 얼굴은 비반성적일 때와는 다른 방식으로, 즉 노골적인 방식으로 대상화됩니다. 이러한 경우를 일반화하여 사르트르는 준-대상이라 일컫고 있습니다. 여기에서 '준'(quasi)은 후설에 따르면, '마치 그런 것처럼'(als ob ……)이라는 구조를 갖습니다. 이를 활용해 말하면, 반성을 거침으로써, 혹은 언어적인 의미화를 거침으로써, 본래의 대상성이 특정하게 '마치 그런 것처럼'이라는 방식으로 왜곡되었다는 것입니다. 이를 몸에 적용함으로써 '심리적인 준-몸'이라 부르고 있습니다. 그러면서 사르트르는 이렇게 말합니다.

> 우리의 인식적인 개념들은 우리의 이야기(histoire)를 통해 획득한 것이다. 이 인식적인 개념들은 우리를 타인과 전적으로 교분을 갖게 한다. [그런데] 이러한 개념적인 인식들은 심리적인 몸이라는 구성적인 층을 산출하게 될 것이다. …… 우리의 심리적인 몸에 대한 인식 가능한 구

조들은 그 영속적인 소외를 간단하게 그리고 헛되이 지목한다. 우리는 이러한 소외를 사는 대신에 그것을 헛되이 구성하는데, 심리적인 몸인 준-대상을 향해 체험된 현사실성을 뛰어넘음으로써 그리고 그렇게 해서 겪게 되는(당하는, *souffert*) 이 준-대상을 또다시, 원칙상 나에게 주어질 수 없고 그저 의미될 뿐인 존재적인 성격들을 향해 뛰어넘음으로써 구성한다.(395/84~85)

비정립적으로 체험되는 현사실성으로서의 소외된 나의 몸은 내가 살아가고 있는 소외된 내 몸이고, 이 소외된 내 몸을 내가 타인과의 관계 속에서 반성적으로 인식함으로써 이제 이 소외된 내 몸은 준-대상으로서의 심리적인 몸이 되고, 또다시 반성을 거듭함으로써 아예 객관화된 의미 틀 속에서 그 자체로 존재하는 것인 양 내 몸의 소외를 완전히 구성하게 된다는 것입니다.

사르트르가 분석하고 있는 이 반성의 과정은 우리가 흔히 우리의 몸을 일반적으로 무슨 객관적인 물체인 양 여기게 되는 과정을 지시합니다. 우리가 알고 있는 개념적으로 기술하는 물리적-생리적인 몸은 기실 알고 보면 구성된 것으로서 오히려 심리적인 몸이라 불러 마땅하다는 이야기입니다. 특히 반성적인 과학 이론적 지식에 의거해서 구축되는 몸이야말로 바로 이러한 심리적인 몸에 해당될 것입니다.

이에 이러한 이야기를 '육체적인 고통'에 연결해서 여러모로 분석을 합니다. 그런 과정에서 사르트르는 이렇게 말합니다.

내가 당하는 고통(le mal), 그것을 나는 그것의 즉자 속에서 겨냥할 수 있다. 즉 정확하게 말해서 그것의 대타존재 속에서 겨냥할 수 있다. 그 순간에, 나는 내가 당하는 고통을 인식한다. 즉 내가 당하는 고통이 나를 빠져 달아나는 존재 차원에서, 그것이 타자들을 향하고 있는 국면에서 나는 내가 당하는 고통을 겨냥한다. 그리고 나의 겨냥은 언어가 나에게 가져다준 지식 속으로 스며든다. 즉 나는 타인으로부터 나에게 온 도구적인 개념들을 활용한다. 이 도구적인 개념들은 그 어떤 경우에도 나 혼자서는 형성할 수 없었을 것이고, 그것들을 내 몸에 적용되리라 생각할 수도 없는 노릇이다. 나는 타인에 의거한 개념들을 수단으로 해서 내 몸을 인식한다.(396/85)

복통이 일어나 너무 아플 때, 그 복통을 여지없이 관찰하듯이 대상화하면 그 복통을 어느 정도 약화시킬 수 있다는 이야기가 있습니다. 마치 그 복통이 내가 앓고 있는 복통이 아닌 것처럼, 그러니까 타인을 빌려와 내 복통을 그 타인에게로 이전시키거나 하는 것처럼, 묘한 기교를 부리는 것입니다.

내가 내 복통을 정확하게 인식한다는 것, 그리고 그 복통이 어떠어떠하다고 언어적인 개념들을 빌려 표현한다는 것은 '실질적으로 소외된 내 몸'을 '가상적으로 소외된 내 몸'으로 만드는 것이라는 이야기입니다. 소외된 내 몸을 살던 상태에서 소외된 내 몸을 인식하는 상태로 넘어간 것입니다.

(5) 심리적인 질병

이 과정에서 우선 다음과 같은 과정이 일어납니다. 다음의 과정은 배가 대단히 아픈데도 아직 의사에게 가지 않고 내 스스로에게서 일어나는 과정입니다.

어떻든 간에, 내가 **향유하고 있는** 한에서의 내 질환을 구성할 수는 없을 것이고, 나를 빠져 달아나는 한에서의 내 질환을 구성할 수 있을 뿐이다. 위(胃)와 궤양은 내가 향유하고 있는 대상이 달아나는 방향들이자 소외되는 조망들이 된다. 그때 새로운 현존의 층이 나타난다. 우리는 체험되는 고통(douleur)을 넘어서서 질환을 당한 쪽으로 나아갔다. 그리고 우리는 질환을 넘어서서 질병(maladie)으로 나아간다. 질병은 **심리적인** 것이다. 이 질병은 분명 의사에 의해 알려지고 기술되는 질병과 사뭇 다르다. 그것은 하나의 상태. 여기에서 그 상태는 세균들의 문제도 아니고 조직 손상의 문제도 아니다. 그 상태는 종합적인 형식을 띤 파괴이다.(396~397/86)

배가 심하게 아프면 내 몸은 마치 내 몸이 아닌 것 같습니다. 나의 지배력을 빠져 달아나고 있기 때문입니다. 그러면서 나를 한껏 치고 들어오기 때문에 나의 존재 역시 나를 빠져 달아나는 것 같습니다. 그럴 때 나는 크게 탈이 났다고 생각합니다. '고통 → 질환 → 질병'으로 이어지는 내 몸이 대타적인 것이 되어 내 몸을 빠져 달아나는 정도에 따라 점점 더 객관적인 것으로 규정된다는 이야기입니다.

여기에서 사르트르가 질병을 심리적인 것으로 여기는 것은 앞서 말한바 대타적으로 소외된 내 몸이 비정립적인 상태에서 반성을 거쳐 언어적인 개념들에 의해 준-대상으로 자리를 잡은 상황을 염두에 두고 있기 때문입니다. 말하자면, 그저 당하고 있는 고통은 비정립적으로 소외된 내 몸의 상태이고, 이러한 내 몸의 상태가 반성을 통해 정립적으로 구축될 때 질병으로 자리를 잡는다는 것입니다.

(6) 객관적인 질병상태의 몸

그런데 이렇게 질병으로 자리 잡게 되면 의사를 찾지 않을 수 없습니다. 그런데 의사를 찾아 종합적으로 진단을 하다 보면 엉뚱한 질병이 발견될 수도 있습니다. 나는 전혀 통증이나 불편함을 느끼지 못하는데 의사가 당뇨병이라는 진단을 내리기도 하고, 간경변증이라는 진단을 내리기도 합니다. 이쯤 되면, 질병을 앓고 있는 내 몸은 그야말로 내 몸이 아니라, 타인에 의거한 객관적인 몸이 됩니다. 이때 질병에 관련해서 내 몸은 이렇게 이야기됩니다.

> 질병 그 자체에 몸이 주어져 있다. 몸이 질환의 받침이었던 것과 마찬가지로, 이제 몸은 질병의 실체, 즉 질병에 의해 파괴되는 것, 그것을 통해 파괴적인 형태가 확장되는 것이다. …… 나는 손상된 위를 보지 않는다. 이는 분명하다. 그러나 나는 **손상된 위가 나의 고통**임을 안다. …… 실제로 고통 자체는 나의 위에 대해 아무것도 가르쳐 주지 않는다. 고통에 의해 그리고 고통 속에서, 나의 지식은 하나의 **대타적인 위**를 구성한다. 이 대타적인 위는 내가 그것에 대해 알 수 있었던 바로 그만큼의 객관적인 성격들을 통해 정의되는바 구체적인 부재로서 나에게 나타난다. 그러나 원칙상 이렇게 정의된 대상은 내 고통의 소외의 극으로서 존재한다. 즉 그것은 원칙상 내가 그렇게 될 필요가 없는 바 나인 것이고, 내가 다른 것을 향해 그것을 초월할 수 없는 바 나인 것이다. 그래서 대타존재가 비정립적으로 체험되는 나의 현사실성에 들러붙어 있는 것과 꼭 마찬가지로, 대타대상임(être-objet-pour-autrui)은 나의 심리적인 몸이 빠져 달아남의 차원으로서, 공모적인 반성에 대해 준-대상으로 구성된 현사실성에 들러붙어 있다.(397~398/87~88)

'대타적인 위'는 '대타대상임'의 한 예입니다. 생로병사, 질병이 없이 그저 순탄하게만 삶을 영위할 수 있는 사람은 없습니다. 하지만 질병만이 내 몸을 대타대상으로 만드는 것은 아닙니다. 질병은 내 몸이 대타적으로 대상이 되는 경우를 가장 잘 나타낼 뿐입니다. 모델을 잘 할 수 있는가 없는가 하는 것을 점검하는 현장에서 모델 응모자의 몸은 대타대상으로 나타납니다. 넓게 말하면, 내 몸이 나 혹은 내 몸을 빠져 달아나 대타대상이 되는 일은 허다합니다. 타인을 만나 타인과의 관계에서 내 몸이 어떻게 작동하는가를 정립적으로 반성하게 되면, 그때마다 내 몸의 대타대상임이 나타난다고 해야 합니다. 말하자면, 타인들과의 관계에서 내 몸이 삐걱거릴 때마다, 그래서 내가 타인을 기준으로 내 몸을 반성적으로 평가할 때마다 소외된 내 몸의 대타대상임이 나타나는 것입니다.

(7) 소외된 대타적인 몸과 구토

그런데 사르트르는 내 몸의 대타대상임을 구토와 연결시켜 설명합니다. 잘 알다시피, '구토'는 사르트르의 철학과 문학에서 아주 중요한 개념입니다.

> 순전한 구토(la pure nausée)는 소외의 차원을 향해 뛰어넘겨질 수 있다. 그때 순전한 구토는 나의 대타적인 몸을 그 '풍채', 그 '걸음걸이', 그 '표정'을 통해 나에게 넘겨줄 것이다. 그때 순전한 구토는 나의 얼굴에 대한 혐오(dégoût), 너무 흰 나의 살에 대한 혐오, 지나치게 굳어 있는 나의 표정에 대한 혐오 등으로서 주어질 것이다. 그런데 이 항들을 뒤집어야 한다. 내가 혐오를 갖는 것은 이 모든 것에 **대해서**가 아니다. 그러나 구토는 비정립적으로 현존케 된 바이 모든 것이다. 그리고 구토를

타인에 대한 것으로까지 연장하는 것은 나의 인식이다. 왜냐하면, 나의 구토를 정확하게 말해 **살**로서 그리고 모든 살의 구토적인 성격 속에서 파악하는 것은 타인이기 때문이다.(398/88)

혐오와 구토를 구분하고 있습니다. 심하게 혐오스러우면 구토가 일긴 합니다. 그런데 여기에서 사르트르는 혐오를 어떤 부분적인 것들에 대한 것으로 여기는 반면, 구토는 전체적인 것으로 말하고 있습니다. 그러면서 혐오의 바탕에는 암암리에 구토가 깔려 있는 것처럼 말하고 있습니다. 자세한 설명이 나와 있지 않아서 정확하게 알 순 없지만, '순전한 구토'는 내가 내 몸을 타인이 대하듯이 해서 나의 대타적인 몸을 나에게 제공하되, 혐오처럼 대타적인 내-몸의 구체적인 부분에 대해 제공하는 것인 반면, '구토'는 전반적입니다.

그런데 "타인은 나의 구토를 살로서 파악한다"라는 말이 이해하기 어렵습니다. 사르트르에게서 '살' 개념이 상당히 모호합니다. 전번 시간에 우리는 살인 타인의 몸이 상황을 성립케 한다는 것을 보았습니다. 이때 내가 그 타인의 몸을 살로 파악하는 것입니다. 그런데 이제 타인이 '나의 구토'를 살로서 파악한다고 말하고 있습니다. '나의 구토'라는 말도 어려워집니다. 저 앞에서 구토는 전신감각과 거의 동일한 의미를 가진 것으로 이야기되었습니다. 이렇게 되면, 나의 구토는 타인에 의해 '전신감각적인 살'로 파악된다고 말하게 됩니다. 이래저래 어렵습니다. 이 '전신감각적인 살'이 결코 대자적인 것은 아닐 테고, 나의 대타적인 몸이 한꺼번에 즉자적으로 뭉쳐져 주어지는 것을 말하는 것으로 여겨집니다. 이 구토에 관해서는 『존재와 무』가 끝날 즈음에 다시 본격적으로 논의될 것이니, 그때 가서 제대로 살펴보기로 합시다.

3) 탈구형의 몸

마지막으로 사르트르는 나에게 나타나는 바 완전히 도구적인 존재로서의 나의 몸을 특별히 '탈구형의 현출'(un type aberrant d'apparition)이라고 논급합니다.

> 이제 남은 것은 우리가 **탈구형의 현출**이라고 명명하려는 것에 대한 기술이다. 사실상 나는 내 두 손을 볼 수 있고, 내 등을 만질 수 있고, 내 땀 냄새를 맡을 수 있다. 이 경우, 예를 들면 나의 손은 다른 대상들 중의 한 대상으로서 나에게 나타난다. 그 나의 손은 더 이상 주변에 의해 지시 중심으로 **가리켜지지** 않는다. 그 나의 손은 주변과 함께 세계 속에 조직되어 들어간다. 그 나의 손은 주변과 마찬가지로 내 몸을 지시 중심으로 가리킨다. 그 나의 손은 세계의 부분을 이룬다.(398/88)

그야말로 주체성을 완전히 상실해 버린 것으로 나에게 주어지는 나의 몸입니다. 물론 이때 나의 몸은 결코 내 몸 전체일 수는 없습니다. 부분적으로만 그렇게 내 몸으로부터 떨어져 나간 것으로 나에게 주어집니다. 내가 나의 오른손으로 내 왼손을 만질 때, 그 나의 왼손은 하나의 대상으로서 세계 속으로 함몰된다는 것이 사르트르의 생각입니다. 이는 다음과 같이 분명하게 언급됩니다.

> 내가 잡는 [나의] 손은 잡는 [작용을 하는] 한에서의 손으로 파악되는 것이 아니라, 파악될 수 있는 대상인 한에서의 손으로 파악된다. 그래서 우리에 대한 우리의 몸이 갖는 본성은 우리가 그 우리의 몸에

대해 타인의 관점을 취할 수 있는 한, 전적으로 우리를 빠져 달아난다.(399/89~90)

이런 방식으로 나의 몸 일부가 나에게 나타나는 것을 '탈구형의 현출', 즉 탈구하는 방식으로 현출한다고 말하고 있습니다. 사르트르는 이 사실이 의미하는 바를 이렇게 말합니다.

사실이지, 나의 손이 이렇게 나타나는 것은 간단히 다음과 같은 것을 의미한다. 아주 한정된 어떤 경우에 있어서 우리는 우리 자신의 몸에 대해 타인의 관점을 취할 수 있다는 것, 혹은 바꾸어 말하면, 우리 자신의 몸이 우리에게 타인의 몸처럼(타인의 몸으로서, comme le corps d'autrui) 나타날 수 있다는 것이다.(398/89)

그다지 어려운 이야기는 아닙니다. 사르트르는 이러한 몸을 바탕으로 몸 일반에 관한 이론을 세우려 한다는 것은 본말이 전도되었다고 비판합니다. 당연한 비판입니다. 이러한 비판을 정당화하기 위해 사르트르는 자신의 몸을 볼 줄 모르는 곤충과 같은 경우를 들먹이기도 하다가 어린 아이의 경우를 들먹입니다.

감각 기관들의 배치가 몸을 타인에게 나타나는 것처럼 보이는 것을 허용한다 할지라도, 어린아이의 경우 몸이 이렇게 도구인 사물로 나타나는 것은 나중에 가서의 일이다. …… 아이는 자신의 손을 잡는 법을 배우고 자신의 손을 보는 법을 배우기 오래전부터, [다른 무엇인가를] 움켜쥐고, 끌어당기고, 밀어제치고, 집을 줄 안다. 자주 있는 관찰에 의하면, 태어난 지 두 달 된 아이는 자신의 손을 자신의 손으로 보지 않는다고 한다. …… 아이는 먼저 타인의 몸으로부터 학습과정을 시작할 수밖에 없다. 그래서 내 몸에 대한 지각은 시간적인 순서에 있어서 타인의 몸에 대한 지각 이후에 위치하는 것이다.(399/90)

내가 타인의 관점을 취하여 내 몸을 대할 때 내 몸이 드러내는 탈구형의 현출은 본래적인 것이 결코 아니라는 이야기입니다. 어린아이의 경우, 처음에는 자신의 몸을 자기 것으로 여기지 못하고 타인의 몸처럼 여긴다는 이야기입니다. 그러다가 차츰 심리적인 작용이나 정체 확인의 종합과 재인식의 종합 등등에 의해 그저 현존할 뿐인 자신의 몸과 보이는 자신의 몸 간에 대차대조표를 만들게 되고, 그 결과 자기 몸에 대한 지각, 즉 자기의 몸임을 알면서도 타인의 관점으로 그 자기 몸을 볼 줄 알게 된다는 것입니다. 마치 라캉이 말한바 유아가 자아를 형성하게 되는 거울단계의 이야기를 암시하고 있는 것처럼 보입니다.

4) 정돈

마지막 한 단락을 통해 사르트르는 이제까지 개진한 몸에 관한 분석을 간략히 정돈합니다.

몸은 나인 도구이다. 몸은 '세계-한복판의' 존재를 갖는 나의 현사실성이다. 다만, 내가 이 현사실성을 넘어서서 나의 세계-내-존재로 향할 수 있는 한에서 그러하다. …… 그러나 내 몸의 어떤 구조들이 세계의 대상들에 대해 지시 중심들임을 그치지 않고 근본적으로 다른 관점에 의해 다른 대상들에 정돈됨으로써, 나의 감각기관들 중 어떤 것이 부분적인 지시 중심임을 그 다른 대상들과 더불어 가리키고, 그런 가운데 바탕인 몸 위에 형태로서 부각된다는 것이 놀랄 일인가?(399~400/90)

"몸은 나인 도구이다"라고 하는 명제에 모든 것이 압축되어 있습니다. 도구이기에 나로 하여금 '세계-한복판의-존재'로서의 현사실성을 띠도록 하면서, 동시에 나인 것이기에 내가 이러한 현사실성을 넘어서서 '세계-내-존재'라는 현사실성을 띨 수 있도록 하는 것입니다. 몸이 나인 것임을 강조하게 되면 그 나의 몸은 환경 세계의 지시 중심으로서 우뚝 부각됩니다. 이때 부각됨을 돋보이게 하는 바탕은 세계-한복판의-존재인 몸일 것입니다.

이제 제3부 '대타'의 제2장 '몸'을 끝냈습니다. 다음 시간에 제3장인 '타인과의 구체적인 관계들'의 제1절 '타자에 대한 첫번째 태도: 사랑, 언어, 마조히즘'을 다루게 될 것입니다.

사르트르의 몸 이론에 있어서 특히 염두에 두어야 할 것은 몸이 없이는 대자인 의식이 아예 성립할 수 없다는 것입니다. 대자는 도대체 조망적인 관점을 지니지 않을 수 없고, 그럼으로써 현사실성을 띤 것으로 현존하게 되는데, 그럴 수 있는 가능성이 애당초 몸에서부터 주어지기 때문입니다.

한편으로 사르트르의 몸 이론에서 대단히 아쉬운 것은 몸과 대자인 의식의 발생적인 관계를 제대로 천착하지 않았다는 것입니다. 몸이 없이는 대자인 의식이 성립할 수 없다는 것은 분명한데, 그러한 의식이 어떻게 성립하게 되는가에 대한 분석이 없었던 것입니다. 물론 이는 그 어느 누구도 쉽사리 해명할 수 있는 부분이 아닙니다. 거기에는 생리심리학적인 논구가 필수적인데, 아직 의식 일반에 관한 이 영역의 탐구가 일천하기 때문입니다.

메를로-퐁티는 체화된 의식을 이야기하고, 반성을 통해 이른바 의식이 생겨나는 것처럼 말했는데, 이 정도는 사르트르의 몸 이론에서도 충분히 간파해 낼 수 있습니다. 메를로-퐁티를 넘어설 수 있을 정도의 의식 발생에 관한 이야기를 기대했는데, 역시 어려웠던 모양입니다. 물론 혹자는 그것은 철학의 문제가 아니라고 말할지도 모릅니다. 하지만, 이는 여전히 논구해야 할 철학적인 문제임에 틀림없습니다. 영미권에서 심리 철학이라는 이름으로 한껏 불이 붙은 적이 있기도 한 문제입니다.

제3장 | 타인과의 구체적인 관계들

1. 출발점

제3부 '대타'의 마지막 장인 제3장 '타인과의 구체적인 관계들'로 들어서 겠습니다. 이를 세 절로 나누어 제1절 '타인에 대한 첫번째 태도: 사랑, 언어, 마조히즘', 제2절 '타인에 대한 두번째 태도: 무관심, 욕망, 증오, 사디즘', 제3절 ''공존재'와 '우리''라는 각각의 제목을 달고 있습니다. 그런데 사르트르는 본격적으로 이들 세 절들의 논의로 들어가기 전에 일종의 서절(序節)을 내세웁니다. 이를 먼저 살펴봄으로써 새 장의 출발점을 확보하고자 합니다.

> 우리는 이제까지 우리가 맺는 타자와의 근본적인 관계를 기술했을 뿐이다.(401/93)

사르트르가 내세우는 첫 문장입니다. 이제까지 타인과의 관계에 있어서, 나의 영토를 침범해 들어와 일정하게 탈취해 가는 타자의 출현, 나를 대상화하는 시선에서 나타나는 타인의 현존, 그럴 때 내가 그 타인이 아니라고 하는 내적인 부정을 수반하면서 동시에 나 자신을 무화하면서 부정해 나가는 나의 대자, 이러한 나의 대자가 현사실성을 갖도록 하는 나의 몸, 이러한 몸을 수반하지 않으면 안 되는 나에게 나타나는 그 나름의 상황을 존립케 하는 살인 타인의 몸, 이 와중에 끊임없이 소외되는 우리들의 몸, 결국에는 타인의 몸인 양 탈구형으로 나타나는 기관으로서의 나의 몸 등을 살펴본 바 있습니다. 이 내용들을 사르트르는 우리와 타자가 맺는 근본적인 관계들이라고 말하고 있습니다. 이는 우리의 대타존재를 드러낸 것이고, 그 핵심은 우리의 현존이 세계의 한복판에 있는 몸이라는 것, 그리고 그러한 우리의 현존이 바로 현사실성이라는 것입니다. 이에 사르트르는 이렇게 말합니다.

> 몸은 타인과의 관계들에 대해 의미(signification)를 구성한다. 몸은 타인과의 관계들에 대해 한계들을 표시한다. 나는 상황-속의-몸으로 타인의 초월된 초월성을 파악한다. 내가 타인을 위해 소외되는 가운데 나를 체험할 때에도 나는 상황-속의-몸이다. 이제 우리는 이러한 구체적인 관계들을 검토할 수 있다. 우리는 우리의 몸이 무엇인지를 알기 때문이다.(401/93)

몸의 존재론적인 다층성을 이해하지 못하고서는, 적어도 몸을 바탕으로 하지 않을 수 없는 타인과의 구체적인 관계들을 제대로 설명한다는 것은 불가능합니다. 결국에는 '상황-속의-몸'이 핵심적인 구조로 제시되고 있습니다. 사랑/증오, 존경/경멸, 경쟁/협력, 갈등/조화 등의 상황 속에서 그러한 상황을 존립케 하는 것이 '상황-속의-몸'이고, 또 그러한 상황 속에서 다양한 양식으로 드러나는 것이 '상황-속의-몸'이 아닐까요?

이러한 '상황-속의-몸'을 기본으로 해서 나와 타인이 만남을 이룰 때, 그 구체적인 관계들은 일방적일 수는 없을 것이고, 항상 쌍방적일 수밖에 없을 것입니다. 사르트르는 이를 이렇게 이야기합니다.

사실상, [나와 타인 간의] 구체적인 관계들은 타자가 있는 세계 속에서 대자가 갖는 여러 다른 태도들을 재현한다. 그러므로 그 각각의 관계는 그 방식에 있어서 쌍방의 관계, 즉 대타적인 대자, 즉자를 제시한다. …… 사실이지 우리는 이 책을 시작하면서 대자와 즉자의 관계들을 탐문했다. 그러나 이제 우리는 우리의 과제가 더욱 복잡하다는 것을 알게 되었다. **타자가 현전하는** 가운데 대자와 즉자의 관계가 있는 것이다.(401/93)

타자(l'autre)와 타인(l'autrui)을 어떻게 정확하게 구분해서 쓰는지 좀처럼 알기가 어렵습니다. 대자나 즉자를 운운하는 차원에서는 타자가 적당할 것이고, 나와 대조해서 쓸 때에는 타인이 적당할 것 아닌가 하는 정도로만 일단 생각하기로 합니다. 말하자면, 타자가 인격적인 연관 속에 들어설 때에는 타인이 된다는 정도로 생각하자는 것입니다. 아무튼 도대체 타자가 없이는 그 어떤 실제 상황도 성립될 수 없다는 점을 감안하면, 타자가 현전하는 상황을 전제로 해서 대자와 즉자의 관계를 탐색해야 하는 것은 당연하고, 또 그만큼 구도가 복잡해지는 것도 당연할 것입니다.

대자는 자신이고자 합니다. 다소 어색한 표현이긴 하지만, 대자는 자기 자신에 대한 토대이고자 함으로써 제 스스로의 즉자이고자 합니다. 말하자면, 그 자체로서의 즉자대자를 확보하고자 합니다. 이를 위해 대자는 자신에 들러붙어 있는 소여라든가 몸이라든가 하는 현사실성을 넘어서서 자기 자신을 향해 도피하고자 합니다. 대자는 사실상의 자신의 현존, 즉 자신의 거기에-있음을 벗어나고자 합니다. 그렇게 해서 즉자대자를 추구합니다. 이에 도피와 추구를 둘러싼 대자의 이중성이 나타납니다. 이 이중성은 자기기만의 근본구조로 드러나기도 하는 대자의 존재론적인 이중성과 직결됩니다.

> 그래서 대자는 도피이면서 동시에 추구이다. 대자는 즉자를 벗어나려 하면서 추구한다. 말하자면, 대자는 추구하면서-추구된다(poursuivant-poursuivi). …… 이러한 추구하는 도피는 대자의 존재에 덤으로 덧붙여지는 하나의 소여가 아니다. 대자는 이 도피 자체다. 이 도피 자체는 근원적인 무화와 구분되지 않는다. 대자가 추구하면서-추구된다고 말하거나, 대자가 자신의 존재가 되어야만 하는 양식으로 존재한다고 말하거나, 대자는 자신인 것이 아니고 자신이 아닌 것이라고 말하는 것은 모두 다 매한가지다.(402/94)

도피와 추구라고 하는 것은 암암리에 타인과의 관계를 전제로 합니다. 타인이 나에게 현존하는 것으로 현전하는 한, 나는 즉자인 나를 벗어나 타인 속에서 대자인 내 자신을 추구할 수밖에 없을 것이기 때문입니다. 하지만, 아직 사르트르는 이 말을 하지 않습니다. 그 대신 대자가 관계 자체임을 이렇게 강조합니다.

> 대자는 즉자가 아니고 즉자일 수도 없는 노릇이다. 그러나 대자는 즉자와의 관계다. 대자는 모든 측면에서 즉자에 의해 둘러싸여 있는바, 즉자에 대한 유일무이한 가능한 관계다. 대자가 즉자를 벗어날 수 있는 것은

오로지 대자가 **아무것**(*rien*)도 아니기 때문에 그리고 대자가 **아무것도 아닌 것**에 의해 즉자와 분리되기 때문이다. 대자는 모든 부정성과 모든 관계의 토대이다. **대자는 관계다.**

그럼으로써 타인의 발용은 대자를 그 핵심에서부터 공격해 들어온다. 타인에 의해 그리고 타인에 대해 추구하는 도피는 즉자로 고착된다. 즉자는 도피가 이루어지는 대로 그 도피를 이미 다시 포획한다. [이때] 도피는 이미 사실을 극단적으로 부정하는 것이자 가치를 절대적으로 정립하는 것이지만, 그와 동시에 철저히 현사실성에 의해 얼어붙어 버린다.(402/94)

대자를 관계라고 정확히 규정하는 대목을 눈여겨볼 필요가 있습니다. 단락이 바뀌면서 전개되는 대목에서 사실상 그 관계가 타인과의 관계임을 간취할 수 있습니다. 대자는 아무것도 아닌 것, 즉 존재가 아닌 것입니다. 만약 이를 통해 대자가 즉자와 분리된다고 할 것 같으면, 하나의 즉자와 다른 즉자 역시 아무것도 아닌 이 대자를 통해 관계를 맺을 것입니다. 대자가 관계라고 하는 것은 한편으로는 자기 자신을 향하면서도 자기 자신을 벗어나는 대자 내적인 관계이지만, 다른 한편으로는 즉자들 간의 관계이기도 하다는 것을 의미합니다.

이를 타인과의 관계에 적용하게 되면, 나와 타인 쌍방에서 일어나는 즉자대자적인 관계가 됩니다. 타인은 나의 대자적 활동인 도피를 즉자적인 것으로 고착시키고, 나는 타인의 대자적인 활동인 도피를 즉자적인 것으로 고착시킵니다. 그런 가운데 각기 그렇게 고착된 대자의 즉자성을 서로 또다시 벗어나려 하면서, 그렇게 벗어나려는 대자적인 도피를 또다시 재포획해서 고착시키려고 하는 것입니다.

그런데 이 인용문에서 대자의 도피에 대해 사실을 극단적으로 부정하면서 가치를 절대적으로 정립하는 것이라고 말하는 대목을 눈여겨볼 만합니다. 사실과 가치는 항상 대립적인 두 항으로 운위되어 왔지요. 도피 자체이기도 한 대자의 도피는 사실을 가치로 정립하는 것이기도 함을, 말하자면 사실의 판면에서 가치의 판면으로 옮겨가는 것이기도 함을 알 수 있습니다.

자, 아무튼 나와 타인과의 관계는 타인이 나의 대자적인 기획을 즉자적으로 고착하는 데서 비롯된다는 것은 확실합니다. 이에 이렇게 이야기됩니다.

그러한 것이 내가 타인과 갖는 구체적인 관계들의 근원이다. 그 구체적인 관계들은, 내가 타인에 대해 대상이 되고 그럴 때 나인 그 대상에 대해 내가 취하는 태도들에 의해 전적으로 지배된다.(402~403/95)

내가 타인에 의해 그리고 타인에 대해 대상이 될 때, 내가 그냥 그것을 받아들이기만 할 수는 없는 노릇입니다. 여러 다양한 태도들을 취할 수밖에 없습니다. 타인이 나보다 우월한 위치에서 나를 노려보는 셈이기 때문입니다.

그러므로 [이때] 나는 즉자인데 그 즉자를 내가 기초한 것은 아니다. 그런 한에서 나는 바깥에서부터 나에게 주어진 이 존재를 부인하려고 할 수 있다. 다시 말하면, 이제 내 편에서 그에게 대상성을 부여하기 위해 내가 타인 쪽으로 '몸을 돌릴' 수 있는 것이다. 그것은 타인의 대상성은 타인에 대한 나의 대상성을 붕괴시키는 것이기 때문이다.(403/95)

투쟁입니다. 서로가 서로를 대상으로 만들어 상대방에 대한 자신의 대상성을 벗어나고자 하는 투쟁입니다. 하지만 그렇다고 해서 상대방의 초월성을 완전히 제거해서는 안 됩니다. 나를 대상화하는 상대방의 초월성을 대상화해야 하기 때문입니다. 간단하면서도 기묘한 존재 투쟁의 논리입니다. 그래서 이렇게 됩니다.

> 그러나 다른 한편으로, 자유인 타인(autrui comme liberté)이 나의 즉자존재의 토대인 한, 나는 그에게서 그의 자유라는 성격을 제거하지 않고서 이 자유를 회복하고 이 자유를 탈취하려고 노력할 수가 있다. 만약 내가 실제로 나의 즉자존재의 토대인 이 자유를 나에게 동화시킬 수 있다고 한다면, 나는 나 자신에서 나 자신의 토대가 될 것이다. …… 내 존재의 발융이 타인이 현존하는 가운데에서 일어나는 한, 내가 추구하는 도피이고 추구되면서 추구하는 한, 내 존재의 뿌리 자체에서, 나는 타인을 대상화하려는 기획투사(pro-jet) 혹은 타인을 [나에게] 동화시키고자 하는 기획투사이다. 나는 타인에 대한 체험이다. 여기에 근원적인 사실이 있다. 그러나 타인에 대한 이 체험은 그 자체 타인에 대항하는 태도이다. 말하자면, 나는 타인의 현전 속에 있지만 그것이 되어야만 한다는 형식하에 그 '현전 속에'가 아니고서, 그렇게 **타인의 현전 속에 있을 수 있는 것이다.** (403/95~96)

'pro-jet'는 앞으로 던짐입니다. 타인을 대상화하여 나에게 동화시킴으로써, 나는 나를 대상화하여 나를 그에게 동화시키고자 하는 타인의 자유를 내 것으로 만들 수가 있습니다. 그러기에 그러한 기획을 하지 않을 수 없습니다. 그래서 타인이 현전하는 현실에서 보자면, 나라는 존재는 타인을 맞닥뜨린 상태에서의 타인에 대한 체험이라고 해도 전혀 무리는 없습니다. 현실을 감안한다면, 도대체 '타인과 무관한 나 자신만의 나'라는 것은 논리적인 상상물에 불과한 것입니다. 그런데 타인에 대한 체험은 이중적입니다. 타인이 현전한다는 것을 벗어날 수 없지만, 그런데도 타인의 대상이 되어 그에게 현전하는 것이 아닌 방식으로, 타인이 현전하는 상황 속에 처할 수 있는 것입니다. 간단히 말하면, 타인을 만나되 타인에 종속되지 않을 수 있다는 것이고, 그런 점에서 타인에 대한 체험이란 타인에 대항한 것이라는 이야기입니다.

결국은 일종의 투쟁이고 충돌입니다. 문제는 이를 해결하기 위해 취해지는 태도들을 통해 온갖 미세한 인간관계들이 등장한다는 것입니다. 이 태도들은 크게 두 가지 방향으로 이루어지는데, 그 둘은 대립됩니다.

> 나인 이 두 시도들은 대립된다. 각각은 다른 쪽의 죽음이다. 즉 한쪽의 실패가 다른 쪽의 채택을 유발한다. …… 그러나 한쪽의 중심 자체에 다른 쪽이 항상 현전하는 것으로 머물러 있는데, 그것은 정확하게 말하면 둘 중 어느 쪽도 모순이 없이는 유지될 수 없기 때문임을 알아두는 것이 적절하다. 좀더 쉽게 말하면, 둘 각각은 다른 쪽 속에 있으면서 다른 쪽의 죽음을 유발한다. 그리하여 우리는 순환을 결코 빠져나갈 수 없는 것이다. …… 우리는 먼저 대자가 타인의 자유를 자신에게 동화시키고자 하는 태세들을 검토할 것이다.(403~404/96)

타인에 대한 체험을 둘러싼 투쟁과 충돌을 해결하기 위한 시도가 구체적으로 어떤 것인지 본문을 통해서는 제대로 포착할 수 없습니다. 하지만 이 인용문의 마지막 대목을 실마리로 삼아 그것이 크게 두 방향으로 나뉘는 것으로 간주된다는 것을 짐작할 수 있습니다. 하나는 인용문에서처럼 타인의 자유를 내 것으로 만들어 버리려는 것이고, 다른 하나는 나의 자유를 타인의 것으로 양도해 버리려는 것입니다. 물론 이 둘 사이에 미묘한 대목들도 포진하고 있을 것입니다.

중요한 것은 이 두 태도가 모순관계를 연출하면서 악순환의 고리를 형성한다는 것입니다. 한쪽이 다른 쪽에 있지 않고서는 그 다른 쪽을 패퇴시킬 수 없다는 것, 예컨대 내가 사랑하는 사람의 자유를 인정치 않고서는 나의 자유로써 그를 사랑할 수 없는데, 내가 그의 자유를 인정하는 만큼 나의 자유는 상실됩니다. 나의 자유가 설립되는 만큼 그의 자유가 상실된다는 사실을 염두에 두면, 내가 그를 진정 사랑하고자 할 때 나는 그를 진정으로 사랑할 수 없는 난감한 지경에 빠지게 된다는 것입니다. 삶의 두 기둥이라 할 수 있는 사랑과 자유 간의 악순환이 연출됩니다.

2. 타인에 대한 첫번째 태도: 사랑, 언어, 마조히즘

이렇게 해서 나와 타인과의 구체적 관계를 논의할 수 있는 근본적인 구조를 확보한 셈입니다. 그것은 '타인의 현전 가운데서 벌어지는바, 타자와의 연관하에서 대자와 즉자와의 관계들'을 검토하는 것으로 이어집니다. 그리고 그 첫번째 절을 시작합니다. 맨 먼저 다루는 것이 사랑입니다.

1) 사랑받기 위해 태어난 사람

사랑, 말만 들어도 가슴이 울렁거리면서 존재 전체가 확 새로운 판면 위에 올라서는 느낌을 줍니다. 그런데 사랑에 관해 사르트르는 그야말로 논리가 촘촘하기 이를 데 없는 기가 막힌 분석을 내놓습니다. 이에 대단히 긴 인용문을 그대로 제시하고 싶어집니다. 하지만 우선 몇 가지 실마리를 먼저 제시하고자 합니다.

나에게 가치 있는 것은 타인에게도 가치가 있다. 나는 타인의 지배력으로부터 나를 해방시키고자 하는가 하면, 타인은 나의 지배력으로부터 자신을 해방시키고자 한다. 나는 타인을 노예로 만들고자 하는가 하면, 타인은 나를 노예로 만들고자 한다. 여기에서 즉자인 대상과의 일방적인 관계들은 문제가 안 된다. 상호적이면서 유동적인 관계들이 문제될 뿐이다. 따라서 이어질 기술들은 충돌(conflit)의 관점에서 고찰되어야만 한다. 충돌은 대타존재의 근원적인 의미(방향, le sens)이다.(404/97)

지배력-노예 등의 다소 과격한 문구들이 눈에 띄긴 하지만, 그래서 마치 감각의 공유를 배제하고 오로지 배타적인 권력의 소유만을 바탕에 깔고 있는 것 같아서 위험하게 보이긴 하지만, 사르트르가 자신의 논점을 정확하게 제시하고 있는 대목입니다.

아닌 게 아니라, 사르트르는 시선으로서의 타인을 말하면서 "나는 타인에 의해 소유된다. 타인의 시선은 내 몸을 발가벗기고, 내 몸을 태어나게 하고, 내 몸에 각인을 남기고, 내 몸을 **있는** 그대로(comme il est) 산출하고, 내가 결코 볼 수 없는 상태로 내 몸을 본다"(404/97)라고 말합니다. 대타 관계를 소유관계로 보는 것입니다. 그런데 그 소유를 의식으로 환원하는 것이 이채롭습니다. "이 소유는 나를 소유하고 있다는 의식 이외 다른 것이 전혀 아니다"(같은 곳). 그러면서 이렇게 이야기합니다.

의식이라는 자격으로, 타인은 나에게 있어서 나에게서 나의 존재를 훔

쳐간 자인 동시에 나의 존재인 하나의 존재가 '거기에 있도록' 하는 자이다. …… 내가 나 자신에게 나의 존재에 대해 책임이 있는 자로 드러나는 한에 있어서, 나는 나인 이 존재의 권리를 주장한다. 즉 나는 나인 그 존재를 회복하고 싶어 한다. 혹은 더 정확하게 말하면, 나는 내 존재의 회복을 기획한다.(404/97)

이해하는 데 크게 어려움은 없습니다. 시선에서 의식으로 이어지는 타인의 현존, 나에게서 나의 존재를 탈취해 가는 타인, 어디까지나 나는 내 존재를 책임지는 자이기에 그런 타인을 그냥 둘 수 없는 나의 입장 등이 스며들어 있습니다. 그렇다면 어떻게 해야 할까요? 만만찮은 복병들이 숨어 있습니다. 결코 타인이 호락호락하지 않기 때문입니다. 무엇보다도 타인의 현존을 없애 버리면 내가 나의 것으로 귀속시킬 자유 자체가 없어지기 때문에 상당히 어렵습니다. 예컨대 독재자가 국민을 진정으로 사랑한다는 것은 불가능한데, 그것은 국민들로부터 자유를 없애 버리고 아울러 국민의 존재 자체를 없애 버렸기 때문입니다. 타인을 철저히 '살려놓아야' 합니다. 여기에 어려움이 있습니다.

우선 그 길은 내가 타인을 인정하면서도 내가 그 타자가 아니라고 끊임없이 부정하는 길입니다. 하지만 타인은 나를 계속 대상화하고자 하는 힘을 발휘할 것입니다. 그래서 나는 차라리 타인의 관점을 취함으로써 내가 나를 대상화할 수 있는 가능성을 모색합니다. 일종의 역지사지의 태도를 취해 보는 것입니다.

그다음 하나의 길은 아예 나를 타인의 자유에 맡겨 버리는 것입니다. 그래서 내가 내 속에서 타인으로 있는 것입니다. 이건 그야말로 경지인 셈입니다. 이에 관해 사르트르는 이렇게 말합니다.

요컨대, 타자의 바라보는 자유를 내 면전에서 유지하기 위해 나는 나를 나의 바라보여짐(être-regardé)과 전적으로 일치시킨다. 그리고 나의 대상임은 나와 타자 간의 유일하게 가능한 관계이기 때문에, **타자의 자유**를 나에게 귀속시키는 작업을 하는 데 도구로서 내가 활용할 수 있는 것은 오로지 이 [나의] 대상임뿐이다. 그래서 세번째 탈자가 실패함에 따른 반작용으로서, 대자는 자신의 대자존재를 근거 짓는 바 타인의 자유에 자신을 일치시키기를 원한다. 자기 자신에게서 타인으로 있음,──자기 자신에게 있어서 **그** 타인으로 있음이라는 형식하에 항상 구체적으로 겨냥되는 이상(理想)──그것은 타인과의 관계들에 있어서 제1의 가치다. 이는 나의 대타존재가 어떤 하나의 절대적인 존재, 즉 신의 지시(indication)에 연루되어 있다는 것을 의미한다. 이 절대적인 존재는 타자로서 자기이고 자기로서 타자일 것이다. 그리고 이 절대적인 존재는 타자로서 자신의 자기임과 자기로서 자신의 타자임을 자유자재로 자기에게 줌으로써 존재론적인 증명의 존재 자체가 될 것이다.(405/99)

우선 '세번째 탈자'라는 말이 이해하기 어렵습니다. 본문에서 이에 관한 설명이 제대로 주어지지 않기 때문입니다. 그러나 우리는 '세번째 탈자'에 관해 다음과 같은 사르트르의 지적을 본 적이 있습니다.

세번째 탈자의 경우, 우리는 한층 더 추진된 반성적인 분열 같은 것을 목격한다. 그 귀결들에 놀랄 수도 있다. 한편으로, 부정들은 내부에서 이루어지기 때문에 타인과 나 자신은 바깥에서부터 서로에게로 올 수 없다. 대타의 상호적인 분열로 있지 않으면 안 되는 '타인인 나'(moiautrui)라는 하나의 존재가 있어야만 한다. 이는 '반성하는 자-반성되는 것'이라는 총체가 그 자신의 무로 있어야만 하는 하나의 존재인 것과 전적으로 같다. 즉 이는 나의 자성과 타인의 자성이 동일한 존재적 총체의 구조들인 것과 전적으로 같다.(338/499)

나와 타인이 거대한 존재적인 총체의 두 구조들에 불과한 쪽으로 탈자를 이룬 것이 세번째 탈자입니다. 항상 자신으로부터 빠져 달아나 자신을 얻고자 하는 것이 대자의 존재방식이라고 할 때, 대자의 이 세번째 탈자는 타인과의 관계를 통해서도 자신을 얻을 수 있는 최상의 경지일 것입니다. 하지만 이런 경지에 도달한다는 것은 불가능합니다. 그 경지는 위 인용문에서 제시되고 있듯이 나이면서 타자이고 타자이면서 나인 신적인 절대적 존재의 상태를 의미하기 때문입니다. 요컨대 타인과의 합일은 사실상 실현될 수 없는 것입니다.

하지만 이러한 이상적인 상태를 포기하기는 쉽지 않습니다. 사르트르가 보기에 사랑은 바로 이 이상적인 상태에 관련해서 성립합니다.

이 실현 불가능한 이상은 타인의 면전에서 이루어지는 내 자신에 대한 나의 기획에 붙어 다닌다. 그런 한에 있어서, 이 실현 불가능한 이상은 하나의 시도, 즉 나의 고유한 가능성들을 향한 기획들의 유기적인 전체인 사랑에 비교될 수는 없을 것이다. 그러나 이 실현 불가능한 이상은 사랑의 이상이고, 사랑의 동기이고, 사랑의 목표이고, 사랑의 고유한 가치이다. 타인과의 시원적인 관계인 사랑은 내가 이러한 가치를 실현하기 위해 펼치는 기획들의 전체이다.(406/100)

말하자면, 사랑이란 타인의 자유를 무시하고서는 도무지 이루어질 수 없습니다. 타인의 자유를 무시하지 않는 한, 사랑을 통해 나는 타인의 대상이 되고 맙니다. 사랑하는 자는 사랑받는 자의 노예가 될 수도 있다는 이야기입니다. 하지만, 아예 노예가 되어 버리면 나의 사랑은 근본적으로 무너집니다. 그래서 어떻게 하면 내 속에서 내가 타인이 될 것이며 또 타인 속에서 내가 나 자신이 될 수 있는가 하는 이상적인 경지를 향해 지난한 과정을 겪지 않으면 안 되는 것이 사랑이라는 것입니다.

이제 너무 길게 인용할 수밖에 없어서 어쩌면 참 미안한 일이기도 한데, 한 편의 멋진 드라마와 같은 사랑에 관한 사르트르의 기나긴 이야기를 곧이곧대로 들어보기로 합시다.

이 기획들은 나를 타인의 자유와 직접적으로 연결한다. 사랑이 충돌이라는 것은 이런 의미에서이다. 사실이지, 타인의 자유가 내 존재의 토대라는 점은 지적했다. 그러나 내가 타인의 자유에 의해 현존한다는 바로 그 사실 때문에, 나는 그 어떤 안전함도 갖지 못하고 타인의 자유 속에서 위험에 처하게 된다. 타인의 자유는 내 존재를 마음대로 주조하고 나를 **존재하게 한다.** 타인의 자유는 나에게 가치들을 제공하고 또 그 가치들을 나에게서 제거한다. 그런가 하면 나의 존재는 끝없이 자기를 벗어나되 수동적으로 벗어남을 타인의 자유로부터 받아들인다. 책임을 지지 않고 손이 미치지 못하는 곳에서, 내가 그 속에 구속되어 있는 이 변화무쌍한 타인의 자유는 그 나름 수천 가지의 다른 존재방식 속에 나를 구속할 수 있다. 내 존재를 회복하고자 하는 나의 기획은, 내가 이 타인의 자유로부터 나를 탈취해서 내가 타인의 자유를 나의 자유에 종속된 자유로 환원시키는 한에서만, 실현될 수 있다. …… 사랑하는 자는 왜 사랑받기를 원하는가? 사실이지 만약 사랑이 육체적인 소유의 순전한 욕망이라면, 만족되기가 쉬울 것이다. 예를 들면, 자신의 정부(情婦)를 자기 집에 거주시키면서 언제든지 그녀를 볼 수 있고 소유할 수 있고 그녀를 물질적으로 완전히 의존 상태에 있게 한, 프루스트의 주인공은 불안으로부터 벗어나 있어야 할 것이다. 그러나 그 반대로 잘 알다시피 그는 근심에 둘러싸여 있다. 마르셀이 알베르틴의 옆에 있을 때조차 알베르틴은 자신의 의식에 의해 마르셀을 벗어난다. 알베르틴이 자고 있을 때 마르셀이 그녀를 주시할 때에만 겨우 휴식을 느끼는 것은 이 때문이다. 그러므로 사랑이 '의식'을 사로잡기를 원하는 것은 분명하다. 그러나 왜 사랑은 그걸 원하는 걸까? 그리고 어떻게 그걸 원하는 걸까?

흔히 사랑을 설명하기 위해 너무나도 자주 사용하는 '소유'(propriété)라는 개념이 사실 첫번째 것은 아닐 것이다. 만약 타인이 나를 존재하게끔 하는 것이 아니라면, 나는 왜 타인을 전유하기를 원하겠는가? 그러나 이는 바로 어떤 하나의 전유의 양식을 함축한다. 즉 우리가 우리를 가로채고자 하는 것은 그러한 타자의 자유로부터라는 것이다. 하지만 완력의 의지에 의한 것은 아니다. 폭군은 사랑을 우롱한다. 폭군은 공포[를 주는 것]에만 만족한다. 만약 폭군이 신하들의 사랑을 구한다면, 그것은 정략이다. 그리고 만약 폭군이 신하들을 노예로 만들 수 있는 더 경제적인 방편을 확보한다면, 그 즉시 [사랑을 버리고] 그 방편을 채택할 것이다. 이와는 반대로, 사랑받기를 원하는 자는 그가 사랑하는 자의 예속을 욕망하지 않는다. 그는 흘러넘치는 기계적인 열정의 대상이 되는 것에 집착하지 않는다. 그는 자동성을 소유하고자 원하지 않는다. 만약 그를 모욕하고자 원한다면, 그에게서 사랑을 주는 자의 열정이 심리학적인 결정론의 결과임을 드러내는 것으로 충분할 것이다. 사랑하는 그는 자신의 사랑에 있어서 그리고 자신의 존재에 있어서 스스로의 가치가 추락하는 것을 느낄 것이기 때문이다. 만일 트리스탄과 이졸데가 미약(媚藥)에 의해 미칠 지경이 된 것이라면, 별달리 관심거리가 못 될 것이다. 사랑받는[즉 자신을 사랑해 주는] 자의 전적인 굴종은 사랑하는 자의 사랑을 죽인다. 목표는 지나가 버린다. 말인즉슨 만약 자신을 사랑해 주는 자가 자동인형(automate)으로 변한다면, 사랑하는 자는 자신이 홀로임을 발견하게 될 것이다. 그래서 사랑하는 자는, 물건을 소유하듯이, 사랑해 주는 자를 소유하기를 바라지 않는다. 사랑하는 자는 특수한 유형의 전유를 요구한다. 사랑하는 자는 자유를 자유로서 소유하기를 원한다.

그러나 다른 한편으로 자유롭고 자발적인 구속이 자유라고 하는 이 탁월한 형식에 만족할 수는 없을 것이다. 서약한 맹세에 순전하게 충성을 다하는 것처럼 주어지는 사랑에 만족할 사람이 누가 있겠는가? "당신을 사랑하고자 나는 나를 자유롭게 구속했기 때문에, 그리고 내가 당신을 사랑하는 것은 내 자신에 대한 충성에 의해서임을 내 스스로 부인하기를 원하지 않기 때문에, 나는 당신을 사랑한다"라는 말을 누가 납득하겠는가? 그래서 사랑하는 자는 [사랑의] 맹세를 요구하면서 그 맹세 때문에 화를 낸다. 사랑하는 자는 자유에 의해 사랑받기를 원하면서도 이 자유로서의 자유가 더 이상 자유롭지 않기를 요구한다. 사랑하는 자는 타자의 자유가 스스로 결정해서 사랑이 되기를 원한다. 그러면서 그와 동시에 이 [타자의] 자유가 이 자유 자체에 의해 예속되기를 바란 나머지, 열광에서처럼 혹은 꿈속에서처럼 그 자유가 자기 자신에게로 '몸을 돌려' 자신의 예속(capivité)을 원하게 되기를 바란다. 그리고 이 예속은 자유로우면서 우리들 손아귀에 사로잡힌 포기여야 한다. 사랑을 하면서 우리가 타인에게서 바라는 것은 열정적인 결정상태도 아니고 도달할 수 없는 자유도 아니다. 사랑을 하면서 우리가 타인에게서 바라는 것은 차라리 열정적인 결정 상태를 연출하는 자유이고 그러한 연출에 붙들린 자유다. 그런데 사랑하는 자는 자기 자신이 [사랑을 받는 자의] 자유가 이렇게 크게 변양되는 것에 대해 원인이기를 요구하지 않는다. 사랑하는 자는 그가 [사랑을 받는 자의] 자유가 이렇게 크게 변양되는 데 대해 유일하고 특권적인 기회이기를 요구한다. 사실이지, 사랑을 받는 자가 흔히들 초월할 수 있는 하나의 도구처럼 세계 환경 속에 가라앉아 버리지 않는 한, 사랑하는 자는 자신이 그러한 변양의 원인이 되리라 원할 수는 없는 노릇이다. 거기에는 사랑의 본질이 없다. 그 반대로 사랑 안에서, 사랑하는 자는 사랑받는 자에게 '세계 전부'이기를 원한다. 이는 다음을 의미한다. 사랑하는 자가 세계의 한 측면에서 불쑥 솟아오른다는 것, 사랑하는 자가 세계를 요약하고 상징화한다는 것, 사랑하는 자가 다른 모든 **이것**들을 감싸는 하나의 **이것**이라는 것, 사랑하는 자가 **대상**으로 있고 **대상**임을 받아들인다는 것 등을 의미한다. 그러나 다른 한편으로, 이때 사랑하는 자가 자기가 그러기를 받아들이고자 하는 대상은 그 속에서 타인의 자유가 스스로를 상실하는 것을 받아들이는, 그리고 그 속에서 타자가 자신의 존재와 자신의 존재 이유를 자신의 이차적인 현사실성으로서 발견한다는 것을 수납하는 대상이다. 요컨대 [타인의] 초월을 한계 짓는 대상인 것이다. 타인의 초월은 이 대상을 향해 다른 모든 대상들을 초월하되, 이 대상만큼은 타인의 초월이 결코 초월할 수 없는 그런 대상이 되기를 원한다. 그러고도 도처에서 사랑하는 자는 타인의 자유에서 일어나는 순환을 바란다. 즉 타인의 자유가 타인 자신의 초월에 한계로 작동한다는 것을 받아들이는 매 순간, 이러한 받아들임이 **이미** 그 해당되는 받아들임의 원동력으로서 현전하기를 바란다. 사랑하는 자가 목적으로서 선택되기를 원하는 것은 이미 선택된 목적이라는 자격을 띤 상태에서이다. 이러한 내용들은 사랑하는 자가 사랑을 받는 자에게 요구하는 것이 무엇인가를 근본적으로 파악하게 한다. 사랑하는 자는 타자의 자유에 **작용을 가하기**(*agir*)를 원치 않는다. 사랑하는 자는 자기가 선험적으로 이러한 자유의 객관적인 한계로서 현존하기를 원한다. 다시 말하면, 타자의 자유와 동시에 그 자유의 발융 자체 속에서, 타자의 자유가 자유이기 위해 받아들이지 않으면 안 되는 한계로서 주어지기를 원한다. 바로 이러한 사실에 의해, 사랑하는 자가 요구하는 것은 타인의 자유가 그 타인의 자유 자체에 의해 들러붙어 끈적거리는 것이다. 사실 이 구조적인 한계는 하나의 **여건**이다. 그리고 그 여건이 자유의 한계로서 출현한다는 것은 그것 자체만 보더라도 알 수 있듯이, [타인의] 자유가 제 스스로 그러한 여건을 넘어서면 안 된다는 금지로 작동함으로써 스스로를 여건의 내부에서 현존토록 하는 것이다. 그리고 사랑하는 자는 이 금지를 체험되는 것으로서, 즉 당하는 것으로서 ── 한마디로 말해 하나의 현사실성으로서 ── 뿐만 아니라 그와 동시에 자유롭게 동의된 것으로서 여긴다. 이 금지는 자유로서 선택된 자유의 발융과 하나를 이루지 않으면 안 되기 때문에, 이 금지는 자유롭게 동의될 수 있는 것이어야 한다. 그러나 이 금지는 단지 체험된 것이어야 한다. 왜냐하면 이 금지는 항상 현전하는 하나의 불가능성, 타자의 자유를 그 핵심마저 역류하는 하나의 현사실성이기 때문이다. 그리고 이는 심리학적으로 다음과 같은 요구로 표현된다. 즉 사랑받는 자가 미리부터 취한 바 나를 사랑하고자 하는 자유로운 결정은 매혹적인 원동력으로서 그의 자유로운 현재의 구속 상태 **내부**로 미끄러져 들어가야 한다는 것이다.

이제 이러한 요구의 의미를 알 수 있게 되었다. 즉 사랑받고자 하는 나의 요구 속에서 타인에 대해 사실상의 한계일 수밖에 없는, 그리고 타인 그 자신의 현사실성으로 귀착될 수밖에 없는 그 현사실성은 바로 나의 현사실성이라는 것이다. 내가 타인의 초월 자체에 내속하는 한계일 수밖에 없는 것은 내가 타인이 나로 하여금 그것이도록 하는 그 대상인 한에서이다. 그 결과, 타인은 나를 존재에로 발용시키면서 나를 넘어설 수 없는 것으로서 그리고 절대적인 것으로서 존재케 하는데, 이때 이러한 나는 무화하는 대자로서 그런 것이 아니라 세계-한복판의-타자에-대한-존재로서 그러하다. 그래서 사랑받고자 원하는 것은 타자를 그 자신의 현사실성으로 감염시키는 것이고, 타자를 강제하여 우리로 하여금 타자 자신을 종속시키고 구속하는 자유의 조건으로서 끊임없이 재창조하도록 하는 것이다. 그리고 사랑받기를 원하는 것은 자유가 사실에 근거가 되고 동시에 사실이 자유에 대해 우월성을 갖도록 원하는 것이다. 만약 이런 일이 달성될 수 있다면, 맨 먼저 내가 타자의 의식 속에서도 **안전한 상태**에 있을 것이라는 일이 도출될 것이다. 나의 불안정과 나의 수치가 생겨나는 것은 내가 나의 대타존재 속에서 나를, 다른 것 즉 가치 판단의 순전한 대상, 순전한 수단, 순전한 도구 등을 향해 늘 지양될 수 있는 것으로 파악하고 체험하기 때문이다. 나의 불안정은 어떤 타자가 절대적인 자유 속에서 나를 그렇게 되도록 해서 형성한 그 [나의] 존재를 필연적으로 그리고 자유롭게 떠맡는 데서 생겨난다. "그에게서 내가 어떤 존재인지는 신이 아신다. 그가 나를 어떻게 생각하는가는 신이 아신다." 이 말은 '그가 나를 어떻게 존재하도록 하는가는 신이 안다'는 것을 의미한다. 나에게는 이 존재가 붙어 다닌다. 나는 이 존재를 어느 날이고 길모퉁이에서 만날 것이라고 믿는다. 그런데 이 존재는 나에게 아주 낯설다. 그런데도 이 존재는 나의 존재이고 내가 아무리 노력해도 결코 만날 수 없는 것임을 내가 알고 있다. 그러나 만약 타자가 나를 사랑한다면, 나는 **지양될 수 없는 자**가 될 것이다. 이는 내가 [타자에게] 절대적인 목적이어야 한다는 것을 의미한다. 그런 의미에서 나는 **도구성**으로부터 구원받는다. 세계 환경 속에서의 나의 현존은 나의 나에-대한-초월성에 대한 정확한 상관자가 된다. 나의 독립성이 절대적으로 보장되기 때문이다. 타자가 나에게 만들어 씌워 줄 수밖에 없었던 대상은 초월성인 대상, 그 주위에 세계의 모든 도구인 사물들이 순전한 **수단**으로서 배치되는 절대적인 지시 중심이다. 동시에 나는 자유의 절대적인 한계, 즉 모든 가치들의 절대적인 원천의 한계가 된다. 그런 나는 발생될 수 있는 모든 가치 하락으로부터 보호된다. 나는 절대적인 가치인 것이다. 내가 나의 대타존재를 인수하는 한, 나는 나를 가치로서 인수한다. 그래서 사랑받기를 원한다는 것은 타인에 의해 정립된 모든 가치 체계를 넘어서서 모든 가치화의 조건으로서 그리고 모든 가치의 객관적인 토대로서 자리매김 되기를 원하는 것이다. 이러한 요구는 연인들이 주고받는 대화의 통상적인 주제가 된다. …… 사랑하는 자는 사랑받는 자가 전통적인 도덕을 그 자신의 행동으로 희생할 것을 요구한다. 그러면서 사랑받는 자가 자기를 위해 그의 친구들을 배반할 수 있는가를 알고자 하고, "자기를 위해 도둑질을 할 것인가?", "자기를 위해 죽을 것인가?"를 알고자 한다. 이런 관점에서 보면, 나의 존재는 사랑받는 자의 **시선**을 벗어나야만 한다. 혹은 차라리, 나의 존재는 또 다른 구조를 띤 시선의 대상이 되어야 한다. 즉 나는 더 이상 세계를 바탕으로 해서 다른 **이것**들 중의 하나의 **이것**으로서 보이면 안 된다. 세계가 나에게서 출발하여 드러나야 한다. 자유의 발융이 세계를 현존케 하는 한, 나는 이 발융의 한계-조건으로서 세계의 발융에 대한 조건 자체가 되어야 한다. 나는 나무들과 물, 도시들과 전원들 그리고 다른 사람들을 존립케 하는 기능을 가진 자여야 한다. 그럼으로써 나는 그것들을, 그것들을 세계 속에 배치하는 타자에게 줄 수 있는 자여야 한다. …… 어떤 의미에서 보면, 만약 내가 사랑받아야 한다면, 나는 세계가 대상인 나를 대신하여 타자에 대해 대상으로서 존립하는 그런 [원본의] 대상이며, 그리고 다른 의미에서 보면, 세계다. 나는 세계를 바탕으로 해서 떨어져 나온 하나의 이것이 아니다. [그 반대로] 나는 세계가 떨어져 나오는 바탕인 대상이다. 그래서 나는 안심한다. 타자의 시선은 더 이상 유한성으로써 나를 떨게 하지 않는다. 타자의 시선은 더 이상 내 존재를 내가 있는 그대로 고착시키지 않는다. …… 현자의 이상과 사랑받기를 원하는 자의 이상은 일치한다. 둘 다 하나의 전체적인 직관으로써 느끼기 쉬운 대상인 총체이고자 하기 때문이다. …… 타인의 자유는 나를 사랑받는 상태에 도달하도록 하기 위해 절대적으로 변신해야만 한다.(406~410/100~106)

전번 시간에 우리는 세세한 해설을 글로 꾸며 제시할 여유가 없었습니다. 사르트르가 직접 한 말을 길게 인용한 뒤, 이를 읽으면서 말로 해설했을 뿐입니다. 그래서 왠지 불안하고, 그 핵심적인 내용이 무엇인지에 대해 바쁘지만 잠깐이나마 돌이켜보지 않으면 안 될 것 같습니다. 물론 비단 그 이유만은 아닙니다. 그렇게 돌이켜봄으로써 계속 이어지는 오늘의 내용을 이해하는 데 도움이 될 것입니다.

사르트르에 따르면, 사랑은 기계적인 열정에 의한 것도 아니고, 맹세를 지키고자 하는 나의 나에 대한 성실성에 의한 것도 아닙니다. 오히려 사랑은 이렇게 이야기되었습니다.

사랑하는 자는 자유에 의해 사랑받기를 원하면서도 이 자유로서의 자유가 더 이상 자유롭지 않기를 요구한다. 사랑하는 자는 타자의 자유가 스스로 결정해서 사랑이 되기를 원한다. ⋯⋯ 사랑을 하면서 우리가 타인에게서 바라는 것은 열정적인 결정상태도 아니고 도달할 수 없는 자유도 아니다. 사랑을 하면서 우리가 타인에게서 바라는 것은 차라리 열정적인 결정 상태를 연출하는 자유이고 그러한 연출에 붙들린 자유다. ⋯⋯사랑하는 자는 자기가 선험적으로 이러한 자유의 객관적인 한계로서 현존하기를 원한다. 다시 말하면, 타자의 자유와 동시에 그 자유의 발융 자체 속에서, 타자의 자유가 자유이기 위해 받아들이지 않으면 안 되는 한계로서 주어지기를 원한다. 바로 이러한 사실에 의해, 사랑하는 자가 요구하는 것은 타인의 자유가 그 타인의 자유 자체에 의해 들러붙어 끈적거림이다. ⋯⋯만약 타자가 나를 사랑한다면, 나는 **지양될 수 없는 자**가 된다. 이는 내가 [타자에게] 절대적인 목적이어야 한다는 것을 의미한다. ⋯⋯ 타자가 나에게 만들어 씌워줄 수밖에 없었던 대상은 초월성인 대상, [즉] 그 주위에 세계의 모든 도구인 사물들이 순전한 **수단**으로서 배치되는 절대적인 지시 중심이다. 동시에 나는 자유의 절대적인 한계, 즉 모든 가치들의 절대적인 원천의 한계가 된다.⋯⋯타인의 자유는 나를 사랑받는 상태에 도달하도록 하기 위해 절대적으로 변신해야만 한다.(407~410/102~106)

내가 누군가를 사랑한다고 할 때 그 또한 나를 사랑하기를 간절하게 원할 것입니다. 그런데 이때 나는 그가 나를 사랑할 수밖에 없도록 결정된 상태에서 나를 사랑하기를 결코 원치 않습니다. 그때 나에 대한 그의 사랑은 그의 자유를 바탕으로 한 것이 전혀 아니기 때문입니다. 그런가 하면, 동시에 나는 그가 나 외에 다른 사람을 그의 자유로써 사랑할 수있다는 것을 원하지도 않습니다. 그가 나를 사랑할 때 나에 대해 그가 자유를 갖되, 그 자유가 일정한 한계를 지닌 것으로 되지 않으면 안 되는 것입니다. 그가 자유를 갖는 만큼 나는 그에 대한 대상이 될 수밖에 없습니다. 하지만, 그때 대상인 나는 다른 여느 도구인 대상들에 속하기는커녕 그것들에 대한 지시 중심으로서 작동합니다. 한편 이러한 특권적인 대상인 나는 나를 사랑하는 그가 그의 자유를 통해 가치들을 이룸에 있어서 절대적인 한계로 작동합니다. 사랑받기를 원하는 자는 자신을 사랑하는 자에 대해 적어도 이러한 관계를 요구합니다. 그러니까, 사랑받기를 원하는 자는 자기를 사랑해 주는 타자에 대해 그 타자의 자유가 오로지 자기를 중심으로 해서 한계를 갖는 것으로 변모하지 않으면 안 될 것을 요구하는 것입니다.

2) 선택된 사랑의 기쁨

이러한 요구가 실현될 경우 묘한 일이 벌어집니다. 우선 사랑하는 자에 의해 사랑받는 자는 '그 사랑하는 자를 사랑하는 자'로 변신합니다. 말하자면 서로 사랑하게 됩니다. 이 대목에서 사르트르는 우리가 일상적으로 느끼기 십상인 일을 지적합니다. 말하자면, 이때 사랑받던 자가 사랑하는 자를 사랑하게 된 것이 우연에 의한 것이라면, 먼저 사랑하기만 하던 자는 엄청 불안해지고 기분이 나빠질 것이라는 이야기입니다. 얼마든지 다른 사람을 사랑할 수도 있었는데 주어진 여건상 우연히 나를 사랑했을 뿐이라는 사실을 용납할 수 없기 때문입니다. 그래서 예컨대 연인들은 "우리는 서로를 위해 만들어졌다"느니 우리는 "자매의 영혼"이라느니 하면서 우리가 흔히 이야기하듯이 서로의 사랑이 마치 숙명인 것처럼 떠들어 대는 것이지요.

그런데 이런 대화에 들어 있는 실제의 내용은, 사랑받는 자가 사랑하는 자를 사랑하게 된 것이 사랑받는 자가 사랑하는 자를 절대적으로 선택한 결과이기를 요구하는 것임을 사르트르는 지목해 냅니다. '절대적인 선택'은 자유의 한계를 함축할 뿐만 아니라, 선택된 것이 자유의 목적임을 함축합니다. 예컨대 "나는 [다른 자들의 대상성이 아니라] 오로지 당신의 대상성만을 가치로 받아들이기 위해 나의 자유를 가졌다"라는 식입니다. 이렇게 되면, 설사 내가 타인의 자유에 의해 대상화된다고 할지라도, 그리고 그 나의 대상성에 의해 나의 현사실성이 부각된다 할지라도, 그런 나의 현사실성은 가치가 하락하는 것이 아니라 '구제되는' 셈입니다. 그래서 이렇게 이야기됩니다.

타자는 나의 대상됨의 토대이기 때문에, 나는 그에게 그의 존재가 자유롭게 발용하는 것이 그가 나를 선택함을 유일무이하고 절대적인 목적으로 삼기를 요구한다. 즉 그가 나를 선택한 것은 [오로지] 나의 대상성과 나의 현사실성을 기초 짓기 위한 것임을 요구한다. 그리하여 나의 현사실성은 '구제된다'. 나의 현사실성은 나인바, 생각할 수도 없고 뛰어넘을 수도 없는 그런 소여가 더 이상 아니다. 나의 현사실성은 타자가 자신을 자유롭게 현존케 하는 지향(ce pour quoi)이 된다. 나의 현사실성은 타자가 스스로에게 부여하는 목적(fin)으로서 존재한다. 나는 나의 현사실성으로 타자를 감염시켰다. 그러나 타자가 나의 현사실성에 의해 감염된 것은 [타자가] 자유인 한에서이기 때문에, 타자는 나의 현사실성을 탈환되고 동의된 것으로서 나에게 회송한다. 타자는 나의 현사실성이 그의 목적이 되도록 하는 토대이다.(411/106~107)

내가 몸을 지니고서 이 세계 속에 존립하는 것은 대단히 위험합니다. 자칫 세계 속의 여느 도구인 사물들 속에 함입됨으로써 그것들과 마찬가지의 존재방식을 죽을 때까지 견뎌내야 할 수도 있기 때문입니다. 말하자면 나의 대상성과 나의 현사실성은 끊임없이 나의 대자존재를 위협하는 근본 요인입니다. 그런데 사랑을 통해 이 사태가 전혀 다르게 전개됩니다. 나의 대상성과 현사실성이 오히려 자유로운 주체인 타자에게 목적이 되는 사태가 발생하는 것입니다. 사랑이 그러한 사태를 가능케 합니다. 내가 몸을 통해 대상성과 현사실성을 갖춘 것이 오히려 다행한 것으로 역전됩니다. 왜 사람들이 그토록 사랑을 목말라 하는가에 대한 실마리가 드러나고 있습니다.

나의 대상성과 현사실성을 통한 나의 소외가 이제 극복되어야 할 무엇이 아니라, 오히려 누려야 할 권리처럼 됩니다. 나는 나의 대상성과 현사실성을 통해 내가 소외되는 것을 나를 사랑하는 타자에게 목적으로서 제공하는 것으로 여기게 됨으로써 오히려 그러한 소외를 기꺼워하게 됩니다. 기묘한 지점을 파고들어 가는 사르트르, 그는 이를 '순전한 너그러움'(pure générosité)이라 부르면서 이렇게 말합니다.

나의 두 손등 위의 사랑받는 핏줄들, 그것들이 현존하는 것은 호의(bonté)에 의해서다. 두 눈, 수염들, 눈썹들을 가졌다는 것, 그리고 타자가 자신을 자유롭게 끊임없는 욕망으로 만들 때 내가 넘쳐흐르는 너그러움으로 그의 욕망에 가진 그것들을 아낌없이 주다니, 나는 얼마나 착한가. …… 우리를 '남아도는'(de trop) 것으로 여기는 대신, 이제 우리는 이 [우리들의] 현존이, 동시에 이 [우리들의] 현존이 조건 짓는 절대적인 자유에 의해 그 세세함에 있어서 탈환되고 바람직한 것임을 느낀다.——그리고 우리가 우리 자신의 자유를 갖고서 우리 자신을 원한다는 것을 느낀다. 우리가 현존할 때, 즉 우리가 현존하기에 정당함을 느낄 때, 바로 거기에 사랑의 기쁨이 솟아나는 바탕이 있는 것이다.(411/107)

내가 타자를 사랑하지 않는데도 타자가 나를 사랑한다는 이유만으로 이 같은 순전한 너그러움을 베풀 수는 없습니다. 내가 타자의 자유를 사랑한다는 것이 전제되어 있습니다. 그런 전제하에, 드디어 타자가 나의 현사실성을 자신이 누리는 자유의 목적으로 삼아 가치를 한껏 드높일 때, 나는 나의 현사실성을 형성하는 내 몸을 타자에게 너그럽게 제공합니다. 그렇게 된 것은 이제 나의 현사실성이 나를 '남아도는' 일종의 찌꺼기처럼 여기는 데서 벗어나 오히려 나의 현사실성이 타자의 자유를 실질적으로 충족케 하는 강력한 힘이 된다는 것을 분명히 느끼기 때문입니다. "아카라차카, 아카라차카." 김호선 감독의 1977년 영화 「겨울여자」에서 이화(장미희 분)의 사랑을 확인하게 된 우석기(김추련 분)가 집으로 돌아가는 중 가파른 층계를 올라가면서 기분이 너무 좋아 외쳐대는 구호입니다. 자신을 널브러진 인생처럼 여기던 주인공이 사랑을 통해 자신의 존재 가치를 확인하게 되는 장면입니다. 기억컨대 그때 이 장면을 보면서 "어이쿠, 구원받는 게 저렇게 좋은 감. 인생은 어차피 구원받을 필요가 없는 것인데" 하면서 비아냥거렸던 것 같습니다.

만약 결국 초월이 문제라면, 현사실성을 통한 초월이어야 할 것이고, 그러한 초월은 사랑을 통해 이루어지는 것이라는 이야기입니다.

3) 사랑에의 유혹

그런데 문제는 내가 사랑하는 타자가 이처럼 그 역시 나를 사랑하게 한다는 것이 결코 쉬운 일이 아니라는 사실입니다. 이에 사르트르는 '유혹'(séduction)을 거론하고 분석합니다.

> 만약 우리가 이 모든 체계를 내부화(intérioriser)할 수 있다면, 우리는 우리 자신의 토대가 될 것이다.
>
> 그러므로 이는 사랑하는 자의 목표이다. 사랑하는 자의 사랑이 하나의 기도(entreprise)인 한에서, 즉 사랑하는 자의 사랑이 자기 자신에 대한 하나의 기획투사인 한에서 그러하다. 이 기획은 충돌을 야기할 수밖에 없다. 사실 사랑받는 자는 사랑하는 자를 다른 대상들 중의 다른 한 대상으로 파악한다. 말하자면, 사랑받는 자는 사랑하는 자를 세계라는 바탕 위에서 지각하고, 사랑하는 자를 초월하고, 사랑하는 자를 활용한다. 사랑받는 자는 **시선**이다. 그러므로 사랑받는 자는 자신의 넘어섬에 대해 궁극적 한계를 설정하기 위해 자신의 초월성을 활용할 수도 없는 노릇이고, 자신의 자유 자체를 속박하기 위해 자신의 자유를 활용할 수도 없는 노릇이다. 사랑받는 자는 사랑하기를 원하지 않을 것이다. 그러므로 사랑하는 자는 사랑받는 자를 유혹해야 한다. 그리고 사랑하는 자의 사랑은 이러한 유혹의 기도와 구분되지 않는다.(411/108)

오 마이 갓입니다. 사랑하는 자의 애달픔과 사랑받는 자의 잔인함이 교차됩니다. 그러나 사랑하는 자는 자신의 사랑을 포기할 수는 없는 노릇이고, 더욱이 자신의 사랑이 허공을 맴도는 것을 용납할 수도 없는 노릇입니다. 사랑하는 자는 사랑받는 자를 유혹할 수밖에 없고, 이 단계에서 사랑하는 자의 사랑은 바로 그러한 유혹에 다름 아닙니다. 그렇다면, 유혹의 메커니즘은 어떠한가요?

> 유혹함, 그것은 타인에 대한 나의 대상성(objectité[1])을 위험을 무릅쓰고서 하는 전적인 인수함(assumer)이다. 그것은 타인의 시선하에 나를 놓는 것이고 타인의 시선에 의해 나를 주시되도록 하는 것이다. 그것은 새로운 출발을 하기 위해 **보여-짐**(d'être-vu)의 위험을 무릅쓰는 것이고, 나의 대상성 속에서 나의 대상성에 의해 타자를 전유하는 것이다. 나는 내가 나의 대상성을 체험하는 터전을 떠날 것을 거부한다. 그것은 내가 나를 매혹시키는 대상으로 만듦으로써 싸움에 끼어들기를 원하는 곳이 바로 이 터전이기 때문이다. (412/108)

내가 나를 순전한 대상으로 만들어 타자에게 제공하는 것은 일종의 미끼입니다. 타자는 나에 대해 자신의 자유를 최대한 만끽하고자 할 것이고, 그러한 그의 자유를 실현하는 데 나의 순전한 대상성만큼 더 좋은 도구는 없기 때문입니다. 그러니까 내가 타자를 유혹한다는 것은 나를

---

1) 'objectivité'는 있어도 이런 단어는 없습니다. 이 단어는 이 단락에서 계속 더 쓰이기 때문에 오기(誤記)라고 보기는 어렵습니다. 언뜻 보기에는 '객관성'이라는 측면을 강조하는 것 같기도 한데, 이에 관한 연구가 전혀 되어 있지 않기 때문에, 일단 'objectivité'처럼 '대상성'이라 번역합니다.

짐짓 먹잇감으로 내놓아 그 먹잇감을 덥석 물 때, 그 속에 미리 넣어 놓은 만만찮은 일종의 '독'(毒)을 통해 거꾸로 타자를 내 것으로 만들어 버리려는 것입니다. 이때 나는 물론 매혹적인 대상이어야 할 것입니다. 그렇다면, 매혹의 성격 역시 단순할 수는 없을 것입니다. 매혹에 대한 사르트르의 정의가 눈여겨볼 만합니다.

> 매혹(fascination)은 존재가 현전하는 데 [내가] **아무것도 아닌 것이라는** 비정립적인 의식이다.(412/108)

여기에서 '매혹'은 맥락으로 보아 '매혹됨'을 지칭하는 것으로 보아야 할 것입니다. '아무것도 아니라는 것'은 대자의 존재방식이 아니겠습니까. 일체의 것들이 내 앞에서 현전하는데 나는 아무것도 아니라는 것을 비정립적으로 나도 모르게 느낄 때, 그것이 매혹[됨]이라는 것입니다. 말하자면, 그럴 때 나는 일체의 존재에 의해 매혹된다는 이야기입니다. 매혹되는 것이 좋다거나 나쁘다거나 하는 것을 떠나서 존재는 대자인 나를 매혹한다는 이야기입니다. 그런데 사르트르는 이를 유혹에 연결시켜 이렇게 말합니다.

> 유혹은 타인이 유혹하는 대상을 맞이하여 타인 자신의 무성(無性, néantité)에 대한 의식을 일으키도록 하는 것을 노린다. 유혹에 의해 나는 나를 충만한 존재로 구성할 것을 노리고 **바로 그런 것으로서 나를 인정할** 것을 노린다.(412/108)

타인은 유혹되어 자기가 아무것도 아니라는 것을 의식하게 되고, 그

의식을 통해 유혹하는 나를 자기와는 달리 충만한 존재로 인정할 수밖에 없도록 한다는 것입니다. 자못 드라마틱한 장면입니다. 그렇다면, **충만한 존재인 나**, 달리 말하면 존재일 뿐인 나에 대해 타인은 과연 어떤 태도를 취할까요?

이에 관해 사르트르는 크게 두 가지 방향을 제시합니다. 한 가지는 타인이 나에게서 객관적이면서 숨겨져 있는 나의 존재적인 깊이를 향한 것입니다. 이는 타인 자신으로서는 결코 다 퍼낼 수 없을 것 같은 무한한 작용들이 나에게서 가능하다는 것을 인정하도록 하는 것인데, 그럼으로써 내 존재가 비록 대상적이긴 하지만 결코 넘어설 수 없는 무한성을 지닌 것으로 여기게 하는 것입니다. 그 결과, 타인 자신이 지니고 있는 바 나를 초월하는 그 초월성을 내가 안내하여 나의 죽은-가능성들로 회송시키는 것입니다.

다른 하나는 가능한 세계의 가장 거대한 두께를 보여 줌으로써 나를 그러한 세계와 연결되어 있는 자로서 제시하는 것입니다. 내가 사랑함으로써 사랑받는 자인 타인에게 그 세계를 제시(공여, *présente*)하면서 나를 타인과 세계 간의 매개로 만들 수도 있고, 아니면 아예 돈이나 권력 그리고 인맥 등과 같은 나의 변화무쌍한 역량들을 보여 줄 수도 있습니다.

하지만 어떤가요? 이러한 나의 전술 전략에 대해 타인은 과연 기꺼워할까요? 그렇지는 않을 것입니다. 이에 관해 사르트르는 이렇게 말합니다.

이러한 제출(proposition)은 그 자체 만족스럽지 못할 것이다. 이러한 제출은 타자를 포위해서 공격하는 것일 뿐이다. 이러한 제출은, 타자가 나의 절대적인 존재 충만에 맞닥뜨려 스스로가 무임을 인정하면서도

(인정함으로써) 스스로를 예속시킬 수밖에 없음을 자유롭게 동의하지 않는 한 사실상 가치를 가질 수 없는 노릇이다.(412/109)

그 어떤 존재 충만으로써도 함부로 거꾸러뜨릴 수 없는 것이 대자의 무성이요, 그에 따른 대자의 자유입니다. 그런데 이는 존재론적인 권리상의 이야기고(그래서 '인정하면서도'라고 번역한 것이지요), 사실에 있어서는 그 반대일 수 있습니다. 사실에 있어서는 자신이 '빈털터리임'을 인정하는 것이 될 수도 있는 것입니다(그래서 '인정함으로써'라고 번역한 것입니다). 어쨌건, 이러한 전술 전략에 의한 유혹은 유혹받는 자를 비참하게 만들고자 하는 또 하나의 폭력이라는 사실은 분명합니다.

4) 유혹적인 사랑의 언어

이에 동원되는 것이 언어(언어활동, langage)입니다. 사르트르는 유혹의 전술 전략에 의거한 행위들과 언어를 구분하려 해서는 안 된다고 말합니다. 그 행위들이 곧 언어라는 것입니다. 'langage'를 그저 '언어'로만 새기지 않고 굳이 '언어활동'이라고 새겼으면 하는 생각이 드는 것은 이 때문입니다. 언어활동은 분절된 구술(말) 이전의 행동을 비롯한 눈빛, 표정 등의 일차적인 표현들을 모두 포함합니다.

(1) 시원적인 언어

이를 염두에 두면서, 사르트르는 "언어는 본래 대타존재, 즉 하나의 주체성이 자신을 타자에 대한 대상으로 체험한다는 사실이다"(412/109)라고 말합니다. 그러면서 언어는 그 어떤 경우에도 '발명되는' 것일 수 없고,

본래 다른 주체와의 관계를 전제로 한 것이라고 함으로써 비트겐슈타인의 '사적 언어의 불가능성'을 그대로 이어받는 품세를 취한 뒤, 하이데거의 언어론에 대해, "나는 내가 말하는 것이다"라는 공식을 정립한 알퐁스 드 왈랭(Alphonse de Waelhens)의 연구를 원용하여, "나는 언어다"(je suis langage)라는 명제를 제출합니다. 이를 통해, 언어는 인간 조건의 부분을 이루며, 본래 대자가 자신의 대타존재에 대해 할 수 있는 체험이자, 그 체험의 넘어섬이면서 그 체험을 자신의 가능성들을 향해 활용하는 것이라 말합니다. 그러면서 언어는 타인의 현존에 대한 인정과 구분되지 않는다고 말합니다(412~413/109~110 참조).

이러한 사르트르의 언어에 대한 관점은 당시 언어에 관한 담론의 지형에서 빼놓을 수 없는 탁월한 입장들을 자기 나름의 존재론으로 재해석한 것이라 할 수 있습니다. 하지만, 지금 논의의 맥락상 중요한 것은 유혹과 언어의 관계이지요. 이는 물론 하이데거나 비트겐슈타인이 논의하지 않은 것입니다. 사르트르는 일단 이렇게 말합니다.

나의 면전에서 타자가 시선으로서 발융함은 언어를 내 존재의 조건으로서 발융케 한다. 시원적인 언어가 필연적으로 유혹은 아니다. …… 그러나 그 반대로, 유혹은 언어보다 앞선 그 어떤 형식도 전제하지 않는다. 유혹은 전적으로 언어의 실현이다. 이는 언어가 유혹에 의해 그 스스로가 표현의 시원적인 존재양식임을 전적으로 그리고 단번에 드러낼 수 있다는 것을 의미한다. 따라서 [여기에서] 우리는 언어가 분절된 말(parole articulée)이 아니라 표현의 모든 현상들을 가리킨다는 것을 이해한다. 분절된 말은 파생적이고 이차적인 양식이며, 그것이 어떻게 나타나게 되었는가는 역사 연구의 대상이 될 수 있다. 특히 유혹에서 언어는 인식 거리(à connaître)의 제공을 노리는 것이 아니라 체험하도록 하는 것을 노린다.(413/110)

처음부터 모든 언어가 유혹인 것은 아니지만, 모든 유혹은 그 자체 전적으로 언어적인 활동이라는 이야기입니다. 이는 언어가 대타존재임을 전제로 할 때, 그리고 유혹 역시 대타존재에 의거한 것임을 염두에 둘 때, 필연적으로 도출되어 나옵니다. 사랑에의 유혹이 인간 삶에 있어서 얼마나 근본적인 것인가를 알고 난 뒤, 그 자체가 하나의 언어적인 표현임을 인정하게 되면, 언어라는 것이 인간 삶에 있어서 얼마나 시원적인 양식인가를 아는 것은 그다지 어려운 것이 아닙니다. 그리고 그 시원적인 언어가 분절된 말을 지칭하는 것이 아님을 쉽게 알 수 있습니다. 또한 그렇게 되면, 마지막 문장, 즉 유혹하는 언어가 인식의 판면을 노리는 것이 아니라 체험의 판면을 노리는 것임을 쉽게 이해하게 됩니다.

(2) 유혹하는 언어의 신비

문제는 그런 시원적인 언어 혹은 유혹하는 언어가 어떤 방식으로 의미를 획득하며 그 의미가 어떤 방식으로 효력을 발휘하는가 하는 것입니다. 사르트르는 유혹하는 언어의 의미는 전적으로 타자에게 달려 있음을 강조합니다. 그러면서 유혹하는 언어의 의미에 대해 그 언어를 활용하는 나의 입장에서는 암중모색으로 다가설 수밖에 없다고 말합니다.

유혹하는 언어를 찾기 위한 최초의 이 시도에 있어서 나는 암중모색으로 다가선다. 나는 그저 타자에 대한 나의 대상성(objectité)이 갖는 추상적이고 공허한 형식을 활용할 수밖에 없기 때문이다. 심지어 나는 나의 동작과 나의 태도들이 어떤 효과를 낳을 것인가에 대해 생각할 수조차 없다. …… 그래서 나의 표현들의 '의미'(sens)는 항상 나를 빠져 달아난다. 나는 내가 의미(의도, signifie)하고자 하는 바를 의미하고 있는지를 결코 정확하게 알지 못하고, 심지어 내가 의미(의도)하고자 하는지조차 알지 못한다. 바로 이러한 순간, 나는 타자에게서 어떤 것을 읽어 내야 할 것인데, 원칙상 그것은 생각할 수 없는 노릇이다.(413/110~111)

유혹을 통해 언어(활동)의 주체성이 근본적으로 어떤 방식으로 작동하는가를 드러내고 있는 대목입니다. 우리는 예사로 나의 언어가 나의 의도와 기획에 의해 의미를 획득하는 것으로 알고 있습니다. 그런데 실상 언어라고 하는 것은 결코 그런 것이 아니라는 이야기입니다. 이 정도 되면, 정신분석학의 유명한 경구, "말은 더 많은 것을 말한다"라는 말을 넘어서서, "말은 자신이 무엇을 말하는지 모른다"라고 해야 할 것입니다. 아닌 게 아니라, 내 딴에는 타자를 멋있게 유혹하고자 했던 언행이 전혀 엉뚱한 내용으로 부메랑이 되어 돌아와 나를 괴롭게 하는 일이 한두 번이 아니었습니다. 그런가 하면, 무슨 말인지도 알 수 없는 말이 뜬금없이 나의 입을 열고 나오곤 했지요. 적어도 내가 짝사랑하는 타자 앞에 서면 예사로 그렇게 되지 않았나 싶군요. 사랑한다고 고백해도 모자랄 판국에 어찌 이야기하다 보면 "나는 너를 사랑하지 않는다"라는 말이 나오고 말기도 합니다. 저런! 그래서 이렇게 됩니다.

나는 나의 언어를 내 바깥으로 도주하는 불완전한 현상으로서 구성한다. 나는 나를 표현하자마자, 내가 표현한 것의 의미를 단지 추측할 수 있을 뿐이다. …… 표현함과 존재함은 하나를 이루기 때문이다. 타인은 항상 언어에 자신의 의미를 부여하는 자로서 거기에 현전하고 체험된다. 각각의 표현, 각각의 동작, 각각의 낱말은 내 입장에서는 타인으로부터 소외된 실재에 대한 구체적인 체험이다. …… 타자에 대해 언어를 사용하는 자가 나인 한에 있어서, 언어의 첫번째 양상은 **신성하**다. 사실 신성한 대상은 세계 너머의 초월을 지시하는 세계의 대상이다.(414/111)

내 언어의 의미는 항상 나를 빠져 달아나는데, 특히 유혹의 경우 내 언어의 의미는 타자에게서 발원하여 성립되기 때문입니다. '도대체 그 말을 그렇게 이해할 수 있는 건가요?' 하고서 항의할 수도 없거니와 항의해 본들 소용이 없고, 심지어 항의한다는 것 자체가 성립되지 않습니다. 나의 언어 표현에 대해 타자가 주도권을 쥐고 있습니다. 내가 한 언어 표현인데도 나는 타인으로부터 빠져나온 의미만을 체험할 뿐입니다. 그러고 보면, 도대체 언어는, 쥐고자 하면 내 손가락을 빠져 달아나는 모래알처럼, 나의 세계를 빠져 달아나는바 신성한 것이 아닐 수 없습니다. 이에 덧붙여 사르트르는 다음과 같은 기가 막힌 말을 합니다.

그래서 언어는 타인에게 마술적인 대상이 갖는 단순한 속성이자 마술적인 대상 자체로 머문다. 언어는 타인이 그 효과를 정확하게 인식하고 있는바 거리를 둔 하나의 행동이다. 그래서 낱말을 사용하는 자가 나일 경우 그 낱말은 신성하고, 타자가 그 낱말을 들을 경우 그 낱말은 마술적이다. 그래서 나는 타자에 대한 내 몸이 어떤지를 알 수 없듯이 내 언어를 모른다. 나는 내가 말하는 것을 들을 수 없으며, 내가 미소 짓는 것을 볼 수 없다. 언어 문제는 몸 문제와 정확하게 평행을 이룬다. 한쪽에 가치를 갖는 기술은 다른 쪽에서도 가치를 갖는다.(414/112)

분명히 말하는 저 사람에게서 말의 의미가 발원해야 할 터인데, 말을 듣는 나에게서 의미가 발원합니다. 이건 마술입니다. 언어는 표현하는 사람에게는 신성한 것으로 작동하고, 듣는 사람에게는 마술적인 것으로 작동합니다. 나는 내 말을 듣는 사람의 말을 통해 내 말의 뜻을 이해하고, 나는 내 몸을 보는 그 사람의 몸을 통해 내 몸을 체험합니다. 메를로-퐁티 같으면, 이를 '언어의 키아즘'(chiasme du langage)이라고 했을 것입니다. 메를로-퐁티가 그랬다는 것이 아니라, 우리 입장에서 메를로-퐁티를 끌어들여 말하자면 그렇다는 것입니다.

중요한 것은 매혹만으로는 결코 사랑에 이를 수 없다는 것입니다. 기가 막힌 서커스, 웅변가 그리고 배우 등은 우리로 하여금 눈을 떼지 못할 정도로 매혹적입니다. 그렇다고 우리는 그들을 좀처럼 사랑하지는 않습니다. 매혹을 바탕으로 한 사랑에의 유혹은 성공할 수 없습니다(414/112 참조).

5) 사랑하게 만드는 수단

(1) 사랑받는 자의 사랑하는 자로의 변신

그러나 저러나 큰일입니다. 나를 충만한 존재로 만들어 제출하는 전술 전략이 잘 통하지 않는 것 같아 유혹하는 언어를 동원했더니 내 존재가 오히려 타자의 손아귀에서 놀아나는 꼴이 되었습니다. 게다가 매혹은 사랑과 거리가 멀지요. 과연 어떻게 해야 할까요? 사르트르의 표현을 빌려 말하면, "[나에게서] 사랑받는 자가 언제 그 나름 [나를] 사랑하는 자가 될"까요?

> 대답은 간단하다. 사랑받는 자가 사랑받고자 기획하게 될 때이다. 즉자적으로 대상인 타인은 사랑을 야기할 수 있는 충분한 힘을 전혀 가지고 있지 않다. 사랑이 타인을 타인인 한에서, 즉 주시하는 주체성인 한에서 전유하는 것을 이상(理想)으로 삼는다면, 내가 대상인 타인이 아니라 주체인 타인과 조우하는 데서 출발해야만 이 이상이 획책될 수 있다. 유혹은 나를 유혹하고자 하는 대상인 타인을 '소유함 직한' 귀중한 대상이라는 성격으로 장식할 수 있을 뿐이다. …… 사랑은, 사랑받는 자가 타자를 향해 자신이 소외되고 도피되는 것을 체험하는 그 체험으로부터만 그 사랑받는 자에게서 태어날 수 있을 것이다. 그러나 사정이 이럴진대 또다시 사랑받는 자는 그가 사랑받기를 기획할 때에만, 즉 그가 정복하고자 하는 것이 타자의 몸이 아니라 있는 그대로의 타자의 주체성일 경우에만, 그 스스로를 사랑하는 자로 바뀌게 될 것이다. 사실이지, 사랑받는 자가 이러한 전유를 실현하기 위해 염두에 둘 수 있는 유일한 수단은 스스로를 사랑하도록 하는 것이다.(414~415/112~113)

우선 '스스로를 [남을] 사랑하도록 하다'(사랑에 빠지다, se faire aimer)와 '사랑받도록 기획하다'(projeter d'être aimé)는 같은 것으로 보아야 할 것입니다. 애초 사랑받는 자는 이런 일들과는 전혀 무관한 상태였고, 사랑받았으면 하는 것이 사랑받도록 기획하는 것에 해당하며, 사랑받았으면 하면서 그 사랑을 줄 사람을 요구하는 것이 바로 스스로를 사랑하도록 하는 것이기 때문입니다.

아무튼, 사랑받는 자가, 그러니까 내가 사랑하지만 나에 대해 무심한 그 사람이 나를 사랑하도록 하는 방법이 문제였습니다. 내가 그 사람에 대해 대상인 타인으로만 다가서서는 결코 그 사람의 제대로 된 사랑을 확보할 수 없다는 이야기입니다. 그 사람에 대해 나를 주체인 타인으로 내세워 그런 나를 그 사람이 정복해서 전유하고 싶도록 해야 한다는 것입니다. 말하자면 내가 그 사람에게 진정한 타자로 나타나 그 사람을 소외시키고 자기 스스로가 자기를 벗어나 나를 향해 도피한다는 것을 체험토록 해야 한다는 것입니다.

이러한 전략은 어쩌면 우리가 다 아는 전략입니다. 하지만, 고양이 목에 방울 달기 식으로 말은 그럴듯하지만 실제로 실현하기는 너무나 어렵습니다. 어느 날 어느 순간 갑자기, 그동안 그다지 대단하다고 여기지 않았던 인물이 결코 만만찮은 그 나름의 깊은 주체적인 영토를 지니고 있는데, 그 주체적인 영토란 것이 평소 내가 특히 근본적으로 동경해 마지않았던 것임을 확인하게 되면 그 인물을 갑자기 사랑하게 되지 않을까요? 내가 사랑하는 그 사람에게 내가 바로 이런 인물이 될 수 있다면……

(2) 사랑의 근본적인 모순들

이렇게 해서 서로 사랑하는 사이로 발전하게 되면, 과연 모순이나 충돌과 같은 문제는 없을까요?

두 연인 각자는 그 어떤 다른 사람도 아닌 오로지 상대방에 의해서만 자기가 사랑에 빠지게 되기를 원할 것입니다. 그런 점에서 두 연인 각자는 상대방에 대해 포로지요. 하지만, 두 연인 각자는 사랑이 사랑받도록 기획하는 것이 되어서는 안 된다는 것을 요구합니다. 말하자면, 두 연인 각자는 상대방에게 그 상대방이 나를, 자기의 자유의 한계로서, 자기의 초월의 불가피하고 선택된 토대로서, 존재의 총체이자 지고의 가치로서 사념에 있어서뿐만 아니라 정감에 있어서 직관할 것을 요구합니다. 그 요구에는 상대방이 나에 대해 사랑에 **빠지면** 안 된다는 요구, 즉 나를 몸으로 보아서는 안 된다는 요구가 함축되어 있습니다. 그러나 이렇게 되면, 상대방에게 아무것도 요구할 수 없게 되고 상호성이 없는 순전한 [자기] 구속이 되고 맙니다. 요컨대 이렇게 되면, 사랑한다는 것은 결국 자신의 요구에 포로가 되는 것에 불과하게 되는 것입니다.

이래서는 안 되기 때문에, 사랑하는 자의 자유는 달라질 수밖에 없게 됩니다.

타자에 의해 대상으로서 사랑을 받고자 하는 사랑하는 자의 노력 자체에 있어서, 사랑하는 자의 자유는 소외되어 타자에-대한-몸으로 기어들어 간다. 즉 타자를 향한 도피의 차원을 지닌 현존으로 산출된다. 이러한 자유는 자신을 순수한 자성으로 정립하는 것을 끝없이 거부하는 것이다. …… 그러므로 이 거부는 타자에게 의존하는 자유를 구성한다. 그리고 주체성으로서의 타자는 대자의 자유에 있어서 넘어설 수 없는 한계가 되고, 타자가 대자존재의 열쇠를 거머쥐고 있는 한에서 타자는 대자의 목표이자 지고한 목적이 된다. 여기에서 우리는 사랑을 둘러싼 기도(企圖)의 이상이 소외된 자유임을 다시 발견하게 된다.(415/113)

사랑하려는 것은 자기의 자유를 타자에게 소외시키는 것입니다. 그런데 사랑하는 자가 이러한 사랑을 사랑받는 자에게 요구하게 되면 어떻게 될까요? 사랑하는 자가 사랑받는 자에게 요구하는 사랑이란 게 바로 이러한 것이 아닌가요? 사랑받는 자가 그의 소외되어 버린 자유로서 사랑하는 자의 자유를 소외되게 할 수 있을까요? 이래저래 난관입니다. 결국 이렇게 됩니다.

> 그래서 사랑하는 짝꿍에 있어서, 각자는 대상이 되고자 하되, 근원적인 직관 속에서 그 대상에 대해 타자의 자유가 소외되는 그런 대상이고자 한다. 그러나 사랑이라 해야 할 이 직관은 제대로 말하자면 대자의 모순된 이상일 뿐이다.(416/114)

누군가를 사랑한다는 것은 그 누군가를 향해 나의 자유를 소외시키는 것입니다. 따라서 내가 상대방을 사랑하기 위해서는 내가 상대방에게 나를 대상으로 넘겨줌으로써 나의 자유가 소외되도록 해야 합니다. 그러면서 나는 상대방이 나를 사랑하기를 원합니다. 그런 나의 바람은 상대방도 그를 나에게 대상으로 넘겨줌으로써 그의 자유가 소외되도록 할 것을 요구한다는 이야기입니다. 그런데 이는 모순이 아닐 수 없습니다. 나의 자유가 소외되는 만큼 그의 자유는 그 자신의 것으로서 확대되지 결코 소외되어 졸아들 수 없기 때문입니다. 그래서 사랑의 비극은 이렇게 됩니다.

> 만약 타자가 나를 사랑한다면, 그는 그의 사랑 자체에 의해 나를 근본적으로 실망시킬 것이다. 나는 그가 나의 존재를 특권화된 대상으로 기초 짓기를 그에게 요구했다. 이를 위해서는 그가 나의 면전에서 순수한 주체성으로서 자신을 유지해야 한다. 그런데, 그는 나를 사랑하자마자, 나를 주체로서 경험하면서 나의 주체성의 면전에서 자신의 대상성(objectivité) 속으로 깊이 빠져든다. 그러므로 나의 대타존재의 문제는

해결되지 않은 채로 남아돈다.(416/114)

사랑을 하면서 어느새 불만족에 빠져들게 되는 까닭이 여기에 있습니다. 상대방이 나를 사랑하기를 원하는 순간, 그 상대방은 주체성을 상실하고 그런 까닭에 나를 특권화된 대상으로 만들 수 없게 됩니다. 언젠가부터 사랑을 포기하고 오로지 자유만을 원하게 되었다면, 그/녀는 이러한 사랑의 모순적인 비극을 암암리에 눈치챘기 때문일 것입니다. 사르트르는 결국 사랑에 관련된 삼중적인 파괴성을 다음과 같이 말합니다.

첫째, 사랑은 본질에 있어서 기만이고 무한한 회송이다. 왜냐하면 사랑함은 그/녀가 나를 사랑하기를 바라는 것이고, 그러므로 상대방이 내가 그를 사랑하기를 원하기를 바라는 것이기 때문이다. 이러한 기만의 선존재론적인 이해는 사랑의 충동 자체에 주어져 있다. 여기에서 사랑하는 자의 끊임없는 불만족이 나온다. …… 그/녀가 나를 더 많이 사랑할수록, 나는 내 존재를 더 많이 잃는다. …… 두번째, 타자의 각성이 언제든지 가능하다. 타자의 각성은 어떤 순간에라도 나를 대상으로서 출두시킨다. 여기에서 사랑하는 자의 끊임없는 불안정이 온다. 세번째, 사랑은 타자들에 의해 끊임없이 **상대화된** 하나의 절대적인 것이다. 사랑이 절대적인 지시의 축이라는 성격을 유지하기 위해서는 세계에 사랑받는 자와 단 둘이만 있어야 한다. 여기에서 사랑하는 자의 끊임없는 수치 (혹은 자부심이 ──이 또한 마찬가지다)가 생긴다.(417/116)

적절한 분석이 아닐 수 없습니다. 스스로를 돌아보면 쉽게 알 수 있지 않을까 싶습니다. 특별히 사랑에 목말라하는 자는 사르트르의 이 인용문을 곰곰이 곱씹어 보아야 할 것입니다. 그렇다고 어느 누구도 사랑에 대한 충동으로부터 쉽게 자유로울 수 없다는 것은 또한 명백하지 않겠습니까. 만약 그렇다면, 사랑의 모순은 바로 삶의 모순이 아닐 수 없습니다.

6) 마조히즘적인 전략

하지만 결코 포기할 수 없습니다. 그래서 일단 마조히즘적인 전략을 펼치게 됩니다.

> 타자에게서 그의 타이성(他異性, altérité)을 유지하도록 하면서 타자를 흡수하려는 대신에, 나는 타자가 나를 흡수하도록 기획할 수도 있을 것이다. 그렇게 되면 나는 타자의 주체성 속에 나를 상실함으로써 나에게서 나의 주체성을 없애 버리게 될 것이다. 구체적인 판면에서 보면, 이 시도는 마조히스트의 태도에 의해 나타날 것이다.(417/116)

여기에서 타인이 나의 존재에서 나를 기초 짓고자 하는 원초적인 행위에 대한 장애로 간주되는 것은 바로 나 자신의 주체성이다. 내 **자신의 자유**로써 무엇보다 먼저 부인해야 하는 것은 내 자신의 주체성이다. 그러므로 나는 나의 대상임에 전적으로 구속되고자 한다. 나는 대상 이외 그 어떤 것이 되는 것도 거부한다. 나는 타자 속에 안식한다. 나는 수치 속에서 이러한 대상임을 체험하기 때문에 나는 나의 수치를 나의 대상성의 심오한 신호로서 원하고 사랑한다. 그리고 타인은 **성적인 욕망**에 의해 나를 대상으로서 파악하기 때문에, 나는 욕망되기를 원하고, 나는 수

치 속에서 나를 욕망의 대상으로 만든다. …… 궁극적으로 나는 대상 이
외 그 어떤 것도 되기를 기획하지 않는다. 즉 나는 극단적으로 하나의
즉자이기만 할 뿐이다.(418/117)

마조히즘은 나의 대상성으로써 타자를 매혹시키고자 하는 시도가 아
니다. 마조히즘은 나의 대타적인 대상성에 의해 나 자신을 매혹시키기
위한 시도이다. 즉 나를 타인에 의한 대상으로 구성함으로써, 타인의 눈
에서 내가 표상하는 [나의] 즉자를 마주하면서, 내가 비정립적으로 나
의 주체성을 하나의 **아무것도 아닌 것**으로 파악하기 위한 시도이다. 마
조히즘은 일종의 현기증으로 특징지어진다. 이 현기증은 암벽과 지층
의 낭떠러지 앞에서 느끼는 것이 아니라, 타인의 주체성이라는 심연 앞
에서 느끼는 것이다.(418/117~118)

그러나 마조히즘은 그 자체 실패이고 실패일 수밖에 없다. 사실상 내가
나의 대상인 나에 의해 매혹되기 위해서는, 내가 이 대상을 타자에 대해
있는 그대로 직관해서 파악할 수 있어야 한다. 하지만 이는 원리상 불
가능하다. 그래서 나는 소외된 나에 매혹되는 짓을 시작할 수 있기는커
녕, 이 소외된 나는 원칙상 파악 불가능한 것으로 머문다. 마조히스트가
무릎을 꿇고 기어 다니거나 우스꽝스러운 자세를 취하기도 하고 생명
이 없는 단순한 도구처럼 자신을 활용할지라도 아무런 소용이 없다. 마
조히스트가 외설적이거나 그저 수동적인 것은 **타자에 대해서**이다. 그가
그러한 자세들을 **참고 견디고자 하는** 것도 타자에 대해서이다. 그는 그
자세들을 자기에게 주도록 영원히 선고받은 것이다. 그가 초월되어야 할
하나의 존재로서 자신을 배치하는 것은 그의 초월성 속에서 그리고 그

의 초월성에 의해서이다. 그가 자신의 대상성을 맛보려고 하면 할수록, 더욱더 그는 자신의 주체성의 의식에 의해 불안에 이르기까지 빠져들게 될 것이다. …… [돈을 주고 여자를 사서 그녀에게 자신을 도구처럼 취급해 달라는 데서 알 수 있듯이] 마조히스트는 결국 타자를 대상으로 취급하고 타자의 대상성을 향해 타자를 초월하게 된다. …… 마조히즘은 자신의 주체성을 타자에 의해 다시 동화시킴으로써 주체의 주체성을 무화시키기 위한 끊임없는 노력이다. 그리고 이러한 노력은 감당하기 힘들면서 감미로운 실패의 의식을 수반한다. 그리하여 결국, 주체가 마침내 자신의 주된 목표로서 추구한 것은 실패 그 자체인 것으로 귀결된다.(418~419/118~119)

마조히즘에 관한 사르트르의 주요 언명들을 한꺼번에 인용했습니다. 사르트르가 마조히즘에 대해 내리는 정의가 자못 흥미롭습니다. "마조히즘은 나의 대상성으로써 타자를 매혹하고자 하는 시도가 아니다. 마조히즘은 나의 대타적인 대상성에 의해 나 자신을 매혹하기 위한 시도이다." 마조히스트가 매혹하고자 하는 대상은 타인이 아니라 바로 자기 자신이라는 것이 대단히 이채롭습니다.

본래 사랑은 타인의 자유로운 주체성을 온전하게 유지한 가운데 그 타인이 오로지 나만을 향해 그 자유로운 주체성을 양도해 주기를 바라는 것입니다. 그렇기 때문에, 사랑은 아예 처음부터 모순된 딜레마였던 것입니다. 그런데 마조히스트는 타인이 지닌 자유로운 주체성이 자신에게로 양도되기를 기대할 수 없다는 사실을 정확하게 깨닫습니다. 그래서 차라리 그 타인의 주체성에 압도되어 버린 자신을 스스로에게 보여 줌으로써 그렇게 대상화된 자기 자신을 향한 자신의 주체성을 향유하고자 한다는 것입니다. 그러고 보면, 마조히스트의 노림수는 대단히 복잡합니다. 이를 위해 마조히스트는 결국 타인을 대상으로 만들지 않을 수 없게 됩니다. 그리고 그렇게 되면서 마조히스트의 기획은 실패로 돌아가고 맙니다.

3. 성적 욕망의 정체

1) 타인에 대한 무관심

전번 시간에 우리는 사랑이 어떻게 해서 실패로 끝나고 마는가에 대해 살펴보았습니다. 궁리 끝에 마조히즘적인 전략을 구사해 보지만, 마조히즘적인 전략이란 타인의 자유로운 주체성을 매개로 나를 타인에 대한 대상으로 만들어 그런 나를 즐기고자 하는 기묘한 전략이지만, 이를 위해 결국 타인을 대상으로 삼을 수밖에 없는 것이었고, 그 결과 결국에는 실패 자체를 추구하는 것에 다름 아님을 살펴보았습니다.

　그래서 이제 나를 대상으로 타인에게 내주는 대신 타인을 대상으로 삼는 쪽으로 전략의 방향을 바꿀 수 있습니다. 이에 과감하게 자유로운 주체인 타인에게 시선을 돌리게 됩니다. 이때 나의 시선으로 타인의 시선을 바라보게 됩니다. 이에 관해 사르트르는 이렇게 말합니다.

> 이 경우, 타인의 시선을 바라봄, 그것은 자기 자신을 자기 고유의 자유 위에 설립하는 것이고, 이 자유를 바탕으로 타자의 자유에 맞서고자 하는 것이다.(420/119)

　서로 시선을 향하면서 맞선다는 것이 과연 가능할까요? 우리는 이미 저 앞에서 사르트르가 시선은 바라볼 수 없고 바라보는 순간 두 눈으로 변하고 만다는 것을 애써 강조한 것을 본 적이 있습니다. 아니나 다를까, 곧 이어서 사르트르는 그 때문에 타인의 시선을 바라보려는 이 책략은 실패할 수밖에 없음을 지적하면서, 이제 그 실패의 이야기를 전개하겠다고 말합니다. 그러면서 다음과 같은 이야기를 덧붙여 논의의 장면을 전환합니다.

> 그러나 또한 '시선을 바라봄'은 나의 대타존재에 대한 나의 근원적인 반작용일 수 있다. 이는 내가 세계에로 발융하면서 내가 나를 타자의 시선을 바라보는 자로 선택할 수 있다는 것, 그리고 타자의 시선이 붕괴되는 그 터 위에서 나의 주체성을 건립할 수 있다는 것을 의미한다. 이러한 태도를 우리는 **타인에 대한 무관심**이라 부를 것이다. 이 경우에 문제되는 것은 타자들에 대한 하나의 **맹목성**이다.(420/120)

묘한 지경으로 넘어갑니다. 타인에 대한 무관심이란 타자를 진정한 타인으로 전혀 고려하지 않는다는 것입니다. 그래서 타자들에 대해 맹목성이 문제된다고 말하고 있습니다. 이럴 경우, 우리는 대타존재에 속하는 태도라고 하기가 쉽지 않을 것 같습니다. 아예 타자들에 대해 그 타인됨, 즉 타자의 주체성과 자유 및 시선을 무시해 버리기 때문입니다. 그래서 사르트르는 이럴 때 사실상 일종의 유아론을 연출하게 된다고 말하면서 그 구체적인 장면을 이렇게 묘사하고 있습니다.

> 나는 길거리를 지나가는 타자들에 대해 거의 주의를 기울이지 않으며, 마치 홀로 세계에 존재하는 것처럼 처신한다. 나는 벽들을 가볍게

스치듯이 '사람들'(les gens)을 스친다. 나는 장애물을 피하듯이 그들을 피한다. 나에게서 그들의 대상인 자유는 그들의 '역경의 계수'(逆行率, coefficient d'adversité)일 뿐이다. 즉 나는 심지어 그들이 나를 **바라볼 수 있다**고조차 생각하지 않는다. …… 이 '사람들'은 기능들이다. 역의 개찰원은 열차표에 구멍을 뚫는 기능 외에 다른 것이 아니다. 카페의 종업원은 소비자들에게 봉사하는 기능 외에 다른 것이 아니다. …… 이러한 맹목의 상태에서, 나는 나의 즉자존재의 기반인 타자의 절대적인 주체성과 아울러 나의 대타존재, 특히 나의 '대타적인 몸'을 무시한다.(421/120~121)

대학 시절, 한창 실존철학에 관한 이야기를 했을 때, 어떤 친구가 "요즈음 사람들이 풍경으로 보인다"라는 말을 했던 것이 기억납니다. 그 말을 듣고서 "그건 잔인한 감정이지. 그래서 실존철학은 극복되어야 한다는 거 아니겠어"라고 대꾸했었습니다. 사람들을 오로지 기능으로만 본다는 것은 완전히 도구로 본다는 것입니다. 말하자면 사람이 사람같이 보이지 않고 그저 귀찮은 대상이거나 용도의 대상으로만 여긴다는 것입니다. 타자의 주체성을 아예 무시하고 그럼으로써 나의 대타존재를 아울러 무시하게 됩니다.

'역경의 계수'라고 하는 말이 이해하기 어렵습니다. 문맥으로 보아 그다지 심중한 것 같지 않습니다. 타인들이 갖는 자유가 나에게 대상으로 나타날 때 '대상인 자유'가 됩니다. 그런 대상인 자유조차 이제 나에게는 일종의 귀찮은 장애일 뿐이라는 이야기인 것 같습니다.

그런데 이는 그런 태도를 취하는 나 혼자만의 느낌일 뿐, 실제로 다른 사람들은 나를 쳐다보고 나를 대타적인 존재로 여깁니다. 타인에 대한 무관심, 즉 타인에 대한 맹목성은 그야말로 자기기만의 대표적인 경우가 아닐 수 없습니다. 그 와중에 타인을 전혀 의식하지 않는 뻔뻔스러움을 보일 것입니다. 사르트르는 그런 상태로 심지어 평생을 보내는 자도 있다고 말합니다. 그런 뒤, 일종의 변증법적인 논법으로 다음과 같이 말합니다.

전적으로 맹목 상태에 빠지게 될지라도, 계속해서 불만족을 체험한다. 모든 자기기만처럼, 우리를 맹목의 상태에서 벗어날 수 있는 동기를 제공하는 것은 맹목의 상태다. 왜냐하면 타자에 관련한 맹목은 나의 **대상성**에 대한 모든 체험적인 파악을 형성하기도 하고 아울러 사라지게 하기도 하기 때문이다. 하지만, 자유인 타자와 소외된-자아인 나의 대상성은 거기에 있다. 이 둘은 감득되지 않았고 주제가 되지 않았지만 세계와 나의 세계-내-존재에 대한 나의 이해 자체 속에서 주어져 있다. …… 이로부터 영구적인 결핍감과 불안감이 주어진다. …… 시선으로서의 타인이 사라짐은 정당하지 못한 나의 주체성 속으로 나를 도로 집어넣고 내 존재를 붙들 수 없는 대자-즉자를 향해 영구히 이루어지는 추구되는-추구(poursuite-poursuivie)로 바꾸어 버린다. 타자가 없이, 나는 나의 몫인 자유로운 존재라고 하는 이 섬뜩한 필연성을 전적으로 적나라하게 파악한다. 즉 나는 내가 존재하기를 선택한 것도 아니고 그저 **태어났을** 뿐인데도, 나를 존재케 하는 [나에 대한] 배려를 나에게만 맡겨야 한다는 사실을 절감한다. …… 타자에 대한 맹목은, 내가 내 자신에 대해 절대적이고 유일무이한 주체성이라고 믿을 수 있는 바로 그 순간에, 나를 대상성의 최종 단계에 위치시킨다. 왜냐하면, 내가 [타인들에 의해] 보여지는데도 나는 내가 보여진다는 것을 체험할 수도 없고 따라서 나의 '보여-짐'(être-vu)에 대항하여 나를 방어해 낼 수 없기 때문이다. 즉 나는, 나를 소유하는 자를 향해 내 '몸을 돌릴 수 없는' 상태에서 [타인들에 의해] 소유된다.(421~422/121~122)

타인에 대한 무관심, 즉 타자에 대한 맹목이 얼마나 자기기만의 황당한 상태에 빠져 있는가를 분석해서 기술하고 있습니다. 자신은 절대적이고 유일무이한 주체성이라고 여기는데, 실제로는 대상성의 최종 단계에 머물러 있다는 것입니다. 간단히 말하면, 남이 나를 대상으로 여겨 소유하는 것을 전혀 눈치채지 못하고 있기 때문에, 그렇게 해서 생겨나는 나의 대상성을 방어함으로써 조금이라도 더 나의 주체성을 확보하고자 하는 노력조차 아예 배제하고, 또 그럼으로써 더욱더 완전히 대상성에 빠져든다는 것입니다.

타인에 대한 무관심 내지는 타자에 대한 맹목에 대한 사르트르의 이러한 분석은 일종의 질타에 가깝습니다. 이 대목에서 우리는 자기 존재를 오로지 자기 스스로에 의해 절대적으로 구축하고자 하는 자의 우둔함을 확인하게 됩니다. 흔히 실존철학이라고 할 때, 내 자신의 존재를 오로지 내 자신에 의해서만 구축함으로써 나의 실존을 확보하게 된다고 하는 생각을 많이 하는데, 그게 아닐뿐더러 불가능하다는 이야기입니다. 이를 통해 우리는 사르트르가 대자적인 의식을 존재론의 핵심 축으로 놓으면서도 동시에 그 대자의 현사실성, 그 대자의 대타존재성, 그 대자의 대타존재로부터 벗어나고자 하는 불가능한 노력 등을 얼마나 중시하는지를 알게 됩니다.

아무튼 이제 나를 완전한 대상으로 만들어 아예 타인의 자유 속으로 들어가 그의 자유를 만끽하고자 하는 마조히즘적인 전략도 실패하고, 그래서 정반대로 아예 나를 절대적이고 유일무이한 자유로운 주체로 놓아 타인의 자유를 마음껏 유린하고자 하는 전략도 실패로 돌아간 셈입니다. 그래서 이렇게 됩니다.

> 나는 타자의 자유에 대해 하나의 절망적인 탐색에 구속된다. 그 과정에서 나는 의미를 잃어버린 탐색 속에 구속된 나를 발견한다. 그 탐색에 의미를 부여하고자 하는 나의 모든 노력은 오히려 그 탐색이 의미를 상실하게 만드는 결과를 낳았을 뿐이고, 나의 놀람과 나의 불안을 야기했을 뿐이다.(422/123)

2) 성적 욕망으로의 길

이렇게 타인 관계에 있어서 이래저래 절망에 빠진 나는 도대체 어떤 태도를 취해야 한단 말인가요? 사르트르는 마치 미답의 영역이 남아 있으니 너무 걱정하지 말라는 투로 성적 욕망의 영역을 끌어들입니다.

> 타자의 자유로운 주체성과 타자의 나에-대한-대상성으로부터 나를 파악하고자 하는 나의 근원적인 시도는 **성적 욕망**이다.(422/123)

타자는 자유로운 주체로서 타인으로 나타날 뿐만 아니라 설사 타인으로 나타난다고 할지라도 항상 나에-대한-대상성으로서 나타납니다. 타인이 나와의 관계에서 갖는 이 두 가지 계기는 비록 경우에 따라 정도의 차이는 있을지언정, 아울러 그 존재방식에 있어서 차이를 드러내 보일지언정, 도대체 제거될 수 없습니다. 그러니 내가 대타존재로서의 나의 대자를 탐색하고 파악하고자 할 때 이 두 계기에 대한 고려는 필수적입니다. 그런데 사르트르는 나를 파악하고자 하는 나의 이러한 시도를 성적 욕망이라고 단정합니다.

우리로서는 당연히 사르트르가 생각하는 성적 욕망에 대해 잔뜩 기대를 걸게 되고, 아울러 그는 도대체 성적 욕망의 정체를 어떻게 파악하고 있기에 이런 이야기를 하는가 하고서 의아해 할 수밖에 없습니다.

우선 사르트르는, 심리학자들이 성적 욕망을 성 기관들의 본성과 너무 밀착시켜 이해함으로써 성적 욕망을 심리-생리적인 반작용으로 여기는데, 이는 전혀 '의식'이라든가 '현존재'에 관련된 존재론에 속하지 않고 오로지 생물학을 바탕으로 한 경험 심리학의 차원에 머물 뿐이라고 비판합니다. 그런 뒤, 하이데거를 거론하면서 "이 때문에 실존철학이 성관계(sexualité)에 몰두해서는 안 된다고 믿었다"(423/124)라는 말을 통함으로써, 하이데거 역시 암암리에 성적 욕망을 심리학자들처럼 생각했다는 점을 지적합니다. 그래서 하이데거가 말한 '현존재'는 무성별적인(無性別的, asexué)이고, 성적 분화의 문제는 실존(Existenz)의 문제와 전혀 무관한 것으로 되었는데, 그 까닭은 남자든 여자든 더 적게 더 많이 '실존'하는 것이 아니기 때문임을 지적합니다. 그러면서 사르트르는 이렇게 말합니다.

이러한 논법들은 결코 설득력 있는 것이 아니다. 우리는 성적 차이가 현사실성의 영역에 속한다는 사실을 엄격하게 받아들일 것이다. 하지만 '대자'가 '우연히', 즉 그러한 한 몸을 지녔다는 순전히 우연에 의해 성적이라는 사실이 의미하는 바는 도대체 무엇이란 말인가? 성생활이라고 하는 이 막대한 문제가 인간 조건에 덤으로 덧붙여진다는 것을 우리

는 용인할 수 있는가?(423/124)

현존의 문제와 성 차이의 문제는 따로 떼 놓을 수 없다는 입장입니다. 그런데도 엄살을 부리듯 의문을 제기합니다. 우리가 생각해도 '성적인 대자'라는 말 자체가 아무래도 어색한 것 같습니다. 하지만, 사르트르는 이를 진지하게 받아들이지 않으면 안 된다고 말하고 있습니다. 성생활은 인간 조건에 덤으로 부가된 것이 아니라, 인간 조건의 본질에 해당된다는 사실을 넌지시 강조하고 있습니다. 흥미진진한 현존철학이 아닐 수 없습니다. 그러고는 사르트르는 일단 성적 욕망에 대해 이렇게 말합니다.

욕망과 그 반대인 성적 공포가 대타존재의 근본적인 구조들임이 한눈에 나타난다.(423/124)

'대타존재의 근본적인 구조들'이라는 말은, 대타 문제를 다루면서 '내 몸', '상황을 만들어 내는 살인 타인의 몸' 등을 말한 데서도 알 수 있듯이, 생물학적이거나 물리적인 구조를 넘어서 있다는 것을 의미합니다. 이는 욕망[2]이 생식기의 차이에 의해 분별되는 성별(sexe)을 넘어서서 존재한다는 것을 의미합니다.

이에 대한 증거로 사르트르는 유아의 성관계(sexualité)는 성 기관들이 생리적으로 성숙하기 전에 나타나고, 환관들도 욕망하기를 그치지 않

---

2) 사르트르는 욕망을 거의 성적 욕망으로 여기고 있습니다. '성적 욕망'이라고 명기하는 경우도 있지만, 대체로 그냥 '욕망'이란 말로써 '성적 욕망'을 지시하고 있습니다.

으며, 노인들도 그러하다는 점을 제시합니다. 그러면서 쾌락을 위해 성기관들을 활용하는 것은 성생활의 일면에 불과하다고 말합니다. 그러면서 이렇게 말합니다.

> 성관계(sexualité)는 탄생과 더불어 나타나 죽음을 통해서만 사라진다.(424/125)

대단히 중요한 언명입니다. 성관계의 유지는 성적 욕망의 지속과 직결된 것으로 여기고 있습니다. 탄생에서 죽음에 이르는 인간 삶의 전 과정에 성관계 내지는 성적 욕망이 점철되어 있다면, 성관계를 존재론적인 문제로 받아들여 풀려고 노력하지 않으면 안 될 것입니다. 성관계에 대해 사르트르는 이렇게 정의하면서 욕망으로 넘어갑니다.

> 타인이 나에게 **우선 성별적**(性別的, sexué)인 것은, 내가 그의 모발이 난 체계적인 방식이나 손의 거친 모습이며 그의 목소리며 그의 힘으로 미루어 그가 남성이라고 결론짓기 때문이 아니다. …… 타인의 성관계를 체험하고 겪지 않을 수 없는 한, 타인의 성관계에 대한 첫번째 파악은 **욕망**일 수밖에 없는 노릇이다. 내가 그의 성별적임을 발견하는 것은 타자를 욕망함으로써(또는 내가 타자를 욕망할 수 없다는 것을 발견함으로써) 또는 나에 대한 그의 욕망을 파악함으로써이다. 게다가 욕망은 나에게 나의 성별적임과 그의 성별적임을, 말하자면 성별로서의 **나의 몸**과 **그의 몸**을 동시에 드러내 보인다. 이에 우리는, 성별의 존재론적인 본성과 위상을 결정하기 위해, 욕망의 연구로 넘어간다. 그렇다면 욕망은 과연 무엇인가?(424~425/126)

성적 기관들의 기능 발휘 이전에 성관계가 이미 늘 존재한다는 것은 성관계와 직결되어 있는 성별 역시 몸의 외양 이전에 이미 늘 존재한다는 것을 의미한다고 해야 할 판국입니다. 이를 사르트르는 내가 타자를 욕망함으로써 혹은 타자가 나를 욕망하는 것을 파악함으로써 그/녀가 성별적임을 발견하게 된다고 말합니다. 이는 성을 먼저 파악하고서 그제야 욕망이 생겨나는 것이 아니라, 욕망과 성별의 성립이 존재론적으로 동시적인 것임을 말합니다. 타인의 성관계를 파악하는 것이 바로 욕망이고, 욕망의 존립과 더불어 성관계가 성립한다는 것입니다. 사르트르의 이러한 입장을 우리는 경험심리학적인 차원뿐만 아니라 인식적인 차원을 넘어선 존재론적인 입장이라 할 수 있을 것입니다. 성관계에 대한 존재론, 성별에 대한 존재론, 나아가 욕망에 대한 존재론 등을 전개하고 있는 것입니다. 이렇게 되니, 자연스럽게 욕망의 탐구로 넘어가지 않을 수 없습니다. 과연 욕망은 무엇인가요?

　　우선 사르트르는 욕망이 무엇인가에 대한 기존의 이론들을 검토합니다. 맨 먼저 욕망을 관능적인 쾌락을 추구하고 고통을 그치게 만드는 것으로 여기는 관점을 배격해야 한다고 주장합니다. 그런 주관주의적이고 내재주의적인 욕망 이론은 우리가 왜 욕망을 통해 그저 자신의 만족감을 얻으려 하지 않고 '한 여자'를 욕망하는가를 설명하지 못한다고 말합니다. 따라서 욕망은 욕망의 초월적인 대상에 의해 정의하는 것이 적합한데, 그렇다고 해서 욕망을 욕망하는 대상의 물리적인(육체적인) 소유로 여겨서는 안 될 것이라고 말합니다. 그런가 하면, 욕망을 거추장스럽고 고달픈 것으로 여겨 반성적으로 억압되어야 할 것으로 여겨서도 안 된다고 말합니다. 욕망은 그 자체 비반성적이고, 따라서 스스로를 억압되어야 할 대상으로 정립할 수 없기 때문이라는 것입니다. 그뿐만 아니라 욕망을 예컨대 남자의 경우 발기를 원인으로 삼고 사정(射精)을 최종 목표로 삼는 등 해서 생리적인 본능으로 환원시키려 해서도 안 된다고 말합니다. 그러면서 이런 말을 합니다.

> 욕망은 그 자체 성행위를 결코 함축하지 않는다. 욕망은 성행위를 주제화해서 정립하지 않는다. 욕망은 성행위를 대략 윤곽 짓는 일조차 하지 않는다. 이는 사랑의 '기교'를 모르는 아주 어린 유아들이나 성인들의 욕망을 보아 알 수 있다. 이와 유사하게 욕망은 특수한 사랑의 그 어떤 실천에 대한 욕망도 아니다. 이는 그런 실천이 사회 집단에 따라 다양하게 분기되어 나타난다는 데서 충분히 증명된다. 일반적인 방식으로 보아, 욕망은 **행하고자** 하는(de *faire*) 욕망이 아니다. '행함'은 사후에 개입되고 바깥에서부터 욕망에 덧붙여지고, 그래서 어떤 학습을 필요로 한다. 말하자면, 그 나름의 목적과 수단에 의거한 사랑의 기교가 있는 법이다. 그러므로 욕망의 처리를 욕망의 지고의 목표로 여길 수도 없고 특정한 행위를 욕망의 궁극적인 목적으로 채택할 수 없다. 그렇기 때문에, 욕망은 순전하고 간단하게도 초월적인 한 대상에 대한 욕망인 것이다.(425~426/127)

흔히 생각하듯이 성행위에서 욕망의 정체성을 찾으려 해서는 안 된다는 이야긴데, 자못 심중합니다. 성행위란 욕망 이후에 도입되는 것에 불과하다는 사르트르의 지적이 흥미롭습니다. 성행위 없는 성적 욕망도 얼마든지 있을 수 있다는 이야기이기 때문입니다. 욕망이란 성행위를 통해 배설하듯이 처리될 수 있는 성질의 것도 아니고, 따라서 그러한 성행위를 목표로 삼는 것도 아니라는 것입니다. 만약 인간 존재 자체가 욕망의 덩어리라고 한다면, 이런 이야기는 쉽게 이해될 수 있을 법도 합니다. 하지만 사르트르는 그렇게까지 말하지는 않습니다. 그저 초월적인 한 대상에 대한 욕망이라고 정의하는 것이 욕망에 대한 가장 올바른 정의라고 말하고 있을 뿐입니다.

3) 성적 욕망의 대상인 살

그렇다면, 당연히 이 초월적인 대상은 과연 무엇인가요? 틀림없이 타인의 몸 혹은 내 몸과 근본적인 관련을 맺고 있는 타인의 몸이 아닐 수는 없을 것입니다. 욕망을 대타존재의 근본적인 구조라고 했는데, 대타존재에서 타인의 몸은 필수적인 항이기 때문입니다.

(1) 욕망의 대상인 총체인 몸

그런데 문제는 욕망의 초월적인 대상으로서 타인의 몸은 과연 어떤 몸인가 하는 것입니다. 우선 사르트르는 이런 말을 합니다.

> 우리가 노출된 팔이나 젖가슴을 욕망하는 것은 오로지 유기적인 총체로서 전적인 몸이 현전한다는 것을 바탕으로 해서이다. 총체로서의 몸 자체는 가려질 수 있다. 나는 벗은 팔만을 볼 수 있을 뿐이다. 그러나 거기에는 총체로서의 몸 자체가 있다. 총체로서의 몸은 내가 팔을 팔로서 파악하는 출발점이다.(426/128)

욕망의 초월적인 대상이 우선 '총체로서의 몸 자체'임을 지적하고 있습니다. 노출되고 안 되고의 문제는 예를 들기 위한 것이지 노출되어야만 '총체로서의 몸 자체'가 성립하는 것은 결코 아닙니다. 어쩌면 총체로서의 몸 자체는 결코 노출될 수 없는 것일지도 모릅니다. 또 이어지는 다른 이야기를 읽어 보겠습니다.

> 나의 욕망은 육체적인 요소들의 총합을 향해 말을 거는 것이 아니라 하나의 전반적인 형태를 향해 말을 건다. 더 정확하게 말하면, 나의 욕망은 **상황에 처한** 하나의 형태를 향해 말을 건다. …… 사실상 물질적인 순수한 대상은 **상황에 처해** 있지 않다. 그래서 욕망에 직접 현전하는 유기적인 이 총체는 그것이 그저 생명을 드러내는 한에서만이 아니라 적응된 의식을 드러내는 한에서 욕망될 수 있는 것이다. …… 분명히 잠자고 있는 한 여자를 욕망할 수 있다. 그러나 그것은 잠이 의식을 바탕으로 해서 나타나는 한에서이다. 그러므로 의식은 항상 욕망되는 몸의 지평에 머문다. 즉 의식은 욕망되는 몸의 **의미**와 통일성을 이룬다. 지평적인 의식과 함께하는 유기적인 총체인 살아 있는 한 몸, 그것이 바로 욕망이 **말을 거는** 대상이다.(426/128~129)

아닌 게 아니라, 우리가 사랑하는 사람이든 아니든 성행위를 통해 욕망을 분출하면서 타인의 몸을 애무할 때, 도대체 무엇을 쓰다듬고 무엇에 접촉하는지에 대해 아는 바가 거의 없습니다. 은근히 팔을 만진다거나 진한 키스를 한다고 할 때, 도대체 나는 그/녀의 팔 자체를 만지는 것도 아니고, 그/녀의 입술과 혀를 빠는 것이 아닙니다. 물론 육체적으로는 그렇게 하고 있지만, 실상 내가 욕망하는 대상은 그/녀의 팔도 입술도 혀도, 심지어 그/녀의 성기도 아닙니다. 그렇다면 과연 내가 욕망하는 대상은 과연 무엇인가요? 미궁 속으로 빠져들고 마는 것인가요?

사르트르는 유기적인 총체로서의 몸, 상황에 처한 하나의 전반적인 형태로서의 몸, 그 바탕에 의식이 항상 지평적으로 작동하고 있는 유기적인 총체인 살아 있는 몸을 대안으로 내세웁니다. 모르긴 해도 이러한 몸은 만질 수 있으면서 만질 수 없고, 볼 수 있으면서 볼 수 없는 것이라 할 수밖에 없는 기묘한 존재방식을 띤 것이라 하지 않을 수 없습니다. 이를 통해 우리는 다시 한번 욕망이라는 존재 자체가 처음부터 기묘하다고 하지 않을 수 없게 됩니다.

(2) 욕망하는 자(대자)의 정체

그런데 사르트르는 욕망과 욕망의 초월적인 대상에 대한 이야기를 일별한 뒤, 이제 욕망하는 자가 과연 누구인가를 묻기 시작합니다. 그러면서 일단 이렇게 말합니다.

> 욕망하는 자는 바로 나다. 욕망은 나의 주체성의 특이한 양식이다. 욕망은 자기 자신에 대한 비정립적인 의식으로서만 존재할 수 있기 때문에, 욕망은 의식이다. …… [그런데] 대자에게 있어서, 욕망을 자신으로 선택하는 것은 스토아학파가 주장하는바 원인이 그 결과를 만들어 내는 것처럼, [그 자신은] 무차별하고 변화하지 않으면서 욕망을 산출하는 것이 아니다. 욕망을 자신으로 선택하는 것은 예를 들어 대자가 자신을 형이상학적인 존재로 선택할 때 대자가 놓여 있는 판면과는 동일하지 않은 그 어떤 현존의 판면에 스스로를 가져가는 것이다. …… 욕망하는 인간은 특수한 방식으로 자신의 몸을 현존시킨다. 그럼으로써 그는 특수한 현존의 수준 위에 자신을 자리 잡게 한다.(426~427/129)

우리는 대자로서 온갖 일들을 기획하고 또 그 기획에 맞게 몸을 현존시킴으로써 기획을 실현해 나갑니다. 그에 따라 몸이 현존하는 판면은 충분히 다를 수 있습니다. 비단 욕망하는 인간만이 특수한 방식으로 자신의 몸을 현존시키는 것은 아닐 터입니다. 거기에서 나의 주체성의 여러 양식들이 성립하고 등장할 수 있습니다. 아무튼 중요한 것은 욕망하는 인간인 내가 욕망을 나 자신으로 선택했을 때, 그때 내 몸을 어떤 특수하고 특이한 현존의 판면 위에 갖다 놓는가 하는 것입니다.

이에 대한 대답을 제시하기에 앞서 사르트르는 성적 욕망이 배고픔이나 목마름과 같은 욕구들(appetits)과 어떻게 다른가를 분석합니다. 모두 다 몸의 상태라는 점에서 공통적이라고 말하면서, 배고픔이나 목마름과 같은 욕구들은 대자가 그러한 몸의 현사실성으로부터 도피하기 위해 이미 늘 뛰어넘고 있어서 그것들 자체가 과거적인 몸, 넘어서 버린 몸의 상태인 데 반해, 성적 욕망은 다음과 같이 대자 자체에 들러붙어 있는 것이라고 말합니다.

욕망은 나를 위태롭게 한다. 나는 나의 욕망과 공범이다. 혹은 차라리 욕망은 전적으로 몸과의 공모관계 속으로 추락하는 것이다. 이는 각자가 경험에 비추어 보면 알 일이다. 사람들은 성적인 욕망 속에서 의식이 반죽된 상태(comme empâtée)가 된다는 것을 안다. 사람들은 현사실성에 의해 자신이 침범당하는 것을 내버려 두고 현사실성으로부터 도피하는 짓을 멈춘다. 그러면서 **수동적으로** 욕망에 동의하는 쪽으로 미끄러져 들어간다.(428/131)

여기에서 말하는 '반죽된 상태'는 '끈적끈적함'을 바탕으로 한 것입니다. 욕망의 판면에서는 대자에게서 현사실성이 도피의 대상이 아니라 자신에게 들러붙어 잘 떨어지지 않을 뿐만 아니라 대자가 그것을 떼 내려고 노력하는 것을 중지하고 오히려 수동적으로 어쩔 수 없이 현사실성에 동의해서 끌려들어간다는 이야기입니다. 이에 의식도 끈적끈적하게 혼미한 상태로 되고, 현사실성도 끈적거리는 것이 되고, 욕망 역시 혼미한 것이 된다고 이야기됩니다. 확실히 다른 욕구들과 다른 것입니다. 자신을 욕망으로 채택함으로써 비틀거리는 대자인 나, 이 정도 되면 과연 욕망하는 내가 어떤 존재인가를 어느 정도 파악할 수 있을 것 같습니다.

욕망하는 인간은 갑자기 무겁기 짝이 없고 섬뜩한 고요(tranquilité)가 된다. 그/녀의 두 눈은 고정되고 반쯤 감은 것 같다. 그/녀의 동작들에는 무거우면서도 끈적끈적한 감미로움이 새겨져 있다. 많은 경우 그/녀는 잠들어 있는 것처럼 보인다.(428/131)

평상시에는 도무지 추구하지도 않고 바라지도 않는, 마치 중력에 매혹된 존재처럼, 모든 도구적인 연관들을 벗어난 상태로, 말하자면 "욕망 속에서 의식은 또 다른 판면에서 자신의 현사실성으로 현존하기를 선택한"(429/132) 것입니다.

이 대목에서 우리는 인간은 왜 욕망하는가 하는 물음에 대한 예비적인 답변을 얻게 됩니다. 이같이 또 다른 판면에서 자신의 현사실성을 만들기 위해, 즉 또 다른 차원에서의 자신의 몸을 만들기 위해서입니다. 그래서 우리는 다음과 같은 사르트르의 이야기에 유념하게 됩니다.

욕망은 다른 몸에 대한 몸을 욕망하는 것이라 할 수 있다. 사실 자기 자신의 몸 앞에서 대자가 현기증을 느끼는 것으로 체험되는 것은 타인의 몸을 향한 하나의 욕구다. 욕망하는 존재, 그것은 **스스로를 몸으로 만드는 의식이다.**(429/132~133)

욕망이란 평소와는 다른 자신의 몸을 만들고자 하는 것이고, 이를 위해 타인의 몸을 욕망하는 것이며, 결국 스스로를 몸으로 만드는 의식인 것으로 드러납니다. 만약 의식의 체화(incarnation)를 거론한다면, 사르트르의 경우, 욕망이야말로 체화의 근본적인 방식인 것입니다. 메를로-퐁티가 모든 의식에 대해 체화를 주장한 것과 사뭇 다릅니다. 다만, 이때 의식이 되고자 하는 그 몸은 평상적인 판면 위에서의 몸은 결코 아닐 것입니다.

(3) 몸으로부터 살로, 자유로부터 살로

그렇다면 과연 그 몸은 어떤 몸일까요? 사르트르는 그 몸을 살(chair)이라고 말합니다.

욕망이 지평적인 의식과 더불어 상황에 처해 있는 유기적인 총체로 파악되는 타인의 몸을 전유하기 위해 스스로를 몸으로 만드는 의식이라는 것이 진실이라면, 욕망의 의의(signification)는 과연 무엇인가? 즉 왜 의식은 스스로를 몸으로 만들고자 하며 ——또는 헛되이 몸이 되고자 하며—— 또 자신의 욕망의 대상으로부터 무엇을 기대하는가? 만약 다음을 반성해 본다면 대답하기가 쉬워질 것이다. 즉 나는 **타인의 살을 전유하기 위해 타인이 현전하는 가운데 나를 살로 만들고자 한다는 사실**을 반성해 볼 일이다.(429/133)

타자에 대한 여러 태도를 통해 이제까지 우리는 대자인 내가 타인의 자유를 내 것으로 전유하고자 하는 일에 몰두하는 것을 살펴보았고, 그 전략들이 실패로 귀결된다는 것을 확인했습니다. 그런데 이제 사르트르는 전혀 다른 판면을 끌어들여 '타인의 살을 내 것으로 전유하고자 함'을 말하고 있습니다. 살 존재론을 펼쳤던 메를로-퐁티의 얼굴이 설핏 떠오르면서 그렇다면 과연 살이란 무엇인가 하는 물음을 던질 수밖에 없습니다. 그걸 알고 나야 욕망의 정체를 더욱 구체적으로 알게 될 것이기 때문입니다. 일단 다음의 이야기를 들어보도록 하지요.

> 내가 살로서 전유코자 하는 몸은 처음에는 나에 대해 있지 않다. 타인의 몸은 행위 중에 있는 종합적인 형태로서 나타난다. 우리가 보았다시피, 타인의 몸을 순전한 살로 지각할 수는 없는 노릇이다. 즉 다른 **이것**들과 외부성의 관계들을 갖는 고립된 대상이라는 자격을 띤 것으로 타인의 몸을 지각할 수는 없는 노릇이다. 타인의 몸은 본래 상황에 처해 있는 몸이다. 그 반면에, 살은 **현전의 순수한 우연**으로서 나타난다. 살은 보통 화장이나 옷 등에 의해 가려져 있다. 더욱이 살은 **운동**들에 의해 가려진다. 무용하는 무용수만큼 덜 '살로 있는'(en chair) 것은 없다. 그녀가 완전히 벗었다고 하더라도 마찬가지다. 욕망은 몸에서 그의 옷가지뿐만 아니라 운동들을 벗기기 위한 시도이다. 그럼으로써 욕망은 몸을 순전한 살로 존립케 하려는 시도이다. 그것은 타인의 몸을 **체화하는** 시도이다.(430/133~134)

　　'다른 이것들과 외부성의 관계들을 갖는 고립된 대상'을 살로 보면서, 따라서 순전한 살이란 상황에 처해 있는 것이 아니라는 것처럼 말하는 대목이 어렵습니다. 하기야 저 앞에서 우리는 타인의 몸을 고찰하는 대목에서 다음과 같은 사르트르의 이야기를 들은 적이 있습니다. 그러면서 상당히 어려워했는데, 여기에서 이해의 실마리를 찾게 됩니다. 하지만 거기에서는 살이 구토의 대상으로 등장하기 때문에 여기 욕망을 논구하는 대목과 사뭇 충돌되는 느낌을 지울 수 없습니다. 그때 그는 이렇게 말했습니다.

> 타인에게 있어서 **즉자적인 풍미**인 것이 나에게 있어서 **타자의 살이** 된다. 살은 현전의 순수한 우연성이다. 통상적으로 살은 옷, 화장품, 수염을 깎는 방식, 표정 등에 의해 가려진다. 그러나 어떤 한 인물과의 오랜 교제를 통해 이 모든 덮개가 벗겨지고 내가 **그의 현전이 갖는 순수한 우연성**을 맞닥뜨리는 순간이 오게 마련이다. 이 경우, 나는 한 얼굴이나 한 몸의 다른 부분들에 입각해 살에 대한 순수한 직관을 갖는다. 이 직관은 그저 인식이 아니다. 이 직관은 절대적인 우연성에 대한 감정적인 파악이다. 그리고 이 파악은 일종의 **구토**의 특수한 유형이다.(384/69)

욕망을 통해 타인의 몸을 살로 바꾸어 전유하려고 하는데, 그것이 구토의 특수한 유형이라고 하는 것은 욕망 자체를 일종의 구토 상태라고 보는 것임에 틀림없습니다. 그런데 사르트르에게 있어서 구토 상태는 즉자 세계로의 진입에서 일어납니다. 거꾸로 말하면 즉자가 대자인 나를 압도하여 내가 더 이상 무화작용을 발휘할 수 없을 때 구토가 일어납니다. 이를 감안해서 보면, 여기에서 욕망을 몸을 살로 바꾸는 것이라고 하면서 구토의 특수한 유형이라고 말하는 것은 성적 욕망의 충족은 즉자로의 잠입을 말하는 것이고, 이를 위해서는 몸을 살로 바꾸지 않으면 안 된다는 것을 의미한다는 것을 알 수 있습니다. 미리 말하자면, 성적 욕망의 완전한 충족, 즉 완전한 사랑의 성취는 일종의 즉자대자적인 궁극 상태를 이루는 것이라 할 수 있습니다. 그렇다면, 문제는 몸을 살로 바꾸는 것이겠습니다.

(4) 몸을 살로 바꾸는 애무

자, 중요한 것은 사르트르가 몸을 살로 바꾸는 데 애무(愛撫, caresse)가 필수적으로 동원된다고 말하는 것입니다.

> 애무는 타인을 나에 대해 그리고 타인 자신에 대해 살로서 태어나게 한다. 그런데 우리는 살을 몸의 한 부분으로, 말하자면 피부나 연결된 조직 혹은 정확하게 말해 몸의 겉과 같은 것으로 이해하지 않는다. …… 애무는 욕망과 전혀 구분되지 않는다. 눈으로 애무하는 것과 욕망하는 것은 하나다. 마치 사유가 언어에 의해 표현되듯이, 욕망은 애무에 의해 **표현된다**. 정확하게 말하면, 애무는 타인의 살을 나 자신에게 그리고 타인에게 살로서 드러낸다. …… 애무에서 타인을 애무하는 것은 행동 중에 있는 종합적인 형식으로서의 내 몸이 아니다. 그것은 타인의 살을 태어나게 하는 살인 내 몸이다. …… 타인의 살이 개현됨은 내 자신의 살에 의해 이루어진다. 욕망 속에서 그리고 욕망을 표현하는 애무 속에서, 나는 타인의 체화를 실현하기 위해 나를 체화시킨다. …… 이런 방식으로 **상호 이중적인 살 됨**(*double incarnation réciproque*)[3]으로서 소유(*possesion*)가 나타난다.(430~431/134~135)

이해하기 쉬운 것 같으면서도 왠지 까다롭다고 하지 않을 수 없습니다. "애무는 타인을 나에 대해 그리고 타인 자신에 대해 살로서 태어나게 한다"라는 말이 핵심인 것 같습니다. 이는 달리 말하면, '애무는 몸을 살로 바꾼다'라는 말로 요약될 수 있습니다. 몸은 "행동 중에 있는 종합적인 형식"을 띤 것이라고 말하고 있는데, 간단하게 말하면 몸은 노동을 통해 가장 잘 드러난다고 할 수 있습니다. 노동은 주변의 사물들을 도구로 삼지 않으면 안 됩니다. 그런 반면, 살은 노동과는 무관한 것이고 오로지 감각적인 충만을 향해 일어서는 그야말로 특수한 유형적 상태의 몸입니다. 중요한 것은 바로 이러한 순수 감각인 충만의 상태를 즉자에의 진입과 연결시킨다는 점입니다.

그런데 이러한 살로서의 몸이 애무를 통해 생겨난다는 것입니다. 그 바탕에 성적인 욕망이 작동하는 것은 말할 것도 없겠습니다. 그런데 사르트르는 이렇게 애무를 통해 몸이 살로 변하는 것을 '체화', 그러니까 '살 됨'이라 부르고 있습니다. 나중에 사르트르는 "내가 살이 되는 만큼 타인을 살로 만들 수 있다"라고 말하는데, 바로 여기에서 말하는 '상호 이중적인 살 됨'이 이를 잘 말해 준다고 하겠습니다.

문제는 이를 '소유'와 직결시킨다는 것입니다. 여기에서 말하는 소유는 흔히 재산에 대해 말하는 소유와는 전혀 성격이 다를 수밖에 없습니다. 상호 이중적인 소유라는 말은 흔히 재산에 대해 말하는 배타적인 소유와는 워낙 다르기 때문입니다. 이에 관해서는 저 뒤의 제4부 2장 2절 '함과 가짐: 소유'에 관한 논의를 기다려야 할 것 같습니다.

---

3) 필자는 지난 20년 이상 동안 후설과 메를로-퐁티의 몸 이론을 탐구하면서 'incarnation'을 주로 '체화'라고 번역해 왔습니다. 다른 이들은 이를 '체현'이라고 번역하기도 합니다. 그런데, 이제 사르트르의 성적 욕망에 관련해서 등장하는 이 개념이 '살'(la chair)과 직결되어 있음을 파악하면서, 그 번역어를 바꾸고자 합니다. 순 우리말로 '살 됨'이라고 새기고자 합니다.

4. 성적 욕망의 좌절, 사디즘

1) 성적 욕망

지난 학기를 마무리하면서 성적 욕망과 애무의 관계를 살펴보았습니다. 성적 욕망은 타인의 몸을 살로 만들어 내 것으로 전유코자 하는 것이고, 이를 위해 동원하는 것이 애무였습니다. 애무는 성적 욕망의 표현이었고, 타인의 몸을 살로 만드는 것이었습니다. 하지만 중요한 것은 타인의 몸을 살로 만들기 위해서는 내 몸 역시 살이 되어야만 한다는 사실입니다. 이를 사르트르는 애무를 통한 '상호 이중적인 살 됨'이라고 했고, 달리 '소유'라고 했습니다.

사르트르가 말하는 살은 우리의 몸이 아무런 이유도 없이, 아무 도구적인 기능도 하지 않으면서, 그 자체로 그냥 전적으로 우연히 현전하는 상태로 있을 때 나타나는 것입니다. 중요한 것은 이때 대자적인 의식이 그 나름의 고유성을 상실한 듯하면서, 마치 쥐 잡는 시커먼 끈적이 판에 쥐가 들러붙어 비틀거리면서 꼼짝을 못하듯이, 몸에 끈적끈적하게 들러붙어 버린다는 사실입니다. 말하자면, 자유가 몸에 끈적끈적하게 들러붙어 버리는 것입니다.

(1) 성적 욕망의 동기

이에 우리는 성적 욕망의 동기가 무엇인가를 생각할 수 있게 됩니다. 성적 욕망은 타인의 살을 내 것으로 만들고자 하는 것인데, 그럼으로써 타인의 자유로운 의식을 사로잡아 내 것으로 만들고자 하는 것입니다.

욕망의 동기, 혹은 원한다면, 욕망의 의미가 무엇인가를 결정하는 일이 남아 있다. 왜냐하면, 이제껏 시도해 온 기술들을 계속해서 읽어 온 사람이라면 벌써부터 이해하고 있으리라고 생각하는데, 대자에게 있어서 존재함은 자신의 거기-있음이 갖는 절대적인 우연성을 기반으로 하여 자신의 존재방식을 선택하는 것이기 때문이다. 따라서 욕망은, 내가 쇳조각을 불에 갖다 댔을 때 쇳조각에 열이 **생기듯이**, 의식에 **생기는 것이** 전혀 **아니다**. 의식은 스스로를 욕망으로 선택한다. 물론 이를 위해 의식이 하나의 동기를 갖는 것은 마땅하다. …… 동기는 과거로부터 생기고, [이때] 의식은 자신을 **되돌려** 과거를 **향함으로써** 과거에 무게와 가치를 부여한다. 그러므로 욕망의 동기를 선택한다는 것과 스스로를 욕망하는 자로 만드는 의식이 솟아오른다는 의미 사이에는 아무런 차이도 없다.(431/136)

대자인 의식이 스스로를 욕망으로 선택한다는 말이 핵심입니다. 대자인 의식의 자유는 선택을 통해 실현됩니다. 대자인 의식의 자유는 바로 자신의 존재방식을 선택하는 데서 성립하는 것입니다. 존재방식에는 얼마든지 여러 가지가 있습니다. 궁극적인 본성으로 보면 그러할지 모르지만, 실제로는 대자인 의식이 반드시 일체의 사안을 초월해 버리는 것만을 선택하는 것은 아닙니다. 대자인 의식, 즉 나는 나도 모르게 값비싼 모피 코트를 사고 싶은 욕구에 나 자신을 양도해 버리는 맹목적인 소비자로서의 자신을 선택을 할 수도 있습니다. 물론 이때의 선택은 의지적이면서 반성적인 것은 아닙니다. 대자인 의식의 선택이라고 해서 반성적인 의지를 앞세워 능동적으로 이루어지는 것만은 결코 아닙니다. 오히려 그 반대로 비반성적으로 자기도 모르게 이루어지는 선택이 어쩌면 대자인 의식에 더 걸맞은 선택이라 해야 합니다.

아무튼 중요한 것은 성적 욕망이라는 것이 의식이라는 실체가 있고 그 실체에 덧붙여지는 것이 아니라는 사실입니다. 의식이 아예 성적 욕망으로 탈바꿈해 버리는 것입니다.

> 욕망은 대자의 과격한 변양(modification radicale)이다. 왜냐하면, 대자는 스스로를 다른 존재의 판 위에 존재토록 하기 때문이다. 대자는 자신의 몸을 다르게 존립토록 할 것을 결정하고 스스로를 자신의 현사실성에 의해 끈적끈적하게 들러붙도록 할 것을 결정한다. 이에 상응하여, 세계는 대자에 대해 새로운 방식으로 존재하게 된다. 말하자면, 욕망의 세계가 되는 것이다.(432/126~127)

욕망을 자신의 존재방식으로 선택한다는 것은 우선은 자신의 몸을 다른 방식으로 존립케 하는 것이지만 아울러 세계마저 그에 맞추어 변경해 버리는 것이기도 합니다. 이러한 분석은 후설의 의식의 지향성 원리, 즉 의식의 존재방식과 대상의 존재방식이 필연적인 상관관계를 맺고 있다는 원리에 입각한 것입니다. 그렇다면 과연 욕망과 욕망의 세계 간의 지향적 관계에서 어떤 새로운 일들이 펼쳐지게 되나요? 사르트르의 이야기를 대략 간추리면 이렇습니다.

우선 내 몸이 살로서 체험됩니다. 그리고 내가 세계 내의 대상들을 파악할 때 그 대상들은 나의 살을 향한 것으로 되어, 나의 살 됨을 나에게 드러내는 가운데 내가 그 대상들에 대해 수동적이게끔 합니다. 이때 가장 특이한 것은 지각의 방식입니다. 욕망하는 태도를 취할 때, 하나의 대상을 지각하는 것은 그 대상으로 인해 나를 애무하는 것이 되기 때문입니다. 이제 지각되는 대상은 대상으로서의 그 형태를 넘어서게 되고, 그 도구성을 넘어서게 됩니다.

그래서 나는 대상의 형태보다 그리고 대상의 도구성보다 대상의 물질성에 더 민감해진다. 이제 대상은 뭉클뭉클하고, 매끄럽고, 미적지근하고, 기름지고, 까칠까칠한 물질성으로 다가온다. 그래서 나는 나의 욕망하는 지각 속에서 대상들의 하나의 살인 그 무엇을 발견한다. …… 공기의 열, 바람의 산들거림, 태양의 빛살 등, 이 모든 것들은 모종의 방식으로 나에게 현전한다. 나에 대해 거리를 갖지 않는 것들로, 그것들의 살로써 나의 살을 노출케 한다. 이렇게 볼 때, 욕망은 그저 의식이 그 현사실성에 의해 끈적끈적 들러붙게 되는 것만이 아니다. 그와 상관해서 욕망은 몸이 세계에 의해 끈적끈적하게 들러붙게 되는 것이다. 세계는 스스로를 끈적이로 만든다. 의식은, 세계 속으로 미끄러져 들어가는 몸속으로 미끄러져 들어간다.(432/137)

필자는 평소에 "무엇이든지 부드럽게 쓰다듬으면 모두 다 발기합니다"라는 말을 자주 해왔습니다. 그래서 미술책을 쓰면서 책의 제목을 "미술 속, 발기하는 사물들"[4]이라고 붙이기조차 했습니다. 지금 인용하고 있는 사르트르의 이 대목을 진작 알았더라면, '신이 난 듯' 이 대목을 활용했을 것입니다. 가장 흥미로운 표현은 '끈적끈적함'입니다. 욕망의 세계 속에서는 욕망하는 지각이 이루어지고, 욕망하는 지각에는 묘한 느낌을 주는 대상들의 물질성이 도드라집니다. 욕망의 존재 판면에서는 나도 세

---

4) 조광제, 『미술 속, 발기하는 사물들』, 안티쿠스, 2007.

계도 모두 살로 돌변합니다. 도구성을 벗어 버릴 뿐만 아니라, 심지어 그 대상적인 형태마저 벗어 버립니다. 욕망은 세계를 발가벗기는 것입니다. 욕망은 세계를 발가벗김으로써 나 자신을 발가벗깁니다. 나의 의식마저 도 발가벗습니다. 일체의 것들이 '발가벗으면서' 서로 끈적끈적하게 들러붙습니다. 그러고는 서로에게 미끄러져 들어갑니다. 가히 '살의 천지' 입니다.

사르트르는 이 대목에서 대자의 '세계-한복판에서의-존재'를 거론하면서 죽음을 끌어들입니다.

> 그래서 여기에서 제시되는 이상(理想)은 세계-한복판에서의-존재 다. 즉 대자는 세계-한복판에서의-존재를 자신의 세계-내-존재의 궁극적인 선투(先投, pro-jet)[5]로서 실현하고자 한다. 바로 이것이 관능적 쾌락(volupté)이 왜 그렇게도 자주 죽음에 연결되는가에 대한 이유다. ——죽음은 변형 혹은 '세계-한복판에서의-존재'다. ——예를 들어 '가사(假死) 상태의 여인'(죽은 듯이 누워 있는 여인, la 〈fausse morte〉)이라는 테마가 모든 문학작품들 속에서 너무나 풍부하게 개발되어 있음을 우리는 알고 있다.(433/137)

주어진 상태로부터 조금이라도 벗어나고자 하는 이른바 대자의 초월에 대한 지향은 인간이라면 누구나 추구하지 않을 수 없는 것입니다.

---

5) 이 말은 하이데거의 'Vorwurf'를 활용한 것이라 여겨지는군요. 그동안 국내에서 이 말은 '기투' 혹은 '기획투사' 등으로 번역되어 왔습니다. 이번에는 말 그대로 번역하여, 특히 사르트르가 가운데 '-'을 넣은 것을 중시하면서 시간적으로 앞선 쪽으로 던진다는 의미를 살려 '선투' (先投)라고 번역해 봅니다.

하지만, 성적 욕망을 통해 대자는 전혀 반대 방향으로 아예 자신을 주어진 상태에게 완전하게 내주고자 합니다. 그럼으로써 아예 세계 한복판으로 스며들어 버리고자 하는 것입니다. 프로이트가 죽음에의 충동을 말하고, 이어서 바타유(Georges Bataille, 1897~1962)가 1957년『에로티즘』(*L'érotisme*)을 통해 에로티즘과 죽음을 동일한 차원의 것으로 놓았는데, 그사이에 사르트르가 이렇게 성적 욕망과 죽음의 연관을 제시하고 있습니다. 중요한 것은 사르트르가 죽음을 대자가 자신의 세계-내-존재를 아예 '세계-한복판에서의-존재'로 실현하는 것으로 보는, 이른바 존재론적인 죽음이론을 제시하고 있다는 사실입니다. 이 정도 되면, 성적 욕망의 동기는 죽음에 이르기 위한 것이라고 말해도 무방할 것입니다.

(2) 성적 욕망의 대타성

그런데 어떤가요? 성적 욕망이라는 것이 성적 욕망의 세계를 열어젖히는 것이기는 하지만, 그럴 수 있기 위해서는 반드시 타인이 개입해야 하는 것 아닌가요? 메를로-퐁티의 살 존재론적인 입장에서는 그럴 수 있을 것 같은데, 만약 타인의 개입이 없이도 내 몸이 본래부터 성적 욕망의 세계 속으로 잠입해 들어갈 수 있다고 한다면, 성적 욕망에서 페티시즘이 근원적이라고 말하는 셈이 될 것입니다. 그렇게 되면, 타인에 대한 성적 욕망은 페티시즘의 특수한 경우에 불과하다고 말하게 될 것입니다. 아직 정확하게 존재론적인 논거를 확보한 것은 아니지만, 필자로서는 왠지 이쪽으로 손을 들어주고 싶습니다.

　하지만 사르트르는 이를 용납하지 않는 것 같습니다. 성적 욕망은 어디까지나 타인 혹은 타인의 몸을 통해서만 열린다는 입장입니다. 그는 대자존재는 항상 대타존재라는 사실을 누누이 강조해 왔습니다. 그래서

타인이 없는데도 성적 욕망을 일으키는 것은 이미 부재하는 타인의 존재
를 전제로 해서 가능한 것이라고 말하고, 고독 속에서 일어나는 성적 욕
망은 '아무라도 상관이 없는 타인의 현전을 향한 부름'이라고 말합니다.
그러면서 이렇게 말합니다.

> 나는 다른 살에 의해 그리고 다른 살에 대해 나를 살로서 드러내고자
> 욕망한다.(433/138)

여기에서 말하는 '다른 살'은 타인의 살을 말합니다. 서로 살로서 마
주치고자 하는 바람, 그것이 성적 욕망이라는 것입니다. 그리고 서로가
이렇게 살로 마주칠 수 있기 위해서는 의식이 '욕망의 거푸집'(moule du
désir) 속으로 미리 흘러들어야 한다고 말합니다.

> 나의 살과 타자의 살이 있기 위해서는, 의식이 욕망의 거푸집 속으로 미
> 리 흘러들어야 한다. 이 욕망은, 타자를 욕망의 세계를 바탕으로 해서
> 욕망됨 직한 살로서 구성하는바, 타인과 맺는 관계들의 시원적인 양식
> 이다.(433/138)

2) 성적 욕망의 존재론적인 근본 규정

사르트르의 사유가 갖는 가장 큰 힘은 존재론적인 깊이를 향해 한껏 파
고든다는 것입니다. 성적 욕망에 관해서도 마찬가지지요. 이제 사르트르
가 욕망을 어떻게 근본적으로 새롭게 규정하게 되는가를 살펴보고자 합
니다.

(1) 타인 파악의 근원적 불가능성

사르트르는 욕망을 근본적으로 규정하기 위해 '시선과 시선의 만남'을 다시 끌어들입니다. 그리고 늘 이야기해 왔던 것처럼 시선과 시선이 마주치면 서로에게 시선이 눈으로 변하고 만다는 사실을 강조합니다. 이는 타인의 자유, 즉 타인을 그 근본에서부터 파악해서 사로잡는다는 것이 불가능하다는 것을 의미합니다.

> 만약 내가 시선을 바라본다면, 그렇게 해서 타인의 자유에 대해 나를 방어해 내고 내가 자유로서 그 타인의 자유를 초월하고자 한다면, 타자의 자유와 시선은 붕괴될 것이다. 즉 나는 두 눈을 보고, 하나의 세계-한복판에서의-존재를 본다. 이때부터 타자는 나를 벗어나 버린다. …… [타자의] 자유는 죽은 것이다. 타자의 자유는 내가 대상인 타자를 만나는 세계 속에 절대로 더 이상 존재하지 않는다. …… 이 모든 일은 마치 내가 나에게서 달아나고자 하는 어떤 사람을 잡으려는 순간 그가 외투를 벗어 버리고 도망가는 통에 내가 잡은 것이 그의 외투에 불과한 것과 매한가지다. 내가 소유한 것은 외투, 즉 껍질에 불과한 것이다. 나는 하나의 몸, 즉 세계 한복판에 있는 심적인 대상만을 탈취할 수 있을 뿐이리라.(433/138~139)

타인은 항상 나에게 하나의 대상으로, 즉 세계 속에 포함되어 있는 대상으로만 나타나기 때문에 그 자신의 진정한 현존, 즉 타인의 대자적인 자유를 내가 파악할 수 없다는 것입니다. 비유적인 설명이 그럴듯하다 못해 이채롭습니다.

나아가 사르트르는 타인의 초월하는 자유에 대해 알고 있다고 할지라도, 그러한 앎조차 결국에는 원칙상 내 손이 미칠 수 없는 어떤 실재를 가리키기 때문에 그러한 앎 자체가 오히려 나를 헛되게 노력하도록 만든다고 말합니다. 그 타인을 두들겨 팬다고 해서 될 일도 아니고, 심지어 살려 달라고 애원하도록 만든다고 해서 그 타인의 자유를 파악할 수 있는, 것도 아닙니다. 바라봄(regarder), 즉 시선은 나타나지 않고 오로지 바라보임만을 볼 뿐이기 때문입니다.

(2) 욕망에 대한 새로운 규정, 욕망의 실현 불가능한 이상

이 대목에서 사르트르는 (성적) 욕망의 존재론적인 근원을 제시하는데, 여기에서 우리는 왜 우리가 태어나면서부터 죽을 때까지 (성적) 욕망에 사로잡힐 수밖에 없는가를 알게 됩니다.

> 나는 내가 보고 있고 내가 만지고 있는 것의 어떤 하나의 **너머**에 대한 막연한 기억을 가지고 있을 뿐이다. 이 너머는 내가 전유하고자 원하는 바로 그것이라는 사실을 알고 있다. 이때 나는 **나를 욕망으로 만든다**.(434/139)

타인의 자유를 전유하지 않고서는 타인의 자유로부터, 즉 나에게 영향을 미치는 타인으로부터 나를 방어해 낼 수 없습니다. 나를 방어해 낸다는 것은 나 자신을 자유로 존립케 한다는 것을 의미합니다. 사르트르에게 있어서 자유가 얼마나 근본적으로 인간 존재를 규정하는 핵심이 되는가를 우리는 잘 알고 있습니다. "나는 자유로움으로 선고되었다. …… 우리는 자유로움을 중지할 자유가 없다"[6](484/206)라는 그의 선언은 그의 철학 전체를 관류하고 있습니다.

그런데 이러한 자유를 위해서는 타인의 자유로부터 나를 끊임없이 방어해 내야 합니다. 그렇게 방어해 냄으로써 나의 자유를 제대로 확보하려고 노력하는 것 자체가 바로 '자유로움으로 선고되었다'는 것입니다. 그런데 그것으로부터 나를 방어해 내야 할 바로 그 타인의 자유를 나는 도무지 근원적으로 포착할 수가 없습니다. 그렇다고 해서 결코 포기할 수도 없습니다. 이는 나의 의지와 무관한 근원적인 사태지요. 그래서 나는 나를 욕망으로 만든다는 것입니다. 여기에서 자유와 욕망 간의 기묘한 관계가 연출됩니다.

이러한 사르트르의 입론에 의하면, 자유와 욕망은 떼려야 뗄 수 없는 상호 규정적인 관계를 맺고 있습니다. 욕망을 추구한다는 것은 곧 자유를 추구하는 것이고, 자유를 추구할 수밖에 없다는 것은 욕망으로 살아갈 수밖에 없다는 것입니다. 그리고 욕망은 결코 붙들 수 없는 타인의 '저 너머'를 향해 있다는 것입니다.

이 대목에서 우리는 라캉의 욕망이론을 떠올리게 됩니다. 아이가 태어나 엄마와의 완전한 '성적인' 결합 속에서 지독한 희열(jouissance)을 느꼈는데, 사회를 대변하는 아버지가 들어서서 이를 근원적으로 파괴했기에 결코 복원될 수 없게 됩니다. 그러나 결코 그 희열을 포기할 수 없는 상태에서 그 희열을 향해 생겨나는 것이 욕망이라는 게 라캉의 이야기였습니다. '근본적으로 충족될 수 없는 그 불가능을 바탕으로 해서' 욕망이 탄생한다는 것이 이 두 이론에서 똑같습니다. 그리고 사르트르가 성적 욕망이 나와 타인을 살로 만들어 혼미한 뒤범벅이 되도록 한다고 말하는

---

6) 원문은 "Je suis condamné à être libre …… Nous ne somme pas libres de cesser d'être libres"입니다.

것은 라캉이 말하는 아이와 엄마와의 성적 결합에 의한 희열과 너무나 닮아 있습니다. 사르트르가 말하는 '살의 혼미한 뒤범벅'이 최고도로 이상화된 것이 바로 라캉이 말하는 희열인 것이라 해도 크게 틀리지 않을 것입니다.

그러니까 이렇게 해서 생겨나는 욕망은 처음부터 불가능을 향해 있는 셈입니다. 이는 이렇게 이야기됩니다.

> 타인의 대자가 그의 몸의 표면 위로 나타나도록 해야 한다. 타인의 대자가 그의 몸 전체로 확장되도록 해야 한다. 그래서 그 몸을 만짐으로써, 나는 결국 타자의 자유로운 주체성을 만지도록 되어야 한다. 이것이 진정한 의미의 소유다. 나는 분명히 타자의 몸을 **소유하기**를 원한다. 그러나 타자의 몸이 하나의 '귀신들린 것'(possédé)인 한에서, 즉 타자의 의식이 타자의 몸과 동일한 한에서, 나는 그 타자의 몸을 소유하기를 원한다. 바로 그것이 욕망의 불가능한 이상이다. 그것은 순수한 초월인 타자의 초월을 **몸**으로서 소유하고자 하는 것이고, 그때 타자가 나의 세계의 한복판에 있기 때문에 타자를 그의 단순한 현사실성으로 환원하는 것이며, 이러한 현사실성이 타자의 무화(無化)하는 초월성에 대해 끊임없이 거리를 두고서 주어지도록(apprésentation) 하는 것이다.(434/139~140)

'욕망의 불가능한 이상'이란 욕망의 이상이 실현될 수 없다는 것입니다. 그 까닭은 욕망 자체가 처음부터 타자의 몸을 만짐으로써 타자의 자유로운 주체성을 소유하자는 것이지만 몸을 통해 그러한 타자의 순수한 초월을 확보하려는 것은 애당초 불가능하기 때문입니다. 타자의 무화하는 초월성을 타자의 현사실성으로 드러내는 것은 애당초 불가능한 것입니다. 이를 잘 말해 주는 것이 "내가 타인의 시선을 바라볼 때, 그 시선은 두 눈으로 변하고 만다"라는 말입니다.

3) 사디즘의 기원

(1) 욕망의 고립시키는 운동

성적 욕망이 발동되어 그 욕망을 실제 상황 속에서 실현하고자 할 때, 분명 평소와는 다른 양상이 전개될 것입니다. 상황을 둘러싸고 어떤 구조적인 변화가 일어나는가를 파악하는 것은 욕망이 어떤 것인가를 아는 데 필수적인 것입니다. 사르트르는 내가 욕망을 실현하고자 할 때, 나의 존재 자체가 심오하게 변해야만 한다는 점을 강조하면서 이렇게 말합니다.

> 욕망되는 타자 또한 상황 속에서 파악되어야 한다는 점은 분명하다. 내가 욕망하는 것은 세계 속에 있는 한 여자다. 그녀는 **책상** 가까이 서 있거나, 침대에 알몸으로 있거나, 혹은 내 **곁**에 있다. 그러나 만약 욕망이 상황으로부터 상황에 처해 있는 존재에로 역류한다면, 그것은 상황을 해체하기 위한 것이고 세계 속에서 이루어지는 타인과의 관계들을 침식시키기 위한 것이다. 말하자면, '주위'로부터 욕망되는 사람에게로 나아가는 욕망하는 운동은 고립시키는 운동(mouvement isolant)이다. 이 고립시키는 운동은 주위를 파괴하고 문제가 되는 사람을 에워싸 그의 순전한 현사실성을 다시 드러나도록 한다. ······ 타인의 존재에로 복귀하는 이 운동은 순수한 거기-있음으로서의 나에게로 복귀하는 운동이다. 나는 세계의 가능성들을 파괴하고 그럼으로써 세계를 '욕망의 세

계'로 구성하기 위해 나의 가능성들을 파괴한다. 이 '욕망의 세계'는 그 의미를 잃어버린 파괴된 세계이고, 그 속에서 사물들은 순수한 물질의 파편들로, 야생적인 질들로 돌출되어 있는 그런 세계이다.(435/141)

상황은 대체로 도구적인 상황입니다. 그럴 때 상황 속에 있는 나 혹은 타자는 상황 속에 존재하는 다른 모든 사물들에 대해 지시중심이 됩니다. 모든 도구들은 결국 인간을 향해 존재하기 때문입니다. 그래서 보통의 경우, 나의 관심은 나의 상황에서부터 나의 상황에 함께 개입해 들어와 있는 타자에게로 향합니다. 그런데 성적 욕망은 이러한 나의 구체적인 상황으로부터 관심을 빼내어 아예 상황에 처해 있는 바로 그 타인 자체에게로 관심을 집중합니다. 이에 도구적인 나의 상황은 파괴되고, 세계 속에 있는 사물들은 아무것도 아닌 것으로서 그 자체의 물질성으로 가라앉으면서 순수한 물질의 파편 내지는 야생적인 질들 자체로 부상합니다. 말하자면, 일체의 것들이 그냥 그렇게 절대적인 우연으로 존재하는 것으로, 즉 즉자적인 것으로 탈바꿈합니다.

이러한 과정에서 나 자신 역시 구체적인 본질적 내용이나 미래를 향한 가능성들을 상실해 버리고 그저 '거기에-있음'이라는 단적인 현사실성으로 돌변합니다. 이러한 일을 벌이는 성적 욕망의 운동을 사르트르는 '고립시키는 운동'이라고 지칭하고 있습니다. 성적 욕망에 의거한 상황의 구조적인 개편이 얼마나 단순한 존재 자체를 향해 집중적으로 그리고 전체적으로 이루어지는가를 잘 표현하고 있습니다. 이를 통해 새로운 하나의 가능성이 나타난다고 사르트르는 다음과 같이 말합니다.

대자는 선택이기 때문에, 이러한 일은 오로지 내가 새로운 가능성을 향해 나를 선투(先投, pro-jet)함으로써만 가능하다. 이 새로운 가능성은 '잉크가 압지에 의해 흡수되는 것처럼 내가 나의 몸에 의해 흡수'될 가능성이고, 나를 나의 순전한 거기-있음으로 압축할 가능성이다. ……욕망은 그 어떤 선결된 숙고를 전제하지 않는 체험된 선투이다. 이 체험된 선투는 자기 자신 속에 자신의 의미와 자신의 해석을 품고 있다.(435/141~142)

이렇게 되면 성적 욕망에 의거한 나의 상태는 제정신을 차린 것일 수가 없습니다. 나의 의식이 내 몸속으로 빨려 들어감으로써 내 스스로가 살이 되고, 또 그럼으로써 그저 타자의 살에 이르기를 바랄 뿐이기 때문입니다. 그래서 이렇게 이야기됩니다.

내 자신의 살 됨 속에서만 그리고 내 자신의 살 됨에 의해서만 나는 타자의 살 됨을 원할 수도 있고 생각할 수도 있다. (멍하니 시선으로써 여자의 옷을 벗기고 있을 때처럼) 심지어 욕망의 헛된 소묘마저 혼미함(trouble)의 헛된 소묘다. 왜냐하면 나는 나의 혼미함으로써만 욕망하고, 내 스스로를 옷 벗김으로써만 타자를 옷 벗기고, 내 자신의 살을 어렴풋이 그림으로써만 타자의 살을 어렴풋이 그리기 때문이다.(435~436/142)

성적 욕망에 의해 전혀 새로운 구조적인 개편이 일어날 때, 나 자신은 그 어떤 분명한 인식이나 판단도 없이 그저 혼미한 체험 상태에 빠져듭니다. 이 과정에서 성적 욕망이 노리는 것은 서로가 서로에 대해 살로서 충분히 개화하는 것입니다. 가장 관능적인 두 몸의 부분들, 예컨대 배와 가슴 등을 통해 두 몸이 접촉을 해서 현저하게 애무를 수행하는 것은 이 때문입니다.

> [두 몸이] 서로에 대해 그리고 서로에 의해 살을 개화하는 것이야말로 욕망의 진정한 목표이다.(436/143)

(2) 욕망의 좌절

욕망의 좌절 부분은 왜 성적 욕망이 사디즘으로 변하는가를 나타내는 핵심 대목입니다. 그런데 그 전개되는 논리가 상당히 복잡합니다. "그러나 욕망은 그 자체 좌절의 희생물이다"(437/143)라는 말로 시작하는 이 논변을 우리 나름으로 정돈하면 대략 다음과 같이 전개됩니다 (437~438/143~146 참조).

1-(1) 남근과 음핵의 발기가 성적 욕망이 지닌 본성에서 필연적인 표현이긴 하지만, 성교가 성적 욕망의 본래 목표는 아니다. 성기(sexe)의 작동은 자율신경계적인 활동의 발현에 불과하다. 남성 성기에 의한 여성 성기로의 삽입은 성적 욕망이 이루고자 하는 급진적인 살 됨(incarnation radicale)에 적합하긴 하지만, 그것은 성생활의 완전히 우연적인 양상에 불과하다.

1-(2) 성적 쾌락을 통해 도달하는 황홀감(extase)을 갖는 것이 의식이 몸속으로 끈끈하게 달라붙는 것에 따른 정상적인 것이긴 하지만, 그 황홀감은 벌써 신체성에 대한 반성적인 의식이다. 이는 즐거워함(plaisir)에 대한 반성적인 의식을 일으키는 동기가 된다. 그 결과, 반성되는 대자의 살 됨에 주의를 기울이게 되면서 자신에게 몰두하게 되고 동시에

타자의 살 됨을 망각하게 된다. 이는 매혹된 반성이다.

1-(3) 이러한 매혹된 반성으로의 이행은 성적 욕망을 영구적으로 위험에 빠뜨린다. 그 까닭은 의식이 스스로를 살이 되게 함으로써 타자의 살 됨을 시야에서 놓치게 되고, 자신의 살 됨이 타자의 살 됨을 흡수하여 의식의 궁극적인 목표로까지 발전하고, 이에 애무하는 쾌락이 애무당하는 쾌락으로 변하기 때문이다.

1-(4) 따라서 황홀감에 이르는 성적 쾌락은 성적 욕망의 죽음이며 좌절이다. 쾌락은 성적 욕망의 완료가 결코 아니고, 성적 욕망의 종말이며 그 끝이다.

2-(1) 성적 욕망은 본래 붙들려는(de prendre) 욕망이고, 전유하려는 욕망이다. 성적 욕망은 살로 된 타자, 즉 살로 된 다른 의식을 자신의 것으로 만들고자 하는 욕망이다. 이에 성적 욕망은 살로 만드는 애무를 넘어서서 이제 살로 된 의식, 즉 포화된 몸을 붙들고 움켜잡고 그 속으로 침입해 들어가야 한다.

2-(2) 이 과정에서 내 몸은 이제 살의 상태를 벗어나 다시 종합적인 도구로 된다. 내 몸이 살의 상태를 벗어나 종합적인 도구가 되자마자 타자는 살 됨을 그치고 다시 세계 한복판에 있는 하나의 도구로 되돌아간다. 그나마 그의 살 표면 위로 나타나 있던, 그래서 나의 살로써 내가 음미하고자 했던 그의 의식이 나의 시야에서 사라진다.

2-(3) 그렇다고 해서 나의 성적 욕망이 그치는 것이 아닌다. 나의 성적 욕망은 추상적인 상태로 된다. 이때, 나는 나의 가능성들을 향해 내 몸을 새롭게 뛰어넘는다. 그와 동시에 타인의 몸 역시 그 나름 자신의 잠재성들을 향해 극복되면서 살의 지위에서 순전한 대상의 지위로 전락한다. 이러한 상황은 욕망의 고유한 목표였던 상호 이중적인 살 됨의 구

조를 파괴하는 것이다. 타자 자신으로서는 살로 있을 수도 있지만, 내가 살의 상태를 벗어나 있기 때문에, 타자의 살은 나에 대해 타의식의 살 됨이 아니라 대상인 타자의 속성일 뿐이다.

2-(4) 결국, 성적 욕망은 그 막판 지경에서 좌절될 수밖에 없다.

(3) 사디즘의 근원

성적 욕망이 궁극적으로 좌절되는 지점에서 과연 성적 욕망은 어떻게 변 신할까요? 그냥 스스로를 포기하고 말까요? 그건 아닙니다. 사르트르는 이 상태를 기술하면서 사디즘의 근원이 되는 상황의 전개를 묘사하는데, 다음과 같습니다.

일단 나는 성적 욕망을 통해 벗어나고자 했던 그 상황과 유사한 처지에 빠져 있다. 타자가 대상인 타인으로 주어져 있기 때문이다. 그렇다고 다 시 애무를 시도할 수는 없다. 이미 좌절을 맛보았기 때문이다. 나는 과 연 내가 추구한 것이 무엇인가에 대한 깔끔한 이해조차 놓치고 있다. 그 러나 나는 알 수 없는 그러한 추구를 벗어나지 못하고 있다. 여전히 뭔 가를 잡으려 하는데, 내가 잡은 것은 내가 잡고자 한 것과는 다른 것이 다(외투만을 남기고 도망가 버리는 인간). 나는 새로운 혼미함 속에 빠져 버린다. 그 결과 나의 성적 욕망에 대한 이해 자체마저 나를 빠져 달아 나 버린다. 나는 몽유병자처럼 깨어 있으면서 잠자고 있는 상태로 침대 아래로 떨리는 손을 떨어뜨린 채 있다. 왜 그런지도 모른다. 이런 상황 이 바로 사디즘의 근원이다.(438~439/146 참조)

이러한 상황이 왜 사디즘의 근원이 되는가를 아직 알 수는 없습니다.

사르트르가 사디즘을 과연 어떻게 보는가를 모르고 있기 때문입니다. 하지만, 무언가 대단히 황망한 상황임에는 분명합니다. 더없이 뜨거운 미친 성교를 하고 났는데도 왠지 뭔가를 포기할 수밖에 없었던 것 같은 묘한 느낌을 가지는 경우가 많습니다. 사르트르에 의하면, 성적인 욕망이란 서로 살 됨의 경지를 한껏 누리는 것을 목표로 삼은 것이었는데, 그 목표를 달성하기 위한 수단을 우리 인간들이 가지고 있지 못하다는 이야기입니다. 즉 그러한 수단을 강구하는 순간 내가 살 됨으로부터 벗어나 버리고 아울러 타자의 살 됨을 놓쳐 버리게 된다는 것이었습니다. 하지만 결코 포기할 수 없다는 느낌은 여전히 남습니다. 이에 사디즘이 등장한다는 것입니다.

4) 사디즘의 정체와 그 좌절

(1) 사디즘의 정의

사르트르는 사디즘을 이렇게 이야기합니다.

> 사디즘은 폭력에 의해 타인을 살 되게 하려는 노력이다. 그리고 이 '강제적인'(de force) 살 됨은 이미 타자에 대한 전유이고 활용임에 틀림없다. 사디스트는——욕망과 마찬가지로——타자에게서 타자를 뒤덮고 있는 그의 행위들을 벗겨 내고자 한다. 그런데 욕망의 대자가 타인에게 자신이 살임을 드러내기 위해 자기 자신의 살 속으로 스스로를 잃어버리는 것과는 달리, 사디스트는 자기 자신의 살을 거부하고, 또 동시에 타인이 그 자신의 살을 강제로 드러내도록 하는 도구들을 마음대로 활용한다.(439~440/147)

성적 욕망이든 사디즘이든 문제는 타인의 살입니다. 성적 욕망에서는 타인을 살 되게 하기 위해 스스로 살이 되지 않으면 안 되었습니다. 하지만 결국에는 그런 과업을 달성하지 못했습니다. 이제 작전을 바꾸어 내가 살이 되지 않고서도, 아니 오히려 나의 살 됨을 거부함으로써 타인이 살을 강제로 드러내도록 하기 위해 도구들을 활용하는 것이 사디즘입니다. 과연 가능할까요? 두들겨 패고 꼬챙이로 찌르고 해서 타인이 살려달라고 애원할 때까지 타자를 몰아붙이는 것이 사디즘입니다. 사르트르에 의하면, 그렇게 해서 사디스트는 타인에게 제 스스로가 살이 됨을 확인시키고자 한다는 것입니다. 정말이지 과연 사디스트의 전략은 성공할수 있을까요?

이를 염두에 두면서 사르트르는 사디즘이 열정(passion)이면서 고갈(sécheresse)이고 아울러 집착(acharnement)이라고 말합니다. 대자가 자신이 무엇에 구속되는지도 모른 채 구속된 자신을 파악하면서 고집스럽게 유지하기 때문에 집착이고, 성적 욕망이 혼미한 상태를 벗어나 텅 빈 채로 나타나기 때문에 고갈이고, 냉정하고 집요한 집착이면서 동시에 고갈인 한에서 열광자(un passioné)라고 말하는 것이지요 (439/146~147 참조). 사디스트가 어떤 자기 모순인 상태에 있는가를 잘 말해주고 있다 하겠습니다.

그러면서 사르트르는 사디즘의 목표와 계기 그리고 그 수단에 대해 이렇게 말합니다.

사디스트의 목표는, 욕망의 목표처럼, 타자를 대상인 타자로서뿐만 아니라 살 된 순수 초월성으로서 파악하고 굴복시키는 것이다. 그러나 사디즘에서는 '살 된-타자'(l'autre-incarné)를 도구적으로 전유하는 데

역점을 둔다. 사실 성관계에 있어서 사디즘의 '계기'(moment)는 살 된 대자가 타자의 살 됨을 전유하기 위해 자신의 살 됨을 넘어서는 데 있다. …… 사디즘에게는 타자를 도구-대상으로 취급하는 외에 그 어떤 수단도 없다. 사디즘은 타자의 몸을 도구로 삼아 타자에게서 살 된 현존을 실현시키고자 한다.(439/147)

목표나 계기 및 수단이 이렇다면, 사디즘은 성 관계들에서 비상호성 (non-réciprocité)을 원하는 셈입니다. 타인을 완전히 살로 만들어 타인의 자유가 스스로의 살에 의해 사로잡혀 있도록 하고, 자기 자신이 타인을 그렇게 만들 수 있는 자유로운 존재이고 전유하는 존재임을 즐기는 것이 사디스트인 것입니다. 이는 사디스트가 비상호적인 성 관계들을 원하는 까닭이기도 합니다. 어디까지나 가장 중요한 것은 타인의 살입니다. 즉 타인에게 그가 살임을 보여 주고 인정하도록 하려는 것입니다. 자신을 도구로 삼고 타인에게 고통을 줌으로써 타인의 의식에게 타인의 의식 스스로가 살임을 현시해 보이고자 하는 것입니다.

(2) 사디스트의 착각

그런데 이러한 사디즘에는 착각이 작동하고 있습니다. 이에 대해 사르트르는 이렇게 말합니다.

그러므로 분명, 고통에 의한 살 됨이 있다. 그러나 동시에 고통은 도구들에 의해 야기된다. 말하자면, 고문을 가하는 대자의 몸은 고통을 주기 위한 하나의 도구에 불과하다. 그래서 대자는 처음부터 착각에 빠질 수 있다. 그것은 타자의 자유를 도구적인 방식으로 탈취할 수 있다고 여기는 착각, 즉 타자가 계속해서 **도전하는** 자이고, 움켜쥐는 자이고, 붙드는 자 따위임을 그치지 않은 상태인데도 이 타자의 자유를 살 속에 침몰시킬 수 있다고 여기는 착각이다.(440/148)

살은 도구적인 상황이 파괴되고 해체됨으로써 성립할 수 있는 것입니다. 그런데 사디스트는 타자를 도구적으로 다루어 살로 바꾸어 낼 수 있다고 믿습니다. 사디스트는 타자를 도구로 취급하면서 또한 스스로는 타자를 고통으로 몰아넣는 도구로 만듭니다. 이 적대적인 도구 관계 속에서 타자는 설사 비명을 지르며 살려달라고 애원하는 지경에 이를지라도 그 자체 여전히 도전하는 자이고 도구 연관 속에서 존립하고 있기 때문에 진정 살에 이를 수 없는 것입니다. 여기에서 이미 사디즘의 좌절이 예고되고 있습니다.

(3) 사디즘이 추구하는 살
① 우아함과 외설
사르트르는 사디즘이 추구하는 살을 외설(l'obscène)이라고 하면서, 이 외설을 우아함(la grâce)과 대비시켜 분석합니다. 사르트르는 이렇게 말합니다.

사디즘이 실현코자 하는 살 됨의 유형, 그것은 바로 흔히 **외설**이라 부르는 것이다. 외설은 보기 흉함(le disgracieux) 류(類)에 속한 일종의 대타존재다. 그러나 보기 흉한 모든 것이 외설인 것은 아니다.(440/148)

'보기 흉한'이라는 낱말에서 암시되듯이, 외설의 반대는 우아함입니다. 그런데 외설스럽다거나 그 반대로 우아하다거나 하는 것은 모두 다 대타존재에 속한다는 것이 사르트르의 설명입니다. 문제는 사디즘이 외설의 살 됨을 추구한다고 할 때, 도대체 외설이 무엇이기에 그런가 하는 것입니다.

그런데 사르트르는 외설부터 설명하지 않고 이와 반대되는 우아함을 먼저 설명합니다. 사실이지 말만 들어도 벌써 적당히 흥분되는 것이 '우아함'이지요. 사르트르가 외설이든 우아함이든 대타존재라고 했을 때, 거기에는 벌써 몸이 작동하고 있고, 초월 혹은 대상화 등이 작동하고 있습니다. 그는 우아함에 대해 이렇게 말합니다.

> 우아함에서, 몸은 상황에 처한 하나의 심리적인 것으로서 나타난다. [이때] 몸은 무엇보다도 자신의 초월된 초월인 자신의 초월성을 드러낸다. 몸은 행동 중에 있고, 상황과 추구하는 목적에 근거해서 이해된다. …… 우아함에서, 몸은 자유를 명시하는 도구이다. …… 그러므로 우아함 ……을 위한 **자기-자신의 토대**가 되는 하나의 존재에 대해 그 객관적인 이미지를 형성한다. 현사실성은 우아함에 의해 옷 입혀져 있고 또 가려져 있다. 말하자면 살의 벌거벗음이 전적으로 현전하지만, **보이지**는 않는다. …… 가장 우아한 몸은 발가벗고 있는 몸이어서 비록 살이 보는 자들의 눈에 전적으로 현전할지라도, 그 행동들에 의거한 비가시적인 옷으로 둘러싸여 있어 그 살을 전적으로 숨기는 그런 발가벗은 몸이다.(440~441/148~149)

다른 게 아니라 몸이 우아합니다. 우아한 몸에 의해 현사실성, 즉 살이 가려져 있습니다. 그리고 보면, '살의 벌거벗음'과 '몸의 벌거벗음'은 다르다고 해야 합니다. 몸의 벌거벗음을 통해 살의 벌거벗음이 오히려 가려질 때, 그때 가장 우아한 몸이 성립합니다. 예컨대 무용수가 완전히 발가벗고서 춤을 춘다고 해보겠습니다. 우아하게 춤을 추지 않더라도 춤을 추는 행동이 살을 가리는 옷으로 작동합니다. 이럴 때 우아한 몸이 성립합니다. 살이 현전하는데도 드러나지 않고 숨겨져 있기 때문입니다. 앞서 우리는 사르트르가 살을 말하면서 살을 몸에 자유로운 의식이 끈끈이로 붙어 있는 것으로 여기는 것을 보았습니다. 살은 대자가 즉자에 끈끈이로 붙어 있는 것입니다. 그러니까 여기에서 말하는 몸의 행동은 비록 초월된 형태이긴 하나 초월성, 즉 미래를 향한 자유로운 가능성들을 현시하는 것이라고 보아야 할 것입니다. 이는 이렇게 이야기됩니다.

> 우아함은 대상인 타자의 속성으로서 자유를 드러낸다. 그리고 막연하나마 …… 하나의 초월적인 너머를 지시한다. …… 우아함은 타자의 살을 드러내면서 감춘다. 혹은 더 그럴듯하게 말하면, 우아함은 타자의 살을 곧바로 감추기 위해 드러낸다. 우아함에서 살은 도달할 수 없는 타자인 것이다.(442/151)

살이 도구 연관을 벗어나는 것임에는 분명합니다. 그러니까 내 눈에 보이는 '저 몸'이 그저 도구적인 상황에 입각해 있는 것이어서는 도무지 우아하다고 할 수 없습니다. 적어도 살을 드러내야 합니다. 다만, 그 살은 드러나는 바로 그 순간에 또한 감추어져야 합니다. 그럴 때 우아함이 성립하는 것입니다. 우리가 복잡한 도심을 걸어가면서 열심히 길을 걸어가는 사람이나 공장에서 열심히 땀을 흘리면서 일을 하는 사람을 보면서 우아하다고 느끼지는 않습니다. 그들은 도구 연관 속에 '처박혀' 있을 뿐

살을 드러내지 않기 때문입니다. 드러내면서 감추고, 감추기 위해 드러내는 살, 그 살을 느낄 때 우리는 그 살을 드러내는 타자의 몸을 우아하다고 하는 것입니다. 중요한 것은 거기에 '초월적인 너머' 즉 도달할 수 없는 타자가 존립한다는 사실입니다. 우아함에 대한 사르트르의 멋진 분석입니다.

그런데 보기 흉함(le disgracieux)은 이와 다릅니다. 사르트르가 보기 흉함, 즉 보기 흉한 몸을 어떻게 기술하고 있는가를 보기로 합시다. 그리고 또 이를 바탕으로 외설적인 몸을 어떻게 기술하고 있는가를 보기로 합시다.

> 운동은 **기계적인 것으로**(*mécanique*) 될 수 있다. 이 경우, 항상 몸은 자신의 운동에 근거를 제공해 주는 하나의 전체의 일부가 된다. 그러나 순전히 도구의 자격으로만 그러하다. 몸의 초월된 초월은 사라지고 그와 더불어 내 영토의 도구인 대상들에 대한 측면적인 중층결정(surdétermination latérale)인 **상황**도 사라진다.(441/149)

몸 운동이 기계적인 것으로 여겨질 때, 그 몸이 보기 흉하다는 이야기는 상당히 적용의 폭이 넓어 보입니다. 군인들이 사열을 받는답시고 똑같은 형태로 발을 맞추어 가는 것도 보기 흉한 게 되고, 코미디에서 기계적인 동작을 하다가 돌비에 걸려 엎어졌는데도 전혀 개의치 않고 앞서 하던 동작과 똑같은 기계적인 동작을 계속하는 것도 보기 흉한 게 됩니다. 베르그송은 이러한 기계적인 동작이 웃음을 유발한다고 하는데, 그렇게 되면 보기 흉한 몸은 야유로서의 웃음의 대상이 되는 셈입니다. 간단히 말하면, 초월성을 상실하고, 도구의 지시중심으로서의 자격을 상실하고, 그에 따라 상황도 사라지게 만드는 몸은 모두 다 보기 흉하다는 것입니다. '중층결정'이라는 표현은 나중에 알튀세르에게서 핵심 개념으로 자리 잡게 된 것인데, 여기에서는 '측면적인'이라는 수식어가 붙어 있습니다. 후설이 말하는 지평적인 함축적 규정을 생각하면 될 것 같습니다. 이를 바탕으로 사르트르는 이제 외설적인 몸을 엇비슷하게 다음과 같이 말하고 있습니다.

> 상황 자체로부터 자발적으로 상황을 풀 수 있는 열쇠가 나타나고 그 열쇠를 잡을 수 있을 것이라고 예상하고 있는데, 바로 그 지점에서 우리는 적합하지 않은 현전을 대하게 되고 그런 까닭에 정당화될 수 없는 우연성을 갑자기 맞닥뜨리게 되는 것이다. 말하자면 우리는 한 현존자의 현존을 대하게 되는 것이다. 그렇지만 만약 몸이 전적으로 행동 중에 있다면, 그 현사실성은 아직 살이 아니다. 외설은, 몸이 자신의 행동을 전적으로 벗어 버리는 자세를 취하면서 자신의 살이 지닌 타성을 드러낼 때, 바로 그때 나타난다. 발가벗은 몸을 보이거나 등을 보이는 것은 외설적인 것이 아니다. 그러나 엉덩이를 자기도 모르게 좌우로 흔드는 것은 외설적이다. 걸어가는 그 사람에게서 행동 중에 있는 것은 다리들일 뿐이고, 엉덩이는 그의 두 다리가 떠받치는 따로 분리된 쿠션처럼 보이는 데다 그 흔들림은 그저 중력법칙을 따르고 있을 뿐인 것처럼 보이기 때문이다. 엉덩이는 상황에 의해 정당화될 수 없다. 엉덩이는 전적으로 모든 상황을 파괴한다. …… 흔들리는 엉덩이는 걸어감을 당장의 의미로 하는 그 몸에 있어서 고립되어 있다. 천으로 가려져 있다 할지라도 이 엉덩이는 발가벗겨져 있다. 왜냐하면 이 엉덩이는 행동 중인 몸의 초월된 초월성에 더 이상 가담하지 않고 있기 때문이다.(441~442/150)

일단은 걸어가고 있을 때 흔들거리는 엉덩이가 외설적이라는 이야기가 흥미롭습니다. 걸어가는 것과 아무런 상관이 없어 보이고 그저 중력법칙을 따르는 것처럼 여겨진다는 것은 보기 흉한 몸이 기계적이라고 한 것과 그대로 일치합니다. 죄송하지만, 이 대목에서 여성들이 사용하는 브래지어 이야기가 떠오릅니다. 더운 여름날 의도한 것이 아닌데 어쩌다가 브래지어 끈이 블라우스를 벗어나 어깨에 걸려 있는 모습을 보게 되면, 우아함에 따른 섹시한 맛이 싹 없어지고 보기 흉하게 되는데, 그 이유란 브래지어 끈이 중력에 지배되는 젖가슴을 연상케 하고 그럼으로써 젖가슴이 보이지는 않지만 물리적인 현존을 띤 것으로 되기 때문이라는 이야기입니다. 아무튼 걸어가고 있는 몸의 초월된 초월성에 가담함으로써 자유로운 주체성을 드러내는 데 전혀 기여하는 것 같지 않다는 것을 근거로 옷을 입고 있어도 그 엉덩이는 발가벗겨져 있다고 말하는 대목은 사르트르다운 언명이 아닐 수 없습니다.

중요한 것은 외설이 어떻게 성립되는가를 드러내 보이는 대목입니다. 몸이 행동이라는 옷을 벗어 버리고 살이 지닌 타성만을 드러내게 되면 외설적이라는 이야기가 그것입니다. 몸이 애무에 의해 살로 바뀌는 것과 구분해야 할 것입니다. 애무에 의해 바뀐 살은 그 속에 자유로운 의식이 끈끈이 붙어 있는 것이었습니다. 흔들거리는 엉덩이의 예에서 알 수 있듯이, 전체적으로는 도구적인 상황, 즉 몸이 의도를 갖고서 행동을 하고 있는데, 그런 도구적인 행동의 상황을 벗어나는 기계적이고 타성적인 부분이 나타나면 거기에는 자유로운 의식이 끈끈이 붙어 있는 것이 아닙니다. 이때에는 몸이 살을 드러내되, 그저 타성적일 뿐인 살을 드러낸다고 말하고 있습니다. 타성적인 살은 왜곡된 살임에 틀림없습니다. 그런 살을 드러내는 몸을 외설적이라고 말하고 있습니다. 전체적으로 보면,

타성적인 살은 도구적인 상황을 조건으로 해서 그 도구적인 상황을 벗어 버리는 것처럼 할 때 나타나는 것입니다. 이는 사디즘이 도구를 활용해 서 타인의 살을 뽑아내려고 하는 것과 그 구조가 동일합니다.

사르트르는 타성적인 살이 드러날 때 그 드러난 살도 외설적이라고 하면서, 외설적인 것이 성적 욕망을 자극하지 않을 때 특히 더 외설적이 라고 지적합니다. 이를 통해 그는 자신이 어떻게 외설을 규정하는가를 드러냅니다.

> 이렇게 드러난 살이 욕망의 상태에 있지 않은 사람에게 **그의 욕망을 자 극하지 않으면서** 발견되면 그 살은 특히 외설적이다. 내가 어떤 상황 을 파악하고 있는 바로 그때 그 상황을 파괴하면서 살의 타성적인 개 화(開花)가 나에게 다가오는데, 이때 살은 그것을 덮고 있는 동작들이 라고 하는 얇은 옷 아래에서 거침없이 나타나는 경우가 있다. 이는 특 별히 부적합한 지경인데, 이 지경에서 나는 이 살에 관련하여 욕망의 상태에 있지 않다. 그것이 바로 내가 외설이라고 부르고자 하는 것이 다.(442/151)

살이 감춤 없이 훤히 드러나 버리는 상태, 그러나 나는 욕망의 상태 에 있지 않아 그 살을 받아들일 자세가 전혀 되어 있지 않은 상태, 그렇다 고 그 살이 나의 욕망을 자극하지도 않는 상태, 이 상태는 정말이지 난감 한, 말하자면 부적합한 지경이 아닐 수 없습니다. 그러고 보면, 외설의 지 경은 흔하지도 않지만 그렇다고 드문 것도 아닙니다. 성에 관련된 모든 범죄들은 외설의 지경인 것이고, 거꾸로 말하면 외설은 한편으로 성 범 죄인 것입니다. 타성적인 살을 드러내는 것은 섹스 머신과 같은 것이고,

그렇게 드러내는 살은 난폭할 수밖에 없습니다. 서로의 애무를 통한 상호 이중적인 살 됨이 아닌, 그런 상호 이중적인 살 됨의 가능성을 벗어나 버린 지경에서 일방적으로 살을 드러내는 것은 모두 다 외설인 것입니다. '바바리 맨'은 그 극단적인 형태지요. 물론 외설을 즐기는 것은 또 다른 문제입니다.

② 사디즘과 외설

이로써, 우리는 사르트르가 사디즘 이야기를 하다가 왜 갑자기 우아함과 외설에 관한 이야기를 했는가를, 그리고 사디즘이 왜 우아함의 지경이 아니라 외설의 지경에 이르는 것인가를 상당 정도 알 수 있게 됩니다. 사르트르는 이렇게 말합니다.

> 사디스트는 타자에 대해 또 다른 하나의 종합을 **진짜로** 구성하기 위해 우아함을 파괴하고자 한다. 말하자면 그는 타인의 살이 나타나게 하기를 원한다. 하지만 타인의 살이 나타난다 할지라도, 그 살은 우아함을 파괴하는 것이 될 것이고 현사실성이 타자의 대상인 자유를 흡수해 버릴 것이다. 타자의 대상인 자유에 대한 흡수는 절멸시키는 것이 아니다. 사디스트에게 있어서, 살로 명시되는 것은 **자유로운-타자**이기 때문이다. 이 같은 파란곡절을 겪으면서도 대상인 타자의 정체성은 파괴되지 않는다. 그러나 자유와 살의 관계들이 역전된다. 우아함에서는 자유가 현사실성을 억제하고 감추었다. 이제 작동하고 있는 새로운 종합에서는, 현사실성이 자유를 억제하고 숨긴다. …… 사디스트는 타자에게 그 타자의 몸이 외설의 양상 아래 나타나는 태도들과 자세들을 취하도록 하고자 한다. …… 그러므로 사디스트의 이상(理想)은, 타자가 도구

임을 그치지 않고 이미 살이어서 살로부터 태어나도록 된 바로 그런 살이 되는 순간에 도달하는 것일 수도 있다. 예를 들어, 타자의 넓적다리가 외설적이고 개화된 수동성 속에서 이미 제공되지만, 궁둥이를 돌출되도록 하기 위해 그리고 궁둥이를 그 나름 살이 되게 하기 위해 여전히 벌리고 굽히고 해서 다룰 수 있는 도구인 그런 순간에 도달하는 것이 사디스트의 이상일 수도 있을 것이다.(442~443/151~152)

도구적 상황 속에서의 살의 거침없는 노출, 그것이 외설이었습니다. 사르트르는 사디스트가 특별히 이러한 외설을 현저히 요구한다는 것을 적시합니다. 우아함은 살을 감추기 위해 드러내는 것이었습니다. 그런데 사디스트는 그런 우아함을 견디지 못합니다. 타자가 살을 드러내도록 하기 위해 바로 그렇게 살을 드러낼 것을 강압합니다. 살은 도대체 그 자체로 드러날 수 있는 것이 아닙니다. '초월적인 너머'를 지시하는 것이 살이기 때문입니다. 그런데도 사디스트는 바로 그 '초월적인 너머'가 말하자면 '너머'로서 있는 것을 견디지 못합니다. 원리상 노골적으로 드러낼 수 없는 것을 노골적으로 드러내도록 하기 위해 온갖 도구를 동원해 안간 힘을 씁니다. 우리로서는 심지어 '눈물겹다' 해야 할 정도입니다. 사디즘과 마조히즘을 다룬 장정일의 소설 『내게 거짓말을 해봐』를 다 읽고 절로 눈물이 흐르는 것은 이 때문입니다. '도대체 이렇게까지 하지 않으면 견딜 수 없는 삶은 얼마나 안타까우며 또 잔인하단 말인가' 하는 심사를 절로 일으키는 소설입니다. 사디스트에게 있어서 도구와 살의 모순 관계는 아랑곳없습니다. 오히려 몸을 철저히 도구로 다룰 때 살이 더 잘 드러난다고 여깁니다. 이때 타자의 몸은 부분들로 나뉜 집합체로 취급되면서 당연히 외설적이고 노골적으로 확 펼쳐진 수동성에 머물 것입니다.

③ 사디즘의 좌절

그러나 사디스트가 타자에게서 진정으로 원하는 것은 타자의 자유입니다. 말하자면 타자의 자유를 자신에게 예속시키는 것입니다. 그래서 도구적인 상황을 그대로 유지하면서도 살이 이미 살로서 노골화되는 순간에 도달하는 것이 사디스트의 이상일 **수도** 있는 것입니다. 이에 관련해 사르트르는 이렇게 말합니다.

> 우리는 사랑이 타자에게 자유를 폐기할 것을 요구하지 않는다는 것, 그게 아니라 자유인 한에서의 타자의 예속, 즉 자유 자체에 의한 자유의 예속을 요구한다는 것을 실제로 보았다. 이와 마찬가지로, 사디즘은 고문받는 자의 자유를 억압하려는 것이 아니라, 그 자유를 강압하여 자유가 스스로를 고문받는 살과 자유롭게 동일하게 만들 것을 요구하는 것이다. 고문받는 희생자가 자기 배반을 하거나 비굴하게 구는 바로 그때 고문하는 형리에게 쾌감의 순간이 오는 것은 이 때문이다.(443/153)

여기에서 우리는 사르트르가 이 글을 쓰고 있을 때 프랑스가 독일 나치에 점령되어 처참한 지경에 있었음을 기억할 필요가 있습니다. 고문을 받다가 죽을지언정 끝까지 저항을 하는 희생자 앞에서 고문을 하는 자는 얼마나 비참한가요. 고문하는 자는 자신의 비참함을 벗어나기 위해 더욱더 잔인한 고문을 가할 것입니다. 그런 가운데 고문하는 자는 여전히 의기양양할 것입니다. 고문하는 자로서는 고문받는 자가 버티면 버틸수록 더욱더 아슬아슬한 게임이 되는데도, 자신은 서두를 것 없이 여유가 만만하기 때문입니다. "사디스트는 스스로를 '모든 시간을 지닌 자'로 정립한다"(444/153). 그러다가 끝내 희생자가 죽고 말면, 고문하는 자의 흥미로움은 싹 가시고 그의 비참함은 허탈함의 극에 달하게 될 것입니다. 그런 까닭에 고문하는 사디스트는 한편으로 불안하기 짝이 없습니다.

그리고 만약 고문당하는 자가 굴복하고 말면, 그 굴복의 책임은 굴복한 자에게로 고스란히 돌아갈 것입니다. 굴복하기로 결단한 자는 다름 아니라 희생자 자기 자신이기 때문입니다. 이 와중에 사디스트는 자신을 그 굴복의 원인으로 간주합니다. 이 장면에서 사디스트는 양의적인 이중성의 굴레에 빠져듭니다. 자기가 원인이면, 희생자의 굴복은 자유에 의한 것이 아니고, 따라서 자기가 얻고자 한 것을 얻은 것이 아닌 게 됩니다. 그런가 하면, 희생자의 굴복이 전적으로 희생자의 자유에 의한 것이라면 자신이 원인이라고 여기는 것이 착각이 되고 맙니다. 굴복의 결과에 대해 사르트르는 이렇게 묘사합니다.

사디스트에게 제공되는 광경은 살의 개화에 맞서 투쟁하는 자유의 광경이다. 그리고 이 광경은 결국 살에 의해 자기를 가라앉혀 버릴 것을 자유롭게 선택한 자유의 광경이다. [희생자가] 자기 배반을 하는 그 순간, 소기의 성과가 달성된다. 즉 몸은 전적으로 헐떡거리는 외설의 살이 되고, 고문하는 형리가 그 몸에 제시했던 자세를 유지한다. …… 몸은 자발적으로 움직이는 대상이기를 그쳤다. 그리고 자유가 자기 배반에 의해 동일시하기로 선택한 것은 바로 이 거기의-몸(corps-là)에 대해서이다. 이 일그러지고 헐떡거리는 몸은 파편화되고 예속된 자유의 이미지 자체다.(444/154)

사디스트는 과연 이렇게 해서 자신의 목표, 즉 타인의 자유를 자신에게 예속시켜 전유하고자 하는 것을 성취할 수 있을까요? 그렇지 않습니다. 사르트르는 맹목적인 무관심이나 욕망처럼 사디즘 자체에 원리상 그 좌절이 포함되어 있다고 하면서 이렇게 말합니다.

> 살 됨이 완료되었을 때, 내가 실로 내 앞에 하나의 헐떡거리는 몸을 가졌을 때, 나는 이 살을 어떻게 활용할지를 이미 모른다. 내가 이 살의 절대적인 우연성을 나타나게 했기 때문에, 거기에 그 어떤 목표도 이미 할당할 수 없다. 그 살은 '거기에 있다'. 그리고 그 살은 '아무것도 아닌 것을 위해' 거기에 있다. 이런 의미에서, 그 살이 바로 살인 한에서, 나는 그것을 탈취할 수 없다. 내가 그 살을 도구 복합의 체계에 통합시킬 수 있다 할지라도, 그 살의 살에 의거한 물질성 즉 그 살의 '살 느낌'(charnation)은 즉각 나를 빠져 달아난다. 나는 멍하니 놀라는 상태로 그 살 앞에서 당황해 할 수 있을 뿐이고, 혹은 이제 살이 전적으로 살 느낌을 자아내는 가운데 살로 발견되는 그 지대에 최소한으로나마 나를 대체해 넣기 위해 내 편에서 나를 살 되게 할 수 있을 뿐이고 혼미함에 의해 잡힌 상태로 나를 내버려 둘 수밖에 없을 뿐이다. 그래서 사디즘의 목표가 도달되는 바로 그 순간에, 사디즘은 욕망에게 자리를 양도한다. 사디즘은 욕망의 좌절이고, 욕망은 사디즘의 좌절이다.(445/155)

사디즘의 문제는 몸을 살로서 파악하는 것과 그 몸을 도구적으로 활용하는 것이 양립할 수 없다는 데 있습니다. 온갖 도구들을 번갈아 가며 상대의 몸을 완전히 일그러지고 헐떡거리는 몸, 즉 외설적인 살로 만들었긴 했습니다. 그러나 그렇게 만들고자 했던 본래의 목표, 즉 타인의 자유를 내 것으로 만들고자 하는 목표를 더 이상 거기에 투입할 수 없게 됩니다. 그냥 거기에 살이 널브러져 있을 뿐이고, 그럼으로써 그야말로 존재의 절대적인 우연성을 적나라하게 펼치고 있을 뿐이기 때문입니다. 그것은 도구 복합의 체계를 완전히 벗어나 있는 것입니다. 이에 '성공한' 사디스트는 멍한 상태로 혼미함에 빠져듭니다. 그러면서 다시 자신을 그 혼미함에 맡겨 버림으로써 제 스스로 살이 되고 말겠다는 전체적인 기분에 빠져드는 것입니다. 이것은 성적 욕망으로의 길입니다.

하지만 성적 욕망이 좌절됨으로써 그 대안으로 등장한 것이 사디즘이었습니다. 성적 욕망은 자신의 쾌감에 빠져 타자의 살을 놓쳐 버림으로써 본래의 목표를 이룰 수 없고, 또 그렇지 않고 타자의 살을 완전히 잡으려고 할 경우 자신을 그 타자의 살을 잡는 도구로 만들 수밖에 없기 때문에, 그런데 내가 살이 아니고서는 타자의 살을 만날 수 없기 때문에, 타자의 살을 놓쳐 버려 본래의 목표를 이루지 못하고 좌절하게 되는 것이었습니다. 그렇게 해서 빠져들어 간 길이 사디즘의 길이었습니다. 그런데 이제 사디즘은 다시 성적 욕망의 길로 빠져들고 있는 것입니다. 성적 욕망과 사디즘적인 열정이 뫼비우스 띠처럼 좌절의 원환을 맴돌고 있습니다. 그 와중에 정작 추구하고자 했던 타인의 초월적인 자유는 도달할 수 없는 바깥에 놓여 있을 뿐입니다.

그렇다면 그사이 과연 쾌감은 어떻게 되나요? 혹시 사르트르가, 타인의 초월적인 자유를 '산 채로' 내 것으로 만듦으로써 내 속에서 나의 대타존재를 완성하고자 하는 것이 성적 욕망이라 하고, 또 그것을 사디즘적인 열정의 목표라고 한 것이 처음부터 잘못된 것은 아닐까요? 솔직하게 말하면, 우리는 오히려 그런 목표 때문이 아니라 성적 욕망을 통해 최종적으로 쾌락을 추구하는 것은 아닐까요? 사실이지 사르트르가 빠뜨리고 있는 것은 쾌감의 정체에 관한 것입니다. 마치 쾌감을 그저 생리적·심리적인 결정론적인 메커니즘에 의해 우연적으로 그리고 부수적으로 주어지는 것처럼 취급하고 있습니다. "쾌감(le plaisir)은 욕망의 죽음이고 좌절이다. 쾌감이 욕망의 죽음인 것은 쾌감이 욕망의 완성이 결코 아니고, 그 종말이고 끝이기 때문이다. 이는 유기체적인 우연 외에 아무것도 아니다"(437/144)라는 그의 말에서 이를 간취할 수 있습니다. '유기체적인 우연'이라고 말하는 것은 도무지 의식의 판면에 올려 분석할 수 없다는 것을 고백하는 것에 다름 아닙니다. 이에 관련해서 다음의 사르트르의 말은 곰곰이 생각해 볼 필요가 있습니다.

> 만약 쾌감이 이 원환으로부터 벗어나도록 허용한다면, 그것은 쾌감이 욕망과 사디즘적인 열정을 한껏 채우지도 않고서 그것들을 동시에 죽여 버리기 때문이다.(445/155)

우리로서는 이 인용문을 성적 욕망과 사디즘적인 열정의 좌절의 원환을 쾌감이 벗어나도록 할 수도 있다는 것을 사르트르가 암암리에 인정하는 대목으로 읽을 수도 있습니다. 만약 성적 욕망이나 사디즘적인 열정 자체의 지속이 문제가 아니라, 말하자면 타자의 자유를 전유해서 내 속에서 나의 대타존재를 확보하려는 것이 문제가 아니라, 쾌감의 획득이 문제라면 성적 욕망이나 사디즘적인 열정이 죽는다고 해도 크게 문제가 되지 않을 것입니다. 그렇게 되면 물론 타인의 자유에 대한 전유나 내 속에서의 나의 대타존재의 확보 역시 쾌감을 위한 것이 될 것입니다. 자유냐 쾌감이냐, 그것이 문제입니다.

일단 이 문제는 접어 두고 사디즘 문제에 관련해서 사르트르가 지적하고 있는 중요한 사안을 살펴보기로 합니다. 그것은 사디스트가 자신이 처음부터 좌절을 향하고 있었고, 잘못을 범하고 있었다는 것을 깨닫게 되는 경우에 관한 것입니다.

사디스트의 희생자가 사디스트를 **쳐다볼** 때, 즉 사디스트가 자신이 타자의 자유 속에서 자신의 존재가 절대적으로 소외된다는 것을 경험할 때, 사디스트는 자신의 잘못을 알게 된다.(445/156)

설사 타자를 강압하여 비굴하게 굴도록 하고 용서를 빌도록 한다 할지라도, 그가 타자의 자유에 작용을 가할 수 없다는 것을 알게 된다. 왜냐하면, 한 사람의 사디스트가 있고 고문의 도구들이 있고 비굴해질 수 있고 자기배반을 할 수 있는 백 가지 핑계가 있는 바로 그 세계가 존립하게 되는 것은 바로 타자의 절대적인 자유 속에서 그리고 그 타자의 절대적인 자유에 의해서이기 때문이다.(446/156)

그래서 사디스트의 세계 속에서 타인의 시선이 이렇게 폭발함으로써 사디즘의 의미와 목표가 붕괴된다. 그와 동시에 사디즘은 그것이 예속시키고자 했던 것이 바로 이 거기의-자유(cette liberté-là)였음을 알게 된다. 또 그와 동시에 자신의 노력이 얼마나 헛된가를 생각하게 된다. 우리는 여기에서 다시 한번 **쳐다보는-존재**로부터 **쳐다보이는-존재**로 보내진다. 우리는 이 원환을 벗어나지 않는다.(446/157)

이 이야기를 하기 위해 사르트르는 윌리엄 포크너(William Faulkner, 1897~1962)가 1932년에 쓴 소설 『8월의 빛』(*Light in August*)의 한 대목을 인용합니다. '선한 시민들'이 흑인인 크리스마스를 악착같이 쫓아가 그를 거세시킴으로써 그가 죽어가는 장면입니다. 크리스마스가 죽어 가면서 차마 볼 수 없는 눈으로 둘러선 사람들을 쳐다보는데, 그 쳐다봄을 통해 크리스마스가 그들의 의식 속에 결코 지워질 수 없는, 그 나름의 초월성으로 각인된다는 것입니다.

사르트르는 어떤 종류의 세계이든 간에 그 세계가 적어도 인간 세계인 한에서 그 바탕에는 인간의 주체적인 자유가 근본적으로 작동하고 있다는, 이른바 현상학적인 관점을 철저히 유지하고 있습니다. 그러한 절대적인 자유가, 희생자가 사디스트를 쳐다보는 시선을 통해 여실히 거기 현장에 불가침의 것으로 놓여 있다는 것입니다. '거기의-자유'가 바로 그것입니다.

5) 증오의 인간관계

(1) 타인에 대해 본래 성적인 존재인 대자

사르트르는 성에 관한 이러한 분석을 하는 것은 성 문제를 남김없이 규명하려는 것도 아니고, 더군다나 타인에 대한 태도를 남김없이 규명하려고 한 것도 아니라고 말하면서, 단지 성적인 태도가 타인에 대한 시원적인 행동임을 지적하려 한 것이라고 말합니다. 그런 뒤, 이런 이야기를 합니다.

> 우리는 타인의 면전에서 대자가 발융하는 그 자체 속에서 대자가 성적이라고, 그리고 대자에 의해 성관계가 세계 속에 들어온다고 말할 수 있을 것이다.(157/447)

대자는 대타적이지 않을 수 없다는 것을 우리는 알고 있습니다. 그런데 여기에서 사르트르는 그 대타적인 대자가 근본적으로 성적이라고 정확하게 밝히고 있습니다. 그렇다면, 모든 인간관계가 근본적으로 성적인 성격을 띠지 않을 수 없게 됩니다. 아니나 다를까, 사르트르는 이렇게 말합니다.

> 모든 구체적인 행위들(conduites)은 자신 속에 그 골격으로서 성적인 관계들을 포함한다. 그리고 이 일은 도처에 스며들어 가 있는 어떤 '리비도'의 현존 때문이 아니라, 우리가 기술해 온 태도들이 근본적인 기획들인데, 그 기획들에 의해 대자가 자신의 대타존재를 실현하고 사실적인 상황을 초월하고자 하기 때문이다.(447/158)

모든 구체적인 행위들의 예로 사르트르는 협력, 투쟁, 대항, 경쟁, 약속, 복종 등을 듭니다. 이 모든 행위들에 성적인 관계들이 바탕으로 작동하고 있다는 것입니다. 그리고 사랑이나 성적 욕망, 마조히즘, 사디즘 등과 같이 이제까지 기술해 온 여러 태도들은 워낙 근본적인 기획이라고 말하고 있습니다. 대타적인 대자가 본래 성적이고, 그런 성적인 기획들을 통해 자신의 대타존재를 실현하고자 하기 때문이라는 것이 그 이유입니다. 그렇다면, 결국 몸과 살의 문제가 대타적인 인간관계를 바탕에서부터 떠받치고 있다고 해야 할 것입니다. 그래서 이렇게 이야기되기도 합니다.

> 골격이 그것을 둘러싸고 있는 살에 의해 감추어져 있듯이, 이러한 근본적인 태도들은 감추어진 채 있을 수도 있다. 그것이 바로 보통의 경우다. 몸의 우연성, 나인 근원적 기획의 구조, 내가 이야기로 풀어나가는 이야기 등은 한층 더 복잡한 행위들 속에서 성적인 태도를 규정함으

로써 그 성적인 태도를 통상적으로 암암리의 상태로 머물게 할 수 있다.(447/158)

실제의 우리 삶에 비추어 보면, 충분히 이런 이야기가 가능할 것 같습니다. 무엇이든지 성에 관련시켜 이야기한다고 핀잔을 듣는 사람들은 아마도 이렇게 암암리에 작동하고 있는 성적인 태도에 민감하거나 덮어 두고서 암암리에 즐기는 것이 노출시켜 노골적으로 즐기는 것보다 더 '우아한' 일임을 모르거나, 혹은 아니면 그런 우아함이 위장된 것임을 폭로하는 데서 쾌감을 느끼거나 한 사람들일 것입니다.

(2) 근원적으로 불안정한 인간관계

아무튼 이렇게 되면, 이제까지 살펴본바 성적 기획들은 일종의 악순환을 맴도는 것임이 밝혀졌기에 일체의 인간관계들도 그런 악순환을 벗어날 수 없을 것 같습니다. 이를 사르트르는 타자의 대상성과 주체성, 그리고 초월과 초월됨 등으로 압축시켜 이렇게 말합니다.

우리는 대상인 타자로부터 주체인 타자로 그리고 그 반대 방향으로 무한정하게 이끌려 간다. 이 도정(道程)은 결코 멈추지 않는다. 타인에 대한 우리의 관계를 구성하는 것은 갑자기 방향을 바꾸기도 하는바 바로 이 도정이다. …… 우리가 타인에 대해 일관된 태도를 견지할 수 있는 것은 오로지 타인이 우리에게 주체로서 그리고 대상으로서 동시에, 즉 초월하는-초월로서 그리고 초월되는-초월로서 동시에 드러날 때뿐이다. …… 어떤 태도를 취하든지 간에, 우리는 항상 타인과의 관계에 의해 불안정한 상태에 놓여 있다.(448/159)

타인을 주체로 대할 때에는 그를 대상으로 대할 수가 없고, 대상으로 대할 때에는 주체로 대할 수가 없습니다. 따라서 타인이 나에게 초월하는-초월과 초월되는-초월로서 동시에 드러난다는 것은 불가능합니다. 이래저래 우리는 타인과의 관계에 있어서 혹은 타인과의 관계 때문에 항상 불안정한 것입니다.

그래서 사르트르는 칸트식으로 타인을 수단으로 대하지 않고 목적으로 대한다 할지라도 그 타인의 초월은 적어도 나에게 있어서 초월된 초월일 수밖에 없고, "나는 타자를 자유롭도록 강제해야 한다"라는 루소의 말이 성립하는 데 있어서 강제가 인간관계들을 규제하는 것이라고 말합니다(449/160 참조). 말하자면 인간관계란 근본에서부터 불안정하기 짝이 없는, 일종의 운명적으로 투쟁적인 것일 수밖에 없다는 것입니다.

자유를 존중한다는 것도 자유를 존중당하는 타인을 만들어 내기 때문에 해결책이 안 되고, 타인에 대해 전적으로 무관심한 것도 타인에 대한 우리의 존재 자체를 벗어날 수 없기 때문에 해결책이 안 된다고 열거한 뒤, 타자가 있는 세계 속에 내가 발옹한 것 자체가 원죄라고 말하기도 합니다. 그렇게 원죄적으로 발옹한 뒤 타자와 어떤 관계를 맺더라도 그 관계들은 원죄의 변주일 뿐이라는 것입니다(450/161~162 참조).

(3) 증오의 발생

주체와 대상의 비동시적인 교환, 초월과 초월됨의 비동시적인 교환 속에서 인간관계는 이래저래 타자와의 통일을 실현할 수 없는 셈입니다. 사르트르는 이에 증오(haine)가 발생한다고 말합니다.

자신의 이력을 구성하면서, 대자는 이러한 파란곡절에 대한 경험을 했다. 이 대자는 앞서 했던 자신의 노력이 수포로 돌아간다는 것을 충분히 인식한 나머지 타자의 죽음을 추구하기로 결심할 수 있다. 이 자유로운 결심은 증오라 불린다. 증오는 근본적인 체념을 함축한다. 말하자면, 대자는 타자와의 통일을 실현하겠다고 하는 자신의 의도를 포기한다. 그러면서 그는 타자를 자신의 즉자존재를 회복하기 위한 도구로 활용하는 것을 단념한다. 그는 그저 사실상의 한계를 지니지 않는 자유를 재발견하기를 원한다. 다시 말하자면, 그는 붙들 수 없는바 자신의 대타 대상임을 없애 버리기를 원하고 자신의 소외 차원을 폐기하기를 원한다.(450~451/162)

아예 타자를 없애 버림으로써 타자에 대해 자신이 대상이 되는 것을 완전히 제거해 버리고자 하는 방향으로 선회한 것이 증오라는 이야기입니다. 타자가 존재하지 않는 세계를 실현함으로써 대자 이외의 다른 어떤 것도 받아들이지 않겠다는 것이 증오인 셈입니다.

그러나 결코 놓쳐서는 안 될 것은 증오란 분명 증오할 타자가 있어야한다는 사실입니다. 실제로는 타자를 요구하면서 이념적으로는 타자의 죽음을 추구하는 것입니다. 하지만 이념이 실제를 앞서고 있는 것이 증오입니다. 그래서 증오하는 자는 타자를 마주하면서 자신이 절대적인 자유의 지위에 있는 것으로 여깁니다. 또한 하지만 실제에 있어서는 타자의 자유를 인정하지 않고서는 증오가 성립할 수 없습니다. 진정 그가 타자에 관련해 증오하는 것은 그 타자의 자유이기 때문입니다. 이때 그가 증오하는 타자의 자유는 자신에게 있어서 적극적이고 실질적인 의미를 갖지 못합니다. 이미 부정의 탈을 쓰고 있기 때문입니다. 결국 증오하는 자가 인정하는 타자의 자유는 추상적이고 부정적입니다(451/163 참조).

증오하는 자의 증오는 타자의 시시콜콜한 부분적인 문제를 향한 것이 아닙니다. 그럴 경우, 자신이 추락한다고 생각합니다. 증오하는 자의 증오는 타자의 전적인 심리적 총체성, 즉 자꾸만 나를 타자의 초월로 향하게끔 하는 심리적 총체성입니다. 이런 이야기를 하면서, 사르트르는 그렇기 때문에 증오와 혐오(détester)가 구분된다고 합니다. 왠지 그 사람의 목소리가 지독히 싫다고 하는 것은 혐오에 해당하는 셈입니다.

중요한 것은 증오가 선악의 문제와 별개의 것이라는 사실입니다. 남이 나에게 잘못하기 때문에 증오하고, 남이 나에게 잘 대해 주기 때문에 증오하지 않는 등의 것이 아니라는 이야기입니다. 이에 관련해서 사르트르는 묘한 대목을 들추어냅니다.

통상적으로 당연히 감사를 기대할 수 있는 경우에, 즉 은혜를 갚아야 한다고 여길 경우에 증오가 생겨날 수 있다. 말하자면 증오를 요청하는 경우는 타자의 행동에 의해 내가 그의 자유를 **견뎌 내야 하는** 상태에 빠질 때인 것이다. 타자의 그러한 행동은 그 자체로 모욕적인 것이다.(451/164)

남이 나에게 도움을 주어 대단히 고마울 때 나는 그에게 당연히 고맙다고 해야 합니다. 그런데 그 때문에 나는 그 남을 증오할 수 있다는 것입니다. 내가 그에게 고맙다고 여기는 순간 나는 나에 대한 그의 자유를 충분히 인정하지 않을 수 없고, 아울러 나는 나에 대한 그의 자유를 견뎌 내야 하는 것입니다. 이럴 때 나도 모르게 증오가 싹트는 것입니다. 참으로 아이러니하면서도 무서운 이야기지요. 이어서 사르트르는 이렇게 말합니다.

나의 도구적인 대상성을 구체적으로 드러내는 한에서 그의 행동은 [나에게] 모욕적이다. …… 그것은 나를 자유롭게 하기 위해 파괴하지 않으면 안 될 '그 무엇인가'가 있다는 느낌을 갖도록 한다. 감사가 증오와 너무나 가까운 것은 다름 아니라 이 때문이다. 베푼 은혜에 감사한다는 것은 타자가 은혜를 베푸는 행위를 함으로써 전적으로 자유롭다는 것을 인정하는 것이다. …… 그 어떤 강제도, 설사 그것이 의무에 의한 것일지라도, 타자가 그렇게 하도록 결정하지는 않는다. 타자는 자신의 수행을 주관하는 그의 행동과 가치들에 대해 전적으로 책임을 지고 있다. 나 자신은 그의 행동이 수행되기 위한 구실 내지는 질료에 불과했던 것이다.(451~452/164)

어쩌면 지독하고 잔인한 분석입니다. 하지만 결코 무시할 수 없습니다. 상당할 정도로 실제 현실의 상황을 반영한 것이기 때문입니다. 이에 따르면, 예수가 "오른손이 하는 일을 왼손이 모르게 하라"라고 했던 것은 자칫 은혜를 베푸는 일이 증오를 불러일으킬 수 있음을 알고 있었기 때문인지도 모릅니다. '돈 주고 뺨 맞고, 돈 잃고 친구 잃고' 하는 속담은 예수가 말하는 이러한 경지에 오르지 못한 인간들 사이에서 충분히 실현될 가능성이 있는 일입니다.

(4) 증오의 보편성

사르트르는 증오가 사실은 특정 개인에 관한 것이 아니라, 타인들 전체에 관한 것임을 강조합니다. 그가 말하는바, 증오가 생겨나는 원리를 보자면 어쩌면 이는 당연하다 할 수 있습니다.

내가 증오하는 그 타자는 사실 타자들을 대표한다. 그리고 타자를 제거하려고 하는 나의 기획은 타인 일반을 제거하려는 기획이다. 말하자면, 나의 비실체적인 대자의 자유를 탈환하려는 것이다. 증오에서는 나의 소외됨의 차원이 타자들에 의해 나에게 다가오는 **실재의** 예속이라는 사실에 대한 이해가 주어져 있다. 기획된 것은 바로 이 예속을 제거하는 것이다. 그렇기 때문에, 증오를 **검은** 감정(un sentiment *noir*)이라고 한다. …… 타자가 또 다른 타자에 대해 갖는 증오를 나는 비난한다. 그 증오는 나를 불안하게 한다. 나는 그 증오를 제거하고자 한다. 그 증오가 나를 겨냥한 것이 아니라고 할지라도, 그 증오가 나와 관련된다는 것, 그 증오가 나를 향해 실현될 것이라는 것을 내가 알기 때문이다.(452/164)

증오가 어떻게 보편적으로 확산될 수밖에 없는가를 잘 기술하고 있습니다. 증오의 존재론적인 원리에 의하면, 나는 모든 타자들을 증오할 수밖에 없고, 따라서 모든 타자들을 제거하려 할 수밖에 없습니다. 그렇다면 나와 무관해 보이는 타자들끼리의 증오조차 제거하여 일체의 증오가 나를 향하지 못하도록 아예 싹을 잘라 버려야 합니다. 역설적으로 '증오에 대한 증오'가 증오에 스며들어 있는 것입니다.

(5) 증오의 좌절

이미 예상한 것이지만, 이 증오는 좌절될 수밖에 없습니다. 도대체 증오의 대상이 되는 타자는 그의 자유로써 나를 언제든지 예속시킬 수 있는 바로 타인의 현존이기 때문입니다. 이에 사르트르는 이렇게 말합니다. 그의 논리는 쉽게 예상할 수 있는 논리가 아닙니다.

타자의 제거가 증오의 승리로서 체험되기 위해서는, 그 타자의 제거가 타인이 **현존했었다**는 것을 명백하게 인정하는 것을 함축해야만 한다. 그래서 나의 대타존재는 과거로 미끄러져 들어가고 그럼으로써 나 자신이 어찌할 수 없는 차원이 되고 만다. 나의 대타존재는 내가 그랬던 것으로서 되어야만 했던 바로 그것이다. 그러므로 나는 대타존재로부터 나를 끄집어낼 수 없을 것이다.(452/165)

참으로 기묘한 분석이고 논법입니다. 증오의 목적은 나의 대타존재를 아예 제거해 버리고자 하는 것인데, 나의 대타존재가 아예 과거로 묶여 버리는 바람에 내가 어찌할 수 없는 지경에 빠져 버림으로써 나에게서 대타존재를 제거할 수 없다는 것입니다. 사르트르는 이를 다음과 같은 멋진 말로 변주해 냅니다.

타인에 대해 존재했던 자는 자신이 겪은 소외에 영향을 미칠 수 있으리라는, 그 소외를 자신을 위해 활용할 수 있으리라는 모든 소망을 상실해 버렸다. 왜냐하면, 타자가 그 소외를 풀 수 있는 열쇠를 무덤 속으로 가져가 버렸기 때문이다.(452~453/165)

나를 치욕에 빠뜨린 그에 대한 증오로 견디다 못해 설사 실제로 그를 죽였다 할지라도, 그에 의해 한번 소외에 빠져 버린 적이 있는 나는 그 소외에서 벗어날 수 없다는 것입니다. 정확하게 과거로 고착된 나의 예속적인 대타존재를 풀 수 있는 열쇠가 그의 죽음과 함께 무덤 속으로 들어가 버렸기 때문이라는 이야기입니다. 결국은 이렇게 이야기됩니다.

타자의 죽음은 나를 어찌할 수 없는 대상으로 구성한다. 정확하게 말하면, 나를 내 자신의 죽음으로서 구성한다.(453/165)

5. '공존재'와 '우리'

이제 제3부 '대타'에 속한 총 10개의 절 중 마지막 절인 '공존재'와 '우리'에 들어갑니다. 이 절을 끝내고 나면, 마지막 4부 '가짐, 함 그리고 있음'으로 들어가게 될 것입니다.

1) 서설

사르트르는 이 절을 크게 서설이라 할 수 있는 대목과 "대상인 '우리'"(le 《nous》-objet)라는 제목을 붙인 대목, 그리고 "주체인 '우리'"(le 《nous》-sujet)라는 제목을 붙인 대목으로 나누어 고찰합니다. 맨 먼저 이런 말을 합니다.

우리가 해온 기술(description)이 불완전하다는 것을 깨닫도록 했으면 하는 사람들이 틀림없이 있을 것이다. 왜냐하면 우리가 해온 기술이 타인과의 갈등만을 다룬 나머지 타인과의 공동성(communauté) 속에서 우리를 발견함 직한 구체적인 경험들에 대해 지면을 할애하지 않았기 때문이다. 사실이지 우리는 '우리'라는 말을 수시로 해왔다. 문법적으로 '우리'라는 형태의 말이 존립한다는 것 자체 그리고 그 말을 사용한다는 것은 반드시 **공존재**(*Mitsein*)에 대한 실재의 경험을 지시한다.(453/166)

그동안 대타에 관한 사르트르의 논변들을 보면서 암암리에 우리가 느꼈던 것을 그대로 지적하고 있습니다. 그럴 줄 알고 있었다는 식입니다. 자신의 논변에 대해 그런 점을 솔직하게 인정하고 있습니다. 특히 문법적인 사항을 들먹여 문법적으로 '우리'라는 말을 쓸 수 있다면, 반드시 그것에 관한 실제의 경험을 지시할 것이기에, 이제부터 '우리'라고 하는 공동성에 입각한 현존을 다루겠다는 것입니다. 물론 문법과 사유 간의 평행관계가 무조건 서로 일치하는 식으로 작동한다는 것이 아님을 지적하면서, 언어와 사유의 관계는 또 다른 분석의 대상임을 지적하는 것을 잊지 않습니다.

사실이지 그동안 사르트르는 자기 자신의 논변을 제시하면서 흔히 그러듯이 '우리는 …… 한다는 것을 알고 있다'는 식으로 '우리'를 논변하는 주체로 삼아 활용했습니다. 이렇게 논변하는 주체의 예에서도 드러나는 '주체로서의 우리'는 과연 어떤 존재이며 또 어떻게 성립하는 것인가는 충분히 논의되어야 할 것입니다. 흥미로운 점은 사르트르가 독일어 'Mitsein'을 씀으로써 이 논의가 하이데거의 '공존재' 개념을 실마리로 삼고 있음을 드러내고 있다는 점입니다. 아무튼 사르트르는 주체로서의 우리에 대해 이렇게 말합니다.

> '우리' 주체에 있어서는, [우리 중의] 어느 누구도 대상이 아니다. 우리는 복수의 주체성(une pluralité de subjectivités)을 포함한다. 이때 복수의 주체성들은 서로를 주체성으로 인정해야 할 것이다. 하지만 이 인정은 명시적인 명제의 대상을 형성하지 않는다. 말하자면, 이때 명백하게 정립되는 것은 공동의 행동이거나 아니면 공동의 지각의 대상일 뿐이다.(453~454/166)

이 인용문에 앞서 사르트르는 '주체로서의 우리'는 동시에 주체가 되는 여러 사람들이 성립하는 것이고, 그때 그들은 '초월되는-초월들'로서가 아니라 '초월하는-초월들'로서 동시에 파악되어야 한다는 것을 지적한 뒤, 이 경험은 나의 타인에 대한 대상인 존재와 타인의 나에 대한 대상인 존재와는 선험적으로(a priori) 모순되는 것으로 나타난다는 것을 지적합니다.

이제까지의 논의에 의거하면, 특히 두 사람 사이에서 서로에게 동시에 복수의 주체성이 성립한다는 것은 불가능합니다. 그래서 복수의 주체성들에 대한 경험은 명백하게 정립되어 그 대상을 형성하는 것이 아닌 것입니다. 사르트르는 복수의 주체성들인 '우리'가 성립하는 경우로서 예컨대 연극을 보고 있는 관객의 무리를 들먹입니다. 그러면서 이렇게 말합니다.

> 관객은 의식을 곤추세워 상상적인 광경을 포착하려 하고, 앞선 구도에 따라 어떤 사건들이 일어날 것인가를 미리 짐작하려 하며, 상상의 인물들을 영웅이나 배반자 혹은 포로 등으로서 규정하려 한다. 그러나 관객으로 하여금 관객으로서의 의식이게끔 하는 발용 자체 속에서, 스스로를 광경에 대한 **공동-관객임**(에 대한) 의식이게끔 하는 것은 비정립적으로 이루어진다.(454/166~167)

먼저 염두에 두어야 할 것은 두 사람이 서로에 대해 명시적으로 동시에 주체가 되는 것이 아니라, 제3자가 나타나야 한다는 것입니다. 여기에서 제3자는 연극에 출연하는 인물들 혹은 연극입니다. 관객들은 서로를 의식할 여유가 없습니다. '똑같이' 연극을 보는 주체들로서 연극에 몰두하고 있습니다. 중요한 것은 이때 관객들이 특별히 서로를 의식해서 우리 모두 저 연극을 보는 공동-관객으로서의 공동-주체라고 여기는 일은 없다는 것입니다. 이에 사르트르는 관객들이 스스로를 '공동-관객'으로 의식하는 일은 어디까지나 비정립적으로 이루어진다고 말하는 것입니다. 이 예는 바로 앞에서 서로를 주체로서 인정하는 일은 명시적인 명제의 대상이 되지 않는다는 것을 더 구체적으로 말해 주는 것입니다.

여기 관객들 간에는 서로가 타자를 대상으로 만듦으로써 자신의 주체성을 유지하고자 하는 갈등 관계가 없습니다. 사르트르는 카페에서 암암리에 서로 갈등의 관계를 유지하고 있던 손님들이 카페 앞길에서 삼륜차와 오토바이가 충돌해서 다 같이 구경꾼이 되면 서로 한편이 되어 일체를 이룬다고 말합니다. 이에 우리는 하이데거가 말하는 '공존재' 문제로 되돌아오게 된다고 말이지요.

그러면서 사르트르는 "그래서 우리는 저 앞에서 공존재 개념을 비판적으로 고찰하고자 애쓴 것인가?" 하고서 자문합니다. 앞서 제3부의 제1장 제3절에서 그는 하이데거의 공존재 개념에 대해 이렇게 이야기한 바 있습니다.

하이데거의 직관을 상징적으로 가장 잘 나타내는 경험적인 이미지는 투쟁의 이미지가 아니라 조(組, *l'équipe*)의 이미지다. 다른 의식과 나의 의식 사이의 본래 관계는 **너와 나**가 아니라, **우리**다. 하이데거의 **공존재**는 다른 개인과 대면해서 한 개인을 명석판명하게 정립하는 것이 아니고, 인식이 아니다. 그것은 자신의 조와 의기투합하는 암묵의 공동 현존이다. 이 공동 현존(existence commune)은 [예컨대 조정 경기에서] 노 젓는 사람들이 여러 노들의 리듬과 조타수의 규칙적인 운동을 느끼도록 하는 현존이다. 그리고 도달해야 할 공동의 목표, 추월해야 할 작은 배 혹은 조정 보트, 수평선 너머로 아른거리는 모든 사람들(구경꾼들, 작업 등) 등이 노 젓는 사람들에게 드러나 보이도록 할 현존이다. 나의 죽음으로-향한-존재가 갑자기 노출되어 절대적인 '공동의 고독' 속에서 불현듯 나를 잘라내어 부각시키면서 동시에 타인들을 이러한 고독에 이르기까지 들어 올리는 것은 이러한 공현존(coexistence)이라는 공동 기반을 바탕으로 해서이다.(285~286/427)

이제 이렇게 저 앞에서 제시한 공존재, 즉 공동 현존 내지는 공현존을 본격적으로 되살려 고찰할 필요가 있다는 것입니다. 그동안 이 개념들을 끌어들이지 않은 것은 '타인' 개념을 분명히 드러내는 데 있어서 도움이 되지 않기 때문임을 지적하면서, 사르트르는 '우리'에 대한 경험은 의심할 바 없다는 점을 분명하게 밝힙니다.

그러면서 이때 '우리에 대한 경험'이 인간실재의 존재론적인 구조를 구성할 수 없다는 것을 분명히 말하면서, 그 까닭은 인간실재의 존재론적인 구조에서 핵심이 되는바 대자의 현존이 타자들의 한복판에서 존립한다는 것은 근본적으로 형이상학적이고 우연적인 사실이기 때문이라고 말합니다. 이는 사르트르가 '우리'라고 하는 것을 인간실재를 근본적으로 분석·고찰하는 데에 기초로 삼아서는 안 된다고 주장하는 것입니다. 달리 말하면, '우리에 대한 경험'은 어디까지나 파생적이고 이차적이라는 것입니다.

이를 못 박아 두려는 듯이, 사르트르는 곧 이어서 '우리'가 상호주체적인 의식도 아니고 사회학에서 말하는 집단의식처럼 부분들을 넘어서면서 그 부분들을 포괄하는 새로운 하나의 존재도 아니라고 말합니다

(454/167 참조). 말하자면, 어떤 의미로건 '우리'를 독립된 현존으로 여겨서는 안 된다는 것입니다. 이에 사르트르는 '우리'에 대한 경험은 특수한 경험이라고 하면서, 그 바탕에는 대타존재가 깔려 있다는 것을 다음과 같이 말합니다.

> 하나의 의식이 하나의 **우리** 속에 가담되어 있다는 의식을 갖기 위해서는 그 하나의 의식과 함께하는 공동성에 개입해 있는 다른 의식들이 그 하나의 의식에게 먼저 모종의 다른 방식으로 주어져 있어야 한다. 즉 그 다른 의식들은 초월하는-초월의 자격으로 혹은 초월되는-초월의 자격으로 주어져 있어야 한다. **우리**는 어떤 특수한 경험인데, 이 경험은 특별한 경우에 산출되지만 대타존재 일반을 바탕으로 해서 산출된다. 대타존재는 **공타존재**(*l'être-avec*-l'autre)에 앞서며 **공타존재**에 기초가 된다.(455/168)

'공타존재'라는 말이 처음으로 등장합니다. 이는 '공존재'(être-avec)라는 말을 더 구체적으로 풀어낸 것이라 할 수 있습니다. 공존재란 어차피 타인들과의 공존재이기 때문입니다. 공타존재를 통해서 '하나의 우리'가 성립할 것입니다. 즉 공타존재를 통해 나의 의식이 다른 의식들과 공동성을 이루고 있음을 의식할 수 있을 것입니다. 그런데 그럴 수 있기 위해서는, 그 다른 의식들이 나의 의식에게 먼저 초월하는-초월, 즉 주체인 우리이든 초월되는-초월, 즉 대상인 우리이든지 간에 초월로서 나타나야 합니다. 이는 나의 의식을 대타존재이게끔 하는 타자의 힘이 먼저 작동해야 한다는 것이고, 더군다나 나의 의식을 대상이게끔 하는 타자의 힘이 먼저 작동해야 한다는 것입니다. 그래서 대타존재가 공타존재에 앞서면서 그 기초가 된다고 말하는 것입니다.

이럴 때 문제는 초월인 타인을 만나 대타적으로 대상이 되고 마는 나의 의식이 어떻게 '우리'라고 하는 공동주체에 가담할 수 있겠는가 하는 것이 될 것입니다. 이에 관해서 사르트르는 아직 분석을 하지 않습니다. 그 대신 그는 주체인 우리만 있는 것이 아니라, 대상인 우리도 있다는 것을 염두에 두어야 함을 강조합니다. 문법적으로도 '우리'(nous)가 보어(불어문법에서는 목적어를 보어라고 함)로 쓰이는 데서 이를 쉽게 알 수 있다고 하면서, 그는 이렇게 말합니다.

> 만일 '그들이 우리를 쳐다본다'라는 문장이 실제의 경험을 지목해야 한다면, 이 경험에서 나는 내가 다른 사람들과 더불어 소외된 '나들'(Moi aliénes)의 초월된 초월들로 된 공동성에 가담해 있다는 것을 경험해야만 한다. 여기에서 **우리는 공동으로 대상들임**(être-objets en commun)이라는 하나의 경험을 지시한다.(455/168)

예컨대 시골에서 가난한 친구들이 구경한답시고 서울의 갤러리아 백화점을 꾀죄죄한 모습으로 돌아다닐 때, 고급스럽게 차려 입은 다른 손님들이 마치 구경이라도 난 듯이 일제히 그들을 쳐다보는 순간, 이와 유사한 상황을 경험하게 될 것입니다. 이때 시골 친구들인 우리는 다른 손님들인 그들에 대해 분명 '대상으로서의 우리'임에 틀림없습니다. 이때 우리는 공동성을 이루긴 하나 소외된 '나들'이고, 설사 우리를 스스로 주체로 여긴다고 할지라도 그것은 남들에 의해 초월된 초월일 수밖에 없습니다.

2) 대상인 '우리'

위 백화점 이야기는 사르트르가 하는 다음과 같은 이야기를 바탕으로 꾸며본 것이었습니다.

> 먼저 지적되어야 할 것은 대상인 우리가 우리를 세계 속에 내동댕이친다는 것이다. 우리가 대상인 우리를 경험하는 것은 공동적인 소외인 수치에 의해서이다. 다음의 의미심장한 에피소드는 이를 잘 말해 준다. 노예들이 노를 저어 움직이는 갤리선[7]에 곱게 차려 입은 한 아리따운 여자가 탄 뒤, 누더기 옷을 입고서 힘겹게 노를 저으며 불행에 빠져 있는 그 노예들을 볼 때 그 노예들은 분노와 수치심에 숨이 막힐 지경이 된다. 분명히 여기에서는 공동의 수치 그리고 공동의 소외가 관건이 된다. 그런데 어떻게 해서 이같이 대상인 타자들과 함께 공동성을 이루고 있다는 것을 경험하는 것이 가능한가? 이를 알기 위해서는 우리의 대타존재가 지닌 근본적인 성격들로 다시 돌아가야 한다.(455~456/169)

그럴듯한 적합한 예가 아닐 수 없습니다. 이런 예는 세상사에서 얼마든지 찾을 수 있습니다. 훈련병으로 처음 입대하여 훈련관이 단상에 올라가 "자, 다들 머리를 만져본다. 머리카락이 없지. 그건 너희들이 인격이 없다는 것을 의미한다. 알겠는가!" 하고 소리칠 때, 방직공장에서 죽 늘어서서 앉아 여공들이 일을 하는데 정부의 고위관리가 위세 등등하게 나타나 뒷짐을 지고서 시찰을 할 때 등등이 그렇겠지요. '우리'와는 근본적

---

7) 고대·중세 지중해에서 사용되었던 배의 하나로서 군함으로 활용되었다고 합니다.

으로 다른 권력을 지닌 한 사람 혹은 여러 사람 앞에서 우리 모두가 대상이 되는 일은 허다합니다. 우리 모두가 함께 관찰 대상이 되고 있고 그런 가운데 한편으로는 수치스럽고 그렇게 수치스러운 우리의 모습에 또 다른 한편으로는 분노를 느끼는 일이 허다한 것이지요. 이런 상황을 없애자고 하는 것이 실질적인 민주주의입니다.

그런데 사르트르는 어떻게 해서 이런 일이 가능한가를 묻고 있고, 그 해답을 얻기 위해서는 대타존재의 근본 성격들을 다시 살펴보지 않으면 안 된다고 말하고 있습니다. 이를 활용한 사르트르의 분석은 도식적이라고 할 정도로 자못 논리적입니다. 차근차근 따라가 보기로 합시다.

(1) 대타관계의 지평성

사르트르는, 이제까지 대타존재를 고찰할 때에는 나-너, 혹은 나-그/녀 등 두 사람 간의 1:1의 관계를 바탕으로 한 것이었고, 거기에는 사실 '우리'의 상호관계의 이면이 없었다는 점을 지적하면서, 특히 다음과 같은 사실을 고려하지 않았다고 말합니다.

> 내가 타자와 맺는 관계는 나는 나대로 그는 그대로 다른 모든 타자들과 맺는 관계들, 즉 준총체적인 의식들과 맺는 관계들의 무한한 바탕 위에서 나타난다. 이 사실만으로 그 타자와 맺는 나의 관계와 나와 맺는 그 타자의 관계는 매 순간 그리고 개입되는 동기들에 따라 **그 타자들에 대한 대상들**로서 경험될 수 있다.(456/169)

이는 그다지 어려운 이야기가 아닙니다. 사실이지 그동안 1:1의 관계에서 나타나는 대타존재를 고찰하다 보니 사르트르는 이른바 지평적인 연관을 전혀 고려하지 않았습니다. 예컨대 내가 철학아카데미 일을 처리하기 위해 교육청의 공무원을 만날 때, 그 공무원은 알게 모르게 거대한 하나의 타자들을 대신하는 입장이고, 그 거대한 하나의 타자들을 지평으로 해서 나에게 나타나는 것입니다. 나 역시 그에게 마찬가지지요. 전체적으로 보면, 나와 그가 만나 지금 당장 이루고 있는 관계는 나와 그가 각기 암암리에 '매달고' 혹은 '매달리고' 있는 지평들 내의 타자들에게 충분히 대상이 될 수 있는 것입니다. 말하자면, 나와 그의 만남에 대한 주체는 따로 있다고 할 수 있는 것입니다.

(2) 제3자의 등장

이를 구체적으로 분석하기 위해 사르트르는 나와 너 아닌 제3자의 등장을 제시합니다. 그로 인한 관계는 제법 복잡합니다.

> 예컨대 타자가 나를 쳐다본다고 해보자. 이 순간 나는 내가 전적으로 소외되었다고 느낄 것이고, 그런 나를 떠맡을 것이다. 그런데 갑자기 제3자가 등장해서 그 역시 나를 쳐다본다고 해보자. 나는 그들을 나의 소외를 통해 공동적으로 '그들'(Eux)(주체인 그들, eux-sujets)로서 경험한다. 이때 이 '그들'(eux)은 사람들(l'on)이 된다는 것을 우리는 알고 있다. …… 그런데 만약 제3자가 나를 쳐다보는 그 타자를 쳐다본다면, 문제는 더욱 복잡해 질 것이다. 사실 나는 제3자를 **직접** 파악하지 **않고** (제3자에 의해) 쳐다보여지는-타자가 된 타자를 통해 제3자를 파악한다. 그래서 제3자의 초월은 나를 초월하는 초월을 초월하고, 그럼으로써 나를 초월하는 그 초월을 무장해제시키는 데 기여한다. 여기에서 곧 해체될 중간상태(état métastable)가 구성된다. 나는 그와 더불어 타자를

쳐다볼 수도 있고, 다시 제3자를 쳐다볼 수도 있다. 그렇게 되면 중간상
태는 해체된다. 후자의 경우, 즉 내가 제3자를 쳐다볼 경우, 제3자는 내
영토 속에서 대상이 되고, 그의 가능성들은 죽은-가능성들이 되며, [그
래서] 그는 나를 타자로부터 구해낼 수 없을 것이다. 그러나 제3자는 나
를 쳐다보는 타자를 쳐다본다.(456/170)

제3자의 등장과 더불어 적어도 네 가지 정도의 경우가 성립합니다.
첫번째 경우는 타자와 제3자가 함께 나를 쳐다보는 경우입니다. **두번째 경
우**는 나를 쳐다보는 타자에게서 그 타자를 제3의 누군가가 쳐다보고 있
다는 것을 내가 느끼는 경우입니다. **세번째 경우**는, 제3자와 내가 함께 타
자를 쳐다보는 경우입니다. 그리고 **네번째 경우**는 나는 제3자를 쳐다보고
제3자는 타자를 쳐다보고 또 타자는 나를 쳐다보는 이른바 쳐다봄의 순
환관계가 이루어지는 경우입니다.
첫번째 경우에서는 나를 소외시켜 대상화하는 주체인 그들이 성립
합니다. 두번째 경우에서는 세번째 혹은 네번째 경우에 의해 곧 해체될
중간상태가 성립합니다. 세번째 경우에서는 타자를 대상화하여 소외시
키는 나와 제3자에게 공동적인 주체인 우리가 성립할 것입니다. 그런데
네번째 경우에서는 주체와 대상의 관계가 서로 맞물리면서 그야말로 복
잡한 관계가 성립합니다.
이외에 **다섯번째의 다른 경우**를 생각할 수 있는데 그것은, 내가 쳐다
보는 타자를 제3자가 쳐다보는 상황에서 다시 내가 제3자를 쳐다보는 경
우입니다. 이때에는 대상인 그들이 성립할 것입니다. 이때 내가 제3자를
쳐다보고 있기 때문에, 제3자의 초월이 나에 대해서는 초월되는 초월일
지 모르지만, 그때 제3자가 타자를 쳐다보고 있기 때문에 타자에 관해서

는 초월하는-초월입니다. 그래서 나는 제3자가 타자에 대해 갖는 초월하는-초월을 경험하게 됩니다. 그럴 때 나는 타자가 나의 세계로부터 달아난다는 것을 경험합니다. 하지만, 타자가 나의 세계로부터 달아나는 것은 나에 대한 그의 초월을 통한 것이 아닙니다. 오히려 제3자의 초월에 의해 나의 세계로부터 달아나는 것입니다. 그런 점에서 타자는 나에 대해 정말로 타자가 됩니다. 이런 일이 확대되어, 만약에 타자가 제3자와 같은 다른 많은 자들의 더 많은 수의 초월에 의해 나의 세계로부터 빠져 달아날수록, 타자는 나에 대해 더 타자가 됩니다. 말하자면, 흔히 우리가 타인을 타자라고 할 때, 그는 수없이 많은 사람들의 초월에 의해 나의 세계로부터 달아나 있는 것입니다(456~457/171 참조).

내가 그에 대해 그리고 그로부터 무엇을 파악할 수 있거나 간에, 지금 그는 항상 **타자**다. 그를 지각하고 그를 생각하는 타자들이 많은 만큼 더욱더 그는 타자다.(457/171)

이렇게 제3자에게로 빨려 나가는 타자를 내가 재전유하기 위해서는 제3자를 쳐다보아 대상으로 만들어야 하겠지만, 그 제3자 역시 내가 볼 수 없는 또 다른 제4, 제5의 다른 인간들의 초월에 의해 파악되어 있을 것이기에 내가 타자를 재전유하는 일은 결코 쉬운 일이 아닙니다. 이에 이렇게 이야기됩니다.

이에 대상인 타자는 근원적으로 불안정해지고, 그 대상성을 재전유하려는 대자에게 그 일을 위한 무한한 도정이 생겨난다. 그렇기 때문에 우리가 살폈던바, 연인들이 자기들끼리만 있고자 하는 것이다.(457/171)

연인들은 서로를 최대한 타자로 여기지 않으려 노력합니다. 그런데 서로에 대해 나 외의 제3, 제4의 다른 사람들이 대상화를 수행하면 그만큼 사랑하는 자가 나의 세계를 빠져 달아나 타자가 되기 때문에 연인들은 그들만 따로 있으려 한다는 것입니다. 얼마든지 상식에 걸맞는 그럴듯한 분석입니다.

(3) '대상인 우리'의 구성

또 **여섯번째 다른 경우**도 있습니다. 이는 네번째 경우의 변형인데, 그것은 내가 타자를 쳐다보고 있는데, 그런 나를 제3자가 쳐다보고 있는 경우입니다. 사르트르는 이에 대해 구체적인 예를 들면서 이렇게 말합니다.

> 내가 약한 자를 두들겨 패면서 모욕을 주고 있는데, 제3자인 누군가가 갑자기 나타나 나를 '떼 놓았다'고 해보자. 이제 약한 자는 '맞을 자'도 아니고 '모욕당할 자'도 아니다. 그는 순전한 현존일 뿐 더 이상 아무것도 아니다. 심지어 더 이상 약한 자도 아니다. 혹은 달리 말해 만약 그가 약한 자로 되돌아간다면, 그것은 제3자를 매개로 해서일 것이다. 나는 **제3자로부터 그가 약한 자였다는 것을 배우게 될 것이다**('약한 자를 악착스럽게 대하다니, 너는 수치스럽지도 않으냐' 등). 약하다고 하는 성질은 제3자에 의해 나의 눈앞에서 약한 자에게 주어질 것이다. 약하다고 하는 성질은 더 이상 **나의** 세계에 속한 부분이기를 그치고, 내가 약한 자와 함께 제3자에 대해 있는 그 영토에 속하게 될 것이다.(457/171~172)

여기에서 제3자가 나타났다는 것은 타자(약한 자)를 쳐다보고 있는 나를 쳐다봄으로써 나와 그 타자를 대상화시킨다는 것입니다. 제3자 앞에서 나의 가능성은 죽은-가능성이 될 것이고, 초월은 초월된 초월이 될 것입니다. 그래서 타자는 그 자신 초월로서의 주체는 아니지만 나의 세계로부터 벗어나게 될 것입니다. 나와 타자 모두 제3자의 영토 속으로 대상화되어 빠져 들어간 셈입니다.

이렇게 되면, 제3자가 나타나 나와 타자 모두를 쳐다보는 셈입니다. 이에 마지막 **일곱번째 경우**가 생겨납니다.

> 나는 타자와 갈등 관계 속에 개입되어 있다. [그런데] 제3자가 갑자기 나타나 그의 시선으로써 우리를 번갈아 포섭한다. 이에 나는 나의 소외와 나의 대상화를 경험한다. 나는 바깥에, 타인에 대해 '내 것'이 아닌 세계의 한복판에 대상으로서 있다. 그러나 내가 쳐다보고 있었던 혹은 나를 쳐다보고 있었던 타자도 마찬가지의 변양을 겪는다. 나는 내가 경험하는 변양과 동시에 타자의 이 변양을 발견한다. …… 이 두 대상성은 나와 타자가 처해 있는 **상황**이 전체적으로 변양되는 가운데 나와 타자에게 다가온다. …… 제3자의 출현으로, 나는 나의 가능성들이 소외된다는 것을 경험함과 동시에 타자의 가능성들이 죽은-가능성들임을 발견한다. …… 그래서 내가 경험하는 것은 하나의 바깥에-있음(un être-dehors)이다. 여기에서 나는 타자와 더불어 풀 수 없는 하나의 대상적인 전체 속으로 조직된다. 이 전체 속에서 나는 **더 이상** 근원적으로 타자와 **구분되지** 않고, 타자와 연대하여 이 전체를 구성하는 데 협력한다.(457~458/172~173)

제3자에 의해 나와 타자 모두 대상화됨으로써 이른바 '대상인 우리'가 성립하는 장면입니다. 둘 다 변양을 겪어 주체에서 벗어나 대상이 되는데, 이를 나는 나대로 타자는 타자대로 경험하고 발견하게 될 것입니다. 이에 상황이 전반적으로 변양됩니다. 이 상황 속에서 나는 나대로, 타자는 타자대로, '바깥에-있음'을 경험하게 됩니다. 중요한 것은 이 상황 속에서 나와 타자가 서로 연대할 수밖에 없고 그리하여 따로 존립할 수 없는 대상적인 하나의 전체를 구성할 수밖에 없게 된다는 것입니다. 그리고 그 속에서 나와 타자가 더 이상 근원적으로 구분되지 않는다는 것입니다. 이를 '등가의 공동성'(la communauté d'équivalence)이라고 하면서, 사르트르는 이렇게 말합니다.

> 내가 떠맡는 것은 등가의 공동성이다. 나는 타자와 마찬가지로 협력해서 하나의 형식을 구성하는데, 이 등가의 공동성에 의해 그 형식 속에 가담된(구속된, engagé) 상태로 존립한다. 요컨대, 나는 타자 속 **바깥에** 구속된 나를 떠맡고, 또 나는 내 속 [그의] **바깥에** 구속된 타자를 떠맡는다.(458/173)

제3자의 주체적인 초월에 걸려든 나와 타자, 여기에서 나와 타자는 누가 더 우월한 지위에 있다고 여길 겨를도 없이 일종의 공동 운명에 빠져들게 되는데, 이를 사르트르는 '등가의 공동성'이라고 합니다. 중요한 것은 이때 나는 나의 바깥인 타자에게 나가 있고, 타자는 그의 바깥인 나에게 나와 있다는 사실입니다. 앞에서 말한 바깥에-있음이 나와 타자가 교환하는 존재방식임을 알 수 있습니다. 이에 나와 타자 사이에 연대가 이루어지는 것입니다. 이는 사르트르가 『변증법적 이성 비판』(Critique de la raison dialectique)[8)]에서 집단론을 펼칠 때 중요하게 활용되는 대목인 걸로 추정됩니다. 이에 관해서는 다음으로 논의를 미룰 수밖에 없습니다. 아직 정확하게 검토하지 못하고 있기 때문입니다. 다만, 이 인용문에 바로 이어지는 다음 대목에서 운위되는 '나의 책임에 대한 자유로운 인정'만큼은 특별히 유념해 두어야 할 것입니다.

> 그리고 내가 떠맡는 것은, 내가 파악하지 못하면서도 내 앞에서 지탱하는바 이 구속(engagement)이라는 근본적인 가정(假定)이다. 말하자면, 내가 떠맡는 것은 나의 책임이 대상인 **우리**에 대한 시련인 타자의 책임을 포함하는 한에서 나의 책임을 자유롭게 인정하는 것이다. (458/173)

내가 타자와 연대하여 '대상인 우리'라고 하는 분리 불가능한 하나의 전체를 구성하게 될 때, 내가 타자의 책임을 포함하는 나의 책임을 자유롭게 인정한다는 것은 나와 타자의 구속된 상태를 넘어설 수 있는 가능성을 띠고 있다고 할 수밖에 없습니다. 예컨대 이 일이 사회적인 계급 관계에서 일어날 때, 나를 포함한 개개 노동자들은 제3자인 자본가 앞에서 비록 대상적인 방식으로나마 서로 연대해서 등가적인 공동성을 형성하게 될 것인데, 이때 개개 노동자들 각자가 지금 이 인용문에서의 나처럼 '대상인 우리'가 짊어져야 할 시련으로서 타자의 책임을 자신의 책임으로 여기되 그 책임을 자유롭게 인정할 수 있다고 한다면, 진정한 '연대 공동체'가 형성될 것입니다. 이에 관해서는 곧 이어질 계급의식의 문제를 분석하는 데서 더 구체적으로 드러날 것입니다.

아무튼 이 정도 되면 '대상인 우리'가 '주체인 우리'로 나아갈 수 있는 길은 결코 쉽지는 않겠지만, 그다지 멀지 않음을 알 수 있습니다. 문제

---

8) 장 폴 사르트르, 『변증법적 이성 비판』 1~3권, 박정자 외 옮김, 나남, 2009.

는 내가 나의 구속됨에 대해 반성을 하는 순간, '우리'가 붕괴된다는 사실입니다.

> 반성적인 의식은 이 우리를 파악할 수 없을 것이다. 오히려 반성적인 의식의 출현은 우리의 붕괴와 일치한다. 말하자면, 대자는 자신을 해방시키고, 타자들에 대항하여 자신의 자성(自性, ipséité)을 정립한다. 염두에 두어야 할 것이 있다. 그것은 대상인 우리에게 속함은 대자의 본래 한층 더 철저한 소외로서 느껴지는데, 그것은 대자가 타인에 대해 존립하는 자신을 강제로 떠맡는 것에 그치지 않고, 비록 그 자신이 총체의 부분을 이루고 있다고는 하나, 자신이 그것으로 있지 않은 총체마저 강제로 떠맡아야 하기 때문이다.(459/174)

대자로서는 자신이 '대상인 우리'에 속해 있다는 사실을 거의 견딜 수 없는 노릇입니다. 하지만, 대자와 '대상인 우리'에 속함이 모순인 것은 결코 아닙니다. 엄밀하게 말하면, 대자가 아니고서는 초월된 초월, 죽은-가능성들, 모멸과 수치 등을 느낄 수 없고, 나아가 이러한 대타존재의 방식에 근거한 '대상인 우리'의 등가의 공동성에 속할 수 없기 때문입니다. 하지만, 대자로서는 그만큼 더욱 견딜 수 없다는 것은 사실입니다. 결국 사르트르는 '대상인 우리'를 정돈하듯이 이렇게 이야기합니다.

> 대상인 우리는 굴욕과 무능의 경험에 상응한다. 자신을 다른 사람들과 함께 하나의 우리를 구성하는 자로 경험하는 자는 무한히 많은 낯선 현존들에 자신이 끈끈이 붙어 있음을 느낀다. 그는 의존할 데 없이 철저히 소외되어 있다.(459/174~175)

무한히 낯선 현존들이란 지금 당장 내 눈앞에 보이는 타자들이 아닐지라도 지금 내가 타자와 더불어 형성할 수밖에 없는 '대상인 우리'에 암암리에 끌려 들어와 있어 '대상인 우리'가 더욱 거대한 덩어리로 느껴지고, 따라서 도대체 내가 그것들로부터 벗어날 길이 없을 것 같은 느낌을 주는 것입니다. 이는 하이데거가 말한 '그들'(das Man)과 엇비슷한 존재방식을 말해 줍니다. 등가적이고 평준화되어 있으면서 자기 고유의 미래를 향한 가능성들을 상실한 것이 하이데거가 말하는 '그들'의 존재방식입니다. 다만, 여기 사르트르의 '대상인 우리'에서는 그 속에 속한 대자들이 암암리에 타자들에 대한 책임을 떠맡고자 한다는 것이 다르다 할 수 있습니다. 하지만, 이렇게 내가 타자들의 책임을 떠맡는다고 할 때, 그 책임이란 기실 '대상인 우리'로 전락할 수밖에 없는 것에 대한 책임이니, 그 책임이 자칫 좌절로 이어질 가능성이 매우 높은 것입니다. 여기 이 인용문에서 그런 점이 나름대로 표명되고 있다 할 것입니다.

(4) 공동 노동에서의 '대상인 우리'

사르트르는 '대상인 우리'의 구성을 더욱 쉽게 알 수 있는 상황이 있다고 하면서 공동 노동의 상황을 듭니다.

> 많은 사람들이 동일한 제품을 연대하여 만들고 있는데, 그 사람들이 자신들이 제3자에 의해 파악되고 있음을 체험할 때, 만들고 있는 제품의 의미 자체는 하나의 우리로서 노동하는 집합체를 지시한다. 달성해야 할 조립에 의해 요청되어 내가 수행하는 동작이 의미를 갖는 것은 오로지 나에게서와 마찬가지로 요청되는 내 동료의 동작에 앞서서 그리고 또 마찬가지로 요청되는 다른 노동자들의 동작에 이어서 행해질 때뿐

이다. …… 그러므로 우리는 '만들어야 할' 물질적 대상을 **통해서** 우리라는 자격으로 파악된다. 물질성은 우리의 연대된 공동성에 그것의 인장을 찍는다. 그리고 **우리**는 그 목적에 따라 각기 자리를 할당받는 도구적이고 기술적 수단의 배치로서 우리들에게 나타난다.(459~460/175)

정말이지 '대상인 우리'가 적나라하게 형성되는 상황이 아닐 수 없습니다. 더욱이 만들어야 할 제품이 목적이 되고, 그 목적에 의거한 제품의 물질성에 의해 '연대된 공동성'이 철저히 규정되고, 전체적으로 보면 조립해서 만들어야 할 제품에 의거해서 이 '대상인 우리'는 조립됩니다. 사르트르가 지독한 분업 체계에 의한 자본주의적인 노동 상황을 결코 좌시하지 않는다는 것을 암암리에 보여 주고 있습니다. 아니나 다를까, 그는 노동 계급의 문제를 제기합니다.

(5) 억압받는 집단의 계급의식

하지만 사르트르는 계급 문제를 우선 사회학적이거나 정치학적 관점에서 처리하지 않습니다. 어디까지나 대타의 존재론에 의거해 처리하는 것이지요. 그는 임의의 복수의 개인들이 그들 자신을 나머지 사람들의 전체나 부분에 대해 '우리'로서 경험하는 데에는 그저 탈총체화된-총체성으로서의 '인류'(humanité)가 존립하는 것으로 충분하다고 말합니다. 그런 뒤(460/176 참조), 이를 바탕으로 계급의식에 대해 이렇게 말합니다.

그래서 제3자가 현전하거나 부재하는 가운데, 언제든지 나는 나를 순수한 자성으로서 혹은 하나의 우리에 통합된 자로서 파악할 수 있다. 이는 우리를 특별한 어떤 '우리', 특히 흔히 '계급의식'이라 일컫는 '우리'

에게로 이끈다. 분명히 계급의식은, 통상적인 경우보다 더욱 뚜렷하게 구조화된 집단적인 상황을 기회로 해서 특수한 하나의 우리를 전제한다.(460/176)

인용문 자체의 내용은 그다지 어려울 게 없어 보입니다. 문제는 '계급의식으로서의 우리'를 가능케 하는 상황이 과연 어떤 상황인가 하는 것입니다. 이와 관련해서 사르트르는 예컨대 노동자 계급에 있어서 작업의 고됨이나 생활수준의 낮음 또는 애써 견디고 참아야 하는 괴로움이 계급의식을 가능케 하는 것이 아니라고 말합니다. 이것들은 상대적이거나 노동자들 서로 간에 갈등을 빚어내는 것이기도 하기 때문이라고 말하면서, 나아가 이런 상대적인 내용들로써 억압하는 계급과 억압받는 계급이 각자의 계급의식을 갖추기에는 충분하지 못하다는 것을 역설합니다. 그러면서 계급의식을 갖추게 되는 데 있어서 원초적인 사실을 다음과 같이 적시합니다.

원초적인 사실은, 억압받는 집단에 속한 구성원이 단순한 개인인 한에서 이 집단의 다른 구성원들과 더불어 근본적인 갈등 관계(사랑, 증오, 이익 경쟁 등)에 개입되어 있으면서도, 자신의 처지(조건, condition)와 이 집단의 다른 구성원들의 처지(조건)를 자신을 빠져 달아나는 의식들에 의해 응시되고 사유되는 것으로 파악한다는 것이다. '주인', '영주', '부르주아' 혹은 '자본가'는 명령하는 능력자들로서 나타날 뿐만 아니라, 무엇보다도 제3자, 즉 억압받는 공동체(communauté)의 바깥에 존재하는 자들로 나타난다. 그리고 이 억압받는 공동체는 이 제3자를 위해 존립한다.(461/177)

억압받는 우리 모두가 그런 우리를 벗어나 있는 제3자들인 어떤 다른 의식들에 의해 응시되고 사유될 때, 그리고 억압받는 집단에 속한 내가 나뿐만 아니라 억압받는 집단에 속한 다른 구성원들의 존재조건을 바로 그렇게 제3자들에 의해 응시되고 사유되는 것으로 파악할 때, 바로 그때 비로소 나에게서 계급의식이 생겨난다는 것입니다.

이때 제3자들은 그 나름의 자유를 지닌 자들로 나타날 것이고, 나를 포함해서 억압받는 집단의 구성원들 모두 그 제3자들을 위해 현존하는 것이 될 것입니다. 그렇다면, 제3자가 출현하지 않고서는 이런 일이 벌어질 수 없는 셈입니다. 그래서 이렇게 됩니다.

> 내가 한 사람의 노동자인 것은 제3자들을 위한(대한, pour) 것이다. 그리고 내가 나를 다른 노동자들에 속한 한 사람의 노동자로 경험하는 것은 제3자들이 시선인 타인(autrui-regard)으로 노출되는 가운데 그런 노출에 의해서이다. 이는 내가 제3자의 시선 속인 바깥에서 내가 거기에 통합되어 있는 **우리**, 혹은 '계급'(la classe)을 발견한다는 것을 의미한다. 그리고 내가 '우리'를 말함으로써 떠맡는 것이 바로 이 집단적인 소외라는 것을 의미한다.(461/177)

사르트르에게서 결국 문제되는 것은 시선입니다. 집단과 집단 간에 이루어지는 시선의 교환에서 억압받는 집단에 속한 구성원들 각자가 자신이 억압받는 계급에 속해 있다는 생각을 하게 되는데, 그것은 억압하는 집단이 일방적으로 자신들을 응시한다는 것을 억압하는 집단인 제3자들의 출현에서 읽어내기 때문이라는 것입니다. 그리고 이때, 억압당하는 계급에 속한 나는 나를, '사물들의-총체-속에-얽매어 있는-사물-

로서-응시되는-존재'(être-regardé-comme-chose-engagée-dans-une-totalité-des-choses)로 경험한다고 말합니다. 결국은 제3자가 문제입니다. 그래서 이렇게 이야기됩니다.

> 세계가 드러내는 적대성이 어떠하든지 간에, 제3자가 없으면 나는 나를 승리를 거둔 초월로서 파악할 것이다. 제3자의 출현과 더불어, **나는 우리를** 사물들에 입각해 파악되는 자들로 경험하고 세계에 의해 정복된 사물들로서 경험한다. 그래서 억압받는 계급은 억압하는 계급이 그들에 대해 갖는 인식 속에서 계급적인 통일성을 발견한다. 그리고 억압받는 자에게서 이루어지는 계급의식의 출현은 수치 속에서 대상인 우리를 받아들이는 것에 상응한다.(461~462/178)

억압받는 집단에 속한 구성원들 간에 그야말로 공동적인 것은 억압하는 제3자가 그들을 쳐다보면서 대상화하고 나아가 그들을 사물들에 입각한 자들로 인식한다는 것을 다 같이 아는 것입니다. 이 인식을 계기로 하여 억압받는 계급은 계급적인 통일성을 발견한다는 것을 지적하고 있습니다. 그리고 억압받는 집단의 한 구성원에게서 계급의식이 출현한다는 것은 자신의 동료 집단이 수치스러운 '대상인 우리'로 존립한다는 것과 일치한다는 것입니다. 어찌 보면, 결코 극복할 수 없을 것 같은 비극적인 현실을 여실히 드러내고 있는 것 같습니다. 그러나 이대로 그저 '대상인 우리'로 머물 수는 없을 것입니다. 반전이 일어날 것이고, '대상인 우리'가 '주체인 우리'로 변양하게 될 것입니다. 사르트르가 과연 그 길을 어떻게 존재론적으로 모색하는가가 궁금합니다.

3) 주체인 '우리'

지난 강의에서 우리는 사르트르의 관점에서 억압받는 계급에 속한 한 사람이 어떻게 대상인 우리로서의 계급의식을 갖는가를 살펴보았고, 그 대상인 우리에 대한 경험이 결국에는 대타존재에 대한 경험을 전제로 한 더욱 복잡한 양상에 해당한다는 것을 살펴보았습니다.

(1) 대상인 우리가 지닌 분해의 역량

그런데 사르트르는 이 대상인 우리에 대한 경험이 그다지 견고한 것이 아님을 다음과 같이 말합니다.

> 대상인 우리에 대한 경험은 그 자체 속에 분해의 역량을 간직하고 있다. 왜냐하면 이 경험은 수치에 의해 이루어지는 것이고, 따라서 대자가 제3자를 마주하면서 자신의 자성(自性)을 주장하고 그 나름으로 제3자를 쳐다보자마자 우리가 붕괴되기 때문이다. 그런데 자성에 대한 이러한 개별적인 주장은 대상인 우리를 폐기할 수 있는 가능한 방법들 중 하나임에 틀림없다.(462/178)

대자에게 있어서, 대상인 우리에 대한 경험이 문제가 되는 것은 '대상임'이라는 것입니다. 대상이라는 것은 기본적으로 수치스러운 존재를 알려 주는 것인데, 대자는 이를 견딜 수 없기 때문입니다. 그래서 이제 대자는 대상임에서 벗어나고자 하지 않을 수 없고, 그러기 위해 그 나름 자신의 자성을 확보하려고 노력하지 않을 수 없으며, 그 결과 기어코 제3자를 마치 제3자가 자신을 쳐다보듯이 뚜렷하게 쳐다보게 됩니다. 눈을 돌리고 고개를 숙이고 있다가 이제 제3자를 향해 고개를 빳빳하게 들고 '그래서 어떻게 하겠다는 거냐?' 하는 식으로 제3자를 뚜렷하게 노려보지요. 이럴 경우, 대자에게서 대상인 우리에 대한 경험은 순식간에 사라집니다. 물론, 서로가 서로를 뚜렷하게 노려보고 있기 때문에 만만찮은 갈등과 대립이 연출될 것이고, 그래서 심지어 목숨을 건 투쟁이 생겨날 수도 있을 것입니다.

(2) 계급 전체의 해방 가능성

그러니까 대상인 우리의 경험 속에 간직되어 있는 이 분해의 역량은 자기 분해의 역량인 셈인데, 중요한 것은 이 분해의 역량을 통해 대상인 우리에 대한 경험에서 주체인 우리의 경험으로 전환할 수 있는 길을 확보할 수 있다는 것입니다. 특히 계급의식의 경우에 그러하다는데, 사르트르는 위 인용문에 곧 이어서 이렇게 말합니다.

> 예를 들어 계급의식과 같이 견고하게 구조화된 경우에 우리를 받아들임은 자성을 개별적으로 되잡는 것에 의해 자신을 우리로부터 구해내는 것(déliver)이 아니라 우리를 주체인 우리로 변환함으로써 대상성에 의해 우리를 전체적으로 구해내고자 하는 기획을 함유하고 있다.(462/178)

견고하게 구조화되어 있다는 전제가 붙어 있긴 하지만 계급의식이 형성된 경우, 그런 계급의식을 가지고 있는 한 개인이 자신을 대상으로부터 해방시키는 차원을 넘어서서 우리 전체를 해방시키는 차원으로 나아갈 수 있다는 이야기입니다. 이른바 계급 해방의 가능성을 제시하고 있는 셈입니다. 1917년 2월과 10월에 있었던 러시아 혁명을 통해 차르 체제를 무너뜨리고 부르주아 시민 통치의 과정을 생략한 채 아예 이른바 프롤레타리아 독재를 구축하고자 하는 소련의 정치 상황을 염두에 둘 필요가 있습니다. 사르트르가 이 글을 쓸 즈음은 러시아 혁명이 있은 지 겨우 4반세기가 지났을 뿐입니다. 비록 1939년 소련의 스탈린이 철저한 반사회주의자인 히틀러와 독소조약을 맺으면서 폴란드 군인과 시민 2만 명가량을 무참하게 살해한 희대의 범죄를 저질렀지만(이는 2010년 폴란드 대통령의 비행기 참사를 불러온 계기를 제공한 듯합니다), 러시아 혁명의 세계사적인 위력은 사르트르로 하여금 이런 발언을 할 수 있도록 하는 데 크게 영향을 미쳤음에 틀림없다고 보아야 할 것입니다.

이해하기 어려운 대목이 있습니다. 그것은 '대상성에 의해' 우리를 전체적으로 구해 낸다는 구절입니다. 이때 대상성은 물론 '대상인 우리'에서의 대상성일 텐데, 맥락상 견고하게 구조화된 계급의식을 전제로 한 것이기 때문에, 이 대상성은 쉽게 개별적으로 분산될 수 없는 대상성이라 해야 할 것입니다. 그런데 그 집단적인 대상성에 의해 오히려 우리를 주체인 우리로 변환시킬 수 있고, 그럼으로써 우리를 전체적으로 해방시킬 수 있다는 것입니다. 만약 그러한 대상성이 뚜렷하게 형성되어 있지 못하다면, 계급의식이 견고하게 구조화될 수도 없을 것이고, 따라서 대상인 우리에 대한 경험이 이러한 전체 해방의 기획을 함유하지 못할 것입니다. 그래서 아마도 사르트르가 이렇게 다소 역설적인 언명을 하는 것이 아닌가 싶습니다.

이외에도 문맥에 있어서 이해하기 어려운 것이 아니라 실질적으로 이해하기 어려운 것이 있습니다. 견고하게 구조화된 계급의식을 통해 대상적으로 결집된 억압받는 계급인 대상인 **우리**가 **스스로**를 해방시키기 위해서는 억압하는 계급에 속한 개별적인 제3자가 되는 것이 아니라, 제3자로 작동하는 억압하는 계급 전체로부터 자신들을 해방시켜야 할 것인데, 이에 대한 구체적인 과정을 생략한 채 사르트르는 이렇게 말합니다.

> 사실 억압받는 계급은 억압하는 계급에 관계하지 않고서는 그리고 억압하는 계급을 희생시키지 않고서는 즉 억압하는 계급을 도리어 '대상인 그들'로 변환시키지 않고서는 스스로를 주체인 우리로 긍정할 수 없다.(462/178~179)

궁극적으로 볼 때, 계급 해방이란 것은 더 이상 계급의식을 가질 필요가 없는 것이어야 할 것입니다. 사르트르는 일단 그런 유토피아적인 전망을 하지 않습니다. 그로서는 어쩌면 그런 전망 자체가 불가능하다고 할 것입니다. 그것은 대자가 벗어날 수 없는 대타적인 관계에 있어서 주체와 대상의 이분법을 해소한다는 것은 애당초 불가능하다고 여길 것이기 때문입니다. 그래서 결국 억압하는 계급을 억압받는 계급으로 전락시키지 않고서는 지금 억압받는 계급이 억압하는 계급으로부터 해방될 수 있는 길이 없다고 하는 것입니다. 아무튼 사르트르의 시야에서 계급 대 계급의 목숨을 건 대투쟁이 아른거리고 있음에 틀림없다 할 것입니다.

방금 우리는 이렇게 계급 전체의 해방을 기할 수 있는 구체적인 과정에 대한 논의를 사르트르가 생략하고 있다고 했습니다. 그런데 다소 묘한 대목을 짚어 내면서 일정하게 그 실마리를 제공하고 있긴 합니다. 그것은 위 인용문에 이어서 이렇게 제시됩니다.

다만, 그 계급에 객관적으로 구속되어 있는 개인(la personne)은 상황을 되돌리고자 하는 자신의 기획 속에서 그리고 그 기획에 의해 계급 전체를 이끌고자 한다. 이런 의미에서 대상인 우리의 경험은 주체인 우리의 경험으로 회송된다. 이는 나의 대타대상임이 타인의-대아대상임(être-objet-d'autrui-pour-moi)으로 나를 회송하는 것과 같다.(462/179)

과연 이 '개인'(la personne)이 누구인가가 문제가 아닐 수 없습니다. 억압받는 계급을 이끄는 지도자인 인물인지 아니면 앞으로 억압받는 계급을 이끌 지도자가 될 인물인지, 아니면 억압받는 계급에 속한 모든 각자의 개인인지 알 수가 없습니다. 사르트르는 억압받는 계급에 속한 각자가 이른바 현존적인 깨달음을 통해 떨쳐 일어날 때 진정한 혁명의 봉기가 가능하다고 주장하는 것으로 알려져 있습니다. 그렇게 보면, 이 대목은 일단 맨 마지막의 해석이 가장 유력하다고 할 수밖에 없습니다.

(3) 군중심리의 경우

이를 염두에 둔 듯, 사르트르는 곧 이어서 이른바 '군중심리'(psychologie des foules)를 분석하기 시작합니다. 그 예로 1886~1889년에 걸쳐 프랑스 국민들이, 대독(對獨) 애국심을 부추겼던 불랑제(Georges Ernest Boulanger, 1837~1891) 장군을 대대적으로 옹호한 이른바 불랑제주의(boulangisme)를 들면서 이렇게 말합니다.

그런 와중에 문제가 되는 것은 군중에 속한 사람들이 벌이는 개별적인 다수의 기획들이다. 군중은 지도자 혹은 연설자의 시선에 의해 [그야말로] 군중으로서 구성되었다. 군중의 통일성은 대상인 통일성이다. 군중에 속한 각자는 군중을 지배하는 제3자의 시선에서 이 대상인 통일성을 읽는다. 그리고 이때 각자는 이 대상성 속에서 자신의 상실을 기도하고, 지도자의 수중에 사로잡힌 도구에 불과한 존재로 있기 위해 자신의 자성을 완전히 포기하고자 한다. 그런데 각자가 녹아들고자 하는 이 도구는 각자의 순수하고 단순한 개인적인 대타가 아니다. 이 도구는 군중인 대상적-총체이다. 군중의 괴물 같은 물질성과 그 거대한 실재성이, 설령 이것들이 그저 체험될 뿐이라 할지라도, 군중을 이루는 각 구성원들에게 매혹적인 것이다. 말하자면, 각자는 지도자의 시선에 의해서 도구인 군중 속에 빠져들기를 요구하는 것이다.(462~463/179)

한 사람의 지도자 내지는 연설자가 군중들에게 매혹적으로 다가올 때, 그래서 군중들이 그 사람에게 열광하고 그 사람을 중심으로 군중을 형성하는 것 같지만, 실은 군중에 속한 각자에게 매혹적인 것은 한 사람의 지도자가 아니라, 그 한 사람의 지도자의 시선에 의해 형성된 군중인 대상적-총체 내지는 대상인 군중이고, 그것의 괴물 같은 물질성과 거대한 실재성이라는 이야기입니다. 정확한 지적이 아닐 수 없습니다. 만약 혁명의 봉기가 이런 식으로 일어난다면, 그 혁명은 결코 성공할 수가 없을 것입니다. 그 자체 대상인 우리에서 벗어나 주체인 우리로 전환하고자 하는 것이 아니라 대상인 우리보다 더 나쁜 대상적인 총체로 전환한 것에 불과하기 때문입니다. 그들은 기회가 주어지면 언제든지 순식간에 대상인 나로 뿔뿔이 흩어지고 말 것이기 때문입니다.

(4) 인류로서의 우리

우리는 흔히 인류애를 들먹이고 알게 모르게 지구상의 인간 전체를 하나로 묶어 이른바 '인류'라는 말을 사용합니다. 거기에는 주체인 인류 내지는 주체인 우리-인류가 암암리에 함축되어 있습니다. 그런데 사르트르는 과연 이러한 관점이 제대로 성립할 수 있는가를 분석함으로써 자신의 주체/대상의 대결적인 이분법을 견지하고자 합니다. 그의 말을 들어보겠습니다.

> 우리가 **우리**인 것은 오로지 타자들의 눈들에 대해서이다. 우리가 우리를 **우리**로서 떠맡는 것은 타자들의 시선에서부터이다. 그러나 이는 대자가 그 자신을 포함해서 **모든** 타자들을 절대적으로 총체화하고자 하는 추상적이고 실현 불가능한 기획을 시도할 수도 있다는 것을 함축한다. 인간 총체를 회복하고자 하는 이러한 노력은 원리상 인류(혹은 인간성, humanité)와 구분되고 인류를 전반적으로 대상으로 삼는 눈을 가진 제3자의 현존을 설정하지 않고서는 생겨날 수 없다. 이러한 제3자는 실현 불가능한 것으로서, 그저 타이성(altérité)의 극단 개념의 대상일 뿐이다. 이것은 가능한 모든 집단구성에 관련한 제3자이고, 어떤 경우에도 임의의 인간적인 집단구성과 공동성을 형성할 수 없는 제3자이다. 그뿐만 아니라, 이에 대해 그 어떤 타자도 제3자로서 작동할 수 없는 그런 제3자이다. 이 개념은, 결코 주시될 수 없고 오로지 주시하기만 하는 존재라는 개념, 즉 신의 관념과 정확하게 일치된다. 그러나 신은 극단적인 부재라는 성격을 갖는다. 따라서 인류(혹은 인간성)를 **우리들의 것**(nôtre)으로서 실현하기 위한 노력은 끊임없이 갱신되면서 끊임없이 좌절된다. 그래서 우리인 대상인 한에서 인류인 '우리'는 각각의 개별적인 의식에게 도달 불가능한 이념(idéal)으로서 제시된다. …… (대상인 우리의 총체로서) 인류라는 극한 개념과 신이라고 하는 극한 개념은 서로를 함축하는 상관자이다.(463/179~180)

인류 모두가 주체인 우리가 되기 위해서는 인류 모두가 하나의 제3 자처럼 작동할 수 있는 대상군(對象群)이 있어야 할 것입니다. 이는 오늘날 생태환경의 위기를 거론할 때 종종 거론되기도 합니다. 그런데 사르트르는 일단 인류를 대상인 우리의 측면에서 논구하고 있습니다. 그렇게 되는 데에는 절대적인 제3자, 즉 결코 주시될 수 없고 오로지 주시하기만 할 뿐인, 말하자면 신이라고 하는 극한 개념이 설정될 수밖에 없다고 말하고 있습니다. 논리적으로 한 치 빈틈도 없습니다. 만약 인류애라고 하는 말을 하면서 암암리에 인류 전체를 염두에 두고 그렇게 서로 사랑할 수밖에 없는 까닭이 절대적인 제3자인 누군가를 설정하고 있기 때문이라면, 심지어 인류애라는 말조차 해서는 안 될 것입니다. 그런데 사르트르는 인류라는 말을 하는 것조차 신을 끌어들이는 것이기에 함부로 해서는 안 된다는 뉘앙스를 풍기면서 '대상인 우리'라는 제목을 붙인 소절을 끝맺고 있습니다.

(5) 제조 물품의 사용으로 본 주체인 우리

이제 본격적으로 '주체인 우리'라는 제목을 단 소절을 시작합니다. 사르트르는 맨 먼저 제조된 대상들의 세계와 이와 관련된 노동을 실마리로 삼습니다. 그것은 제조된 대상들의 세계를 통해 우리가 주체인 공동체(communauté-sujet)에 속해 있음을 알게 되기 때문이고, 그 대상들을 제조하는 데 있어 노동이 근본 원천으로 작용하기 때문입니다. 더불어 노동이 궁극적으로 소비를 향해 있다는 것도 염두에 두어야 할 것입니다.

사르트르는 누구라고 말할 수 없는 시선에 즉 무차별한 시선에 해당되는 주체인 공동체로서의 초월에 대해서 제조된 대상들이 존재한다는 것을 말한 뒤, 노동과 소비 혹은 노동자와 소비자의 상황을 끌어들여 그러한 무차별한 초월이 어떻게 성립하는가를 이렇게 말합니다.

분명히 노동자 자신의 목적들을 향하지 않을 때, 노동은 하나의 소외 양식이다. 여기에서 소외시키는 초월은 소비자, 즉 노동자가 그들의 기획을 짐작하는 데 그칠 뿐인 '사람들'(on)이다. 그러므로 내가 제조 물품을 사용할 때, 나는 그것에서 내 자신의 초월성이 소묘되는 것을 맞닥뜨리게 된다. 그것은 나에게 내가 해야 할 동작들을 지적한다. 나는 돌려야 하고, 밀어야 하고, 당기거나 힘을 주어야 한다. 여기에서 문제가 되는 것은 가언명령이다. 말하자면, 내가 사용하는 제조 물품은 그것과 마찬가지로 세계로부터 성립해 오는 어떤 목적으로 나를 이끈다. 그래서 만약 내가 앉기를 원한다면, 만약 내가 상자를 열기를 원한다면 하는 등의 가언적인 목적 상황으로 나를 이끄는 것이다. 그런데 이 목적 자체는 제조 물품의 구성을 통해 임의의 초월성에 의해 정립된 목적으로서 짐작되고 있었다. 이제 이 목적은 제조 물품의 가장 고유한 잠재성으로서 제조 물품에게 속해 있다. 그래서 사실이지 제조 물품은 내가 '사람들' 임을 나 자신에게 알린다. 즉 제조 물품은 내 초월성의 이미지가 임의의 초월성의 이미지라는 사실을 나에게 지시해 준다.(464/181)

노동을 통해 제조된 물품을 사용하고 소비하는 내가 언뜻 보기에는 그 자체로 나 자신의 초월성으로서 존립하는 것 같지만, 실상은 누구라고 말할 수 없는 임의의 초월성으로서 존립한다는 사실을 내가 사용하는 제조 물품 그것이 알려 준다는 것입니다. 왜 그럴까요? 내가 사용하는 그 제조 물품은 나뿐만 아니라 어느 누구라도 사용할 수 있는 것임을 확연히 드러내기 때문입니다. 그리고 내가 그 제조 물품을 사용해서 달성하고자 하는 목적은 나만 갖는 목적이 아니라, 어느 누구라도 가질 수 있는 임의의 목적이기 때문입니다. 게다가 그 목적은 세계를 바탕으로 해서 세계로부터 성립되어 나온 것입니다. 이에 '주체인 우리'라고 말할 수 있을지 몰라도, 그것이 노동에 의해 제조된 물품을 사용하는 주체인 경우에는 임의의 초월성, 즉 임의의 주체, 즉 '사람들'(on)로서의 주체에 불과한 것입니다. 이는 지하철을 이용하는 경우에 더욱 실감나게 느껴질 것인데, 이에 대해 사르트르는 이렇게 말합니다.

> 그러나 알아 두어야 할 것이 있다. 그것은 첫째, 이러한 경험은 심리학적인 질서에 속한 것이지 존재론적인 질서에 속한 것이 아니라는 사실이다. …… 둘째, 주체인 우리에 대한 경험이 일차적인 경험이 될 수 없다는 것이다.(465~467/182~184)

사르트르는 이 두 가지 사실을 하나씩 구체적으로 논의하고자 합니다. 먼저 첫번째 사실에 대해 이렇게 말합니다.

> [임의의 초월성에 대한] 이 경험은 거기에 관련되어 있는 대자들의 실재적인 통일과 결코 일치하지 않는다. …… 특히, [타자들뿐만 아니라] 나 자신도 개입해서 생겨나게 된 그 공통의 율동 속에 내가 타자들과 함께 가담해 있다는 사실은 내가 나를 주체인 우리 속에 가담해 있는 자로서 파악하고자 할 때 특별하게 요청되는바 하나의 동기가 된다. 그것은 병사들이 보조를 맞추어 행진하는 것과 같은 의미이다. 이 경우, 그 율동이 내가 자유롭게 자아낸 것임을 염두에 두어야 함은 물론이다. …… 그러나 그 율동은 나를 둘러싸고 있는 구체적인 공동체가 수행하는 작

업이나 행진에서 이루어지는 일반적인 율동과 융합된다. 내가 자유롭게 자아낸 그 율동은 일반적인 율동에 의해서만 의미를 갖는다. …… 나는 그 집단적인 율동을 도구로서 활용하지 않는다. 나는 그 집단적인 율동을——예를 들면 내가 무대 위의 무용수들을 바라보듯이——바라보지도 않는다. 그 집단적인 율동은 나에게 대상이 되지도 않으면서 나를 에워싸고 나를 실어간다. 나는 내 자신의 고유한 가능성들을 향해 그 집단적인 율동을 초월하지 않는다. 오히려 나는 나의 초월성을 그 집단적인 율동이 갖는 초월성 속으로 흘려 넣는다. 그리고 내 자신의 목적은 집단에게 고유한 목적과 구분이 되지 않는, '사람들'의 목적이 된다. …… 그것은 분명히 주체인 우리를 경험하는 동기가 된다. 그것은 결국 **우리의 율동**이다. 그러나 그것이 [나에게 있어서] 그렇게 주체인 우리를 경험하는 동기가 될 수 있는 것은 내가 공동의 목적과 공동의 도구들을 받아들임으로써 나 자신을 무차별한 초월성으로서 구성하는 한에서이다. [이때] 주체인 우리에 대한 경험은 단독적인(특이한, singulière) 하나의 의식에 있어서 심리적이고 주관적인 순수한 사건이다. 이 순수한 사건은 단독적인 이 의식의 내밀한 구조적 변양에 상응한 것이긴 하지만, 타자들과 맺는 구체적인 존재론적 관계를 바탕으로 해서 나타나는 것이 아니고 따라서 그 어떠한 '공존재'도 실현하지 않는다.(465~466/182~183)

이렇게 길게 인용했는데도, 무슨 이야기를 하려고 하는지 선명하게 그 핵심이 들어오지 않습니다. 제조 물품을 사용하는 데서 성립하는 나의 무차별적인 초월성, 지하철을 타려고 여러 사람들과 함께 리듬을 맞추어 걸어가는 데서 성립하는 나의 무차별적인 초월성, 그런 경우에 생겨나는 집단적인 목적에 따른 집단적인 율동을 통해 느껴지는 나의 무차별적인 초월성, 이렇게 됨으로써 임의적인 한 현존자로서 '사람들'에 편입되고 마는 나 자신 등등. 나는 분명히 주체인 우리를 경험할 수 있을 것이지만, 이때 그러한 나의 경험은 존재론적인 것이 아니고 심리적이고 주관적인 사건에 불과하다는 이야기입니다.

문제는 어째서 이런 경우에 내가 겪는 주체인 우리에 대한 경험이 존재론적인 사건이 아니고 그저 심리적이고 주관적인 것에 불과한가 하는 것입니다. 다음의 이야기를 더 들어 보기로 합시다.

> 상황은 분명히 이렇다. 내가 구두를 신으려 할 때나 내가 병마개를 뽑을 때 혹은 내가 승강기에 올라탈 때나 내가 극장에서 웃을 때, 나는 나를 임의적이게끔 만든다. 그러나 이 무차별한 초월성에 대한 체험은 오로지 나에게만 관여하는 내밀하고 우연적인 사건이다. 세계에서 오는 특정한 어떤 정황들은 이 사건에 우리임이라는 인상을 덧붙인다. 그러나 그 모든 경우에, 오로지 순전히 주관적이고 나만을 끌어당기는 하나의 인상만이 문제될 것이다.(466~467/184)

내가 임의적인 어떤 존재에 불과하게 되는 경우들에 있어서, 타인들은 나와 더불어 주시하고 주시되는 이른바 대타관계를 정확하게 드러내지 않습니다. 그럴 때 나뿐만 아니라 타인들의 초월성은 그 나름의 특이성을 갖는 것이 아니라, 일반 명사로 지칭되는 일군의 집단에 속한 초월성, 즉 무차별한 초월성이 됩니다. 예컨대 카페 종업원은 카페에 나타난 나를 손님으로 대할 것이고, 극장 종업원은 나를 극장에 영화를 보러 온 관객으로 대할 것입니다. 카페에 앉아 있는 모든 손님들이 나와 마찬가지의 처지이겠기에 나는 은근히 '손님인 우리'를 느낄 수 있습니다. 극장에 앉아 있는 다른 모든 관객들이 나와 마찬가지의 처지이겠기에 나는 은근히 '관객인 우리'를 느낄 수 있습니다. 게다가 나름 돈을 지불하고 '폼을 잡고 있기에' 나는 이들에 대해 은근히 '주체인 우리'를 느낄 수 있습니다.

하지만, 이러한 나의 체험은 천안함 사건에서 국가가 자신들을 대하는 태도에 관련해서 유족들이 느끼는 '유족인 우리'에 대한 체험과는 사뭇 다릅니다. 이들 유족은 정확하게 제3자인 국가를 공통의 제3자로 뚜렷하게 의식하고 있습니다. 그런 까닭에 이 제3자에 의해 이들 '유족인 우리'는 때로는 '대상인 우리'가 되기도 하지만, 때로는 예컨대 생사 여부의 탐색을 중지하라고 할 것인가 아니면 계속하라고 할 것인가 할 경우에는 정확하게 '주체인 우리'가 되기도 합니다. 그런데 앞의 임의적인 내가 느끼는 '주체인 우리'는 공통된 제3의 시선이 없는 상태에서 내가 일방적으로 느끼는 것입니다. 그래서 순전히 주관적이고 심리적인 차원에 머문 '주체인 우리'라고 하는 것입니다.

이제 두번째 사실, 즉 '주체인 우리'에 대한 경험이 일차적인 경험일 수는 없다는 것에 대해 사르트르는 흔히 큰 건물에 들어가면 써 붙여 놓은 '출구' 내지는 출구를 나타내는 그림을 들먹이면서 이렇게 말합니다.

> 내가 그 대상을 '출구'로서 사용할 때, 나는 그 대상 자체에 복종하지 않는다. 나는 인간적인 질서에 순응하고 있는 것이다. 나는 내 자신의 행동 자체에 의해 타자의 현존을 인정한다. 나는 타자와의 대화를 수립한다. …… 이미 타자에 대한 경험을 갖지 않은 자라면, 그는 제조 물품과 가공되지 않은 사물의 순수 물질성을 전혀 구분하지 못할 것이다.

…… 그러므로 제조 물품이 타자들을 가리키고 그럼으로써 나의 무차별한 초월성을 가리킨다면, 그것은 내가 이미 타자들을 인정하기 때문이다. 그래서 주체인 우리에 대한 경험은 타인에 대한 근원적인 경험 위에서 구성되는 것으로서, 이차적이고 종속적인 경험이 될 뿐이다.(467~468/185~186)

건물에 들어선 모든 사람들은 그네들이 그 건물에서 나가려고 할 때, 나와 마찬가지로 '출구'라는 지시 기호를 사용할 것입니다. 그래서 내가 그것을 보고서(활용해서) 그 건물을 나설 때 함께 나서는 다른 사람들에 대해 '주체인 우리'를 느낄 것입니다. 이때 '주체인 우리'는 물론 임의적이고 무차별한 초월성에 입각한 것입니다.

그런데 이 대목에서 사르트르가 중시하는 것은 암암리에 '주체인 우리'를 느끼면서 하는 나의 행동을 통해 이미 나는 '출구'라고 써 놓은 어떤 타자의 현존을 인정하고 있다는 것입니다. 제조된 모든 물품을 사용할 때, 이런 일이 바탕에 깔려 있을 것입니다.

(6) '주체인 우리' 혹은 '공존재'의 존재론적인 허약성

그렇다면 일상적으로 늘 이루어지는 제조 물품의 사용에서 '주체인 우리'를 느낄 때, 암암리에 전제되고 있는 타자들은 도대체 어떤 존재들인가요? 이에 대해 사르트르는 이렇게 말합니다.

이 경험에서 타자들은 도대체 주체들로 체험되지 않을뿐더러 대상들로도 파악되지 않는다. 그들은 정립된 것이 결코 아니다. …… 만약 타자가 다른 어떤 방식으로도 주어지지 않는다면, 우리에 대한 경험은 스스로 무너지고 그럼으로써 나의 초월성에 의해 둘러싸인 세계 속에서 순수한 도구인 대상들에 대한 파악만을 가져다줄 것이다.(468/186~187)

사실 이 말은 사르트르가 하이데거의 '공존재' 개념이 너무 허술하다는 것을 지적하고 공격하기 위한 것입니다. 사르트르는 하이데거가 말하는 '공존재'에서 도대체 타자가 어떤 존재인지를 정확하게 드러내고 있지 않기 때문에 그 자체 상당히 문제가 많다고 합니다. 위 인용문 바로 앞에서 이렇게 말하고 있습니다.

공존재가 홀로 존재하는 것은 **불가능하다**. 타자라는 것이 무엇인가에 대한 인식이 선결되어야 한다. 나는 "……와 함께 있다". 그런데 도대체 **누구와** 함께한단 말인가? 그뿐만 아니라, 설사 심지어 이 공존재에 대한 경험이 존재론적으로 일차적이라 할지라도, 이 경험이 전적으로 변양되지 않고서는 어떻게 해서 전적으로 무차별한 초월성으로부터 특이한 개인들의 체험으로 넘어갈 수 있는지 알 수 없다.(468/186~187)

하이데거가 현존재의 근본적인 존재방식으로서 내세운 공존재는 실은 무차별적인 초월성에 의거한 이른바 임의의 '주체인 우리'에 불과한 것이고, 그럴 때 타자들이란 도대체 제대로 정립된 것이 아닐뿐더러 주체인지 대상인지조차 불분명한 것이기에 결국 '주체인 우리', 즉 공존재에 대한 경험은 스스로 무너질 수밖에 없다는 것입니다. 그리고 결국은 나의 진정한 초월성을 중심으로 한 도구들인 세계만이 남을 것이라는 이야기지요.

이는 결국 하이데거가 말하는 본래적인 실존이라는 개념과 공존재라는 개념이 도대체 연결될 수 없는데, 그것은 그가 진정한 의미의 타인의 존재를 확립하지 않았기 때문이라는 것입니다. 말하자면, 하이데거는 실존의 기반인 대자가 본래부터 대타존재임을, 그때 타인은 나를 대상으로 몰아붙이는 타자의 시선을 통해 그 현존이 확립됨을 놓치고 있다는 것입니다.

(7) 상호주관성의 존재론적인 허약성

사르트르는 하이데거의 공존재 개념을 공격하는 데 그치지 않습니다. 그는 후설이 애써 구축하고자 했던 상호주관성마저 여지없이 공격합니다.

> 하나의 인간적인 우리를 요청함으로써 그 안에서 상호주관적인 총체성이 통일된 주체성으로서 자기 자신에 대한 의식을 갖는다고 해본들 허사다. 그와 같은 이상(理想)은 파편적이고 엄격하게 말해 심리적인 경험들로부터 출발해서 극단으로 절대적으로 밀고 나가 생겨난 몽상에 불과할 따름이다.(469/187)

사르트르는 인간들 사이에 근본적으로 대립과 충돌이 존재한다는 것을 입증해 보이고자 합니다. 이를 위해 '대타' 문제를 다각적으로 분석하고 기술해 왔습니다. 그런데 만약 상호주관성이란 것이 근원적으로 성립한다면, 그래서 인류 전체를 아우르는 하나의 인간적인 우리, 즉 일체를 이룬 인류가 존재한다면, 사르트르의 입론은 무너질 수밖에 없습니다. 아닌 게 아니라, 후설이 상호주관성을 정초하기 위해 끌어들이는 감정이입이나 이해이입은 그야말로 심리학적인 것으로 볼 수밖에 없습니다.

"타인은 지옥이다"라는 말에서 알 수 있듯이, 사르트르는 대타관계가 근본적으로 대립과 충돌의 관계임을 끊임없이 견지합니다. 왜 그럴까요? 이에 대한 대답을 사르트르의 삶이나 그가 살았던 시대적인 배경에서 근거를 찾는다면, 사르트르 본인이 아예 거부할 것입니다. 아마도 사르트르는 이에 대해 인간실재의 존재 자체가 그러하다고 응수할 것입니다. 그리고 이를 충분히 보여 주었지 않느냐고 응수할 것입니다. 결국 이렇게 결론을 맺습니다.

> 의식들 간 관계에 있어서 본질은 공존재가 아니다. 충돌이다.(470/189)

(8) 부르주아 계급으로 본 '주체인 우리'의 존재론적인 허약성

사르트르는 기본적으로 '대상인 우리'와 '주체인 우리'가 존재론적으로 전혀 다른 방식을 취한다는 것을 강조합니다. 이는 다음의 말로 압축됩니다.

> 대상인 우리에 대한 경험과 주체인 우리에 대한 경험 사이에는 그 어떤 대칭도 없다. 전자는 실재적인 현존의 차원에서 드러나는 것이고, 또 대타에 대해 갖는 그저 풍부한 근원적인 경험에 상응한다. [그런 반면,] 후자는 가공된 영토 속에 그리고 정해진 경제적 유형의 사회 속에 둘러빠져 있는 이력을 갖춘 한 인간에 의해 실현되는 심리적인 경험이다. 이 후자의 경험은 특정한 아무것도 드러내지 않는다. 그것은 순전히 주관적인 '체험'(Erlebnis)이다.(470/188)

대상인 우리에 대한 경험은 근원적으로 존재론적인 근거를 바탕으로 한 것이고, 주체인 우리에 대한 경험은 주관적이고 심리적인 인위적인 것에 불과하다는 이야기입니다. 사르트르는 이를 입증해 보이기 위해, 억압받는 계급과 억압하는 계급에서 이러한 경험들이 어떻게 달리 구성되는가를 분석합니다. 우선 억압하는 계급에 속하는 부르주아에 대해 이렇게 말합니다.

> 억압하는 계급의 약점은 [억압받는 계급을] 강제할 수 있는 확실하고도 가혹한 장치들을 마음대로 구사할 수 있는데도 불구하고, 그 자체 심각한 무정부상태에 놓여 있다는 것이다. '부르주아'는 어떤 유형의 사회 속에서 권력과 확실한 특권들을 마음대로 누리는 경제적 인간(homo oeconomicus)으로만 정의되지 않는다. '부르주아'는 내부적으로, 자신이 어느 계급에 속해 있다는 것을 인정하지 않는 의식으로 기술된다. …… 정작 중요한 문제는 다음과 같은 데 있다. 억압하는 계급에 속한 구성원은 억압받는 계급의 총체를 대하고 있다. 이때 그는 억압받는 계급의 총체를 '주체인 그들'의 집합으로 본다. 그러면서 이와 상관하여 그는 억압하는 계급에 속한 다른 구성원들과의 존재적인 공동성을 실현하지 않는다. 사실이지, 억압받는 집단을 마주한 상태에서, 이를 도구인 대상으로 파악하는 데에는, 그리고 자기 자신을 이러한 집단에 대한 내적인 부정으로 즉 그저 불편부당한 제3자로서 파악하는 데에는, 자신 혼자만으로 충분하다.(469/188)

이 인용문 앞에서 사르트르는 부르주아란 기본적으로 계급의 현존을 인정하지 않으려 하고, 프롤레타리아의 현존을 그저 선동적이고 혼란을 가중시키는 것으로 여기고 나아가 몇몇 미봉책을 통해 얼마든지 교정될 수 있는 것으로 여긴다는 것을 지적합니다. 그렇기 때문에, 부르주아라는 억압하는 계급에 속한 개개 구성원은, 억압받는 프롤레타리아 계급에 속한 개개 구성원들이 스스로를 '대상인 우리'(혹은 부르주아가 보기에는 '주체인 그들')를 구성하는 자로 경험하는 것과는 달리, 자신이 정확하게 억압하는 계급으로서의 '주체인 우리'를 구성하는 데 개입해 있다는 경험을 하지 않는다는 것입니다. 마치 제조 물품을 사용할 때 소비자 각자가 느끼는 '주체인 우리'처럼 피상적이고 심리적이고 주관적이고 이차적인 방식으로만 '주체인 우리'를 느낀다는 것입니다. 다만, 이 경우에는 제조 물품을 사용할 때와는 달리 부르주아 개인은 혼자서, 자기가 대하고 있는 이 억압받는 집단을 내적으로 부정하고, 그러면서 자기를 이 억압받는 집단에 대해 공정한 위치에 있는 제3자로서 파악한다는 것이 다릅니다.

하지만 억압받는 계급이 대대적으로 반항을 일삼고 그들의 힘을 과격하게 드러내게 되면 상황이 일변합니다. 억압받는 계급이 부르주아를 노려보는 '시선인 저들'(on-regard)이 될 것이고, 이때에는 억압하는 자들이 스스로를 **우리**로서 경험하게 될 것입니다. 이런 상황 변화를 지적하면서, 사르트르는 "그러나 그렇게 그들이 스스로를 **우리**로서 경험하는 것은 공포와 수치 속에서 일 것이고, [그때] 우리는 대상인 우리에 불과할 것이다"(470/188)라는 말을 덧붙입니다. 이래저래 부르주아에게서는 존재론적인 기반을 갖고 있는 '주체인 우리'가 성립할 수 없다는 것입니다.

(9) 대상인 우리의 존재론적인 정확성

이에 반해 사르트르는 대상인 우리가 분명하게 존재론적인 근거를 갖고서 이루어진다는 것을 다음과 같이 말합니다.

대상인 우리는 과연 어떤가? 대상인 우리는 직접 제3자에 의존한다. 즉 나의 대타존재에 의존한다. 대상인 우리의 구성은 나의 대타외존(être-dehors-pour-l'autre)[9]을 기반으로 해서 이루어진다.(470/188~189)

4) 결론

이제 사르트르는 제3부 '대타존재'의 결론에 해당하는 말을 간단하게 덧붙입니다.

> 우리는 먼저 대자가 즉자에 대한 철저한 무화이자 부정임을 배웠다. 이제 우리는 대자가 그 어떤 모순도 없이 타자와 경쟁한다는 사실만으로 또한 대자가 전적으로 즉자라는 것, 그리고 즉자의 한복판에 현전한다는 사실을 확인한다. 그러나 대자의 이 두번째 측면은 자신의 **바깥**을 나타낸다. 즉 대자는 본성상 자신의 즉자존재와 일치할 수 없는 존재인 것이다.(470/189)

대자가 전적으로 즉자이기도 하다는 것을 사르트르가 직접 확인하는 장면에서 우리는 상당히 당혹스러울 수밖에 없습니다. 대자와 즉자라고 하는 이분법을 끝까지 견지하는가 했는데 그게 아니기 때문입니다. 사르트르가 주체와 대상에 관해서는 이분법을 견고하게 유지하는 것이

---

9) 여기에서 대타외존이란 것은 내가 나의 자성에 의해 현존한다는 측면이 아니라 내가 타자에 대해 내 바깥에서 현존한다는 측면을 중시할 때 성립합니다. 이러한 존재론적인 근본 구조에서 성립하는 것이 바로 대상인-우리라는 것이지요.

분명합니다. 이는 방금 했던 '대상인 우리'와 '주체인 우리'의 비대칭성을 통해서도 상당 정도 확인되었습니다. 그러니까 대자를 주체에 할당하고 즉자를 대상에 할당하는 것은 대단히 잘못된 것입니다. 대상인 대자가 있고, 이를 확인해 주는 것이 대자가 대타존재라는 것이었습니다. 다만, 대타존재로서의 대자는 자칫 즉자적인 사물들 한복판으로 전락하게 되는 것이기에, 대자가 전적으로 즉자라는 사실을 확인하는 것입니다.

하지만, 사르트르는 대자가 본성상 자신의 즉자존재와 일치될 수 없는 존재임을 명기함으로써 대자의 이중배리적인 구조, 즉 자신의 바깥을 지니면서 그 자신의 바깥을 끊임없이 무화하고 부정하는 존재임을 밝히고 있습니다.

4부

/

가짐, 함 그리고 있음

4부의 강해를 시작하며

제3부 '대타'를 끝내고, 제4부 '가짐, 함 그리고 있음'으로 진입합니다. 제4부는 두 개의 장으로 구성되어 있습니다. 첫 장은 '있음과 함: 자유'인데, 세 개의 절로 나뉩니다. 1절은 '행동의 첫째 조건, 그것은 자유이다'이고, 2절은 '자유와 현사실성: 상황'이고, 3절은 '자유와 책임'입니다. 둘째 장은 '함과 가짐'인데, 역시 3절로 나뉩니다. 1절은 '현존적 정신분석'이고, 2절은 '함과 가짐: 소유'이고, 3절은 존재의 폭로자인 질에 관하여'입니다. 제4부는 원문으로 약 190쪽에 달합니다. 제4부가 끝나고 마지막에 결론부를 붙이고 있는데, 결론은 원문으로 10여 쪽에 불과하니까 이제 남은 것은 약 200쪽입니다. 원문 전체가 약 680쪽 쯤 되니 그동안 약 70% 강해를 했고, 남은 것이 30%쯤 됩니다.

그런데 사르트르는 제4부를 시작하면서 특별히 1쪽을 할애하여 제4부 전체에 대한 일종의 안내를 합니다. 그 첫 문장은 이러합니다.

가짐, 함 그리고 있음은 인간실재에 대한 주요 범주들이다. 이 범주들은 인간의 모든 활동들을 그 아래에 포섭한다. 예컨대 **인식함**은 **가짐**의 한 양상이다. 이 범주들은 서로 연결되지 않을 수 없다.(475/196)

하이데거는 그의 『존재와 시간』에서 아리스토텔레스의 10개 범주들이나 칸트의 12개 범주들과 변별되는 이른바 '실존범주들' (Existenzialien)을 제시한 바 있습니다. 그는 이렇게 말합니다.

현존재의 분석론에서부터 발원한 모든 설명내용들은 그의 실존구조를 고려하여 획득된 것들이다. 그것들이 실존성에서부터 규정되고 있기에 우리는 현존재의 존재성격을 **실존범주들**이라고 부른다. 이것을 우리는 현존재적이지 않은 존재자의 존재규정, 즉 우리가 **범주들**(*Kategorien*) 이라 부르는 것과 날카롭게 구분해야 한다.(『존재와 시간』, 44/70)[1]

아리스토텔레스나 칸트가 제시한 범주는 존재자의 성격상 실존적이지 않은 것들에 관한 것들이고, 그래서 이를 적용해서 인간 존재를 설명할 경우 인간 현존재의 고유한 존재성격들을 담아낼 수 없다는 것입니다. 이와 달리 예컨대 '세계-내-존재'라든가 '공존재'라든가 혹은 '죽음으로-향한-존재' 등의 실존범주들은 오로지 인간 현존재의 고유한 존재성격을 나타내는 것이기에 이것들을 통하지 않고서는 실존적인 인간 현존재를 설명할 수 없다는 것입니다.

사르트르가 말하는 '인간실재'는 하이데거가 말하는 현존재에 해당합니다. 사르트르는 가짐, 함 그리고 있음 세 가지를 인간실재에 대한 주요 범주들이라고 하면서 하이데거가 말하는 실존범주를 떠올리게 합니다. 하지만 하이데거처럼 '실존범주들'이라는 식의 특별한 용어를 만들

---

1) 앞 쪽수는 『존재와 시간』의 원전인 *Sein und Zeit*, Tübingen: Max Niemeyer Verlag, 1972 의 쪽수이고, 뒤 쪽수는 한글본인 『존재와 시간』(이기상 옮김, 까치, 1998)의 쪽수입니다.

어 쓰는 것은 아닙니다. 이는 사르트르가 인간실재의 존새를 하이데거처럼 여느 다른 존재자들과 '날카롭게' 구분해서 보는 것이 아님을 암시하는 것으로 보입니다. 사실이지 '가짐, 함 그리고 있음'은 적용하기에 따라 인간 이외의 존재자들에게도 적용할 수 있는 일반적인 범주들이라 할 수 있지 않겠습니까. 다만, 인간실재에서 이 범주들이 작동하는 각각의 방식이 다른 존재자들에 작동하는 방식들과 다를 뿐입니다.

사르트르가 인간실재를 언급할 때 그 바탕에는 항상 대자의 존립이 작동하고 있음을 염두에 둘 필요가 있습니다. 그러니까 대자가 어떻게 가지고·하고·있는 존재가 될 수 있는가 하는 문제가 중요해지는 것입니다. 그래서 사르트르는 이렇게 물음을 던지면서 본론으로 들어가고자 합니다.

어느 편이 옳은가? 인간 활동성의 지고한 가치는 **함**인가 아니면 **있음**인가? 그리고 그 적절한 해답이 무엇이건 간에, **가짐**은 어떻게 되는가? 존재론은 우리에게 이런 문제에 대해 가르침을 줄 수 있어야 한다. 즉 만약 대자가 **행동**(*action*)에 의해 정의되는 존재라면, 이는 또한 존재론의 본질적인 임무들 중 하나이다. 그러므로 우리는 행동 일반과 **함**과 **있음** 그리고 **가짐** 간의 본질적인 관계들에 대해 그 대강(大綱)의 특질들을 그려내는 탐구를 하지 않고서 이 책을 끝내서는 안 될 것이다.(475/196)

대자가 행동에 의해 정의된다는 것을 기정사실로 여기고 있습니다. 데카르트적인 반성적 관점을 통해 대자가 확립된다는 점만을 강조한다면, 도대체 이런 생각을 할 수 없을 것입니다. 사르트르는 "대자는 행동한다. 행동을 통해서만 대자가 존립할 수 있다"라고 말하는 셈입니다. 여기에서 행동이 그저 의식들 간의 문제로 그치는 것은 결코 아닙니다. 여기에서 말하는 행동은 함, 있음, 가짐 등을 아우르는 것입니다. 이 세 범주들은 물질적인 측면들과 정신적인 측면들을 모두 포함한 구체적인 상황 속에서만 진정으로 작용할 것입니다. 사르트르가 말하는 대자가 어느 정도로 이런 구체적인 상황 속에 깊이 뿌리를 내리고 있는 개념인가를 다시한번 확인케 됩니다.

제1장 | 행동의 조건, 자유

1. 행동의 근본 조건인 자유

1) 행동의 지향성

이제 제1장 제1절 '행동의 첫째 조건, 그것은 자유이다'로 넘어갑니다. 일단 사르트르는 많은 사람들이 행동(action)이라는 관념 자체에 포함되어 있는 구조들을 해명하지도 않은 채 그저 결정론이니 자유의지론이니 하면서 끝없이 논쟁하는 것에 대해 일타를 가합니다. 그러면서 행동의 근본 구조에 대해 이렇게 말합니다.

> 먼저 행동이 원칙상 **지향적**(*intentionnelle*)이라는 점을 지적하는 것이 마땅하다.(477/197)

여기에서 지향적이라는 것은 결과에 대한 일정한 예측을 갖고서 행동해서 작용을 가하는 것을 말합니다. 그러니까 지향적으로 작용을 가하는 것이 행동입니다. 그래서 사르트르에 따르면 담배를 피우다가 본의 아니게 화약고를 터뜨리는 것은 지향적인 것이 아니고, 따라서 행동이 아닙니다. 채석장에서 발파하는 것은 지향적이고 행동적이라고 할 수 있습니다. 그러면서 콘스탄티누스 대제가 비잔티움을 따로 건립해 그리스 언어를 쓰는 문화의 도시로 만들어 기독교의 분리를 야기하고 로마 제국을 약화시킨 것은 비록 그가 예견한 것은 아니지만, 그가 황제들이 거주할 수 있는 동방의 도시를 건립하고자 했기에 지향적으로 작용을 가하는 행동이라는 것이지요.

그런 뒤 사르트르는 정작 행동이 지향적이라는 것을 정확하게 해명할 수 있기 위해서는 부정성을 염두에 두지 않으면 안 된다는 것을 강조합니다.

> 행동은 그 조건으로서 '바람직한 것', 즉 객관적인 결핍 혹은 아니면 **부정성**에 대한 인정을 필수적으로 함축한다.(478/198)

행동의 필수조건으로서 부정성을 끌어들이는 것은 행동이 대자의 본성과 연결된다는 것을 염두에 둔 것일 터입니다. 대자는 근본적으로 자기부정에서 설립되기 때문입니다. 사르트르는 이에 관한 이야기를 전혀 하지 않은 채, 계속 콘스탄티누스 대제의 비잔티움 건설에 대한 이야기를 예로 들어 이 인용문의 의미를 설명하고 입증하고자 합니다. 그 핵심은 존재 즉 있음과의 대결에서 행동이 이루어지고, 있음 즉 존재를 넘어서려는 데서 행동이 이루어진다는 것입니다. 결국 이렇게 말합니다.

> 한 인간이 역사적인 상황 속에 푹 빠져 있는 한, 그는 결정되어 있는 정치적이거나 경제적인 조직에 대해 결함과 결핍을 인지할 수조차 없을

것이다. 그것은 사람들이 어리석게 말하듯이 _그_가 그 조직에 '습관화되어' 있어서가 아니라, 그가 그 조직을 존재적인 충만함 속에서 파악함으로써 심지어 그가 다른 방식으로 존재할 수도 있다는 것을 아예 생각하지 못하기 때문이다.(479/199)

사르트르는 인간실재가 자신의 삶을 바꾸어 낼 수 있는 혁명적인 행동을 암암리에 분석하고자 합니다. '정치적이거나 경제적인 조직'을 언급하는 데서 이를 어느 정도 간취할 수 있습니다. 그런 조직을 바꾸지 못하는 것은 근본적으로 '존재적인 충만함'에 빠져 있기 때문이지 습관화되어 있기 때문이 아니라고 말하는 대목을 유념할 필요가 있습니다. '존재적인 충만함'에 빠져 있다는 것은 부정에 의거한 대자적인 방식의 삶을 추구할 수 없다는 것을 의미합니다. 요컨대 혁명적인 행동을 할 수 있기 위해서는 부정에 의거한 대자적인 방식의 삶을 추구하지 않으면 안 된다는 것입니다.

　이는 1831년 11월 21일에서 12월 3일까지 프랑스의 리옹에서 임금 삭감에 대항해 봉기를 일으킨 노동자들이 일순간 승리를 쟁취했는데도 결국 정규군에 의해 완전히 진압된 사건에 대한 사르트르의 다음과 같은 해석에서 확인됩니다.

　1830년의 노동자는, 만약 임금을 삭감하면 폭동을 일으킬 수 있다. 왜냐하면 [현재의] 그의 비참한 생활수준이 임금을 삭감하여 그에게 부여하고자 하는 생활수준보다 그나마 덜 나쁘다고 하는 상황을 쉽게 인지하기 때문이다. 그러나 그는 그의 [현재의] 고통을 참을 수 없는 것이라고 여기지 않는다. 그는 거기에 적응한다. 체념해서가 아니다. 그러한 고통이 더 이상 존립하지 않는 사회 상태를 인지하는 데 필요한 교양과 반성이 부족하기 때문이다. 그래서 그는 **움직이지**(*agir*) **않는다.** …… 그들의 불행은 그들에게 '습관적인 것들'이 아니다. 오히려 **자연스러운 것들**이다. 그들의 불행은 전적으로 거기에 있다. …… 그들의 불행은 노동자에 의해 자신의 존재에 통합된다. 노동자는 자신의 고통을 고려하지 않고 그리고 고통에 가치를 부여하지도 않고 고통을 당한다. 고통받음과 **존재함**은 노동자에게 있어서 하나일 뿐이다.(479/199~200)

어찌 보면 힘든데도 들고 일어나지 않는 노동자들의 입장을 너무 몰아붙이는 것 같습니다. 엄격하게 말하면, 정말이지 노동자들이 자신의 존재와 고통받음을 일치된 것으로 여기겠습니까. 하지만 사르트르의 질타는 준엄합니다. 당신네들이 그렇게 고통을 당하면서도 그저 거기에 적응하고 사는 것은 당신들이 그러한 고통의 상태를 당신들이 본래 그러할 수밖에 없는 존재인 양 자연스럽게 생각하기 때문이다. 얼마든지 다른 방식의 삶을 영위할 수 있는 사회 상태가 가능한데도 그것을 정확하게 인지하지 못할 정도로 당신들은 교양과 반성이 부족하다고 질타하고 있습니다. 요컨대 사르트르는 자신의 존재를 부정성으로 파악하지 못하는 한, 그것은 곧 자신의 존재에 안주하는 것이고, 그런 한에서 진정한 행동을 하지 못한다는 것입니다.

핵심은 존재 자체에서는, 예컨대 고통이나 불행이 점철되는 상태 자체에서는 행동이 일어날 수 없다는 것입니다.

그 어떠한 사실상의 상태도, 설령 그것이 (사회의 정치·경제적인 구조이건 심리적인 '상태' 등이건) 무엇이든지 간에, 그 자체에 의해 어떠한 행위를 불러일으킬 수는 없다. 왜냐하면, 하나의 행위란 존재하지 않을 뿐만 아니라, 그 자체로는 도대체 존재하지 않는 것이 무엇인가를 결정할 수 없는 것을 향해 대자가 기획투사하는 것이기 때문이다.(479~480/200)

사실상의 상태에 의거한 존재, 즉 있음과 부정성, 즉 있지 않음을 향한 대자의 기획투사가 철저하게 대립된 것임을 여실히 나타내고 있습니다. 그러면서 행동이란 근본적으로 있지 않은 것을 향한 대자의 기획투사에 의거해서 일어날 수 있다는 것입니다.

모든 행동은 사물들의 상태를 '……의 결핍'으로서 즉 부정성으로서 발견할 것을 그 명백한 조건으로 삼을 뿐만 아니라, 문제가 되는 사물들의 상태를 ——미리부터—— 고립된 체계로 구성할 것을 그 명백한 조건으로 삼는다. 사물들의 상태 ——만족스러운 상태건 그렇지 않은 상태건 간에 ——가 **존재하는** 것은 오로지 대자의 무화하는 역량에 의해서일 뿐이다.(480/201)

대자가 행동에 의해 정의된다고 했는데, 여기에서 보면 그 반대로 행동이 철저히 대자에 의해 뒷받침됩니다. 대체로 우리는 도무지 견딜 수 없는 상태가 되면 행동을 개시한다고 간주됩니다. 도무지 견딜 수 없음이 과연 어디에서 성립해서 등장하는가에 대해 사르트르는 대자의 무화 역량에서 비롯되는 것이라 말하고 있습니다. 아울러 그러는 과정에서 대자는 도무지 견딜 수 없는 사물들의 상태, 즉 그렇게 있음을 하나의 고립된 체계로서 확정을 짓는 이른바 구성 작용을 수행한다고 말하고 있습니다. 이 인용문은 후자에 역점을 두고 있습니다. 존재, 즉 있음을 근본적으로 규정하는 것이 바로 대자의 무화 역량이니만큼, 행동의 전제 조건인 존재의 부정성에 대한 발견은 더욱더 말할 것도 없다는 식입니다.

대자의 무화 역량은 자기를 부정하고 이탈해서 새로운 미래의 가능성들을 향해 초월하는 것이었습니다. 이를 불행에 처한 노동자에 적용하지 않을 수 없을 것인데, 이렇게 됩니다.

> 노동자가 자신의 고통을 견딜 수 없는 고통으로 정립할 수 있고, 그 결과 자신의 고통을 자신의 혁명적인 행동에 대한 동인으로 삼을 수 있는 것은 자기 자신으로부터 그리고 세계로부터 순전하게 이탈함으로써이다.(480/201)

"정신은 부정적인 것이다"라는 헤겔의 말이 의미하는 바가 과거의 존재가 현재의 의식을 규정할 수 없다고 하는 것임을 말하면서, 사르트르는 행동과 자유를 해명함에 있어서 무화함으로써 부정하는 의식의 역량을 반드시 고려해야 한다고 합니다. 그래서 이렇게 말합니다.

> 사실이지, 의식에게 세계와 자기 자신에 대해 부정하는 권능을 귀속시키자마자, 무화를 목적 **설정**의 총체적인 부분으로 삼자마자, 모든 행동의 불가피하고 근본적인 조건, 그것은 바로 행동하는 자(l'être agissant)의 자유라는 것을 인정해야만 할 것이다.(480/201)

행동이 지향적이라고 하는 사실은 부정성에 입각한 것이고, 부정성에 입각한다는 것은 대자의 무화 역량에 의거한다는 것이고, 결국에는 행동이 지향적이라는 것은 대자가 세계의 존재뿐민 아니라 자기 자신의 존재마저 부정하고 이탈하는 데 근거한 것이기에, 행동이 성립할 수 있는 조건은 바로 행동하는 자의 자유라는 것입니다.

2) 동기의 정체

그런데 인간 행동에 대해, 결정론자들은 끝없이 연결되는 동기 혹은 동인들의 연쇄를 끌어들여 그 어떤 결정이나 사소한 몸짓에도 동기가 없을 수 없음을 주장합니다. 그렇기 때문에 미래를 향해 목적을 설정하는 것조차 과거에 속한 동기에 의거한 것이기에 목적을 향한 인간의 지향적인 행동이 과거의 존재에 얽매여 있음을 주장합니다. 사르트르는 이러한 결정론이 자유 의지를 주장하는 쪽보다 입론에 있어서 유리한 입장에 있다는 것을 인정하면서도 이렇게 비판합니다.

> 그러나 결정론자들은 그저 동기나 동인을 지적하는 데서 탐구를 그침으로써 그들 나름대로 자신들을 너무 유리한 쪽으로 가져간다. 여기에서 정작 본질적인 문제는 '동기-지향-행위-목적'(motif-intention-acte-fin)이라는 복합적인 조직이다. 정작 우리가 자문해야 할 것은 하나의 동기(혹은 하나의 동인)가 어떻게 해서 그런 것으로 구성될 수 있는가 하는 것이다. 그런데 우리가 보아 온 것은, 동기 없는 행위가 없다고 할 때, 그것은 원인 없는 현상이 없다고 말할 수 있는 것과 같은 의미로 한 것이 결코 아니라는 점이다.(481/202)

행위에 동기가 있다는 것을 부정할 수 있는 사람은 없을 것입니다.

아무 동기도 없이 하는 행위는 행위가 아니라 맹목적인 동작에 불과할 것이기 때문입니다. 문제는 동기를 원인의 일종으로 보려고 한다는 데 있습니다.

중요한 것은 동기가 도대체 어떻게 성립하는가를 제대로 파악하는 것입니다. 일찍이 후설은 인과 관계와 동기부여 관계를 구분했습니다. 인과적인 관계에서 결과는 원인 속에 이미 그 성립의 요인들 자체를 두고 있지만, 동기부여 관계에서 동기를 부여하는 쪽이 자신 속에 동기를 부여받는 쪽이 성립하는 데 필요한 요인들 자체를 두고 있는 것은 아니라는 것입니다. 사르트르 역시 일단 이와 엇비슷한 것 같으면서 무와 관련된 비존재를 끌어들여 이렇게 설명합니다.

> 동기를 동기로서 구성하는 일은 실제적이고 실증적인 다른 현존자, 즉 앞서 있었던 동기를 지시할 수 없을 것이다. 그렇지 않다고 한다면, 행위의 본성 자체, 즉 비존재에 지향적으로 개입되어 있음이 사라지고 말 것이다. 동인은 목적에 의해서만, 즉 비현존자에 의해서만 이해된다. 그러므로 동인은 그 자체로서 부정성이다.(481/202)

사르트르는 이를 열악한 저임금을 받는 노동자에 빗대어 설명합니다. 노동자가 그런 터무니없는 임금을 그대로 받아들이는 것은 공포, 즉 '굶어 죽는다는 공포'가 동인이 되어 굶어 죽지 않으려고 하는 목적에 의거한 것입니다. 그런데 거기에는 생명에 대한 가치부여가 게재될 수밖에 없는 것이고, 가치란 이상적인(idéaux) 대상들의 위계화된 체계를 지시하는 것이기에, 따라서 공포란 바로 이러한 위계화된 이상(理想) 체계에 의거한 것이라는 이야기입니다. 그러니까 '굶어 죽는다는 공포'가 동인

으로서 작동한다고 할 때, 그 동인은

'있지 않은' 것들의 집합에 의해, 이상적인 현존들에 의해 그리고 미래에 의해 존재하는 것으로서 알려진다.(481/203)

라는 것입니다. 그러면서 이를 노동자의 혁명 가능성과 연결하면서 이렇게 그 결론을 정돈합니다.

즉자가 동기나 동인으로서 그 가치를 가질 수 있는 것은 오로지 내가 나의 가능성들을 향해 나를 무화함으로써 즉자로부터 이탈할 수 있기 때문이다. 동기와 동인은, 바로 비현존자들의 집합인바 선투된(先投, pro-jeté) 집합 내부에서만 의미를 갖는다. …… 노동자의 고통에 동인으로서의 가치를 부여하는 일이 혁명을 가능한 것으로서 파악하는 일임을 감안한다면, 우리가 어떤 상황을 동기들과 동인들의 복합으로 조성하는 것은 우리가 갖는 변경 가능성을 향해 그 상황으로부터 벗어나기 때문이라고 결론지어야 한다.(481~482/203)

간단히 말하면, 행동의 주체가 동기와 동인을 벗어나는 이른바 즉자적인 존재에 대한 부정 내지는 무화를 수행할 때에만, 그렇게 벗어나기 위한 하나의 계제로서 동기와 동인들의 복합이 성립한다는 것입니다. 예컨대 노동자에게서 '굶어 죽는다는 공포'가 동인으로 작동할 수 있는 것은 그 바탕에 이미 노동자가 그러한 공포를 넘어서서 나름의 비현존자 내지는 비존재인 혁명적인 가능성들을 향하는 대자적인 선투가 있기 때문이라는 이야기입니다. 이렇게 되면, 동기나 동인이 행동의 진정한 원인

일 수가 없게 됩니다. 결국 이렇게 됩니다.

동인이 없는 행위를 발견하는 것은 불가능하다는 이야기다. 그러나 동인이 행위의 원인이라고 결론지어서는 안 된다. 동인은 행위를 이루는 부분일 뿐이다. …… [동인, 행위 및 목적] 이 세 가지로 조성된 총체는 이들 중 하나의 구조에 의해서는 더 이상 설명되지 않는다. 즉자에 대해 시간을 부여하며 그 즉자를 순수하게 무화하는 바 이 총체의 발용은 바로 자유이다. 행위의 목적과 동인을 결정하는 것은 바로 행위다. 그리고 행위는 자유의 표현이다.(482/203~204)

총체로서의 자유를 바탕으로 해서 행위가 이루어진다는 것, 그래서 차라리 행위를 자유의 표현이라고 해야 한다는 것, 그러고 보면 자유로서의 총체를 구성하는 동인이니 행위니 목적이니 하는 구조들이란 대자가 자신의 가능성들을 위해 자신의 즉자적인 존재 상태를 무화할 수 있는 근본적인 역량에서부터 설립되는 것이고, 대자의 그 근본적인 역량이 바로 자유라는 것입니다.[1]

---

1) 행동에 관련해서 동기의 정체를 밝히는 사르트르의 이러한 분석은 동기부여(Motivation)에 대한 후설의 분석에 비해 존재론적인 깊이가 심대하다 할 것입니다. 물론 후설은 인간학적인 기획을 최대한 벗어나고자 하는 철학적인 의도를 갖고 있는데, 이러한 후설의 입장에서 보면 사르트르의 이러한 분석은 인간학적인 성향을 가진 것으로 여겨질 것입니다. 이러한 두 인물 간의 차이는 아마도 다음과 같은 이유에서 성립하지 않나 싶습니다. 말하자면, 후설이 근본적으로 존재에 대한 의식의 구성적인 근원성을 주로 적극적이고 긍정적인 차원에서 드러내 보였다면, 사르트르는 인간실재의 구체적인 상황에서 그 의식의 구성적인 근원성을 주로 무화와 부정의 관점에서 드러내 보인 것입니다. 그래서 후설에서는 의식의 존재론적인 위력이 생생하게 살아 있는 반면에, 사르트르에서는 의식이 제 스스로를 부정함으로써 오히려 존재를 생생하게 드러내는 가운데 의식 스스로는 꼬리를 감추는 방식을 취하는 것입니다.

2. 자유에로의 길

1) 본질에 앞서는 자유

이 정도 되면, 자유의 정체가 문제가 되지 않을 수 없습니다. 행동의 바탕에서 작동하면서 행동에 관련되는 동기와 목적 등을 성립시키는 자유란 것이 도대체 무엇인가를 묻지 않을 수 없기 때문입니다. 더군다나 자유가 과연 모든 인간들에게 공통된 것으로 존립한다고 말할 수도 없기 때문에, 즉 자유가 나름의 본질적인 내용을 가졌다고 말할 수 없기 때문에, 자유에 대한 물음과 대답은 처음서부터 난항을 겪지 않을 수 없습니다.

> 자신을 끊임없이 만들어 가고 그러면서 하나의 정의(définition) 속에 가두어지기를 거절하는 하나의 현존을 어떻게 기술한단 말인가? 일상적으로 그러하듯이, 만약 낱말이 하나의 개념을 지시한다고 암암리에 이해한다면, '자유'라고 지칭하는 것 자체가 위험한 일이다. 정의도 할 수 없고 지칭도 할 수 없는 것이 자유라면, 자유는 과연 기술이 불가능한 것이 아니겠는가?(482/204)

엄청나게 엄살을 부리듯이, 사르트르는 '자유'를 앞에 놓고서 어쩔 줄을 모르는 태세를 취합니다. 그러나 우리는 다음의 말에서 사르트르가 어떻게 사유의 물꼬를 트고자 하는가를 짐작하게 됩니다.

> 나는 자유의 본질을 가늠할 수 없을 것이다. 오히려 그 반대로 모든 본질들에 기초가 되는 것이 바로 자유다. 인간이 자기 자신의 가능성들을

향해 세계를 넘어섬으로써 세계내부적인 본질들을 노출하기 때문이다.(482/204)

모든 본질들 그리고 모든 본질들에 대한 사유를 일구어 내는 바탕이 자유라는 것입니다. 그리고 모든 본질들은 근본적으로 세계내부적이라는 것입니다. 그러므로 자유는 세계를 넘어설 뿐만 아니라 모든 본질을 넘어서는 데서 발견될 것입니다. 그런데 그 넘어섬은 바로 인간의 현존이 성립하는 데 불가피한 것입니다. 말하자면 자유는 인간의 현존, 즉 대자적인 의식과 일치하는 것이라 할 수밖에 없습니다. 따라서 의식에 본질을 부가하는 것은 곧 인간의 현존을 즉자의 차원으로 전락시키는 것입니다. 그래서 사르트르는 의식이 그 현존에 있어서 본질에 앞선다는 것을 강조하면서, '코기토'에 대해 데카르트가 두 개의 단순한 본성[2]이 연결되는 것에 도달할 것을 요구한다거나 후설이 의식의 형상적인 구조를 파악하기를 요구한다거나 하는 것은 둘 다 오류에 빠진 것이라고 질타합니다(483/205 참조). 그런 뒤 이렇게 말합니다.

나의 자유는 나의 존재 안에서 끊임없이 문제가 되고 있다. 나의 자유는 덧붙여진 성질도 아니고 내 본성의 속성도 아니다. 나의 자유는 너무나도 정확하게 내 존재의 재료인 것이다. 나의 존재가 나의 존재 안에서 문제이기 때문에, 나는 필연적으로 자유에 대한 어떤 이해를 갖추어야만 한다. 우리가 이제 해명하고자 구상한 것이 바로 이 이해이다.(483/205)

---

2) 설명이 없는데, 아마도 정신과 물질을 지칭하는 듯합니다.

나의 존재가 나의 존재 속에서 끊임없이 문제가 된다는 것은 일찍이 하이데거가 현존재를 정의하면서 제시했던 바입니다. 비단 그래서 그런 것만은 결코 아닙니다. 우리 스스로 잠시만 생각해 보더라도, 도대체 항상 문제의 권역에서 벗어나지 않는 것이 바로 나의 존재인 것입니다. 그런데 하이데거는 내 존재가 문제인 것은 내가 내 존재에 대해 암묵리의 이해(Verständnis)를 갖추고 있기 때문임을 지적하고, 그 이해를 이른바 존재론적인 이해라고 했습니다.

사르트르는 이를 바로 자유에 연결해서 '자유에 대한 어떤 이해' 속에서 우리가 살아가는 것처럼 말하고, 그 이해를 해명하고자 합니다. 결국에는 이제까지 상론해 왔던 대자의 무화작용과 자유가 직결된다는 것입니다.

> 대자가 존재하는 바 바로 그것이어야 한다고 말하는 것, 대자는 존재하는 바 바로 그것이 아니기 때문에 존재하지 않는 바 바로 그것이라고 말하는 것, 대자에게서 현존이 본질에 앞서고 본질을 조건 짓는다고 말하는 것, 또는 거꾸로 헤겔의 공식에 따라 대자에게 있어 "본질은 있었던 것이다"라고 말하는 것 등은 모두 다 동일한 한 가지를 말하고자 한 것이다. 그것은 바로 인간은 자유롭다고 하는 것이다.(483~484/206)

저 앞에서 사르트르는 자기기만을 분석하면서, 그것이 대자의 이중 배리적인 존재론적 구조를 드러내 주는 것임을 보여 주었습니다. 대자는 '바로 그것인 것'이 아니어야 하고, '바로 그것이 아닌 것'이어야 하는바, 그 자체 자기 균열의 존재였습니다. 그런데 바로 이러한 대자의 존재방식 자체가 곧 인간이 자유롭다는 것을 말해 준다는 것입니다. 얼핏 생각해 보면, 이런 이중배리적인 균열의 상태에 있기 때문에 오히려 자유롭지 못한 것이 인간 아닌가 하는 생각이 절로 듭니다. 그런데 사르트르의 존재론에서 이런 이중배리적인 균열 상태를 벗어나 자기일치의 본질적인 존재가 되면 그것은 대자에서 즉자로 전락하는 것이고, 즉자란 존재의 연속성과 충만성 속에서만 존재하기 때문에 자유롭다느니 자유롭지 않다느니 운운하는 것 자체가 불가능해집니다.

2) 나는 자유롭지 않을 자유가 없다

그러고 보면, 자유롭다는 것은 그 자체로 좋고 나쁘고의 문제를 넘어서 있는 것이고, 설사 자유로움으로써 불행과 고통이 뒤따른다 할지라도 그것은 전혀 다른 문제인 것이 됩니다. 자유롭다는 것은 곧 인간이라는 것이고, 인간이라는 것은 곧 자유롭다는 것으로 귀결될 뿐입니다. 그래서 그 유명한 자유에 대한 사르트르의 독창적인 언명이 나옵니다.

> 나는 언제든지 나의 본질 너머에서, 나의 행위의 동인들과 동기들 너머에서 현존하도록 선고받았다. 즉 나는 자유롭도록 선고받았다. 이는 나의 자유에서 나의 자유 자체 외에 다른 한계들을 발견할 수 없다는 것을 의미한다. 혹은 군이 더 그럴듯하게 표현한다면, 이는 우리가 자유로움을 중지할 자유가 없다는 것을 의미한다.(484/206)

사르트르에게 있어서 자유롭다는 것은 행동에 대한 근본 조건에 그치는 것이 아니라, 인간이기 위한 근본 조건입니다. 이렇게 되면, 인간인 이상, 나는 자유롭다가 자유롭지 않다가 할 수 있는 존재가 아닌 것이 됩니다. 처음부터 그리고 근본에서부터 인간으로서의 나는 무조건 자유로울 수밖에, 다른 아무런 방책이 없는 것입니다.

그렇다면 현실적으로 혹은 근본적으로 내 존재 자체에 있어서 이미 늘 자유롭지 못하다고 느끼는 것은 무슨 까닭일까요? 이 물음에 대해 그저 착각에 불과하다고 몰아붙이는 것은 있을 수 없는 일입니다. 사르트르는 분명 이 점에 대해 책임을 지고 답변하려 할 것입니다. 그런데 사르트르는 일단 자유 자체에서의 한계, 즉 자유로움을 중지할 자유가 없음을 강조하기만 하는 것처럼 보입니다. 하지만, 곧 이어서 이에 관련됨 직한 논의가 이어집니다.

> 대자가 자기 자신의 무를 자신에게 숨기고자 하고 즉자를 자신의 진정한 존재방식으로서 자신에게 합체시키려고 하는 한, 대자는 또한 자신의 자유를 자신에게 숨기고자 한다.(484/206)

대자가 자신의 무를 자신에게 숨기고자 한다는 것은 '자신이 아닌 것'이고자 함으로써 '자신인 것'이 아니고자 하는 대자의 자기기만의 존재방식 때문인 것으로 보입니다. '자신인 것'이 아니기 위해서는 먼저 '자신인 것'을 드러내지 않을 수 없을 터인데, 그때 대자는 자신의 무를 자신에게서 숨기지 않을 수 없고, 그럼으로써 자신의 자유를 자신에게 숨기지 않을 수 없을 것입니다.

사르트르는 우리의 이러한 해석을 온당하게 여길지 어떨지 모르겠습니다. 그는 묵묵부답, 즉자이고자 하는 대자의 측면을 결정론에 대한 논의를 통해 드러내고자 할 뿐입니다. 그에 따르면, 결정론은 즉자적인 현존의 연속성을 균열 없이 확립하는 데에 그 심오한 의미가 있다고 합니다. 결정론에서 자유를 거부하는 것은 오로지 자기를 즉자존재로 파악하려는 시도에 다름 아니라는 것입니다.

> 자유를 거부하는 것과 자기를 즉자존재로 파악하는 것은 짝을 이룬다.(484/206)

왠지 자꾸 동어반복의 구도로 빠져드는 것 같습니다. 자유를 바탕으로 하는 것은 자신을 대자존재로 파악하는 것이고, 자유를 거부하는 것은 스스로를 즉자존재로 파악하는 것일 수밖에 없습니다. 결정론이 힘을 발휘하는 것은 대자가 자신을 거부하고 즉자가 되고자 하는 경향이 있기 때문입니다. 이를 자유에 적용하면 이렇게 됩니다.

> 인간실재는 자신의 자유를 인정하기를 끊임없이 거부하고자 하기 때문에, 자신의 존재 안에서 자신의 자유가 문제가 되는 그런 존재이다.(484/206~7)

갑자기 에리히 프롬의 '자유로부터의 도피'가 생각납니다. 사실이지 자유란, 특히 사르트르가 말하는 '선고받은 자유'는 한편으로 대단히 부담스럽습니다. 이제 나는 내가 자유롭다고 여겨 행동한 것에 대해 그 동기와 동인을 불변의 것으로 간주하면서 동시에 현재에까지 영향을 미치는 것으로 여기고, 행동의 목적도 내 스스로의 초월과 연결해서 생각하지 않고 외부에서부터 예컨대 신으로부터 혹은 자연으로부터 혹은 '나'의 본성으로부터 혹은 사회로부터 주어진 것이라고 여김으로써 '동기-행동-목적'의 복합을 하나의 충만한 존재적인 연속체(un continuum plein d'être)로 구성하게 됩니다. 그것이 결정론의 위력입니다.

그런데 과연 대자는 이러한 존재적인 즉자의 충만한 연속체에 자신을 내맡길 수 있을까요? 당연히 이를 무화하고자 할 수밖에 없을 것입니다. 하지만, 이러한 결정론적인 시도는 대자 스스로 자초한 것이 아니던가요? 그렇다면 언제 대자는 이러한 결정론적인 시도를 무너뜨리게 되나요? 이에 사르트르는 불안을 끌어들이면서 인간실재의 존재방식 자체에서 자유가 성립한다는 것을 이렇게 밝힙니다.

> 존재의 무게로 자유를 질식시키고자 하는 이 덜 성숙된 시도들은 자유 앞에서 불안이 갑자기 솟구칠 때 붕괴된다. 그럼으로써 이 시도들은 자유가 그 바탕에 있어서 인간의 중심에 있는 무와 일치한다는 것을 충분히 드러낸다. 인간실재가 자유로운 것은 인간실재가 충분히 존재하지 않기 때문이며, 인간실재가 끊임없이 인간실재 자신으로부터 이탈하기 때문이고, 무에 의해 인간실재 자기였던 것이 인간실재 자기인 것과 인간실재 자기일 것으로부터 분리되기 때문이다. …… 인간이 자유로운 것은 인간이 즉자적으로 존재하지 않고 자기에게 현전하기 때문이다. 자기인 것인 존재는 자유로울 수 없는 노릇이다. 자유, 그것은 바로 인간의 중심에 **존재하게 된** 무, 인간을 강제하여 **존재하는** 대신 **스스로를 만들도록** 하는 무이다. …… 자유는 **하나의** 존재가 아니다. 자유는 인간의 존재, 즉 인간의 존재적인 무이다.(485/208)

'무-의식-대자-자유-심지어 인간'이 하나의 동근원적인 계열을 이루면서 바탕에서부터 선회하고 있는 셈입니다. 이 계열의 선회는 '존재-물질-즉자-충만-사물'이 하나의 동근원적인 계열을 이루면서 바탕에서부터 선회하는 것과 평행선을 그리는 것처럼 보입니다. 그러나 어디까지나 무는 존재의 기생충이기에 존재적인 차원에서 보면, 전자의 계열은 후자의 계열이 없이 성립할 수는 없습니다. 인간실재가 충분히 존재하지 않기 때문에 전자의 계열이 성립한다고 하는 말은 이를 암암리에 드러낸다 할 것입니다. '충분히 존재했더라면' 인간실재는 자유라고 하는 낙인을 지니지 않은 채 존립할 것입니다.

존재하는 대신 스스로를 만들지 않으면 안 되는 인간의 운명이 곧바로 자유라는 이야긴데, 이때 인간이 스스로를 만들어 가는 방향은 분명 존재함이 아닐까요? 아직 분명하지는 않지만, 만약 그러하다면 스스로의 충만한 존재를 구축해 갈 수밖에 없도록 하는 끊임없는 과정을 겪는 것이 인간이고, 그 바탕에 자유가 작동하고 있는 셈입니다.

제2장 │ 있음과 함: 자유

1. 자유와 의지

1) 지난 시간에 남겼던 것

"인간이란 때로는 자유롭고 또 때로는 노예이거나 할 수 없을 것이다. 인간은 전적으로 항상 자유롭거나 전적으로 항상 자유롭지 못하거나 둘 중하나다."(485/208) 지난 시간 강의가 끝나는 단락의 마지막 문장입니다. 자유에 관해, 그리고 인간 존재에 관해 사르트르가 지니고 있는 생각을 나타내는 중요한 말임에 틀림없다고 여겨졌습니다. 그런데도 다루지 못했습니다. 해명할 자신이 없었기 때문입니다.

오늘 강의를 준비하는 초두에 그러지 못한 것이 마음에 걸렸습니다. 사르트르가 "우리는 자유를 중지할 자유가 없다"고 한 것은 인간이 전적으로 항상 자유롭다는 것을 말합니다. 그렇다면, "전적으로 항상 자유롭지 못하거나"라는 말은 무슨 뜻일까요? 이 문장 바로 앞에 이런 문장이 있습니다.

만약 먼저 인간을 하나의 충만(un plein)으로 여긴다면, 그런 뒤에 인간에게서 그가 자유로울 수 있는 계기들이나 심리적인 영역들을 찾는다는 것은 부조리할 것이다. 그것은 가장자리까지 미리 가득 차 있는 그릇에서 빈 곳을 찾는 것과 같을 것이다.(485/208)

인간을 충만으로 여길 것인가, 아니면 인간을 무로 여길 것인가에 따라 자유를 둘러싸고서 인간의 존재가 확연히 달라진다는 이야기입니다. 인간을 충만으로 보면, 인간이란 전적으로 항상 자유롭지 못한 존재로 될 것이고, 인간을 무로 보면, 인간이란 전적으로 항상 자유로운 존재로 될 것이라는 이야기입니다.

그런데 이랬다 저랬다 하는 것은 아니지만, 인간이 충만하면서 동시에 무일 수는 없는가 하는 생각이 머릿속에서 가시지를 않습니다. 그러니까 인간이란 전적으로 자유로우면서도 전적으로 노예일 수는 없는가 하는 생각이 맴도는 것입니다. 전적으로 자유롭다고 말할 수 있는 차원과 전적으로 노예라고 말할 수밖에 없는 차원이 있는데, 이 두 차원이 서로 다르고 또한 인간이 서로 다른 이 두 차원에 동시에 걸쳐 있는 존재인 것은 혹시 아닐까 하는 생각이 드는 것이지요. 물론 이렇게 생각하게 되면, 대자와 즉자가 같은 차원에서 대립되는 것이 아니라, 각기 다른 차원에서 성립하는 것이라고 말하는 셈이 되고, 인간이 그 다른 두 차원에 동시에 걸쳐 있으면서 넘나드는 것이라고 말하는 셈이 됩니다. 왜 이와 같은 생각이 나게 되었는가, 단순히 논리적인 유희에 의한 것만은 아닐 텐데, 그 생각의 존재론적인 실마리는 과연 무엇인가 하는 자성(自省)을 하게 됩니다.

2) 자유와 의지

(1) 의지 문제의 발단, 의지와 정념의 구분

그래 놓고서 사르트르는 의지 문제를 해명할 수 있는 실마리를 얻게 되었다고 합니다. 그러면서 의지에 관련해서 흔히들 생각하는 내용이 있다고 하면서 이렇게 소개합니다.

> 실로 사람들이 상당히 공유하고 있는 경향이 하나 있다. 그것은 자유로운 행위들을 의지적인 것으로 여기고, 그런 반면에 정념(passion)의 세계를 결정론적으로 설명해야 한다고 여기는 것이다. 요컨대 이는 데카르트의 관점이다.(485/208)

'사랑은 의지로 다스려지지 않는다'라는 말이 있습니다. 여러 정념 중에서 사랑이라는 정념만큼은 의지로써 좌지우지할 수 없다는 것입니다. 거기에는 정념이란 일반적으로 의지로 다스릴 수 있다는 생각이 깔려 있습니다. 의지와 정념 둘 다 한 인간에서 발동되는 것임에 틀림없습니다. 이때 의지는 원리상 정념에 의해 지배되는 것이어서는 안 될 것입니다. 하지만 우리는 너무나 배가 고픈 나머지 훔쳐 먹어서는 안 되는 빵 한 조각을 훔쳐 먹은 나머지 온갖 우여곡절의 인생을 겪게 된 주인공을 그린 『레 미제라블』(Les Misérables)의 이야기를 잘 알고 있습니다. 정념이 의지를 꺾어 놓는 일은 허다합니다.

만약 사르트르처럼 자유를 인간 존재의 근본으로 여긴다면, 그리고 만약 정념을 하나의 충만으로 여긴다면, 이같이 정념에 의해 꺾이는 의지를 자유와 동일시할 수는 없을 것입니다. 그런데 사르트르는 의지가 정념을 지배한다는 생각이 왜 잘못된 것인가를 집중적으로 논의합니다. 이에 관련해서 사르트르는 의지와 정념의 관계를 자발성과 결정 상태 (déterminisme)의 관계로 바꾸어 논의합니다. 이렇게 말합니다.

> 하나인 어떤 존재가 있는데, 그것이 한편으로는, 서로 결정하고 결정되는 일련의 사실들로 즉 외부성에 입각한 현존자들로 구성되어 있으면서 또 다른 한편으로는, 자기 자신에만 속해 있으면서 스스로 결정하여 존재하는 자발성으로 구성되어 있다는 것을 실로 어떻게 생각할 수 있단 말인가? 선험적으로, 이 자발성은 이미 **구성된** 결정 상태에 대해 그 어떤 작용도 할 수 없을 것이다.(486/209)

이미 결정된 나의 심적 상태에 대해 나의 순전한 자발성으로써 변경할 수가 있다면, 그 나의 심적 상태는 이미 결정된 것이 아니라고 보아야 마땅합니다. 혹은 나의 자발성이 순전한 것이 아니라 이미 결정되어 있다고 여기는 나의 심적 상태에 속한 것으로 보아야 할 것입니다. 말하자면, 둘이 그 성격상 완전히 구분되거나 분리된 것이 아니라고 해야 할 것입니다.

밤 12시 30분까지 MBC 노블 아카데미에서 해야 할 사랑에 관한 강의록을 어느 정도 마무리 짓고 잠자리에 들면서 새벽 5시 30분에 일어나 『존재와 무』 강의록을 준비하고자 했습니다. 그런데 잠들어 있는 동안 허기가 져 일어나 보니 새벽 3시 무렵입니다. 적당히 요기를 하면서 법정 스님의 『무소유』의 두 대목을 읽고 나니 3시 40분입니다. 어떻게 할 것인가, 일어난 김에 그냥 『존재와 무』 강의록의 작성에 돌입할 것인가, 아니면 조금 더 자고 일어나서 할 것인가 망설여집니다. 나의 심적 상태는 이미 결정되어 있다고 할 수 없습니다. 혹시 조금만 더 자자고 했다가 푹 자 버리면 어떻게 하나 하는 불안감이 입니다. 그래서 바로 강의록 작성에 돌입하기로 마음을 먹습니다. 그런 뒤 지금 시각이 5시 10분입니다. 바로 돌입하고자 결정을 내린 것이 나의 자발적인 의지라고 한다면, 그 나의 자발적인 의지는 불안감에 휘둘려 발휘된 것입니다. 그런데도 순전히 자발적인 의지라고 할 수 있을까요? 그런가 하면, 조금 더 자고 할 것인가 아니면 바로 돌입할 것인가 망설이는 나의 심적 상태는 이미 결정된 것이 아닙니다. 그러고 보면, 이미 결정되어 있지 않은 나의 심적 상태에 순전히 자발적이라고 할 수 없는 나의 의지가 작동해서 지금껏 강의록을 준비하고 있습니다.

데카르트처럼 순전히 자발적인 의지와 이미 결정된 상태인 정념이 구분된다고 하면, 이러한 상황을 제대로 해명할 수 없게 됩니다. 사르트르는 그 귀결을 이렇게 정돈합니다.

이제 결정된 파토스의 전체는 자발성에 의해 필시 순수 초월자로서, 즉 필시 [자발성의] **외부**에 있는 것으로서, 자발성이 아닌 것으로서 파악되고 말 것이다. 그러므로 이러한 내적 부정은 파토스를 세계 속에 용해해 버리는 결과를 가져오고 말 것이다. 그리고 파토스는 의지이자 동시에 의식인 자유로운 자발성에 대해 세계 한복판에 있는 임의의 어떤 대상으로서 존립하는 것이 되고 말 것이다. 이 논의에 따르면, 두 개의 해결 오로지 두 개의 해결만이 가능하다. 즉, 인간은 전적으로 결정되어 있거나 아니면 전적으로 자유로운 것이다.(486~487/210)

이렇다면, 오늘 강의 맨 앞에서 인용한 사르트르의 주장과 동일한 데로 귀착되는 것이 아닌가요? 과연 사르트르는 데카르트적인 심적 사실의 이분법, 즉 순전한 자발성으로서의 의지와 순전히 결정된 심적 상태로서의 정념의 구분을 비판하려는 것인가요? 오히려 수긍하는 쪽으로 귀결되는 것은 아닌가요?

(2) 의지와 정념의 미소한 차이

그런데 사르트르는 이 같은 논의의 귀결이 특별히 중요한 것은 아니라고 말하면서 논의의 방향을 틀어 다른 곳으로 향합니다. 의지에 관한 이 같은 논의가 자유를 이해하는 데 있어서 한 발짝 더 나아가도록 한다는 것입니다. 의지에 대해 더 상세하게 분석할 필요가 있다는 이야기입니다. 그 출발의 핵심은 이렇게 피력됩니다.

> [이렇게 의지가 순수한 자발성이라면, 그래서] 만약 의지가 자유임에 틀림없다면, 의지는 필시 부정성이고 무화의 역량이다. 그러나 그렇다 할지라도 왜 사람들이 의지에 자율성을 할당하는지 우리는 모른다. 사람들은 실로 무화의 이 구멍들을 잘못 알고 있다. 이 무화의 구멍들은 의욕들이고, 정념들과 파토스 일반으로 빼곡히 채워져 있는 씨실들에서 솟구쳐 올라오는 것들이다. 만약 의지가 무화라면, 그와 유사하게 심리적인 것 일체도 무화여야 할 것이다. …… 정념은 우선 기획하고 시도하는 것이 아니겠는가? 정념은 바로 사물들의 상태를 견딜 수 없는 것으로서 정립하는 것이 아니겠는가? 정념은 그 견딜 수 없는 사물들의 상태에 관련하여 억지로 물러서는 것이고 그럼으로써 견딜 수 없는 그 사물들의 상태를 고립시키고 목적, 즉 비존재에 비추어 그것을 고려함으로써 그것을 무화하는 것이 아니겠는가? 그리고 정념이란, 자신이 그

의 목적들을 비현존자들로서 정립하는 바로 그 순간에 정확하게 인지되는 그런 자신의 고유한 목적들을 갖는 것이 아니겠는가? 그렇다고 할 때, 만약 무화가 곧바로 자유의 존재라면, 의지의 자율성을 인정하기 위해 어떻게 정념들의 자율성을 거부할 수 있을 것인가?(487/210~211)

정념이 어떤 성격을 띠고 있는가를 소상하게 말하고 있습니다. 이제 날이 상당히 밝은 시각, 6시 10분입니다. 연신 담배를 피워 대고 간간이 커피를 마시면서 따라가기에 결코 만만찮은 사르트르의 논리를 나름대로 파악하여 열심히 자판을 두들깁니다. 당연히 피곤합니다. 이 피곤함을 이겨내지 않으면 강의록을 제 시간에 맞추어 제공할 수 없을 것이고, 수강생들에게 미안한 마음을 감출 수 없어 괴로움을 겪어야 할 것입니다. 그래서 나는 피곤하다고 하는 현재의 사물 상태를 '견딜 수 없는 것', 말하자면 극복하지 않으면 안 되는 것으로 정립합니다. 또다시 박차를 가하는 '열정', 즉 정념을 뿜어낼 수밖에 없습니다. 그러고 보면, 정념은 피곤하다고 하는 사물의 상태를 고립시키고 무화하는 힘을 발휘하는 셈입니다. 거기에는 현재로서는 비존재 혹은 비현존자인바, 제때에 제공되는 완성된 강의록이라는 목적이 앞서서 작동하고 있습니다. 결국 나는 잠자리에 들고 싶은 마음을 버리기로 작정합니다. 계속해서 강의록을 만들고자 하는 나의 의욕은 나의 이러한 정념에서부터 생겨난 것입니다. 결국 정념과 의지를 그 원천에 있어서 구분한다는 것은 불가능한 셈입니다.

(3) 의지의 토대인 자유

이에 '순전한 자발성으로서의 의지'와 '완전히 결정된 정념'을 구분해서 설정하는 것은 불가능해집니다. 아울러 의지를 자유와 동일시하는 것 역시 불가능해집니다. 그래서 이렇게 됩니다.

> 의지는 자유의 유일무이한 혹은 적어도 특권화된 명시(manifestation)
> 이기는커녕, 그 반대로 의지가 의지로서 구성될 수 있기 위해서는, 대
> 자의 모든 사건들과 마찬가지로, 근원적인 자유라는 토대를 전제한
> 다.(487/211)

의지가 목적을 염두에 두고서 반성적으로 발동되는 것이기는 하지
만, 그렇다고 해서 목적 자체를 창조하는 것은 아닙니다. 비록 반성적으
로 발동되지 않는다 할지라도 정념 역시 목적을 염두에 두고서, 달리 말
하면 생의 지고한 가치를 염두에 두고서 발휘됩니다. 이 점을 지목한 뒤,
사르트르는 갑작스러운 위협 앞에서 숙고할 겨를조차 없이 죽음의 공포
때문에 도망치는 경우와 도망치지 않고 생각한 끝에 더 잘 죽음의 공포
를 벗어날 수 있는 길을 모색하며 버티는 경우를 예로 들어 정념과 의지
의 차이를 묻습니다.

> 여기에서의 양자의 차이는 수단의 선택에 관한 것이고 반성과 해득(解
> 得)의 정도에 관한 것이지 목적에 관한 것은 아니다. 그러나 도망자는
> '정념적'이라 일컬어지고, 우리는 '의지적'이라는 관형어는 버티는 인
> 간에게 적용하기 위해 남겨놓는다. 그러므로 [여기에서] 문제가 되는
> 것은 초월적인 목적에 대해 어떻게 주관적인 태도를 갖는가 하는 차이
> 일 뿐이다.(488/211)

이렇게 되면, 결국 행동에 있어서 정념적이냐 의지적이냐 하는 것은

그다지 문제가 되지 않고, 이른바 '초월적인 목적'이 어디에서 어떻게 해서 성립해서 주어지는가 하는 것이 결정적인 문제로 등장합니다. 정념에 대해서는 말할 것도 없고 의지에 대해서도 목적은 그야말로 초월적인 것으로서 주어집니다. 그렇다면 과연 사르트르가 말하는 자유에 대해서도 이 목적이 초월적으로 주어지는 것으로 여겨야 하나요? 그렇지 않을 것입니다. 사르트르는 행동의 목적을 인간 이전의(pré-humaine) 것으로 여겨서도 안 되고 선험적으로(a priori) 주어진 초월성의 한계로 여겨서도 안 된다는 지적을 하고서는 이렇게 말합니다.

우리는 목적들이 우리의 자유로부터 시간화하는 방식으로 기획되는 것으로 인식해야 마땅하다. 우리가 살펴본 것처럼, 인간실재는 자신의 목적들을 외부로부터 받아들여서도 안 되고 이른바 내적인 '본성'으로부터 받아들여서도 안 된다. 인간실재는 목적들을 선택하고, 이 선택 자체에 의하여 목적들에게 초월적인 현존을 부여한다. 즉 이 선택 자체에 의해 목적들을 자신이 수행하는 기획들의 외적인 한계로 삼는다. 이와 같은 관점에서 볼 때, 인간실재는 그 출현 자체에 있어서 그리고 그 출현 자체에 의해서 자신의 목적들에 의해 자기 자신의 존재를 규정하고자 결정한다. 그러므로 나의 존재를 그 성격에 있어서 특징짓는 것은 [내가] 나의 궁극적인 목적들을 정립하는 것이다. 그리고 [내가] 나의 궁극적인 목적들을 정립하는 것은 내 자신의 자유인 그 자유의 근원적인 용솟음과 동일시된다. 그리고 이렇게 자유가 근원적으로 용솟음하는 것, 바로 그것은 하나의 **현존**이다. [자유의 근원적인] 이 용솟음은 하나의 관념과 더불어 생겨나는바 한 존재의 본질이니 속성이니 하는 것을 전혀 갖지 않는다. 그래서 나의 현존과 동일할 수 있는 자유는 내가 의지에 의해서건 혹은 정념적인 노력에 의해서건 거기에 도달하고자 하는 목적들의 토대이다. 그러므로 자유는 의지적인 행위들에 한정될 수 없는 것이다.(488/212)

결국 밝히고자 하는 것은 예컨대 '자유 의지'라는 말에서 풍기는바 의지와 자유를 동일시하는 것은 있을 수 없다는 것입니다. 의지는 자유에 의해 설립되는 목적들에 도달하기 위한 대자적인 활동이자 수단이라고 말하고 있습니다.

이제 자유를 제대로 말하기 위해서는 대자적인 모든 활동을 넘어서 있는 대자의 존재 자체의 근원적인 차원으로 내려가야 합니다. 마치 외부에서 들어오는 물 없이 최초 수원지의 조그마한 샘 그 자체에서 물이 퐁퐁 솟아오르기 때문에 그 샘을 최종 수원지라고 하듯이, 인간을 인간이게끔 하는 궁극적인 근원에서 아무런 외적인 근거도 없이 자유가 용솟음치기 때문에 인간을 인간이라고 하는 것입니다. 그 와중에 목적들이 정립됩니다. 자유의 근원적인 용솟음이 목적들의 토대인 까닭입니다.

(4) 인간 현존의 첫 등장, 자유의 근원적인 용솟음

이 인용문에서 가장 중요한 대목은 사르트르가 바로 이러한 자유의 근원적인 용솟음을 '현존'으로, 즉 현존 중에서도 아주 특별한 현존인 양 특별히 강조 표시를 해서 제시하고 있다는 점입니다. 말하자면, 이제까지 '존재'와 대비되는 방식으로 쓰였기에 우리가 '존립' 혹은 '현존'이라고 번역해 왔던 'existence'를 드디어 본격적인 의미를 띤 '현존'으로 여기지 않으면 안 되는 대목을 사르트르가 처음으로 제시하고 있다는 것입니다. 그러니까 이제부터 오로지 인간에게만 특별히 적용되는 좁은 의미로 '현존'이라는 말을 할 수 있기 위해서는 '자유의 근원적인 용솟음을 통해 인간 실재가 자신의 존재를 근원적으로 확보한다는 점'을 반드시 염두에 두어야 하는 것입니다. 아울러 이에 우리는 사르트르의 나름의 현존철학이 근본적으로 어느 지점에서 성립하는가를 알게 됩니다.

자유의 근원적인 용솟음은 그 이전의, 그 외부의, 그 초월의 영역에 근거해서 이루어지는 것이 아니기에 그 어떤 본질이나 속성을 지닐 수 없습니다. 그래서 사르트르가 1946년에 발간한 『실존주의는 휴머니즘이다』[1]에서 언명된 "현존은 본질에 앞선다"(L'existence précède l'essence)라고 하는 그 유명한 명제가 1943년에 발간된 이 책, 『존재와 무』에서 어떻게 이미 충분히 제시되고 있는가를 알게 됩니다.

아무튼 이제 자유를 의지적인 행위들에 한정하는 것은 있을 수 없는 것으로 판명되었습니다. 사르트르는 하지만 그렇다고 해서 베르그송이 '심오한 자아'와 '표면적인 자아'를 구분하듯이, 자유와 의지 내지는 정념을 대립된 것으로 보아서는 안 된다고 주장합니다. 그러면서 이렇게 말합니다.

근원적인 자유라고 해서, 이 자유를 의지적이거나 정념적인 행위에 앞서 있는 것으로 이해해서는 안 된다. 의지 혹은 정념과 엄격하게 동시적인 토대로 이해해야 한다. 그리고 의지 혹은 정념이 각기 그 나름의 방식으로 이 근원적인 자유를 명시한다고 이해해야 한다. …… 자유는 우

---

1) 그동안 관행적으로 써온 것이고, 출판된 제목이 이러하기에 '실존주의'라는 말을 쓸 수밖에 없지만, 앞서 말했듯 적어도 사트르르의 철학에 대해서는 '현존주의'라고 번역하는 것이 마땅합니다. 이 점에 대해서는 조금 아래에서 다시 언급하겠습니다. 한글판은 장 폴 사르트르, 『실존주의는 휴머니즘이다』, 박정태 옮김, 이학사, 2008 참조.

리의 의지 혹은 우리의 정념들의 **현존** 외의 다른 무엇도 아니다. 적어도 이 현존이 현사실성에 대한 무화인 한에서, 즉 존재해야만 한다는 양식으로 자신의 존재를 갖는 하나의 존재를 무화하는 것인 한에서 그러하다.(488/212)

'existence'를 '현존'으로 새기면서 그동안 써온 '실존'을 버려야 한다고 생각합니다. 하이데거 철학에 있어서 'Existenz'는 오로지 인간에게만 쓰이기 때문에 '실존'이라고 번역해 온 관행을 그대로 고수해도 될 것입니다. 그러나 사르트르 철학에서는 본질과 전격적으로 대비되는 현존을 존재론의 일반적인 기반으로 깔아놓고서 인간 역시 그러한 현존을 벗어날 수 없음을 강조하는 측면이 크기 때문에 'existence'를 '실존'이라고 번역하기보다는 전통적인 어법을 살려 '현존'이라고 해야 하는 것입니다. 굳이 필요하다면, 인간의 현존에 대해서는 특별히 '인간 현존'이라고 번역해도 무방할 것입니다. 철학에서 핵심적인 하나의 용어에 대해 그 쓰임의 역사를 함부로 무시한다는 것은 곤혹스러운 일이기도 하거니와 좀처럼 자행해서는 안 됩니다. 그러나 사르트르의 'existence'에 대해서만큼은 어쩔 수 없는 노릇입니다.

아무튼 중요한 것은 의지나 정념의 발동이 전혀 없이 자유 자체가 따로 있다고 여겨서는 안 된다는 것입니다. 이는 대자를 심오한 자아처럼 여겨 아직 의지나 정념을 발동하지 않다가 이윽고 의지나 정념을 발동하는 이른바 '실체' 비슷한 것으로 여겨서는 안 된다는 것을 강조하는 것입니다. 또한 자유가 근원적이라고 해서, 의지나 정념의 토대가 된다고 해서 의지나 정념이 없이도 그 자체로 존립할 수 있는 것으로 여겨서는 안 되고, 의지나 정념이 발휘될 때 바로 그때 그 토대로서 작동하는 것으로 이해해야 한다는 것입니다. 이는 자유가 근본적인 상태가 아니라, 시간화함으로써 무화하는 그리고 무화함으로써 시간화하는 활동 그 자체임을 말하는 것입니다. 아울러 자유가 의지나 정념의 현존에 다름 아니라고 하는 것은 의지나 정념 역시 하나의 능력으로서 간직하고 있다가 발동되거나 발동되지 않는 것이 아니라, 활동 그 자체임을 말하는 것입니다.

3) 자유로 본 동기와 동인

동기 혹은 동인은 개인적인 행위뿐만 아니라 사회적인 행위를 이해하는 데 있어서 흔히 필수적으로 여겨지는 것들입니다. 모든 형사 재판에서 가장 중요한 것은 그 범죄 행위의 동기를 밝히는 것입니다. 그리고 그 동기는 이성적으로 판단해 보아 충분히 그럴듯해야만 인정됩니다. 그런가 하면, 정부의 정책 설정이나 변경이 이루어질 때에도 그 동기가 무엇인가를 충분히 설명하지 않으면 안 됩니다. 이런 경우들에서 우리는 동기와 동인을 뚜렷이 구분하지 않고 모두 다 동기로 취급합니다.

　그런데 사르트르는 동기(motif)와 동인(mobile)을 최대한 구분하고자 합니다. 그러면서 그것들을 의지와 정념에 관련해서 다시 살피고 아울러 자유에 관련해서 더욱 선명하게 해명하고자 합니다. 우선 그가 동기와 동인을 어떻게 구분하는가를 보기로 하겠습니다.

　그러므로 우리는 어느 결정된 상황을 객관적으로 파악하는 것을 동기라 부를 것인데, 이때 상황이 어떤 목적에 비추어 보아 그 목적에 도달하기 위한 수단으로 기여할 수 있는 것으로 드러나는 한에서이다.
　그 반면, 동인은 통상 하나의 주관적인 사실로 여겨진다. 동인은 나로

하여금 어떤 행위를 완수하도록 떠미는 욕망들, 정서들 그리고 정념들의 집합이다. 역사가는 문제되는 행위를 설명하는 데 동인들을 탐색하지 않는다. 동기들이 충분하지 않을 경우 궁여지책으로 동인들을 염두에 둘 뿐이다. …… 심리학자는 역사가와는 반대로 동인들을 선호해서 탐구한다. 사실이지 심리학자는 통상적으로 행동을 불러일으킨 의식의 상태 '속에' 동인들이 '포함되어' 있다고 가정한다.(491/215~216)

간단히 말하면, 동기는 객관적인 상황 내지는 객관적인 상황에 대한 파악인 것이고, 그 반면 동인은 의식 내적인 주관적인 것이라는 이야기입니다. 그럴듯한 구분인데, 이를 위해 사르트르는 여러 예를 들어 설명합니다.

그 중에 계속 우려먹는 것이 처음으로 프랑크족을 통일하고 서부 프랑스에 해당하는 갈리아 지역을 점령해 파리를 수도로 삼았던, 프랑크왕국의 왕 클로비스(Clovis, 약 465~511년)가 가톨릭으로 개종한 사건입니다. 당시 많은 야만족의 왕들이 아리우스파를 신봉했는데, 클로비스는 갈리아 지역을 점령하기 전에 가톨릭으로 개종한 것입니다. 왜 클로비스가 다른 왕들과는 달리 가톨릭으로 개종했는가, 그 동기가 무엇인가 하는 것입니다. 클로비스의 목적은 갈리아 지역의 점령이었고, 이 목적에 비추어 볼 때 갈리아 지역에서 절대적인 힘을 지닌 가톨릭 주교단의 세력을 끌어들이는 것이 유리하다고 판단해서 가톨릭으로 개종했다고 할 때, 그 객관적인 전체 상황이 바로 클로비스가 가톨릭으로 개종하게 된 동기로서 작동한다는 것입니다.

그런데 우리는 전혀 엉뚱한 방식으로 설명할 수도 있을 것입니다. 클로비스가 꿈인지 생시인지 알 수 없는 상황에서 가톨릭의 성인이 현신하여 이른바 겁박함으로써 그런 객관적인 상황과는 무관하게 가톨릭으로 개종했다고 할 수도 있을 것입니다. 이렇게 되면, 역사적으로 아주 중요한 사건을 주관적인 동인에 의해 설명하는 셈이 됩니다. 이와 비슷한 경우로, 사르트르는 페르디낭 로트(Ferdinand Lot, 1866~1952)라는 인물이 콘스탄티누스 대제가 기독교로 개종한 것에 대해 "그리스도교를 신봉함으로써 모든 것을 잃게 될 뿐인데도 그가 개종을 한 것은 …… 병리적이거나 또는 신적인 질서에 의해 갑작스러운 충동에 사로잡힌 탓이다"라는 식으로 해석한 것을 듭니다(491/215~216 참조).

문제는 어떤 행위를 할 때 동기와 동인이 뒤섞여 있을 경우가 많고, 그렇다면 수행된 행위에 대해 각각의 몫을 어떻게 할당할 것인가 하는 것입니다. 사르트르가 드는 예를 소개하자면, 그가 사회당에 가입할 수 있는데, 그 까닭이 사회당이 정의와 인류에 이바지하는 당이라고 생각하거나 가입 후 수년 안에 주요한 역사적 세력이 될 것이라고 판단했기 때문이라면, 그때 그것들은 동기가 된다는 것입니다. 그리고 압박받는 자들에 대한 동정이나 연민 혹은 '안전지대 쪽에' 있다는 수치심 또는 열등감 등 때문에 사회당 가입을 했다면, 그때 그 이유들은 동인이 된다는 것입니다. 그럴 때, 과연 사회당 가입이라고 하는 나의 행위에 대해 동기와 동인 각각의 몫을 어떻게 할당할 것인가는 대단히 어렵다고 말합니다.

이런 등속의 논의를 한 뒤, 동기가 아무리 객관적이라 할지라도 그 객관적인 사태는 오로지 대자에게만 드러날 수 있을 뿐임을 이렇게 말합니다.

그렇다 할지라도, 이 사태는 하나의 대자에 대해서만 노출될 수 있다. 왜냐하면, 일반적으로 대자는 하나의 세계가 '있도록' 하는 존재이기 때문이다. 보다 더 자세히 말하자면, 사태는 그러저러한 방식으로 스스로를 선택하는 한 대자에 대해서만, 즉 자신의 개별성을 스스로 만들어 내는 한 대자에 대해서만 드러날 수 있기 때문이다. …… 클로비스에 의해 객관적으로 파악된 교회의 잠재성은 개종한 왕에게 교회가 지지를 보낼 것이라는 것이다. 그러나 이 잠재성은 아직 존재하지 않는 사태를 향해, 간단히 말하면 무를 향해 상황을 뛰어넘을 때에만 드러날 수 있다. 한마디로 말해, 세계는 물음을 던지는 한에서만 조언을 해준다. 그리고 잘 결정된 목적에 대해서만 그런 물음을 던질 수 있다. 그러므로 동기가 행동을 결정하기는커녕 동기는 행동의 기획 속에서만 그리고 행동의 기획 내에서만 나타날 수 있다. 서양 교회의 상태가 클로비스에게 객관적으로 개종의 동기로 나타나는 것은 골족 전체를 지배하리라고 그가 설립한 기획 속에서 그리고 그 기획에 의해서이다. 달리 말하면, 세계 전체로부터 동기를 잘라내는 의식은 이미 그 나름의 구조를 가지고 있다. 그 의식은 스스로에게 자신의 목적들을 부여한다. 그 의식은 자신의 가능들을 향해 스스로를 기획투사한다. 그리고 그 의식은 자신의 가능성들에 매달리는 그 나름의 방식을 갖추고 있다. 여기에서 자신의 가능들을 견지하는 그 나름의 방식은 감정(affectivité)이다.(492~493/217~218)

사태를 객관적으로 파악하여 자신의 개종 동기로 삼은 클로비스의 대자적인 의식을 분석하고 있습니다. 전체적으로 주어져 있는 온갖 사태들 중에서 하필이면 갈리아 지역을 주도하고 있는 가톨릭의 주교단 세력이 자신을 지지해 줄 것이라고 하는 미래의 사태를 개종의 동기로 삼았을 때, 그의 대자적인 의식은 그 나름의 방식으로 자신의 가능들을 견지하고 그럼으로써 자신의 가능성들을 향해 스스로를 기획투사하는바, 현재의 상태를 무화하여 뛰어넘는 활동을 했다는 것입니다.

문제는 이때 그의 대자적인 의식이 자신의 가능들을 견지하는 그 나름의 방식을 '감정'이라고 규정하는 것입니다. 이것이 문제인 까닭은 이를 통해 주관적인 동인을 떠올릴 수밖에 없기 때문입니다. 그렇게 되면, 동인이 동기의 바탕이 된다고 말할 수밖에 없을 것입니다. 하지만 이에 대해 사르트르는 다음과 같은 어려운 말을 합니다.

> 그래서 동기와 동인은 서로 상관적이다. 그것은 비정립적인 자기(에 대한) 의식이 대상에 대한 정립적인 의식에 대해 존재론적으로 상관자인 것과 꼭 같다. 어떤 것에 대한 의식이 곧 자기(에 대한) 의식인 것과 마찬가지로, 동인은 동기에 대한 파악 이외 다른 것이 아닌데, 이 파악이 자기(에 대한) 의식인 한에서 그러하다. 그러나 여기에서 다음과 같은 사실이 명백하게 도출된다. 즉 자신의 가능성들을 향해 자신을 기획투사하고 이 가능성들에 의해 스스로를 정의되도록 하는 생동적이고 자유로운 의식이 용솟음칠 것인데, 이때 동기와 동인과 목적은 이 생동적이고 자유로운 의식이 용솟음치는 데서 [드러나는] 분해할 수 없는 세 가지 항이다.(493/210)

대상에 대한 의식은 자신을 완전히 몰각해 버리고 오로지 대상만을 향하는 의식이 아닙니다. 그 이면에는 그 상관자로서 이미 늘 자기(에 대한) 의식, 즉 비정립적인 자기의식이 작동하고 있습니다. 이와 꼭 마찬가지로 누군가가 행위를 함에 있어서 어떤 객관적인 동기가 되는 사태를 선택해서 그것을 의식할 때에는 그 이면에 그 상관자로서 이미 늘 자기

(에 대한) 파악인 동인이 작동하고 있다는 것입니다.

여기에서 결국 스스로의 가능성들을 향해 자신을 기획투사하는, 그리고 그 가능성들에 의해 정의되는 생동적이고 자유로운 의식의 용솟음이 근원으로 제시됩니다. 이는 저 앞에서 말한 인간 현존과 동일시했던 근원적인 자유의 용솟음에 다름 아닙니다. 그리고 동기와 동인 그리고 목적, 이 세 가지가 서로 따로 떨어질 수 없는 상태로 생동적이고 자유로운 의식의 용솟음을 이룬다는 것입니다.

저 앞에서는 의지와 정념이 근원적인 자유와 동시적이라고 했습니다. 이제 여기에서는 동기와 동인 그리고 목적이 근원적인 자유, 즉 생동적이고 자유로운 의식의 용솟음과 동시적이라고 말하고 있습니다. 흔히들 말하는 의지와 정념, 동기와 동인, 목적과 가능성 등은 바로 인간실재의 존재가 근원적으로 생동적이고 자유로운 의식의 용솟음에 의해, 달리 말해 근원적인 자유의 용솟음에 의해, 또 달리 한마디로 압축해서 말하면 인간 현존에 의해 근본적으로 정의된다는 것을 알려 주는 지표들이라는 것입니다.

2. 자유와 몸

1) 동인과 동기의 동등성

우리는 나 자신의 행동뿐만 아니라 다른 사람의 행동을 이해하고자 합니다. "왜 내가 그렇게 그녀에게 화를 냈는지 도무지 알 수가 없다"라는 말을 하기도 하고, "그의 격앙된 목소리는 이미 대화를 불가능하게 했다"라고 하기도 합니다. 우리의 삶 자체가 바로 이렇게 나와 타인들의 행동을 이해하고 그 이해를 바탕으로 해서 새로운 행동을 이어나가는 연속적인 과정이라고 해도 전혀 넘친 말이 아닙니다. 행동하면서 행동을 이해하고, 그 이해에 의해 새롭게 행동하고 그 새로운 행동에 대해 또 새롭게 이해하는 것이 계속 이어지는 것이지요.

행동을 이해함에 있어서 의식 초월적인 객관적인 동기를 고려한다는 것은 한 개인의 그때 그 개별적인 행동이 사회역사적인 혹은 객관적인 상황이라고 하는 외적 지평의 영향력으로부터 벗어날 수 없다는 점을 염두에 두기 때문입니다. 그리고 사르트르의 존재론에 입각해서 보면, 이는 행동으로 드러나는 대자적인 의식이 대타적일 수밖에 없기 때문입니다. 그리고 의식 내재적인 주관적인 동인을 고려한다는 것은 한 개인의 이력이라고 하는 내적 지평의 영향력으로부터 벗어날 수 없다는 점을 염두에 두기 때문입니다. 그렇다면 동인이란 하나의 의식이 다른 의식을 규정하는 데서 성립하는 셈입니다. 사르트르의 존재론에 입각해서 볼 때, 동인의 이러한 의식 규정적인 성격은 어떻게 규명될 수 있나요?

동인은 자기에 대한 비정립적인 의식 이외에 다른 것이 아니다. 동인은 이 의식 자체와 함께 과거로 미끄러져 들어간다. 동시에 이 의식과 마찬가지로 생동적으로 존재하기를 멈춘다. …… 그러므로 내가 나의 어제의 의식으로 되돌아갈 때, 그 의식은 나름의 지향적인 의미를 지니고 있지만, 우리가 살펴보았던 것처럼, 그 의식은 고정되고 하나의 사물처럼 바깥에 있다. 과거는 즉자적으로 존재하기 때문이다. 그래서 동인은 그것에 **대해** 의식이 발동되고 있는 것으로 된다.(494/219)

우리는 항상 자기(에 대한) 의식, 즉 비정립적인 자기의식을 바탕에 깔고서 행동을 합니다. 그런데 어제 왜 그렇게 화를 냈을까를 생각하면서 그 동인을 생각하게 되면, 그 동인은 회상되는 바 지나간 나의 의식 내용일 수밖에 없습니다. 내가 지금 그것을 잘못 회상할 수도 있지만, 어쨌든 회상되는 나의 의식 내용은 나에게 대상이 될 수밖에 없고(예컨대, 정신분석에서 분석자와 분석되는 주체 간의 대화에서는 좀처럼 대상이 될 수 없는 이른바 트라우마를 찾아 내어 대상으로 삼는 것을 목적으로 합니다), 그렇게 대상이 될 수 있다는 것은 회상하는 지금의 의식이 어찌할 수 없도록 고정되어 있다는 것이며, 그렇게 고정되어 있다는 것은 즉자적이라는 이야기입니다.

이에 동인은 현재 나에게 일종의 객관적인 지식(savoir)처럼 작동하고, 그럴 경우 동인은 동기와 마찬가지로 객관적이라고 하는 존재론적인 성격을 띠게 됩니다.

> 동인이 **즉자**이고 동기는 객관적이기 때문에, 이 둘은 존재론적인 차이가 없는 한 쌍으로서 주어진다. 사실이지, 우리의 과거가 세계 한복판으로 들어가 스스로를 잃어버린다는 것은 다들 알고 있다. 마치 결심을 결정짓는 비율에 있어서 동기와 동인이 서로 충돌하거나 협력할 수 있는 것처럼, 우리가 동기와 동인을 동등한 무게를 갖는 것으로 취급하고, 또 하나의 행동에 대해 동기들과 동인들을 언급할 수 있는 까닭이 여기에 있다.(494/220)

객관적인 즉자성을 기준으로 삼아 동인과 동기의 존재론적인 동등성을 찾아내고 있습니다. 문제는 동인과 동기의 객관적인 즉자성이 과연 행동에 있어서 어떻게 힘을 발휘할 수 있는가 하는 점입니다.

의지와 정념, 동기와 동인 그리고 복석과 가능성 등은 근원적인 자유의 용솟음 즉 인간 현존과 동시에 이루어지는 것이지만, 이 인간 현존을 바탕으로 하지 않고서는 성립할 수 없다고 했습니다. 하나의 행동을 이해하는 데 있어서 관련됨 직한 동인과 동기는 워낙 공시적으로나 통시적으로 연쇄적으로 연결되어 확장되어 있을 것입니다. 예컨대 우리는 미처 고려하지 못한 여러 '숨겨진 동기와 동인들'을 염두에 둘 수도 있습니다. 그런데 하필이면 나는 지금 이 특정한 동기들과 동인들을 행동의 원인들로 잡고 있는 셈입니다. 하필이면 왜 그럴까요? 드러난 것이든 숨겨진 것이든, 그것들이 과거 속으로 미끄러져 들어가 즉자적으로 객관화되어 고정되어 있다는 것은 그 자체로서는 아무런 힘도 없다는 것입니다. 오로지 미래를 향해 용솟음치는 근원적인 자유, 즉 인간 현존을 바탕으로 해서만 그것들이 비로소 동기들과 동인들로 작동할 수 있는 것입니다. 그래서 이렇게 이야기됩니다.

동인은 무의 두께(épaisseur de néant)에 의해 우리로부터 분리되어 있다. 동인은 다시 파악되는 한에서만 작동할 수 있다. 그 자체로서는 아무런 힘도 없다. 그러므로 선행하는 동인들과 동기들에 가치와 무게가 부여될 수 있는 것은 바로 연루된 의식의 용솟음 자체에 의해서다. 동인들과 동기들이 존재했었던 것은 연루된 의식에 의존하지 않는다. 연루된 의식은 그것들에게 과거에 속한 현존을 유지시켜 주는 것을 사명으로 삼는다. …… 욕망, 공포, 그리고 세계에 대한 객관적인 고려 등이 의미(sens)를 갖는 것은 내가 당장 나의 미래를 향해 나를 기획투사할 때 바로 그런 나에 대해서이다. 그 의미를 결정하는 것은 오로지 나뿐이다.(494~495/220)

내 자신이 완전히 과거로 되어 하나의 바위처럼 응결되어 뭉쳐지고 만다면, 동인도 동기도 아무런 의미도 없고, 욕망이니 공포니 하는 것들도 아무런 의미도 없을 것입니다. 예컨대 극단적인 우울증은 바로 이러한 바위처럼 응결된 객관적인 나로서만 존재할 때 성립하는 것이라 할 수 있습니다. 미래를 향한 근원적인 자유의 용솟음, 즉 인간 현존의 끄나풀이라고는 전혀 잡을 수 없는 상태가 바로 지독한 우울증의 상태인 것입니다.

2) 의지의 사후성

극단적인 우울증의 상태에서는 의지가 제대로 발동되지 않습니다. 지금 우리는 극단적인 우울증의 상태를 미래를 향한 근원적인 자유의 용솟음과 전적으로 대립되는 것으로 제시하고 있습니다. 사르트르는 극단적인 우울증조차 그 자체로는 의미를 가질 수 없고, 오로지 이러한 인간 현존에 의해서만 의미를 가질 수 있다고 말할 것입니다. 하지만, 일단 그 부분은 논의를 보류하고자 합니다. 그 대신 즉자성이 한껏 심화된 극단적 우울과 대자성이 한껏 강화된 인간 현존의 용솟음이 서로 대립적이긴 하나 존재론적으로 보아 동일한 심층의 차원에 놓여 있다는 것을 염두에 두고자 합니다.

이럴 때, 극단의 우울이 의지를 용납하지 않는다는 것을 바탕으로 우리로서는 의지의 발동이 인간 현존의 심층에 비해 표층에 놓여 있다고 말할 수 있게 됩니다. 그 바탕에 어떠한 동기와 동인들이 작동했기에 하필이면 그런 의지를 발동하게 되었는가 하는 물음은 성립할 수 있어도, 어떤 의지를 발동했기에 그런 동기와 동인들이 작동하게 되었는가 하는 물음은 성립하지 않습니다. 의지란 도대체 동기들과 동인들에 비해서도 심층적이지 않은 것입니다. 목적이나 가능성에 대해서도 마찬가지지요. 요컨대 이는 행동이 근본적으로 의지에 의한 것이 아님을 말해 줍니다.

> 지나간 동인들, 지나간 동기들, 현재의 동기들과 동인들, 미래의 목적들은 자유의 용솟음 자체에 의해, 용해될 수 없는 통일을 이루며 조직된다. 이 자유의 용솟음은 동기들과 동인들 그리고 목적들을 넘어서 있다. 여기서 의지적인 숙고는 항상 기만적이라는 사실이 도출된다.(495/221)

인간실재의 존재에서 가장 깊은 심층에 자유의 용솟음이 있고, 그 위에 동기들과 동인들 그리고 목적들이 있고, 또 그 위에서 의지가 발동되는 것입니다. 무조건적으로 발동되는 의지를 진정한 의미의 의지라고 할 수는 없을 것입니다. 의지에는 일정하게 숙고(délibération)가 전제되어 있습니다. 숙고해서 선택할 때 의지가 성립하는 것이기 때문입니다. 그런데 사르트르는 이렇게 말합니다.

> 내가 숙고할 때 이미 주사위는 던져졌다. 만약 내가 던져진 주사위에 대해 우연히 숙고해야만 했다면, 그것은 이러저러한 또 다른 발견된 형태들(예를 들면, 정념에 의한 것이라든지, 혹은 아주 간단하게, 나의 언어가 나의 사유가 무엇인가를 나에게 가르쳐 주듯이, 동기들과 목적들로 구성된 전체를 드러내 주는 행동에 의한 것이라든지)에 의해서라기보다는, **숙고를 통해** 동인들을 밝혔으면 하는 심사가 나의 근원적인 기획투사 속으로 들어왔기 때문일 뿐이다. ······ 숙고에 의한 **선택**은 자유로운 자발성에 의해, 동인-동기들과 목적들 전체와 함께 조직된다. 의지가 개입될

때, 결정은 [이미] 되어 있고, 의지는 그 결정에 대한 고지자(告知者)로서만 가치를 가진다.

의지적인 행위는 비의지적인 자발성과 구분된다. 비의지적인 자발성은 순수하고 단순한 행위의 기획투사를 통해 드러나는 동기들에 대한 순전히 비반성적인 의식이다. 이에 반해 의지적인 행위의 구조는 동인을 준-대상으로 파악하는 혹은 심지어 반성적인 의식을 통해 동인을 심리적인 대상으로서 지향하는 반성적인 의식의 출현을 요구한다. 동인은 바로 이 반성적인 의식을 매개로 해서 파악되기 때문에, 이 반성적인 의식에 대해 분리된다.(495/221)

프로이트의 정신분석학에 의거한 무의식 이론이 당시 지성계에 이미 기본 정식인 것처럼 되어 있었기 때문일까요. 사르트르는 의지에 의거한 숙고 그리고 의지적인 행위의 바탕에 이미 '자유로운 자발성' 혹은 '비의지적인 자발성'이 작동하고 있음을 중시해서 드러내고 있습니다. 상식적인 통념에 의거하면, '자유로운=비의지적인'이라는 공식은 성립할 수 없습니다. 의지에 의한 행위가 아니고서는 자유로운 행위라고 할 수 없기 때문입니다. 그런데 사르트르는 바로 이러한 통념을 깹니다. 자유롭다는 것은 워낙 근원적인 것이기 때문에, 뒤늦게 사후에 생겨나는 의지적인 숙고나 그에 따른 행위에 의거해서 규정되어서는 안 된다는 것입니다. '의지적'이라는 것은 워낙 이미 일이 다 벌어진(결정된) 뒤에 성립하는바 사후적인 것이라는 것이 그 핵심입니다.

이렇게 되면, 의지의 발동, 의지에 의한 심사숙고, 심사숙고에 의한 동인의 대상화, 동인에 대한 반성적인 의식의 출현, 그리고 의지적인 행동의 착수로 이어지는 과정은 표층적인 것으로 되고, 그 심층에는 논리적으로나 발생적으로 이에 앞서는 근본의 흐름이 있다고 할 수밖에 없습니다. 미래의 가능성을 향한 인간 현존적인 자유의 용솟음, 인간 현존적인 자유의 용솟음에 의한 목적의 비의지적인 결정, 비의지적인 목적 결정에 따른 동기와 동인의 비반성적인 성립, 그리고 그에 따른 행동으로 이어지는 흐름이 있는 것입니다.

여기에서 가장 중요한 것은 자유가 근본적으로 반성적인 표층의 차원에서 이루어지는 것이 아니라 비반성적인 심층의 차원에서 용솟음친다는 것입니다. 따라서 자유는 목적과 가능성, 동기와 동인, 의지와 숙고, 그리고 의지적인 행동 등의 바탕일 뿐만 아니라 이것들을 싸잡아 가능케 하는 구성적인 근본 지평이라 할 수밖에 없습니다. 그러면서 의지와 확연하게 구분됩니다.

의지는 자유의 특권적인 현시가 아니다. 의지는 다른 모든 심리적인 사건들과 동일한 판면 위에서 구성되는 그 나름의 구조를 지닌 하나의 심리적인 사건이다. 근원적이고 존재론적인 자유에 의한 지지 정도로 보아, 다른 심리적인 사건들에 비해 더 많이 혹은 더 적게 지지되는 것이 아니다.

그와 동시에 자유는 분석할 수 없는 총체로서 나타난다. 동기들, 동인들, 목적들은 이것들을 파악하는 방식과 꼭 마찬가지로 근원적이고 존재론적인 자유의 테두리 속에서 통일적으로 조직되어 있으며, 따라서 이 자유로부터 이해되어야 한다.(476~477/223)

흔히들 '자유 의지'라는 개념에서 간취하듯이, 만약 의지를 자유와 동일한 판면에 놓고 그러면서 프로이트가 정립한 것처럼 의지 아래의 심층이 의지의 층보다 훨씬 더 광범위하고 행동에 대한 결정력에 있어서 훨씬 더 강력하다는 주장을 받아들이게 되면, 인간의 존재 자체에서 자유의 가능성은 근원적으로 삭제·말살되고 맙니다. 정신분석에서 말하는 내용들을 들으면서 알게 모르게 적이 불안한 것은 바로 이 때문입니다.

3) 무와 자유의 동근원성

그런데 사르트르는 '근원적이고 존재론적인 자유'라는 최종의 근본적 층이 있음을 주장함으로써 일체의 심리적인 사건들, 그러니까 정신분석학에서 말하는 일체의 사건들조차 그 바탕 위에서 성립하고, 따라서 인간 존재는 근본에서부터 자유임을 역설하고 있습니다. 과연 인간 존재를 근본적으로 어떻게 볼 것인가에 대한 심각한 투쟁이 암암리에 벌어지고 있습니다. 그 저변에는 인간의 개인적인 혹은 사회역사적인 새로운 삶의 가능성과 그에 따른 실천의 방식에 대한 투쟁이 가로놓여 있음은 물론입니다.

　문제는 사르트르가 말하는 이 자유가 과연 어떤 성격을 띠는가 하는 것입니다. 언뜻 보면, 의지의 심층에서 작동하기 때문에 필연적인 결정성과 구분이 되지 않는 것 같은 측면이 있기 때문입니다. 그래서 사르트르는 스스로 이 자유가 에피쿠로스학파에서 말하는바, 원자가 자발적인 운동 능력이 있어 돌출적으로 운동의 방향을 바꾼다고 하는 이른바 '편위'(偏位, clinamen)와 같은 종류의 것이어서 변덕스러운 계열에 속하는가를 자문합니다. 그리고 이 자유가 자의적이고 우연한 선택에 의거한 비합리적인 것에 불과한가를 자문합니다. 그러고는 결코 그런 것이 아님을 강조한 뒤, 자유의 근본 터전을 이렇게 말합니다.

우리는 자유가 대자의 존재와 하나를 이룰 뿐임을 밝혔다. 인간실재는 그 자신의 무가 되어야만 하는 바로 그 한도 내에서 자유롭다. 우리가 살펴본바, 인간실재는 여러 다양한 차원들에서 이 무가 되어야 한다. 우선, 스스로를 시간화함으로써, 즉 자기 자신과 항상 거리를 둠으로써 이 무가 되어야 한다. 이는 인간실재가 이러저러한 행위를 함에 있어서 자신의 과거에 의해 결정되도록 결코 내버려 두지 않음을 의미한다. 그다음으로, 어떤 것에 대한 의식이자 자기 자신(에 대한) 의식으로 발융함으로써, 즉 단순하게 자기가 되는 것이 아니라 자기에 대해 현전함으로써 이 무가 되어야 한다. 이는 의식 속에, 현존함(exister, 여기에서는 오히려 '탈존함'의 뜻이 강하다)에 대한 의식이 아닌 그 어떤 것도 존립하지 않음을 의미하고, 따라서 의식 외부의 그 어떤 것도 의식을 움직이게 할 수 없다는 것을 의미한다. 그리고 마지막으로, 초월임으로써, 즉 **처음에는** 스스로의 자리를 잡고 **나중에** 이러저러한 목적과 관계를 가지는 어떤 사물이 아님으로써, 그 반대로 본래 선투인 존재, 즉 자신의 목적에 의해 정의되는 존재임으로써, 이 무가 되어야 한다.

그래서 여기에서 자의니 변덕이니 하는 것들을 말할 생각은 추호도 없는 것이다.(497/224)

핵심은 인간실재가 자신의 무가 되어야 한다는 것입니다. 자신과의 거리두기, 자기에의 현전, 자기로부터의 초월 등 세 차원이 거론되는데, 지금껏 우리가 들어온 것처럼, 이 세 차원은 기실 거의 같은 내용이고 서로 직결되어 있는 것들입니다. 인간실재의 존재 자체가 그 존재론적인 근본 구조에 있어서 자신의 무가 되지 않으면 안 되도록 되어 있다는 것입니다.

의지를 넘어선 심층에서부터 자유가 성립한다는 것을 잘못 이해하여 자유를 자의나 변덕에 의거한 순전한 우연으로 여기고 그 바탕에 존재론적인 동기가 전혀 없기에 이해 불가능한 것으로 여긴다면, 그 어떤 인간의 행동도 근본적으로 자유롭지 못한 것으로 되고 말 것입니다. 간단히 말하면, 사르트르는 인간실재를 과거 시제에 입각해서 보면 결코 자유를 찾아낼 수 없다고 말하는 것입니다. 그 반대로, 철저히 자기로부터 이미 늘 초월하고 있는 근본적인 미래로부터 인간실재를 이해할 때 비로소 제대로 된 자유가 성립한다는 것입니다.

이제까지의 존재론적인 성찰에 의하면, 이는 인간실재가 자신에 대한 무화를 통해 제 스스로 바로 자기 자신의 무가 되는 바로 그 구조에서 자유가 성립한다는 것입니다. 즉 자신의 무와 자유는 동근원적이라는 것이지요.

4) 선택 가능성과 자유

(1) 몸 상태를 넘어선 대자의 태도

그렇다면 과연 구체적인 상황에서도 이러한 근원적이고 존재론적인 자유를 확인할 수 있는 것일까요? 만약 그렇지 못하다면, 사르트르의 이러한 자유 이야기는 일종의 공염불 내지는 일방적인 독백에 불과할 것입니다. 사르트르는 흔히들 생각하는바 실제 상황에서의 선택 가능성이 곧 자유라고 하는 것이 잘못되었다는 것을 밝히고자 합니다. 그리고 이에 대해 여러 친구들이 높은 산으로 소풍을 떠났는데, 그 중 한 친구가 힘이 들어 피로함을 느끼고 도저히 더 이상 올라가지 못하고 주저앉는 상황을 예로 들어 분석합니다.

피로함은 그 자체에 있어서 나의 결정을 야기할 수 없다는 점을 명기해 두자. 피로함은 내가 나의 몸을 현존시키는 한 방식일 뿐이다. 우선, 피로함은 정립적인 의식의 대상이 아니다. 그게 아니라, 피로함은 나의 의식의 현사실성 자체다. …… 배낭을 지고 가는 내 등과 더불어 나는 피로함의 형식하에서 이 [내] 몸(에 대한) 비정립적인 의식을 갖는다. 객관적으로 그리고 이 비정립적인 의식과 관련해서, 길들은 끝없이 길게, 비탈은 **한결 힘하게**, 태양은 더욱 강렬하게 노출된다. 그러나 나는 아직 나의 피로함을 생각하지 않는다. 나는 나의 피로함을 나의 반성에 대한 준-대상으로 파악하지 않는다. 그러나 내가 나의 피로함을 생각하고 회수하고자 하는 순간이 온다. …… 나는 나의 피로함을 **겪는다**.(498~499/226)

이 정도의 상황이 되면, 대체로 아직 피로함을 견딜 만하다고 생각할 것입니다. 다른 친구들은 다들 잘 가고 있는데, 그리고 아직 당도해야 할 지점이 저 멀리 있는데, 피로를 느낀다고 해서 포기할 수는 없는 것입니다. 하지만 점점 더 강하게 피로함을 느끼게 되고, 이윽고 중도 포기를 해야 하지 않을까 하고 고민하게 될 것입니다. 중요한 것은 이때 반성적 의식이 나타난다는 것입니다.

반성적인 의식은 나의 피로함을 견뎌내기 위해 그 나의 피로함에 대해 나 자신을 제어한다. 그러고는 나의 피로함에 대해 나 자신에 관련해서 그것이 지닐 수 있는 가치와 실천적인 관계를 부여한다. 피로함이 견딜 만한지 아니면 더 이상 참을 수 없는 것인지는 바로 이런 판면에서 나에게 나타날 것이다. 나의 피로함은 그 자체에 있어서는 견딜 만하다거나 더 이상 참을 수 없다거나 하는 것이 전혀 아니다. 피로함을 참을 수 없는 것으로서 겪고 있는 것은 발융함으로써 이를 겪고 있는 반성적인 대자이다.(499/226)

그다지 어려운 이야기도 아닙니다. 그런데 아직 이 단계에서는 근원적이고 존재론인 자유를 확보해 낼 수 없습니다. '반성적인 대자'라고 하는 실마리가 주어졌을 뿐입니다. 중요한 것은 피로함이라고 하는 사실 자체가 곧 이를 견딜 수 없는 것으로 여기고 그것을 애써 견디면서 겪게 만드는 핵심 요인이 아니라는 사실입니다. 이는 다음의 이야기에서 확인 됩니다.

만약 내가 실제로 같이 가는 동료 중 한 사람에게 묻는다면, 그는 분명히 피로하다고 말할 것이다. 그러나 그는 또한 자신의 피로함을 **사랑한** 다고 말할 것이다. 그는 욕조에 몸을 맡기듯이 자신의 피로에 몸을 맡기고 있고, 그의 피로는 그를 둘러싸고 있는 세계를 발견하기 위한 특권적인 일종의 도구로서 나타나기 때문에, 자갈투성이의 거친 길에 적응하고자 하고, 비탈길이 지닌 '산악'의 가치를 발견하고자 하는 셈이다. …… 내 동료의 피로는 더욱 광범한 기획 속에서 체험되고 있다. 즉 자연을 신뢰하는 자기 포기, 자연이 더욱 강력하게 존립하도록 하기 위해 받아들인 수난, 그와 동시에 혼쾌한 지배와 전유에 의거한 기획 속에서 체험되고 있는 것이다.(500/227)

나처럼 피로를 더 이상 견딜 수 없는 것으로 여기는 경우, 그리고 동료처럼 피로를 견뎌낼 만할 뿐만 아니라 즐기기까지 하는 경우, 두 경우 모두에 있어서 중요한 것은 피로하다고 하는 사실 자체가 아니라, 그 피로에 대해 갖는 태도와 결단인 것입니다. 그리고 중요한 것은 그러한 태도와 결단을 내리게 된 대자적인 기획인 것입니다.

(2) 포기

그런데 전자의 경우, 도무지 피로함을 견딜 수 없어 아예 자신을 포기해 버리는 지경에 이르게 됩니다. 사르트르는 이에 관해 이렇게 말합니다.

> 회복하고자 하는 이 근원적인 기획은 대자가 존재의 문제에 맞닥뜨려 스스로에 대해 행하는 어떤 선택이다. 그의 기획은 여전히 무화다. 그러나 이 무화는 그것이 무화하는 즉자에로 되돌아가고 현사실성에 특이한 방식으로 가치를 부여하는 것으로 변환된다. **포기**라고 일컬어지는 무수한 처신들을 통해 현저하게 표현되는 것이 바로 이것이다. 피로함, 열기, 굶주림, 목마름에 대해 스스로를 내맡기는 것, 욕정의 희열에 의해 의자나 침대에 축 늘어져 버리는 것, 자기 자신의 몸에 의해 삼켜지도록 내버려 둠 등, …… 몸을 회복하려는 주도적인 기획, 즉 절대자(즉자대자)의 문제를 해결하고자 하는 시도가 그런 행동들의 조건이다.(500~501/228)

워낙 묘한 대목이 등장했습니다. 그것은 즉자대자를 절대자로 제시하고, 그 절대자의 상태를 확보하고자 하는 기획의 일환으로 아예 자신을 자신의 몸에 맡겨 버린다는 것입니다. 그리고 그것이 바로 포기라는 것입니다. 이는 인간실재의 궁극적인 종착점을 생각게 하는 대목입니다. 이와 관련해서 사르트르는 다음과 같은 말을 이어서 합니다.

대자는 비의식적인 것의 총체, 즉 물질적인 **사물들**의 집합인 한에서의 우주 전체를 회복하고자 한다. 이 경우, 목표가 되는 즉자와 대자의 종합은 즉자 전체와 그 즉자 전체를 회복하고자 하는 대자 간의 준범신론적인 종합이 될 것이다. 여기에서 몸은 종합의 도구다. 예를 들면 이 즉자가 더욱 강력하게 존립하도록 하기 위해, 몸은 피로 속으로 자신을 넘겨 버린다.(501/229)

참으로 묘한 논법이라 하지 않을 수 없습니다. 사르트르는 피로에 지친 나머지 길을 가다 말고 주저앉아 버리는 경우에도 그 바탕에는 대자의 무화가 있음을 제시했습니다. 이때 무화는 분명히 그 자체 현사실성을 넘어서는 초월이어야 하고, 그런 점에서 무가 되는 것이어야 합니다. 그런데, 이때 무화작용은 아주 특별합니다. 무화는 본래 즉자를 무화하는 것인데, 이 무화는 다시 즉자에로 되돌아가는 무화가 된다는 것입니다. 그럴 때 도대체 대자가 어떤 기획을 하고 있기에 그런가 하는 문제가 나오지 않을 수 없습니다. 이에 사르트르가 제시하는 것이 절대자, 즉 즉자대자를 회복하고자 하는 기획에 따른 무화라는 것입니다. 그리고 이를 더욱 상세하게 설명하면서, 비의식적인 것 일체, 즉 물질적인 사물들의 집합으로서의 우주 전체를 회복하고자 하는 기획이라고 하고 있습니다.

이 기획은 대자가 스스로를 전체 즉자와 종합시킴으로써 존재 전체에 대한 무화이자 동시에 존재 전체와 하나로 통일되는 것을 노리는 것이라고 사르트르는 말합니다. 그런데 이때 몸이 도구가 된다는 이야기가 이채롭습니다. 대자가 스스로를 몸속으로 넘겨버림으로써 일체의 물질적인 즉자존재와 하나가 되고자 한다는 것입니다. 이러한 기획 역시 대자의 선택 중 하나라는 것이지요.

우리는 소급에 소급을 거듭하여 대자가 자신의 현사실성과 세계에 대해 선택한 근원적인 관계에 도달했다. 그러나 이 근원적인 관계는, 대자의 세계-내-존재가 선택인 한에 있어서, 대자의 세계-내-존재 자체에 다름 아니다. 다시 말하면, 우리는 대자가 자기 자신의 무가 되어야만 하는 데 필요한 무화의 근원적인 유형에 도달한 것이다. 그렇지 않은가?(501/229)

'무화의 근원적인 유형'이라는 것은 달리 말하면 '무화의 극단적인 유형'이라 할 수 있을 것입니다. 이것이 갖는 존재론적인 의미는 상당해 보입니다.

3. 궁극적 가능성과 자유의 근본 작용

1) 중간 정리

사르트르의 입장에서 제시하고자 하는 인간론의 기초는 인간 존재 자체가 근본적으로 자유라는 사실입니다. 이를 입증하는 것은 참으로 어려워 보입니다. 우선 모든 행위에 주관인 동인과 객관적인 동기가 작동한다는 것을 부인하기가 쉽지 않고, 그 동인과 동기가 계속 연쇄적으로 확장되어 과거 전체로 연결되면서 지금 수행하는 행위가 과거 전체를 원인으로 해서 일어나는 결과인 것처럼 여겨지기 때문입니다. 즉 결정론이 강력한 힘을 발휘하기 때문입니다.

이 대목에서 사르트르는 동인과 동기라는 것이 성립하기 위해서는, 그리고 동인과 동기가 나름의 가치를 갖기 위해서는, 근원에서부터 이것들을 무화시키면서 자유가 용솟음치는 바탕이 있어야 한다는 것을 애써 주장합니다. 그럴 때, 문제가 발생합니다. 그렇다면 이 근원적인 자유의 용솟음이 의지 및 의지에 의거한 숙고와 동일한 차원에 놓여 있는 것 아닌가, 만약 그렇다면 행위에 대한 결정론을 제대로 반박하지 못하고 마는 행위에 대한 의지론을 내세우는 것에 다름 아닌가 하는 문제가 발생합니다.

이에 사르트르는 의지 및 의지에 의거한 숙고라고 하는 것은 심층에서부터 이미 일이 벌어지고 난 뒤, 즉 이미 목적이 설정되고 그에 따른 선택이 이루어지고 난 뒤, 그 목적과 선택을 뒤늦게 반성적으로 발견해서 나에게 알려 주는 것에 불과하다는 점을 지적합니다.

말하자면, 사르트르는 행위에 대한 결정론과 의지론 모두를 물리치고, 자기 나름의 존재론적인 해석을 통해 행위를 설명함으로써 그 바탕에 근원적인 자유의 용솟음이 작동하고 있다는 것을 주장하는 것입니다. 이럴 때 문제는 근원적인 자유의 용솟음, 즉 자유 자체로서의 인간 존재는 반성적인 차원의 의식으로써는 담아낼 수 없다는 점입니다. '비정립적인 의식'이라든가 '비의지적인 자발성'이라고 하는 묘한 개념들이 중요한 것은 이 때문입니다.

간단하게 말하면, 나도 모르게 나는 이미 늘 자유로운 존재입니다. 반성적인 표층의 차원에서 보면, 비의지적인 행위는 자유로운 것이 아니고, 결정되어 있는 행위는 자유로운 것이 아닙니다. 그러나 비반성적인 심층의 차원에서 보면, 비의지적이라고 해서 자유롭지 않은 것도 아니고, 결정되어 있다고 해서 자유롭지 않은 것이 아닙니다. 의지적이라든가 혹은 결정되어 있다는 것은 반성적인 표층의 차원에서의 일일 뿐, 결코 근본적인 존재론에 입각한 것이 아니라는 이야기입니다. 근본적인 존재론에 입각해서 보면, 행위가 이루어지고 의미를 갖는 데 지평이 되는 세계라고 하는 것 자체가 인간실재의 대자적인 무화작용, 즉 근원적인 자유의 용솟음이 없이는 성립될 수 없다는 것입니다.

그렇다고 해서 문제가 해소되는 것이 아닙니다. 사르트르는 무화작용 자체라고 할 수 있는 대자가 어디까지나 세계-내-존재이고 또 대타존재라고 말합니다. 언뜻 생각해 보면, 이는 세계나 타인이 없이는 대자가 근본적으로 존립할 수 없다는 것을 일컫는 것 같습니다. 아닌 게 아니라, 대자의 무화작용은 근본적으로 세계 및 세계에 속한 자신의 즉자에 대한 것이니까, 논리적으로 보아, 대자가 무화하고자 하는 세계 및 세계에 속한 자신의 즉자가 먼저 있지 않으면 안 될 것 같습니다. 이에 무는 존재의 기생충이라고 하는 사르트르 자신의 말을 떠올리지 않을 수 없습니다.

이를 염두에 두면서 사르트르의 존재론을 밀고 가면, 세계 전체가 제 스스로를 드러내기 위해서 자신으로부터 대자적인 의식을 일으키고(대자의 발융), 그 대자로 하여금 특히 내적인 부정을 포함한 무화작용을 실행하도록 함으로써 세계가 비로소 현실적으로 자신의 모습을 드러내는 데, 그렇게 세계가 현실적으로 자신의 모습을 드러내는 데 있어서 그 바탕에 대자를 중심축으로 하는 인간실재의 근원적인 자유의 용솟음, 즉 인간 현존이 가로놓여 있다는 것이 됩니다.

이렇게 되면, 묘하게도 세계가 존재한다는 것 자체가 곧 인간실재가 근원적으로 자유로운 존재라는 것을 알려 주는 것이 됩니다. 다만, 이런 사태가 반성적이고 정립적인 판단의 차원에서 이루어지는 것이 아니라, 선반성적이고 비정립적인, 그 심층에서부터 심지어 프로이트가 말하는 무의식보다 더 깊은 심층에서부터 이미 늘 성립한다는 것이 중요합니다.

이러한 사르트르의 존재론은 철학사적인 맥락에서 보면 분명히 칸트에서부터 후설에 이르기까지 관통하고 있는 근대의 구성주의적인 입장, 즉 인간 의식에 의해 세계가 구성된다는 사상을 잇고 있습니다. 하지만 그 차이 역시 크지요. 그것은 근대의 구성주의적인 입장에서 예사로 견지되고 있는 일체의 지성주의적인 틀을 확실하게 벗어나 있다는 것입니다. 사르트르가 말하는 자유가 합리적인 숙고나 성찰을 요구하는 과학적·실천적 이성을 전제로 한다거나 그것과 동일시될 수 있는 것이 전혀 아니라는 사실이 이를 잘 말해 줍니다. "우리는 자유로움을 중지할 자유가 없다"(484/206)라는 그의 말은 우리가 심지어 본능과 욕망 그리고 충동 등에 예속되어 있다고 할지라도 우리의 존재 자체에서부터 자유롭다고 충분히 해석할 수 있습니다.

그렇기 때문에, 사르트르의 자유론은 현실적으로 볼 때, 한편으로 무력하기 짝이 없고, 다른 한편으로 너무 강력합니다. 무력하기 짝이 없는 것은 어떤 상황에서건 굳이 자유로워지기 위해 노력해야 할 이유가 없는 것처럼 여겨지기 때문이고, 너무 강력한 것은 역시 어떤 상황에서건 계속 근원적인 자유를 현실적으로 실현하기 위해 노력해야 할 이유를 제공하기 때문입니다. 어찌 보면, 우리 인간의 존재가 이미 늘 근본적으로 인간 현존을 확보하고 있다고 말하는 것 같고, 또 달리 보면, 우리 인간의 존재가 현실적으로 결코 인간 현존을 확보할 수 없는 것처럼 여겨집니다.

이 대목에서 우리는 헤겔을 떠올리게 됩니다. 헤겔은 감각적 확실성에서부터 절대지에 이르는 과정이 변증법적으로 진행된다는 것을 그의 두꺼운 책 『정신현상학』을 통해 밝히고자 했습니다. 주체는 대상으로 나타나는 문제의 상황을 끊임없이 넘어서고자 합니다. 넘어서기 위해서 긍정하면서 부정하지 않으면 안 됩니다. 긍정함으로써 부정된 것을 보존하고, 부정함으로써 보존한 것을 넘어섭니다. 그것이 헤겔이 말하는 주체의 변증법적인 운동이지요. 그럼으로써 주체가 점점 더 자유를 획득하는 것입니다. 그런데 헤겔은 감각적 확실성의 단계에 이미 절대지로 나아갈 수밖에 없는 주체의 힘이 내재되어 있다고 말하는 것 같습니다. 이를 사르트르에 견주어 보면, 인간실재는 근본적으로 자유롭다는 것을 말합니다. 이 자유를 현실적으로 완전히 구현하는 것, 즉 인간 현존을 완전히 확보하는 것은 헤겔의 입장에서 보면 절대지 단계에 이르는 것입니다.

헤겔이 말하는 절대지 단계에서는 주체에게 더 이상 부정할 것이 없습니다. 말하자면 더 이상 주체를 막아서는 벽이 없습니다. 그런 점에서 절대 정신은 대상을 지니지 않습니다. 따라서 제 스스로 주체라고 말할 이유도 없습니다. 그것은 즉자대자의 완전한 통일입니다. 헤겔은 '주체의 영광스러운 죽음'을 노리고 있는 것입니다. "몸을 회복하려는 주도적인 기획, 즉 절대자(즉자대자)의 문제를 해결하고자 하는 시도"(500~501/228)라는 사르트르의 묘한 문구는 암암리에 헤겔의 절대지 단계를 '흉내 내고' 있습니다. 정신이 일체의 물질적인 저항을 보존하면서 부정·극복한 단계가 바로 헤겔이 말하는 절대지 단계이기 때문입니다.

존재론적인 관점에서 볼 때, 헤겔과 사르트르의 관계는 사르트르가 그의 다른 선배 철학자들과 맺는 그 어떤 관계보다 긴밀합니다. 이를 증시하기 위해서는 철학적 사유에 의한 또 한 편의 '드라마'가 필요합니다.

2) 포기하는 행위에 대한 고찰

(1) 포기도 하나의 선택

대략 이러한 생각들을 염두에 두면서, 사르트르가 등산 소풍을 가다가 몸이 힘들어 더 이상 걸어가지 못하고 털썩 주저앉고 마는 나의 행위에 대해 어떤 분석을 내놓는가를 살펴보기로 합시다.

> 나의 피로는 '부드럽게' 겪는 것으로 파악되지 않고, 내가 처리해 버리고 싶은 성가신 현상처럼 '뻣뻣하게' 겪는 것으로 파악될 것이다. 단적으로 보아, 그것은 나의 피로가 나의 몸과 나의 있는 그대로의 우연성을 세계 한복판으로 밀어 넣으려 하고, 그래서 나의 몸과 타자의 시선들에 의한 세계에서의 나의 현전을 구해내고자 하는 나의 기획이 성립하기 때문이다. [그 와중에] 나 역시 나의 근원적인 기획으로 넘겨진다. 즉 나 역시 나의 세계-내-존재가 선택인 한에서 나의 세계-내-존재에로 넘겨진다.(502/230)

너무 피곤해서 죽을 것만 같고, 자칫하면 내 몸과 나의 우연성은 시체가 되어 아예 세계 한복판으로 추락하고 말 것 같습니다. 당연한 이야기지만 나는 이를 용납할 수 없습니다. 내 몸을 구해내야 하고 다른 사람들과 함께 살아야 합니다. 나는 그런 나의 삶을 선택합니다. 그럼으로써 나의 세계-내-존재를 유지하고자 합니다. 글쎄, 죽지 않으려고 한다는 것조차 하나의 선택이라 할 수 있다면 어쩔 수 없지만, 그래도 이러한 사르트르의 설명은 왠지 궁색한 것 같습니다. 이를 사르트르 자신도 인정합니다. 하지만 심한 고문을 견디다 못해 아예 자살을 시도하는 경우도 있음을 염두에 둘 필요가 있습니다.

(2) 프로이트의 정신분석에 대한 비판

어쨌든 사르트르는 여기에 일종의 세계관적인 문제가 있다는 것을 지적하고, 하나의 행위에 함축되어 있는 의미들(significations)을 체계적으로 추출해 내고자 하는 시도를 아무도 하지 않았다고 하면서 유일하게 정신분석학이 그런 작업을 한다고 일단 추켜세운다.

우리에게 있어서처럼, 프로이트에게 있어서도 하나의 행위는 그 자체로 한정될 수 없다. 하나의 행위는 더 깊은 구조들로 직접 넘겨진다. 정신분석은 이 구조들을 명백하게 하는 방법이다. 우리처럼, 프로이트는 다음과 같이 자문한다. 즉 그러한 인물이 그러한 특수한 행동을 완성할 수 있는 것은 어떤 조건들에서인가 하고서 자문한다. 그리고 그는, 우리처럼, 행동을 선행하는 계기에 의해 해석하는 것을 거부한다. 즉 수평적인 심리적 결정론을 염두에 두는 것을 거부한다. 그에게서 행위는 **상징적**이다. 말하자면, 행위는 더 심오한 욕망, 그 자체 주체의 리비도에서 발원하는 결정에서부터 해석될 수밖에 없는 더 심오한 욕망을 표현하는 것처럼 여겨진다. 다만, 그래서 프로이트는 수직적인 결정론을 구성하고자 노린다. 또한 그의 사념(conception)은 이러한 관점에 의해 필연적으로 주체[즉 피분석자]의 과거로 넘겨진다. …… 분명히 그러한 상징적인 행위는 그 밑에 깔려 있으면서 그것과 동시간적인 욕망을 표현한다. 그와 마찬가지로, 이 욕망은 [오이디푸스 콤플렉스와 같은] 더욱 깊은 콤플렉스를 나타낸다. 그리고 이러한 일은 동일한 심리적 과정의 통일성 속에서 이루어진다. 그러나 콤플렉스는 그 상징적인 표명(manifestation)에 선재한다(préexiste). 정신분석에서뿐만 아니라 심리생활을 결정론적으로 재구성하고자 하는 모든 시도들에 있어서 언급된 전이(轉移, transfert)니 응축(凝縮, condensation)이니 하는 등의 고전적인 결합방식들에 의거해서 보면, 콤플렉스는 그 상징적인 표명을 바로 그러하도록 구성한 과거이다. 결국, 정신분석에 있어서 미래는 존립하지 않는다. 인간실재는 그의 탈자태들(ek-stases)의 하나를 상실한다. 그는 오로지 현재에서 출발하여 과거로 퇴행함에 의해서만 자기 자신을 해석해야 한다. 그리고 동시에 주체[즉 피분석자]의 행위들에 의해 의미화되는 주체의 근본적인 구조들은 **주체에 대해**(*pour lui*) 의미화되는 것이 아니라, 이 의미들(significations)을 명백하게 하기 위해 추론적인 담화 방법들을 활용하는 객관적인 증인[즉 분석자]에 대해 의미화되는 것이다. 주체의 행위들이 갖는 의미(sens)에 대해 선존재론적으로 수행되는 이러한 이해는 주체와 일치하지 않는다.(502~503/230~231)

사르트르가 프로이트의 정신분석을 어떻게 보는가를 나타내는 대목이기에 다소 길게 인용했습니다. 요지는 프로이트가 비록 수평적인 결정론을 거부하고 수직적인 결정론을 따른다고 할 수 있지만, 결국에는 과거 결정론적인 환원주의를 벗어나지 못한다는 것입니다. 사르트르가 직접 설명하지 않지만, 맥락상 수평적인 결정론은 하나의 행위를 이미 지나간 여러 동기들과 동인들에 의해 인과적으로 설명하는 것이고, 수직적인 결정론은 하나의 행위의 바탕에 구조를 달리하면서 동시적인 차원에서 작동하는 또 다른 근원적인 힘을 통해 인과적으로 설명하는 것입니다. 전자는 순차적인 인과성을 바탕으로 하고, 후자는 구조적인 인과성을 바탕으로 한다고 할 수 있습니다.

그런데 실상 프로이트의 수직적인 결정론에서 바탕이 되는 근본 구조들은, 예컨대 콤플렉스 같은 것은 그 자체 과거에 해당된다고 할 수밖에 없고, 그래서 프로이트가 수평적인 결정론을 거부한다고는 하나 실제에 있어서는 근본적인 차이가 없다는 것입니다. 그렇기 때문에 주체인 피분석자가 하는 현재의 행위가 미래를 향해 갖는 의미는 전혀 없는 셈이 되고, 그래서 분석자에 의한 설명은 고착된 과거에 입각한 외부적이고 객관적인 의미화일 뿐, 정작 미래를 향해 자신을 뛰어넘고 무화하는 인간실재인, 행위의 주체인 피분석자 자신에게서 의미화되지 않는다는 것입니다.

대략 무슨 이야기인지는 알 수 있지만, 정신분석의 이론이나 임상에 대해 그 실제의 효과라는지 하는 것을 잘 모르는 우리로서는 사르트르의 이러한 입론을 평가할 수 있는 기준을 제대로 갖고 있지 못합니다. 하지만, 정신분석이 미래에 관한 관점을 거의 놓치고 있고, 특히 트라우마와 같은 집요한 과거에 집중한다는 것은 분명한 것 같습니다. 아무튼, 사르트르는 이를 바탕으로 자신의 입장을 분명히 합니다.

모든 행동은, 그것이 제아무리 무의미하다 할지라도, 앞서 있었던 심리 상태에 대한 단순한 결과가 아니다. 그리고 모든 행동은 선형적인 결정론에 속하지 않는다. 그 반대로, 모든 행동은 이차적인 구조로서 전반적인 구조들에 통합되고 결국 나 자신인 총체성에 통합된다. 우리는 이러한 원칙에 입각해서 하나의 행위가 갖는 의미들을 추출하도록 해야 한다. 그렇지 않을 경우, 사실상 나는 각각의 현상이 앞선 현상에 의해 외부적으로 조건화되는 그런 현상들의 수평적인 흐름으로 나를 이해해야 하거나, 아니면 그 흐름의 양식들이 지닌 의미들을 벗어나 있으면서 그 흐름을 지탱하는 하나의 실체로 나를 이해해야 할 것이다. 이 두 이해는 우리로 하여금 대자와 즉자를 혼동하게 할 것이다. 그러나 만약 우리가 정신분석의 방법을 받아들인다 할지라도, 그것은 **반대 방향으로** 적용해야 한다. 우리는 프로이트처럼 모든 행위를 이해 **가능한**

(*compréhensible*) 현상으로 생각하고, 또 그와 마찬가지로 결정론적인 '우연'(hasard)을 용납하지 않는다. 그러나 우리는 사안이 되는 현상을 과거에 입각해서 이해하지 않는다. 그 대신 우리는 그 이해 관련적인 (compréhensif, 포괄적인) 행위를 미래로부터 현재를 향해 되돌아오는 것이라 생각한다.(503/232)

행동은 하나하나 개별적으로 현재 이루어질 수밖에 없습니다. 하나의 행동이 이루어지는 바탕에는 분명히 더 심오한 구조들이 작동하고 있을 것입니다. 이에 사르트르는 프로이트의 정신분석을 한껏 인정합니다. 그러나 그 심오한 구조들이란 궁극적으로 나 자신인 총체성이고, 그 총체성은 과거에 의거한 것이 아니라 오히려 미래에 의거한다는 것이 사르트르의 입장입니다. 그런 총체성으로서의 나 자신이 그저 상호외부적인 수평적 흐름으로서 존재하는 것도 아니고, 이를 무시한 채 그 바탕에서 이를 지탱하는 실체로 존재하는 것도 아니라는 것임을 분명히 하고 있습니다.

현재 이루어지고 있는 나의 행위를 기준으로 해서 보면, 과거에 했던 행위는 행위가 아니라 그에 관련된 심리적인 의식 상태일 것입니다. 그러고 보면, 지나간 나의 모든 행위들과 그것들이 변환된 모든 심리적인 의식 상태가 현재 이루어지고 있는 나의 행위에 쫙 밀려와 인과적으로 압박을 가하고 있을 것입니다. 오로지 이러한 인과적인 압박에 의해서만 나의 행위가 이루어진다면, 이른바 수평적인 결정론을 따를 수밖에 없습니다. 하지만, 나는 이러한 과거의 모든 결정적인 요인들을 무화하면서 넘어서는 데서 성립합니다.

이러한 과거의 모든 결정적인 수평적 요인들을 내가 넘어선다고 할 때, 나는 바탕에서부터 그것들을 떠받치고 있는 실체로 존재하기 때문에 그것들을 넘어선다고 할 수도 있습니다. 하지만, 원리상 수평적인 흐름을 형성하는 그 요인들이 없이 내가 따로 존립할 수는 없습니다. 그렇기 때문에 나는 실체가 아닙니다. 말하자면, 나 자신을 하나의 구조적인 총체로서 이해해야 한다는 것입니다.

그러나 정신분석에서처럼 나를 구조적으로 이해하되, 정신분석과는 반대로 과거에 입각한 고착된 닫힌 구조로서 이해하는 것이 아니라 미래에 입각해서 현재로 되돌아오는 역동적인 열린 구조로서 이해해야 한다는 것입니다.

(3) 열등 콤플렉스에 대한 해석

이러한 입장을 제시하고서 사르트르는 앞서 말했던 등산에서의 나의 피로를 소재로 삼아 열등 콤플렉스를 끌어들여 분석합니다. 예컨대 내가 아무리 노력해도 피로를 이겨내는 것이 도무지 불가능하다는 데서 열등 콤플렉스를 운위할 수 있을지 모르지만, 그 역시 내가 수행하는 일종의 초월 방식이라는 것입니다.

> 피로에 굴복하는 것, 그것은 걸어가야 할 길에 대해 '계속 가기에는 너무 어려운 길'이라는 의미를 구성함으로써 그 길을 초월하는 것이다. 미래와 나의 가능성들에 입각해서 열등감을 규정하지 않고서 열등감을 진지하게 고려한다는 것은 불가능하다. '나는 못생겼다', '나는 바보다' 하는 따위의 확인들조차도 본성상 예견들(anticipations)이다. 나의 추함을 그저 확인하는 것이 문젯거리가 아니라, 여자들이나 사회가 내가 기도하는 것들에 대해 드러내 보이는 적대의 비율을 파악하는 것이 문

젯거리다. 그리고 남들이 나에 대해 드러내 보이는 이 적대의 비율은 오로지 나의 기도들을 선택함에 의해 그리고 그 안에서만 발견될 수 있을 것이다. 그러니까 열등 콤플렉스는 내 자신을 타자 앞에서 열등한 존재로 자유롭게 그리고 전반적으로 기획투사하는 것이다. 열등 콤플렉스는 내가 나의 대타존재를 인수하면서 내가 선택한 방식이고, 내가 타자의 현존, 즉 그 극복할 수 없는 힐문을 받아 그 힐문에 대해 내가 제시하는 자유로운 해법이다.(504/233)

사르트르 나름의 존재론적인 논리가 확립되어 있음을 알 수 있고, 그러다보니 이런 방식으로 열등감을 해석할 수도 있구나 하는 생각이 절로 듭니다. 흔히들 부정적인 감정에 대해서는 수동적으로 당하기만 하는 것으로 해석하기 일쑤지요. 그런데 사르트르는 그런 부정적인 감정뿐만 아니라 그런 감정들이 뿌리 깊게 자리를 잡아 이른바 콤플렉스로 작동하는 것조차 대타적인 불리한 상황에 대한 내 자신의 '자유롭고 전반적인 기획투사' 및 '자유로운 해법'이라고 말합니다.

흔히 쓰이는 용어법으로 보면, 말도 안 되는 해석이 아닐 수 없습니다. 그러나 인간실재에 있어서 자유란 스스로가 어쩔 수 없는 근원적인 것이고, 인간실재의 존재론적인 근본 구조인 대자-무화-초월-인간 현존 등에서 이미 늘 성립하고 있다는 사르트르의 자유론에 입각해서 보면, 충분히 가능한 해석입니다.

(4) 궁극적 가능성에 의거한 오르내림의 이해

이렇게 열등 콤플렉스를 해석한 뒤, 행위가 이해 가능하다는 것이 무슨 뜻인가를 지적합니다.

우리는 모든 인간적인 반작용(réaction)이 선험적으로 이해 기능하다고 하는 정신분석학자들에 동의한다. 그러나 그들이 인과적인 메커니즘을 끌어들여 현안인(considéré) 반작용을 선행하는 반작용에 의해 설명하고자 함으로써 이 본래의 '이해 가능성'(compréhensibilité)을 무시한 점에 대해서 우리는 비난하지 않을 수 없다. 이해는 달리 정의되어야 한다. 모든 행동이 이해 가능한 것은 그것이 하나의 가능을 향해 자기 자신을 기획투사하는 것이기 때문이다. …… 먼저 행동이 직접 파악할 수 있는 이성적인 내용을 제공하는 한에서, 즉 그 행동이 기획투사하는 가능과 그 행동이 겨냥하는 목적을 우리가 직접 파악하는 한에서, 그 행동은 이해 가능하다. 그리고 그 가능이 다른 가능들을 지시하고, 이 다른 가능들은 또 다른 가능들을 지시하면서 결국에는 나 자신인 궁극의 가능성에까지 연결되는 한에서 그 행동은 이해 가능하다. 이에 이해는 반대되는 두 방향으로 이루어진다. 퇴행적인 정신-분석(psycho-analyse régressive)에 의해, 현안이 되는 행위에서 나의 궁극적인 가능에까지 거슬러 올라간다. 그리고 종합적인 전진에 의해서는 이 궁극적인 가능에서부터 고려하고 있는 행위에까지 다시 내려온다. 그럼으로써 행위를 전반적인 형식 속에서 총체적으로 파악하는 것이다.(504~505/233~234)

사르트르의 이른바 '현존론적인 이해'라 할 수 있는 이해에 관한 정의가 나옵니다. '이해'는 행위뿐만 아니라 해석학의 출발에서 알 수 있듯이 텍스트를 해석하는 데 있어서 근본적인 범주가 됩니다. 하이데거는 이해(Verständnis, Verstehen)를 인간 현존재인 이상 벗어날 수 없는 근본적인 실존범주로서 제시했습니다. 인간은 이미 늘 자신의 존재를 이해하고 있다는 것입니다. 이러한 하이데거적인 '이해' 개념을 사르트르가 거의 그대로 이어받고 있음을 알 수 있습니다.

중요한 것은 사르트르가 '이해'를 '이성적인 내용'과 연결하고 있다는 점입니다. 행위가 이성적인 내용을 제공하는 한에서 이해 가능하다고 하는데, 예컨대 "나는 잠깐 동안 쉬기 위해 배낭을 땅에 내려놓는다"라는 문장을 그 예로 들고 있습니다. 배낭을 짊어지고 있는 한 휴식을 제대로 취할 수 없다고 하는 이성적인 판단이 작동할 때, 그 행동에 대해 이해가 가능하다는 이야기입니다. 이는 상식과 잘 들어맞는 것 같습니다. 이해에는 반드시 이성적인 판단을 가능케 하는 요인이 들어 있어야 한다는 사르트르의 이 같은 주장에서 하이데거와는 다른 측면을 파악할 수 있습니다. 하이데거가 말하는 이해는 일종의 선이해(Vor-verständnis)로서 이성적인 내용과 직접 관련이 없기 때문입니다.

일종의 선이해와 같은 것은 그다음 대목에서 나옵니다. 그것은 행위에 있어서 항상 가능성이 개입해 있고, 그 가능성은 결국 '나 자신인 궁극적인 가능성'으로 소급 지시되는 한에서 그 행위가 이해 가능하다는 대목입니다. 이해에는 이미 늘 '나 자신인 궁극적인 가능성'이 개입되어 있다는 것인데, 이는 하이데거가 말하는 이해 개념과 거의 일치합니다.

다만, 사르트르가 이해의 두 방향, 즉 퇴행적인 방향과 전진적인 방향이 결합됨으로써 문제가 되는 행위와 그 행위를 하는 자의 존재 자체라고 할 수 있는 궁극적인 가능성을 오르내림으로써 비로소 원만한 이해가 이루어진다고 말하는 대목은 하이데거가 정확하게 정돈해 내지 못하고 있는, 차라리 맑스가 말하는 추상적 사유와 구체적 사유의 오르내림과 유사한 대단히 중요한 지적임을 염두에 두어야 할 것입니다. 이는 한편으로 모든 학문에 적용될 수 있는 원칙이기도 하기 때문입니다.

문제는 도대체 '나 자신인 궁극적 가능성'이 무엇인가 하는 점입니다. 사르트르는 곧 이어서 이를 상고합니다.

우리가 우리의 궁극적인 가능성이라 부르는 이 형식은 여러 가능들 중의 한 가능이 아니다. 그 하나의 가능이 설사 하이데거가 말하고자 하는 것처럼 죽음의 가능성 혹은 '세계 속에서 더 이상 현전을 실현할 수 없는' 가능성이라 할지라도 마찬가지다. 사실상, 모든 특이한 가능성들은 한 전체 속에서 분절되어 나타난다. 그에 반해, 이 궁극적인 가능성은 우리의 모든 현행적인 가능들의 통일된 종합이라 생각해야 한다.(505/234)

하이데거가 말하는 최종적인 미래로부터 성립하는 죽음의 가능성조차 사르트르 자신이 말하는 궁극적인 가능성과는 차원이 다르다는 이야기입니다. 사르트르는 모든 특이한 가능성들이 현행적으로 분절되어 드러날 수 있는 바탕으로서의 가능성을 염두에 두고서 이를 궁극적인 가능성이라 말하고 있습니다. 바탕이라고 하지만, 그것은 한편으로 모든 현행적인 가능들이 통일된 것이라고 하는 점에서 독특한 방식으로 개개 가능성들과 차원을 달리합니다.

그것은 궁극적인 가능성이 모든 다른 가능성들에 대해 일종의 지평으로 작동한다는 것입니다. 이에 관해 사르트르는 지각의 지평적인 구조를 끌어들여 빗대어 설명합니다. 지각에서 사안이 되는 대상들은 다양한 함축과 의미관계들에 의해 '즉자적으로 현존하는 자의 총체성'에 연결되지 않고서는 파악조차 될 수 없다는 것입니다. 예컨대 내가 어떤 도구적인 사물을 지각할 수 있기 위해서는 현존하는 모든 것들을 포괄하는 절대적인 총체성에 입각하지 않으면 안 된다는 것입니다. 그 까닭으로 그는 지각하는 나의 일차적인 존재가 바로 세계-내-존재이기 때문이라고 합니다. 사르트르가 지목하지는 않지만, 이는 분명히 후설의 지평론을 따른 것입니다. 이를 원용하여 가능성에 관련하여 사르트르는 이렇게 말합니다.

> 내가 세계**로부터** 특정한 하나의 **이것**으로 나아가는 것과 꼭 마찬가지로, 나는 탈총체화된 총체인 나 자신으로부터 나의 특이한 가능성들 중하나를 소묘하는 데로 나아간다. …… 나의 궁극적이고 전반적인 가능성을 바탕으로 하지 않고서는, 내가 이것을 넘어서서 그러저러한 가능성을 향해 나를 기획투사할 수 없다. 그래서 나의 모든 특이한 가능들을 근원적으로 포괄하는 나의 궁극적이고 전반적인 가능성, 그리고 내가 존재로 발융함으로써 현존자들로 나아가는 총체인 세계는 엄밀하게 상호 연관되는 두 개념들이다.(505~506/235)

사르트르는 나의 행위가 나의 궁극적이고 전반적인 가능성에 회부되지 않고서는 제대로 이해될 수 없다고 했습니다. 그뿐만 아니라, 그렇지 않으면 이해 자체가 성립할 수 없다고 했습니다. 한편의 대상 영역에서는 세계라고 하는 총체성을 지평으로 해서 개별 사물들이 의미 있게 지각되고, 다른 한편의 주체 영역에서는 궁극적이고 전반적인 가능성이라고 하는 총체성을 지평으로 해서 그 개별 사물들을 넘어서는 개별적이고 현행적인 가능이 작동합니다. 그리고 이 둘은 엄밀하게 상관관계를 맺고 있습니다. 후설의 지향성 이론이 사르트르적인 방식으로 정돈되어 나타나고 있는 셈입니다. 이 두 총체 개념은 즉자와 대자의 대립 관계에 비해 다소 이차적인 대립 관계를 형성한다고 할 수 있습니다.

그런데 사르트르는 "즉자는 그 자체만으로는 그 어떠한 세계적인 통일성도 이룰 수 없다"(505/234~235)라는 말을 합니다. 총체성으로서의 세계는 대자연관적이지 않고서는 성립할 수 없다는 이야기입니다. '대자연관적'이라는 것은 결국 '궁극적이고 전반적인 가능성'에 연관해 있다는 것입니다. 그래서 원리적으로 보면, 위 두 총체 개념 중 후자가 전자보다 더 앞선다고 할 수 있습니다. 하지만, 비록 통일된 세계를 이루지는 못한다고 할지라도 즉자 자체가 존재할 수 있다는 것과 무가 존재의 기생충인 것을 염두에 두면, 실제에 있어서는 두 총체 개념이 동시적으로 성립하고, 양쪽 중 하나가 없이는 다른 하나가 성립할 수 없다는 것을 알 수 있습니다.

3) 자유의 근본 작용

이렇게 여러 이야기를 한 뒤, 사르트르는 '자유의 근본 작용'을 말합니다.

> 그래서 자유의 근본 작용이 발견된다. 내가 성찰하는 쪽으로 이끌릴 수 있는 특정한 행동에 대해 그 의미를 부여하는 것은 바로 이 자유의 근본 작용이다. 끊임없이 갱신되는 이 작용은 나의 존재와 구분되지 않는다. 이 작용은 세계 속에서 나 자신을 선택하는 것이고, 동시에 세계를 발견하는 것이다.(506/235)

'궁극적이고 전반적인 가능성'을 곧 나 자신이라고 하더니, 여기에서는 이와 맞바꾸어도 상관없을 것 같은 '자유의 근본 작용'을 제시하면서 이를 곧 나의 존재라고 합니다. 궁극적이고 전반적인 가능성이라고 하는 대자적인 총체가 현존하는 것들의 총체인 세계와 엄밀하게 상관관계를 맺고 있다고 하더니, 여기에서는 '자유의 근본 작용'이 세계를 발견하는 것이자 세계 속에서 나 자신을 선택하는 것이라고 말하고 있습니다. 뭔가 엇비슷한 논리와 구조가 작동하고 있음을 알 수 있습니다.

문제는 이렇게 자유의 근본 작용이 저 심층에서부터 작동하는 것이라고 할 때, 그 자유와 선택이 혹시 무의식적인 것 아닌가 하는 것입니다. 무의식이라고 하는 '암초'에 걸려들게 되면 정신분석학적인 구도 속으로 빨려 들어갈 위험성이 있습니다. 그런데 사르트르는 이를 통해 '무의식이라는 암초'를 벗어날 수 있다고 곧 이어서 이렇게 말합니다.

> 이는 우리로 하여금 정신분석이 출발에서부터 부딪친 무의식의 암초를 벗어나도록 한다.(506/235)

이렇게 해서 무의식의 문제에 본격적으로 돌입하게 됩니다. 사르트르는 모든 선택이 의식적이라고 단언합니다. 다만, 이때 의식은 정립적인 의식이기 이전에 비정립적인 의식이라는 점을 부기합니다. 그렇다면, 정신분석에서 말하는 무의식과 사르트르가 말하는 비정립적인 의식의 차이가 무엇이냐가 크게 문제로 부각될 수밖에 없습니다.

> 우리의 존재가 바로 우리의 근원적인 선택이듯이, 선택(에 대한) 의식은 우리가 우리(에 대해) 갖는 의식과 동일하다. 선택하기 위해서는 의식되어야 하고, 의식되기 위해서는 선택되어야 한다. 선택과 의식은 유일하고 동일한 것이다.(506/236)

'……(에 대한) 의식'(conscience (de) ……)은 의식이 비정립적임을 나타내기 위해 사르트르가 고안한 표기법입니다. 선택과 의식이 동일하다는 것을 입증하기 위한 한 예로서 사르트르는 '사랑하기를 바라는 것'과 '사랑하는 것'이 구분되지 않고 같은 것임을 제시합니다. 사랑함은 사랑함에 대한 의식을 지님으로서 스스로를 사랑하는 자로 선택함이라는 것이라고 합니다.

　이쯤 되면, 감정(파토스)마저 자유로운 것으로 자리매김됩니다. 그 속에 선택이 작동하는 것이 되기 때문입니다. 흔히 사랑하고 말고는 의지로 다스려지지 않는다고 합니다. 사르트르에 따르면, 설사 의지로 다스려지지 않는다 해도 거기에 근원적으로 가능성을 향하여 자신의 존재를 기획투사함으로써 선택이 이루어진다면, 그것은 자유로운 것입니다.

　이러한 생각의 바탕에는 우리 인간의 존재를 한껏 높이고자 하는 의도가 반영되어 있습니다. 비정립적인 의식은 데카르트가 말하는 정립적인 의식보다 훨씬 심층적이고 그 범위가 포괄적입니다. 존재 전체를 걸고서 이루어지기 때문입니다. 데카르트가 "나는 생각한다. 그러므로 나는 존재한다"라고 말했을 때, 그 생각과 존재는 너무나 순간적입니다. 만약 그런 순간에만 자유와 선택 그리고 숙고가 성립한다면, 그 외의 우리의 존재 전체는 아예 필연적이고 결정론적이고 기계적인 방식으로 세계 한복판으로 추락하고 말 것입니다. 이에 사르트르는 데카르트의 코기토 개념이 확장되어야 한다고 주장합니다(507/237 참조). 그런 뒤, 이렇게 말합니다.

　나의 최종적이자 최초인 기획투사는 ——이 두 기획투사는 동시적이기 때문에 ——, 앞으로 보게 되겠지만, 항상 존재 문제에 대한 해답의 윤곽을 그린다. 그러나 이 해답은 먼저 생각된 뒤 나중에 실현되는 것이 아니다. 우리 [자신이 바로] 이 해답이다. 우리는 [존재 문제에] 우리가 연루되어 있음(참여, engagement) 자체에 의해 이 해답을 존립케 한다. 그러므로 우리는 이 해답을 생활함으로써만 파악할 수 있을 것이다. 이리하여 우리는 항상 전적으로 우리 자신에 현전해 있다. …… 이 의식은 비정립적일 수밖에 없을 것이다.(507/237)

존재한다는 것 자체를 문제로 삼는 존재자, 이를 하이데거는 현존재라고 불렀지요. 메를로-퐁티는 철학적인 물음이 과학적인 물음과 근본적으로 다른 것은 철학적인 물음에는 그 물음을 묻는 자의 존재가 함께 물어지기 때문이라고 했습니다. 사르트르는 철학적인 사유를 기다릴 필요 없이 이미 늘 인간의 존재 자체가 존재 문제에 걸려들어 있고 끊임없이 해답을 제시하는데, 그 해답은 명시적이고 의식적인 판단에 의한 것이 아니라, 삶 자체로서 주어진다고 말하고 있습니다. 존재 물음과 그 해답은 당연히 비정립적인 의식으로 처리되고 있을 수밖에 없는 셈입니다.

4) 세계와 삶의 지향적 동일성

이 대목에서 사르트르는 현상학적인 태도를 현저하게 내보이는데, 그것은 세계와 삶 간의 지향적 관계를 여실히 지목하기 때문입니다.

세계는 그 분절 자체에 의해 우리가 누구인가에 대한 이미지를 정확하게 지시한다. …… 세계는 필연적으로 우리가 존재하는 그대로 나타나기 때문이다. …… 우리는 우리를 선택함으로써 ─그 즉자적인

조직(contexture)에서가 아니라, 그 의미연관에서 ──세계를 선택한
다.(507~508/238)

사르트르가 말하는 세계 개념이 어떤 것인가를 엿보게 합니다. 삶과
도무지 분리되지 않는 세계, 나의 삶에 따라 나를 둘러싸고서 발용하는
세계, 즉자성을 벗어난 의미 연관의 총체로서의 세계 등이 사르트르가
말하는 세계 개념입니다. 이어서 이렇게 말합니다.

사물들의 가치, 사물들의 도구적인 역할, 사물들의 실재적인 원근(이 원
근은 사물들의 공간적인 원근과 관계가 없다) 등은 나의 이미지, 즉 나의
선택을 묘사하는 것 외에 다른 것이 아니다. 허술하게 혹은 말쑥하게,
멋을 부려 혹은 수수하게 내가 입고 있는 옷, 나의 가구들, 내가 사는 거
리, 내가 거주하는 도시, 나를 둘러싸고 있는 책들, 내가 즐기는 오락, 나
의 것인 모든 것, 즉 결국 내가 끊임없이 의식하고 있는 세계 등, 이 모든
것은 나 자신에게 나의 선택 즉 나의 존재를 알려 준다.(508/238)

어찌 보면, 당연한 이야깁니다. 지인의 집에 초대받아 갔을 때, 주인
은 마당에 있고, 그가 사용하는 가구나 책들, 집안을 꾸며놓은 방식 등을
보면서 우리는 그가 어떤 삶을 사는지, 즉 어떤 존재인지를 '염탐'합니다.

하지만, 이때 나의 선택과 나의 존재에 대한 의식은 분명히 비정립적
일 수밖에 없을 것입니다. 그리고 그 비정립적인 상황 속에서 흔히 우리
가 말하는 '욕망의 조작'이나 '사회 구조에 의거한 내 존재의 규정' 등이
개입되어 있을 수밖에 없습니다. 사르트르는 그렇다 할지라도 그것은 내
가 선택한 것이며, 그 선택에 의해 내 존재가 바로 그런 방식으로 삶을 해

결해 나간다고 말할 것입니다.

한편으로는 대단히 잔인하지만, 다른 한편으로는 자신의 삶에 대해 스스로 책임지지 않으면 안 된다는 점을 경고하고 있는 셈입니다.

> 만약 누군가가 우리가 **선택됨**에 대한 의식을 가질 것이 아니라, 우리가 **선택함**에 대한 의식을 가져야 한다고 이의를 제기한다면, 우리는 그 의식이 불안과 책임감이라는 이중의 감정으로 나타난다고 응답할 것이다. 불안, 고독, 책임 등은, 약하게 드러나건 강력한 힘으로 드러나건 간에, 실제로 순수하고 단순한 자유인 한에서의 우리의 의식에 대해 그 성질을 구성한다.(508/239)

불안, 고독, 책임감 등은 비록 비정립적이라 할지라도 내가 내 존재를 선택한다는 근본적인 상황에 근거한 것이고, 이를 알려 주는 감정적인 지표들로 보는 셈입니다. 비정립적인 우리의 의식은 그 자체로 순수하고 단순한 근원적인 자유라는 것이 사르트르의 생각입니다. 그리고 그것이 바로 우리의 존재라고 생각합니다. 불안, 고독, 책임감 등이 바로 그러하다는 사실을 우리에게 알려 준다는 것입니다.

4. 존재론적인 근본 구도의 연관들

1) 새 학기의 실마리, 존재론적인 근본 구도

지금 우리는 사르트르 철학의 핵심이라 할 수 있는 '자유'에 대해 살펴보고 있습니다. 간단하게 말하면, 사르트르는 인간 존재 자체가 바로 자유라고 할 수 있을 정도로 인간에게서 자유와 존재가 일치되는 경지, 즉 '자유로서의 존재인 나'를 강조한다고 할 수 있습니다. 불안한 것도 자유로운 존재이기 때문이고, 자신의 존재에 대해 책임을 져야 하는 것은 말할 것도 없습니다. 심지어 내 존재를 '에라, 모르겠다'라고 방기하고 도피하는 것조차 그 바탕에는 '자유의 근본 작용'이 작동하고 있다는 것입니다. 그러니까 도대체 인간이 이른바 자신의 인간 현존으로부터 도망갈 길이 없는 것입니다.

"자유가 근원적으로 용솟음하는 것 바로 그것이 하나의 **현존이다**" (488/212)라는 사르트르의 언명은 인간은 본래 실존을 바탕으로 해서 존재한다는 것을 의미합니다. 하이데거는 실존(Existenz)과 그들(das Man)을 구분해서 마치 실존을 결단을 통해 확보해야 하는 것으로 여기지만, 사르트르는 인간이 본래 실존임을 강조합니다. 그렇기 때문에 사르트르의 경우, 'existence'를 '실존'보다는 '현존'으로 번역해야 합니다. "현존은 본질에 선행한다"라는 그의 유명한 언명도 이 맥락에서 제시된 것입니다.

본래 자유가 근원적으로 용솟음하기 때문에 인간이 인간으로서 존재한다는 것이나 인간이 본래 현존으로 존재한다는 것이나 같은 뜻입니다. 그러니까 자유는 본질을 넘어서는 데서 근원적으로 용솟음하는 것입니다. 본질적으로 규정되는 일체의 것들로부터, 본질의 원천이 될 수 있는 플라톤의 이데아와 같은 지성적인 개념이나 신과 같은 이성적인 이념은 말할 것도 없고, 프로이트가 말하는 트라우마와 같은 감정적인 내용을 포함해서, 도대체 본질이라는 명목하에 삶의 방향을 미리 결정하고 있는 일체의 것들로부터 본래 근원적으로 벗어나 있기 때문에, 그리고 그렇게 벗어날 수 있는 존재론적인 근본 구도를 지니고 있기 때문에, 인간은 곧 자유이고 현존이라는 것입니다. 설사 그러한 본질적인 내용들을 삶의 지침으로 삼는다 할지라도, 인간이란 그러한 본질적인 내용들을 근원적으로 넘어서서(혹은 앞서서) 존재한다는 사실 자체가 그럴 수 있는 바탕으로 작동한다는 것입니다.

이렇게 자유와 현존을 가능케 하는 존재론적인 근본 구도는 바로 인간 의식이 근원적으로 대자로서 존립하는 데서 발원합니다. 대자로서의 인간 의식은 스스로를 무화하는 데서 성립합니다. 이때 '스스로'는 과거적으로 내용에 있어서 고착된 이른바 즉자로서의 인간 의식입니다. 무화한다는 것은 대자가 자신을 규정할 수 있는 일체의 내용들을 자신이 아닌 것으로 제거해 버린다는 것을 의미합니다.[2] 그러니까 자유와 현존이란 근본적으로 존재론적인 자기 분열을 통해 자기에게서 틈을 만들어 내는 데서 근원적으로 이미 늘 성립하고 있는 셈입니다. 이 틈 자체는 아무런 내용도 없습니다. 그저 작용일 뿐입니다. 이를 사르트르는 '자유의 근본 작용'(acte fondamental de liberté)이라 부릅니다. 인간이란 근본적으로 스스로의 존재에 계속해서 근본적으로 틈을 만들어 내는 작용을 끊임없이 수행하고, 그 틈을 통해 과거와 현재와 미래라고 하는 시간화를 이룸으로써, 그리고 그 틈을 통해 계속해서 새롭게 자신의 존재를 근원적으로 기획투사하고 근원적으로 선택해 나감으로써, 바로 인간으로서 존립한다는 것입니다. 그래서 사르트르는 "자유, 선택, 무화, 시간화는 오로지 하나를 이루며 동일한 것이다"(510/241)라고 말합니다.

사르트르는 현행적으로 실제 이루어지는 삶의 과정을 바탕에서부터

---

2) 제거해 버린다고 해서 아예 없애는 것은 아닙니다. 세계-내-존재로서의 자신의 존재에 대한 상황으로 과거화시켜 침전시키는 것입니다.

근원적으로 떠받치고 있는 존재론적인 근본 구도를 보이고자 하는 것입니다. 그래서 그는 "자유의 근본 작용", "근원적인 기획투사", "근원적인 선택", "근본 목표들", "근본적인 가능" 등의 용어들을 마음껏 주조해서 활용합니다.

사르트르에 따르면, 이런 근본적 내지는 근원적 작용들과 사태들은 물론 자신의 존재에 근본적으로 틈을 만들어 내는 대자의 무화작용에 근거해 있습니다. 달리 말하자면, 그는 존재론적인 심층을 훑고 있는 셈인데, 인간 존재의 이러한 존재론적인 심층적 구도에서 보자면, 우리가 현행적으로 만나고 있는 세계의 분절과 그런 세계를 구성하는 일체의 도구 연관들과 그에 따른 의미 및 가치 연관 들은 모두 다 이러한 인간 존재의 심층적인 구도와 맞물려서 성립한다는 것입니다. 긍정적이건 부정적이건, 창조적이건 파괴적이건, 우월한 것이건 열등한 것이건, 그 모든 세계 내의 일들이 근원적으로는 인간이 스스로를 근원적으로 기획투사해서 선택하는 등의 근본적인 자유의 용솟음 즉 인간 현존에서부터 성립한다는 것입니다. 그래서 사르트르의 철학을 현존철학이라 명명하지 않을 수 없습니다.

사르트르가 안내하는 곳을 따라 들어가 이렇게 존재론적인 심층 구도를 깨닫고 나면, 분명히 자신의 존재가 어떻게 불안에 휩싸이며 또 열등감에 휩싸이는가를 상당 정도 이해하게 되고, 그런 상태란 하나의 가능성에 대한 자기 선택에 의거한 것임을 알게 됨으로써 그와 전혀 상반되는 다른 가능성에 대한 자기 선택과 기획투사를 수행해 나갈 수 있는 길을 모색할 수 있게 될 것입니다. 이런 가능성을 염두에 두면서, 사르트르는 자신의 철학을 프로이트의 정신분석과 달리 '현존적 정신분석'(psychanalyse existentielle)[3]이라 부르고자 합니다.

2) 존재론적인 근본 구도의 연관들

"행동의 첫째 조건, 그것은 자유다." 이는 지금 우리가 강해의 진도를 나가고 있는 책의 제4부 '가짐, 함 그리고 있음'의 제1장 '있음과 함: 자유'의 제1절 제목입니다. 이 절은 비록 절이긴 하지만, 원문으로 무려 50쪽에 이르는 가장 긴 절입니다. 그동안 우리는 이 절에 대해 대략 다음과 같은 내용들을 상고했습니다. '행동의 지향성', '행동의 객관적인 동기와 주관적인 동인', '자유의 근원성', '의지의 이차성과 사후성', '무와 자유의 동근원성', '선택 가능성과 자유', 그리고 '궁극적 가능성과 자유의 근본 작용' 등이 그것들입니다. 오늘은 이런 내용들에 이어서 앞서 말한 존재론적인 심층의 근원적 구도들을 종합적으로 살펴보아야 할 차례입니다.

(1) 자유와 불안, 그리고 비정당성

사르트르는 이 주제를 밝혀 드러내기 위해 험한 등산길을 나서서 가다가 도저히 힘겨워 더 이상 갈 수 없다는 결론을 내리고 길바닥에 주저앉는 경우를 예로 계속 활용합니다. 말하자면 애초에 설정했던 목표를 포기하고 마는 상황을 예로 들어, 그럴 경우에도 근본적으로 자유에 의거한 기획투사(기획, projet)와 선택이 근본적으로 작동하고 있음을 보이고자 하는 것입니다. 그러면서 이렇게 말합니다.

> 나는 피로에 굴복했다. …… 이 행위(acte)[4]는 앞서 있었던 의식의 한

---

3) 제4부 제2장 제1절의 제목이기도 합니다. 사르트르는 이를 달리, "특수한 현상학적 방법"이라 칭합니다(524/261).

'상태'의 내용으로서 이해된 하나의 동인이나 하나의 동기에 의해 설명되지 않았다. 이 행위는 근원적인 기획투사로부터 해석되어야 했다. 이 행위는 근원적인 기획투사에 통합되는 부분이었다. 이로써 명백하게 밝혀지는 것은, 내 자신에 대한 나의 근원적인 선택에 근본적인 변경이 있었음을 상정하지 않고서는 이 행위가 그렇게 변경될 수 있었다고 상정할 수 없다는 것이다.(508~509/239)

예컨대 2010년 3월 26일에 있었던 '천안함 사건'에 대한 정치적인 평론을 써야 합니다. 사상적인 양심으로는 기밀주의에 의거한 배후의 음모가 있음을 써야 할 것 같은데, 그럴 경우 검찰에서 문제를 삼아 상당히 힘든 상황이 전개될 것 같기에, 어조를 누그러뜨려 추상적이고 일반적인 원칙만을 제시하고 말았다고 할 때, 이러한 글쓰기 행위의 변경의 바탕에는 지금 사르트르가 말하는 '나 자신에 대한 근원적인 기획투사와 선택에 있어서 근본적인 변경'이 있었다고 말하는 것이 당연할 것입니다. 그런데 사르트르가 굳이 이 같은 제법 심중한 사안을 예로 들지 않고 등산을 가다가 지쳐 주저앉는 일상의 예를 든 까닭은 무엇일까요? 이는 그런 '가벼운' 사안에서조차 바탕에 자기 자신에 대한 근원적인 기획투사와 선택에 있어서의 변경이 있으니, 다른 '심중한' 사안에서는 말할 것도 없다는 식인 것입니다.

그런 근원적인 변경에는 당연히 목적의 변경이 포함되어 있을 것이고, 그에 따른 또 다른 종류의 목적을 기획투사하고 선택하는 것이 포함되어 있을 것입니다. 이를 명시한 다음, 사르트르는 그렇게 나 자신에 대

---

4) 'acte'는 맥락에 따라 '작용'으로 새길 수도 있는데, 여기에서는 '행위'로 새깁니다.

해 근본적 변경을 하고자 할 때 들러붙는 불안에 대해 이렇게 말합니다.

불안이 노출될 때, 그 불안은 우리의 의식에게 우리의 자유를 명시하는
바, 우리가 본래 기도(projet initial)한 것을 영속적으로 변경할 수 있음
에 대한 증거이다. 불안 속에서, …… 우리는 우리의 선택, 즉 우리 자신
을 **정당화될 수 없는** 것으로서 파악한다. …… 정당화될 수 없음은 그저
우리 존재의 절대적인 우연성에 대한 주관적인 인정만이 아니라, 이러
한 우연성이 내면화된다는 것을 인정하는 것이고 이 우연성을 되잡아
고려한다는 것을 인정하는 것이다. 왜냐하면, 선택이란 선택이 무화하
는바 즉자의 우연성으로부터 생겨난 것이고, 그러면서 이 우연성을 대
자 자체에 의거해서 이루어지는 대자의 무상(無償)으로 결정하는 판면
으로 가져가는 것이기 때문이다.(509/240)

처음에 하고자 했던 일을 포기하고, 특히 그와 상반되는 것 같은 방
향으로 행동을 틀게 되면, 당연히 불안이 찾아옵니다. 사르트르는 이러한
불안의 노출이야말로 바로 우리의 존재 자체가 자유에 근거한 것임을 알
려 주는 것이고, 애초의 어떤 기획이건 간에 그 기획을 하는 인간이 근본
적으로 자유인 한에서 언제든지 그 기획을 변경할 수 있음을 입증해 주
는 증거라고 말하고 있습니다. 달리 말하면, 인간이란 항상 근본적으로
불안할 수밖에 없다는 것입니다.

문제는 불안하다는 것이 바로 자기 자신을 정당하지 못한 존재로 파
악하는 것으로 이어진다는 것입니다. 스스로를 정당하지 못한 존재로 여
긴다는 것은 스스로를 부정하고 마는 것일 수밖에 없습니다. 자신이 정
당하지 못하다고 하는 판단은 당연히 정당함이라는 개념을 전제로 해서

성립하기 때문입니다.

　그런데 사르트르는 이른바 '비정당성'에 대해 우연성을 끌어들여 설명하고자 합니다. 내 존재가 근본적으로 그리고 절대적으로 우연적이라면 도대체 나의 존재를 정당하다고 말할 수 있는 근거가 없는 셈입니다. 그렇다고 해서 사르트르가 우리의 존재가 근본적으로 그리고 절대적으로 우연한 것임을 부정하는 것은 결코 아닙니다. 사르트르는 모든 존재가 절대적으로 우연하다는 존재론을 바탕으로 하고 있기 때문입니다. 다만, 이 절대적인 우연성을 바탕으로 해서 자기 존재를 선택해 나가는 대자의 결정적인 힘에서부터 인간이 성립한다고 보는 것입니다. 결국은 대자에 의거한 무상의, 즉 절대적인 결정과 선택에 의해 미래를 향해 존재를 진척시켜 나가는 것이 바로 인간이고, 그 존재방식이 바로 자유인 것입니다.

　요컨대 자신의 목적과 존재를 변경할 경우 찾아오는 불안과 비정당성은 대자가 절대적인 자유로서 절대적인 선택을 하는 한 치르지 않으면 안 되는 것입니다. 대자적으로 미래를 향해 존재를 열어나가고자 할 때, 과거에서부터 즉자적으로 밀고 들어오는 힘이 대자를 위협하여 불안에 빠뜨리고 비정당성을 내세워 몰아치는 것입니다. 즉 대자의 무화가 근원에서부터 작동하는 한, 불안과 비정당성의 위협으로부터 벗어나기가 쉽지 않은 것입니다. 이에 이렇게 이야기됩니다.

　그래서 우리는 우리의 현행적인 선택을 무화함으로써 영구적으로 **위협을 받는다.** 현재의 우리와 다른 우리를 선택함으로써 —— 결국 현재와 다른 우리가 됨으로써 —— 영구적으로 위협을 받는다. 우리의 선택이 절대적이라는 바로 그 사실이 우리의 선택을 **허약하게** 하는 것이다. 달리 말하면, 우리의 선택에 의해 우리의 자유를 정립함으로써, 그와 동시에 우리는 내가 나아가야 할 저 너머를 위해 과거로 된 여기가 될 수 있는 영구적인 가능성을 정립하는 것이다.(509/240)

이렇게 되면, 애초에 설립했건 변경을 했건 간에 지금 내가 하는 선택은 원칙상 또 언제든 변경될 수 있다는 셈이 됩니다. 현행의 선택은 새로운 선택에 의해 언제든지 과거로 고착될 것이고, 그렇게 되면 결국 매번 선택과 그에 따른 행위의 연속이라 할 수 있는 삶이 근본에서부터 무위한 것으로 낙착되어 버립니다. 사르트르가 물론 무위한 삶을 제시하기 위해 이 복잡하기 이를 데 없는 논의를 이끌어가는 것이 아닐 것입니다.

(2) 근원적 시간, 순수한 현재인 순간

이에 사르트르가 제기하는 문제가 '순간'(l'instant) 개념입니다. 진정한 의미의 '순간'이 무엇인가를 밝혀냄으로써 삶의 근원적인 연속성을 확보하고자 합니다. 지나갔다고 해서 지나간 것이 아니고, 오지 않았다고 해서 오지 않은 것이 아니라는 사실을 드러냄으로써 선택의 변경이 그저 점적(點的)인 단속(斷續)이 아니라, 근원에서부터 지속임을 역설합니다.

한마디로, 만약 한 기획의 끝이 다른 기획의 시작과 일치한다면, 하나의 애매한 시간적 현실이 생겨날 것이다. 그 시간적 현실은 시작이라는 점에서는 선행하는 무에 의해 한정되고, 그것이 끝이라는 점에서는 후속하는 무에 의해 한정될 것이다. 그러나 이 시간적인 구조가 구체화되려면 이렇게 되어야 한다. 즉 시작은 한 과정을 과거화할 것인데, 시작 자체가 자신이 과거화한 과정의 끝으로서 주어져야만 한다. 앞선 기획의 끝으로서 주어진 하나의 시작, 순간은 바로 그런 것이어야 한다. 그러므로 순간이란 동일한 한 행위의 통일성 속에서 우리가 우리 자신에게 시작이자 끝이어야만 존립할 수 있는 것이다. 그런데 우리의 근본 기획을 근본적으로 변경하는 경우에 산출되는 것이 바로 이러한 순간이다.(511/242)

운동이 없다고 하는 스승 파르메니데스를 옹호하기 위해 제논이 제시한 아킬레스와 거북이의 경주에 나타난 논리적인 역설을 격파하는 것이기도 합니다. 제논은 '시작이자 끝인 순간'을 생각하지 않고, 오로지 '끝인 순간'만을 고려했던 것입니다.

이러한 의미의 순간을 확보한 뒤, 사르트르는 그 순간을 '순수한 현재'라 달리 부르기도 하면서 그것이 바로 우리 자신의 근본 존재의 구조라고 말합니다. 그래서 여기에서부터 시간이 흘러나오는 이른바 시간화가 이루어진다고 말합니다. '순수한 현재로서의 순간'이야말로 근원적인 시간인 셈입니다. 이 근원적인 시간에서 이루어지는 것이 근원적인 선택입니다. 선택은 기본적으로 미래를 열고, 그 미래로부터 자신의 의미와 가치를 가져옵니다. 그렇기에 선택은 그저 고착된 과거에 밀리는, 아무래도 좋은 현재에 불과한 것이 결코 아닌 것입니다. 그래서 사르트르는 이렇게 말합니다.

그래서 모든 근본적인 선택은 그 스스로를 시간화함과 동시에 추구당하는-추구의 방향을 규정한다. …… 무화는 계속해서 그 자신을 추구한다. 그럼으로써 자유롭게 계속해서 선택을 되풀이하는 것은 필요불가결한 일이다.(512/243)

무화가 계속되지 않는다면, 대자적인 존재방식을 멈추는 셈입니다. 무화는 근본적으로 과거화된 의식 내용들이나 결과들을 대상으로 한 것입니다. 그런데 근본적인 선택과 연결됨으로써 무화는 그저 과거의 것들을 방치하는 것이 아니라, 그것들에 대해 계속해서 새로운 의미를 부여하는 역할을 하게 됩니다. 그러는 과정에서 미래를 향한 대자적인 의식은 언제든지 그 과거들을 불러내어 지식으로서 활용하고, 그렇게 활용함으로써 과거들을 미래로 이관시킵니다. 그래서 이렇게 됩니다.

직접적인 과거를 객관화하는 이 작용은 다른 목적들에 대한 새로운 선택과 하나를 형성할 뿐이다. 그 작용은 순간을 시간화의 무화하는 틈으로서 솟구치도록 하는 데 기여한다.(512/244)

일종의 순환이 작동하고 있습니다. 순수한 현재로서의 순간이 근원적인 시간으로서 시간화를 이루어 과거와 현재와 미래가 나타나도록 합니다. 그리고 그렇게 해서 과거가 생겨날 때 이를 객관화하는 의식의 작용이 작동합니다. 또한 이 의식의 작용이 순간을, 시간화를 이루는 무화의 틈으로서 존립하게 하는 것입니다. 마치 틈에서부터 모든 실재들이 터져 나오는 것과 같은 형국입니다.

우리가 바라보고 있는 이 모든 사물들이 지닌 도구성과 그에 따른 의미들과 가치들, 특히 우리의 의식의 흐름을 채우면서 계속 진행되고 있는 뭇 감정과 역량 등, 시간화의 축을 벗어나지 못하는 모든 것들이 '무화하는 틈'에서부터 터져 나오는 것입니다. 시간의 신비, "과거는 지나갔기 때문에 없고, 미래는 오지 않았기 때문에 없다. 그리고 현재는 과거와 미래 사이이기 때문에 없다"라고 입을 연 아우구스티누스가 시간이란 정신에 입각해서 성립하는 것임을 밝혀낸 뒤, 후설의 내적 시간의식에 관한 이론이 있었고, 이제 사르트르에게서 무화하는 대자적 의식에 의거한 '순간 폭발의 시간론'이 제기되고 있는 셈입니다.

3) 라이프니츠의 본질주의에 대한 비판

사르트르는 자신의 이러한 입론을 강화하기 위해 라이프니츠의 자유론을 비판합니다. 그 이야기는 창세기의 아담이 선악과를 따 먹은 것을 예로 들어 이렇게 시작됩니다.

> 우리에게와 마찬가지로 라이프니츠에게 있어서, 아담이 사과를 딸 때, 그가 그 사과를 따지 않는 것이 가능했었다. 그러나 …… 아담이 사과를 따지 않았을 수도 있다고 선언하는 것은 다른 하나의 아담이 가능하였을 것이라고 말하는 것으로 귀착된다.(512/244)

참으로 흥미로운 이야기입니다. 흔히 소박한 기독교 신학에서는 아담(사실은 이브)이 선악과를 따 먹을 수도 있고 따 먹지 않을 수도 있다고 말하고, 이는 신이 인간에게 자유의지를 선물하기 위한 장치라고 말합니다. 따 먹을 수밖에 없었기 때문에 따 먹었다면, 아담에게 자유가 있다고 말할 수 없다는 것이고, 그에 따른 책임은 전혀 질 수 없기 때문입니다.

이와 엇비슷하게 라이프니츠는 선악과를 따 먹지 않았을 수도 있는 아담을 상정한다는 것입니다. 이 아담을 사르트르는 '가능적 아담'(Adam possible)이라 부르면서, 그러한 아담은 얼마든지 많을 수 있다고 하고, 그 수많은 가능적 아담이 실재의 아담을 둘러싸고 있는 형국이라고 말합니다. 그리고 가능적 아담들은 실재의 아담이 지닌 실체와 속성 들을 변경한 것일 수밖에 없다고 말합니다. 결국 가능적 아담들은 실재의 아담과는 다른 별개의 존재라는 이야기입니다.

만약 라이프니츠가 가능적 아담들과 실재의 아담을 다 포괄하는 하나의 전 인격을 상정했다고 하면, 도대체 그 전체 인격의 가능적인 행위들 중에서 하필이면 선악과를 따 먹는 행위가 어떻게 해서 나왔을까가 문제될 것입니다. 이에 관해서는 사르트르의 다음과 같은 이야기가 도움이 될 것 같습니다.

그 행위는 아담의 본질 자체에 의해 엄밀하게 필연적이다. 라이프니츠에 따르면, 또한 자유를 가능케 하는 우연성 역시 아담의 본질에 전적으로 포함된 것으로 발견된다. 그리고 이 아담의 본질은 아담 자신에 의해 선택된 것이 결코 아니다. 신에 의해 주어진 것이다.(513/245)

아담이 자신의 본질을 스스로 선택해서 마련하지 않고 신이라고 하는 외부로부터 강제로 미리 주어진 것인 한, 도대체 다른 행위의 가능성들을 물리치고 한 행위를 한 것조차 본질에 의거한 것일 수밖에 없는 것이 되고, 따라서 그 행위는 필연적인 것일 수밖에 없다는 것입니다. 그래서 그 대안으로 사르트르는 이렇게 말합니다.

아담은 본질에 의해 규정되지 않는다. 왜냐하면 인간실재에 있어서 본질이란 현존에 후속하기 때문이다. 아담은 자신의 목적들을 선택함에 의해 규정된다. 즉 아담은 논리적인 순서와 전혀 공통된 것을 갖지 않는 탈자적인 시간화의 발음에 의해 규정된다. 그래서 아담의 우연성은 그가 그 자신에 대해 행한 한정된 선택을 표현한다. …… 사실 우리에게 있어서, 자유의 문제가 설립되는 것은 자기 자신에 의한 아담의 선택이라는 수준, 즉 현존에 의해 본질을 결정하는 수준에서이다.(513/245~246)

본질적으로 성립하는 논리적인 가능성에 의거한 사유에 의해서는 근본적으로 자유가 들어설 자리가 없다는 이야기입니다. 이는 가능성 혹은 가능에 관해 본질로부터 해명하는가 아니면 현존으로부터 해명하는가 하는 것으로 귀결됩니다.

그래서 라이프니츠에게서 가능(le possible)은 영구히 추상적인 가능으로 머문다. 그 반면 우리에게서 가능은 오로지 스스로를 가능케 함으로써만, 즉 아담에게 그가 무엇인가를 알리기 위해 옴으로써만 나타난다. 그런 까닭에, 라이프니츠에게서 심리학적인 설명의 순서는, 이 [설명의] 계기(繼起)가 영원한 본질들의 순서를 표현하는 바로 그러는 한에서, 과거에서 현재로 이어진다. 모든 것은 결국 논리적 영원성 속에 응고되고, 유일한 우연성은 원칙의 우연성이다. 이는 아담이 신적인 지성에 의한 요청에 불과하다는 것을 의미한다. 그 반대로, 우리에게 있어서 해석의 순서는 철저히 시간론적(chronologique)이다. 우리는 시간을 순전히 논리적인 연쇄(이유)나 논리적-시간론적인 것(원인 결정론)으로 추구하지 않는다. 그러므로 우리의 해석 순서는 미래로부터 출발한다.(514/246~247)

현존주의자로서의 사르트르의 면모가 확연히 드러나는 대목입니다.

각자가 자신의 존재 즉 자신의 본질을 선택할 수 있고, 그렇게 자신의 본질을 선택할 수 있다고 하는 가능성 자체에 다르게 행위할 수 있는 우연성이 개입되어 있을 수밖에 없다는 것이 사르트르의 입론입니다. 그리고 이러한 현존적인 가능을, 본질에 의거한 논리적 추론에 의거한 영원히 추상적인 가능과 한껏 대비시키고 있습니다. 미리 마련된 본질적인 과거에서부터 어느 한 행위를 하도록 밀어 올리는 힘이 아니라, 현존적으로 열려 있는 미래로부터 자기 스스로이고자 하는 힘에 의해 행위를 하게 된다는 것입니다. 사르트르가 어떻게 논리적인 의미의 자유 개념을 물리치고 현존적인 의미의 자유를 확보해 내는가를 목격하게 됩니다.

4) 행위에 대한 이해의 원리

그런데 사르트르는 라이프니츠의 자유론에 대한 자신의 논법 자체가 이론적인 것임을 고백하고 그 단계에 머물러서는 하나의 행위를 제대로 이해할 수 없다고 말한 뒤, 이렇게 말합니다.

> 대자의 자유에 의해 설립된 근원적인 목적들로부터 출발하여 한 행위를 이해한다고 할 때, 그 이해는 **지적 작용**(intellection)이 아니다. 이해하고자 하는바 궁극적이고 본래적인 가능에서부터 파생적인 가능에 이르기까지 그 가능들이 형성하는 하향식의 위계는 원칙으로부터 그 결론에 이르는 연역적인 계열과 아무런 공통점도 없다. …… 파생된 가능과 근본적 가능 간의 연결은 부분적인 구조와 총체 간의 연결이다. …… 현안이 되고 있는 이차적 가능의 의미는 분명히 항상 내 자신인 총체적 의미에 귀결된다. 그러나 다른 [이차적] 가능들이 이 이차적 가

능을 대체한다고 해서 총체적 의미는 바뀌지 않을 수 있다. 즉 총체적인 의미는 다른 [이차적] 가능들을 이해될 수 있도록 하는 형식이고, 그다른 가능들은 이러한 총체적인 의미를 늘 문제없이 지시했을 것이다. …… 요컨대 이해는 사실상의 연결에 대한 해석이지 필연성의 파악이아니다.(514~515/247)

상당히 복잡하다는 느낌을 주는 대목입니다. 하나의 행위를 이해하고 해석한다는 것이 과연 어떤 얼개 속에서 이루어지는가를 제시하고 있습니다. 특정한 행위를 하는 자는 자신의 존재 자체라고 할 수 있는 총체적인 의미를 형성하고 있을 것입니다. 그리고 그 특정한 행위를 하게 된 것은 다른 가능들을 물리치고 그 특정한 행위의 가능이 실현되었기 때문입니다. 이때 다른 가능들은 오로지 채택된 특정 가능과 대결하기만 하는 것일까요? 그렇지 않습니다. 다른 가능들은 총체적인 의미를 구조적으로 형성하는 부분으로서 역할을 할 것입니다. 모든 가능들이 서로 구조적인 얼개를 형성할 것인데, 그때 바탕이자 전체가 되는 것이 바로 총체적 의미인 것입니다. 그래서 총체적 의미를 벗어나서는 개별적인 가능들이 어떤 의미를 가질 수 없는 것이고 이해될 수도 해석될 수도 없는 것입니다. 그런데 이 총체적인 의미는 미리 결정되어 있는 것이 아니라, 구조적인 역동성을 통해 살아 움직이는 방식으로 존립할 것입니다. 한 행위에 대한 이해는 구조적인 총체성에 입각해서 여러 다른 가능들을 동시다발적으로 엮는 방식으로 이루어지는 것이지 인과·연역적인 방식으로 이루어지는 것이 아니라는 이야기입니다. 따라서 한 행위를 이해하는 데 정확한 계산표가 있을 수 없습니다. 그렇다고 해서 한 행위에 대한 이해가 무작위로 이루어지는 것은 결코 아닙니다. 그래서는 사회적인 삶뿐만 아니라 개인의 현존적인 삶 자체가 성립할 수 없습니다. 그래서 이렇게 이야기됩니다.

> 이차적인 가능을 근본적인 가능의 의미태(significatif)로서 간주하고자 선택하는 것은 대자 자신이다. …… 대자가 자신의 자유 속에서 그저 자신의 일차적이거나 이차적인 목적들을 안출해 내는 것만은 아니다. 대자는 동시에 그 목적들을 서로 연결시킬 수 있도록 하는 해석의 전반적인 체계까지도 안출한다. …… 각 경우에 있어서, 주체는 자신의 시금석과 개인적인 기준들을 마련해야 한다.(515~516/248~249)

이 정도 되면, 다른 사람의 행위를 깔끔하게 이해한다는 것은 원칙상 불가능합니다. 나아가 행위자 스스로도 자신의 행위를 깔끔하게 이해하는 것 역시 불가능할 것입니다. 여러 가능들과 거기에 따른 여러 목적들은 서로 무차별하게 뿔뿔이 흩어져 있는 것이 결코 아닙니다. 어떤 방식으로건 서로 연결되어 의미와 방향을 주고받을 것입니다. 그럴 수 있는 바탕은 무엇인가요? 그 바탕은 우선 바로 행위자의 대자 스스로일 것이고, 그 자신에게서 안출되는 해석의 전반적인 체계일 것입니다. 그러나 이 해석 체계는 말의 겉보기와는 달리 그다지 선명한 것이 아닐 것입니다. 오히려 이어지는 다른 행위들에 의해 간접적으로 표현되는 전반적인 의미의 구조일 것입니다.

결국 아담이 선악과를 따 먹은 행위는 미래를 향해 설정된 여러 다른 목적들과 그에 따른 가능들을 구조적으로 엮어 냄으로써 최대한 적합하게 이해할 수 있는 것입니다. 동물적인 방식을 넘어서서 노동을 하고, 이브와 더불어 관능적인 생활을 영위하면서 자식들을 낳고, 그럼으로써 고통을 통한 삶의 의미를 한껏 향유하고자 하는 아담의 존재를 눈여겨보아야 한다는 것입니다. 이런 이야기를 사르트르가 하는 것은 아닙니다. 사르트르의 입론을 바탕으로 우리 나름으로 그렇게 생각해 볼 수 있다는 것입니다. 그럴 때, "따 먹으면 정녕 죽으리라"라고 하는 지엄한 신의 명령에도 불구하고, 오히려 목숨을 걸고서 위반을 행하는 이브의 오른손에서 열리는 자기 존재를 확보하고자 하는 미래를 향한 결연한 태도를 이해할 수 있게 되는 것입니다.

5. 자유에 대한 기초적인 결론들

1) 아직 남은 문제, 정신병에서의 자기기만

이제 서서히 자유에 관련해서 가장 중요하다고 할 수 있는 『존재와 무』의 제1절 '행동의 첫째 조건, 그것은 자유다'라는 제목을 단 절이 끝나가고 있습니다. 얼마 있지 않아 사르트르는 이에 관한 기초적인 결론들 여덟 가지를 제시하게 될 것이고, 우리는 이를 정돈하게 될 것입니다.

그러기 전에 사르트르는 계속 이야기해 오던 '열등감'을 더욱 세밀하게 분석하고, 이와 연결해서 정신병 내지는 신경증에 관한 존재론적인 분석을 수행합니다. 이 대목은 대단히 흥미롭습니다.

(1) 자기기만

그 분석의 기본은 저 앞, 제1부 '무의 문제'의 제2장에서 다루었던 '자기기만'입니다. 자기기만에 관한 중요한 몇 구절을 되새겨보기로 합니다.

이 무화하는 능력은 내가 불안으로부터 도피하는 한 불안을 무화하면서, [동시에] 내가 불안으로부터 도피하기 위해 불안인 한에 있어서 그 능력 스스로를 무화한다. 이는 흔히 자기기만이라 부르는 것이다.(79/141~142)

만약 자기기만이 가능해야 한다면, 우리는 동일한 하나의 의식에서 존재와 비존재의 통일성, 즉 비존재에-대한-존재를 만날 수 있어야만 할 것이다.(80/143)

의식은, 자신을 대하면서 자기 존재의 무를 의식하는 데에서 성립하는 그런 존재이다.(81/147)

검열의 자기(에 대한) 의식은 …… 억압하고자 하는 경향을 지닌 의식이라는 것(에 대한) 의식이어야 하면서도 **그렇게 억압하고자 하는 경향을 지닌 의식이라는 것에 대한 의식이 아니고자 하는** 의식이어야 한다. 이는 검열이란 자기기만적임에 틀림없다고 하는 것이 아니고 무엇이겠는가?(87/156)

이렇게 네 가지 정도의 주요 대목들을 통해, 의식의 근본 구조가 자기기만임을 알 수 있습니다. '자기기만'이란, 의식이 갖는 일종의 자기모순적인 존재방식이라는 것입니다. 즉, 분명히 그러그러한 자기 자신인데도, 그러한 자기 자신임을 어떤 방식으로건 무화하여 의식하지 않으려는 의식으로서 존재하는 것이 자기기만이라는 이야기입니다.

(2) 선택에 관련한 반성적 의식과 비반성적 의식

사르트르가 근본적인 선택이라고 했을 때, 그 선택이 반드시 흔히 말하듯 좋은 방향으로의 선택만은 아닙니다. 예컨대 열등감을 자신의 근본적인 선택 내용, 즉 자신의 존재로 삼을 수도 있습니다. 이럴 경우, 열등감에 대한 자신의 근본적인 선택과는 다른 결정을 할 수도 있습니다. 즉 열등감을 극복하기 위한 대책을 세우기로 결정할 수도 있습니다.

이때 열등감에 대한 근본적인 선택은 비반성적, 즉 비정립적인 의식에 의거한 것이라고 한다면, 열등감을 극복하기 위한 대책을 세우기로 한 결정은 반성적, 즉 정립적 혹은 의지적인 의식에 의한 것이라고 할 수 있습니다. 그런데 사르트르는 이 두 의식에 대해 이렇게 말합니다.

> 비반성적인 의식은 자신의 가능성들을 향한 자기의 자발적인 기획투사이기 때문에 자기 스스로에 대해 결코 속을 수 없다. …… 그와는 반대로 반성적인 태도는 수없이 많은 오류의 가능성들을 이끌고 있다. 이는 반성적인 태도가 순수한 동인 즉 반성된 의식을 준-대상으로 파악하는 한에서가 아니라, 반성적인 태도가 반성된 이 의식을 통해서 확실한 심리적 대상들을 구성하고자 하는 한에서 그러하다. 그런데 이 심리적인 대상들은 그저 개연적인 대상들이고 심지어 거짓된 대상들일 수 있다.(516/249)

이에 관련해서 사르트르가 들고 있는 예가 있습니다. 열등한 나를 근본적으로 선택했기에 말을 더듬는 사람이 비반성적으로는 그런 자신의 선택을 그대로 유지한 채로 말더듬이의 교정을 의지에 의거해서 결심할 수도 있다는 것입니다. 그런데 열심히 노력해서 말더듬이를 고치고 나면,

예기치 않은 다른 문제가 생기는데, 그것은 열등한 나에 대한 선택이 근본적으로 유지되고 있기 때문이라는 것입니다.

　이렇게 되면, 방금 앞에서 말한 것처럼 근본적인 선택이라는 것이 기쁨을 가져다줄 가능성만 있는 것은 결코 아닙니다. 이에 사르트르는 이렇게 이야기합니다.

> 선택은 체념 속에서 작동할 수도 있고, 불쾌함 속에서 작동할 수도 있다. 선택은 도피일 수도 있고 자기기만 속에서 실현될 수도 있다. 우리는 우리를 도피하는 자로, 파악할 수 없는 자로, 머뭇거리는 자 따위로 선택할 수도 있다. 심지어 우리는 우리를 선택하지 않는 자로 선택할 수도 있다. …… 우리의 존재가 어떠하든지 간에, 우리의 존재는 선택이다. 우리를 '위대한 자' 혹은 '고귀한 자'로 선택하느냐 아니면 '비천한 자' 혹은 '비굴한 자'로 선택하느냐는 우리에게 달려 있다.(516~517/250)

　사르트르가 '무의식'이라는 말을 그다지 좋아하지 않지만, 이해를 돕기 위해 써 본다면, 사르트르가 말하는 근본적 선택은 무의식적인 선택이라 할 수 있을 것입니다. 무의식적이건 의식적이건 왜 하필이면 나의 이러한 존재를 선택하게 되었는가에 대해 대략 상식적으로는 타고난 기질이나 주어진 상황이 필요충분한 조건으로 작동할 것이라고 여길 것입니다. 하지만, 사르트르는 근본적인 선택이란 결코 선행하는 객관적 혹은 심리적인 사실에 의거한 것이 아님을 분명하게 말합니다. 그럴 경우, 근본적인 선택은 즉자적인 판면으로 떨어져 버려 대자적인 판면에서 이루어지는 근본적인 자유의 작용과 직결될 수 없기 때문입니다.

(3) 열등함에 대한 선택의 이중성과 자기기만

비정립적인 의식의 근본적인 선택에 대해 이렇게 말한 뒤, 사르트르는 열등함에 대한 근본적인 선택에 대해 예술가를 예로 들어 이렇게 이야기합니다.

> 열등한 예술가이기를 선택하는 것은 필연적으로 위대한 예술가이기를 원함(*vouloir*)을 선택하는 것이다. 그렇지 않다면 열등함은 감수될 수도 없고 인지될 수도 없을 것이다. …… 열등함의 선택은 의지에 의해 추구되는 목적과 획득된 목적 사이에서 균열을 항구적으로 실현한다는 것을 함축한다. 위대해졌으면 하는 것과 스스로를 열등한 자로 선택하는 것은 지향적으로 이 균열을 유지한다. 그는 페넬로페처럼 낮에는 만들고 밤에는 파괴한다. 이러한 의미에서, 그 예술가는 자신의 예술적인 작업을 실현할 때, 계속해서 **의지적인** 판면을 유지하면서 바로 그 사실에 의해 절망적인 에너지를 분출한다. 그러나 그의 의지 자체는 **자기기만적이다.** 즉 그의 의지는 자발적인 의식에 의해 선택된 참된 목적들을 인지하기를 회피한다. 그리고 그의 의지는 거짓된 심리적인 대상들을 **동인들**로 구성하여 그 동인들을 숙고하고 그 동인들(영광스러운 것에 대한 사랑, 아름다움에 대한 사랑 등)을 출발점으로 삼아 결심할 수 있었으면 한다. 여기에서 의지는 근본적인 선택과 결코 대립하지 않는다. 오히려 그 반대로, 열등함에 대한 근본적인 선택이라는 조망 속에서만 그 의지는 자신의 목표들 속에서 그리고 원칙적인 자신의 자기기만 속에서 이해된다.(517~518/251~252)

너무 길게 인용한 것 같습니다. 우선 페넬로페 비유가 눈에 띄는군요. 트로이 전쟁에 나간 남편 오디세우스를 너무나 오래 기다리다 보니 뭇 남자들이 페넬로페에게 구혼을 하고, 그 구혼자들의 성화에 못 이겨 뜨개질을 해 옷 하나를 완성하면 구혼에 응하겠다고 약속을 한 뒤, 그 옷을 완성하지 않기 위해 낮에는 뜨개질을 하고 밤에는 풀고 하는 짓을 반복한 헬라스판 열녀가 페넬로페입니다.

'획득된 목적'은 비정립적인 목적을 지칭합니다. 위대해졌으면 하는 의지에 의해 추구되는 목적을 달성하기 위해 '낮에는' 의지적인 판면 위에서 열심히 노력하는데, '밤이 되면' 열등함의 판면 위에서 절망적인 에너지를 분출한다는 것입니다. 비유에서는 낮과 밤이 교차되는 것처럼 되어 있지만, 실상은 열등함을 근본적으로 선택한 예술가에서 낮과 밤은 동시적입니다. 동시적이면서 결코 메울 수 없는 균열을 계속해서 실현합니다.

그런데 이러한 균열을 실현하는 열등함의 선택이 자기기만적인 것이 아니라, 위대해지고자 하는 의지가 자기기만적이라는 지적이 묘합니다. 열등함에 대한 근본적인 선택의 조망하에서만 위대해지고자 하는 의지가 발동하는데도, 그리고 그러한 근본적인 선택과 결코 대립하지 않는데도, 그 의지는 자신의 그러한 바탕을 인정하고자 하지 않기에 자기기만적인 것입니다. 요컨대 의지를 통해 의지의 바탕을 벗어나고자 하는 것입니다. 의지의 바탕을 벗어나면 의지가 붕괴되고 말 것임은 물론입니다. 하지만, 그 의지는 진정 열등함에 대한 근본적인 선택과 균열을 통한 통일성, 말하자면 늘 깨어지는 방식으로 구성되는 통일성을 형성합니다. 그런 가운데 반성적인 의지가 비반성적인 근본적인 선택에 종속됨은 물론입니다. 이는 열등성을 벗어나기 위한 말더듬이 교정을 예로 해서 이렇게 요약됩니다.

정확하게 말해 우리의 열등함을 창조하기 위해 우리가 열등함을 우리 자신에게 은폐하고자 하는 한에서, 자발적인 방식으로 열등함에 대한 우리 본래의 기획투사를 명시하는 우리의 소심함이나 말더듬을 억제 했으면 할 수 있는 것이다.(519/253)

(4) 정신분석적 사례에서의 자기기만

이런 정도로 열등함 선택에 관한 이야기를 적절히 마무리한 뒤, 이제 정신분석의 대상이 되는 질환들이 이와 동일한 구조, 즉 자기기만의 구조를 지니고 있음을 보이기 시작합니다. 그 요체는 이렇습니다.

한편으로 우리는 실현에 집중하고, 다른 한편으로 우리는 그 실현을 거부한다.(519/253)

이에 관해 사르트르는 이 인용문에 바로 이어 이렇게 부연 설명을 합니다.

그래서 환자는 자신이 더 이상 감출 수 없는 어떤 장애들을 치료하기 위해 의지적으로 정신분석의를 찾아갈 것을 결정한다. 그런데, 그가 스스로를 의사의 손에 맡긴다는 그 사실만으로 그는 치유될 위험을 무릅쓴다. 그러나 다른 한편으로 그가 치유될 위험을 무릅쓴다면, 그것은 그가 전연 치료될 가능성이 없었다는 것, 그러므로 그가 치유불가능하다는 것을 스스로에게 납득시키기 위한 것이다.(519/253)

환자가 정신분석의를 찾아가는 이유는 의지적으로는 즉 반성적으로는 장애를 치료하기 위한 것처럼 보이지만, 근본적으로는 즉 비반성적으로는 자신이 치유될 수 없다는 것을 재차 확인하기 위한 것이라는 이야기입니다. 이렇게 되면, 환자는 치료가 실패하기를 목표로 삼고 있는 셈입니다. 말하자면, 자기기만의 구조가 작동하고 있다는 것입니다. 이를 통해 사르트르는 정신분석을 비판합니다.

> 정신분석의가 환자의 본래 기획투사를 거의 파악할 때 쯤이면, 환자는 치료를 거부하거나 거짓말을 하기 시작한다. 이러한 저항을 반항이라든가 또는 무의식적인 불안이라는 것으로 설명해 보았자 헛일이다. 도대체 무의식적인 것이 어떻게 적어도 정확히 의식임에 틀림없는 정신분석의의 조사 과정에 의해 알려질 수 있는가? 그러나 만약 환자가 끝까지 놀이를 즐긴다면, 그는 부분적인 치유를 받아들여야만 할 것이다. 즉 그는 의사의 도움을 요청하게 한 병적 현상들이 사라짐을 자신에게서 산출해야만 한다. 그래서 그는 최소한의 병적 현상을 택하게 될 것이다. 그는 자신이 불치라는 사실을 자신에게 납득시키기 위해 왔기 때문에 ──자신의 기획투사를 명백히 파악하는 것을 피하기 위해, 따라서 자신의 기획투사를 무화하는 것을 피하기 위해, 그리고 자신의 기획투사가 자유롭게 다른 기획투사로 되는 것을 피하기 위해 ──치유되었음을 연기(演技)함으로써 재출발하지 않으면 안 된다.(519~520/254)

사르트르가 정신분석적인 상황을 어떻게 자신의 존재론에 의거해 해석하고 있는가를 실감나게 보여 줍니다. 정신분석에 의하면, 대화를 통해 환자가 숨기고 있는 결정적인 지점으로 다가갈 때쯤이면, 환자는 암암리에 격렬한 저항을 보인다고 합니다. 이 지점을 정확하게 짚어 내지 않으면 정신분석의로서의 자격이 없다고 말하기도 합니다.

그러나 사르트르에 따르면, 그렇게 해서 정신분석의가 환자의 결정적인 지점에까지 도달한다는 것은 불가능합니다. 환자에게서 문제가 되는 장애 현상들이란 환자가 근본적으로 선택한 자신의 존재를 표현하는 부분적인 것들에 불과한 데다, 환자의 근본적인 목적은 자신의 치유가 불가능하다는 것, 즉 자신의 존재를 근본적으로 바꾸는 것은 불가능하다고 하는 것을 스스로에게 확인시키고자 하는 데 있기 때문입니다. 그래서 환자는 자신의 근본적인 존재에의 기획투사를 견지하기 위해 최대한 노력하기 마련이고, 정신분석의가 이 지점에까지 치고 들어와 자신의 근본적인 존재에의 기획투사를 변경하는 데 영향을 미치기 전에 마치 치유가 된 것처럼 위장을 하지 않으면 안 되고, 그 위장을 통해 자신의 치유불가능성을 보존하면서 이를 재차 확인하기 위해 새로운 작업을 하게 된다는 것입니다.

어떻게 새로운 작업을 하게 되는 것일까요? 이에 관해 사르트르는 소심증 내지는 말더듬이 치료에 관한 이야기를 다시 끄집어들여 이렇게 말합니다.

알다시피 이 요법은 다리의 히스테리적 경련을 사라지게 할 수 있다. 하지만 얼마 가지 않아 그 경련이 팔에서 다시 나타난다는 것을 다들 알고 있다. 히스테리의 치유는 전반적으로 이루어질 수밖에 없다. 왜냐하면 히스테리는 대자의 전반적인 기획투사이기 때문이다. 부분적인 치료는 증상들을 이동시키는 것에 불과하다. 그래서 소심 혹은 말더듬의 치유는 다른 장애들을 일으키는, 예를 들어 바로 불안정하고 헛된 확신을 일으키는 기획투사 속에서 승인되고 선택된다. 사실 **의지적인 결정**

의 발용은 나의 목적들에 대한 근본적인 자유로운 선택 속에서 자신의 동인을 발견하기 때문에, 그 의지적인 결정은 외관상으로만 그 목적들 자체를 공격해 들어갈 수 있을 뿐이다. 의지가 효과를 발휘할 수 있는 것은 그저 나의 근본적인 기획투사의 테두리 안에서이다. 그러므로 내가 나의 '열등 콤플렉스'로부터 나를 '해방시킬' 수 있는 것은 오로지 나의 기획투사를 근본적으로 변경함으로써만 가능하다.(520/254~255)

히스테리 증상과 열등 콤플렉스가 유사한 구조를 지니고 있다고 말하고 있습니다. 이유 없이 일어나는 다리의 히스테리적인 경련이 치유된 척 위장하는 환자, 나중에 이 환자는 이제 팔에서 히스테리적인 경련을 일으킵니다. 이를 통해 자신의 치유불가능성을 확인하는 새로운 작업을 하는 셈입니다.

(5) 불안과 전복적인 회심

사르트르가 이러한 현상들을 이렇게 분석함으로써 과연 밝히고자 하는 것이 무엇인가 하는 것이 궁금해집니다. 이를 파악하기 위해서는 근본적인 존재에의 기획투사가 갖는 성격을 사르트르가 어떻게 규정하는가를 살펴볼 필요가 있습니다. 그는 근본적인 기획투사란 선행하는 기획투사와는 아예 무관하게 이루어지며, 심지어 고통이나 수치를 경험하는 것과도 무관하다고 말합니다. 또한 그것들은 나의 열등함의 기획투사를 실현하는 데 기여할 뿐이라고 말합니다. 이는 나의 열등함에 대한 근본적인 기획투사가 아무런 이유도 없이 그저 근본적으로 자유로운 선택에 의한 것이라고 말하는 것입니다. 문제는 그런데도 바로 그러한 근본적인 선택과 기획투사 때문에 내 존재 자체가 근본적으로 정당하지 못한 것으로 여겨지고 그에 따라 불안에 휩싸인다는 사실입니다.

내가 열등 콤플렉스 '속에' 존재하는 한, 나는 그것으로부터 빠져나올 것이라 생각조차 할 수 없다. 왜냐하면 내가 그것으로부터 빠져나오는 것을 꿈꿀지라도, 그 꿈은 나의 상태의 비루함을 더 많이 경험하게 할 뿐인 뚜렷한 기능을 지니기 때문이다. 그러므로 나는 열등하고자 하는 지향 속에서 그리고 그 지향에 의해서만 해석될 수 있을 뿐이다. 그런 데도, 매 순간 나는 이 본래의 선택을 우연적이고 정당하지 못한 것으로 파악한다. 그러므로 매 순간 나는 이 본래의 선택을 불현듯 **객관적으로** 고찰하고자 하는 준비를 갖추고 있고, 그에 따라 해방의 **순간**을 솟구치게 함으로써 이 본래의 선택을 넘어서고 과거화하기 위한 준비를 갖추고 있는 것이다. 그렇기 때문에, 나는 내가 악마인 양 갑자기 쫓겨나야만 하는 것 아닌가 하는 불안과 공포, 즉 근본적으로 다른 자가 되어야만 하는 것 아닌가 하는 불안과 공포가 생겨난다. 그러나 동시에 바로 그렇기 때문에 나에게서 나의 근원적인 기획투사를 전반적으로 변신토록 하는 '회심'(conversion)이 빈번하게 솟구치는 것이다.(520/255)

마치 열등 콤플렉스가 모든 인간들에게서 근본적으로 존립하는 것인 양 말하고 있습니다. 그 어떤 근본적인 기획투사이건 간에 그것이 우연적일 수밖에 없고 따라서 정당하지 못한 것일 수밖에 없다면, 그 자체로 열등한 것이라 할 수 있기 때문입니다.

그런데 이제까지의 사르트르의 논법을 참고해서 보면, 본래적인 기획투사에 똬리를 틀고 있는 그런 열등 콤플렉스는 어쩌면 대자 자체의 자기기만적인 성격에 기인한 것이라 할 수 있습니다. 자기인 것이 아니어야 하고, 자기가 아닌 것이어야 한다는 것이 대자 자체의 초월 내지는 무화입니다. 그리고 이 초월과 무화는 근본적인 자유와 거의 동일시되고 있습니다. 또한 그리고 이 자유의 근원적인 작용이 없이는 근본적인 선택과 그에 따른 기획투사가 있을 수 없습니다. 그러니까 근본적인 본래의 기획투사에 있어서 그 우연성과 비정당성에 의해 구축되는 열등 콤플렉스는 대자 자체의 자기기만적인 존재방식에 의거한 것입니다.

그러므로 열등 콤플렉스의 바탕으로 작동하는 우연성과 비정당성에 의거해서 불안과 공포가 일어나는 것은 어쩌면 당연합니다. 하지만, 동시에 그런 불안과 공포에 함몰되지 않고 전혀 새로운 근원적인 기획투사를 할 수 있는 가능성도 함께 주어져 있는 것입니다. 자기인 것이 아니고자 하고 자기가 아닌 것이고자 하는 대자의 근원적인 존재 구조가 그 바탕에 작동하고 있기 때문입니다.

이에 불안하다는 것은 곧 대대적인 회심이 가능하다는 것을 함축하고 있는 셈입니다. 현재의 나의 존재를 망실하게 될까 봐 불안하고, 동시에 새로운 나의 존재를 획득하지 못할까 봐 불안한 것입니다. 불안 자체에 자기기만의 성격이 배어 있는 것입니다. 따라서 설사 크게 회심을 한다 할지라도 그것이 불안을 완전히 해소한 것이라고 생각할 수 없습니다. 또 새로운 불안이 덮쳐들 수밖에 없습니다.

가끔씩 우리는 '이렇게 살다가 가는 것인가?' 하고서 자신의 존재 혹은 존재방식에 대해 의문을 던집니다. 아무래도 불안한 것입니다. 나의 존재가 근원적으로 우연성과 비정당성에 근거한다는 것은 내가 전적으로 자유롭다는 것을 의미합니다. 자유는 필연적으로 불안을 수반하는 것입니다.

2) 자유에 대한 존재론적인 이해

거의 50쪽에 달하는 온갖 논변을 전개한 뒤, 사르트르는 그 전체의 결론을 '자유에 대한 존재론적인 이해'라는 이름으로 여덟 가지를 제시합니다. 아래의 번호가 붙은 소제목들은 사르트르가 본문에서 직접 하는 말들입니다.

① 있음(존재)은 함(행위)으로 환원된다.

인간실재는 우선 행동하기 위해 존재하지 않는다. 그러나 [인간실재가] 자기를 위해 존재한다는 것은 행동하는 것이고, 행동하기를 멈추는 것은 존재하기를 멈추는 것이다.(521/257)

이 명제를 제시하는 과정에서 사르트르는 심리학적인 탐구가 '처신'(conduite)에 대한 연구가 되어야 한다는 행동주의(béhaviourisme)를 인정하고, 지각적인 처신을 중시하는 자네(Pierre Marie Félix Janet, 1859~1947)와 게슈탈트 이론도 인정합니다. 그러면서 하이데거가 밝혔다고 하면서 학자의 초연한 태도조차 다른 처신들 중의 한 처신이라고 합니다.

사르트르가 의식을 중시하고 의식의 대자존재를 존재론의 근간으로 내세운다고 해서, 지성주의적인 관념론적 반성과 명상 위주의 인간론을 주장하는 것이 결코 아니라는 사실을 여실히 보여 줍니다. 행동하는 것이 곧 존재하는 것이고, 존재하는 것은 곧 행동하는 것이라는 사르트르의 인간론은 그의 '참여문학론'이나 '행동하는 지식인'이라는 이념을 형성하는 기초가 된다 할 것입니다.

② 행동하기를 결정하는 것 자체가 행동이다.

사르트르는 행동이 있기 전에 그 행동에 앞서는 과거화된 상태가 있어 그에 따라 행동이 결정된다고 여기는 것을 적극적으로 비판합니다. 그렇게 되면, 소여(un donné)에 의해 행동이 유발되는 것으로 되고, 그 결과 행동이 아니라 운동(mouvement)의 계열이 되고 만다는 것입니다. 이를 고려하지 못한 탓에, 자네에게서나 행동주의에서 '처신' 개념이 무너지고 만다고 말합니다(522/257 참조).

이렇게 되면, 인간실재의 모든 작용들은 모두 다 행동이 되는 셈입니다. 지각도 행동이고, 인식도 행동이고, 결정도 행동인 셈입니다. 이럴 경우, 흔히들 논리적으로 행동 개념 자체가 너무 확대됨으로써 그 특정한 의미를 상실하는 것 아닌가 하고서 반박을 할 것입니다. 그러나 사르트르가 말하는바 근원적인 자유의 작용과 근본적인 선택 및 근본적인 기획투사에 의해 행동이 이루어진다는 사실에 입각해서 볼 때, 특히 행동하기를 결정하는 것은 그 자체 행동임에 분명합니다. 따라서 선택하지 않는 것도 하나의 선택이듯이, 행동하지 않기로 하는 것도 그 자체 행동인 것입니다.

③ 행위(acte)는 지향에 의해 규정되어야 한다.

후설 철학에서 정교하게 마련된 '지향'이라는 개념은 소여를 의미 있게 만드는 의식의 기초적인 작업입니다. 행위에서 지향이야말로 시간적으로 병치되는 소여를 넘어서서 행위, 즉 행동이 이루어지는 것을 보장해 준다는 것입니다. 그래서 이렇게 이야기됩니다.

> 인간실재의 근본적인 구조인 지향은 그 어떤 경우에도 소여에 의해 설명될 수 없다. 설사 지향이 소여에서 분출된다고 주장하는 사람이 있다고 할지라도 그럴 수 없다. 그러나 만약 지향을 지향의 목적에 의해 해석하기를 원한다면, 이 목적에 **소여의 현존**을 덧붙이지 않도록 조심해야 한다.(522/257~258)

그러면서 다음 이야기를 덧붙입니다.

> 만약 경향이나 행위가 그 목적에 의해 해석되어야 한다면, 그것은 지향이 자기 바깥에 자신의 목적을 **정립하는 것**을 구조로 삼기 때문이다. 그래서 지향은 자신을 알리는 목적을 선택함으로써 존재하게 된다.(522/258)

행동 내지는 행위에서의 지향은 구조상 자신의 바깥에 자신의 목적을 정립할 수밖에 없습니다. 그렇지 않으면 그것은 지향이라고 할 수가 없을 것입니다. 사르트르가 지향이 소여의 계열을 넘어선 판면에서 성립한다고 말한 데서도 알 수 있지만, 바로 여기 지향이 자신의 목적을 선택한다는 말에서도 지향이 어떻게 해서 인간실재의 근본적인 구조인가를 드러내 보이는 셈입니다. 후설 현상학의 요체인 의식의 지향성을 어떻게 수용해서 어떻게 행동을 중심으로 나름대로 재해석하는가를 보이고 있습니다.

④ 지향은 목적의 선택이고, 세계는 우리의 처신들을 통해 노출된다.

사르트르는 계속해서 후설 현상학의 기본적인 주장들을 받아들입니다. 그것은 지향에 의해 목적이 선택되고, 목적에 대한 지향적인 선택에 의해 세계가 그러그러한 세계로 노출된다고 말하는 데서 알 수 있습니다. 원리상 이러한 지향적 선택을 벗어난 세계는 세계가 아니라, 무차별한 근원적인 즉자일 것입니다. 그런데 사르트르는 지향에 대해 이렇게 말합니다.

지향은 목적에 대한 정립적인 의식이다. 그러나 지향이 자신의 고유한 가능성에 대한 비정립적인 의식이 됨으로써만 그렇게 될 수 있다. ······ 나의 목적은 세계의 객관적인 어떤 상태이고, 나의 가능은 나의 주체성의 어떤 구조이다. 전자는 정립적인 의식에게 드러나고, 후자는 정립적인 의식을 특징짓기 위해 비정립적인 의식 위로 역류한다.(522~523/258)

지향의 이중적인 구조, 즉 그 목적에 대해서는 정립적이고 그 가능에 대해서는 비정립적임을 말하고 있습니다. 후설의 지평론을 원용해서 해석해 보면 이렇게 될 것입니다. 나의 여러 가능들 중에서 하나의 목적을 선택하고, 그 목적을 향해 지향을 이룸으로써 현행의 세계가 등장합니다. 목적에 대한 정립적인 지향은 가능성에 대한 비정립적인 지향을 지평으로 해서 이루어집니다. 따라서 현행의 세계 역시 가능적인 세계를 지평으로 해서 이루어질 것입니다.

⑤ 만약에 소여가 지향을 설명할 수 없다면, 지향은 그 발용 자체에 의해 그러한바 소여와의 단절을 실현해야만 한다.

소여와의 단절이 없다면 행동 내지 행위에 들어 있는 지향은 결정론적인 구도 속으로 함입됩니다. 그렇게 되면, 행동 내지는 행위 역시 자유의 근원적인 작용에 의한 것일 수 없게 되고, 아울러 존재함이 곧 행동함인 인간실재에서 자유 자체가 제거되고 마는 것입니다. 소여는 기본적으로 즉자적인 존재방식을 취합니다. 여전히 초월과 무화의 대자적인 인간의 존재방식을 강조하는 셈입니다.

그런데 사르트르는 이때 지향이 이루는 소여와의 단절은 소여에 대한 평가를 가능케 한다고 지적하면서 이렇게 말합니다.

인간실재는 행위다. 이 인간실재는 스스로를 소여와의 단절로서만 생각할 수 있을 뿐이다. 인간실재는 소여와 절교함으로써 그리고 아직 현존하지 않는 것을 빛으로 삼아 소여를 밝힘으로써 그 소여를 있게끔(fait que *il y a*) 하는 존재다.(523/259)

'소여'란 뭔가가 되기 위한 소여입니다. 즉 의미를 갖기 위한 잠정적인 존재입니다. 의미를 갖게 되면 세계라고 하는 이름의 의미 복합체에 등재될 것입니다. 사실과 의미의 관계로 볼 수도 있을 것입니다. 그러나 소여는 사실보다 더 근원적인 형태라 해야 합니다. 사실은 일정하게 의미를 가지기 때문입니다. 이렇게 보면, 소여 자체가 일종의 '지향적인' 존재이지요. 사실을 '지향하고', 나아가 의미를 '지향하고', 더 나아가 의미의 총체성에 편입되기를 '지향하는' 존재입니다. 물론 이때 '지향하는'이라는 표현은 일종의 의인법적인 표현입니다. 그러나 그 바탕에는 행동 내지는 행위에서의 인간실재의 지향이 가로놓여 있습니다. 그래서 지향이 소여를 있게끔 하는 것입니다.

⑥ 소여가 자신[즉, 소여]을 드러내는 무화의 테두리 내에서만 현출한다는 그 필연성은 내적 부정과 하나일 뿐이다.

사르트르는 제2부 '대자'의 제3장 '초월'의 제2절 '부정으로서의 규정에 대하여'라는 데서 내적 부정을 외적 부정과 구분합니다. "찻잔은 잉크병이 아니다"라는 것은 외적 부정이고, 대자인 내가 "나는 잉크병이 아니다"라고 하는 것은 내적 부정입니다. 사실 나는 나 외에 존재하는 모든 것들에 대해 그것들이 내가 아니라고 부정하고, 그렇게 부정함으로써 진정으로 나로서 존립합니다. 나의 감정이나 나의 객관적인 상태 등도 이에 해당됩니다. 심지어 더 깊이 들어가 보면 바로 나 자신에 대한 나의 부정이 일어나는 것입니다. 이에 "나인 것이 아니고자 하고, 나 아닌 것이고자 한다"라는 것이 대자의 기본적인 존재방식이 되는 것입니다.

이를 염두에 두면, 사르트르의 이 명제가 쉽게 이해됩니다. 무화가 곧 내적 부정과 동일한 판면에서 성립하기 때문입니다. 이에 이렇게 이야기됩니다.

이 내적인 부정은 자기 자신과 관련하여 끊임없이 후퇴를 일삼는 한 존재로부터만 사실일 수 있다. 만약 이 존재가 자기 자신의 부정이 아니라면, 이 존재는 있는 것, 즉 순수하고 단순한 소여가 되고 말 것이다.(523/259)

여기에서 '이 존재'는 대자입니다. 대자는 끊임없이 자기를 부정함으로써, 즉 자신의 존재로부터 물러남으로써 "앞으로 그렇게 될 것인 것의 빛 아래에서 자기 자신이었던 것이 되어야 하는 그런 존재"(524/260)입니다. 이는 대자가 내적으로 부정한 과거의 자기 자신을 자신이 수행하는 미래를 향한 도약을 통해 재해석해서 다시 자기로 삼고자 하는 역동적인 존재임을 말합니다. 바로 여기에서 자유가 작동하는 것은 물론입니다. 그래서 이렇게 됩니다.

> 대자의 자유는 자신의 **존재**로서 나타난다. 그러나 이 자유는 소여도 아니고 속성도 아니기 때문에, 이 자유는 스스로를 선택함으로써만 존재할 수 있다. 대자의 자유는 항상 가담되어 있다(engagée). …… 우리는 우리를, 스스로를 만들고 있는 선택으로서만 파악한다. 그러나 자유는 그저 이 선택이 항상 무제약적이라는 사실이다.(524/260)

자유가 대자의 존재라는 말이 심상찮습니다. 대자가 무화를 수행하고 초월을 수행하는 것은 결국 자신의 존재를 확보하기 위한 것입니다. 그런데 '존재'는 기본적으로 즉자적인 판면에서 성립합니다. 그래서 대자가 '즉자대자'가 되고자 한다고 했습니다. 그런데, 다름 아니라 자유가 대자의 존재라고 합니다. 이 문맥에서만 본다면, 대자가 노리는 즉자대자의 경지는 바로 완전하고 절대적인 자유인 셈입니다.

⑦ 자유는 자기 존재의 선택이지 자기 존재의 토대가 아니다.

말 그대로 하면, 자유란 자기 존재를 선택하는 것 자체라는 것이고,

자유가 토대가 되어 자기 존재가 성립하는 것이 아니라는 것입니다. 쉽게 말하면, 자유가 먼저 있고 이를 바탕으로 해서 자기 존재에 대한 선택이 이루어지는 것이 아니고, 자기 존재를 선택하는 것 자체가 자유라는 것입니다. 말하자면, 자기 존재를 선택할 수 있는 자유가 미리 따로 있는 것이 아니라는 것입니다.

이렇게 되면, 선택된 나의 존재는 그 자체로 부조리하다고 할 수 있습니다. 그 선택에 있어서 객관적인 소여에 의거한 아무런 받침점이나 동기도 없을 것이기 때문입니다. 그런데 사르트르가 이 나의 존재의 선택에 대해 '부조리하다'라고 말하는 것은 독특한 의미를 지닙니다.

> 이 선택은 부조리하다. 이 선택이 근거가 없기 때문이 아니라, 선택하지 않을 수 있는 가능성이 없기 때문이다. …… 이 선택이 부조리한 것은 그것에 의해 모든 토대들과 모든 근거들이 존재하게 되고, 그것에 의해 부조리하다고 하는 개념 자체가 의미를 갖기 때문이다.(524/260~261)

자기 존재에 대한 선택이 근거 있음이나 부조리함의 근원이기 때문에 부조리하다는 이야기입니다. 일체의 근본 개념들의 의미를 가능케 하는 것이 바로 자기 존재의 선택이라는 것인데, 그리고 보면, 사르트르가 말하는 자기 존재의 선택으로서의 자유는 인간실재와 관련되는 일체의 의미들에 대해 바탕이 되는 셈입니다. 이렇게 되면, 자유와 우연이 서로 맞바꾸어도 될 정도로 서로 얽혀 있다 할 수 있습니다. 그러나 사르트르는 이렇게 말합니다.

> 자유는 우연성으로부터의 끊임없는 탈출이다. 자유는 우연성의 내면화

이자 무화이고 또 주체화이다. 그렇게 변경됨으로써 우연은 전적으로 선택의 무동기성(無償, gratuite) 속으로 넘어간다.(524/261)

우연성에 함몰되는 것이 곧 자유는 아니라는 이야기입니다. 절대적이라고 해도 과언이 아닌 이 우연성을 어떻게 하면 나의 것으로 변경시켜 소화해 내느냐 하는 데서 자유가 성립한다는 것입니다. 예컨대 니체가 "신은 죽었다"라고 했을 때, 신의 죽음은 일체의 존재를 절대적인 우연성의 심연으로 빠뜨리는 것이었습니다. "신은 죽었다. 자, 그러면 어떻게 할 것인가?"라는 말은 "존재 자체가 근본적으로 절대적인 우연이다. 자, 그러면 어떻게 할 것인가?"라는 말과 같은 뜻입니다. 섬뜩하기 이를 데 없는 존재 자체의 부조리한 늪이 앞을 가로막아 섭니다.

이러한 절체절명의 존재론적인 근본 상황을 내면화해서 무화하고 그럼으로써 주체화하여 소화해 낼 수 있는 인간만의 고유한 존재가 바로 자유라는 것입니다. 그리고 그러한 자유가 실현되는 것이 행동이고 행위라는 것입니다.

⑧ 자유로운 기획투사는 근본적이다. 왜냐하면 자유로운 기획투사는 나의 존재이기 때문이다.

야망이라든가, 사랑에의 열정이라든가 열등 콤플렉스라든가 하는 것조차 근본적 기획투사가 될 수 없음을 지적하면서, 사르트르는 근본적인 기획투사는 전반적인(total) 것임을 강조합니다. 그렇기 때문에, 이를 바탕으로 해서 정신분석과는 다른, 현상학적인 특수한 방법에 의거한 이른바 '현존적인 정신분석'을 통해서라야 이러한 전반적이고 본래적이고 근본적인 기획투사를 설명할 수 있을 것임을 덧붙입니다(524/261 참조).

　　물론 사르트르는 그렇다고 해서 이러한 전반적이고 근본적인 기획투사가 고정된 것이 아님을 애써 강조하기도 합니다. 그래서 이렇게 이야기됩니다.

> 선택의 구조는 필연적으로 선택이 세계 속에서의 선택임을 함축한다. 아무것도 아닌 것에서 출발하는 선택, 아무것도 아닌 것에 대항한 선택은 아무것도 선택하는 것이 아니게 될 것이고 선택으로서의 자신을 폐기하게 될 것이다. 현상적인 선택이 있을 뿐이다. 다만, 여기에서 그 현상이 절대적이라는 사실을 잘 이해해야 한다. …… 자유는 받침점이나 구름판을 지니지 않기 때문에, 기획투사가 존재하기 위해서는 계속 갱신되어야 한다. …… 영구적으로 나를 선택해야 한다는 필연성은 나 자신인 바 추구되는-추구라는 것과 같은 것이다. …… 다른 선택들의 가능성은 명백하지도 않고 정립되지도 않는다. 그것은 비정당성의 느낌 속에서 체험된다. 그리고 그것은 나의 선택이 **부조리하다**는 사실에 의해 표현된다. 결국 그것은 나의 존재에 의해 표현된다. 그래서 나의 자유는 나의 자유를 갉아먹는다.(525/262)

　　절대적인 현상으로서의 선택, '절대적인'이라는 제약어가 붙긴 했지만 근본적이고 전반적인 선택은 어디까지나 세계 내의 것임을 잊지 않고 있습니다. 어차피 대자가 '세계-내-존재'이기 때문이기도 하지만, '허공에서의 선택'이 결코 아니라는 이야기를 하고 있는 것이지요. 그렇다고 해서 받침점이나 구름판이 따로 마련되어 있는 것도 아닙니다. 따라서 구체적인 상황을 맞아 수시로 목적들에 대한 선택이 달라지는 것은 물론이거니와, 근본적이고 전반적인 선택마저도 갱신되지 않으면 안 된다는 것입니다. 끊임없이 나의 존재에 대한 선택은 불안하고 비정당하다는 느낌을 수반하고, 그렇다고 해서 선택을 하지 않을 수 없는 부조리함이 버티고 있습니다. 이에 나의 자유가 나의 자유를 갉아먹는다는 묘한 명제를 제시하는 것입니다.

*　　*　　*

이로써 책에서 가장 긴 절인 '행동의 첫째 조건, 그것은 자유다'라는 절이 마무리되었습니다. 이제 사르트르는 "선택은 필연적으로 세계 속에서의 선택이다"라고 하는 명제와도 관련되는 다음의 이야기를 하면서 이어질 새로운 절, '자유와 현사실성, 상황'을 예고합니다.

> 결국 전반적인 기획투사는 비록 그 총체성 속에서 세계를 밝히기는 하지만, 상황, 즉 세계의 우연성의 이러저러한 요소들을 기회로 삼아 특수하게 될 수 있다. 이 모든 지적들은 우리에게 어려운 문제, 즉 자유와 현사실성의 관계들이라고 하는 문제를 안긴다.(526/263)

내가 키가 작은데 키가 큰 사람이기를 선택할 수 있을까, 내가 외팔이인데 양팔을 갖게 되는 것을 선택할 수 있을까 하는 등, 일견 황당한 느낌을 주는 물음들을 던지면서 "사실상의 나의 상황이 내 자신에 대한 나의 자유로운 선택에 가져다줄 '한계들'에 관한" 문제임을 지적하고 있습니다.

6. 상황과 자유

1) 상황으로 본 자유, 그 사유의 실마리

오늘부터 제4부 제1장의 제2절 '자유와 현사실성: 상황'으로 들어가게 됩니다. 이 절의 출발점은 내가 구체적으로 어떤 상황에 처해 있는가에 따라 내가 내 자신을 자유롭게 선택하는 데에 여러모로 한계를 갖는다는 것입니다. 실로 이는 상식적인 이야기가 아닐 수 없습니다. 사르트르가 인간이라면 누구나 자유를 자기 존재의 바탕으로 삼을 수밖에 없다는 주장을 제시한다고 해서, 그가 이념적으로만 사념될 뿐인 무제한의 자유를 염두에 두고 있다고 생각한다면, 그건 사르트르를 터무니없이 '바보 취급'하는 것이나 다름없는 부당하기 이를 데 없는 처사입니다.

(1) 주어진 여건들

그는 인간 삶 혹은 인간 존재의 실질적인 상황에 대해 이렇게 말합니다.

> 인간은 '스스로를 만드는'(se faire) 것처럼 보이기는커녕, 기후와 풍토, 인종과 계급, 언어, 자신이 속해 있는 집단의 역사, 유전, 어린 시절의 개별적인 환경, 획득된 습관들, 그리고 삶의 크고 작은 사건들 등에 의해 '만들어지는' 것 같다.(527/264)

나는 이런 실질적인 상황으로부터 '자유롭지' 않습니다. 사르트르는 이를 분명하게 밝히고 있습니다. 중요한 것은 그렇다고 해서 결정론자들의 주장을 받아들일 수 없는 것은 물론입니다. 인간을 인간이게끔 하는 근본 터가 바로 자유이기 때문입니다. 이제까지 살펴보았지만, 사르트르가 말하는 자유는 이러한 실질적인 상황으로부터의 자유가 아니라, 이러한 실질적인 상황을 가능케 하는 근원적인 역량으로서의 자유라 할 수 있습니다. 다소 엉터리 같은 말로 들릴지는 모르지만, 인간은 근본적으로 자유이기 때문에 현실적으로 자유롭지 않을 수도 있는 것입니다.

(2) 사물들의 역행률

사르트르가 상황과 자유의 관계에 관련하여 제시하는 중요한 개념 중 하나는 '사물들(혹은 사태들)의 역행률'(coefficient d'adversité des choses)입니다. 간단하게 말하면, 이는 내가 선택한 목적을 달성하고자 할 때 사물들(혹은 사태들)이 나의 행동에 대해 드러내 보이는 저항입니다. 그러면서도 그는 이렇게 말합니다.

> 사물들의 역행률은 우리의 자유를 부정하는 논거일 수 없을 것이다. 왜냐하면 역행률이란 우리에 의해, 즉 미리 설정된 목적의 위치에 의해 발음하기 때문이다.(527/264)

등산을 좋아하지도 않고 더욱이 히말라야와 같은 높은 곳에 오를 것이라고 생각조차 하지 않는 사람에게는 산이 오르기 힘들다고 하는 성격 자체를 지니지 않습니다. 어찌 생각해 보면 말이 안 되는 것 같지만 너무나 당연합니다. 오르기 힘들다고 하는 것, 혹은 도무지 오를 수 없다고 하는 산이 우리에게 내보이는 이른바 역행률은 산을 오르지 않으면 안 되는 것을 목적으로 설정하고 수행할 때에만 성립하는 것입니다. 그래서 한마디로 이렇게 요약됩니다.

그래서 야생의 사물들(choses brutes, 하이데거가 '야생의 존재자들' existants bruts[5]이라 부른 것)이 근원에서부터 우리의 자유를 한정할 수 있다. 그렇다고 할지라도, 야생의 사물들이 한계들로서 명시되기 위해서는 테두리, 기술 및 목적 들이 미리 구성되지 않으면 안 되는데, 그것들을 구성하는 것은 우리의 자유 자체이다. …… 그러므로, 우리의 자유가 맞닥뜨리는 한계들을 구성하는 것은 우리의 자유다.(527/265)

하이데거가 어느 문헌에서 '야생의 존재자들'을 운위했는가 알 수 없지만, 그 말은 그 자체로 멋있는 것 같습니다. 사르트르는 이를 '야생의 사물들'로 번안하고 있습니다. '인공적인 도구 사물들'과 대립됩니다. 후자는 전자를 바탕으로 해서 성립될 것입니다. 역행률로 따질 것 같으면 전자의 야생의 사물들이 후자의 인공적인 도구 사물들에 비해 우리의 자유에 대한 역행률이 더 높을 것입니다.

(3) 자유와 한계의 상호규정

그런데 "우리의 자유가 맞딱뜨리는 한계들을 구성하는 것은 우리의 자유다"라고 하는 이 대목의 결론적인 명제만으로는, 그럴듯한 것 같긴 한데 왠지 석연찮은 느낌을 지울 수 없습니다. 우선 이 말은 마치 우리가 자

---

5) 'existant'을 어떻게 번역할 것인가가 문제가 됩니다. 하이데거가 쓴 'Seiendes'를 사르트르가 이렇게 불어로 번역한 것 같습니다. 만약 그렇다면, 하이데거의 이 용어를 국내에서 그동안 '존재자'로 번역해 온 것을 존중할 경우 '존재자'라고 번역해야 마땅합니다. 그러나 사르트르의 존재론적인 구도를 염두에 둔다면, 'être'와의 충돌이 생깁니다. 사르트르가 말하는 'être'는 하이데거가 말하는 'Sein'과는 워낙 다르기 때문이지요. 사르트르의 'être'는 우선 우리말의 '……임'과 근접한 의미로 쓰입니다. 예컨대 '즉자존재'나 '대자존재' 혹은 '대타존재'에서의 'être'는 '즉자임'나 '대자임' 혹은 '대타임' 등의 뜻을 포함하고 있습니다. 그래서 실은 이 'existant'을 '존재자'가 아니라, '현존자'로 번역해야 합니다.

유를 제약하는 한계를 자유롭게 조절할 수 있다고 말하는 것처럼 들립니다. 말하자면 한계를 제로에 가깝게 최소화하면 신이 될 수도 있을 것인데, 이는 상식적으로 말이 안 됩니다. 그러니까 이 명제는 그런 의미를 갖는 것이 전혀 아님을 알 수 있습니다. 한계 자체가 성립하는 데 있어서 자유가 전제되지 않으면 안 된다는 정도임에 틀림없습니다.

그런데 왠지 오히려 반대 방향의 명제가 성립할 것 같습니다. 달성하고자 하는 목적을 선택해서 실현하기 위한 행동의 첫째 조건이 자유라고 할지라도, 그 목적이 실제로 달성될 수 있기 위해서는 반드시 한계들을 염두에 두지 않으면 안 되고, 그 한계들을 극복할 수 있는 방안을 마련하든지 아니면 그 한계들을 인정하고 다른 방도를 찾지 않으면 안 되는데, 그럴 때 자유라는 것은 반드시 한계 지어진 자유일 수밖에 없고, 그럴 경우 차라리 우리는 "한계가 우리의 자유를 구성한다"라고 말하는 것도 전혀 잘못된 것이 아닐 것 같습니다. 한계가 없이는 자유가 성립할 수 없다고 하는 또 한 방향의 근본적인 사실을 염두에 두지 않으면 안 되는 것 아니냐는 것입니다.

사르트르의 철학적인 논변을 볼라 치면 그가 최대한 균형을 잡으려고 한다는 것을 쉽게 간파할 수 있습니다. 그런 그가 간단하게 말해 '자유의 한계를 구성하는 것은 자유다' 그리고 '자유를 구성하는 것은 한계다'라고 하는 일견 모순되는 것 같은 이 두 방향의 사태를 무시할 리가 없습니다. 아니나 다를까, 이렇게 말합니다.

대자의 발용은 단번에 이루어진다. 그러나 그렇다 할지라도 자유 자체에 있어서 현존자들의 질서 자체는 필요불가결하다. 자유는 목적을 추구하고, 목적은 자유에게 그 자유가 어떤 자유인가를 알린다. 자유는 이 목적으로부터 분리되면서 재결합되는데, 이는 현존자들에 의해 이루어진다. 따라서 자유가 현존자에게서 노출시키는 저항들은 자유에게 위험이 되기는커녕 자유가 자유로서 발용하도록 허용한다. 저항하는 세계에 연루되어 있는 자유로운 대자만이 있을 수 있을 뿐이다. 이러한 연루를 벗어난 곳에서는 자유라든가 결정론이라든가 혹은 필연성이라든가 하는 개념들이 아예 그 의미들을 상실하고 만다.(528/266)

사르트르는 잘못된 경험적이고 대중적인 자유에 대한 생각을 지적하면서 이를 철학적인 자유 개념과 비교합니다. 우선 이 이야기를 듣고 난 뒤 이 인용문의 의미를 좀더 살펴보기로 합시다.

'자유롭다'는 것은 '자기가 원했던 것을 획득하였다'는 것이 아니라, '자기 자신에 의해 원하기를 결정한다(넓은 의미로 본 선택하기)'를 의미한다. 달리 말해, 성공은 자유에 있어서 하등 중요한 것이 못 된다. …… 역사적이고 정치적이고 도덕적인 사정들로부터 생겨난 자유에 대한 경험적이고 통속적인 개념이 있다. 이는 '선택된 목적들을 성취하는 능력'이라는 것이다. 우리가 여기에서 염두에 두고자 하는 유일한 자유에 대한 개념인 바 자유에 대한 기술적이고 철학적인 개념은 오로지 선택의 자율을 의미할 뿐이다.(528~529/266)

자신의 일반적인 삶의 방식뿐만 아니라, 그 일반적인 삶의 방향을 끝내 유지하기 위해 좌충우돌 온갖 실패를 거듭하면서도 매 순간 자신의 태도를 선택하고 심지어 목숨의 위협을 받는 경우가 있다 하더라도 굽히지 않고 자신이 선택한 것을 추진해 나가는 모습을 연상케 합니다. 그것이 자유라는 것입니다. 남들이 누리지 못하는 풍요로운 경제적인 삶을 누릴 수 있는 재력, 혹은 남들이 실현하지 못하는 강력한 정치적 권력 등을 자유로 보아서는 안 된다는 것입니다. 어느 누구도 대신해 줄 수 없는 자신만의 존재를 계속 선택할 수 있는, 그 선택의 자율이야말로 자유라고 하는 것이 사르트르가 제시하는 철학적 자유입니다.

이를 염두에 두고서 앞의 인용문으로 되돌아가 보겠습니다. 삶의 현장이 너무나도 많은 장애 요인들로 가득 차 있다 할지라도 그것들이 자신의 존재, 즉 행동의 목적을 선택함에 있어서 스스로의 자율을 근원적으로 훼손할 수는 없습니다. 오히려 그 반대지요. 만약 내가 어떤 선택을 하고 그 선택된 목적에 따라 행동을 해나갈 때 아무런 저항이나 장애 요인들이 없다고 한다면 그런 나의 선택과 행동은 선택했다고도 할 수 없고 행동한다고도 할 수 없습니다. 저절로 이루어지는 것에 불과할 것이기 때문입니다. 그래서 사르트르는 세계에 연루되어 있을 때에만 자유로운 대자가 있을 수 있다고 하는 것입니다.

(4) 소여 없는 자유는 없다

이를 더 세밀하게 분석하기 위해, 사르트르는 '소여'(le donné)라고 하는 개념을 끌어와 활용합니다. 소여라는 개념은 주로 인식을 설명하기 위해 도입된 것입니다. 라틴어로는 'datum' 혹은 복수로 해서 'data'라고 하는 것입니다. 주로 'sense data'라고 해서 아직 지성적인 개념 규정의 처리가 되지 않은 '감각 자료'를 지칭합니다. 베르그송이나 후설의 경우, 의식에 맨 먼저 직접 주어진 것을 의미합니다. 그런데 사르트르는 이를 즉자(l'en-soi)와 거의 동일시하면서 자유로운 대자의 자유와 대립적인 위치에 놓습니다. 나중에 더욱 자세히 논구하게 되겠지만, 우선 다음의 이야기를 들어보기로 합시다.

자유는 소여를 넘어서거나 무화한다. [자유에 관련된] 이러한 **소여**의 사실로부터 자유가 한계들을 맞닥뜨리거나 맞닥뜨리는 것처럼 보이는 것은 사실이다. 사물들의 역행률과 그 **장애**로서의 성격은 (그 도구로서의 성격과 결합해서) 자유의 현존에 있어서 불가결하다. 이를 드러내 보이는 것은 양도논법을 활용한 것이다. 왜냐하면 이는 자유가 소여에 의해 무효화되지 않는다는 것을 확립할 수 있도록 하면서도, 다른 한편으로 무엇인가가 자유의 존재론적인 조건임을 지적하기 때문이다. 장애가 없이는 자유가 없다고 하는 어떤 현대철학자들의 말이 근거가 없겠는가?(529/267)

즉자가 없이는 대자가 있을 수 없는 것처럼, 소여가 없이는 자유가 있을 수 없다는 이야기를 하고 있습니다. 그 소여가 원인 혹은 바탕이 되어 적극적으로 자유를 설립한다는 것은 물론 아닙니다. 대자가 자신의 즉자를 부정하고 넘어서고 무화하는 데서 존립하듯이, 소여를 부정하고 넘어서고 무화하는 데서 자유가 존립한다는 것이기에, 소여가 자유에 대해 갖는 불가결한 측면은 어디까지나 소극적인 차원에서의 일입니다. 그렇지만, "장애가 없이는 자유가 없는" 것입니다.

2) 자유는 제 스스로의 토대가 아니다

이를 더욱 세밀하게 분석해서 논의를 전개하기 위해 사르트르는 우선 자유가 제 스스로의 토대가 아니라는 점을 분명히 밝히고자 합니다.

우리는 대자가 자유롭다는 것을 확립했다. 그러나 이것이 대자가 제 스스로의 근거(토대, fondement)가 된다는 것을 의미하는 것은 아니다. 만약 자유롭다는 것이 제 스스로의 근거가 된다는 것을 의미한다면, 자유는 자기 존재의 **현존**을 결정짓지 않으면 안 될 것이다.(529/268)

사르트르는 "우리는 자유롭지 않을 자유가 없다"라고 했었습니다. 자유로울 수도 있고 자유롭지 않을 수도 있는데, 자유를 통해 자유롭고자 선택을 하는 것이 아니라는 이야기입니다. 자유가 자기 존재의 현존을 결정한다는 것은 자유가 자유로서의 자기 존재를 선택한다는 이야기입니다. 만약 자유로서의 자기 존재를 선택하기 이전에 이미 설립되어 있는 자유를 설정한다면, 이 자유는 또다시 자기를 자유로서 선택할 더 이전의 자유를 설정하지 않으면 안 됩니다. 이는 무한소급의 난항에 빠지고 맙니다.

(1) 자유의 현사실성

그래서 이렇게 정돈됩니다. 이 대목에서 『존재와 무』를 관통하고 있는 핵심적인 사안이 다시 등장합니다. 그것은 '자유에로의 선고받음'입니다.

실로 우리는 선택하는 자유다. 그러나 우리는 자유로운 존재를 선택하지 않는다. 저 앞에서 우리가 말했던 것처럼, 우리는 자유에로 선고되었고, 자유 속으로 던져졌다. 혹은 하이데거가 말하는 것처럼, 우리는 자유 속에 '내버려져' 있다. 알다시피, 이 내버려져 있음은 자유의 현존 자체 외에 다른 근원을 갖지 않는다. 그러므로 만약 자유를 소여로부터의 달아남으로 정의한다면, 실로 사실로부터의 달아남이라는 하나의 **사실**

이 있는 것이다. 바로 이것이 자유의 현사실성이다.(530/268)

　　대자는 대자존재에로 선고되었고, 나는 내 자신을 무화하도록 선고되었고, 나는 자유일 수밖에 없도록 선고되었습니다. 이것이 사르트르가 말하는 대자의 현사실성이고, 자유의 현사실성입니다.

　　여기에서 말하는 하이데거의 '내버려져 있음'은 흔히 '내던져져 있음'으로 번역하는 'Geworfenheit'를 지칭하는 것입니다. 언뜻 보기에는 하이데거가 후기에 가서 제시하는 '내버려 둠'(Gelassenheit)을 지칭하는 것처럼 보이지만, 이는 일종의 스토아주의적인 자연스럽게 '내버려 둠'을 의미하는 것이어서 인용문의 'délaissement'과는 다른 것입니다. 사르트르가 하이데거에게 상당 정도 빚지고 있음을 고백하는 대목이기 하지만, 오히려 사르트르가 어떻게 하이데거로부터 벗어나는가를 보이는 대목이기도 합니다. 하이데거의 '내던져져 있음'이 현존재가 '세계-내-존재'일 수밖에 없음을 말하는 것이기도 하지만, 그것이 그가 말하는 실존과 정확하게 어떤 관계에 있는가를 제대로 밝히고 있지 못하는 것과 달리, 사르트르는 이를 '자유의 현사실성' 즉 '대자의 현사실성'을 적시하는 것임을 정확하게 지적함으로써 '자유의 근원적인 용솟음' 즉 인간 현존이라는 것이 이러한 현사실성을 벗어나서는 결코 성립할 수 없다는 것을 분명하게 밝히고 있기 때문입니다.

(2) '함'(행동)을 통한 자유

이러한 자유의 현사실성은 자유가 전적인 무에서부터 성립하는 것이 아님을 분명하게 말해 줍니다. 이는 일찍이 제시한 바 있는 "무는 존재의 기생충이다"(56/111)라는 말에서 드러난 것처럼 사르트르의 존재론에서는 도대체 전적인 무가 성립할 수 없기 때문입니다. 여기에서도 반복해서 다음과 같은 말이 나옵니다.

> 우리가 이 책의 제1장에서도 증명한 것처럼 무는 존재의 심장에서가 아니면 그 어느 곳에서도 출현할 수 없다.(531/270)

그렇기 때문에, 이는 자유의 현사실성을 염두에 둔 상태에서 이렇게 자유에 관련해서 이야기됩니다.

> 자유는 무로부터 출발해서 현존으로 규정될 수 없을 것이다.(531/270)

인간 삶에 있어서 어느 누구도 알게 모르게 끌려 들어가는 진실이 하나 있습니다. 그것은 삶이 갖는 존재론적인 우연성을 어떻게든 극복하고자 한다는 것입니다. 신을 설정하는 것이 그 대표적인 노력이겠지만, 많은 사람들이 자신에게 주어진 직업과 직책에 충실하고자 하는 것도 그 일환입니다. 가장 극단적인 경우는, 자신의 존재를 아예 근원적으로 자기 자신에 근거한 것으로 보는 것입니다. 이는 자신의 존재를 존재론적인 필연성으로 가져가려는 술책임과 동시에 자신의 자유를 무제한한 것으로 가져가려는 술책입니다. 상상을 통해 성립하는 권리로는 얼마든지 자신의 존재를 이렇게 설정할 수 있을지 모르지만, 현실적으로는 전혀 성립할 수 없는 허상의 존재임에 틀림없습니다. 만약 이를 향한 것을 '실존적인' 결단이라고 한다면, 즉 그 어떤 존재자로부터도 자기 존재의 현존을 설립하지 않고 오로지 자기 스스로 자기 존재의 현존을 설립하는 쪽으로 나아가는 것이 '실존적인' 결단이라고 한다면, 그것은 허방일 수밖에 없다는 것이 사르트르의 입론입니다. 이 대목에서 그가 '결단'을 전혀 운위하지 않지만, '자유의 현사실성'을 바탕으로 한 그의 자유론에서 얼마든지 간파할 수 있는 내용입니다. 다시 한번 자유의 현사실성에 대해 이렇게 말합니다.

> 자유는 그 스스로가 정립하는 목적에 의해 자신의 현존을 결정할 수 없을 것이다. 분명히 자유는 그 스스로가 목적에 대해 수행한 선택에 의해서만 현존한다. 그러나 자유는 자신이 무엇인가를 자신의 목적에 의해 스스로에게 알릴 자유가 거기에 있다(il y a)는 사실에 대해 주인이 아니다. 자기 자신을 스스로 현존토록 산출하는 자유는 자유라고 하는 그 의미마저 상실하고 말 것이다.(530/269)

가장 중요한 낱말은 '현존'입니다. '자유의 현존', 혹은 '현존하는 자유'는 어디까지나 그 자체로 순수하게는 성립할 수 없고, 또한 자유 스스로가 정립한 목적에 의해서가 아니라 그러한 목적을 선택함에 의해서만 성립한다는 것입니다. 그런데 이 선택함은 이미 "거기에 있"는 것으로서 자유 자체가 어찌할 도리가 없다고 말하고 있습니다. 이것이 바로 자유의 현사실성, 즉 자유롭지 않을 수 없는 자유의 현실적인 근본조건을 말해 줍니다. 선택함 이전에 미리 현존하는 그런 상태로서의 자유는 없다는 것입니다. 자유는 철저히 함, 즉 행위에 의해 그 현존을 마련하게 된다는 것입니다. 그래서 이렇게 됩니다.

> 자유는 그 자신이 하나의 '함'(faire)으로 발용하는 것 자체에 의거해 규정된다. 그러나 보아 온 것처럼, 함은 소여의 무화를 전제한다. 누구든

지 어떤 것을 가지고 어떤 일을 한다. 그래서 자유는 주어진 한 존재에 관련하여 존재적인 결핍인 것이지, [그 나름] 충만한 존재의 발융이 아니다. 그리고 만약 자유가 존재적인 구멍, 즉 우리가 방금 말한 존재적인 무라면, 자유는 존재의 심장에서 하나의 구멍으로 발융하기 위해 **존재 전체**를 전제한다.(530~531/269)

자유가 현존을 마련하되, 그 현존은 '존재적인 구멍'이고 '존재적인 무'이며, 한마디로 말해 결핍이라고 말하고 있습니다. 그리고 그럴 수 있기 위해서는 '존재 전체'를 전제로 하지 않을 수 없다고 말하고 있습니다. 도대체 존재, 즉 즉자적인 소여가 없이는, 달리 말해 사물들의 역행률에 따른 존재적인 저항이 없이는 도대체 자유가 그 현존을 확보할 수 없다는 것입니다. 이는 곧바로 대자, 즉 인간실재에 적용되는 이야기입니다.

(3) 자유의 이중 무화

그러나 자유가 무화인 것만은 확실합니다. 무화로서의 현존을 확보하는 데에는 존재가 필수적이지만, 무화는 바로 존재에 대한 무화입니다. 마치 제 어미를 잡아먹고 성장하는 '살모사'와 같은 지경입니다. 이를 존재 쪽에서 보면, 더욱 기이합니다. 존재는 자신에게서부터 무화하는 자유가 현존토록 하는 계기를 제공함으로써 그 무화하는 자유가 바로 존재인 자신을 무화하도록 하는 것입니다. 존재는 일종의 '존재론적인 자살'을 꾀하고 있는 셈입니다. 그렇다 치고, 아무튼 사르트르는 자유의 이중 무화를 제시합니다.

자유의 발융은 이중 무화에 의해 이루어진다. 하나는 **자유 자신인 존재**

에 대한 무화이고, 다른 하나는 자유가 그 한복판에 있는 존재에 대한 무화이다.(531/270)

후자의 무화는 쉽게 이해할 수 있지만, 전자의 무화는 이해하기가 결코 쉽지 않습니다. 왜냐하면 사르트르 자신도 말하고 있지만 '자유 자신인 존재'는 결코 즉자적인 존재가 아닐 것이기 때문입니다. 사르트르의 존재론에서 '존재'는 기본적으로 즉자적입니다. 인간이란 기본적으로 자신의 존재를 무화하는 데서 존립한다고 할 때, 그 자신의 존재는 예컨대 '공무원으로서의 자기' 혹은 '레스토랑 종업원으로서의 자기' 등 이른바 즉자적인 자기 존재입니다. 그런데 '무화하는 자기인 존재'라고 말하게 되면, 당연히 복잡해집니다. 물론 사르트르는 대자의 존재라는 말을 가끔씩 해왔습니다. 그러면서 대자가 자신의 존재와 하나가 된 것을 '즉자대자'라고 해서 최고도의 경지인 것처럼 말해 왔습니다. 여기에서 말하는 '자유인 존재' 역시 그런 맥락에서 말하고 있다고 해야 합니다. 그렇게 말한다고 해서 이해하기 쉽다는 뜻은 물론 아닙니다. 오히려 더 복잡해진다는 것이 솔직한 고백입니다.

(4) 자유의 존재와 현존

아무튼 '자유인 존재'라는 개념은 상당히 중요한 것 같습니다. 이어지는 이야기를 일단 더 들어보기로 합시다.

자유는 자기 배후에 자신의 존재인 이 존재를 거기에 있게($il\ y\ a$)끔 한다. 자유는 자기가 선택한 목적에 비추어 이 존재를 그 여러 불충분함 속에서 밝힌다. 그럼으로써 자유는 이 존재를 거기에 있게끔 한다. 즉,

자유는 자기 배후에서 자기가 선택하지 않은 이 존재여야만 한다. 그리고 정확하게 말해, 자유가 이 존재를 밝히기 위해 이 존재에로 향하는 한에 있어서, 자유는 자신의 존재인 이 존재가 존재의 **충만**과 더불어 맺는 관계 속에서 나타나도록, 즉 세계 한복판에 현존하도록 한다. 우리는 자유가 자유롭지 않을 자유가 없다는 것, 그리고 자유는 현존하지 않을 자유가 없다는 것을 말했지 않은가. 이는, 실로 자유롭지 않을 능력이 없다는 사실이 바로 자유의 **현사실성**이고, 현존하지 않을 수 없는 능력이 없다는 사실이 자유의 **우연성**이라는 것이다. 우연성과 현사실성은 하나다. 말하자면, 자유가 존재하지-않음(n'être-pas, 무화)의 형식하에 그것이어야 하는 하나의 존재가 있다는 것이다. 자유의 **사실**로서 현존하는 것 혹은 세계의 한복판에 있는 하나의 존재여야 한다는 것은 단일하고 동일한 것이다. 그리고 바로 이것은 자유가 근원적으로 **소여와의 관계**라는 것을 의미한다.(531~532/270~271)

자유를 실체라고 하는 철학자는 아무도 없을 것입니다. 그렇다면 나는? 나는 실체인가요? 죽어서도 살아남는 영원한 나가 있다고 한다면, 그 나는 실체라고 해야 할 것입니다. 하지만 죽어 본 자 아무도 없기에 그런 종류의 실체로서의 나는 일종의 상상임신의 헛구역질에 불과합니다.

그런데 사르트르는 나를 바로 자유와 등치시키고자 합니다. 대자로서의 나는 곧 자유로서의 나와 마찬가지이고, 대자로서의 나야말로 흔히 우리가 '나'라고 일컫는 것이기 때문입니다. 그렇다면, 자유가 존재한다고 말할 수 있어야만 내가 존재한다고 말할 수 있습니다. 그런데 자유는 제 스스로 현존의 근거를 지니고 있지 않고 세계(소여)로부터 자신의 현존을 얻어 와야 합니다. 현존을 얻어 오되 그 현존을 자신에게 결합시킴으로써 자신의 존재를 확보할 수 있어야 합니다. 그래야만 비로소 자유인 나는 존재한다고 말할 수 있게 됩니다.

자유는 선택 이전의 어떤 상태가 아니라고 했습니다. 이는 그 스스로를 근거로 삼아 자신의 존재에 현존을 부가할 수 없다는 것을 일컫는다고 했습니다. 그렇게 되면, 자칫 자유는 내가 선택한 이 목적을 수행하는 바로 그 영역에 한정된 것으로 되면서 매 순간 생겨났다가 없어졌다가 하는 셈이 됩니다. 그나마 아무런 존재론적인 두께도 지니지 않은 얇디얇은 순간의 표면에 불과한 것이 됩니다. 자신이 직접 관계하지 않는 그 어떤 다른 영역도 자신의 존재와는 무관한 것이 되고 말 것입니다. 그런데 과연 자유인 나는 그런 존재에 불과한가요? 그렇지 않습니다.

이를 설명하고자 하는 것이 이 인용문입니다. 사르트르가 그렇게 표현하지는 않지만, 우리는 나름대로 '자유의 존재론적인 두께'라고 말하고 싶어집니다. 자유가 제 스스로의 존재론적인 두께를 확보하고자 한다는 것, 그것이 곧 자유가 '자신인 그 존재'여야 한다는 것임을 생각하고자 합니다. 자유가 '자기 배후에서' 현재가 자기가 선택하지 않은 다른 여분(혹은 잉여)의 영역에서 자신의 존재를 확보하고자 할 수밖에 없다는 것입니다. 당연히 자기가 선택하지 않은 다른 여분의 영역은 존재 전체, 즉 존재의 충만과 더불어 관계를 맺고 있지 않을 수 없을 것입니다.

자유의 존재가 존재의 충만, 즉 세계와의 관계 속에서만 성립할 수 있다는 것은 자유가 세계 한복판에서 현출한다는 것, 즉 현존을 확보한다는 것을 말합니다. 세계, 즉 존재 전체를 삭제할 수 있는 길은 없습니다. 마찬가지로 세계와 관계를 맺음으로써만 현존하는 자유 역시 근원적으로 삭제할 수 없습니다. 그것이 자유의 현사실성이라는 것입니다. 세계, 즉 존재 전체는 절대적으로 우연적입니다. 아울러 자유 역시 절대적으로 우연적입니다. 그래서 자유의 현사실성과 자유의 우연성은 동일한 사태에 대한 다른 방식의 지칭인 것입니다.

결국 사르트르는 "자유는 근원적으로 소여와의 관계다"라는 명제를 제시합니다. 이를 거칠게 확대적용하면, "무화는 근원적으로 존재와의 관계다"라는 명제가 나오고, "대자는 근원적으로 즉자와의 관계다"라는 명제가 나오고, "나는 근원적으로 세계와의 관계다"라는 명제가 나옵니다. 그렇다면 문제는 도대체 무슨 관계인가 하는 것입니다.

3) 상황으로의 길

(1) 자유와 소여의 관계들

사르트르는 자유가 갖는 소여와의 관계를 다음 몇 가지로 말합니다 (532/271). 요약하자면 이렇습니다.

① 소여는 자유의 원인도 아니고 근거도 아니고, 필요조건도 아니다. ── 소여에서는 소여만 산출되기 때문이다.

② 소여는 자유가 그것에 대해 실행되어야만 하는 불가결한 질료가 아니다. ── 그렇게 되면, 자유가 아리스토텔레스의 형상이나 스토아주의자들의 프뉴마(pneuma)[6]처럼 되어 이미 완성된 것이 되어 버리고 만다.

③ 소여는 자유의 구성에서 도무지 끼어들지 않는 것이다. ── 자유란 소여에 대한 내적 부정으로서 내면화되는 것이다.

④ 소여는 자유가 스스로를 선택함으로 만듦으로써 부정해야 할 순수 우연성이다.

⑤ 소여는 자유가 불충분성과 부정성으로 채색하는 존재의 충만이다.

⑥ 자유가 현존하는 한 그리고 자유가 자신의 현존으로부터 달아날 수 없는 한, 소여는 자유 자체다.

이 중에서 가장 어려운 것은 당연히 마지막 ⑥의 규정입니다. 자유에 의해 부정되고 무화되는 소여가 곧 자유 그 자체라니. 이에 관한 사르트르의 설명이 궁금하지 않을 수 없습니다.

독자는 다음과 같은 사실을 이해했을 것이다. 이 소여는 바로, 대자가 그것이고자 하는바 대자에 의해 무화되는 즉자라는 것. 이 소여는 바로, 세계에 대한 관점인 몸이라는 것. 이 소여는 바로, 대자가 그랬던 본질인 과거라는 것. 이 세 가지 지적은 동일한 실재에 대한 것들이다. 자유는 자신의 무화하는 후퇴에 의하여 목적의 관점에 따라 즉자들 사이에서 관계들의 체계가 확립되도록 한다. 즉 이제 세계로서 노출되는 존재의 충만과 자유가 이 충만의 한복판에서 이루어야 할 [자유 자신의] 존재 사이에서 관계들의 체계가 확립되도록 한다. 자유가 이루어야 할 [자유 자신의] 존재는 하나의 존재이고, 하나의 이것이다. …… 그래서 자유의 우연성 자체와 그 자신의 우연성으로써 이 자유의 우연성을 에워

---

6) 지나가는 길에 스토아 철학에서 중요한 이 철학적인 개념을 살펴봅니다. 영문 위키피디아에는 이런 설명이 있습니다. "스토아 철학에서 프뉴마(πνεῦμα)는 '생명의 호흡'이라는 개념이다. 즉 프뉴마는 (운동하고 있는) 공기라는 원소와 (따뜻함으로서의) 불이라는 원소의 혼합이다. 이는 그리스의 의술 관련 저술가들이 인간 생명을 호흡에 위치시키는 데서 연원한다. 스토아 학자들에게서 프뉴마는 개체와 우주 모두를 구성하는 능동적이고 생산적인 원리이다. 프뉴마는 그 최고도의 형식에 있어서 인간 영혼을 구성하는데, 이 인간 영혼은 신(제우스)의 영혼인 프뉴마의 단편이다. 프뉴마는 물질을 구조화하는 힘으로서 심지어 죽은 대상들 속에도 현존한다."

싸고 있는 세계는 오로지 자유가 선택한 목적의 조명하에서만 자유 자신에게 나타날 것이다. 말하자면, 자유의 우연성 자체와 세계는 야생적인 현존자들로서 나타나는 것이 아니라, 하나의 동일한 무화의 통일된 조명 안에서만 나타나는 것이다. 그러니까 자유는 이 전체를 순수한 여건(소여, datum)으로서 결코 파악하지 않을 것이다. 왜냐하면 순수한 여건이란 모든 선택 밖에 있을 수밖에 없고, 그렇게 되면 자유가 자유이기를 그치기 때문이다.(532/271~272)

나와 너는 다른 자들입니다. 다른 자들이라는 것은 나와 네가 각기 '하나의 이것' 혹은 '하나의 존재'로 존립한다는 것을 의미합니다. 자유인 나와 역시 자유인 네가 있다고 할 때, 그 각각의 자유 역시 '하나의 이것' 혹은 '하나의 존재'입니다. 사르트르가 일단 문제 삼고 있는 대목은 바로 이같이 자유에 대해 '하나의 이것' 혹은 '하나의 존재'라 일컬을 수 있는 근거가 있어야 한다는 것입니다. 요컨대, 자유의 개별적 현존을 제시할 수 있어야 한다는 것입니다. 그러니까 자유가 관계를 맺는 소여가 다름 아니라 나의 과거의 역사와 세계에 대한 관점으로서의 나의 몸, 그리고 나의 대자가 도달하고자 하는바 나의 대자가 무화하는 나의 즉자 등이라는 것을 지적하는 것입니다. 그리고 자유가 관계를 맺는 소여가 바로 이런 것이기 때문에, 그냥 불특정한 자유가 아니라 개별적인 나의 자유, 즉 '하나의 존재' 혹은 '하나의 이것'으로서의 자유가 성립한다는 것입니다. 이에 위 ⑥의 명제, 자유가 현존하는 한, 즉 자유가 하나의 존재로서 존립하는 한, 소여가 바로 자유 자체라는 명제가 성립한다는 것입니다. 혜성에 비유하자면, 소여는 혜성의 몸통이고, 자유는 혜성의 머리인 셈입니다. 자기인 소여의 무화를 통해 앞으로 나아갈 때, 소여는 자유의 개별성을 형성함으로써 '나의 자유'가 성립될 수 있도록 하는 것이고, 자유는 자신의 존재인 소여를 존재 전체와 관계를 맺도록 하는 근원적인 역할을 하는 것입니다.

이에 적어도 자유의 관점에서는 순수한 여건(소여), 즉 야생의 현존자들은 존립할 수 없는 것이 됩니다. 하지만, 현실적으로는 자유의 관점은 결코 빼버릴 수 없기 때문에, 현실적으로는 도대체 순수한 여건으로서의 야생의 현존자들은 현존하지 않는 것입니다.

(2) 상황과 자유의 근원적인 얽힘

대단히 구도가 복잡합니다. 이 구도를 한마디로 정돈해 낼 수 있는 개념이 필요합니다. 이에 사르트르는 '상황'(situation)을 제시합니다.

> 자유를 억누르지 않기 위해서만 거기에 있는, 자유가 선택한 목적에 의해 이미 **밝혀진** 것으로서만 자유에게 노출되는 여건. 그러한 여건인 한에서의 세계 존재의 충만 속에 있는 자유의 우연성을 **상황**이라 부를 것이다.(532~533/272)

'자유의 현사실성'은 자유롭지 않을 자유가 없다는 것이었고, '자유의 우연성'은 자유가 현존하지 않을 수 없다는 것이었습니다. 이제 자유가 현존함에 있어서 세계라고 하는 존재의 충만이 자유에 의거한 조명 하에 이미 밝혀진 여건으로서 함께 작동합니다. 이같이 자유의 우연성이 존재 충만이라고 하는, 자유에 의해 밝혀진 여건 속에서 작동합니다. 이를 상황이라 부르고자 하는 것입니다. 상황에는 즉자 전체의 우연성이 개입해 들어와 있고, 그런 가운데 자유의 우연성이 힘을 발휘하는 셈입니다. 이에 이렇게 됩니다.

> 즉자의 우연성과 자유의 공동 산출물인 상황은 그 속에서 대자가 자유
> 의 몫과 야생적인 현존자의 몫을 식별해 내는 것이 불가능한 양의적인
> 현상이다. 실로 자유가 우연성으로부터 벗어나기 위해 바로 그 우연성
> 이 되어야 하고 그러면서 그 우연성으로부터 벗어남인 것과 꼭 마찬가
> 지로, 상황은 어떻게든지 질적으로 규정되어서는 안 되는 야생적인 소
> 여를 자유롭게 배열하고 질적으로 규정하는 것이다.(533/272~273)

실로 복잡하기 이를 데 없습니다. 우리 인간의 존재 자체가 그만큼
복잡하다는 이야기입니다. 질적으로 규정되지 아니한 상황은 있을 수 없
습니다. 상황이란 이미 늘 질적으로 규정되어 있는 것입니다. 그리고 그
질적인 규정은 결국 자유가 선택한 목적에 의거해서 혹은 자유가 선택
하지 않았지만 선택한 목적에 의해 일종의 계열을 형성하고 있는 잉여의
목적들에 의거해서 이루어지는 것입니다.

따라서 상황을 벗어난 자유는 있을 수 없다고 해서, 그 상황을 순수
객관적인 중립적 여건으로 본다거나 이를 바탕으로 결정론적인 주장을
해서는 안 되는 것입니다. 그 반대로 순수한 자유 상태 자체를 설정하는
것은 더더욱 안 되는 것입니다. 이에 이러한 이야기가 성립합니다.

> 인간은 그의 자유의 장에서만 장애와 맞닥뜨린다. 더 그럴듯하게 말하
> 자면, 특정한 그러저러한 현존자가 갖는 장애의 성격에서 야생적인 현
> 존자에 귀결되는 몫과 자유에 귀결되는 몫을 **선험적으로** 분별해 낼 수
> 없다.(533/273)

사실이지 장애가 없는 상황이란 없습니다. 거꾸로 말해 장애란 모두 다 상황 속에서만 성립합니다. 상황에서 자유의 몫과 야생적인 현존자의 몫을 구분해 내는 것이 불가능한 것과 마찬가지로 장애에서도 그럴 수밖에 없습니다. 이를 통해 사르트르가 실생활에서의 장애와 저항 등을 결국 자유에 귀착시킴으로써 인간중심주의로 흐르고 있다고 말할 수도 있지만, 동시에 사르트르가 자유를 철저하게 구체적이고 현실적인 상황 속에서의 것임을, 즉 야생적인 현존 전체의 얼개를 염두에 두지 않고서는 생각할 수 없는 것임을 역설한다는 것을 강조할 수도 있는 것입니다.

자유의 우연성과 자유의 현사실성은 하나라고 했습니다. 자유롭지 않을 자유가 없다는 이른바 자유의 현사실성은 이제 상황인 셈입니다. 달리 말하면, 자유에서 상황을 뺀다는 것은 아예 불가능하다는 것입니다. 자유는 항상 상황적인 것이고, 상황 역시 자유에 의거한 것입니다. 사르트르는 이를 '자유의 역리'(paradoxe de la liberté)라고 하면서 이렇게 말합니다.

상황에서만 자유가 있을 뿐이고, 자유에 의해서만 상황이 있을 뿐이다. 인간실재는 도처에서 자신이 창조하지 않은 저항들과 장애들을 만난다. 그러나 이 저항들과 장애들은 인간실재인 자유로운 선택 속에서만 그리고 자유로운 선택에 의해서만 그 의미를 갖는다.(534/274~275)

모든 상황 속에 관철되는 자유의 근원성과 모든 자유에 배어 있는 상황의 실재성이 뫼비우스 띠처럼 상호 규정적인 관계를 맺고 있는 셈입니다. 어려운 상황을 만나면, 거기에서 오히려 자유로서의 나의 존재를 확인하게 될 것이고, 한껏 부풀어 오른 자유로운 행복감에 젖기라도 하면 상황으로서의 나의 존재를 염두에 두어야 할 것입니다.

　사르트르는 그저 일반적으로 상황이라 하여 뭉뚱그린 상태로 상황을 놓아 두지 않고 '상황의 여러 구조들'이라는 명칭을 붙이면서, '나의 장소', '내 몸', '나의 과거', '나의 입장' 등을 제시합니다. 그는 이제 이것들을 하나하나 분석함으로써 '상황에서의 자유'를 더욱 깊이 있게 고찰하고자 합니다.

7. 상황 1: 나의 장소와 자유

1) 자유의 역리

지난 시간에 우리는 사르트르가 상황과 관련해서 말하는 자유의 역리를 살폈습니다. 오늘 강의를 위해 이 대목만큼은 다시 인용했으면 합니다.

> **상황**에서만 자유가 있을 뿐이고, 자유에 의해서만 상황이 있을 뿐이다. 인간실재는 도처에서 자신이 창조하지 않은 저항들과 장애들을 만난다. 그러나 이 저항들과 장애들은 인간실재인 자유로운 선택 속에서만 그리고 자유로운 선택에 의해서만 그 의미를 갖는다.(534/274~275)

　여기에서 사르트르가 제시하는 자유의 역리에 담긴 두번째 계기, 즉 "자유에 의해서만 상황이 있을 뿐이다"라는 명제를 현상학적인 맥락에서 살펴볼 필요가 있습니다. 이는 후설이 말한 '의식에 의한 세계의 지향적 구성'을 사르트르가 자기 나름으로 존재론적으로 원용하고 있는 것이라 할 수 있습니다. 후설에 따르면, 일체의 의미들(Sinne)은 초월론적-순수 의식에 의해 지향적으로 구성되는 것입니다. 상황이 잠정적인(후설의 용어에 의하면, 지평적인) 의미들의 여러 구조들[7]로 되어 있다는 것을 감안할 때, 사르트르가 '자유에 의해서만'이라고 하는 것을 지금 후설을 고려하는 우리로서는 '초월론적-순수 의식에 의해서만'이라고 잠시 바꾸어 읽으면서 이 명제를 "초월론적-순수 의식에 의해서만 세계가 있을 뿐이다"로 바꿀 수 있게 됩니다. 말하자면, 사르트르가 말하는 자유는 후설이 말하는 초월론적-순수 의식과 마찬가지로 그 존재론적인 위상이 워낙 근본적이라는 이야기입니다.

이렇게 보게 되면, 후설이 남겨놓은 미제(未濟)의 사안을 사르트르가 실재론적인 방식으로 독창적으로 처리한다는 것을 알게 됩니다. 후설 현상학을 '절대적 관념론'이라고 할 때,[8] 비교하자면 이는 사르트르가 말하는 자유의 역리 중 방금 살핀 두번째 계기만을 강조한 것이라 할 수 있습니다. 그런데 후기에 이르러 후설은 특히 '지평'과 '몸'의 문제에 대한 현상학적인 분석에 이어 '생활세계' 개념을 구축해 냅니다. 이는 엄청난 철학적인 업적입니다. 하지만, 후설은 여전히 이 생활세계가 근원적으로 '초월론적 주체성'(transzendentale Subjektivität)에 의해 구성된다는 점

---

7) 지난 시간에 본 것처럼, 사르트르는 상황의 구조들로서 나의 장소, 나의 몸, 나의 과거, 나의 입장 등을 제시하고 있습니다(534/275 참조).

8) 한전숙 선생님은 후설 현상학을 '선험적 관념론'(transzendentaler Idealismus)이라고 하면서, 이는 결국 '절대적 관념론'으로 귀착된다고 말합니다. 『현상학』(민음사, 1996), 187쪽 참조. 다만, 한전숙 선생님은 '생활세계적 현상학'을 '선험적 현상학'과 대비시키면서 후설이 '절대적 관념론'을 벗어나려고 한다고 해석할 수 있는 주요 주제들, 예컨대 '지평'(Horizont), '신체'(Leib), '선술어적 경험'(vorprädikative Erfahrung), '생활세계'(Lebenswelt) 등을 심도 깊게 분석합니다. 하지만, 후설 스스로 그 점을 명확하게 제시하지 못했기 때문이기도 하지만, 한전숙 선생님은 생활세계적 현상학이 절대적 관념론으로서의 '선험적 현상학'과 과연 어떤 관계를 맺는가를 명확하게 제시하지 않습니다.

을 끝까지 역설합니다. 이 때문에 후설의 현상학을 전반적인 하나의 체계로 보고자 할 때 여러 모순된 충돌 지점들이 해결되지 못한 채 미제의 사안으로 우리에게 남겨지게 되는 것입니다.[9]

그러니까 사르트르가 자유의 역리를 구성하는 첫번째 계기, 즉 "상황 속에서만 자유가 있을 뿐이다"라고 하는 명제야말로 사르트르가 후설을 넘어서는 대목을 지시하고 있다고 할 수 있습니다. 이를 후설식으로 번안하면, "세계 속에서만 초월론적-순수 의식이 있을 뿐이다"로 됩니다. 그리고 '자유의 역리'는 '초월론적인 순수 의식의 역리'로 번안하게 됩니다. 그리고 두 명제를 결합해서 이를 제시하자면, "세계 속에서만 초월론적인 순수 의식이 있을 뿐이고, 초월론적인 순수 의식에 의해서만 세계가 있을 뿐이다"로 됩니다. 대체로 후설 현상학에 대한 주요 주석가들은 후설의 '생활세계적 현상학'을 아예 관념론적으로 해석하거나 아예 실재론적으로 해석하거나 하는 양자택일의 입장을 취하는 데 반해,[10] 사르트르에 빗대어 후설을 이렇게 해석할 경우, 양자의 입장을 모두 아우를 수 있는 길이 열릴 것이라 예견하게 됩니다.

'상황 속에서만'과 '자유에 의해서만'에서 '속에서'(en)와 '의해서'

---

9) 저의 박사학위 논문, 「현상학적 신체론: 후설에서 메를로-퐁티에로의 길」(1993)은 후설 현상학에서 '순수-선험적 주체성'과 '신체' 간의 관계가 처음부터 모순된 충돌을 일으킨다는 것을 드러내고, '선험적 주체성'으로서의 순수-절대적인 의식을 아예 제거하고 신체-주체를 내세움으로써 이를 해결하고자 한 것이 메를로-퐁티의 신체 현상학임을 밝힌 것입니다. 그런데 지금에 와서 이렇게 사르트르의 『존재와 무』를 천착하게 됨으로써, 사르트르는 그 모순된 충돌에서 빚어지는 긴장을 그대로 유지하면서 이를 해결하고자 한다는 것을 알게 됩니다.
10) 전자의 대표적인 학자로 드 보에르(T. De Boer)와 잉가르덴(R. Ingarden)을 들 수 있습니다. 후자의 대표적인 학자로 후설의 직계 제자인 란트그레베(L. Landgrebe)와 미국 현상학계의 흐름을 대표하는 와일드(J. W. Wild)를 들 수 있습니다. 이에 관해서는 본인의 박사학위 논문 27~32쪽을 참조하십시오.

(par)가 대비되고 있습니다. 상황 속에서만 자유가 성립한다고 할 때, 그 상황이 이미 자유에 의해 성립되어 있어야 합니다. 상황이 아직 성립되지 않은 상태에서 상황 속이 아니고서는 성립할 수 없는 자유가 작동한다고 하는 셈이니, 이건 말이 안 됩니다. 그래서 역리라고 하는 것입니다. 후설 현상학에서도 몸이 없이는 순수 의식의 질료가 성립할 수 없습니다. 그런데 순수 의식에 의해서 몸이 구성된다고 합니다. 역시 역리지요.

사르트르는 자유의 역리를 과연 어떻게 해결하거나 혹은 그 심층적인 의미를 파악해 내고자 하나요? 이를 위한 첫 작업이 '나의 장소'에 관한 분석입니다.

2) 나의 장소와 자유

'장소'(place) 개념은 일반적으로 어느 것이 놓여 있는 곳(lieu)으로 인식됩니다. 순전한 공간(espace)하고는 그 의미가 사뭇 다릅니다. 현존자가 없이는 존립할 수 없는 것이 장소지요. 공간을 아예 장소로 본 철학자는 아리스토텔레스였습니다. 아리스토텔레스는 데모크리토스의 원자론에서 말하는 원자가 아닌 텅 빈 공간을 부정합니다. 텅 빈 공간은, 원자가 차지하고 있는 공간을 설명할 수 없는 개념이라는 것이 그 첫째 이유입니다. 그렇게 해서 원자가 차지하고 있는 장소로서의 공간 개념이 진정한 공간이고, 따라서 텅 빈 공간은 없다고 주장하게 됩니다. 아울러 아리스토텔레스는 텅 빈 것으로 여겨지는 온 우주의 공간은 실은 텅 빈 것이 아니라 제5원소인 에테르로 가득 차 있다고 주장하게 됩니다.[11]

---

11) 마거릿 버트하임, 『공간의 역사』, 박인찬 옮김, 생각의나무, 2002, 135~137쪽 참조.

사실 아리스토텔레스의 이 장소로서의 공간 개념은 그의 스승 플라톤에서 이미 제시된 것이라고 할 수 있습니다. 플라톤은 그의 우주론을 담은 『티마이오스』에서 우주의 원재료 게네시스(genesis)가 있는 공간 코라(chora)를 제시합니다. 코라는 게네시스로 차 있는 셈이고, 이 코라가 에이도스(eidos)들을 모범으로 해서 질서정연하게 운동함으로써 카오스적인 게네시스에서 코스모스, 즉 우주가 생겨나는 것으로 되어 있습니다.

　　문제는 장소와 장소를 점유하고 있는 현존자 간의 관계입니다. 플라톤의 코라는 자신이 품고 있는 게네시스를 전혀 다른 존재방식을 갖도록 하는 힘을 지니고 있습니다. 플라톤은 코라를 게네시스의 자궁 혹은 유모라고 표현합니다.[12] 만약 이처럼 장소로서의 공간을 그 장소를 점유하고 있는 현존자의 존재방식을 결정하는 핵심 축으로 보게 되면, 중립적인 공간 개념을 넘어선 역동적인 공간 개념을 얻게 됩니다. 더욱이 이를 인간에게 적용하게 되면, 예컨대 사르트르가 말하는 인간실재의 근본적인 존재방식인 자유와 연결해서 보게 되면, 나의 장소와 자유가 갖는 기묘한 관계를 생각하게 되는 것입니다.

(1) '나의 장소'의 기본 규정

사르트르는 '나의 장소'에 대해 이렇게 말합니다.

　　나의 장소는 세계를 바탕으로 해서 나에게 드러나는 **이것들**의 공간적인 질서와 특정한 본성에 의해 규정된다. 물론 나의 장소는 '내가 거

---

12) 플라톤, 『티마이오스』, 49a~49b 참조.

주하는' 곳(lieu) (내 '나라', 그 토양, 그 기후, 그 자연, 그 산수의 형세를 지닌 내 '나라')이다. 그러나 더욱 간단하게 말하면, 또한 나의 장소는 지금 나에게 노출되면서 나를 그네들의 질서의 근거 자체로 지목하는 대상들(책상, 책상의 한편에 있는 창문, 길과 바다)의 배치와 질서이다.(535/275)

제3부의 제2장 중에서도 제2절 '대타신체'를 다룰 때, 몸이 감각 장 혹은 지각 장에 펼쳐지는 모든 대상들의 지시 중심이 된다는 것을 말했습니다. 이제 이 지시 중심이 '나의 장소'로 됩니다. 나의 장소는 대상들의 배치와 질서인데, 그 질서의 근거가 또한 바로 나의 장소입니다. 사르트르는 이 대상들을 일반적으로 표현해서 '이것들'이라고 달리 말하고 있기도 합니다.

내가 장소를 갖기 위해서는 당연히 내 몸이 바탕이 되지 않으면 안 됩니다. 후설은 내 몸을 모든 방향의 원점(Nul Punkt)이라고 했습니다. 그런데 사르트르는 이제 내 몸이 바탕이 되어 성립하는 나의 장소를 대상들의 배치와 질서의 근거 자체라고 말하고 있습니다. 후설보다 한 단계 더 구체적인 행보를 한 셈입니다. 이 정도 되면 벌써 나의 장소가 심상찮은 존재론적인 무게를 지닌다는 것을 가늠하게 됩니다. 말하자면, 나의 장소 자체에 이미 자유가 근원에서부터 작동하고 있다는 것을 가늠하게 됩니다.

그런데 사르트르는 재빨리 이 대목으로 나아가지 않습니다. 사르트르는 오히려 먼저 그 반대 방향으로 나아갑니다. '나의 장소'라는 것은 태어난 순간부터 이제까지 그 내용은 다를지라도 단 한 번도 나를 떠난 적이 없다는 사실을 염두에 두는 것이지요.

내가 하나의 장소를 갖지 않는다는 것은 있을 수 없다. 그렇지 않다면, 나는 세계의 관계에 있어서 허공의 상태에 있을 것이고, 세계는 더 이상 아무런 방식도 현시하지 않을 것이다.(535/275)

일단 이 같은 아주 근본적인 사실을 지적한 뒤, 연이어 이렇게 말합니다.

이 현행적인 장소가 나의 자유에 의해 나에게 할당될 수 있었다고 할지라도(나는 여기에 '와 있다'), 내가 이 현행적인 장소를 차지할 수 있는 것은 그 이전에 내가 차지했던 장소와의 함수 관계 속에서만 그리고 대상들 자체에 의해 열린 길들을 따름으로써만 그러하다. 그리고 이 이전의 장소는 나를 또 다른 장소로 귀환시키고, 또 다른 그 장소는 또 다른 하나의 장소로 나를 귀환시킨다. 그래서 결국에는 나의 **장소의 순전한 우연성**에까지, 즉 나에 대해 더 이상 어느 곳으로도 귀환시키지 않는 나의 장소들이 갖는 순전한 우연성에까지 이르게 된다. 말하자면, 나에게 출생을 할당하는 장소에까지 이르게 된다.(535/275~276)

일제 강점기에 일본 나고야에서 총을 만드는 공장에서 선반 일을 했던 나의 아버지는 해방 직전에 조선에 와서 더 이상 철공소 기름바지짓이 싫다고 해서 곡물 장사를 시작했습니다. 그렇게 해서 번 돈으로 경남 마산시 성호동 38번지 지붕보다 높은 철길 바로 아래 싼 땅을 사서 기와집을 지었습니다. 거기에서 내 위로 형들과 누나가 태어났고 이어서 내가 태어났습니다. 그곳은 나의 의지와는 완전히 상관이 없는 그야말로 절대적인 순전한 우연성에 의거한 나의 장소입니다. 그곳에서부터 지금 여기 철학아카데미 강의실에 이르기까지 나는 얼마나 많은 이른바 '나의 장소들'을 점유하고 또 이동해 왔던지요. 그 이동 경로를 일일이 적분해 보면, 항상 맨 마지막의 나의 장소'들'은 그 이전의 모든 장소들을 함수로 해서 성립한다는 것을 알 수 있습니다. 그리고 그때마다 나의 장소들에 포진해 있던 대상들이 가리키는 방향과 가능적인 길들은 내가 그다음 장소로 옮기는 데 필연적인 조건으로서 작동할 수밖에 없었던 것입니다.

(2) '나의 장소'의 이중성

그런데 이러한 사실들을 염두에 두게 되면, '나의 장소들'은 철저히 인과 연쇄적으로 연결되어 있는 것 같고, 그에 따라 나의 자유는 아예 개입될 소지가 없는 것처럼 여겨질 수도 있습니다. 그런가 하면, '나의 장소들'이 란 기본적으로 나의 선택에 의거해서 그 가능성이 성립한다는 생각을 지울 수도 없습니다. 이러한 상황에 대해 쉽게 판정을 내릴 수 없음을 지적하면서, 사르트르는 일종의 '이율배반'이라고 하면서 이렇게 말합니다.

> 사실상 만약 이 문제를 제대로 정립하기를 원한다면, 다음의 이율배반으로부터 출발하는 것이 바람직할 것이다. 즉 인간실재는 본래 사물들의 한복판에서 자신의 장소를 받아들인다는 것, [그러면서 동시에] 인간실재에 의해 하나의 장소와 같은 것이 사물들에 주어진다는 것이다. 인간실재가 없으면, 공간이니 장소니 하는 것이 **있을 수 없는 노릇이다.** 하지만 인간실재에 의해 사물들에게 자리(장소) 잡기가 일어난다고 할 때, 인간실재는 사물들 가운데서 자기의 자리를 얻게 된다. 이때 인간실재는 그 어떤 주인 역할도 하지 않는다. 사실로 말해서, 거기에는 신비가 없다. 그러나 기술(記述)은 이율배반에서부터 출발해야 한다. 자유

와 현사실성 간의 정확한 관계로 나아가게 하는 것은 바로 이 이율배반이다.(536/276~277)

결정론자들처럼 생각해도 안 되고, 무조건 선택의 선차성과 우위를 주장하는 자유의지론자들처럼 생각해도 안 되고, 비록 이율배반으로 볼 수밖에 없다 할지라도 양 측면을 동시에 고려하지 않으면 안 된다는 것입니다. 중요한 것은 자유와 현사실성의 정확한 관계지요. 이에 관해 이렇게 더욱 구체적으로 서술됩니다.

본래 나의 장소로서 규정되는 하나의 연장태(延長態)인 그 무엇이 세계에 주어지기 위해서는 그리고 동시에 그것이 나를 엄격하게 규정하기 위해서는, 그저 내가 나의 장소에 현존하는 것만으로는 안 된다. 즉 내가 거기에 있어야 하는 것만으로는 안 된다. 나에게서 10미터 떨어진 곳에 내가 위치시켜 놓은, 그리고 그것에서부터 내가 나의 장소를 알게 되는 한 대상이 있다고 할 때, 내가 그 대상 옆 저기에 있을 수 있기 위해서는 내가 거기[즉 나의 장소]에 있지 않을 수도 있어야 한다. 실은 나의 장소를 규정하는 일정한 관계(rapport univoque)는 나인 어떤 것과 내가 아닌 어떤 것 간의 관계로서 표명된다.(536~537/278)

어떻게 생각해 보면, 아주 간단한 사안인데도 말로 서술하자니 이렇게 복잡한 것이 아닌가 싶습니다. 물론 '나는 나의 장소에 현존하면서 동시에 거기에 있지 않을 수도 있어야 한다'는 것으로 요약되기 때문에, 이해하기 어렵다는 생각이 듭니다. 하지만, 나의 장소가 주변의 모든 사물들의 배치와 질서이자, 동시에 그 배치와 질서의 근거 자체임을 염두에 둔다면, 그다지 이해하기 어려운 것도 아닙니다.

우리가 나름대로 생각하는 '확산과 수렴의 동시성'을 적용할 수밖에 없습니다. 이 논리는 메를로-퐁티가 말하는 '감각덩어리인 사물'을 이해하기 위한 것이었습니다. 감각덩어리가 수렴의 계기를 통해서는 사물성을 노출하고, 동시에 확산의 계기를 통해서는 감각성을 노출한다는 것이었습니다.

나의 장소 역시 주변의 모든 사물들의 배치와 질서를 향해 확산되기 때문에, 내가 나의 장소에 있지 않을 수 있어야 한다는 것이 충족됩니다. 그런가 하면, 나의 장소는 주변의 모든 사물들의 배치와 질서의 지시 중심으로서 수렴되기 때문에, 내가 나의 장소에 현존해야만 한다는 것이 충족됩니다. 사르트르는 이에 관해 두 가지 작용들을 제시합니다.

① 나인 것으로부터 벗어나기, 그리고 나인 그것을 무화하기(537/278)
② 내적 부정에 의해 내가 아니면서 나인 것을 나에게 알려 주는바 세계-한복판의-이것들로부터 벗어나기(537/279)

우리 식으로 보자면, 첫번째 작용은 나의 장소를 나로부터 벗어나 주변으로 확산시키는 작용이고, 두번째 작용은 나의 주변에서부터 나를 거두어들여 수렴시킴으로써 나의 장소를 현존토록 하는 작용입니다. 이를 바탕으로 사르트르는 일단 이렇게 중간 결론을 내립니다.

무화, 내적 부정, 나인 현-존재(être-là)에로 규정적으로 되돌아감, 이 세 가지 작용들은 기실 하나다. 그것들은 단지 하나의 목적을 향해 돌진하는 근원적인 초월의 계기들이다. 그것들은 나를 무화함으로써 미래에 의해 나인 것을 내가 알도록 하기 위한 계기들이다. 그래서 나에게 나의 장소를 부여하고 나를 상황에 처하게 함으로써 나의 장소를 그러한 것으로 규정하는 것은 바로 나의 자유다. 말하자면, 내가 나인 이 현-존재에 엄격하게 **한정**될 수 있는 것은 오로지 나의 존재론적인 구조가 나인 것이 아니고 동시에 나 아닌 것이기 때문이다.(537/279)

'현-존재'(être-là)라는 용어가 나옵니다. 말 그대로 풀면, '거기에-있음'입니다. 이는 하이데거의 'Da-sein'을 그대로 번역한 것이라고 할 수 있습니다. 이는 하이데거에게서의 '세계-내-존재'로서의 인간 현존재를 전제로 한 것입니다. 하이데거가 '장소' 개념을 정확하게 분석하지 않은 채 '현-존재'를 다소 막연하게 사용하는 데 반해, 사르트르는 이를 구체적인 상황으로서의 나의 장소를 떠날 수 없는 나의 존재를 지시하는 데 활용하고 있습니다. 이 현-존재가 나의 현사실성과 맞먹는 것임은 물론입니다.

그런데 무화는 나를 무화하는 것인데, 이때 나는 과거의 즉자적인 나이자 세계 한복판에 빠져 있는 나입니다. 내적인 부정은 대자인 내가 일체의 세계 한복판에 빠져 있는 것들이 아님을 확인하는 것입니다. 그러니 무화와 내적인 부정은 쉽게 하나로 연결됩니다. 문제는 '현-존재로 규정적으로 되돌아감'입니다. 만약 이것이 없다면, 무화도 내적인 부정도 근원적으로 성립할 수 없습니다. 그럴 필요가 아예 없기 때문이라는 논리적인 측면도 그 이유로 작동하지만, 나의 '현-존재'가 잘 드러내는 것처럼 나의 무화와 내적인 부정 자체가 '현-존재'의 현사실성이 없이는 아예 존립할 수 없다는 것이 근본적으로 그 이유로 작동하고 있습니다. 무화도 내적인 부정도 현-존재 내에서만 일어나는 것입니다. 다만, 중요한 것은 거기에 미래에의 기획투사가 필연적으로 개입되어 있다는 점입니다. 선택에 의해 설정된 목적에 의거해서 열리는 미래를 향해 혹은 그 미래에 의해 무화와 내적인 부정을 실현함으로써 비로소 내가 나의 현-존재에로 되돌아가고 그럼으로써 내가 무엇인가를 알게 된다는 것입니다.

놓쳐서는 안 될 것은 맨 마지막에서 말하는 '나의 존재론적인 구조', 즉 '나인 것이 아니면서 나 아닌 것'이라고 하는 것입니다. 의식의 자기기만적인 성격을 구성하는 이 나의 존재론적인 구도가 끝끝내 근본적인 원칙인 양 관철되는 것을 목도하면서, 우리는 사르트르의 집요한 존재론적인 일관성을 읽게 됩니다.

(3) '나의 장소'와 목적

이에 목적, 선택에 의한 목적, 나의 자유에 의한 선택에 의한 목적이 나의 장소를 규정하는 데 핵심적인 요인이 됩니다.

> 장소에 있다는 것, 그것은 우선 ……으로부터 멀리 혹은 ……에 가까이 있다는 것이다. 즉 장소는 도달하고자 하는바 아직 현존하지 않는 어떤 하나의 존재에 관련해서 의미를 갖춘 것이다. 장소를 규정하는 것은 이러한 목적으로의 도달가능성 혹은 비도달가능성이다. 그러므로 나의 위치가 실제로 이해될 수 있는 것은 비존재와 미래의 빛 아래에서이다.(538/280)

생각해 보면, 당연한 이야기입니다. 내가 어떤 장소에 있다는 것은 그저 우연히 거기에 있게 된 것이 아닙니다. 알게 모르게 어떤 선택된 목적에 의거해서 거기에 있는 것입니다. 그렇다고 해서 내가 나의 장소에 있는 것이 오로지 목적에 의거해서만 이루어지는 것은 물론 아닙니다. 이는 앞에서 '현-존재'를 통해 이미 논구한 것입니다. 사실에 있어서는 나의 장소가 나의 현-존재에 의거해서 성립하지만, 의미에 있어서는 나의 장소가 철저히 내가 알게 모르게 선택한 목적에 의거해서 성립하는 것입니다. 이해한다는 것은 우선 의미를 이해하는 것입니다. 그렇기에 나의 위치와 나의 장소는 목적이라고 하는, 아직 현존하지 않는 비존재 내지는 미래의 빛이 비춰지는 한에서만 그 의미를 드러내고 이해되는 것입니다.

거꾸로 보면, 나의 장소가 나의 목적을 암암리에 드러내 줄 것입니다. 말하자면, 내가 어디에 있는가에 따라 내가 선택한 자잘한 목적들뿐만 아니라, 내가 선택한 나의 존재 자체라고 하는 거대한 목적을 암암리에 알려 주는 것입니다. 우리는 여기 철학아카데미에 모여 이렇게 사르트르의 『존재와 무』를 공부하고 있습니다. 나의 장소는 나의 존재를 알려 줍니다.

(4) 자유와 현사실성

나의 장소가 나의 현사실성을 지목한다는 것은 쉽게 알 수 있습니다. 이는 나의 현-존재에 관한 이야기에서도 이미 드러난 바지요. 중요한 것은 나의 장소가 나의 목적, 그러니까 나의 자유에 관련하지 않고서는 그 의미를 전혀 가질 수 없다는 것입니다. 이에 나의 장소에서 열리는 나의 현사실성 역시 그럴 수밖에 없습니다. 이에 이렇게 이야기됩니다.

나의 장소가 갖는 현사실성은 오로지 내가 나의 목적에 대해서 행하는 자유로운 선택 안에서 그리고 그 선택에 의해서만 나에게 노출된다.

자유는 나의 현사실성을 발견하는 데 필수불가결하다. …… 그러나 거꾸로, 현사실성은 자유가 발견해 낼 수 있는 유일한 현실(실재, realité)이다. 현사실성은 자유가 목적을 설정함으로써 무화할 수 있는 유일한 현실(실재)이다. 현사실성은 목적을 설정한다는 것이 의미를 갖기 위한 출발점이 되는 유일한 현실(실재)이다. 왜냐하면, 목적이 상황을 밝힐 수 있다고 할 때, 거기에서 목적이란 그 상황을 기획하에 변경하는 것이기 때문이다. …… 그래서 **자유는 나의 현사실성에 대한 파악이다.**(539/281)

시간성에 의거한 역동적인 구조를 염두에 두지 않으면 이 말을 이해할 수 없습니다. 현사실성을 바탕으로 하지 않은 목적의 설정이란 있을 수 없습니다. 그럴 경우, '허공의 목적'에 불과할 것이기 때문입니다. 새로운 목적을 설정한다는 것은 지금 주어진 상황을 변경하고자 하는 것입니다. 당연한 말입니다. 달리 말하면, 목적을 새롭게 설정한다는 것은 미래의 새로운 상황, 즉 미래의 새로운 현사실성을 향한 것입니다. 여기에서 미래의 현사실성은 지금 내가 선택해서 설정한 목적에 의거하지 않고서는 성립할 수 없습니다.

이를 현재의 현사실성에 적용하게 되면, 현재의 현사실성은 과거에 내가 선택해서 설정하여 지금까지 효력을 발휘하고 있는 나의 목적에 의거하지 않고서는 발견될 수도 없고 의미를 가질 수도 없는 것임을 쉽게 알 수 있습니다. 이 대목에서 놓쳐서 안 될 것은 우리의 자유라는 것, 그 자유에 의해 목적을 선택하고 심지어 나의 존재를 선택한다는 것은 철저히 나의 현사실성에 입각하지 않으면 안 된다는 사실입니다.

이렇게 되다 보니, 시간성에 의거해서 성립하는 자유와 현사실성이 역리적인 관계를 맺고 있는 역동적인 구조 속에 결핍이라고 하는 새로운 요소가 등장합니다. 상황에서의 결핍, 현사실성에서의 결핍에서부터 목적이 성립하는 것입니다. 그래서 이렇게 됩니다.

> 자유가 나의 자리(장소) 잡음을 어떤 종류의 결핍으로 윤곽 짓기 전에, 나의 장소는 '없다'. 더 적절히 말하자면, 나의 장소는 아무것도 아니다. 왜냐하면 ——모든 장소가 이해될 수 있는 출발점인 ——연장태 자체가 현존하지 않기 때문이다.(539/282)

이 인용문을 이해하는 데 '연장태'라는 개념이 걸립니다. 사실은 이에 관해 사르트르가 앞에서 기술한 것이 있었습니다. 그런데 슬쩍 넘어갔었습니다. 그런데 되돌아가 생각하지 않으면 안 될 판입니다.

> 기하학적인 공간, 즉 공간적인 순수한 상호성의 관계들은 일종의 순수한 무다. 이는 우리가 이미 살핀 바다. 나에게 발견될 수 있는 유일한 구체적인 자리(장소) 잡음, 그것은 절대적인 연장태(l'étendue absolute), 즉 중심으로 간주되는 나의 장소에 의해 규정되는 것이다. 이 절대적인 연장태에 있어서는, 대상에서 나에 이르는 거리들이 상호성 없이 절대적으로 계산된다. 유일한 이 절대적인 연장태는 절대적으로 나인 곳을 출발점으로 해서 전개되는 연장태다.(536/277)

이렇게 이해된 '연장태'는 데카르트가 말한 연장과는 전혀 다릅니다. 데카르트가 말한 것은 그야말로 기하학적인 연장이었습니다. 'étendue'를 '연장'이라 번역하지 않고 굳이 '연장태'라고 번역한 까닭이 여기에 있습니다. 구체적인 장소로서의 연장이기 때문에, '연장'이라고 하는 추상적인 어조가 강한 용어를 쓸 수 없기 때문입니다.

아무튼 문제는 결핍과 이 연장태를 긴밀히 연결하고 있다는 점입니다. 쉽게 이해하자고 들 경우, 이렇게 됩니다. 목적 설정이 없이는 나의 장소가 성립될 수 없고, 나의 장소란 근본적으로 절대적인 연장태이니만큼, 그리고 목적을 설정한다는 것은 결핍을 바탕으로 한 것이니만큼, 결핍을 윤곽 짓지 않고서는 연장태 자체가 성립할 수 없다는 것입니다.

그러나 인용문에서의 논리 과정은 반대로 되어 있습니다. 사르트르는 연장태가 없으면 나의 장소가 성립할 수 없는데, 나의 자유가 결핍을 윤곽 짓지 않으면 나의 장소가 성립할 수 없다고 말하고 있습니다. 말하자면, 나의 장소를 매개항으로 넣지 않고, 아예 결핍과 연장태를 직결된 것으로 보고 있습니다. 기하학적인 공간에 의거한 연장을 넘어서서 장소로서의 연장태가 성립하는 데에 근본적으로 결핍이 작동하고 있다는 것입니다.

'결핍, 그 결핍의 충족, 충족된 상태의 새로운 결핍, 그 새로운 결핍의 충족, ……'의 연속적인 과정을 염두에 두고 있는 셈입니다. 인간실재가 자신의 존재를 찾아가는 무한한 과정이 그러하다는 것입니다. 그리고 거기에서 자유가 작동한다는 것입니다. 여기에 시간성이 근본적으로 작동하고 있다는 것은 두말 할 나위가 없습니다. 다음과 같이 말하는 사르트르의 다소 엄숙한 표현에서 이 같은 우리의 이해를 대략 정당화할 수 있을 것 같습니다.

사실 선후(先後)의 방향들을 뒤따르면서 시간화되는 것은 자유 자체다. [하지만] 야생의 사유 불가능한 그 '무엇'(ce 《quid》), 이것이 없이는

자유가 자유일 수 없을 것이다. 그 '무엇'은 나의 자유의 현사실성 자체다.(539/282)

'나의 자유'라고 하는 것이 제 스스로를 근거지을 수 없다는 이야기는 이미 지난 시간에 했습니다. 그것은 '나의 자유'가 무턱대고 하늘에서 뚝 떨어지듯이 절로 떨어지는 것이 아니라는 이야기입니다. 혹은 '나의 자유'가 우리 인간 존재의 최초의 절대적인 출발점이 아니라는 이야기입니다.

'나의 자유'라는 것도 그 자체 굳이 말하자면 하나의 '현-존재'를 지닐 수 있다는 것인데, 이를 여기에서 '나의 자유의 현사실성 자체'라고 부르고 있습니다. 이는 자유와 현사실성이라고 할 때의 현사실성과는 차원이 다른 것입니다. 한편, 여기에서 말하고 있는 '야생적이고 사유 불가능한 그 '무엇'이란 바로 방금 말했던 결핍과 충족의 연속적인 과정에서 계속 결핍으로 드러나는 그 무엇입니다. 굳이 말하자면, 삶의 원초적인 견인력이라 할 수 있을 그 무엇입니다. 이에 대해 그 구체적인 내용을 도무지 생각할 수 없는 것은 당연합니다. 그런데 이에 대해 사르트르는 '야생의'(brut)라고 하는 형용사를 붙이고 있습니다. "나는 자유롭지 않을 자유가 없다"라는 사태를 떠받치는 것도 바로 이 '야생의 사유 불가능한 그 '무엇', 어쩌면 '절대적 결핍'이라 할 수 있는 바로 그것일 것입니다. 이를 일컬어 '나의 자유의 현사실성 자체'라고 부르는 것입니다.

(5) 나의 장소에 대한 책임

사르트르는 '나의 장소'에 대한 논의를 마치면서 맨 마지막에 이런 말을 덧붙이고 있습니다.

분명히 태어나면서 나는 장소를 차지한다. 그러나 나는 내가 차지하는 장소에 대해 책임이 있다. 여기에서, 상황 속에서 자유와 현사실성이 풀 수 없는 끈으로 연결되어 있다는 것을 더 분명하게 알게 된다. 왜냐하면, 현사실성이 없이는——무화와 선택의 힘으로서의——자유가 존립할 수 없을 것이고, 또한 자유가 없이는 현사실성이 발견될 수 없을 뿐만 아니라 아무런 의미조차 가질 수 없을 것이기 때문이다.(541/284)

'나의 장소에 대한 나의 책임', 이를 만약 '나의 존재에 대한 나의 책임'으로 바꾸어 읽는다면 쉽게 받아들일 수 있을 것입니다. 그렇다고 해서 그 책임이 무한 책임이겠나요? 아무튼 사르트르는 이를 통해 자유와 현사실성이 상황 속에서 풀 수 없는 끈으로 연결되어 있다는 것을 더 분명하게 알게 될 것이라고 말하면서, 그 이유로 제시하는 내용은 앞에서 다 이야기했던 것을 정돈하는 식입니다.

사실 '자유와 책임'의 문제는 본 2절이 끝난 뒤, 제3절에서 전격적으로 다루어집니다. 아마도 거기에서 이 문제가 심도 깊게 다루어질 것이라 예상합니다.

8. 상황 2: 나의 과거와 자유

1) 자유에 대한 과거의 힘

지난 시간에 우리는 나의 장소와 자유의 관계에 대해 살폈습니다. 오늘은 일단 나의 과거와 자유의 관계에 대해 살펴보고자 합니다. 먼저 상기해야 할 것은 지금 우리가 상황의 여러 구조들을 살피고 있다는 것입니다. 따라서 상황에 관련한 '자유의 역리', 즉 상황 속에서만 자유가 성립하고 동시에 자유에 의해서만 상황이 성립한다는 것을 계속 염두에 두어야만 합니다.

이러한 자유의 역리가 이제 나의 과거와 관련해서도 여지없이 성립한다는 것은 불문가지이지요. 우선 과거가 자유에 대해 갖는 힘을 염두에 둘 필요가 있습니다. 이에 대해 이렇게 이야기됩니다.

> 미래를 향하여 스스로를 벗어나는 자유는 제멋대로 기분에 따라서 자기에게 과거를 부여할 수 없을 것이다. 게다가 과거가 없이 자기 스스로를 산출한다는 것은 더욱 불가능할 것이다. 자유는 자기 자신의 과거로 있어야만 한다. 이 과거는 돌이킬 수 없다(irrémédiable). 우선 보기에, 자유는 과거를 그 어떤 방식으로도 변경할 수 없다. 과거는 손이 미치지 않는 곳에 있고, 거리를 두고서 우리에게 들러붙어 있다. 그렇지 않다면, 과거를 고찰하기 위해 과거를 정면으로 마주 대할 수조차 없을 것이다.(541/284)

나의 과거가, 목적을 선택해서 미래를 향해 행동해 나가는 나의 자유를 인과적으로 결정할 수는 없습니다. 이는 기본입니다. 그러나 과거라고 하는 발판이 없이는 자유의 실질적인 운동이 일어날 수 없습니다. 과거는 **있습니다**(est). 무엇의 과거인가요? 자유의 과거입니다. 그래서 "자유는 자기 자신의 과거로 있어야만 한다"라고 말합니다. 그러니까 '미래를 향하여 스스로를 벗어나는 자유'라고 할 때, '스스로'는 바로 자기 자신의 과거로 있는 자유 자신입니다. 그리고 '이 과거로 있는 자기 자신을 벗어나는 자유'는 '있다'(est)라기보다는 '현존하는'(existe) 것입니다. 존재함

(être)과 현존함(exister)의 이중동시성을 염두에 두어야 합니다. 이를 이해하기 위해서는 '자유'가 '나', '의식' 혹은 '대자' 등과 거의 같은 것임을 염두에 두어야 할 것입니다.

2) 과거와 자유의 역리

과거를 둘러싼 이 이중동시성은 상황과 자유 간의 역리를 바탕으로 해서 이렇게 역리로 나타납니다.

> 과거의 중요성은 아무리 강조해도 지나치지 않을 것이다. …… 그러나 우리는 여기에서 앞서 지적된 역리를 다시 발견한다. 과거가 없이는 나는 나를 생각할 수 없을 것이다. 더 심하게 말하면, 과거가 없이는 나는 나에 대해 아무것도 **생각할** 수 없을 것이다. 왜냐하면 나는 나인 것, 그러니까 과거에 나인 것에 대해 생각하기 때문이다. 그러나 다른 한편으로 나는 과거가 나 자신과 세계에 오도록 하는 존재다.(541~542/285)

역시 존재하는 나는 과거인 나입니다. 이는 불어로 "Je suis ce qui est mon passé"라고 쓸 수 있을 것입니다. 그런데 동시에 나는 과거인 내가 나 자신뿐만 아니라 내가 살고 있는 이 세계에 등장할 수 있도록 하는 존재라는 것입니다. 나의 이중동시성이 그대로 관철되고 있습니다. 그것이 우리의 삶(혹은 존재)의 근본적인 형식이라는 것입니다. 그런데 사르트르는 이 역리를 좀더 자세하게 검토할 필요가 있다고 합니다. 자유가 선택임은 누누이 이야기된 바 있습니다. 그런데 그 자유로운 선택은 변화시킴(changement)이 아닐 수 없습니다. 지금의 과거를 변화시켜 아직 오지 않은 미래를 끌어당기면서 그 미래를 향해 행동해 가는 것이 자유로운 선택인 것입니다. 여기에서 사르트르는 그 핵심을 이렇게 끌어냅니다.

> 미래는 [지금] 있는 것의 아직-있지-않은-상태이다. 그야말로 바로 그러하기 때문에, 미래는 [지금] 있는 것에 긴밀하게 연결된 가운데서만 생각될 수 있다. 아직 있지 않은 것을 밝히는 것은 [지금] 있는 것일 수는 없을 것이다. 왜냐하면, [지금] 있는 것은 결여이기 때문이고, 따라서 [지금] 있는 것이 결여하고 있는 것을 출발점으로 해서만 [지금] 있는 것이 그런 것으로 인식될 수 있기 때문이다.(542/285)

'결여' 개념이 나옵니다. 그다지 어려운 것이 아닙니다. 다만, 결여라고 하는 것은 [지금] 있는 것 스스로 자신에게 부과한 특성이 아니라는 것만큼은 생각해야 합니다. 결여가 성립하기 위해서는 미래의 목적이 전제되어야 합니다. 아직-있지-않은(혹은 아직-그러하지-않은) 미래에 비추어 볼 때에만 지금 있는(혹은 지금 그러한) 것이 결여로 나타날 수 있는 것입니다. 그런데 이 결여는 지금 있는(혹은 지금 그러한) 것의 의미를 규정하는 데 결정적입니다. 우리는 사실과 의미를 구분해서 결합할 수 있어야 합니다. 사실에 있어서는, 지금 있는 것이 결여일 수 없습니다. 의미에 있어서만 그런 것입니다. 이 대목에서 우리는 사실을 존재함과 연결하고, 의미를 현존함과 연결하게 됩니다. 이를 염두에 두면, 다음의 사르트르 말을 쉽게 이해하게 됩니다.

[지금] 있는 것이 의미를 가지는 것은 오로지 그것이 미래를 향

한 **넘어서짐**(dépassé)일 때뿐이다. 그러므로 [지금] 있는 것은 과거다.(542/285)

'넘어섬'(dépassement)은 무화작용입니다. 무화작용은 근원적으로 자기 자신에 대한 무화작용입니다. 그런데 이 대목에서 아주 조심스럽게 접근해야 할 대목은 '지금 있는 것의 의미'를 결여로 보는 것과 '지금 있는 것'을 과거로 보는 것이 거의 동일하다는 사실입니다. 그러니까 '과거'는 '미래를 향해 뛰어넘어져야 함'을 본질로 해서 성립한다는 것입니다. 미래를 향한 무화작용이 없이는 과거 자체가 성립할 수 없다는 이야기입니다. 그러니까 '지금 있는 것'은 **사실**인데, 그것을 '과거인 것'으로 파악한다는 것은 이미 **의미**에 연결되어 있다는 것입니다.

그런데 자유에게서 과거는 돌이킬 수 없는 것이라고 했습니다. 이 '돌이킬 수 없음'(irrémédiabilité)이라는 것도 미래를 향한 무화작용에 관련해서만 성립한다고 할 수밖에 없습니다. 지금 있는 것이 돌이킬 수 없는 과거로 드러나는 셈인데, 사실에 있어서는 이를 바탕으로 해서 미래를 향한 무화작용이 일어나는 것입니다. 이 대목에서 우리는, 사르트르가 정확하게 구사하지 않는 논리이긴 하지만, 그의 문장 곳곳에서 배어나는 사실 판면과 의미 판면의 이중동시적 교환관계를 염두에 두지 않을 수 없습니다.

사실 판면에서는 지금 있는 것이 근원적입니다. 여기에서 또 하나의 근원적인 사실은 지금 있는 것에 대한 의식이 존립한다는 것입니다. 이를 사르트르는 '존재의식'(conscience d'être)이라고 합니다. 그리고 의식이란 바로 존재의식일 뿐이라고 말합니다.[13] 그런데 지금 있는 것은 근원적으로 나의 존재입니다. 이때 존재의식은 나의 존재에 대한 나의 존재의식입니다. 이 나의 존재의식은 나의 존재 속에서 나의 존재가 문제임을 의식합니다.[14] 이에 나의 존재에 대한 나의 존재의식은 사실의 판면을 넘어 의미의 판면으로 열립니다. 그런데 의미의 판면으로 열린다는 것 자체는 더 넓은 사실의 판면에서의 일입니다.

그러니까 지금 있는 것이 어찌할 수 없는 과거로 되는 것은 미래를 향한 무화(뛰어넘음)를 통해 사실의 판면에서 의미의 판면으로 넘어가는 일이지만, 그렇게 어찌할 수 없는 과거라고 하는 지금 있는 것의 의미는 그것을 뛰어넘고자 하는 미래를 향한 자유에게 있어서는 다시 사실의 판면에서 작동하는 것입니다. 이때 의미의 판면을 사실의 판면으로 바꾸는 것이 어디에서부터 연원하는가가 문제인데, 그것은 지금 있는 것의 사실성에서 연원한다고 할 수밖에 없습니다. 지금 있는 것과 자유 사이에서 이루어지는 사실 판면과 의미 판면 간의 긴장된 교환관계를 생각하게 됩니다. 우리 나름의 이러한 근본 구도를 염두에 두면서 사르트르의 다음 이야기를 생각해 보겠습니다.

특히 돌이킬 수 없다고 하는 성격이 미래에 대한 나의 선택 자체에서부터 과거에 주어진다. 내가 미래에서의 사물들의 새로운 상태를 생각하고 기획하는 데에 과거가 그 출발점이 된다면, 과거 자체는 **장소에 던져져 있는 것**, 그 결과 그 자체 모든 변화의 전망을 벗어나 있는 것이다. 말

---

13) 사르트르는 이렇게 말합니다. "무엇보다 두 가지의 현존적인 특징들이 대자의 성질을 규정한다. ① 존재의식이 아닌 것은 아무것도 의식 속에 없다. ② 나의 존재는 나의 존재 안에서 문제로 있다. ——이는 **선택되지 않은** 것은 아무것도 나에게 오지 않는다는 것을 의미한다." (542/286)

14) 이는 하이데거가 '현존재'를 "자신의 존재에 대해 물음을 던지는 존재자"라고 했을 때, 이미 제시된 것이기도 합니다.

하자면, 미래가 실현되기 위해서는 과거가 돌이킬 수 없는 것이어야 한다.(542/286)

미래를 선택하는 일에 지금 있는 것을 돌이킬 수 없는 과거로서 선택하는 일이 필연적으로 수반된다는 것입니다. 그런데도 미래에서의 사물들의 새로운 상태를 기획하는 것이 바로 미래를 선택하는 일임은 분명합니다. 그러니까 '돌이킬 수 없음'과 '변화시킬 수 있음'은 다른 차원의 문제인 셈입니다. 돌이킬 수 없음은 과거라고 하는 시제에서 성립하는 것이고, 변화시킬 수 있음은 미래라고 하는 시제에서 성립하는 것입니다. 달리 말하면, 돌이킬 수 없음은 사실 판면에서의 일이고, 변화시킬 수 있음은 의미 판면에서의 일인 것입니다. 뭉뚱그려 보면, 차라리 돌이킬 수 없기 때문에 변화시킬 수 있는 셈입니다. 달리 말하면, 돌이킬 수 없음을 바탕으로 해서 변화시킬 수 있음이 성립하고, 변화시킬 수 있음이 돌이킬 수 없음으로 전환됩니다. 이는 자유가 자신의 과거로 있지 않으면 자유로서 존립할 수 없고, 자유가 자신의 과거로 전화(轉化)됨으로써 자유가 존재한다는 것을 일컫습니다. 또한 과거는 자유의 행동에 깔려 있는 변화 가능함이 없이는 돌이킬 수 없음이라는 성격을 지닐 수 없고, 따라서 그 자체로 존립할 수 없게 됩니다. 이것이 과거와 자유의 역리지요.

내가 지난 세월 동안 네 번 폐결핵을 앓아 세 번에 걸쳐 모두 3년간 학교를 휴학했다는 과거는 돌이킬 수 없는 사실입니다. 이러한 나의 병력은 그때마다 나의 미래를 크게 바꾸었습니다. 고등학교 때에는 이과에서 문과로 옮기는 계기가 되었고, 대학에서는 신학에서 철학으로 뜻을 바꾸는 계기가 되었고, 대학원 시절(결혼 중)에는 이혼을 하는 계기가 되었습니다. 그때마다 나는 미래의 나의 존재를 선택한 것이었고, 그러한 선택에 의해 또 돌이킬 수 없는 나의 과거들을 만들어 냈습니다. 이러한 나의 사적인 이야기를 참고하면서 다음의 사르트르의 이야기를 들어보겠습니다.

> 과거의 의미화(signification)는 현재의 나의 기획에 밀접하게 의존해 있다. 이는 앞선 나의 행위들의 의미(sens)를 내 마음대로 바꿀 수 있다는 것을 전혀 의미하지 않는다. 오히려 그 반대로, 나인 [나의] 근본 기획이, 내가 그래야만 했던 [나의] 과거가 나와 타자들에 대해 가질 수 있는 의미화를 절대적으로 결정한다는 것을 의미한다. 사실 나 자신만이 매 순간 과거의 탄착범위(portée du passé)를 결정할 수 있다. 매 경우마다 그그러한 앞선 사건들의 중요성을 논의하고 숙고하여 평가함으로써 그런 것이 아니다. 나의 목적들을 향해 나를 선-투함으로써, 내가 나와 함께 과거를 살리고, 행동에 의해 과거의 의미화를 결정한다.(543/237)

내가 폐결핵을 앓았다는 것 자체가 나의 미래를 결정한 것은 결코 아닙니다. 하지만 내가 폐결핵을 앓지 않았다면, 그 돌이킬 수 없는 과거가 없었다면, 나의 미래는 다른 방식으로 이루어졌을 것입니다. 하지만, 당시 나의 미래를 향한 나의 기획은 나의 과거가 전혀 다른 방식으로 의미를 갖도록 한 것만은 사실입니다. 그런 점에서 나의 과거는 계속 살아 있는 셈입니다. 이 인용문에서 사르트르가 강조하는 것이 바로 그 점입니다. 사실이지, 우리의 과거는 너무나 다종다양합니다. 그 중에서 무엇이 현재의 나의 기획에 영향을 미칠 것이며, 그럼으로써 어떤 나의 과거가 주도적인 의미를 띤 것으로 결정될 것인가는 오로지 '나의 목적들을 향해 나를 선-투하는' 데서 이루어지는 것입니다.

3) 과거의 삶과 죽음: 산 과거와 죽은 과거

미래에의 기획에 의해 선택된 과거는 살아 있는 과거다. 살아 있는 과거는 아예 과거로 굳어 버린 죽은 과거와는 근본적으로 다릅니다. 그래서 사르트르는 이렇게 말합니다.

> 과거의 절박함은 미래로부터 온다. …… 과거가 살아 있는가 죽었는가를 결정하는 것은 미래다. 사실상 과거는 근원적으로, 나의 존재의 현행적인 발용인바 기획이다. 그리고 과거가 기획인 한, 과거는 예행(豫行, anticipation)이다. 과거의 의미는 과거가 미리 그 윤곽을 그리는 미래로부터 온다. 과거가 전적으로 과거로 미끄러져 들어갈 때, 그 절대적인 가치는 과거였던 그 예행을 승인하는가 아니면 파기하는가에 달려 있다. 그러나 그 예행들을 그 나름의 계산에 의해 되잡음으로써 즉 그 예행들에 따라 그 예행들이 예행했던 장래를 예행함으로써 그 예행들을 승인할 것인가, 아니면 단순히 다른 장래를 예행함으로 그 예행들을 파기할 것인가 하는 것은 바로 현행의 나의 자유에 달려 있다.(544/289)

과거가 근원적으로 기획이라고 하는 대목이 자못 심중합니다. 지금 있는 것이 사실의 판면에 놓여 있는 데 반해, 과거는 미래에 의거한 의미의 판면에 놓여 있다고 했던 우리의 생각을 상기할 필요가 있습니다. 과거는 미래의 기획에 의거한 것입니다. 그렇게 해서 부상한 과거는 살아 있는 과거가 아닐 수 없습니다. 그럴 때 과거는 또 하나의 다른 기획이고, 기획인 한에서 예행이라고 말할 수 있습니다. 'anticipation'을 '예상'이라고 번역하지 않고 군이 '예행'이라고 번역하는 것은 미래에의 기획을 행동 내지는 행위와 따로 떼 내어 생각할 수 없기 때문입니다. 간단히 말하면, 미래를 향한 행동에서 그 미래의 윤곽을 예시(豫示)하는 역할을 하는 한에서 과거는 승인된 예행으로서 살아 있는 과거라는 것입니다. 결국에는 미래를 향한 나의 자유로운 선택이 과거의 의미(혹은 흔히 하는 말로는 운명)를 결정합니다.

> 장래에 대한 나의 선택이 이루는 순서는 나의 과거의 순서를 결정할 것이다. 그럴 때, 이 나의 과거의 순서는 연대기적인 측면을 전혀 갖지 않을 것이다.(544/289)

예컨대 어머니와 내가 나란히 서서 사진을 찍은 것이 연대기적으로는 적어도 39년 전의 일이지만, 그 일이 15년 전에 어머니와 함께 밥을 먹던 일보다 현행의 나의 선택에 따라 훨씬 더 중요한 가치를 지닐 수 있다는 이야기입니다. 대단히 상식적인 이야기입니다.

그런데 사르트르는 다소 웃기는 이야기를 합니다. 지금 내가 입고 있는 옷이 살 때와는 달리 영 마음에 안 드는데도 절약 차원에서 여전히 입고 있을 경우, 그 옷은 죽어 있으면서 동시에 살아 있다고 합니다. 옷을 살 때의 선택의 기획은 이미 무효하지만, 절약이라고 하는 새로운 선택의 기획이 있어 아직 유효하다는 것입니다. 그러면서 중간 결론인 양 이렇게 말합니다.

> 살아 있는 과거, 반쯤 죽은 과거, 살아남음, 양의성, 이율배반 등, 이러한

과거성의 층위들 전체는 내 기획의 통일성에 의해 조직된다. 바로 이 기획에 의해, 내 과거의 어떤 단편이 다가적(多價的)으로 위계화되어 있는 조직 속으로 편입되게 하는바 복합적인 지시 체계가 설립된다. [이때] 다가적으로 위계화되어 있는 조직에서 각각의 부분적인 구조는, 예술 작품에서처럼, 다양한 방식으로 부분적인 다른 다양한 구조들을 지시하고 또 전반적인 구조를 지시한다.(545/289~290)

즉자적으로 보면 과거는 다층적으로 주름져 있을 것입니다. 그런데 이를 미래를 향한 나의 자유로운 기획을 중심으로 해서 보지 않으면 안 됩니다. 그럴 때, 과거는 복합적인 지시 체계로서 다가적으로 위계화된 조직이라 할 수 있습니다. 그 조직의 편제는 결코 고정된 것이 아니겠지만, 그렇다 해서 함부로 뒤죽박죽 변화되는 것도 아닙니다. 목적을 향한 기획 자체가 말 그대로 내 마음대로 제멋대로 되는 것이 아니고, 그 나름 일정하게 돌이킬 수 없는 과거의 힘에 의거해서 이루어질 수밖에 없기 때문입니다. 그리고 이 전체 과거의 내부를 조직하는 구조들 간의 지시 관계는 지평적인 방식으로, 즉 서로가 서로를 함축하는 방식으로, 그러면서 그 각각이 전체를 함축하는 방식으로 이루어진다고 말하고 있습니다.

4) 과거의 역사화

미래를 향한 자유로운 기획에 의거한 자유의 구조적인 조직화를 바탕으로 해서 사르트르는 역사 개념을 설립하고자 합니다.

그 외에도, 우리의 과거가 갖는 가치, 질서 그리고 본성에 관한 이러한 결정은 그저 단순하게 말하면, **역사적인 선택** 일반이다. 인간 사회들이 역사적이라면, 그것은 인간 사회들이 그저 과거를 갖고 있다는 데서 유래하는 것이 아니라, 인간 사회들이 과거를 **기념물**이라는 자격으로 **되잡는다**는 데서 유래한다.(545/290)

사르트르는 미국 자본주의가 1차 세계대전에 참전하기로 한 것이 역사적인 것은 그럼으로써 이익을 얻을 수 있을 것이라는 데서 성립하는 것이 아니라고 말합니다. 그보다는, 이전에 있었던 미국과 프랑스와의 관계들을 염두에 두고, 그 관계들에 미국인들이 프랑스인들에게 지불해야 할 '명예의 빚'이라는 의미를 부여할 때, 비로소 역사적으로 된다고 말합니다. 사르트르가 '과거를 기념물이라는 자격으로 되잡을 때' 과거가 역사화된다고 하는 말을 설명하기 위한 예로 든 것인데, 글쎄 그 자체로는 의미가 선명하게 들어오지 않습니다.

사르트르가 드는 다른 예를 보겠습니다. 1938년경 새로운 세대들은 당시 벌어졌던 국제적인 사건들을 염려하면서 1918~1938년의 시기를 갑자기 새로운 빛으로 조명하기 시작했고, 1939년 전쟁이 터지기도 전에 이미 그 시기에 대해 '양차-대전-사이'라는 이름을 붙였다는 것입니다. 그럼으로써 이들 새로운 세대들은 그 시기를 그저 계속 지속되는 기간으로 보아 그 시기를 견디는 것에 머물지 않고, 그 시기를 '한정된, 뛰어넘어진, 그리고 부인된 형태'의 시기로 구성했다는 것입니다. 그리고 이야 말로 그 시기를 역사화한 것이라고 하면서 사르트르는 이렇게 말합니다.

그러므로 과거의 규정된 한 시기가 현재와 연속을 이루고 있는가, 아니면 과거의 규정된 한 시기가 우리가 그곳에서 생겨났는데도 우리로부

터 멀어지는 불연속적인 하나의 단편인가 하는 것은 현행의 기획이 결정한다.(546/291)

흔히 역사적인 사건이라 일컬어지는 일들에 대해 왜 그 사건이 역사적인가를 해명한다는 것은 대단히 어려운 일입니다. 지금 사르트르가 예를 들어 가면서 말하는 취지는 역사적이냐, 즉 단절적이냐 아니면 비역사적이냐 즉 연속적이냐 하는 문제는 그 사건을 바라보는 현행의 기획에 따라 달라진다는 것입니다. 그래서 예컨대 어떤 역사가가 1789년 프랑스 인민들이 바스티유 감옥을 점령했다는 돌이킬 수 없는 과거의 사건에 대해 그에 관련된 여러 가능한 의미들 중 특정한 어느 하나의 의미를 결정적으로 부여하고자 하는 것은 불가능하다고 하면서 이렇게 말합니다.

오늘날 그 사건에 대해 특정한 의미를 결정하려는 역사가는 역사가 자신이 **역사적임**을, 즉 역사가가 자신의 기획들과 자신이 속한 사회의 기획들에 비추어 '역사'를 밝힘으로써 자기 스스로를 역사화한다는 사실을 망각하는 꼴이 될 것이다. 그러니까 사회적인 과거의 의미는 영구히 '유예상태'에 있다고 말해야 한다.(546/291)

역사적인 사실들은 돌이킬 수 없는 방식으로 엄존하지만, 그 구조적인 의미 관계들은 끝내 유예상태에 있다는 것을 강조하고 있습니다. 그렇다고 해서 역사적인 해석을 해서는 안 된다고 하는 것은 아닐 것입니다. 다만, 사르트르는 대중들을 정치적으로 끌어당겨 활용하고자 할 때 대중들이 요구하는 바에 따라 그러한 역사화가 일어나고 그럼으로써 과거가 창조된다고 말합니다(545/290 참조). 적어도 의미 판면에 있어서는,

결정론적인 관점을 취해서는 안 되고, 그럴 수도 없다는 것입니다.

5) 대자의 과거, 그 영구적인 유예 상태

그런데 사르트르는 이같이 사회적인 과거의 의미가 영구히 유예상태에 놓여 있다는 것을 대자의 존재에서 그대로 관찰된다고 말합니다. 그러면서 다음의 언명을 제시합니다.

> 대자의 끊임없는 역사화는 대자의 자유에 대한 끊임없는 긍정이다.(546/291)

> 역사화가 의미 판면에서 이루어진다는 것을 유념합시다. 의미 판면은 근본적으로 미래를 향한 자유로운 기획에서 비롯됩니다. 그런 까닭에 한 대자가 끊임없이 역사화된다는 것은 곧 대자의 자유가 끊임없이 현존한다는 것과 같은 말일 수밖에 없습니다. 이는 곧 대자에게 있어서 과거에 대한 의미화가 끊임없이 유예상태에 있다는 것을 의미합니다. 달리 말하면, 대자에게 있어서 과거는 끊임없이 살아 있다는 것입니다. 그러면서 사르트르는 대자에게 있어서 과거가 끊임없는 유예상태에 있다는 것의 의미를 다음과 같이 말합니다.

> 사실이지, 과거의 유예적인 성격은 기적과 같은 것이 전혀 아니다. 그것은 과거화와 즉자의 판면에서 이루어지는 선-투의 측면, 그러니까 인간실재가 과거로 향하기 전에 가졌던 '기대상태'의 측면을 표현할 뿐이다.(546/292)

살아 있는 과거는 미래로의 자유로운 기획투사에 의해 현재의 기대 상태를 넘겨받습니다. 살아 있다고는 하지만 과거인 한에서 있어서, 그렇게 기대 상태를 넘겨받을 때 작동하는 판면은 과거화 내지는 즉자의 판면입니다. 과거가 하나의 기획이고, 그렇기에 예행이라고 했던 것을 상기합시다. 역시 시간성의 역동적인 구조는 만만찮게 우리의 삶을 근원에서부터 규정하고 있는 셈입니다. 아무튼 이렇게 정돈됩니다.

인간실재는 끊임없이 기대상태에 있었고 있을 것이다. 그렇기 때문에 과거는 무한히 유예상태에 있다. 그리고 유예와 마찬가지로 기대는 그것들의 근원적인 구성자로서 자유를 한층 더 깔끔하게 긍정할 뿐이다. 대자의 과거가 유예상태에 있다고 말하는 것, 대자의 현재가 하나의 기대라고 말하는 것, 대자의 미래가 자유로운 기획이라고 말하는 것, 혹은 대자가 대자여야 한다는 것을 제외하면 아무것도 아니라고 말하는 것, 혹은 대자가 탈총체적인 총체라고 말하는 것은 모두 다 같은 것이다.(546~547/292)

여기에서 우리 나름으로 '인간은 영구히 미제(未濟) 상태이다'라는 말을 할 수 있을 것 같습니다. 대자의 과거와 현재와 미래가 특히 미래를 중심으로 하나로 통일되어 총체성을 확보합니다. 하지만 그 총체성은 구조상 서로가 서로로부터 이탈하면서 서로에게 작동하는 방식으로, 우리 식으로 말하면, 수렴과 확산을 동시에 수행합니다. 그래서 대자는 '탈총체적인 총체'인 것입니다. 이 '탈총체적인 총체'는 탈자적인 존재방식, 즉 자신을 벗어나 있음으로써 자신일 수 있음과 동일합니다.

정돈을 하자면 대자의 과거는 사실 판면에 있어서는 계속 결정되지

만, 의미 판면에 있어서는 계속 유예되는 것입니다. 의미에 있어서 유예
되면서 사실에 있어서 결정되는 과정이 과거화의 과정인 셈이고, 이러한
과거화의 과정을 우리 인간들은 끊임없이 짊어지고 갑니다. 이러한 형국
에 대해 사르트르는 이렇게 말합니다.

> 그러므로 나의 과거는 그러그러한 것인 한에서 재가(裁可)를 기다리는,
> 구체적이고 명확한 하나의 제안이다. 이는 분명히, 카프카의 『심판』이
> 드러내고자 한 의미들 중의 하나, 즉 인간실재가 지닌 끊임없는 **소송(訴
> 訟)적인**(*processif*) 성격이다. 자유롭다는 것, 그것은 끊임없이 **자유의 심
> 판 중에**(*en instance de liberté*) 있다는 것이다.(547/292)

내 존재가 자유의 '법령'에 의해 재판을 받는, 그것도 영구히 재판을
받는다는 사실이야말로 엄중한 사태가 아닐 수 없습니다. 나의 존재는
곧 나의 과거입니다. 그러나 그런 나의 과거로서의 나의 존재는 끊임없
이 심판의 대상이 됩니다. 심판의 결과가 나온다고 해도 그 결과가 결정
적인 것은 결코 아닙니다. 끊임없이 선고유예의 상태에 있는 선고인 셈
입니다.

6) 보수의 원하는 과거와 진보의 피하고자 하는 과거

과거와 자유의 관계는 이래저래 미묘할 수밖에 없습니다. 특히 살아 있
는 과거를 염두에 둘 때, 그리고 그 과거가 끊임없는 유예상태에 있다고
할 때, 나는 나의 자유를 통해 그 과거에 대해 두 가지 방향으로 태도를
취할 수 있습니다. 하나는 유예상태의 과거에 대해 그 함축된 의미를 계

속 드러내어 강화하는 쪽으로 행동해 나가고자 하는 것이고, 다른 하나는 유예상태의 과거에 대해 그 함축된 의미를 계속 부정하고 파기함으로써 약화시키는 쪽으로 행동해 나가고자 하는 것입니다.

전자의 경우에 대해 사르트르는 왕정복고 시대에 나폴레옹 휘하에서 반액의 봉급만을 받고서 러시아를 격퇴시키는 데 희생을 다한 노병(老兵)들을 예로 듭니다. 그러면서 "그 과거를 선택하는 것과 대자의 행위로써 그 과거를 실현하고자 하는 것 간에는 아무런 차이도 없다"(547/293)라고 합니다. 그 노병들이 자신의 영광스러운 과거를 자신의 존재로서 선택한다는 것은 그런 자신의 존재가 미래에까지 관철되도록 하기 위해 노력한다는 것과 같다는 것입니다. 그들에게서 명예를 더럽히지 않기 위한 노력이 계속해서 경주되는 것은 이러한 이유 때문입니다. 예컨대 그 노병들은 완강함을 보이면서 심지어 은퇴 후에 주어지는 연금을 포기했다는 것입니다. 자신의 과거를 욕되게 할 수 없다는 것이 그들의 미래를 결정하는 것입니다. 이 예를 바탕으로, 사르트르는 이러한 결론을 내립니다.

우리는 어떤 목적을 염두에 두고서 과거를 선택한다. 그러나 그때부터 과거는 강압적으로 되고 우리를 집어삼킨다. 과거가 **즉자적인 현존**을 지녀서도 아니고 우리가 되어야 하는 현존과 차이를 지녀서도 아니다. 그저 그 이유는 이렇다. ① 그 과거는 우리인 목적이 현행적으로 드러난 실질화(matérialisation)이기 때문이다. ② 그 과거는 우리에 대해 그리고 타인에 대해 세계 한복판에서 나타나기 때문이다. 그 과거는 결코 홀로 있지 않다. 그 과거는 보편적인 과거 속에 잠겨 있다. 그리고 그럼으로써 타인의 평가 작업에 [대상으로서] 제출된다.(548/293~294)

근원적으로 자유인 대자인데도, 이 대자는 타인의 평가를 벗어나기가 힘듭니다. 어쩌면 타인의 평가를 벗어나서는 안 될지도 모릅니다. 대자는 근원적으로 대타존재이기 때문입니다. 그것이 우리의 현실이 갖는 중요한 한 측면이지요. 미래를 향한 목적을 염두에 두고 과거를 선택했는데도 불구하고, 오히려 과거가 목적이 되고, 그 과거를 보존하고 강화하기 위해 미래를 양보하고 희생하게 됩니다. 이렇게 되면, 당연히 보수적 입장이 성립합니다. 사르트르는 이에 관해 이렇게 간명하게 말합니다.

그 기획을 원하는 것은 그 과거를 원하는 것이고, 그 과거를 원하는 것은 수없이 많은 이차적인 행위들에 의해 그 과거를 실현하기를 원하는 것이다. 논리적으로 보아, 과거의 요구들은 가언명법들, "만일 네가 그러한 과거를 갖기를 원한다면, 그러그러한 방식으로 행동하라"라는 식이다. 그러나 '네가 그러한 과거를 갖기를 원한다면'이라는 전건(前件)이 구체적이고 정언적이기 때문에, 이 가언 명법 전체 역시 정언 명법으로 변형된다.(548/294)

과거에 의거한 정언 명법을 준수하고자 하는 것, 이는 보수적인 입장을 지닌 사람들의 근본적인 세계관입니다. 정언 명법이란 무조건 지켜야 한다는 것이고, 그것이 보편화되면 퇴행적인 이데올로기가 될 것입니다. 사르트르는 이들은 그들의 근본 기획을 짐짓 바꾸고자 하지 않는 한, 자신들이 저지른 잘못을 멸시하는 투의 고백을 하는 것은 불가능하다고 말하고, 이 사람들은 자신들의 믿음을 손상시키지 않기 위해 이 세상의 모든 자기기만을 동원하고 안출할 수 있는 모든 핑계들을 동원할 것이라고 말합니다(549/295 참조).

하지만, 잘 생각해 보면 이러한 보수적인 입장에서 발휘되는 나의 과거가 갖는 강압의 힘은 기실 자유로운 나의 선택에서 차용해 온 것입니다. 이를 강조하면서 사르트르는 이렇게 말합니다.

과거의 강압적인 권력을 **선험적으로** 결정하는 것은 불가능하다. 나의 자유로운 선택이 결정하는 것은 나의 과거의 내용이나 그 내용의 질서뿐만이 아니다. 그것은 나의 과거가 나의 현행성(actualité)에 부착되어 있음을 또한 결정한다.(548/294)

나의 과거가 나의 현행성에 부착되어 있다고 말하는 것은 나의 과거가 갖는 소극적인 측면을 염두에 둔 것입니다. 만약 내가 과거에 비해, 작년에 비해 혹은 한 달 전에 비해 혹은 심지어 한 시간 전에 비해 더 나은 내 자신을 형성하고자 한다면, 이른바 진보적인 방향으로 나의 현행성을 몰고 가고자 한다면, 나의 과거는 부정될 수밖에 없습니다. 이에 대해 사르트르는 '벗겨 내기'를 말합니다.

이 진보적인 기획은 나의 과거와 관련하여 일련의 벗겨 내기를 수반한다. 이때 나는 나의 진보의 높은 위치에서 경멸이 담긴 일종의 연민으로써 나의 과거를 바라보게 된다. 이것이 바로 도덕적인 판단의 평가를 받는 수동적인 대상이다. ──"그렇게 어리석었다니!" 혹은 "내가 그렇게 몹쓸 짓을 하다니!" ──이 수동적인 대상으로서의 과거는 내가 그것과의 연합을 파기하기 위한 것으로만 존립한다.(548/294)

과거와의 결별, 오로지 내가 그 나의 과거와 나를 대립시키기 위해서만, 그럼으로써 그것을 반면교사로 삼기 위해서만 그 과거를 선택하는 것입니다. 자신의 더 강렬한 자유를 표현하기 위해 자신의 과거를 선택해서 정립하는 것입니다. 여기에서는 진보적인 입장의 세계관이 성립합니다. 우리는 **보수**와 **진보**에 관련한 사르트르의 입론을 목도하고 있습니다. 정치적인 일반 사안에 대해 어떻게 존재론적인 기반을 제공하고, 또 그럼으로써 근원적으로 규정할 것인가를 보여 주는 정치철학적인 사유의 모델 중 하나인 것이지요. 대자가 과거에 대해 어떤 가치와 질서를 부여하는가에 따라 그 정치적인 입장의 방향이 확 갈리는 것입니다. 이를 바탕으로 사르트르는 이렇게 결론을 맺습니다.

> 그러므로 과거 역시 자리(장소) 잡기와 마찬가지다. 대자는 미래에 대한 자신의 선택에 의해 지나간 자신의 현사실성에 가치와 위계적인 질서 및 절박함을 부여한다. 대자의 현사실성은 이러한 가치와 질서 및 절박함에 의거해서 대자의 행동들과 행위들에 동기가 된다. 대자의 이러한 활동이 이루어질 때, 자리(장소) 잡기와 마찬가지로 과거 역시 상황에 통합되는 것이다.(549/295)

상황 속에서만 자유가 성립하고, 자유에 의해서만 상황이 성립한다고 하는 자유의 역리를 해명하는 과정에서 상황의 여러 구조들 중의 하나인 나의 과거를 살폈습니다. 여기 '나의 과거'에 대한 결론에서도 이러한 상호교환적인 근원적인 관계가 여실히 관철되고 있습니다. 자유는 결코 스스로에게 근거가 될 수 없습니다. 속된 말로 '맨 땅에 헤딩하는' 자유는 없다는 것입니다. 사르트르의 자유론이 얼마나 구체적인 자유를 제시하는가를 다시 한번 확인하게 됩니다.

9. 나의 환경과 자유

'나의 장소', '나의 과거', '나의 환경', '나의 이웃', '나의 죽음' 등은 상황의 기본적인 구조들입니다. 뒤집어 말하면, 우리가 흔히 '요즈음 내 상황이 좋지 않아'라는 식의 말을 할 때, 거기에는 이러한 기본적인 구조들이 암암리에 작동하고 있다는 것입니다. 우리는 앞 두 구조에 대해 살폈고, 이제 세번째 구조인 '나의 환경'을 다루고자 합니다.

1) 장소와 환경의 차이

장소와 환경은 엇비슷한 느낌을 줍니다. 하지만 언뜻 생각해 보아도 환경이 장소보다 더 인간의 의미부여 행위와 긴밀하다는 것을 알 수 있습니다. 말하자면, 장소에 비해 환경이 목적을 기획해서 선택하는 나의 자유와 더 긴밀한 것입니다. 이 대목에서 우리는 하나의 스펙트럼을 생각하게 됩니다. 사르트르가 '이것들'(ceci)이라 부르는 단적인 사물들 쪽으로 향한 방향과 '나'라 부르는 '대자의 자유'를 향한 방향으로 늘어서 있는 하나의 스펙트럼을 말이지요. 전자의 방향이 사실의 판면으로 향한 것이라면, 후자의 방향은 의미의 판면으로 향한 것일 터입니다. 그러고 보면, 사실의 판면과 의미의 판면은 상대적인 규정 관계 속에서 서로 얽혀 있는 것이라 할 수 있습니다. 그러하기에, 이 스펙트럼은 전체적으로 통일되어 있으면서 동시에 스스로를 벗어나는 방식으로 존재할 것입니다. 이것이야말로 '탈총체화된-총체'라 할 수 있습니다. 이를 염두에 둔 상태에서 말하게 되면, 장소는 환경에 비해 전자의 방향에 가깝고, 환경은 장소에 비해 후자의 방향에 가깝다고 할 수 있을 것입니다.

사르트르는 환경에 대해 일단 이렇게 말합니다.

환경은 그 나름의 역행률과 유용률 들을 갖고서 나를 둘러싸고 있는 도구인 사물들이다.(549/295)

'도구인 사물들'이 눈에 확 들어옵니다. 장소에 대해서는 '이것들'을 말했습니다. "나의 장소는 세계를 바탕으로 해서 나에게 드러나는 이것들의 공간적인 질서와 특정한 본성에 의해 규정된다"(535/275)라고 했던 것입니다. 그런데 '이것들'이란 내가 성취하고자 하는 목적에 관련될 경우, 도구인 사물들이 될 수밖에 없습니다. 이는 주변을 둘러보면 쉽게 확인할 수 있는 당연한 일입니다.

우리는 필요에 따라 장소를 바꿉니다. 집에 있다가 누군가와 만나 커피를 마시면서 대화를 하기 위해서는 카페로 장소를 이동해야 합니다. 장소를 바꾼다는 것은 지금과는 다른 새로운 도구인 사물들이 포진하고 있는 곳으로 이동한다는 것입니다. 의미의 판면에서 보면, '이것들'의 바탕에는 '도구인 사물들'이, 그리고 장소의 바탕에는 환경이 놓여 있는 것입니다. 물론 사실의 판면에서 보면, 그 반대가 될 것입니다. 그러니까 장소를 바꾸는 이유는 새로운 환경을 얻기 위한 것입니다.

한편 환경을 바꾸는 것보다는 장소를 바꾸는 것이 상대적으로 더 용이합니다. 여기에는 장소가 환경에 비해 그 범위가 협소하다는 것뿐만 아니라 환경이 장소에 비해 더욱더 유동적이라는 점이 함축되어 있습니다. 예컨대 동일한 장소에 있는데도 환경이 바뀔 수 있다는 것입니다. 카페에 있는데, 몇 사람 없어 조용하던 카페가 갑자기 일단의 무리들이 확 들어와 시끄러워 더 이상 책을 볼 수 없는 환경이 되기도 합니다. 갑자기

정전이 될 수도 있습니다. 이에 이런 이야기를 하게 됩니다.

> 나의 장소를 차지함으로써 나는 환경의 발견에 근거를 제공한다. 그리고 장소를 바꿈으로써 ──우리가 살펴보았던바, 이는 내가 자유롭게 실현하는 조치이다──, 나는 새로운 환경의 출현에 근거를 제공한다. 그러나 이와 반대로, 환경은 그 변화에 있어서 내가 책임질 아무런 짓도 하지 않은 상태에서 제 스스로 바뀔 수도 있고, 타자들에 의해 바뀔 수도 있다.(549/296)

환경이란 내가 자유롭게 장소를 옮김으로써 새로운 방식으로 바꿀 수도 있는 것이지만, 그 반대로 나의 행동과는 무관하게 제 스스로 혹은 다른 사람들과의 관계에 의해 바뀌기도 하는 것입니다(그런데 이 환경을 떠나서 목적을 자유롭게 기획하고 선택하는 나의 자유를 실현한다는 것은 불가능합니다. 상황에 관련된 자유의 역리를 되새겨 봅시다).

2) 환경의 객관성

사르트르는 이를 이렇게 정돈합니다.

> 일반적으로, 도구복합들이 갖는 역행률과 유용률은 그저 나의 장소에만 의존하지 않고, 도구들 나름의 잠재력(potentialité)에 의존한다. 그래서 현존하자마자, 나는 내 주위에서 나에게 동조하기도 하고 적대적이기도 한 방식으로 그 잠재력들을 발휘하는바, 나와 다른 현존들의 한 복판에 던져진다.(549/296)

환경이란 내 마음대로 되는 것이 아닙니다. 환경은 그 나름의 객관성을 띠고 있는 것입니다. 우산을 준비하지 않고서 길을 가는데 갑자기 소낙비가 쏟아질 수도 있는 것입니다. 객관적으로 우연적 사건들이 항상 음모를 꾸미듯이 잠재력을 띠고서 언제든지 그 힘을 발휘할 태세로 나를 에워싸고 있는 것입니다. 이에 이렇게 됩니다.

한 도구의 갑작스러운 변형 혹은 갑작스러운 출현은 상황을 근본적으로 변화시키는 데 영향을 미칠 수 있다. [자전거를 타고 가는데] 나의 타이어가 터지고 그래서 [그를 만나기로 한] 이웃 마을까지의 거리가 순식간에 바뀔 수 있다. …… 내가 그 마을에 도착했을 때, 내가 만나고자 한 그는 이미 기차를 타고 가버렸을지도 모른다. …… 예컨대 그를 만나서 하려던 상거래를 할 수 없다고 확신한 끝에, 심지어 나는 다른 누군가에게로 거래선을 바꾸고, 다른 계약을 할 수도 있는 일이다. …… 이 경우, 위태로운 것은 나의 선택 자체가 아닌가? 왜냐하면 많은 경우에 있어서 환경의 적대성(역행, adversité)이 바로 나의 기획에 변화를 일으키는 요인이 되기 때문이다.(550/296~297)

환경이 나의 기획에 대해 적대적인 힘을 발휘한다는 것은 얼마든지 있을 수 있는 일입니다. 비단 이 인용문에서 제시되는 예뿐만 아니라, 얼마든지 그럴 수 있다는 것을 우리는 일상적으로 늘 확인하고 있습니다. 그렇다면 문제는 나의 선택, 선택할 수 있는 나의 자유가 바로 이러한 환경의 객관적인 성격 때문에 현저히 제한될 수 있는 것 아닌가, 더 근원적으로 보아 혹시 심지어 환경의 객관적인 성격이 나의 자유를 원천적으로 불가능하게 만드는 것은 아닌가 하는 것입니다.

3) 환경의 변화가능성에 대한 기획의 근원성

그러나 이 대목에서 늘 그렇듯이 사르트르는 자유의 근원성을 지적하고자 합니다. 환경이 제 스스로 바뀜으로써 현행의 내 기획이 틀어져 버릴 수 있다는 것은 그 바탕에 또 다른 근본 기획이 작동하기 때문에 가능하다는 것입니다.

> 환경에 갑자기 닥쳐오는 변화들이 내 기획들을 변경하지 않을 수 없게 할지라도, 그것은 오로지 두 가지 유보 조건하에서 가능하다. 첫째는 환경의 변화들이 나의 주된 기획을 포기하도록 할 수는 없다는 것이다. 오히려 그 반대로 나의 주된 기획은 환경의 변화들이 갖는 중요성을 측정하는 데 쓰인다. …… 두번째는, 어떤 경우에서건 나타나거나 사라지는 대상이 한 기획의 단념을 심지어 부분적으로조차 유발할 수 없다는 것이다. 사실 이 대상은 근원적인 상황에서 하나의 결핍으로 파악되어야 한다.(550~551/297~298)

자전거 타이어가 터져 버리는 환경의 변화는 계획했던 상거래를 포기하게 하도록 하는 동기를 제공할 수 있습니다. 하지만 만약 나의 존재 자체에 대한 근본적인 기획이 없다면, 그런 변화가 동기로 작동할 수 없다는 것이 사르트르의 생각입니다. 그러면서 "동기는 그 자체 하나의 목적에 대한 자유로운 선택인 동인 의식에 의해 파악된다"라는 것을 그 이유로 제시합니다. 이 말을 우리 나름대로 좀더 쉽게 이해하려면, 환경이란 것 자체가 근원적으로 목적에 대한 자유로운 선택을 바탕으로 해서 성립한다는 것을 생각하면 됩니다. 일반적으로 보아, 크건 작건 간에 선택된 목적이 없다면 환경이란 것이 성립할 수 없지 않겠습니까. 이는 우리가 장소에 비해 환경이 의미 쪽으로 더 많이 기운 것임을 지적한 데서 이미 나타난 것입니다. 이를 사르트르는 '주된 기획' 혹은 '근본적인 기획'이 환경의 변화들이 갖는 중요성을 측정하는 데 기준이 된다고 하는 것입니다. 이것이 첫번째 유보 조건의 내용입니다. 그러니까 이러한 내용을 전제한 상태에서 환경의 변화가 기획에 변경을 가져올 수 있다고 말한다는 것입니다.

두번째 유보 조건이 이해하기에 다소 까다롭습니다. 우선 한 대상이 나타나거나 사라진다고 하는 것에 대해서는 예컨대 등산을 가려고 했는데 폭우가 쏟아지는 경우를 들 수 있습니다. 이 경우, 갑자기 나타난 폭우라는 대상은 등산을 가려고 했던 기획을 단념하도록 할 수 있지 않겠습니까. 그런데 사르트르는 부분적으로라도 그런 단념을 유발할 수 없다고 말합니다. 그렇다면 이때 단념은 아예 등산 자체를 포기하는 것을 의미한다고 할 수밖에 없습니다. 날이 좋고 여건이 허락되면 언제든지 다시 등산을 할 수 있다는 것입니다. 이러한 사르트르의 생각에는 기획이란 본래 근원적인 상황에서 이루어진다는 전제가 깔려 있습니다. '근원적인 상황'에서 상황은 바로 "자유는 상황 속에서만 성립하고, 상황은 자유에 의해서만 성립한다"라고 하는 자유의 역리에서 말하는 상황입니다. 이 정도 되면, 나의 기획을 실현하는 데 방해가 되는 대상의 나타남 혹은 사라짐은 일종의 결핍으로 보아 언제든지 충족되어야 할 그 무엇으로 될 수밖에 없습니다. 그래서 이렇게 정돈됩니다.

어떤 하나의 방향으로 [기획을 위한 작업을] 계속할 수 없다고 하는 **불가능성 자체**는 자유롭게 구성되어야 한다. 우리의 단념이 유지해야 할 행위의 불가능성에 의해 유발되는 것이 아니라, 우리의 자유로운 단념에 의해 그 불가능성이 사물들에 주어지는 것이다.(551/298)

'우리의 자유로운 단념'이라는 말이 왠지 모순된 것 같습니다. 어떤 일을 하려고 하다가 여러 검토 끝에 단념할 수 있습니다. 일상적으로 보면, 단념이란 것은 나의 자유와 대립되는 외부 환경의 요인들에 의한 것입니다. 그런데 이에 대해 '자유로운 단념' 하는 식으로 자유를 갖다 붙이는 것이 과연 가능하단 말인가요? 여기에서 우리는 사르트르가 말하는 자유가 대단히 독특하고 근원적이라는 사실을 다시 한번 상기해야 합니다. '단념할 수 있는 자유'를 떠올리면서 동시에 단념할 수 있다는 것 자체가 자유에 근거하지 않고서는 불가능하다는 데까지 나아갈 필요가 있습니다. 인간이 근본적으로 자유롭지 않다면, 혹은 자유롭지 않을 자유가 없다고 한다면, 단념이란 것도 성립할 수 없다는 것입니다. 그러고 보면, '자유로운 단념'이란 말이 얼마든지 성립할 수 있습니다. 이를 바탕으로 해서 기획의 속행이 불가능하다고 하는 그 불가능성이 성립하고, 그 불가능성이 환경을 구성하는 사물들에 주어져 그 적대적인 역행률을 구성한다는 것입니다. 이것이 두번째 유보 조건입니다. 즉, 이를 전제로 해서 환경의 변화가 기획의 변경을 가져올 수 있다는 것입니다.

첫번째 유보 조건과 이 두번째 유보 조건을 아울러 감안함으로써 사르트르는 다음과 같은 결론을 내립니다.

여기에서도 여전히, 소여의 현전은 우리의 자유에 대해 장애가 되기는커녕 자유의 현존 자체에 의해 요구되는 것임을 인정해야 한다.(551/298)

환경에서 나의 기획에 대한 저항적인 요인들이 존립한다는 것은 자유를 근원적으로 위협하는 것이 아니라 바로 나의 자유가 그만큼 근원에서부터 필수불가결한 것으로 작동하고 있다는 것을 보여 준다는 것입니다. 기획은 말할 것도 없고 환경이란 것이 의미의 판면이 아니고서는 성립할 수 없다는 것을 염두에 두어야겠습니다. 사르트르의 철학에서 의미의 판면이 자유가 없이는 성립할 수 없음은 말할 것도 없습니다.

4) 자유로부터 독립된 실재의 현존

그러나 사실의 판면을 중시해서 보면, 자유가 스스로를 실현할 수 있는 환경적인 소여들 자체를 만들어 내는 것은 결코 아닙니다. 더 적극적으로 말하면, 그 현존에 있어서 자신으로부터 독립된 실재적인 존재가 없이는 자유 자체가 성립할 수 없는 것입니다. 사르트르는 이를 입증해 보이기 위해 의식의 지향성을 자기 나름대로 재해석합니다. 그의 이야기를 들어보도록 하지요.

의식은 즉자의 현존에 대한 '존재론적인 증거' 역할을 할 수 있다. 사실이지, 어떤 것에 대한 의식이 있다고 할 때, 이 '어떤 것'은 본래 **실재적인 즉 의식에 상대적이지 않은** 존재를 지녀야 한다. …… 내가 어떤 일을 할 수 있어야 한다고 할 때, 일반적으로는 나의 현존으로부터 독립해 있고 특수하게는 나의 행동으로부터 독립해 있는 현존을 지닌 그러한 존재들이 있어야 하고 바로 그러한 존재들에 대해 나의 행동을 수행할 수 있어야만 한다. 나의 행동은 그러한 [존재들의] 현존을 나에게 **노출시킬** 수 있다. 나의 행동은 그 현존을 조건 짓지 않는다. 자유롭다는 것, 그것은 변화시키는-데-자유롭다는 것이다. 그러므로 자유는 변화시킬 환경의 현존, 즉 극복되어야 할 장애라든가 이용해야 할 도구들의 현존을 함축한다. …… 자유가 있기 위해서는 환경이 단순히 거기에 완전히 날 것으로 있어야 한다. 자유롭다는 것, 그것은 하기에-자유롭다는 것이고, 세계-속에서-자유롭다는 것이다. 그런데 사태가 이러하기에, 자유는, 스스로가 변화시키는 자유임을 인정함으로써, 자신의 근원적인 기획 속에서 자신이 행동을 가하는 소여의 독립적인 현존을 암암리에 인정하고 또 예상한다.(551/298~299)

우리가 끌어들인 사실의 판면과 의미의 판면에 대한 구별은 여러모로 유리할 것 같습니다. 이 인용문의 내용을 통해서도 이를 확인할 수 있습니다. "모든 의식은 무엇인가에 대한 의식이다." 이는 후설이 제시한 의식의 지향성에 대한 명제입니다. 이를 사르트르가 그대로 가져오고 있습니다. 그러면서 이때 '어떤 것'에 대해 후설과 완전히 다른 방향으로 해석을 내립니다. 후설은 이 '어떤 것'을 결국 '노에마', 즉 그 현존에 있어서조차 의식에 의해 구성된 것으로 봅니다. 그래서 의식과 의식되는 대상 간에는 떼려야 뗄 수 없는 필연적인 상관관계가 주어져 있다고 하고, 그것이 바로 의식의 지향성이라고 했습니다. 그러나 사르트르는 이 '어떤 것'이 의식에 상대적이지 않은 즉 실재적인 존재를 지녀야 한다고 말합니다. 이 대목에서 우리는 사르트르가 하이데거와는 전혀 다른 방식으로 후설의 지향성을 비판한다는 것을 알게 됩니다. 하이데거는 '불안'(Angst)이라고 하는 근본 기분을 내세우면서 이는 그 '어떤 것'을 대상으로 지니지 않은, 말하자면 비지향적인 의식의 형태라고 함으로써 후설을 비판합니다. 반면에 사르트르는 의식이 대상으로 삼고 있는 노에마는 근원적으로 그 바탕에 의식에 상대적이지 않은, 그 자체로 의식으로부터 독립되어 있는 실재성을 띤 존재를 지니고 있지 않으면 안 된다고 말함으로써 후설의 지향성 개념을 비판하고 있습니다. 이는 그가 '즉자존재'를 말할 때 이미 예시된 바입니다. 후설의 현상학에서는 근원적으로 즉자존재가 들어설 자리가 없습니다. 즉자성이 대타성(여기에서 타자는 의식입니다)을 통해서 완전히 해소된다는 것이 후설 현상학의 기본이기 때문입니다(만약 후설의 노에마에서 사르트르가 말하는 즉자에 해당되는 것을 억지로라도 지목하자면, 후설이 말하는 의미핵Sinnkern 혹은 영점零點으로서의 단적인 대상Gegenstand schlechtin als Nul Punkt을 들먹일 수도 있을 것입니다. 하지만 '영점'이라는 말에서 알 수 있듯이, 그것은 사르트르가 말하는 즉자로의 방향만을 지시할 뿐으로 실질에 있어서는 전혀 다르다고 보아야 합니다).

따라서 대자적인 의식을 바탕으로 한 자유 역시 그 현존에 있어서 자유 자신으로부터 독립되어 있는 실재 존재를 전제로 하지 않으면 안 됩니다. 이를 위해 끌어들인 것이 **변화시킴**과 함입니다. 뭔가 행동을 한다는 것은 뭔가를 변화시키는 것이고, 전번 시간에 이야기한 것처럼 변화시킨다는 것은 현재 있는 것을 결핍으로 본다는 것입니다. 핵심은 자유롭기 위해서는 자유와 독립해 있는 환경 내의 요인들이 있어야 한다는 것입니다. 상황 속에서만 자유가 성립한다는 원칙이 그대로 관철되고 있습니다. 이에 대해 사르트르는 '즉자의 외재성이 갖는 무차별성'이라는 개념을 적용합니다.

한다는 것, 그것은 바로 현존하는 데 있어서 자기 외의 다른 것을 필요로 하지 않는 것을 변화시키는 것이다. 그리고 그것은 원칙상 행동에 대해 무차별한(무관심한 indifférent) 것, 그러니까 행동이 없이도 자신의 현존 내지는 자신의 생성을 추구할 수 있는 것에 대해 작용을 가하는 것이다. 이러한 즉자의 외재성에 의거한 무차별성이 없이는 **함**이라는 개념 자체가 그 의미를 상실하고 말 것이다. 그리고 그에 따라 자유 자체가 붕괴되고 말 것이다.(551~552/299)

말하자면 그저 그 자체로 잘 현존하고 있고 제 스스로 생성을 잘 이루어 나가는 것에 대해 우리 인간이 함으로서의 자유를 통해 작용을 가함으로써 그것에 대해 장애니 역행이니 저항이니 하면서 의미를 부여하는 형국입니다. 이러한 형국이 이루어지기 위해서는 반드시 그 바탕에 대자적인 자유도 있어야 하지만, 그와 아울러 외재성에 의거한 무차별성을 띤 즉자가 있어야 합니다. 자유가 먼저인가, 아니면 즉자가 먼저인가 하는 문제는 이미 처음에서부터 결정되어 있습니다. 즉자의 존재론적인 감압에 의해 대자가 생겨난다는 데서 이미 결정되어 있습니다. 즉자가 먼저인 것입니다.

그런데 자유의 입장에서는 자기 스스로를 현존토록 하기 위해 환경 내의 도구인 사물들을 대하면서 그것들이 지닌, 자유에 의거한 행동에 관련한 즉자적인 무차별성을 함께 파악하지 않으면 안 됩니다. 그래야만 자유 자체가 존립할 수 있기 때문입니다. 그래서 사르트르는 이렇게 말합니다.

자유로운 모든 기획은 스스로를 선-투함으로써 사물들의 독립성에 기인하는 예견불가능성의 여백을 예견한다. 이 독립성이야말로 자유가 구성되는 출발점이기 때문이다.(552/299)

환경 속에서 삶을 영위하면서 우리는 예기치 않은 사태들이 얼마든지 일어날 수 있다는 것을 당연한 것으로 여깁니다. 그와 같은 예견불가능성이야말로 바로 자유의 출발점으로서의 조건이 된다고 말하고 있습니다. 그렇기 때문에, 사르트르는 기획에 대해 이렇게 정돈합니다.

자유의 모든 기획은 **열린** 기획이지, 닫힌 기획이 아니다. …… 모든 기획은 그 구조에 있어서 세계의 사물들이 갖는 '자립성'(Selbstständigkeit)에 대한 이해를 함축한다.(552/300)

자유의 모든 기획에는 사물들의 자립성에 의거한 예견불가능성이 항상 전제되어(예견되어) 있습니다. 이에 대한 이해를 포함하지 않고서는 기획이 이루어질 수 없습니다. 그런데 이를 바탕으로 사르트르는 대단히 흥미로운 이야기를 이끌어 냅니다.

적어도 우리가 우리 자신을 놀라움으로 끌어가지 않는 한, 세계에서 놀라울 것도 전혀 없고 전혀 뜻밖의 것이라고 할 것도 없다. 그리고 놀라움에 대한 근원적인 주제는 세계의 한계들 내에 현존하는 특정하게 그러그러한 사물이 아니라, 세계 일반이 있다는 것, 즉 내가 나에 대해 근본적으로 무차별한 현존자들의 총체 속에 내던져져 있다는 것이다.(552/300)

본래 의외의 사태가 생길 수밖에 없는 것이 기정사실이니만큼, 세계의 부분들에 대해서는 특별히 놀랄 것이 없다는 것입니다. 진정 놀라운 것은 세계 일반, 즉 이 모든 것들이 존재한다는 사실밖에 없고, 더욱이 그 속에 내가 내던져져 있다는 사실이 놀라울 뿐이라고 말합니다. 하이데거는 '내던져져 있음'(Geworfenheit)을 현존재의 존재라고 했고, 언어의 한계가 곧 나의 세계의 한계라고 역설했던 비트겐슈타인마저 『논리·철학논고』의 6.44에서 "세계가 어떻게 있느냐가 신비스러운 것이 아니라, 세계가 있다는 것이 신비스러운 것이다"라고 했습니다. 이 두 사람의 이야기를 합치면, 이 인용문에서 말하는 사르트르의 생각이 나옵니다. 굳이 이들의 생각을 빌리지 않더라도, 우리 역시 조금만 생각해 보면 알 수 있는 내용입니다. 결국 자유와 독립된 실재의 현존에 대해 이렇게 결론이 나옵니다.

> 그래서 사물들이 나에게 증시(證示)하는 적대성(역행, adversité)은 나의 자유에 의해 자유의 조건들 중 하나로서 미리 윤곽을 내보인다. 그리고 그러그러한 [도구인 사물의] 복합이 그 개별적인 역행률을 명시할 수 있는 것은 적대성 일반에 대해 자유롭게 투사된 의미화를 바탕으로 해서이다.(553/300)

사물들이 갖는 자립적인 현존에 의거해서 자유로운 기획에 대한 적대성이 성립하고, 이 적대성이야말로 자유가 존립할 수 있는 조건이라는 것, 그리고 도구인 사물 복합이 그렇게 나름의 적대성의 정도를 자유에 대해 드러내 보일 수 있는 것은 자유에 의거한 의미화를 바탕으로 한 것이라는 이야기입니다. "상황 속에서만 자유가 성립하고, 자유에 의해서만 상황이 성립한다"라고 하는 대원칙을 사물의 자립적인 현존에 관련해서 풀어내고 있음을 쉽게 알 수 있습니다.

5) 즉자적 무차별성: 상황의 시원적 구조

결국에는 사물과 자유, 자유와 사물의 관계로 압축될 것입니다. 사물이 없이는 자유가 성립할 수 없습니다. 그런데 과연 자유는 사물 속으로 자진해서 들어가고 싶어 하는 것일까요? 어쩔 수 없이 사물들의 한복판으로 '뛰어들' 수밖에 없는 것입니다. 물론 '뛰어든다'는 은유적인 표현에 속아서 사물이 있기 전에 먼저 자유가 있었다는 식으로 추론해서는 안 됩니다. 아무튼 사르트르는 자유의 이러한 지경을 '유폐'(exil)라고 표현하면서 이렇게 말합니다.

> 자유에 의해 사물들에 적대성이 부가되는 것은 확실하다. 그러나 이는 자유가 자신의 현사실성이 '무차별성을-띤-즉자의-한복판에-있음'임을 밝히는 한에서이다. 자유는 사물들을 자신에게 주되 적대적인 것으로 준다. 즉 자유는 사물들을 사물들이게끔 하는 의미화를 사물들에게 행사한다. 그러나 소여가 의미를 갖게 되는 것은 [자유가] 소여를 떠맡음으로써, 즉 [자유가] 소여를 뛰어넘기 위해 무차별한 즉자의 한복판에 자신이 유폐됨을 떠맡음으로써 이루어진다. 거꾸로 보자면, [자유에게] 떠맡겨진 우연한 소여가, 원초적인 의미화이자 모든 다른 의미들의 버팀목이 되는바 '무차별의 한복판으로의 유폐'를 지탱할 수 있는 것은 오로지 대자가 자유롭게 [소여를] 떠맡는 가운데 그리고 그러한 떠맡음에 의해서일 것이다. 이것이야말로 상황의 시원적인 구조이다.(553/300~301)

참으로 요설가라 하지 않을 수 없습니다. 이 장면에서 '떠맡음', '유폐' 등의 용어들을 떠올리다니 말입니다. 그렇게 해서 나름의 논리를 정연하게 펼쳐내고 있습니다. 마치 유폐되기 전에 자유가 아무런 거리낌도 없이 잘 존립한 것처럼 말이죠. 하지만 전혀 그게 아닙니다. '사물의 한복판으로 유폐되지 않은 자유는 없다'라는 이야기입니다. 그리고 거기에 자유와 소여 모두에게 서로 다른 방향에서이긴 하지만, 이를 떠맡지 않고서는 양쪽 모두 성립할 수 없다는 것입니다. 이를 상황의 시원적인 구조라고 말하고 있습니다. 이 구조에 대해 사르트르는 이렇게 요약해서 설명합니다.

> 그래서 자유의 발용은 하나의 소여를 통해 하나의 목적을 결정하는 것(結晶, cristallisation)이고, 하나의 목적을 **빛으로 삼아** 하나의 소여를 발견하는 것이다. 이 두 구조는 동시적이고 불가분리적이다. …… 모든 선택은 구체적인 하나의 소여에 가해지는 구체적인 하나의 변화의 선택이다. 모든 상황은 구체적이다.(553/301)

소여의 출처는 사물입니다. 소여는 자유에 주어진 것일 수밖에 없습니다. 사물의 즉자적이고 독립적인 무차별성이 자유에 주어진 소여를 통해 드러날 수밖에 없고, 또 그래야만 자유가 성립합니다. 그런데 이 소여는 자유에 의거한 특정 목적의 선택에 따라 규정될 수밖에 없지만, 그 자체로는 대단히 구체적입니다. 그리고 선택된 목적에 따라 행동을 한다는 것은 선택된 소여를 구체적으로 변화시킨다는 것입니다. 그래서 자유가 그 속에서 성립하는 상황 역시 구체적인 것입니다. 구체적이라고 함은 '지금 여기'라고 하는 실재적인 현존을 전제로 한 것이고, 또한 '지금 여기'를 중심으로 주변에 배치되어 있는 잠정적인 모든 환경들을 지평적으로 불러 모으는 것입니다. 그 바탕에서 사물의 즉자적이고 독립적인 무차별성 역시 보편적인 방식으로 함께 끌려 들어올 것임에 틀림없습니다.

6) 자유와 사물

'나의 환경'이라고 하는 상황의 구조를 분석하면서, 사르트르는 결국에는 자유와 사물 간의 관계를 드러내는 쪽으로 귀착합니다. 사물이 지닌 자유에 대한 적대성과 잠재력 일반은 선택된 목적에 의해 밝혀질 것입니다. 그런데 목적이란 대자에 대해서만 존재할 뿐입니다. 이때 대자는 무차별성의 한복판에 내던져져 유폐되어 있습니다.

그런데 이를 좀더 적극적으로 존재론적인 판면에서 설명하기 위해 사르트르는 자신의 존재론의 핵심이 되는 사안들을 회고해서 끌어들입니다.

> 대자는 자신의 발융에 의해 즉자가 세계에 오도록 하는 것이었다. ……
> 대자는 즉자, 즉 사물들이 '그곳에 있게끔' 하는 무였다. 또한 우리가 본
> 바와 같이, 즉자적 실재(realité en-soi)는 아무런 변형이나 아무런 부가
> 된 내용도 없이 자신의 질들(qualités)을 지닌 채 거기 손 아래에 있다.
> 다만, 우리가 즉자적 실재로부터 분리되는 것은, 우리의 발융 자체에 의
> 해 우리가 설립한 무화의 다양한 주된 항들, 즉 세계, 공간과 시간, 잠재
> 성 등에 의해서이다.(553~554/301~302)

즉자적 실재는 대자와 상관없이 그냥 그 자체로 나름의 질들을 갖추고서 멀쩡하게 거기에 있을 뿐입니다. 이때 '거기'가 어디인가요? '손 아

래'라고 달리 표현하고 있습니다. 만약 '손과 더불어' 있다면, 거기에 존재하는 것은 도구들일 것입니다. 하지만 '손 아래'에 있다는 것은 도구의 심층 내지는 하층을 차지하고 있다는 것을 의미합니다. 그런데 이 즉자적 실재와 우리를 분리시키는 주된 항들로 꼽는 것이 세계, 공간과 시간, 잠재성 등입니다. 이것들은 즉자적 실재와 우리 사이에 놓여 있는 것임에 틀림없고, 따라서 이것들은 양쪽에 의해 이차적으로 구성되는 것임에 틀림없습니다. 그러니까 대자가 자신의 발용에 의해 즉자를 세계에 불러들인다고 했을 때, 세계 속의 즉자적 실재는 직접 현전한다기보다는 비치듯 반투명의 상태로 현전하는 것이라 해야 합니다. 도구의 층 아래에 숨겨져 있으면서 드러나고 있는 사물의 층을 염두에 두지 않을 수 없습니다. 이 두 층의 사이에 세계가 있고, 공간과 시간이 있고, 잠재성들이 있다는 이야기입니다.

이렇게 되면, 세계, 공간과 시간, 그리고 잠재성 등은 그 존재방식이 대단히 애매하다고 말할 수밖에 없게 됩니다. 말하자면 중간에서 매개 역할을 하는 것으로 볼 수밖에 없습니다. 세계를 통해 도구는 사물로 내려가는 길을 마련하고, 사물은 도구로 올라가는 길을 마련하고 있는 것입니다. 공간과 시간 및 잠재성 역시 그러한 역할을 한다는 이야기입니다. 여기에서 우리는 갑자기 즉자에 대한 사르트르의 생각이 상당히 복잡하다는 인상을 받게 됩니다. 예컨대 즉자적 실재는 그 자체로 보면, 세계를 벗어나 있고 공간과 시간을 벗어나 있고 일체의 잠재성들을 벗어나 있는 것입니다. 이를 사르트르는 아무런 변형이나 부가 내용이 없이 그 자체로 존재한다는 이야기로 대신하고 있습니다.

그렇다면, 결국 세계, 공간과 시간, 잠재성 등은 오로지 자유에 의해서만 성립 가능한 것이 됩니다.

우리는 우리의 자유에 의하지 않고서는 그 어떤 것에 의해서도 사물들로부터 분리되지 않는다. 사물들이 그들의 모든 무차별성, 그들의 예견불가능성 그리고 그들의 적대성과 더불어 거기에 있게끔 하는 것은 우리의 자유다. …… 그래서 나의 자유의 기획은 사물들에 아무것도 부가하지 않는다. 사물들이 거기에 있게끔 할 뿐이다. 즉 정확하게 말해 적대성과 유용성의 비율을 갖춘 실재들이 거기에 있게끔 할 뿐이다.(554/302)

바로 앞에서 세계, 공간과 시간, 잠재성 등이 즉자적 실재로부터 우리를 분리시킨다고 했는데, 여기에서는 아예 자유에 의해서 그렇게 된다고 말하고 있습니다. 여기에서 사르트르는 뭔가 정확한 구분을 하지 못하고 있는 것 아닌가 하는 생각을 하게 만듭니다. 사물들이 거기에 있다는 것과 실재들이 적대성 혹은 유용성의 비율을 갖추고서 거기에 있다는 것은 결코 같을 수가 없는데도 같은 것으로 취급하고 있기 때문입니다. 후자의 적대성이니 유용성이니 하는 것은 선택된 목적에 관련하지 않고서는 성립할 수 없는 것입니다. 그런데 사물이 그냥 거기에 있다고 하는 전자의 경우는 자유의 기획에 의해 아무것도 부가되지 않은 순전한 무차별성과 예견불가능성을 지시하는 것입니다. 이 두 경우는 결코 같을 수가 없습니다. 뭔가 정확한 논리에 의거한 존재론적인 체계를 아직 선명하게 눈앞에 두고 있지 못한 것 같습니다.

도구인 사물이 아니라, 사물인 사물에 특히 관심이 많은 우리로서는 사르트르가 과연 자유를 통해 드러내고자 하는 사물의 진면목이 무엇인가를 알고자 합니다. 이 측면에 대해서는 즉자 혹은 즉자적인 실재 등의 이름으로 그동안 계속 설명해 오지 않았나요? 그런데 적대성과 유용성의 비율을 운운하면서 사물인 사물보다 도구인 사물 쪽으로 선회하는 것 같아 다소 못마땅하다는 것입니다. 어쨌든 사르트르는 이렇게 정돈하듯 말함으로써 다시 우리의 바람을 충족시키는 것 같은 사유의 행보를 보입니다.

결국 나의 자유의 기획은 내 자신이자 나에게서 분비되는 무 자체에 의해, 그 사물들이 손이 미치지 않는 곳에 있는 것으로서 나로부터 분리되어 있으면서 독립적인 것으로서 명시되게끔 한다. 사물들이 있고 즉 충만한 우연성이 있는데 그 중심에서 자유 자체가 우연성으로 있는 것은 바로 자유가 자유롭도록 선고되었기 때문에, 즉 자유가 자신을 자유로서 선택할 수 없기 때문이다.(554/302)

상황과 자유 간에 성립하는 자유의 역리가 이제 사물과 자유의 관계를 통해 더욱 근본적으로 제시되고 있는 셈입니다. 이를 관통하고 있는 것은 우연성, 즉 사물의 우연성과 자유의 우연성입니다. 근원적인 우연성이야말로 이런 역리를 가능케 하는 존재론적인 바탕이라 해야 할 것입니다. 이에 사르트르는 '나의 환경'이라는 상황의 구조를 마무리하면서 마지막으로 이런 말을 합니다.

환경의 예견불가능성과 적대성에 의해 **상황적으로** 표현되는 것은 자유의 우연성과 즉자의 우연성이다. 그래서 나는 나의 상황으로부터 절대적으로 자유로우면서 상황에 대해 절대적으로 책임을 진다. 그러나 또한 나는 **상황적으로만** 자유로울 뿐이다.(554/302)

환경을 분석하면서 예견불가능성과 적대성을 발견했었고, 이 성격들이 사물들의 즉자적 실재가 지닌 무차별성과 자유로부터의 독립성으로부터 발원하는 것임을 밝혔습니다. 그리고 이를 즉자의 우연성으로 귀착시키고 있습니다. 자유가 자유 자신에 대해 근원적으로 예속되어 있다는 것, 그것은 자유의 우연성입니다. 우연성을 통해 자유와 즉자가 뿌리에서부터 만나고 있습니다. 그렇기에 자유는 상황을 벗어나서는 자유로울 수 없는 것입니다. 그렇다면 내가 나의 상황으로부터 절대적으로 자유롭다는 것은 무슨 말인가요? 이때 '나의 상황으로부터'를 '나의 상황에 의거해서'라고 풀어야 하는 것 아닌가요?

10. 나의 이웃과 자유

'나의 장소', '나의 과거', '나의 환경'에 이어, 사르트르는 이제 또 하나의 상황의 구조인 '나의 이웃'에 관련해서 자유를 분석합니다. 여기에서 '이웃'은 나와 서로 잘 알고 있고 내가 친하게 지내 온 사람들을 이야기한다기보다 저 앞에서 말했던 타인(autrui 혹은 autre)들을 지칭한다고 보는 것이 더 적절할 것입니다. 하지만 그저 타인이라고 하지 않고 특별히 '이웃'(prochain)이라 해서 논의의 주제를 삼은 데에는 그 나름의 이유가 있을 것입니다. 이 이유는 사르트르가 '나의 이웃'이라는 구조를 문제로 삼으면서 먼저 언어생활을 주된 문제로 삼는 데서 어느 정도 드러납니다. 말하자면, 하이데거가 말한 '공존재'(Mitsein)를 자기 나름으로 새롭게 분석해 나가는 것 아닌가 하는 느낌이 듭니다. 이에 관해서는 다음 시간의 강의를 통해 이 '나의 이웃'에 관한 절을 다 검토하고 나면 최종적으로 드러날 것입니다.

1) 이웃과 더불어 산다는 것

(1) 나와 무관하게 이미 이루어지는 기호적 의미작용

맨 먼저 사르트르는 이런 말을 합니다.

> [내가] 나의 이웃이 상존해 있는 세계 속에 산다는 것, 그것은 숱하게 그
> 렇듯이 그저 길모퉁이에서 타자와 맞닥뜨릴 수 있다는 것만이 아니다.
> 또한 그것은 도구-복합이 [내가] 나의 자유로운 기획에 의해 그것들에
> 게 부여하지도 않은 기호적 의미[15]를 세계에 대해 발휘하는바 그런 세
> 계 속에 스스로가 가담되어 있음을 발견하는 것이다.(554/302~303)

아닌 게 아니라, 구체적으로 삶을 영위하는 동안 나는 내가 특별히
나의 의도에 따라 부여하지도 않은 의미들에 시공간적으로 둘러싸여 있
습니다. 구체적인 삶의 상황은 늘 그렇습니다. 어쩌면 당연하기 짝이 없
는 이런 이야기를 왜 굳이 하는 걸까요? 나의 존재가 근본적으로 나의 자
유로운 기획에 의해 선-투되고 선취된다고 해서, 나의 자유가 절대적으
로 나 자신만의 영토에서 성립하는 것이 아님을 말하기 위한 것입니다.
즉 상황 속에서가 아니면 도대체 나의 자유가 성립할 수 없다는 것을 또
다른 측면에서 입증하기 위한 것입니다. 사르트르는 이제 '나의 구체적

---

15) 의미로 번역되는 'sens'가 있는데, 역시 의미를 의미하는 'signification'을 어떻게 번역할 것
인가는 늘 문제입니다. 그동안 '의미작용' 혹은 '의미화' 등으로 번역하기도 했는데, 이제 아
예 '기호적 의미'로 번역고자 합니다. '기의'라고 했으면 좋겠지만 이는 또 'signifié'가 있으
니 혼란을 피하기 위해 궁여지책을 쓸 수밖에 없습니다. 기의와 거의 같은 뜻입니다. 그동안
강의에서 이 단어에 대해 썼던 역어들은 이제 모두 '기호적 의미'로 바꾸어 읽을 수 있는 것
입니다.

인 상황'을 지목하면서 이것이 구성하는 다음의 현실적인 세 가지 층들이 있다고 말합니다.

> 이미 기호적 의미를 발휘하는 도구들(정거장, 철도 시간표, 예술 작품, 인력 동원 포스터), 내가 **이미 나의 것**으로서 발견하는 기호적 의미(나의 국적, 나의 인종, 나의 물리적인 외양), 그리고 마지막으로 이 기호적 의미들이 귀착되는 지시 중심인 타자.(555/303)

여기에서 '이미 나의 것'인 기호적 의미들 역시, 예를 들고 있는 것들을 보아서도 알 수 있듯이, 나의 자유로운 기획에 의해 부여된 것들이 아닙니다. 그러니까 지금 여기에서 사르트르가 제시하는 구체적 상황의 현실적인 세 층은 모두 다 '나의 근원적인 자유'를 위협하는 것들로 보입니다. 하지만, 잘 알다시피 사르트르는 "나의 자유에 의하지 않고서는 상황이 성립할 수 없다"라고 하기 때문에, 이 세 가지 층들이 어떻게 이 기본 명제와 조화를 이루는 것으로 논변될지 궁금해집니다.

(2) 모나드 이론의 오류

아무튼 사르트르는 나의 자유가 성립할 수 있기 위해서는 벗어나면 안 되는 구체적인 상황에 대한 이러한 이야기를 바탕으로 모나드 이론을 비판합니다. 그 요지는 이렇습니다.

> 우리는 이러한 모나드적인 생각이 그 속에 유아론을 감추고 있다는 것을 보았다. 왜냐하면, 모나드적인 생각은 내가 실재에 부가할 수 있는 기호적 의미들의 복수성과 그 각각이 내가 아닌 어떤 의식으로 귀결되

는 기호작용의 체계들의 복수성을 혼동하기 때문이다.(555/304)

모나드 개념을 존재론적으로 구축한 라이프니츠는 모나드가 창이 없다고 했습니다. 창이 없는 모나드는 그 자체로 하나의 기호작용의 체계입니다. 그런데 직관적으로 생각해서라도 인정할 수 있는바, 나[의 의식]와 다른 사람들[의 의식들] 간에 의미부여가 다소 다를 수 있는 것은 기호작용의 체계가 불가통약적(incommensurable)으로 다르다는 것을 말하는 것이 결코 아닙니다. 그저 내가 처한 구체적인 상황과 그가 처한 구체적인 상황이 어느 정도 다름으로써 기호적 의미들이 다소 다르게 나타날 뿐입니다. 그뿐만 아니라, 모나드적인 생각은 내가 살아가는, 즉 나의 의식이 활동하는 세계에 도대체 내가 부여하지 않은 다른 의미들이 들어와 있음을 무시한다는 점에서도 잘못된 생각입니다.

나의 세계에는 수다한 가능적인 기호적 의미들과는 다른 무엇이 현존한다. 즉 나에 의해 백일하에 드러나지 않은 것으로서 나에게 주어지는 객관적인 기호적 의미들이 현존한다. 사물들이 나에 의해 기호적 의미들을 갖게 되는데, 바로 그 내가 이미 기호적인 의미작용을 하는 세계 속에 연루되어(가담되어, engagé) 있음을 발견한다. 그리고 이 세계는 내가 거기에 넣지 않은 기호적 의미들을 나에게 투사한다.(555/304)

나의 세계, 즉 나의 구체적인 상황에는 내가 어찌할 수 없는 여러 기호적 의미들이 그야말로 즐비합니다. 물론 그 기호적 의미들에 대해 또 다시 내가 내 마음대로 새로운 기호적 의미들을 부여할 수는 있을 것입니다. 하지만 함부로 그럴 경우, 실제 나의 삶은 불가능해질 가능성이 매우 높습니다. 구체적인 상황 속에서 나에 대해 힘을 발휘하는 그 기호적 의미들은 근원적으로 나의 선택과는 별개로 존립하고 나를 압박함으로써 바로 그런 기호적인 의미들로서의 자격을 갖기 때문입니다.

(3) 기호적 의미의 즉자성

이를 바탕으로 해서 이제 사르트르는 기호적 의미가 대자인 나에 대해 일종의 즉자성을 띤다고 말합니다. 예컨대 내가 도시에 살면서 늘 발견하는 집들은 기호적 의미들을 나에게 행사합니다. 나에게 대상으로서 나타나는 그 기호적 의미들은 나에 대해 일정하게 조화 내지는 저항을 일으키면서 나로부터 독립해서 존립할 것입니다. 이때 이 기호적 의미는,

> 나의 선택으로부터 독립되어 있는 우연적인 것이며, 마치 즉자의 실재성 자체와 마찬가지로 무차별성을 띠고서 현전한다. 그 기호적 의미는 스스로를 **사물**로 만든다. 그런 점에서 그 기호적인 의미는 즉자의 **성질**과 구분되지 않는다. 마찬가지로, 사물들의 역행률은 나에 의해 경험되기 전에 나에게서 발견된다. 예컨대 수없이 많은 표지들(indications)이 나에게 경계심을 일으킨다. "서행, 위험한 길목", "주의, 학교", "사망 위험", "백 미터 전방 개천" 등의 표지들이 그러하다.(556/304)

사물의 즉자성은 내가 그것의 현존에 대해 도무지 어찌할 수 없다는 것을 일러 줍니다. 아울러 즉자적인 사물이 갖는 성질들에 대해서도 나는 도무지 어찌할 수 없는 일종의 수동적인 입장을 취할 수밖에 없습니다. 우리의 주변에 무한히 포진하고 있는 이 모든 사물들의 현존 자체에 대해서는 그저 '이 뭐꼬?'를 외칠 수는 있을지언정 그 현존 자체를 내가

구성한다든가 하는 일은 있을 수 없습니다. 그것이 바로 사물의 즉자성입니다.

이와 마찬가지로 예컨대 도심의 곳곳에 부착되어 있는 경고 표지판들 역시 내가 그것을 따르지 않으면 안 된다는 것을 알려 주면서, 그 기호적 의미 자체에 대해 내가 어찌할 수 없다는 것을 전제로 해서 그 나름의 자격을 갖춘다. 즉자적인 사물들이 내가 선택한 목적에 대해 갖는 역행률을 발휘하듯이, 나의 선택으로부터 독립되어 있는 이 기호적 의미들 역시 나에 대해 그러한 역행률——이때 역행률은 강압적이라는 의미를 갖는 것이지 무조건 반(反)효용성이라는 의미를 갖는 것은 아닙니다——을 발휘합니다.

(4) 나의 임의성과 나의 세계의 임의성

하지만, 경고 표지판들이 갖는 이러한 기호적 의미들을 곧바로 사물들이 갖는 객관적인 역행률과 그 심급에 있어서 동일시할 수는 없습니다. 엄밀하게 말하면, 그 발원지가 사물이 아니라 사람이기 때문입니다. 이에 사르트르는 경고 표지판 등이 뿜어내는 기호적 의미들이 갖는 역행률을 '인간 고유의 역행률'이라고 일컫습니다. 그리고 이때 인간 혹은 사람은 특정한 누구누구가 아니라 '임의의 누군가'(quelconque)를 지칭한다는 것을 지적합니다. 그뿐만 아니라 이때 이 기호적 의미를 따르는 나 역시 '임의의 누군가'임을 특별히 지적합니다. 이를 이해하는 것은 그다지 어려운 일이 아닙니다.

사용법, 지시, 명령, 금지 게시판 등은 내가 **임의의 누군가**인 한에서 나에게 말을 건다. 내가 복종하는 한에서, 내가 그 절차에 편입되는 한에서, 나는 임의의 누군가인 인간실재의 목표들에 복속된다. 그리고 그러는 한에서, 나는 임의의 기술들에 의해 그 목표들을 실현한다. 그러므로 나는 내 자신의 존재 속에서 임의의 목적들로, 임의의 기술들로, 임의의 인간실재로 변경된다(그 전에 나는 내가 선택한 목적들이었고 그 목적들을 실현하기 위한 기술들이었다). 그와 동시에 세계는 내가 활용하는 기술들을 통해서만 나에게 나타나기 때문에, 세계 역시 변경된다.(556/305)

구체적인 상황 속에 산다는 것은 한편으로 고유성을 띤 특정한 나로서 사는 것이 아니라 누구라 할지라도 상관이 없는 임의의 누군가인 나로서 사는 것임을 말하고 있습니다. 또 그렇기 때문에, 임의의 누군가로서 사는 나의 세계 역시 임의의 어떤 세계가 됩니다. 이런 사르트르의 '임의의 누군가'는 하이데거가 말하는 '그들'을 연상시킵니다. 하이데거는 '그들'이 평균적인 삶의 양식을 취하는 것으로 보는데,[16] 이는 사르트르가 여기에서 말하는 '임의의'(quelconque)라는 말과 직결됩니다. 참고로 덧붙이면, 여기에서 '변경된다'(modifié)는 것은 '변양된다'로 달리 번역할 수 있습니다. 양상이 달라진다는 것입니다.

그런데 이 정도 되면, 나의 자유가 도처에서 나로부터 달아나 버리는 것 아니냐고 생각하기 일쑤입니다. 나의 자유로운 선택과 자발성을 바탕

---

16) 하이데거는 『존재와 시간』에서 이렇게 말합니다. "서로를 위하여 있음, 서로 반목하여 있음, 서로 상대하지 않으며 있음, 서로 지나쳐 버림, 서로 아무 상관하지 않음 등은 심려의 가능한 방식들이다. 그리고 바로 마지막에 열거한 결손(Defizienz)과 무차별(무관심, Indifferenz)의 양태들이 일상적이고 평균적인 서로 함께 있음을 규정하고 있다."(『존재와 시간』, 121/170).

으로 한(혹은 중심으로 한) 일체의 세계에 대한 기호적인 의미부여가 불가능한 것으로 되고, 오로지 다른 사람들, 즉 임의의 누군가가 나에게 부과한 기호적 의미들만이 넘쳐나기 때문입니다. 사르트르는 이를 좀더 상세하게 논구해 보자고 제안합니다.

2) 대자의 집단성

(1) 대자의 현존, '타자들이-현전하는-가운데-세계-속에서의-현존'

그러면서 사르트르는 대자의 현사실성을 다시 끌어옵니다. 대자는 본래 대타존재였습니다. 타인이 없이는 그 자체로 존립할 수 없다는 것입니다. 하지만 이때 대타존재의 중심은 어디까지나 대자 자신입니다. 그러나 이제 구체적인 상황 속에서 대자의 현사실성이 갖는 임의성은 그 차원이 사뭇 다릅니다. 이 점을 염두에 두면서 생각을 이어가기로 합시다.

자유가 제 스스로 근거를 가질 수 없는 것처럼, 그래서 자유를 우연적이라 하는 것처럼, 대자 역시 제 스스로에게서 근거를 지닐 수는 없습니다. 대자가 자신을 유지하고자 하는 힘을 자기 스스로에게서 가질 수 있는 것이 아니라는 이야기입니다. 그래서 대자 역시 우연적입니다. 말하자면 대자는 본래 **사실**에 있어서 그렇게 현존할 뿐입니다. 이를 지칭하는 것이 대자의 현사실성입니다. 사르트르의 이야기를 들어보겠습니다.

대자는 **사실상** 현존한다. 즉 대자의 현존은 어떤 법칙에 의거해 생겨난 실재[혹은 현실]와 동일시될 수도 없고, 어떤 하나의 자유로운 선택과 동일시될 수도 없다. 그러니까, 이 '현사실성'이 갖는 사실상의 성격들 중에, 즉 연역될 수도 없고 증명될 수도 없고 그저 '보게 될' 뿐인 그 성

격들 중에, 우리가 '타자들이-현전하는-가운데-세계-속에서의-현존'
이라 부르는 것이 있다.(557/306)

어찌 생각해 보면, 너무나 당연한 이야기가 아닌가 합니다. 다만, 이
인용문을 제대로 이해하는 데 있어서 분명하게 구분해야 할 것이 있습니
다. '대자'와 '대자의 현존'에 대한 구분입니다. 대자의 현존을 벗어나서
는 대자존재를 의미 있게 이야기할 수 없습니다. 대자의 현존은 대자의
현사실성을 지칭하는 것으로서 대자가 세계 혹은 구체적인 상황 속에서
그 나름의 활동을 하는바 그 활동의 현실을 지칭하는 것입니다.

여러 표지판들에는 타자들이 현전합니다. 다만, 그 타자들은 앞서 말
한 것처럼 '임의의 누군가'인 인간실재들입니다. 그런 타자가 없이는 대
자의 현존이 확보될 수 없습니다. 그뿐만 아니라 세계를 벗어나서는 도
대체 대자의 현존이 확보될 수 없습니다. 자유가 상황 속에서만 현존하
듯이, 대자는 오로지 세계 속에서만 현존하는 것입니다. 그것이 바로 대
자의 현사실성입니다.

(2) 현존의 기술들, 그 집단적인 성격
대자가 타인들이 현전하는 가운데 세계 속에서 자신의 현존을 확보해서
구체적으로 활동을 해 나간다고 할 때, 대자는 여러 기술(技術)들[17]을 구
사하지 않으면 안 됩니다.

---

17) 여기에서 '기술들'이란 대자가 활동을 위해 동원하는바 몸에 체득된 근본적이고 기초적인
역량들을 일컫습니다. 메를로-퐁티가 말하는 '몸틀'(schema corporel)과 대단히 유사한 것
이지요.

걸을 줄 알아야 하고, 잡을 줄 알아야 하고, 지각되는 대상들의 요철이나 상대적인 크기를 판단할 줄 알아야 하고, 말할 줄 알아야 하고, 올바른 것과 그른 것을 일반적으로 구분할 줄 알아야 한다.(557/307)

인간으로서 살아가는 데 있어서 대단히 기초적인 기술들입니다. 이러한 기술들을 구사할 줄 모르면 도대체 나는 인간 종(種)에 속할 수 없습니다. 그 까닭을 생각해 보지요. 우선 이 기술들이 구사되는 대상 영역들을 생각해 보겠습니다. 그 대상 영역들은 모두 다 '타자들이-현존하는-가운데-세계-속에서의-현존'을 벗어나서는 성립할 수 없는 종류의 것들입니다. 적어도 의미 연관에서 보면 그렇습니다. 그러니까 이 기술들에 관해서는 이렇게 이야기됩니다.

[대자의] 현사실성은 내가 하나의 세계에서 출현한다는 사실에 의해 표현된다. 이때 이 세계가 나에게 노출되는 것은 오로지 집단적으로 이미 구성된 기술들에 의해서이다. 나는 이 기술들을 통해 세계를 파악하되, 나를 벗어난 데서 그 의미를 획득하는 세계의 측면을 중심으로 해서 파악한다. 이 기술들은 내가 집단들에 속하는 방식을 결정할 것이다. 즉 '인류 종에의 소속', '민족적 집단에의 소속', '직업군에의 소속' 및 '가족에의 소속' 등을 결정할 것이다. 강조되어야 할 것이 있다. 나 자신이 이러한 집단들에 사실상 소속된다는 사태를 존립케 하는 유일한 적극적인 방식이 나의 대타존재 바깥에서 이루어진다는 것이다. 그 방식이란 그 집단들로부터 드러나는 기술들을 내가 계속해서 활용한다는 것이다.(557/306)

저 앞에서 우리는 대자의 대타존재를 언급하면서, 대타존재의 중심은 어디까지나 대자 자신이었음을 염두에 두자고 했습니다. 그 이유가 여기에서 드러납니다. 대자가 대타적이라는 것과 대자가 집단에 소속된다는 것은 다른 판면에서의 문제라는 것입니다. 나를 중심으로 하는 판면을 벗어나 임의의 누군가인 타자를 중심으로 한 판면으로 이동함으로써 나의 집단에의 소속이 성립한다는 이야기입니다.

이에 대자가 발휘하는 삶의 기술들은 기본적으로 집단적인 성격을 띠고 있고, 기술의 그런 집단적인 성격이 어떠한가에 따라 내가 여러 단위의 집단에 속한다는 것이 결정됩니다. 예컨대 내가 한국말을 할 줄 안다는 것은 내가 한국인이라는 집단에 속할 수 있게 합니다. 대자가 구체적인 상황 속에서 자신의 현존을 확보하고 여러모로 발휘하기 위해서는 그때마다 적절한 인간 종으로서의 기본적인 기술들뿐만 아니라 국적이나 인종에 따른 혹은 가족에 따른 여러 기술들을 활용할 줄 알아야 하는 것이고, 그 반대로 그런 기술들을 습득해서 활용한다는 것은 대자가 여러 단위의 집단에 사실상 이미 속해 있다는 것을 알려 준다는 것입니다. 예컨대 노동자 계급 집단에 속해 있다는 것에 대해 사르트르는 이렇게 말합니다.

쉽게 지적할 수 있는 일이지만, 노동자 계급을 정의하기 위한 대부분의 시도들은, 생산과 소비 혹은 열등 콤플렉스에서 뚜렷이 드러나는 '세계관'의 어떤 유형을 기준으로 삼는 것으로 귀착된다(맑스-홀바흐-드 만). 즉 그런 모든 경우에 있어서, 세계를 일구어 전유하는 어떤 기술들이 중시된다. 이 기술들을 통해 세계는 이른바 '프롤레타리아적인 모습'을 제공한다. 이러한 세계의 모습은 격렬한 대립들, 획일적이고 황폐한 거대한 덩어리, 음울한 지대, 빛나는 시간대, 그 세계를 밝히는 단순하고 긴급한 목적 등을 수반한다. …… 세계가 '프롤레타리아적인' 영토의 단순하고 칼로 벤 듯한 날카로운 대립들을 수반하고서 나에게 나타나는가, 아니면 '부르주아적인' 세계의 헤아릴 수 없고 음흉한 뉘앙스들을 수반하고서 나타나는가, 이를 결정하는 것은 나의 목적들을 출발점으로 삼아 결정을 내리는 내가 더 이상 아닌 것 같다.(558~559/308)

내가 주로 어떤 삶의 기술들을 활용하는가에 따라 내가 살고 있는 세계 역시 다르게 나타난다는 것을 정확하게 말하고 있습니다. 그 특정한 삶의 기술들을 내가 어떻게 획득하게 되었는가는 따로 논구해야 할 문제입니다. 이를 논구하는 데에는 메를로-퐁티가 말하는 '세계에의-존재'(être-au-monde), 즉 일정한 세계 속에 있으면서 그 세계와 하나가 되고자 하는 몸 자체의 근본적인 존재방식을 원용할 수 있을 것입니다. 그리고 거기에 따라 획득하게 되는 '몸틀'(schema corporel) 개념을 원용할 수 있을 것입니다. 사실, 여기에서 사르트르가 말하는 '기술'(technique)은 메를로-퐁티가 말하는 몸틀과 매우 유사합니다.

3) 언어 현상을 통해서 본 대자의 개별성과 집단성

그런데 사르트르는 기술을 통한 세계의 변형을 좀더 세밀하게 살펴보자고 제안하면서 그 분석의 예로 언어 현상을 가져옵니다. 여기에서 우리는 사르트르의 언어 이론을 어느 정도 확인하게 됩니다.

(1) 낱말과 문장

사르트르는 많은 언어학자들이 통계학적인 방법으로 어떤 주어진 시기에 음운이나 의미에 있어서 어떻게 변형이 일어나고 그 불변의 요소가 무엇인가를 보여 줌으로써 낱말 혹은 문법 규칙이 그 나름의 의미와 역사를 지닌 개별적인 현실인 것처럼 만드는 것에 대해 언어 현상을 제대로 본 것이 아니라고 비판을 가합니다. 그러면서 이렇게 말합니다.

> 활동언어(langage)의 기본적인 구조는 **문장**(*phrase*)이다. 낱말(mot)이 실재의 지시 기능을 지닐 수 있는 것은 실로 문장 내부에서의 일이다. …… 낱말이 담화 속에서 단독으로 나타날 경우, 거기에서 낱말은 '일어 일문'(一語一文)의 성격을 갖는다. 이는 낱말이 그 자체 정확한 하나의 의미에 한정될 수 있다는 것을 의미하는 것이 아니다. 이차적인 형태가 주요 형태에 통합되듯이, 이는 낱말이 하나의 문맥에 통합된다는 것을 의미한다. 그러므로 낱말은 그것을 통합하고 있는 복합적인 조직을 벗어날 경우 순전히 **잠정적인 현존**만을 지닌다. 그러므로 낱말을 사용하기 **전에**, 그 낱말은 의식이나 무의식 '속에' 현존할 수 없는 노릇이다. 문장은 **낱말들로 만들어진 것이 아니다**.(559~560/309)

낱말을 사용한다는 것은 당장 말을 한다는 것입니다. 즉 발화(parole)를 통해 담화를 한다는 것입니다. 이렇게 실제로 언어를 사용할 때 드러나는 것이 활동언어(langage)입니다. 그런데 사르트르는 이 활동언어의 기본적인 구조를 문장으로 봅니다. 그러니까 문장을 아주 넓은 의미로 쓰되, 실제로 담화 속에서 발화되는 것을 문장으로 보는 것입니다. 여러 형태의 문장들이 있다는 것을 염두에 두면서, 실제로 우리가 언어생활을 통해 어떻게 문장들이 지금 막 실제로 형성되고 힘을 발휘하는지 상상할 필요가 있습니다.

이러한 문장을 벗어나 있는 낱말 자체, 예컨대 사전에 등재되어 있는 온갖 어휘들은 그 자체로는 현행적인 현존을 갖지 못하고 순전히 잠정적인 현존만을 갖는다고 말하고 있습니다. 그러니까 낱말의 현행적인 현존이란 일어일문, 즉 한 낱말로 한 문장이 되는 경우에서 잘 알 수 있듯이 언제든지 현행적으로 발화되는 문장 속에서만 확보된다는 것입니다.

이러한 사르트르의 언어론은 구체적인 상황을 크게 염두에 둔 언어론이라 할 수 있습니다. 그런 점에서 정태적인 언어론이 아니라 동태적인 언어론이라 할 수 있습니다. 이는 다음의 언명에서 잘 나타납니다.

> 낱말들이나 문법 그리고 '완전히 만들어진 문장들'도 그것들의 활용에 앞서서 미리 현존하지 않는다.(560/310)

그리고 이는 다시 이렇게 이야기됩니다.

> 문장에 비추어 낱말을 이해한다는 것은 **아주 정확하게** 어떤 것이든 간에 상황으로부터 이해하는 것이고, 또 상황을 근원적인 목적들에 비추어 이해하는 것이다. 나의 대화 상대방의 문장을 이해한다는 것은 실로 그가 '말하고자 하는' 것을 이해하는 것, 즉 그의 초월 운동(mouvement de transcendance)과 짝을 이루는 것이고, 그와 더불어 나를 가능들, 즉 목적들을 향해 기획투사(jeter)하는 것이고, 뒤이어 조직화된 수단들의 묶음으로 되돌아가 그것들의 기능과 목표에 의거해서 그것들을 이해하는 것이다. 게다가, 발화된 활동언어는 항상 상황에서부터 해독된다.

계절, 시간, 장소, 환경, 도시나 지방 혹은 나라의 상황 등에 대한 지시 사항들(références)은 발화에 앞서서 주어져 있다.(560/310)

언어의 사용은 항상 구체적인 상황 속에서의 일이고, 구체적인 상황들에는 암암리에 이미 기본적인 지시 사항들이 작동하고 있고, 그러한 상황들이 바탕이 되고 지평이 되어 그 조건하에서만 활동언어가 발화되고, 그렇게 발화된 활동언어 속에서만 서로의 문장이 이해될 수 있고, 그 문장 속에서만 낱말이 이해될 수 있다는 것입니다. 철저히 구조적인 관점이 아닐 수 없습니다. 다만, 그 구조는 구조주의에서 말하는 미리 주어져 있는 임의의 정태적인 일정한 구조가 아니라, 비록 임의적이긴 하되 역동적으로 작동하는 구조인 것입니다. 그리고 그 역동성의 바탕에는 말하는 자들이 자유로운 선택에 의해 설정한 목적들과 목표들이 작동한다는 것입니다.

이 마지막 지적이 바로 '초월 운동'을 통해 지적하고 있는 바이지요. 상대방의 초월 운동에 짝을 이루듯이 해서 함께 가담함으로써 상대의 말을 이해한다는 것입니다. 상대방의 말에 깔려 있는 상대방의 가능들과 목적들을 향해 자신을 함께 기획투사하는 것이 바로 말을 이해한다는 것입니다. 이렇게 되면, 말을 주고받는다는 것은 그저 말 자체에 담긴 뜻을 이해한다는 것이 결코 아닙니다. 아니 심지어 '말 자체에 담긴 뜻'이라는 것 자체가 성립할 수 없습니다. 말은 철저히 상황에 이미 늘 젖어들어 있는 것이기 때문입니다.

사르트르의 이러한 생각을 해석학적으로 풀게 되면, 텍스트는 텍스트의 저자로부터 독립될 수가 없습니다. 텍스트 속으로 뛰어들어야 하고, 그 뛰어듦을 통해 기실 상황에 처해 있는 저자의 자유로운 기획투사와 초월 운동 속으로 함께 뛰어들어야 합니다. 이것이 가능하다면, 말은 말할 것도 없고 글조차도 그 자체로 펄펄 살아 있는 것이 될 것이고, 그 살아 있음은 기실 말하는 자 혹은 글을 쓰는 자의 구체적인 삶에서 기인하는 것이기에 말을 듣거나 글을 읽는다는 것은 말하는 자 혹은 글 쓰는 자의 삶 속으로 뛰어들어 그들을 내 속에서 살려내는 것이 아닐 수 없습니다. 이에 '듣는 것'에 대해 사르트르는 이렇게 말합니다.

> 담화를 듣는다는 것은 '함께 말하는 것'이다. 해독하기 위해 몸짓을 하기 때문이 아니라, 가능들을 향해 근원적으로 자신을 기획투사하기 때문이고 **세계에서부터** 이해해야 하기 때문이다.(560/310)

듣는 것이 함께 말하는 것이라면, 읽는 것은 함께 쓰는 것이 될 수 있지 않을까요? 말과 글이 지닌 객관적으로 규정된 내용을 거부하고 현장에서 살아 있는 상황적인 혹은 세계로부터 출발해서 막 생겨나는 의미들만을 인정하는 사르트르의 이 언어 이론은 그가 밝히고 있지는 않지만 글의 영토를 말의 영토로 환원해서 생각하지 않으면 안 된다고 하는 주장을 담고 있다고 할 수 있습니다.

이럴 경우, 데리다가 떠오르지 않을 수 없습니다. 데리다는 『목소리와 현상』에서 후설의 기호론을 비판합니다. 특히 표현(Ausdruck)에 대한 후설의 분석을 비판하면서 후설은 표현을 독백으로 본 것이라고 해석하고, 이에 대해 '현상학적인 침묵'이라는 딱지를 붙인 뒤, 그 결과 후설에서 낱말이 이렇게 된다고 말합니다.

> 낱말은 하나의 물체다. 그것은 오로지 능동적인 지향이 그것에 혼을 불

어넣을 때만 그럼으로써 무기력한 음성의 상태에서 영혼을 지닌 몸의 상태로 나아가게 함으로써만 의미를 갖는다.[18)]

여기에서 후설이 말하는 것으로 받아들일 수 있는 '능동적인 지향' 혹은 '영혼'은 사르트르가 말하는바 말하는 사람의 대자적인 의식이 지닌 자유로운 목적의 선택과 직결됩니다. 그에 따른 초월 운동이 없이는 언어활동이 현존을 확보할 수 없다는 것이 사르트르의 입론이었습니다. 그러니까 사르트르가 '후설의 독백' 대신에 대화를 넣은 것이 다를 뿐 언어활동 자체의 독자적인 현존을 거부한 점에서는 동일한 것입니다.

그런데 데리다는 결국 '근원문자'(근원 글, archi-écriture)의 존재를 역설합니다. 이에 관해 하버마스가 이렇게 비판한 적이 있습니다.

데리다는 후설이 행한 관념화의 길을 초월적 주체성의 가장 깊은 곳까지 추적해 들어가서, 자기 자신에게 현존하고 있는 체험의 자발성의 원천에서 바로 근절할 수 없는 차이를 확인한다. 이 차이는, 만약 그것이 문자로 기록된 텍스트의 지시구조의 모델에 따라 생각될 수 있다면, 작용하는 주체성으로부터 분리된 활동, 즉 주체가 없는 사건으로 생각할 수 있다. 문자는 의미소통의 모든 실천적 상관관계로부터 분리된, 말하는 주체와 듣는 주체와 무관해진 순전히 본원적 기호로서 타당성을 가진다.[19)]

---

18) Jacques Derrida, *La voix et le phénomène*, Paris: PUF, 1967/1983, p. 91 (한글본: 『목소리와 현상』, 김상록 옮김, 인간사랑, 2006).
19) 위르겐 하버마스, 『현대성의 철학적 담론』, 이진우 옮김, 문예출판사, 1994, 215쪽.

하버마스는 데리다가 말하는 주체가 없는 순전히 본원적인 기호로서의 문자(gramme) 내지는 글(écriture)을 주장함으로써 일종의 형이상학으로 빠졌다는 것을 비판하고 있습니다. 데리다가 사르트르의 언어 이론과는 전혀 다른 길을 걷는다는 것을 쉽게 알 수 있습니다. 사르트르의 이 현존 중심의 언어 이론을 특별히 눈여겨볼 필요가 있습니다. 그의 이러한 언어 이론은 낱말에 대해 이렇게 말합니다.

> 낱말들은 문장들이 지나간 흔적들일 뿐이다. 이는 마치 길이란 것이 순례자들이나 대상(隊商)들이 지나간 흔적들에 다름 아닌 것과 같다. 문장은 소여에 대한 무화에서부터 해석될 수밖에 없는 하나의 기획이다.(560~561/311)

흔적이라는 말은 데리다가 한껏, 심지어 존재론적으로 활용했던 개념입니다. 사르트르에 의하면 하나의 낱말은 그 자체로는 의미의 현존을 확보할 수 없습니다. 실제로 낱말은 발화되는 문장 속에서만 의미의 현존을 확보하고, 문장은 구체적인 상황 속에서만 의미의 현존을 확보합니다. 그리고 그 구체적인 상황은 지금 당장 언어활동을 하는 사람을 제외하고서는 아예 성립할 수 없는 것입니다. 그렇다면 사르트르는 하나의 낱말이 특정한 의미를 갖는다는 것을 근본적으로 부정하고 있는 셈입니다. 그뿐만 아니라 비트겐슈타인이 말한 '가족유사성'마저 허용치 않을 기세입니다. 낱말들을 아예 문장들이 지나간 흔적들일 뿐이라고 말할 때, 그 문장들은 구체적인 상황 속에서의 무화하고 초월하는 하나의 행동이었던 것이고, 그러는 한에서 가족유사성마저 쉽게 허용할 수 없는 셈입니다.

이 정도 되면, 사르트르로서는 대단히 복잡한 생각을 미리 했을 수밖에 없습니다. 체계언어(langue)와 활동언어(langage)의 관계는? 하나의 문장에 대해 허용될 수 있는 다층적인 의미의 층들은? 발화(parole)에서 사실과 법칙의 관계는? 낱말들의 배치가 문장이라고 할 때, 그 낱말들의 배치에 의해 낱말들이 성립한다는 순환 관계는? 언어를 둘러싼 이 모든 문제들이 자유와 갖는 관계는? 이 문제들에 관해서는 다음 시간을 기약할 수밖에 없습니다.

(2) 문장의 발화와 자유

사르트르는 언어 현상을 설명하면서 낱말은 오로지 문장을 통해서만 현행적인 현존을 확보하게 된다는 점을 강조했습니다. 그렇다면, 말로써 문장을 표현한다는 것, 즉 발화한다는 것이 언어활동에 있어서 대단히 근원적이라고 하지 않을 수 없습니다. 이는 문장을 발화한다는 것이 대자적인 자유와 깊이 연결되어 있다는 것을 말합니다. 사르트르의 말을 들어 보겠습니다.

> 문장은 소여(사람들이 **지시하고자** 하는 바로 그것)에 대한 무화를 출발점으로 해서만 해석될 수 있는 하나의 기획이고, [이때] 소여는 설정된 목적(소여의 **지시**로서, 그 자체 다른 목적들에 대한 하나의 수단일 뿐이기에, 이 다른 목적들을 전제로 한다)에 의거해서 성립한다. 만약에 소여가 낱말과 다를 바 없이 문장을 결정하지 못하고 그 반대로 소여를 밝히고 낱말을 이해하는 데 문장이 필수적이라면, 문장은 내 자신의 자유로운 선택의 한 계기일 것이다. 내가 다른 사람과 이야기할 때, 나의 대화 상대자가 이해하는 것이 바로 이러한 의미의 문장이다.(561/311)

다른 사람과 이야기를 하면서 내가 다른 사람의 말을 이해하고 다른 사람이 내 말을 이해한다고 할 때, 정작 무엇을 이해하는가는 물을 만한 질문입니다. 말을 주고받는다는 것은 당연히 문장을 주고받는 것입니다. 그러니까 이야기를 하면서 문장을 이해하는 것임에는 틀림없습니다. 그러나 문장을 이해한다는 것이 과연 무엇을 이해하는 것인가를 또다시 물을 수 있습니다. 이에 대해 사르트르는 문장이란 기본적으로 내 자신의 자유로운 선택이고, 따라서 소여에 대한 무화를 바탕으로 하지 않고서는 해석될 수 없는 하나의 기획이라고 말합니다. 자유로운 선택에 의거한 기획이란 그 바탕에 항상 대자적인 근본 활동인 무화가 깔려 있기 때문입니다.

요컨대 다른 사람과 이야기를 나누면서 나와 그가 정작 이해하는 것은 서로의 자유로운 선택에 의거한 기획을 이해하는 것이라는 이야기입니다. 다시 말하면, 서로의 말을 이해한다는 것은 현행적으로 분출되어 나오는 서로의 존재를 이해하는 것임을 강조하고 있는 것입니다.

이어서 사르트르는 이 같은 자신의 생각과 대립되는 주장을 소개합니다. 그들은 이미 낱말들의 살아 있는 질서가 있고, 활동언어의 역동적인 법칙들이 있고, 이른바 로고스의 비인간적인 생명이 있다는 식으로 해서 마치 언어가 하나의 자연이고 언어를 사용하기 위해서는 인간이 언어를 섬겨야 한다는 식의 주장을 펼친다는 것입니다. 인간으로부터 언어가 독립되어 있고, 마치 말하는 사람이 말하는 것이 아니라, 말하는 사람을 수단으로 삼아 언어 자체가 말을 하는 것처럼 여긴다는 것입니다. 여기에서 우리는 다소 차원이 다르긴 하지만, 하이데거가 『숲길』에 들어 있는 「예술작품의 근원」에서 한 중요한 언명, "스스로를 부리는 언어가 처음으로 사물에게 존재를 준다"[20]라는 것을 단박에 떠올리게 됩니다. 하이데거의 이 말은 "말이 말한다"라는 언명으로 바꾸어 볼 수 있는 것으로, 마치 구조주의자들이 주체보다 구조를 더 바탕에 있는 것으로 여기는 것과 엇비슷한 구도를 취하고 있습니다. 사르트르는 이를 근본에서부터 거부하는 셈입니다. 그런 언어의 탈인간적 독자성에 대한 주장에 대해 그는 이렇게 말합니다.

> 그것은 활동언어를 일단 **죽은 것으로** 간주하는 것, 즉 일단 **발화되어 버린 것으로** 간주하는 것으로, 활동언어에 비개인적인(비인격적인, impersonnelle) 생명과 힘 내지는 친화성과 반발성을 불어넣음으로써 가능한 일이다. 그런데 실상 이것들은 말하는 대자의 개인적인(인격적인, personnelle) 자유로부터 빌려온 것들이다. 활동언어를 순전히 **홀로 말하는 체계언어로** 만들어 버리는 셈인데, 이는 모든 다른 기술들에 대해서와 마찬가지로 활동언어에 대해서도 저질러서는 안 되는 오류다.(561/312)

제아무리 기호적 의미들이 독자적이고 객관적인 힘으로 다가온다 할지라도, 그래서 심지어 기호적 의미들이 즉자성을 띠는 것으로서 다가온다 할지라도, 혹은 그래서 언어가 임의적인 집단적 기술로서 나에게 다가온다 할지라도, 그 바탕에서 작동하고 있는 대자적 인간실재의 개인적인(인격적인 혹은 인간적인) 자유를 벗어나서는 그것들이 그러한 힘을 지닐 수 없다는 것이 강조되고 있습니다. '홀로 말하는 체계언어'는 달리 풀면 '스스로를 부리는 언어' 혹은 '제 스스로 말하는 말'이라 할 수 있을

---

20) 마르틴 하이데거, 『예술작품의 근원』, 오병남·민형원 옮김, 예전사, 1996, 106쪽.

것입니다. 이 지점에서 사르트르는 '존재의 부름(Seinsruf)으로서의 언어' 혹은 '근원언어'(Ursprache) 등을 제시하는 하이데거의 형이상학적인 언어론을 분명하게 거부하고 있다고 할 수 있습니다.[21] 이러한 사르트르의 태도는 이렇게 압축됩니다.

> 활동언어의 법칙들이 조직되는 것은 문장의 자유로운 기획 내부에서이다. 내가 문법을 만드는 것은 말함으로써이다. 자유는 체계언어의 유일한 가능 근거이다.(562/312)

그러면서 자연과 문장의 차이를 제시함으로써 언어를 일종의 자연으로 보고자 하는 것이 왜 잘못된 것인가를 다시 한번 강조합니다.

> 자연적인 사실은 그것이 증시하는 법칙에 맞추어서 산출된다. 그러나 그 법칙은 산출에 대해 순전히 외적인 규칙이다. 그리고 당면한 그 [자연적인] 사실은 이 법칙에 대해 하나의 범례에 불과하다. 사건으로서의 '문장'은 자기 자신 속에 그 조직의 법칙을 포함한다. 낱말들 간의 합법칙적인 관계들이 발용할 수 있는 것은 지시하고자 하는 자유로운 기획의 내부에서이다. 사실이지 사람들이 말하기 전에 말함(발화, parole)의

---

21) 물론 하이데거가 말하는 근원 언어가 체계언어로서의 랑그와 곧바로 대치될 수는 없습니다. 하지만, 예컨대 소쉬르가 발화와 체계언어가 상호의존적인 것처럼 말하면서도 체계언어가 사회적인 것이고, 발화가 개인적·순간적이라고 하고, 체계언어를 통해 발화가 이해되고 효과를 발휘한다고 하면서 "체계언어는 자기 고유의 질서만을 아는 하나의 체계이다"(『일반언어학강의』, 최승언 옮김, 민음사, 1990, 34쪽)라고 하는 것과 하이데거가 근원 언어에 대한 근원의 사유(Urdenken)에 의해 시인의 시가 존립하게 된다고 말하는 것은 대단히 그 유비성이 강합니다.

법칙들은 있을 수 없는 노릇이다.(562/313)

    소쉬르의 이야기처럼 지금 당장 어느 개인에 의해 수행되는 것이 발화, 즉 말함입니다. 사르트르는 말함이란 기본적으로 문장을 말하는 것이라고 여기고 있습니다. 그러니까 문장은 하나의 사건인 것입니다. 자연에서는 사건, 즉 사실이 자연의 법칙에 따라 일어나고, 그럴 때 법칙은 자연적인 사실이 산출되는 외부에서 작동한다고 할 수 있습니다. 그런데 말함에 있어서는 그러한 외부의 법칙이 따로 없다는 것입니다. 체계언어, 즉 랑그의 독자적인 법칙들이 있고 그것들을 연구하는 것이야말로 진정한 언어학이라고 했던 소쉬르의 입장과는 사뭇 다릅니다. 소쉬르는 발화, 즉 말함은 언어(즉 체계언어)와는 완전히 다른 것임을 명백하게 제시합니다.[22]

    그런데 엄격하게 말해 사르트르는 발화가 없이는 아예 체계언어가 성립할 수 없다는 것을 말하고, 체계언어의 법칙들이란 말함에서 이루어지는 자기조직화의 규칙에서 빌려간 것임을 분명하게 말하고 있습니다. 이는 "말하기 전에 말함의 법칙들은 있을 수 없다"라는 그의 말이 웅변해 줍니다. 말함의 법칙들이란 추상적으로 볼 때 바로 체계언어의 법칙들이기 때문입니다.

    이러한 사르트르의 입장은 소쉬르에 입각한 구조주의자들의 반감을 사기에 충분합니다. 1950년대 프랑스 내지는 유럽 사상사의 지형을 이해하기 위해서는 말하는 주체의 근원성을 주장하는 사르트르와 체계언어의 구조적인 법칙이 갖는 근원성을 주장하는 구조주의자들과의 대립을

---

22) 소쉬르, 『일반언어학강의』, 29~31쪽 참조.

염두에 두어야 할 것입니다.

그런데 사르트르가 이렇게 말함 혹은 말하는 주체의 근원성을 주장하는 것은 도대체 언어는 언어생활을 떠나서는 아무런 의미가 없고, 언어생활이란 구체적인 상황을 벗어나서는 성립할 수도 없을뿐더러 아무런 의미도 없다는 것을 중시하기 때문입니다. 그리고 상황이란 근본적으로 대자의 상황이지 그 외의 상황일 수 없기 때문입니다.

> 모든 말함은 개인적인 대자의 선택에 속하는바 지시하고자 하는 자유로운 기획이다. 이 자유로운 기획은 대자의 전반적인 상황에서부터 해석되지 않으면 안 된다. 원초적인 것, 그것은 상황이다. 이 상황으로부터 나는 문장의 **의미**를 이해한다. 이 의미는 그 자체 있어서 하나의 소여로서 간주되는 것이 아니라, 수단들을 자유롭게 넘어서는 가운데 선택된 목적으로서 간주된다. 이것이야말로 언어학자들이 맞닥뜨려 풀어야 할 유일한 실재(현실, réalité)이다.(562~563/313)

말을 하는 대자의 상황을 벗어나서 독자적으로 언어의 의미가 성립한다거나 그 의미가 이해될 수 있다고 생각해서는 안 된다는 것입니다. 이는 언어학 연구를 하는 데 있어서 바탕이 되는 것은 음운론은 말할 것도 없고 통사론이나 의미론이 아니라 화용론이라는 것을 주장하는 것입니다. 언어의 현행적인 활용에 있어서 언어의 사용과 상황 간의 관계가 어떠한가를 분석·검토하는 것이 언어 연구의 원초적인 바탕이라는 것입니다.

그러면서 상황을 염두에 둘 때 활동언어에서 발생하는 일종의 순환을 해명할 수 있다고 말합니다.

문장은 낱말들의 배열이다. 그런데 이 낱말들은 낱말들의 배열 자체에 의해서만 바로 **이러한 낱말들**이 된다. …… 그러나 지금 우리는 여기에 순환이 없다고 이해한다. 혹은 [순환이 있다고 할지라도] 그 순환은 활동 언어에게만 특별히 나타나는 것이 아니라고 이해한다. 그 순환은 상황 일반의 성격이다. 그 순환은 현재와 미래 그리고 과거가 탈자적으로 연결된다는 것을 의미할 뿐이다. 즉 그 순환은 현존하는 것이 아직-현존하지-않은 것에 의해 자유롭게 규정되고, 아직-현존하지-않은 것이 현존하는 것에 의해 자유롭게 규정된다는 것을 의미할 뿐이다.(563/314)

대자에 의해 자유롭게 선택된 기획과 그에 따른 목적은 아직 현존하지 않는 것입니다. 그런데 그 목적이 현존하는바 대자의 현행적인 활동을 앞서서 규정합니다. 그리고 대자의 현행적인 활동은 아직 현존하지 않는바 목적을 뒤따라가면서 규정합니다. 그 바탕에는 대자의 자유가 깔려 있습니다. 그래서 자유롭게 규정한다고 말하고 있습니다. 이러한 상호 규정적인 순환이 바로 상황의 성격이라는 것입니다. 상황은 근본적으로 열려 있으면서 한정되는 것이고, 한정되면서 열려 있는 것입니다.

낱말들을 어떻게 배열할 것인가는 그 낱말들을 어떻게 규정할 것인가를 결정합니다. 말을 함으로써 그러한 배열이 결정됩니다. 결정된 배열 상태에서 보면, 즉 발화되고 있는 현행의 문장들에서 보면, 문장은 낱말들의 배열입니다.

현행의 문장, 즉 현존하는 낱말들의 배열은 아직 현존하지 않는 낱말들의 배열을 자유롭게 규정합니다. 내가 지금 무슨 말을 하고 있는가는 앞으로 내가 무슨 말을 할 것인가를 규정하기 때문입니다. 이때 아직 현존하지 않는 낱말들의 배열 속에서는 낱말들이 아직 제대로 된 낱말들이 아닙니다. 그 역으로, 아직 현존하지 않는 낱말들의 배열은 지금 현존하는 낱말들의 배열을 자유롭게 규정합니다. 아직 현존하지 않는 미래 상황을 향해 현존하는 낱말들의 배열을 꾸리기 때문입니다.

이를 이해하는 데에는 현행성(actualité)과 잠정성(virtualité)이라는 개념을 가져오는 것이 편리할 것 같습니다. 아직 현존하지 않는 것은 잠정성을 띤 것이고, 지금 현존하는 것은 현행성을 띤 것으로 이해할 수 있기 때문입니다. 그렇게 되면, 현행성은 잠정성을 규정하고, 잠정성은 현행성을 규정하는 것이 상황의 전반적인 구도라고 이해하게 됩니다. 이럴 때, 우리로서는 사르트르가 염두에 두지 않고 있는 잠정성의 가능성 전체, 즉 후설의 용어를 빌려 말하면 지평의 가능성 전체가 과연 어떤 존재 방식과 어떤 존재의 성격을 띤 것인가를 탐구하지 않으면 안 됩니다. 그러나 이는 또 다른 큰 연구 영역이기에 지금 논구할 여유는 없습니다.

4) 상황의 사실 판면과 자유의 근거 지음의 판면

아무튼 사르트르가 언어 현상을 논의의 대상으로 삼아 다소 복잡한 분석을 한 것은 언어야말로 내가 만들어 낸 것이 아닌, 사회적으로 그리고 집단적으로 주어진 기술 중 대표적인 것이라 할 수 있는데, 그 바탕에서 보자면 결국 대자의 자유로운 선택이 없이는 의미 있게 존립하는 것이 불가능하다는 것을 보임으로써, 대자의 자유와 상황의 역리적인 관계를 더욱 심도 깊게 분석하려고 했기 때문입니다. 결국에는 이런 결과가 나옵니다.

대자는 자유롭다. 그러나 조건하에서 자유롭다. 우리가 상황이라는 명칭하에 정확하게 드러내고자 하는 것이 자유에 대해 조건이 갖는 바로 이러한 관계다. 실상 우리가 방금 확립한 것은 실재의 일부일 뿐이다. 우리는 대자로부터 발산되지 않는 기호적 의미들의 현존이 대자의 자유에 대한 외적인 한계를 구성할 수 없다는 것을 드러냈다. 대자는 먼저 인간이고 나중에 자기 자신이 되는 것이 아니다. 대자는 선험적으로 주어진 인간의 본질에 입각하여 자기 자신으로서 구성되지 않는다. 그 반대로, 대자를 한 인간으로 만드는 어떤 사회적이고 추상적인 성격들을 대자가 현존 상태로 유지하는 것이고, 그러한 대자의 활동은 대자가 자신을 개인적인 자아로서 선택하기 위한 노력 속에서 이루어진다. 그러니까 인간적인 본질의 요소들을 뒤따르는 필연적인 연결들은 자유로운 선택을 기반으로 해서만 나타난다. 그런 의미에서, 각각의 대자는 그의 존재에 있어서 인간 종의 현존에 대한 책임자이다.(564/316)

자유가 상황 속에서만 성립할 수 있다는 사르트르의 기본 명제는 언뜻 생각하면 자유가 근본적으로 한계를 지닌 것으로 여기기 쉽게 합니다. 상황은 나에게서 발원하지 않은 여러 기호적인 의미들, 달리 말해 여러 익명적이고 집단적인 기술들을 포함하고 있습니다. 이를 활용하지 않고서는 나는 현존할 수 없습니다. 그런 점에서 나 즉 나의 자유는 상황을 벗어나서 성립할 수 없는 것이고, 또한 나는 "조건하에서" 자유로운 것입니다. 뭉뚱그려 말하면, 이 조건은 나를 하나의 인간으로 존립케 합니다. 그런데 나를 하나의 인간이게끔 하는 바로 이러한 조건 자체를 현존 상태로 유지하는 것이 나의 대자라는 것입니다.

말하자면, 사실 관계에 있어서는 상황적인 조건하에서만 내가 자유로운데, 근거 관계에 있어서는 나의 자유를 바탕으로 해서만 그러한 상황적인 조건들이 성립한다는 것입니다. 사실의 판면과 근거 지음의 판면이 회전을 하면서 실재에서 묘한 역리를 만들어 내는 것입니다.

아무튼 선험적인 인간의 본질에서부터 인간으로서의 내가 성립하는 것이 아니라, 그 인간의 본질을 넘어서는 데서부터 인간 종에 속한 내가 성립한다는 것입니다. 이를 바탕으로 각각의 대자는 인간 종의 현존에 대한 책임자라고 하는 말을 하는데, 자못 심중합니다. 일체의 존재에서 인간 종을 일으키고 유지하는 데 있어서 각자가 책임져야 할 몫을 지적하고 있기 때문입니다. 내가 어떤 존재로 나를 창조해 나가는가에 따라 인간 종의 본질이 달라지는 것으로 해석할 수 있습니다. 장구하기 이를 데 없는 인간 종의 역사를 보면, 이를 실감할 수 있습니다.

5) 상황의 구조들을 넘어서는 대자, 넘어서기 위해 필수적인 상황의 구조들

그런데 사르트르는 이에 관련하여 아직 밝혀지지 않은 부정할 수 없는 사실이 있다고 하면서 그 사안을 이렇게 제시합니다.

> 대자는 그가 그 기원이 아닌 어떤 기호적 의미들 너머에서만 자신을 선택할 수 있다. 사실이지, 각각의 대자는 통사론과 형태소들 너머에서 지시함(désignation)을 선택함으로써만 말할 수 있다. 이와 꼭 마찬가지로 각각의 대자는 국적과 종(種) 너머에서 스스로를 선택함으로써만 대자일 수 있다. 이 '너머'는 대자가 넘어서는 구조들과 관련하여 자신의 독립성을 확고히 하는 것으로 충분하다. 그러나 여기 이 구조들에 관련하여 대자가 그 너머로서 자신을 구성하는 것만은 분명하다. 도대체 이는 무엇을 의미하는가?(565/316)

'너머'라고 하는 것은 넘어서는 대상이 되는 '이쪽'이 있어야 성립하는 것이 아닐까요? 이쪽이 없이는 너머도 없습니다. 이쪽은 '여기 이 구조들', 즉 인간 종이나 국적이나 혹은 익명적이고 집단적인 기호적 의미들입니다. 그리고 너머는 대자가 스스로를 그렇게 가져가는, 말하자면 대자 자신입니다. 그렇다면 이 '너머'의 정체를 제대로 밝히지 않으면 안 됩니다. 그래야만 '자유의 역리'를 더욱 분명하게 밝혀내는 것이 됩니다.

이와 관련하여 사르트르가 밝혀내는 것은 첫째로 대자로부터 소외된 세계이고, 둘째로 동시성으로서의 세계의 시간입니다.

> 그것은 대자가 다른 대자들에 대해 세계인 그 세계 속에서 발융한다는 것이다. 그 세계는 소여다. 그리고 우리가 본 것처럼, 바로 그러하기 때문에 세계의 의미는 대자에게서 소외되어 있다. 바로 이는 대자가 자신에 의해 세계에 주어지지 않은 의미들이 현전하는 가운데 자신을 발견한다는 것을 의미한다.(565/317)

> 대자는 자신의 시간을 전개하는 바로 그 행위를 하면서, 자신을 모종의 세계 속에서 시간화한다. 그런데 이 세계가 갖는 시간적인 의미는 다른 [대자들에 의해 수행되는] 시간화들에 의해 이미 규정되어 있다. 대자는 다른 시간화들이 이미 펼쳐져 있는 세계 속에서 자신을 시간화하는 것이다. 이것이 바로 동시성(simultanéité)의 사실이다. 여기에서 문제되는 것은 자유의 한계가 아니다. 대자가 이 여기의-세계(ce monde-là) 속에서 자유로워야 한다는 것이 문제다.(565/317)

내가 장충동 족발집 도로를 걸어가고 있는데 족발집 호객꾼이 나를 부릅니다. 그뿐만이 아니라 여러 사람들이 지나가기도 합니다. 나는 나 혼자만의 폐쇄된 시간을 통해 그 도로를 걸어가는 것이 결코 아닙니다. 나의 대자 자체만으로 볼 때, 내가 내 자신의 존재를 확보하기 위해 내 스스로 나의 현재와 미래 그리고 과거를 연결지어 '나의 시간성'을 확보합니다. 즉 나는 내 나름으로 나를 시간화합니다. 그런데 그런 나 나름의 시간화가 다른 대자들이 수행하는 여러 시간화와 무관하게 이루어질 수 없다는 것입니다. 어쩌면 당연한 이야기인데도, 이것이 중요한 사안이 되는 것은 이런 다른 시간화들이 나의 시간화를 엄습해 오는 사태를 넘어서는 데서 열리는 그 '너머'로서 대자로서의 나를 구성해야 하기 때문입니다. 그리고 이 '너머'가 성립하기 위해서는 그 '다른 시간화들과 나의 시간화의 동시성'이 없어서는 안 되기 때문입니다.

세계의 의미가 대자인 나에게서 소외되어 있다는 것도 마찬가지지요. 나에게서 발원하지 않은 의미들이 넘쳐나는 세계, 그것은 나의 입장에서 볼 때 소외된 것일 수밖에 없습니다. 그러나 이 소외된 세계의 의미들이 없이는 그 '너머'로서의 나를 구성할 수 없습니다. 일종의 긴장관계가 연출되는데, 핵심은 나 외의 다른 대자들 즉 타인의 현존입니다. 타인이 없이는 넘어서기 위해 반드시 필요한 소외된 세계도 세계의 동시성도 성립할 수 없기 때문입니다.

이를 바탕으로 해서 타자 혹은 타인은 이제 대자가 스스로의 현존을 확립하는 데 있어서 상황적인 환경을 구성하는 핵심적인 계기로 등장합니다.

대상인 타자는 목적들에 대한 지시자가 된다. 그리고 대자는 그의 자유로운 기획에 의해, 대상인 행위들이 목적들을 지시하는 세계 속으로 자신을 기획투사한다. 그래서 초월된 초월인 타자의 현전은 목적들에 대해 주어진 수단들의 복합을 열어 보인다. …… 그렇게 해서 기술들과 그 기술들의 목적들이 대자의 시선하에서 발용한다면, 기술들이 **기술들**로 되는 것은 타자의 면전에서 대자가 자유롭게 위치를 잡기 때문임을 확실히 알아야 한다.(565/317~318)

타자가 그 자신으로 보면 하나의 대자로서 초월 작용을 하겠지만, 저 앞에서 살펴본 것처럼 대자인 나에게 그의 초월은 나의 의해 초월된 초월입니다. 이러한 초월된 초월인 타자는 결국 나에게서 대상인 타자입니다. 그리고 그의 행위들은 나에게서 '대상인 행위들'입니다. 타자는 그의 행위를 통해 그 나름의 목적을 선택해서 수행하겠지만, 나에게 있어서는 그들의 목적은 '대상인 목적들'이고 바로 수단들의 복합이 됩니다. 타자들에서 이 모든 일들이 일어나는 것은 대자인 내가 바로 그렇게 타자들이 지시하고 있는 목적들로 가득 찬 세계 속으로 기획투사해 들어가기 때문입니다. 말하자면 타자의 행위들이 기술로 나타나게 되는 것은 오로지 대자의 기획투사에 의거한 것이라는 이야기지요. 그래서 기술들이 기술들로 되는 것은 타자의 면전에서 대자가 자유롭게 자리를 잡기 때문이라고 말합니다. 기술이란 대자가 처한 상황에서만 성립하는 것이지, 그 자체로 객관적으로 대자와 무관하게 존재하는 것이 아니라는 이야기입니다. 여기에서 사르트르는 대자와 타자들 간에 일종의 비대칭성이 있음을 말하고 있는 셈인데, 이는 사르트르가 인간관계에 대해 취하는 기본적인 입장입니다.

어쨌든 이로써 사르트르는 타자들이 없이는 대자가 자유롭게 기획을 하고 목적을 선택할 수 있는 기본 터전이 성립할 수 없다는 것을 분명하게 한 셈입니다. 크게 말하면, 대자가 자신의 존재를 선택할 수 있을지 모르지만, 자신의 존재를 선택하는 터전이 되는 세계를 마음대로 선택할 수 있는 것은 아니라는 이야기지요.

> 대자의 자유가 발휘되는 것은 여기-이-세계에서이지 다른 곳에서가 결코 아니다. 대자가 스스로를 문제 삼는 것은 여기-이-세계 속에서의 자신의 현존에 관련해서이다. 왜냐하면, 자유롭다는 것은 사람들이 발용하는 곳인 역사적 세계를 선택하는 것이 아니라——이는 아무런 의미도 갖지 않을 것이다——, 그 세계가 여하한 곳이건 간에 그 세계 속에서 자신을 선택하는 것이기 때문이다.(566/319)

대자인 나에게 타자들이 현전하는 여기-이-세계는 대상인 행위자들, 대상인 행위들, 대상인 목적들, 대상인 기호적 의미들 등이 함께 현전하면서 보편적으로 가치를 갖는 것으로 정돈되어 있는 세계다. 그럼으로써 여기-이-세계는 역사화된 세계라 할 수 있습니다. 역사적인 이 세계에서 타자들인 사람들이 발용합니다. 이 세계를 벗어나서 대자의 자유가 발휘될 수 없음은 명약관화한 사실입니다. 다만, 이 세계가 이렇게 대자인 나에 대해 현존하는 것은 대자인 나의 자유가 그 바탕에서 작동하고 있기 때문입니다. 쉽게 말하면, 하나의 돌멩이나 개나 소 따위에 있어서는 이러한 세계가 아예 성립할 수 없는 것입니다. 이를 염두에 둔 탓에 사르트르는 이렇게 말합니다.

> 기술들의 어떤 하나의 상태가 인간적인 가능성들을 제한한다고 생각하는 것은 부조리한 노릇이다. 말할 것도 없이, 둔스 스코투스 시대의

사람들은 자동차나 비행기의 사용법을 모른다. 그러나 [여기에서] 그들이 사용법을 모른다고 말하는 것은 자동차와 비행기가 현존하는 세계에 입각해서 배타적으로 그들을 파악하는 **우리에 대한 우리의 관점**에서만 성립한다.(566/319)

인간실재가 역사적이라고 해서, 그 역사적인 한계가 곧 자유를 제한한다고 여기는 것은 있을 수 없는 일임을 역설하고 있습니다. 사르트르는 인간실재가 그 존재의 근본에 있어서 자유로운 존재임을 부정하고자 하는 일체의 논변들을 어떻게든 파기하고자 합니다. 역사적인 세계 속에서 얼마든지 자유의 근원적인 용솟음을 확인할 수 있다는 것입니다.

그래서 사르트르는 예컨대 데카르트에 대해 만약 데카르트가 현대 물리학을 알았다면 어떻게 되었을까 하는 식으로 부조리하게 물음을 던지는 것은 있을 수 없다고 말합니다. 그러면서 이렇게 응수합니다.

그러나 그것은 데카르트가 자신이 선택한 존재 바로 그것임을 잊은 것이고, 이러한 그의 선택이 떠맡음과 동시에 밝히는바 인식들과 기술들로 된 세계에 입각해서 자기를 절대적으로 선택할 때 바로 자기에 대한 절대적인 선택이 데카르트 자신임을 잊은 것이다. 데카르트는 한 절대적인 일부(日附, date)를 향유하는, 다른 일부(日附)에서는 전적으로 생각할 수 없는 그런 절대자이다. 왜냐하면, 그는 자기 자신을 만듦으로써 자신의 일부(日附)를 만들었기 때문이다.(567/320)

대자가 역사적인 세계라고 하는 상황을 벗어날 수는 없지만, 그 역사적인 상황 속에서 그 나름의 절대적인 존재로 군림한다는 점을 말하고 있습니다. 묘한 대목이 아닐 수 없습니다. 매 시기, 그 시기를 사는 대자는 그 시기의 일체의 기술들을 바로 그렇게 자신에게 기술로서 등장할 수 있도록 하는 근원적인 근거로서 작동하기 때문에, 그 나름으로는 그 시기를 절대적인 시기로 만들어 향유한다는 것입니다.

6) 자유의 한계

그렇다고 해서 자유의 한계가 전혀 없다는 말은 결코 아닙니다. 기술 발전에 있어서의 역사적인 한계 때문에 자유의 한계가 성립된다는 것은 물론 아니고, 상황의 사실적인 상태에 의해 자유의 한계가 성립된다는 것도 아닙니다. 왜냐하면 사르트르가 말하는 자유는 이것들을 바탕에서부터 근거 짓고, 그럼으로써 바로 그러한 것들로서 나타나게 하는 자유이기 때문입니다. 그렇다면, 과연 자유의 한계는 어디에서 오는 것일까요?

> 그렇지만 타자의 현존은 나의 자유에 사실상의 한계를 가져다준다. ······ 나의 자유와는 다른 타자의 자유가 내 앞에서 발용하자마자, 나는 나를 새로운 존재 차원으로 현존토록 한다. 이번에 나에게 문제가 되는 것은 야생의 현존자들에게 의미를 부여하는 것도 아니고, 타자들이 어떤 대상들에 부여하는 의미를 내 나름으로 되잡는 것도 아니다[새로운 존재 차원은 이렇다]. 나에게 의미가 부여되는 것을 보는 자는 나 자신이다. 그런데 나는 내가 갖는 이 의미를 내 나름으로 되잡을 수 있는 지략을 갖지 않고 있다. 그 까닭은 그 의미가 공허한 지시(指示)가 아니고서는 나에게 주어질 수 없기 때문이다. 그래서 ──이 새로운 차원에 따르면, ──나에 관한 어떤 일이 적어도 나에게 있어서 **소여(주어짐)**의 방식

으로 현존한다. 나인 [나에 관한 어떤 일이라고 하는] 이 존재는 **겪어지는 것이고, 현존되는 존재**가 없이 있기 때문이다.(568~569/322)

대자와 타자 간의 역전된 비대칭이 여지없이 드러나는 대목입니다. 타자가 초월로서 나타나면 나는 그에 대해 초월된 초월이 될 수밖에 없습니다. 타자의 근원적인 자유가 내 앞에서 발용하자마자 갑자기 나는 얼떨떨해 하면서 수동적으로 어떤 의미가 나에게 '날아와' 들러붙는다는 것을 느끼게 됩니다. 나의 자유의 사실상의 한계는 바로 타자의 자유인 현존과 그에 따른 타자의 자유인 것입니다. 그래서 이렇게 됩니다.

내 자유의 진정한 한계는 순전히 그리고 간단하게, 타자가 나를 대상인 타자로 파악한다는 사실 자체에 있다. 그리고 이 사실에 수반해서 생겨나는바, 나의 상황이 타자에게 있어서 상황이기를 그치고 그 속에서 내가 객관적인 구조라고 하는 자격으로 현존하는 객관적인 형식이 된다는 파생적인 사실에서 내 자유의 진정한 한계가 성립한다. 나의 상황에 대해 부단하고 특정한 한계가 되는 것은 나의 상황이 이렇게 소외되어 객관화되는 것이다. 그것은 나의 대자존재가 대타존재로 객관화되는 것이 내 존재의 한계인 것과 꼭 마찬가지다. …… 요컨대, 타인의 현존이라는 사실로부터, 나는 하나의 바깥을 지닌 하나의 상황 속에 현존한다. 그렇기에 내가 도무지 제거할 수 없고 직접 작용을 가할 수도 없는 소외의 차원을 지닌 상황 속에 내가 현존하는 것이다. 내 자유의 이러한 한계는 타인의 순전하고 간명한 현존에 의해 정립된다. 즉 내 자유의 한계는 나의 초월이 하나의 [다른] 초월에 대해 현존한다는 **그** 사실에 의해 정립된다.(569~570/323~324)

이렇게 되면 내 자유의 한계는 끊임없이 나에게 현존할 수밖에 없습니다. 타인의 현존은 예사로 나에게 출몰하기 때문입니다. 그런데 타인의 현존은 바로 타인의 초월이고, 또 타인의 자유입니다. 대자인 나와 역시 대자인 타자를 묶어서 사르트르는 묘하게도 이렇게 말합니다.

그러므로 우리가 자리 잡는 곳이 여하한 판면이건 간에, 자유는 자신이 맞닥뜨리는 유일한 한계들을 자유 속에서 발견한다. 스피노자에 따르면, 사유는 사유에 의해서만 한계 지어질 수 있다. 이와 꼭 마찬가지로, 자유는 자유에 의해서만 한계 지어질 수 있다. 내적인 유한성으로 볼 때, 자유의 한계설정은 자유는 자유가 아닐 수 없다는 그 사실로부터, 즉 자유는 자유롭도록 선고받았다는 바로 그 사실부터 성립된다. 그리고 외적인 유한성으로 볼 때, 자유의 한계설정은 [나의] 자유가 자유임에도 불구하고 다른 자유들이 있어 그 자유들이 그들 나름의 목적하에서 자유롭게 [나의] 자유를 파악한다는 그 사실로부터 성립한다.(570/324)

교묘한 논변이 아닐 수 없습니다. 자유에 대한 내적인 유한성과 외적인 유한성을 병행해 놓음으로써 마치 외적인 유한성이 내적인 유한성과 거의 같은 수준에서 성립하는 것처럼 말하고 있습니다. 자유롭지 않을 자유가 없다는 것이 자유의 내적인 유한성입니다. 자유에 대한 이 내적인 유한성은 기실 유한성이라고 할 수조차 없는 것 아닌가 싶습니다. 오히려 자유를 절대적인 우연성으로서 최대한 격상시키는 것이라 할 수도 있습니다. 그런데 이와 비근한 수준에서 자유의 외적인 유한성이 성립하는 것처럼 말함으로써 타인의 자유에 의거한 나의 자유의 유한성이 그다지 큰 문제가 아닌 것처럼 말하고자 하는 것은 아닐까요? 하지만, 엄밀하게 말하자면, 나의 자유에 있어서 내적인 유한성은 다른 자유들에 의거한 나의 자유의 외적인 유한성에 비하면 아예 유한성도 아닙니다. 타인이 그 자신의 목적하에 나의 자유를 파악한다는 것은 곧 나의 자유를 그의 수단으로 삼는다는 것에 다름 아니기 때문에, 그리고 나에게서 타인의 현존이 나타난다는 것은 예사로 일어나는 것이기 때문에, 나의 자유는 예사로 한정되는 것입니다.

이렇게 되면, 자유를 둘러싼 나와 타인 간의 '목숨을 건 투쟁'이 불가피합니다. 이는 헤겔이 말하는 '주인과 노예의 변증법'을 그대로 옮겨놓는 꼴이 됩니다. 그렇다고 해서 나쁘다는 것은 결코 아닙니다. 아무튼 사르트르는 이 '나의 이웃'이라는 절의 마지막 대목에서 이렇게 말합니다.

이와 같은 자유의 외적인 한계들은 외적인 한계들인바, 실현될 수 없는 것으로만 내면화된다. 바로 그러하기 때문에, 자유의 이 외적인 한계들은 자유에 대해 결코 **실재적인** 장애가 될 수 없고 당할 수밖에 없는 한계일 수도 없을 것이다. 자유는 전반적이고 무한하다. 이는 자유가 한계들을 갖지 않는다는 것이 아니라, 자유가 한계들을 결코 만날 수 없다는 것을 의미한다. 자유가 매 순간 부닥치게 되는 유일한 한계들은 자유가 자유 자신에게 부과하는 한계들이다.(576/333)

사르트르가 자유에 대해 내적인 한계들과 외적인 한계들을 이야기하지만, 결국에는 외적인 한계들에 대해 적극적인 의미를 부여하지 않는다는 것을 알 수 있습니다. 어떻게 해서 이런 결론에 도달하게 되었는지는 우리의 여러 제약 때문에 아직 살피지 못했습니다. 다음에 기회가 닿으면 반드시 정돈해 내야 할 것입니다.

11. 나의 죽음

사르트르의 철학이 자유에 집중되어 있다는 이야기는 누누이 해왔습니다. 자유에 관련해서 사르트르가 제시하는 중요한 언명들이 한두 가지가 아니지만, 그 중에서도 지금 우리가 살피고 있는 '상황의 구조들'에 관련해서는 "상황에서만 자유가 있을 뿐이고, 자유에 의해서만 상황이 있을 뿐이다"(534/274~275)라는 이른바 '자유의 역리'는 계속 염두에 두어야 할 중요한 언명입니다.

오늘 강의는 '나의 죽음'입니다. 사르트르는 자유가 성립하는 근본 터전인 상황에 대해 그 구조들이 있다고 말하고, '나의 장소', '나의 과거', '나의 환경', '나의 이' 그리고 '나의 죽음' 등 다섯 가지 구조들을 제시합니다. 그러니까 오늘 강의는 우리가 처한 상황의 구조들 중에서 마지막 대목인 셈입니다.

1) 하이데거의 죽음에 관한 이야기

죽음에 관한 철학으로는 하이데거가 『존재와 시간』에서 제시한 여러 가지 실존론적인 분석이 대표적이라 할 수 있습니다. 사르트르는 하이데거가 말하는 죽음에 관한 실존론적인 분석을 처음부터 끝까지 부정하고 비판하는 입장을 취합니다. 그런 뒤, 죽음에 관한 자기 나름의 견해를 밝힙니다. 우선 참고로 사르트르가 말하는 죽음에 관한 하이데거의 대표적인 언명들을 살펴보기로 합시다.

문제가 되고 있는 죽음을 향한 존재(Sein zum Tode)는 분명히 그것이 실현되는 쪽으로 배려하면서 나가-있다(Aus-sein)는 성격을 가질 수 없을 것이다. 첫째, 죽음은 가능의 것으로서 가능적인 손안의 것이나 가능적인 눈앞의 것이 아니라 **현존재**의 존재가능성이다. 둘째, 그러나 이러한 가능적인 것을 실현하고자 배려하는 것은 삶이 끝남을 끌고 옴을 의미해야 할 것이다.(『존재와 시간』, 261/349)

하이데거의 철학에서 죽음은 현존재를 근본적으로 '죽음을 향한 존재'로 규정함으로써 죽음을 삶으로 끌고 들어오는 것입니다. '나가-있음의 성격을 가질 수 없다'는 것이 이를 말해 줍니다. 죽음을 삶에 끌고 들어온다는 것은 삶의 의미를 죽음에 견주어서 파악할 수밖에 없다는 것을 말합니다. 이를 표현하는 것이 '죽음은 현존재의 존재가능성이다'라는 말입니다. 구체적으로는, 죽음에서 주어지는 존재가능성을 실현하고자 신경을 쓰는 것은 '삶이 끝남을 끌고 옴이다'라는 것으로 표현되고 있습니다. 어떻게 보면, 대단히 잔인하다 할 것입니다.

그런데 하이데거는 죽음에서 주어지는 현존재의 존재가능성을 "죽음은 모든 형태의 ……와의 행동관계의 불가능성의 가능성, 모든 실존함이 지니는 불가능성의 가능성인 것이다"(『존재와 시간』, 262/350)라고 말하면서, 그러니까 '죽음을 향한 존재'란 이 불가능성의 가능성을 향해 미리 달려가 보는 것이라고 이렇게 말합니다.

죽음을 향한 존재는 그의 존재양식이 미리-달려가-봄(Vorlaufen) 자체인 바로 그 존재자의 존재가능으로 미리-달려가-봄이다. 이러한 존재가능을 미리-달려가-보며 밝히면서 현존재는 자신을 자기 자신에게 자신의 극단적인 가능성의 관점에서 열어-밝힌다. 그런데 가장 극단적인 존재가능으로 자기 자신을 기획-투사함이란, 그렇게 밝혀진 존재자의 존재 안에서 자기 자신을 이해할 수 있음, 즉 실존함을 말한다. 미리-달려가-봄은 **가장 고유한** 극단적인 존재가능을 이해할 수 있는 가능성, 다시 말해서 **본래적 실존**(*eigentlicher Existenz*)의 가능성임이 입증된다.(『존재와 시간』, 262~263/351)

하이데거는 인간 현존재가 항상 존재를 이해하는 와중에 있다고 말합니다. 사물로서 눈앞에 있음이든, 도구로서 손안에 있음이든, 다른 사람들과 함께 있음이든 간에, 그 존재방식들은 모두 현존재가 존재를 이해하는 가운데서 성립한다고 보는 것입니다. 아울러 하이데거는 이러한 근원적인 존재 이해가 항상 열어-밝힘과 동시에 이루어지는 것으로 봅니다.

이와 마찬가지로 인간의 실존적 가능성, 즉 죽음을 향해 미리-달려가-봄도 존재 이해 속에서 이루어지지만, 그 존재 이해가 대단히 독특하고, 따라서 동시적으로 함께 이루어지는 열어-밝힘도 대단히 독특하다고 보는 것이지요. 그렇게 열어-밝혀진 터 안으로 뛰어드는 것이 근본적인 기획-투사이자, 바로 실존함이라는 것이고, 더욱이 본래적인 실존을 확보하는 가능성이라는 것입니다.

그런데 이 가능성은 각자 현존재에게 가장 고유하다고 말하고 있습니다. 하이데거는 이를 무연관적(*unbezügliche*) 가능성이라 달리 부른다(263/352 참조). 각자의 죽음이란 어느 누구도 대신할 수 없는 그에게만 해당하는 일종의 절대적인 것이고, 따라서 이를 바탕으로 한 삶의 근원적인 가능성이란 바로 인간 각자의 삶을 절대적으로 개별화시켜 스스로 가능한 존재가 되지 않으면 안 되는 것이며, 이를 실현한 것이 바로 본래적인 실존이라는 것입니다. 이는 '천상천하 유아독존'을 연상케 하는 대목이라 할 것입니다.

2) 하이데거의 '죽음'에 대한 사르트르의 비판

그런데 사르트르는 이같이 하이데거가 '나만의 죽음'을 강조하면서 그 나의 죽음이 본래적인 실존이라고 하는, 가장 고유하고 극단적인 가능성으로 작동할 수 있다는 것을 전격적으로 부정합니다. 우선 그는 이렇게 말합니다.

> 나의 죽음은 나의 고유한 가능성일 수 없을 것이다. 심지어 나의 죽음은 나의 가능성들 중 하나일 수조차 없을 것이다.(585/346)

오늘 강의는 사르트르가 나의 죽음에 관련하여 제시하는 이 언명이 어떻게 입증되는가를 살펴보는 것이 될 것입니다.

① 죽음에 대한 실재론적인 입장

사르트르는 먼저 실재론에 입각한 죽음에 관한 입장이 어떻게 성립하는가를 이렇게 말합니다.

> 이 생각이 옳은지 그른지는 우리로서는 아직 결정할 수 없지만——죽음은 항상 인간 삶의 종말로서 간주되어 왔다. 죽음이 그렇게 간주되는 한에 있어서, 인간의 처지를 에워싸고 있는 절대적인 비인간적인 것에 관련하여 그 인간적인 처지를 명확히 밝히고자 하는 일에 전념하는 철

학이 있어 무엇보다도 먼저 죽음을 인간실재의 무(無)를 향해 열려 있는 문으로 간주하는 것은 당연한 것이었다. 또한 이 무가 존재함의 절대적인 중지, 또는 비인간적인 형태를 띤 현존이라고 간주하는 것도 당연한 것이었다. 그래서 우리는——실재론적인 거대한 이론들과 연관해서——죽음에 관한 실재론적인 사고방식(conception)이 있었다고 말할 수 있을 것이다. 그것은 죽음이 비인간적인 것과의 직접적인 접촉이라는 것, 그럼으로써 죽음이 비인간적인 절대를 가지고서 인간을 가공하는 것이면서 동시에 죽음이 인간을 벗어나는 것임을 전제로 한 것이다.(576/334)

죽음에 대한 실재론적인 입장이란, 죽음에 대해 일종의 실재성을 인정하는 것입니다. 그렇기 때문에 죽음은 접촉할 수 있는 것으로 여겨집니다. 다만, 접촉하자마자 접촉하는 자를 비인간적인 현존 내지는 무로 만들어 접촉하는 자를 벗어나고 마는 것이 죽음이라는 것입니다. 그러니까 죽음은 인간을 완료하는 것이고, 그런 의미에서 '비인간적인 절대로써 인간을 가공하는' 셈입니다. 그러고 보면, 죽음을 인간의 극단으로서 인정하는 것이 실재론적인 입장입니다.

② 문학적 사유에서 죽음의 삶으로의 내면화

그런데 사르트르는 죽음에 대한 이러한 실재론적인 입장을 관념론적이고 인간주의적인 입장에서는 받아들일 수 없음을 지적합니다. 이 입장은 설사 인간이 죽음을 자신의 한계로 여긴다고 할지라도 인간이 비인간적인 것과 접촉한다는 것을 불가능하다고 여긴다는 것입니다. 그렇다고 죽음 자체를 인정하지 않을 수는 없습니다. 그 대신 죽음을 인간적인 것으로 도로 편입해 버린다는 것입니다. 이를 사르트르는 '죽음을 복구하려는 관념론적인 시도'라고 부르면서 이는 본래 철학보다는 주로 릴케라든지 앙드레 말로 등의 문학가들에 의해 시도된 것이라고 말하면서 그 귀결을 이렇게 말합니다.

> 만약 [삶의] 계열이 '그것을 향한 종단'(terminus ad quem)을 염두에 두면서 자신의 내부를 지칭하는 이 '……을 향한'(ad)을 정확한 빌미로 삼아 자신의 '그것에로의 종단'을 회복한다면, 삶의 종말인 죽음은 내면화되고 인간화된다. 인간은 인간적인 것만을 만날 수밖에 없다는 것이고, 삶의 '저 너머'(autre côté)는 더 이상 없다는 것이며, 죽음은 인간적인 현상으로서 삶의 궁극적인 현상이긴 하나 여전히 삶이라는 것이다. …… 종결화음이 멜로디의 의미인 것처럼, 죽음은 삶의 의미가 된다는 것이다. 그러한 것으로서 죽음은 역류하여 삶 전체에 영향을 미친다. …… 그러나 이렇게 회복된 죽음은 그저 인간적인 것이기만 한 것이 아니라 내 것[즉 나의 죽음]이 되고, 내면화됨으로써 개별화된다. 그것은 인간을 한정하는 거대한 불가지의 것이 더 이상 아니고, 이 나의 삶을 유일무이한 삶으로 만드는바 나의 개인적인 삶의 현상이다. 말하자면 새롭게 고쳐서 가질 수 없는 삶, 누구도 결코 두 번 다시 되풀이해서 가질 수 없는 삶으로 만드는 것이다. 따라서 나는 나의 삶에 대한 것처럼 나의 죽음에 대해 책임을 지게 된다. …… 죽음에 대한 이러한 인간화에 대해 철학적인 형식을 부여하는 것이 하이데거에게 남겨진 일이었던 것이다.(577/334~335)

"내 것", "나의", "나의 죽음" 등에 대해 애써 강조 표시를 하면서 죽음에 대한 관념론적이고 인간주의적인 입장을 개설하고 있습니다. 그러한 강조 표시들은 죽음이 과연 나의 죽음일 수 있는가 하는 사르트르의 의구심을 암암리에 드러내고 있습니다. 아울러 과연 나의 죽음이 나의 삶에 대해 적극적인 의미를 가진다는 것이 가능한가, 가능하다면 어떤 측면에서란 말인가 하는 의구심을 암암리에 드러내고 있는 것이기도 합니다.

③ 하이데거가 제시하는 죽음에 관한 이론에 대한 전면 재검토 선언

바로 위 인용문의 내용은 저 앞에서 하이데거가 제시한 죽음에 관한 생각이 어떻게 해서 생겨난 것인가를 제시하고 있는 셈입니다. 그 요체는 제아무리 죽음이라고 할지라도 죽음의 현상은 비록 종단(終端)이긴 하지만 어디까지나 삶의 연장선상에 있는 것이고, 더 나아가 오히려 한 멜로디의 의미가 마지막 종결화음을 통해 그 전체적인 의미를 완료해 가듯이, 죽음을 통해 삶의 의미가 완료되듯 하는 한, 역시 죽음은 삶에 속한 것이라는 생각입니다. 죽음에 대한 이러한 관념적이고 인간주의적인 생각에 철학적인 형식을 부여한 인물이 하이데거라는 것입니다. 하이데거의 죽음에 관련한 이야기를 간략하게 소개하면서 사르트르는 이렇게 말합니다.

> 만약 **현존재**가 기획투사이고 미리-하기(예행, anticipation)라고 하는 바로 그 사실 때문에, 현존재가 실제로 그 어느 것에 의해서도 **당하지 않**는다면, 자기 자신의 죽음이 세계 내에서 현전적으로 더 이상 실현될 수 없는 가능성일진대, 현존재는 이러한 가능성으로서의 자기 자신의 죽음에 대해서도 미리-하기이자 기획투사여야 한다. 그래서 죽음은 현존

재의 고유한 가능성이 되었고, 인간실재의 존재는 '죽음을 향한 존재'로서 정의된다. 현존재가 죽음으로 향한 자신의 기획투사를 결정하는 한, 현존재는 죽기-위한-자유(liberté-pour-mourir)를 실현하고, 그 자신을 유한성의 자유로운 선택에 의한 총체로서 구성한다.

언뜻 보기에, 이와 같은 이론은 우리를 유혹할 수밖에 없다. 죽음을 내면화함으로써 이 이론은 우리 자신의 저술 의도에 도움이 된다. 우리의 자유에 대한 이러한 명백한 한계를 내면화함으로써, 이 명백한 자유의 한계가 자유에 의해 회복되기 때문이다. 그러나 이러한 관점들이 제공하는 편리함이나 이러한 관점들이 포함하고 있는바 반박 불가능한 진리의 한 대목에 의해 길을 잃어서는 안 될 일이다. 이 문제는 처음부터 재검토되어야 한다.(577~578/335)

사르트르는 "자유는 자유에 의해서만 한계 지어진다"(570/324)라고 했습니다. 하이데거는 죽음을 현존재의 고유한 가능성으로 끌어들임으로써, 즉 유한성을 현존재의 존재에 대한 기반으로 끌어들임으로써, 이러한 사르트르의 입장을 지지한다고 할 수 있기에 하이데거의 이 이론이 유혹적일 수밖에 없다는 것입니다. 그런데도 사르트르는 이러한 하이데거의 이론을 전면적으로 재검토하지 않으면 안 된다고 말합니다. 왜 그럴까요?

④ 죽음은 나의 죽음이 아니다

하이데거의 죽음 이야기를 전면적으로 재검토하기 위해, 사르트르는 먼저 죽음이 얼마나 부조리한 것인가를 제시하고자 합니다. 그러면서 죽음을 멜로디에서의 종결화음처럼 여겨서는 안 된다는 것을 역설합니다. 그리고 이를 위해 죽음을 기다림으로 보는 통념적인 관점을 비판합니다. 그 통념적인 관점은 사람들이 흔히 죽음을 사형수들이 모인 감방에 비유하는 것으로 제시한다고 합니다.

사형수들이 모여 있는데, 수시로 한 사람씩 불려나가서 사형을 당한다는 것이지요. 언제 사형을 당할지 모르지만 언젠가 불현듯 사형을 당할 것은 불문가지의 일이라는 것이고, 그래서 사람들이 죽음을 '기다리게 되는 죽음'으로 변형시켰다는 것입니다. 그리고 이는 죽음이 어느 때에 엄습해 오더라도 괜찮도록 죽음에 대해 대비하기를 권장하는 기독교적인 지혜와 같다는 것입니다. 하이데거의 철학에도 이러한 통념이 은근히 작동하고 있는데, 잘 생각해야 한다고 하면서 사르트르는 이렇게 말합니다.

> 설사 우리 삶의 의미가 죽음을 기다리는 것이라 할지라도, 사실이지 죽음은 갑자기 엄습해 옴으로써 삶 위에 그 인장(印章)을 찍을 수 있을 따름이다. 그것이야말로 하이데거가 말한 결단성(Entschlossenheit)에서 찾을 수 있는 가장 적극적인 측면이다. [그러나] 불행하게도 그가 결단성을 권유함에 있어서, 그 권유를 따르기보다는 [그가 그랬던 것처럼] 그렇게 권유하는 것이 더 쉽다. 그 까닭은 인간실재의 타고난 허약성 때문이거나 근원적으로 비본래적인 선-투 때문이 아니라, 죽음 자체 때문이다.(578/336)

일단 이렇게 해서 하이데거의 실존철학에서 핵심적인 역할을 하는 바 죽음에로 미리-달려가-봄(Vorlaufen)[23]으로서의 결단성에 관한 이야기를 완전히 묵살해 버립니다. '하이데거 당신처럼 죽음으로의 결단을 권유하는 것이야 말로는 쉽지' 하는 식입니다. 곧 이어서 사르트르는 하이데거에 대해 가차 없는 질책을 가합니다.

사실이지 우리는 **하나의** 특정한 죽음을 기다릴 수는 있다. 그러나 죽음을 기다릴 수는 없다. 하이데거가 활용하는 재간에 들어 있는 속임수는 아주 쉽게 간파할 수 있다. 그는 우리들 각자의 죽음을 개별화하는 데서 시작한다. 우리에게 각자의 죽음이 한 인격의 죽음이고 한 개인의 죽음임을 지적한다. 각자의 죽음이란 '나를 대신해서 어느 누구도 수행할 수 없는 유일한 일'이라는 것이다. 그리고 난 다음, 그는 **현존재**에 입각하여 그가 죽음에 부여한 비교 불가능한 이 개별성을 **현존재** 자체를 개별화하는 데 이용한다. [말하자면] 현존재가 본래적인 실존에 도달하고 일상적인 진부함을 벗어나 대체 불가능한 일의적인 인격에 도달하게 되는 것은 현존재가 자신의 궁극적인 가능성을 향해 스스로를 자유롭게 기획투사하기 때문이라는 것이다. 그러나 여기에는 순환이 있다. 사실이지, 죽음이 이러한 개별성을 갖는다는 것, 그리고 죽음이 이 개별성을 부여할 수 있는 권능을 갖는다는 것을 어떻게 입증할 것인가? 물론 만약 죽음이 나의 죽음으로서 서술된다면, 나는 죽음을 기다릴 수 있다. 그것은 성격적으로 특별하고 특별하게 식별되는 가능성이다. 그러나 나를 벗어나는 죽음이 과연 **나의** 죽음인가? 우선 "죽는다는 것은 나를 대신해 어느 누구도 수행할 수 없는 유일한 일이다"라고 말하는 것은 완전히 근거를 상실한 것이다. 혹은 차라리 이와 같은 추리 속에는 명백한 자기기만이 자리 잡고 있다고 할 것이다. 만약 실로 죽음을 궁극

---

23) 1권에서는 이를 '선구적인' 혹은 '선구성'이라 번역했습니다.

적이고 주관적인 가능성으로 여긴다면, 즉 대자에게만 관여하는 사건으로 여긴다면, 어느 누구도 나를 대신해서 죽을 수 없다는 것은 명백하다. 그러나 그럴 때, —코기토적인 관점인—이러한 관점에 의하면, 나의 가능성들 중 그 어느 것도 나 자신 말고는 어느 누구에 의해서도 기획될 수 없다. …… 그런데 이러한 관점에 의하면, 가장 범속한 사랑조차도 죽음과 마찬가지로 대체불가능하고 유일무이한 것이 된다. [가장 범속한 그 사랑의 경우에서도] 어느 누구도 나를 대신해서 사랑할 수 없는 것이다. 그 반대로 만약 나의 행동들을 세계 속에서 그 기능과 효과 및 결과의 관점에서 고려한다면, 내가 하는 일을 언제든지 다른 사람이 할 수 있다는 것은 명백하다. 만일 그 여자를 행복하게 만들어 주고 그녀의 생활이나 자유를 보호해 주고 그녀에게 구원이 되는 수단들을 제공하고 혹은 간단하게 그녀와 함께 가정을 꾸리고 그녀가 '아이들을 갖도록' 하는 데서 사랑을 찾는다면, 누군가 다른 사람이 나의 위치에서 사랑할 수 있을 것이고, 그 사람은 나 대신에 사랑한다고 할 수 있을 것이다. …… 그리고 나의 모든 행위들 역시 이 부류에 속할 수 있을 것이다. 간단하게 말해, 나의 죽음 역시 이 범주에 포함될 것이다. 만약 죽는다는 것이 감화시키기 위해, 증언하기 위해, 조국을 위해 등을 목적으로 한 것이라면, 누구든지 나 대신에 죽을 수 있다. …… 요컨대, 나의 죽음에만 특별하게 해당되는 인격형성적인(개성화하는, personnalisante) 미덕은 결코 없다. 이와는 아주 다르게, 죽음이 나의 죽음이 되는 경우는 내가 이미 주관성의 관점을 취할 때뿐이다. 나의 죽음을 주관적이고 대체 불가능한 것으로 만드는 것은 선반성적인 코기토에 의해 정의된 나의 주관성이다. 나의 대자에게 대체 불가능한 자성(自性, ipséité)을 부여하는 것은 결코 죽음이 아닌 것이다. 이 경우에, **죽음이 죽음이기 때**

문에, 나의 **죽음**으로 특징지어지는 것이 아닐 것이다. 또한 그러므로 죽음이 죽음으로서 갖는 본질적인 구조는 죽음으로부터, 사람들이 기대할 수 있는바 인격적으로 개인화되어 질적으로 규정된 그런 사건을 만들어 내기에 충분하지 않은 것이다.(578~579/336~338)

대단히 길게 인용했습니다. 사르트르가 하이데거와 대결하는 장면이 워낙 드라마틱하기 때문이기도 하지만, 그 비판의 논리가 과연 어떻게 구성되는가를 가능하면 여실히 보여 주고 싶기 때문입니다. 그뿐만 아니라, 한때 내가 하이데거 철학에 경도되어 그의 철학을 옹호할 때, 어느 누구도 나의 죽음을 대신할 수 없다고 하는 사실을 절체절명의 명제인 양 전가의 보도처럼 내세웠기 때문입니다.

우선 사르트르는 하이데거가 절대적으로 배타적인 나만의 죽음을 제시하고 이를 바탕으로 나 자신만의 고유한 삶을 주장하는 데에는 논리적인 악순환이 들어 있다고 간주합니다. 그 핵심은 '절대적으로 배타적인 나만의 죽음'을 제시하기 위해서는 철저히 주관내적인 코기토적인 관점을 견지해야만 하고, 또 그런 관점을 획득하기 위해서는 절대적으로 배타적인 나만의 죽음을 전제로 해야 한다는 것입니다. 이것이 인용문에서 사르트르가 말하는 순환의 내용입니다. 요컨대 배타적인 주관적 관점을 통해 죽음을 보니까 배타적인 나의 죽음이 건립되는 것이지, 그 반대는 아니라는 이야기입니다.

그래서 죽음 자체에서는, 죽음이 '대체 불가능한 유일무이한 나만의 죽음'으로 특징지어질 수 없다고 말하는 것입니다. 이렇게 되면, 죽음으로부터 현존재의 절대적인 배타적 삶을 입증해 내는 것은 붕괴되고 맙니다. 만약 철저히 주관주의적인 관점을 견지해서 죽음을 오로지 나의 죽음으로 제시한다 할지라도, 그렇게 되면 내가 수행하는 일체의 행위들 역시 어느 누구도 대신할 수 없는 것들이 되고 마는데, 그것은 지극히 현실성이 없다는 것입니다.

이러한 논법을 펼칠 수 있었던 것은 사르트르가 인간실재가 설혹 대자존재를 갖는다 할지라도 세계 내에서의 삶을 벗어날 수 없다고 하는 점, 즉 현사실성을 바탕으로 하기 때문입니다. 이에 관련된 예로 제시한 것이 내가 한 여자를 사랑한다는 것이 세계 속에서 실제로 어떤 의미를 갖는가를 살피고, 그럴 경우 나 대신 다른 사람이 얼마든지 그녀를 사랑할 수 있다는 것입니다. 달리 말하면, 그저 주관주의적인 관점만으로 삶을 바라본다는 것은 결국은 유아론적인 아집에 불과하고 따라서 속임수에 불과하다는 것입니다.

⑤ **죽음은 기대될 수 있는 것이 아니다.**

하이데거는 죽음을 나의 고유한 가능성이라고 말합니다. 거기에는 암암리에 내가 나의 죽음을 기다릴(기대할) 수 있다는 생각이 들어 있습니다. 가능성이란 기다릴(기대할) 수 있을 때 성립하기 때문입니다. 그런데 사르트르는 죽음이란 기다린다거나 기대한거나 할 수 있는 것이 아님을 입증해 보입니다.

> 우선 사람들이 혼동하고 있는 '기다리다'(attendre)라는 동사의 두 의미를 세심하게 구분해야 할 것이다. 죽음을 **예상한다**(s'attendre à la mort)라는 것은 죽음을 기다리는 것(attendre la mort)이 아니다. 우리는 일정하게 결정된 과정들이 실현되고 있는 중에 있을 때 그 과정에서 하나의 결정된 사건을 기다릴 수 있을 뿐이다. …… 그러나 정확하게 말

해 나의 죽음의 가능성은 그저, 내가 생물학적으로 보아 상대적으로 닫혀 있고 고립되어 있는 하나의 체계일 뿐임을 의미한다. 나의 죽음의 가능성은 단순히 내 몸이 현존자들의 총체 속에 포함되어 있다는 것을 나타낼 뿐이다. 나의 죽음의 가능성은 기차가 [예상치 않게] 연착할 수도 있다는 종류의 것이지, [연락을 받고서] 내가 기다리고 있는 피에르의 도착과 같은 종류의 것이 아니다.(580/339)

죽음은 근본적으로 생물학적인 문제이며, 죽음에 대한 예상은 그야말로 예상치 않게 갑작스럽게 닥치는 것에 대한 것이지 '기다림'의 본래 의미에 해당되는 것이 아니라는 이야기입니다. 이를 좀더 구체적으로 이렇게 말합니다.

만약에 노년의 죽음들만이 (혹은 사형선고에 의한 죽음들만이) 존재한다면, 나는 나의 죽음을 기다릴 수 있을 것이다. 그러나 정확하게 말해, 죽음의 본령은 죽음이 언제든지 그러저러한 시기에 맞추어 죽음을 기다리고 있는 사람들에게 그 기한보다 앞서서 갑자기 덮칠 수 있다는 것이다. …… 갑작스러운 죽음은 결코 기다릴 수 없는 것이다. 왜냐하면 갑작스러운 죽음은 비결정적이고, 그 정의상 어느 시기에 맞추어 그 죽음을 기다릴 수 없기 때문이다. …… 우연함이 죽음을 결정짓는다. 그럼으로써 우연은 죽음에게서 조화로운 종말에 관련된 모든 성격을 제거한다.(581/340~341)

설사 기다릴 수 있다 할지라도 그 본질에 있어서 죽음이란 기다릴 수 있는 성질의 것이 아니라는 이야기입니다. 말하자면 죽음을 지배하는 것은 우연이기 때문에 기다린다는 것이 원칙상 불가능하다는 것입니다. 그다지 따져 볼 필요도 없이 그냥 맞는 말입니다. 이를 바탕으로 사르트르는 이렇게 말합니다.

> 그래서 죽음은 세계 안에서 현전적으로 아직 실현되지 아니한 나의 가능성이 아니다. 죽음은 나의 가능성들 밖에 있고 언제든지 있을 수 있는바, **나의 가능들에 대한 무화이다.**(581/341)

하이데거처럼 현란하지 않고 대단히 깔끔하고 알기 쉽고 솔직한 이야기입니다. 죽음이 나의 가능성, 그것도 가장 고유하고 극단적인 나의 가능성이 된다는 하이데거의 이야기는 대단히 꼬여 있는, 달리 말하면 죽음의 필연성을 일종의 협박 수단으로 삼아 죽음의 필연성을 삶의 자양분으로 삼지 못하면 진정한 삶을 살기가 불가능하다는 묘한 이야기를 하고 있는 것입니다.

단 한 번 주어진 삶을 어떻게 살 것인가가 문제라고 하는 것과 유사한 것 같지만 결국에는 다릅니다. 하이데거는 결국 절체절명의 배타적인 나만의 죽음을 내세워 일체의 사회역사적인 가치들이 존립할 수 있는 터전을 제거해 버리고, 그럼으로써 '나는 오로지 나일뿐이다'라고 유아론적인 허공의 사유를 다시 끌어들이기 때문입니다.

그런데 사르트르는 "언제든지 있을 수 있는 바 나의 가능들에 대한 무화"로서의 죽음을 솔직담백하게 제시하고 있는 것입니다. 정확하게 현실적인 조건을 인정하는 것이 유물론적인 태도라고 할 때, 죽음에 대한 이러한 사르트르의 생각은 그야말로 유물론적이라 할 것입니다.

3) 죽음에 빗댄 사르트르의 인생관

자, 그렇다면 과연 삶은 어떻게 되나요? 특히 나의 가능들을 근원에서부터 절멸시키는 죽음에 관련해 볼 때, 과연 삶은 어떻게 되나요? 사르트르는 삶을 '기다림에 대한 기다림에 대한 기다림'(attentes d'attentes d'attentes)이라고 말합니다. 무슨 의미인지가 자못 궁금합니다.

사르트르는 대자의 시간화를 통해 인간실재가 자신의 존재를 확보해 간다는 점을 다시 거론하면서 논의를 전개합니다. 인간실재는 근본적으로 계속 의미화하는 존재이고, 이는 인간실재가 자기가 아닌 것에 의해 자기인 것을 스스로에게 알리는 존재라는 것, 즉 달리 말하면 인간실재는 자기-자신에게 와야만 하는 존재라는 것을 다시 거론하면서 논의를 이끌어 냅니다. 그러면서 이렇게 말합니다.

> 미래(futur)인 한에서 장래(avenir)는 있게 될 현재의 밑그림이다. 사람들은 있게 될 이 현재의 수중에 자신을 다시 맡긴다. 현재라는 자격은 있게 될 이 현재에게만 유일하게 부과된다. 그런 자격으로서 있게 될 이 현재는, 나 자신인바 예상되는 의미를 확인하거나 부인할 수 있음에 틀림없다. 이 있게 될 현재는 그 자체 새로운 미래의 빛 아래에서 과거를 자유롭게 되잡는 것이기 때문에, 우리는 이 있게 될 현재를 결정할 수 없는 노릇이고, 그저 선-투하고 기다릴 수 있을 뿐이다.(582/341~342)

간단히 말하면, 나의 존재는 바로 '있게 될 나의 현재'라는 것입니다. 그렇게 되면, 나는 나의 존재를 기다릴 수밖에 없습니다. '있게 될 나의 현재'를 미리 결정할 수 없습니다. 그렇다고 해서 내가 무작정 수동적으로 기다린다는 것은 결코 아닙니다. 나는 계속해서 나의 존재를 미래를 향해 앞으로 던지면서 있게 될 나의 현재에 대한 밑그림을 그립니다. 나의 존재이기도 한 이 '있게 될 나의 현재'는 언제 그 완결된 모습을 보일까요? 만약 완결된 모습을 보인다면, 더 이상 기다릴 필요가 없게 될 것입니다. 그러나 그런 일은 살아 있는 한 불가능합니다. 그리고 계속 살아 있다는 것은 계속해서 '있게 될 나의 현재'에 대한 기다림의 연속적인 과정인 셈입니다. 하지만, 그 기다림들의 연속은 결국 어떤 종착점을 염두에 두지 않을 수 없습니다. 그래서 이렇게 됩니다.

> 우리의 삶은 기다림들로 되어 있을 뿐만 아니라 그 자체 기다림들을 기다리는 기다림들에 대한 기다림들로 되어 있다. 바로 이것이 자성(自性)의 구조 자체다. 자기임은 자기에게로 옴이다. 이 기다림들 모두 다, 더 이상 기다릴 것이 없는 상태로 기다려지는 궁극적인 한 종결 항으로의 지시를 포함한다. **존재함**일 뿐 더 이상 존재적인 기다림이 아닌 하나의 휴식. 모든 계열은, 원칙상 결코 주어지지 않을 이 궁극적인 항에게 걸려 있다. 이 궁극적인 항은 우리 존재의 가치다. 즉 분명히 이 궁극적인 항은 '즉자, 대자'라는 유형의 충만이다. …… 기독교인들은 죽음을 이 궁극적인 항으로 제시하고자 해왔다. …… '최후의 심판'이란 바로 계산의 중지이며, 사람들이 다시는 일을 되풀이하지 못하게 되며, 결국에는 회복할 수 없는 채로 사람들이 그러했던 그 상태로 있게 되는 것이다.(582~583/342~343)

미래를 향한 존재인 이상, 인간은 끝내 기다릴 수밖에 없습니다. 그래서 기다림의 기다림의 기다림의 계열이 연속적으로 이어지는 것이고,

그 연속적인 기다림의 계열은 결코 실현될 수 없는 궁극적인 항, 즉 더 이상 기다릴 것이 없는 존재 충만의 상태를 염두에 두고 있습니다. 우리 인생이란 것이 그렇다는 사르트르의 이 이야기는 한편으로는 인간 존재의 근원적인 비극을 말하는 것 같지만, 다른 한편으로는 인간 존재의 드라마틱한 역동성을 말해 주는 것이라 할 수 있습니다.

그런데 기독교인들이 그 궁극적인 항을 죽음, 즉 '최후의 심판'으로 보고자 한다는 것입니다. 사르트르는 죽음이 나의 모든 가능들의 무화임을 분명히 했습니다. 이는 더 이상 기다릴 필요가 없을 정도로 존재 충만한 상태인 궁극적인 항이 죽음이 아니라, 궁극적인 항을 근원적으로 절멸시키면서 동시에 기다림의 계열을 근원적으로 절멸시키는 것이 죽음이라는 이야기입니다. 그래서 사르트르는 그러한 기독교인들의 해석이 어떻게 오류를 갖는 것인가를 입증해 보이고자 합니다.

> 만약 우리의 삶에 그 의미와 가치를 부여하는 것이 계산의 중지라면, 우리네 삶의 줄거리를 형성하는 모든 행위들이 자유였다고 할지라도 그것은 전혀 중요한 것이 못 된다. 만약 우리가 계산이 멈추는 순간을 우리 스스로 선택하지 않는다면, 의미 자체가 우리를 빠져 달아나고 만다.(583/343)

사르트르는 기다림의 계열 끝에서 기다리고 있는 궁극적인 항이 바로 우리 존재의 의미이고 가치라고 했습니다. 그런데 기독교에서 말하는 최후의 심판은 우리 쪽에서의 계산을 종결시키는 것이기 때문에, 더욱이 그 시간을 신이 결정하는 것이기 때문에, 우리의 그 수많은 자유로운 행위들이 갑자기 허공에 뜨게 되는 것이고, 이른바 우리로서는 완전히 곤

두박질치고 마는 것입니다.

결국 죽음이란 어떻게 해석한다 할지라도 기다림의 계열 끝점에서 기다리고 있는 삶의 궁극적인 항이 될 수 없는 것입니다. 이는 사르트르 의 다음과 같은 언명에서 분명하게 드러납니다.

죽음은 우리들 자유의 기반 위에서 출현하는 것이 아니기 때문에, 죽음 은 삶에서 모든 의미들을 제거할 수밖에 없다. 만약 내가 기다림에 대한 기다림에 대한 기다림이라면, 그리고 만약 나의 기다림의 최종적인 대 상과 그 대상을 기다리는 자[인 내]가 한꺼번에 제거된다면, 거기에서 기다림은 거꾸로 **부조리함**이라는 성격을 받아들인다.(583/344)

죽음은 기다림 자체를 부조리하게 만드는 것일 뿐입니다. 내 자신이 기다림이라고 할 때, 이는 죽음이 내 자신의 삶을 부조리하게 만드는 것 이라는 이야기가 됩니다. 그래서 사르트르는 죽음에 대해 결코 기대를 걸 수 없음을 다시 한번 명확하게 밝힙니다.

특정한 행위들, 기다림들, 가치들 등 모든 것들이 단번에 부조리 속으로 떨어진다. 그래서 죽음은 삶에 그 의미를 부여할 수 있는 것이 결코 아 니다. 그 반대로, 죽음은 원칙상 삶에서 모든 의미들을 제거하는 것이 다. 만약 우리가 죽어야만 한다면, 우리의 삶은 의미를 갖지 않을 것이 다. 왜냐하면 삶의 문제들은 그 어떤 해결도 얻을 수 없을 것이고, 그 문 제들이 갖는 의미들 자체가 비결정적인 채 머물고 말 것이기 때문이다. 이러한 필연성으로부터 벗어나기 위해 자살에 도움을 청한들 헛된 일 이다. 자살은, 내가 그 고유한 지반인 삶의 종점으로서 간주될 수 없을 것이다. 자살 역시 내 삶의 행위이기에, 자살은 그 자체 장래만이 유일하게 부여할 수 있는 의미를 요구한다. 그러나 자살은 내 삶의 **최후의** 행위이기 때문에, 자살은 스스로 이러한 장래를 거부한다. 그래서 자살은 전적으로 비결정적이다. …… 자살은 나의 삶을 부조리 속으로 침몰하게 만드는 하나의 부조리함이다.(584/345)

죽음이 도사리고 있는 한, 전혀 길이 없다는 것일까요? 이를 벗어나기 위한 한 방도로서 자살을 택한다 할지라도 삶의 의미들 자체가 궁극적인 존재 충만의 항으로 귀결되지 못하고 비결정적인 상태로 머물고 마는 데 있어서는 난감하기 이를 데 없습니다. 사르트르가 말하는 요지는 도대체 죽음으로부터 삶의 의미를, 혹은 삶의 의미의 가능성을 얻고자 하는 것은 원칙상 불가능하다는 것입니다. 이는 이렇게 적시됩니다.

대자는 그 존재에 있어서 [자신의] 존재가 문제되는 그런 존재이다. 그리고 대자는 항상 하나의 이후(un aprés)를 요구하는 존재이다. 그러므로 대자가 대자적으로 있는 그 존재 속에는 죽음을 위한 자리가 없다. 그러니 죽음에 대한 기다림이란 것이 모든 기다림을, 죽음의 부조리 자체를 포함한 부조리로 몰아넣는 비결정적인 것에 대한 기다림이 아니고서 그 어떤 것을 의미하겠는가. …… 그래서 죽음은 나의 고유한 가능성일 수 없을 뿐만 아니라, 나의 가능성들 중의 하나일 수조차 없는 것이다.(585/346)

결국에는 하이데거를 끝까지 물고 늘어져 근원적으로 붕괴시키고자 합니다. 그 과정에서 잠시 죽음에 빗대어 우리 삶의 운명적인 필연성을 드러내고 있을 뿐입니다. 이래저래 죽음을 생각하지 않을 수 없다는 것이 자칫 삶을 위태롭게 하지 않았으면 하는 마음 간절합니다.

4) 죽음을 둘러싼 대자와 타자

"나의 죽음은 나의 고유한 가능성일 수 없을 것이다. 심지어 나의 죽음은 나의 가능성들 중 하나일 수조차 없을 것이다."(585/346) 죽음에 대한 사르트르의 입장이 하이데거가 보는 죽음과 어떻게 다른가를 잘 나타내 주는 중요한 언명입니다. 하이데거는 죽음을 오로지 나의 죽음으로 여기면서, 나의 죽음이야말로 나의 여러 가능성들 중에서도 가장 고유하고 근원적인 가능성으로 보기 때문입니다.

① 죽음: 타인의 관점의 승리

사르트르의 이 언명이 이러한 하이데거의 입장을 비판하는 데 치중하는 것으로 보이는 것은 사실입니다. 이제 사르트르는 죽음에 관한 자기 나름의 독창적인 분석을 내놓습니다. 그것은 다음의 언명으로 적시됩니다.

> 죽음은 타인의 관점이 내 **자신인바** 내가 내 자신에 대해 갖는 관점에 대해 이룬 승리다.(585/346)

죽음은 대자의 모든 가능성들을 근본적으로 무화시키는 것이 아닐 수 없습니다. 그런데 대자는 본래 자신의 가능성을 향해 고착된 자신의 즉자를 무화하는 것이었습니다. 그러니까 죽음은 대자가 수행하는 무화를 무화시키는 것입니다. 그래서 사르트르는 "죽음은 무화에 대한 무화로서, 나의 존재를 즉자로 정립하는 것이다"(585/346)라고 말합니다. 나의 존재에서 대자의 무화를 무화시키게 되면, 대자는 즉자로 전락합니다. 대자가 즉자로 전락한다는 것은 대자가 전적으로 타인의 지배력에 넘어감으로써 스스로를 상실해 버리는 것입니다. 죽음이야말로 바로 이러한 상태를 가장 완벽하게 이룬 것이 아닐 수 없습니다. 그러니까 죽음에는 나 자신의 대자적인 관점은 완전히 소실되고 오로지 타인의 관점만이 강력하게 힘을 발휘하는 것입니다. 그래서 이렇게 이야기됩니다.

대자는 '살아 있는' 한에서, 자신의 미래를 향해 자신의 과거를 넘어서는데, 이때 과거는 대자가 그것이어야 하는 것이다. 대자가 '살기를 그칠' 때, 그렇다고 해서 이 과거가 폐기되는 것은 아니다. 무화하는 존재의 소실(消失)은 즉자의 유형인 자신의 존재에 있어서 이 과거를 건드리지 않는다. 이 과거는 즉자 속에 가라앉는다. 내 삶은 전적으로 **존재한다**. 이는 내 삶이 조화로운 총체라는 것을 의미하지 않는다. 이는 내 삶이 그 자신의 유예이기를 멈추었다는 것을 의미하고, 내 삶이 자기 자신에 대해 갖는 단순한 의식에 의해 더 이상 변화될 수 없다는 것을 의미한다.(585/346)

내가 죽는다는 것은 내가 대자로서 현존하기를 그치고, 오로지 즉자로서 그야말로 전적으로 존재할 뿐이라는 것을 말한다는 이야기입니다. 사르트르의 존재론에 입각해서 볼 때, 이는 적실한 분석이 아닐 수 없습니다. 대자로서의 내가 완전히 사라지고 즉자로서의 나만 살아남는 것이 곧 나의 죽음이라는 것입니다. 그러니까 죽었다고 해서 나의 삶 자체가 아예 없어지는 것이 아니라는 이야기입니다. 그렇다면, 즉자로서의 나의 삶은 어떤 운명을 거치게 되나요? 간단히 말하면, 내가 죽은 뒤에도 살아 남아 있을 타인들의 손에 철저히 맡겨지는 것입니다. 그들의 손에 의해 죽어 버린 내 삶이 계속해서 변화를 겪을 것입니다. 이에 이렇게 이야기 됩니다.

> [피에르]의 삶이 끝나 버린 지금, 현재와의 모든 연결 끈들을 끊어 버림 으로써 그 즉자의 충만 속에서 그의 삶이 고착되는 것을 막아낼 수 있 는 것은 오로지 **타자의 기억**뿐이다. 죽어 버린 삶의 특징이란 타자가 그 수호자[혹은 감시자]가 된다는 것이다.(586/347~348)

죽고 나면 내가 나의 인생을 더 이상 돌볼 수 없다는 것은 확실합니다. 나의 대자는 사라지고 나의 즉자만이 온전히 남을 것이기 때문입니다. 그렇다고 해서 즉자인 나의 삶조차 완전히 끝나 버린 것은 아닙니다. 비록 나의 손은 떠났지만, 타자의 기억을 통해 즉자인 나의 삶이 그 의미 에 있어서 계속 변경될 수 있기 때문입니다. 설사 내가 타인들로부터 완 전히 잊혀졌다 할지라도 그 자체가 타자의 대상이 되어 변경된 것이라 할 수 있습니다.

② 죽은 자들에 대한 타인으로서의 대자

이 타자의 입장은 살아 있는 나에게 곧바로 이전됩니다. 사르트르는 대 자가 대타적일 수밖에 없다고 했습니다. 이 대타성에 죽어 버린 타인의 즉자적인 삶도 그 대상으로서 포함되어 있습니다. 그러니까 나의 대자적 인 삶이란 것이 근본적으로 죽은 자들과 관계를 맺지 않고서는 성립할 수 없는 것입니다. 이에 이렇게 이야기됩니다.

사실상 죽은 자들에 대한——**모든** 죽은 자들에 대한——관계는 우리가 '대타존재'라 불렀던 근본적인 관계의 본질적인 구조다. 대자가 존재에로 발용함에 있어서, 대자는 죽은 자들과의 관계에 따른 입장을 취할 수밖에 없다. …… 대자는 자기가 무엇인가를 자신의 목적에 의해 자신에게 알린다. 그럴 때 대자는 사라져 버린 집단들이나 개인들에 대해 그들 나름대로 가질 법한 **중요성**을 결정한다.(586~587/348)

우리 모두는 죽은 자들이 없이는, 즉 죽은 자들과 어떤 방식으로든 관계를 맺지 않고서는 살아갈 수 없다는 것입니다. 중요한 것은 어떤 죽은 자들과, 그리고 어떤 유형의 죽은 자들과 어떤 방식으로 관계를 맺느냐 하는 것입니다. 그 관계 맺음은 복잡하기 이를 데 없는 복잡 미묘한 사회역사적인 네트워크를 구성할 것입니다. 나와 인척관계가 없는데도 동학혁명을 통해 죽은 자들을 중시할 수도 있을 것이고, 나라를 팔아먹은 을사오적을 나의 할아버지나 증조할아버지라고 해서 중시할 수도 있을 것입니다.

아무튼 죽은 자들은 살아 있는 자들의 손에 맡겨져 있고, 살아 있는 자들은 죽은 자들과의 관계를 통하지 않고서는 대자적·대타적인 삶을 영위할 수가 없습니다. 흥미로운 점은 살아 있는 자가 자신의 대자적·대타적인 삶을 영위하기 위해 죽은 자들을 일정하게 선택하는데, 일단 선택하고 나면 그 죽은 자들이 오히려 나를 선택하는 꼴이 된다는 것입니다. 사르트르는 이를 현사실성과 자유의 관계로 보아 이렇게 말합니다.

죽은 자들이 우리를 선택하는 것은 분명하다. 그러나 그러기 전에 먼저 우리가 그들을 선택하지 않을 수 없다. 여기에서 우리는 현사실성을 자유에 연결해서 통일시키는 근원적인 관계를 다시 발견한다. 우리는 죽은 자들을 향한 우리의 태도를 선택한다. 그러나 우리가 죽은 자들 중 어느 누구도 선택하지 않는다는 것은 있을 수 없다. 죽은 자들에 대한 무관심 역시 완전히 가능한 하나의 태도이다(그와 같은 태도의 예를 '무국적자'나 어떤 혁명가들 혹은 개인주의자들에게서 찾아볼 수 있다). 그러나 이 무관심은 죽은 자들을 '다시 죽이고자' 함으로써 이루어지는 것인바, 죽은 자들에 대한 여러 처신들 중의 한 처신이다. 그러므로 대자는 자신이 처한 현사실성 자체에 의해 죽은 자들에 대한 전적인 '책임 관계' 속으로 던져진다. 대자는 자유롭게 죽은 자들의 운명을 결정할 것을 강요당한다.(587/349)

"상황에서만 자유가 있을 뿐이고, 자유에 의해서만 상황이 있을 뿐이다"(534/274~275)라는 기본 명제가 다시 떠오릅니다. 다만, 여기에서는 상황을 구성하는 현사실성이 죽은 자들과의 관계에 의거해서 성립하고 있다는 점이 중시되고 있습니다. 나의 대자적인 자유에 의거해서 근원적으로 상황이 성립하듯이, 나는 죽은 자들을 선택하고 또 그들에 대한 나의 태도를 결정합니다. 그러나 상황을 떠나서는 자유가 성립할 수 없듯이, 나는 나의 자유로써 죽은 자들에 대한 태도를 지니지 않을 수 없는 것입니다. 그 태도에는 죽은 자들에 대한 책임이, 즉 죽은 자들의 즉자적인 삶이 어떻게 그 의미에 있어서 변화를 겪을 수밖에 없는가에 대해 '자유롭게 책임'을 져야 하는 게 있습니다. 자유롭다고 해서 아무렇게나 의미부여를 할 수 없는 것은 물론입니다. 이에 대해 사르트르는 아버지가 죽은 뒤 가업을 잇는 아들의 입장이라든지 죽은 스승에 이은 제자의 입장을 그 예로 들고 있습니다.

③ 대자적 삶의 사회역사적 집단성

그러면서 앞서 잠시 스쳐 지나가듯 말한 바 있는 대자의 사회역사적인 삶에 대해 사르트르는 다소 간접적으로 이렇게 언급합니다.

> 관련되는바 죽은 자와 산 자가 역사적이고 구체적인 동일한 집단 관계
> (집단성, collectivité)에 속하는 모든 경우에 있어서 산 자가 죽은 자의
> 운명을 결정해야 한다는 것은 적중한다.(587/349)

대자의 삶이 근원적으로 대타적이고, 대자의 대타존재에 있어 근본적으로 죽은 자들을 염두에 두지 않을 수 없다 할 때, 죽은 자와 산 자가 구체적인 역사성을 띤 하나의 집단 관계를 형성한다는 것은 당연한 일입니다. 말하자면, 나의 대자적인 삶은 근원적으로 사회역사적인 집단 관계 속에서만 가능한 것입니다. 사회역사적인 집단 관계에 대해 무관심한 것조차 사회역사적인 집단 관계를 벗어난 것이 아님은 이미 지적된 셈입니다. 사회와 역사를 탐구하지 않으면 안 되는 근본 이유를 알게 됩니다.

5) 삶에 비추어 본 죽음

이 정도의 분석을 제시한 뒤, 사르트르는 이제 삶과 죽음의 차이를 다음과 같이 정돈해 보입니다.

> 이런 관점에서 보면, 삶과 죽음의 차이는 분명하게 드러난다. 삶(la vie)
> 은 자기 자신의 의미를 결정한다. 삶은 항상 유예되어 있기 때문이다.
> 삶은 본질상 자기비판과 자기변신의 위력을 소유한다. 이를 통해 삶은

'아직-아닌' 것으로서 정의된다. 굳이 말하면, 삶은 자기인 것의 변화 바로 그것이다. 죽은 삶은 죽은 그것으로서는 변화하는 것을 그치지 않는다. 그러나 죽은 삶은 **이루어져 버렸다.**(587~588/350)

당연한 이야기지만, 죽은 자의 삶은 이미 완료되었습니다. 더 이상 삶의 주사위를 던질 수도 없고 활동을 할 수도 없습니다. 그러나 살아 있는 타인들에 의해 그 완료된 삶의 의미는 계속 변할 것입니다. 하지만 그 의미의 변화는 자신의 손을 영원히 벗어나 타자에게로 이관되어 버린 것입니다.

죽음은 전적인 **탈소유**를 나타낸다. 평화의 사도에게서 그의 노력으로부터 그리고 그의 존재로부터 그 의미 자체를 **박탈한** 자는 타자이다. …… 그래서 죽음의 현존 자체는 우리 자신의 삶에 있어서 타인을 위해 우리를 전적으로 양도한다. 죽었다는 것, 그것은 산 자들의 먹이가 되는 것이다.(588/350)

"죽었다는 것은 산 자들의 먹이가 되는 것이다"라는 이 실감나는 말은 한편으로 대자와 타자 간의 적대적인 관계를 나타냅니다. 삶 자체의 판면으로 돌아와 보면, 이는 만약 내가 전적으로 타자의 먹이가 된다면, 그것은 살아 있어도 죽은 것이나 다름없다는 이야기가 됩니다. 물론 그렇게 된다는 것은 원리상 불가능합니다. 삶은 근본적으로 죽음과 다르기 때문입니다. 그래서 이렇게 이야기됩니다.

나의 죽음이 나의 삶 속에서 발견될 수 있음을 인정한다 할지라도, 우리는 나의 죽음이 나의 주체성에 대한 순전한 중지일 수 없음을 안다. 나의 주체성에 대한 이 중지는 나의 주체성 내부에서의 사건이기 때문에 결국에는 나의 주체성에 관련될 수밖에 없는 것이다.(589/352)

나의 죽음은 나의 주체성을 파기하는 것입니다. 그렇다고 해서 나의 죽음이 나의 주체적인 의미들을 아예 없애는 것은 아닙니다. 다만, 나의 죽음은 나의 주체적인 의미들을 객관적인 의미들 한복판으로 넘겨 버립니다. 그런 상태로 타인들의 손에 넘어가 있기 때문에, 나의 주체적인 의미들은 여전히 유예 상태로 있습니다. 하지만, 이는 내가 살아 있는 동안 나의 존재 자체가 끊임없이 대자적으로 유예 상태로 있는 것과는 판이합니다. 그러니까 설사 나의 삶 속에서 나의 죽음이 발견될 수 있다고 할지라도, 그 나의 죽음은 엄격하게 말해 나의 죽음이 아닌 셈입니다. 달리 말하자면, 나의 대자적인 주체성이 중지되는 일이 발견될 수 있다고 할지라도, 그 중지는 어디까지나 나의 대자적인 주체성을 바탕으로 하지 않으면 성립할 수 없고, 그런 한에서 결코 나의 죽음이 아니기 때문입니다. 이에 관련해서 사르트르는 이렇게 이야기합니다.

실상, 죽음이 나의 가능들을 언제든지 무화시킬 수 있는 것인 한, 죽음은 나의 가능성들 밖에 있고, 따라서 나는 그 죽음을 기다릴 수 없다. 즉 나는 나를 나의 가능성들 중 하나를 향해 나를 던지듯이 죽음을 향해 나를 던질 수는 없다. 그러므로 죽음은 대자의 존재론적인 구조에 속할 수 없다.(589~590/352)

죽음이 나의 가능들 밖에 있다는 것은 다른 한편으로 보면 내가 그 죽음을 무화시킬 수 없다는 것입니다. 내가 무화시킬 수 없는 것은 근본적으로 나와 무관합니다. 내가 무화시킬 수 없는 것은 내가 그것에 대해 전혀 의미를 부여할 수 없기 때문입니다. 죽음이 나의 가능들을 언제든지 무화시킨다는 것은 나의 무화를 무화시킨다는 것입니다. 이는 저 앞에서 이야기했습니다. 내가 나의 가능성들을 향해 나를 던진다는 것은 나의 무화를 바탕으로 한 것입니다. 그런데 죽음은 나의 무화에 대한 무화입니다. 나는 나의 무화를 바탕으로 해서 나의 무화에 대한 무화를 향해 나를 던질 수는 없습니다. 논리적으로도 그렇고 현실적으로도 그렇습니다. 그렇기 때문에, 죽음은 대자의 존재론적인 구조에 속한다고 할 길이 없는 것입니다.

내가 살아 있는 한, 나의 죽음은 나의 대자적인 삶을 바탕으로 해서 의미를 가질 수 있을지는 몰라도, 나의 대자적인 삶이 나의 죽음을 바탕으로 해서 영위될 수는 없다는 이야기입니다. 따라서 나의 대자적인 삶을 바탕으로 해서 나의 죽음이 의미를 갖는다 할지라도, 그 나의 죽음은 엄격한 의미에서 보아 나의 죽음이 아닌 것입니다. 그래서 이런 이야기가 이어집니다.

> 죽음에 입각해서 나의 삶을 고려함으로써 나의 삶에 대해 사색한다는 것은 나의 주체성에 대해 타자의 관점을 취함으로써 나의 주체성에 대해 사색하는 것이 될 것이다. 이 일이 불가능하다는 것은 이미 본 바다.(590/353)

실제의 원칙상 내가 나에 대해 타자의 관점을 취한다는 것은 불가능합니다. 그리고 죽음이 타자의 관점과 직결되어 있기 때문에, 죽음에 입각해서 나의 삶을 사색한다는 것은 아예 불가능한 것입니다. 이를 바탕으로 사르트르는 다시 한번 하이데거를 마무리하듯 공격합니다.

> 그래서 하이데거와는 반대로 우리는 다음과 같이 결론지어야 한다. 즉 죽음은 나의 고유한 가능성이기는커녕 하나의 우연적인 사실이다. 이 우연적인 사실은 원칙상 나를 빠져 달아나 근원적으로 나의 현사실성에 속한다. 나는 나의 죽음을 발견할 수도 없고, 기다릴 수도 없고, 그것에 대해 태도를 취할 수도 없다. …… 죽음은 탄생과 마찬가지로 하나의 순전한 사실이다. 죽음은 바깥에서부터 우리에게 온다. 죽음은 우리를 바깥으로 변형시킨다. 요컨대 죽음은 탄생과 전혀 구분되지 않는다. 우리가 현사실성이라 부르는 것은 탄생과 죽음의 동일성 바로 그것이다.(590/353)

한때 나는 하이데거적인 죽음을 설명하기 위해 탄생에서부터 죽음으로 이어지는 선분의 양 끝을 둥글게 연결해서 하나의 원을 만들고, 그 원 안이 삶이라고 한다면, 그 원 바깥은 죽음이라고 했습니다. 그러면서 죽음은 삶을 에워싸고 있는 지평과 같은 것이라고 했고, 지평이 대상에 대해 의미 규정을 하듯이, 죽음이 삶을 의미 규정하는 것이라고 했습니다. 죽음을 삶의 바깥이라고 한 것은 사르트르와 일치합니다. 그런데, 사르트르는 그 바깥을 삶의 지평으로 보지 않고, '탈지평'이라 보고 있는 셈입니다. 살아 있는 나의 삶에 근원적으로 영향을 미칠 수 없는 순전한 우연적인 사실이라는 것이 그런 이야기입니다.

그런데 죽음이 탄생과 더불어 나의 현사실성에 속한다는 것을 어떻게 이해해야 하나요? 혹시 이는 죽음과 탄생이 없이는 대자가 성립할 수 없고, 그렇기 때문에 대자에 대해 지평으로서 작동한다는 것을 오히려 말하는 것이 아닐까요? 현사실성에 대한 사르트르의 정의를 다시 들추어내 보겠습니다.

> 대자는 영구적인 우연성에 의해 지탱된다. 대자는 이 영구적인 우연성을 자기 나름으로 되잡고, 이 영구적인 우연성에 자기를 동화시킨다. 하지만 이 영구적인 우연성을 결코 제거하지 못한다. 대자에 들러붙어 있어 대자를 즉자존재에 연결시키면서도 그 자체는 결코 파악되도록 하지 않는 이 우연성은 즉자존재의 영구적으로 덧없는 우연성이다. 바로 이것이 우리가 대자의 **현사실성**이라 부르고자 하는 것이다. 대자는 **존재한다** [혹은] 대자는 **현존한다**라고 말할 수 있도록 하는 것이 바로 이 대자의 현사실성이다. 하지만 우리는 대자의 현사실성을 결코 [따로] **실현할 수 없고** 항상 대자를 통해서 파악할 수 있을 뿐이다.(119/196~197)

대자의 현사실성이란 대자를 현존한다거나 존재한다고[24] 말할 수 있도록 하는 근거일 뿐, 대자의 존재 자체에 영향을 미칠 수 있는 것은 아니라는 이야기입니다. 대자의 현사실성이 없으면 대자도 사라집니다. 그렇다면, 대자의 현사실성에 속하는 죽음과 탄생이 없이는 대자도 없는 것입니다. '탄생이 없이는 대자가 없다'라는 말은 쉽게 이해할 수 있는데, '죽음이 없이는 대자가 없다'라는 말은 아무래도 쉽게 이해가 안 됩니다. 오히려 죽음은 대자를 절멸키는 것이기 때문입니다.

그러니까 바로 위 인용문에서 우연적인 사실로서의 죽음이 나의 현

---

24) 엄밀하게 말하면 대자는 현존하는 것이지 존재하는 것이 아닙니다.

사실성에 속한다고 할 때, 그러면서 죽음을 탄생과 동일한 순수한 사실이라고 할 때, 사르트르의 초점은 딴 데 가 있다고 보아야 합니다. 죽음을 대자와 무관한 것으로 보아서는 안 되는데, 그렇다고 해서 죽음을 나의 가능성, 더욱이 나의 고유한 가능성으로 보아서는 안 된다는 것에 초점이 가 있는 것입니다. 탄생이 나의 삶에 들러붙어 있듯, 죽음은 나의 삶에 들러붙어 있어 떼 낼 수 없는 것입니다. 들러붙어 떼 낼 수 없다 해서 거기에서부터 나의 삶의 가능성을 찾으려 할 이유는 전혀 없습니다. 오히려 그 반대로 거기에서 우리는 나의 가능성의 한계를 볼 뿐입니다. 나의 가능성의 한계는 나의 가능성에 대해 그야말로 순전한 우연일 뿐입니다.

6) 죽음과 유한성의 차이

이렇게 되면, 가능성의 한계 즉 유한성을 죽음과 동일시할 수도 있을 터인데, 사르트르는 그런 동일시가 하이데거에게서 나타난다고 보고 이를 철저히 경계합니다.

> 일상적으로 흔히 우리의 유한성을 구성하고 드러내는 것이 죽음이라고 여기는 것 같다. 잘못 오염된 이런 생각에서부터 죽음은 존재론적인 필연성이라는 형세를 취하고 그 반대로 유한성은 죽음으로부터 그 우연성이라는 성격을 빌려온다는 귀결을 낳는다. 특히 하이데거는 죽음을 유한성으로 엄격하게 동일시하여 이를 바탕으로 해서 **'죽음으로-향한-존재'**에 관한 그의 이론을 구축한 것 같다.(590~591/354)

죽음과 유한성은 전혀 다른 차원의 문제라는 것을 밝힘으로써 사르트르는 하이데거를 또 다른 측면에서 공격하고자 합니다. 이에 관련해서 그는 이런 주장을 내세웁니다.

> 죽음은 현사실성에 속하는 우연한 사실이다. 유한성은 자유를 규정하면서도 나의 존재를 나에게 알리는 목적에 대한 자유로운 기획투사에 의해 그리고 그 안에서만 현존하는바 대자의 존재론적인 구조이다. 달리 말하면, 심지어 인간실재가 불사의 존재(immortelle)였다고 할지라도, 그는 유한하다. 왜냐하면 그는 스스로를 인간으로서 선택함으로써 스스로를 유한하게 만들기 때문이다. 실상, 유한하다는 것은 스스로를 선택한다는 것, 즉 다른 가능들을 배제하고 하나의 가능을 향해 자신을 기획투사함으로써 자신이 어떤 자인가를 스스로에게 알도록 하는 것이다. 그러므로 자유의 행위 자체는 유한성을 떠맡는 것이고, 또 유한성을 창조하는 것이다. 내가 나를 만든다면, 나는 나를 유한하게 하는 것이다. 그리고 이 사실에 입각해서 나의 삶은 유일무이한(unique) 것이 된다.(591/354)

참으로 흥미로운 주장입니다. 만약 죽지 않는 기독교의 신이 누구를 구원할 것인가를 선택한다고 한다면, 그 신은 유한하다는 이야기입니다. 그러니까 유한하다는 것은 죽을 수밖에 없다는 것과 근본적으로 무관하다는 것입니다. 그 반대로 죽음이 선택하는 자유를 근원적으로 앗아가는 것임을 감안할 때, 오히려 죽음은 유한성을 파기하는 것이 되는 셈입니다. 억지로 말하자면, 죽음은 나를 즉자적인 것으로 만들어 뭇 타인들의 네트워크 속으로 그 의미를 통해 퍼져나가게 함으로써 오히려 무한하게 만드는 것이라 할 수도 있습니다. 그만큼 죽음과 나의 삶의 유한성은 전혀 궤가 다른 것이고, 그러니까 죽음은 대자의 존재론적인 구조에 전혀 해당되지 않는 반면, 자유와 마찬가지로 유한성은 대자적인 인간의 삶에 있어서 근본적인 존재론적 구조가 되는 것입니다.

7) 죽음의 부조리함

죽음은 외부로부터 대자에게 주어진 대자의 성질일 수도 없고, 대자의 근원적인 자유의 선-투로서 대자의 내부에서부터 오는 것은 더더욱 아닙니다. 이렇게 대자의 삶과 근본적으로 무관하다고 할 때, 그렇다면 결국 죽음은 무엇인가요? 사르트르는 우리가 죽는 것은 부조리하다고 하면서 이렇게 말합니다.

> 그렇다면 도대체 죽음은 무엇이란 말인가? 죽음은 현사실과 대타존재의 어떤 측면 이외의 아무것도 아니다. 즉 소여 이외의 아무것도 아니다. 우리가 태어난다는 것은 부조리하다. 우리가 죽는다는 것은 부조리하다. 다른 한편으로 이 부조리는 내 존재의 영구적인 소외로서 주어진다. 이 가능성은 나의 가능성이 아니라 타자의 가능성이다. 그러므로 그것은 나의 주체성의 외적인 그리고 사실에서의 한계이다.(591/355)

태어나고 죽는다는 사실을 부조리하다고 하는 사르트르의 언명이 자못 심중하게 다가옵니다. 그 이유는 무엇일까요? 부조리하다는 것은 본질상 어처구니가 없다는 것입니다. 그런데 그 부조리가 과연 나의 삶자체를 내부에서부터 뒤흔들어 엎어 버리는 힘을 지니는 것인가요? 자칫 그렇게 생각하기가 쉽다. 그런데 사르트르는 결코 그게 아님을 역설합니다. 그는 니체의 후예인가요? 그는 삶을 끝내 그 내면의 본질에서부터 적극적으로 긍정하고자 하는 태도를 보입니다. 죽음이 함유하고 있는 부조리는 주체성, 즉 나의 삶에 대해 사실에 입각한 외적인 한계에 불과하다는 것입니다.

그러나 이 외적인 한계를 과연 무시할 수 있나요? 사르트르는 고백을 하듯이 이렇게 말합니다.

죽을 수밖에 없다는 것은 내가 대타인바 현재의 존재를 나타내고, **죽어있다 것**은 타자에 대한 나의 현행적인 대자의 미래적인 의미를 나타낸다. 그러므로 실로 내 기획들의 영구적인 한계가 문제인 것이다. 그러한 영구적인 한계로서, 이 한계는 내가 떠맡아야 한다. 이 한계는 대자에게 있어서 외재성(extériorité)이다. 대자는 이 외재성을 실현하고자 하는데도 이 외재성은 끝내 대자의 외재성으로 머문다. 이것이 우리가 저 앞에서 **실현해야 할 실현될 수 없는 것**(*l'irréalisable à réaliser*)이라고 정의한 것이다. 자유는 자신의 죽음을 자신의 주체성에 대한, 포착할 수 없고 생각할 수도 없는 한계로서 떠맡기로 선택한다. 그런가 하면, 자유는 타자의 자유라고 하는 사실에 의해 제 스스로 한정된 자유이기를 선택한다. 이 두 선택 사이에는 근본적으로 차이가 없다. 그러므로 이렇게 정의된 의미에서 볼 때, 죽음은 나의 가능성이 아니다. 죽음은 나의 선택으로부터 선택된 이면이자 나의 선택으로부터 달아나는 이면인바, 한계-상황이다. …… 죽음은 하나의 바깥으로서 그리고 하나의 즉자로서 현존하는바 피할 수 없는 필연성이다. 죽음은 '궁극적인 것'(으로서, 즉 주제로 되긴 하지만 위계화된 가능들의 권역을 벗어나 있는 것으로서) 내면화된다. 그래서 죽음은 내 기획들의 피할 수 없는 이면으로서 내 기획

들의 각각의 심장 자체에 들러붙어 있다.(592/356)

너무 길게 인용한 것 같습니다. 우리의 삶에 있어서 죽음 문제만큼 성가신 것도 없습니다. 여기에서 사르트르는 죽음을 두 가지로 나누고 있습니다. 하나는 '죽을 수밖에 없다'는 것이고, 다른 하나는 '죽어 있다는 것'입니다. 전자는 대타적인 나의 현재의 존재라고 하고, 후자는 현재 이루어지고 있는 나의 대자적인 삶이 타자들의 손에 맡겨짐으로써 성립하는 미래의 의미라고 합니다. 두 죽음은 대자적인 나의 주체적인 삶에 대해 한계로 작동하긴 하지만, 그 성격이 다른 것 같은데도 사르트르는 같은 것인 양 취급하고 있습니다. 그것은 나의 자유가 타자의 자유와 관련해서 갖는 한계와 나의 자유가 나의 죽음과 관련해서 갖는 한계를 동일하다고 하는 데서 드러납니다.

둘 다 타자에 관련되긴 하지만, 살아 있으면서 갖는 주체성의 한계 내지는 외재성과 죽고 난 뒤 성립하는 주체성의 한계 내지는 외재성은 실로 상당히 다른 것이 아닐 수 없습니다. 후자의 한계에 대해서는 내 쪽에서의 무화가 아예 불가능하기에 일방적인 관계인 반면, 전자의 한계에 대해서는 설혹 내 쪽에서 무화를 수행하지는 못할지라도 상호 관계인 것만은 분명하기 때문입니다. 하지만, 사르트르가 지적하는 것처럼, 둘 다 나의 대자적인 기획들에 대해 외재성의 이면으로서 착 달라붙어 있는 것만은 틀림없습니다.

사르트르는 무가 존재의 심장에 달라붙어 있는 기생충이라고 했습니다. 이는 대자가 즉자의 심장에 달라붙어 있는 기생충이라고 말하는 것입니다. 즉자인 존재가 세계로서 출현하기 위해서 즉자 자체에서 존재론적인 감압이 일어나 대자가 발응한다고 했습니다. 그래서 우리는 대자를, 즉자를 뒤덮음으로써 즉자가 현상으로서 드러나도록 하는 두께=0인 표면이라고 했습니다. 하지만, 이는 존재함 내지는 현존함에 관련된 일입니다.

함(faire)의 영역에 들어서게 되면, 사뭇 이야기가 달라집니다. 대자에게서 함을 삭제할 수는 없습니다. 대자는 그 자체 행동이라고 해야 합니다. 함에 있어서는 자유가 문제가 됩니다. 자유는 모든 행동의 근본 조건이었습니다. 자유는 상황 속에서만 성립합니다. 자유에 의해 선택한 목적이 없이는 상황이 성립할 수 없습니다. 또한 동시에 상황은 사물들이 없이도 성립할 수 없습니다. 이 상황에 대해서는 다음 시간에 총괄적으로 살펴보게 될 것입니다. 아무튼 자유가 없이는 상황이 성립할 수 없지만, 자유만으로 상황이 성립하는 것은 결코 아닙니다. 상황 속에서만 자유가 성립한다고 할 때, 자유가 성립하는 데에는 어쨌든 외재성에 의거한 한계가 필수적이라는 이야기입니다. 그리고 그 외재성에 의거한 한계를 궁극적으로 형성하는 것이 죽음이라는 것입니다. 그래서 사르트르는 나의 대자적인 기획들에 죽음이 피할 수 없는 이면으로서 그 심장에 달라붙어 있다고 하는 것입니다.

존재함의 판면에서는 대자가 즉자의 심장에 기생충으로서 달라붙어 있는 반면, 함의 판면에서는 죽음이 자유의 심장에 한계인 이면으로서 달라붙어 있는 셈입니다. 대자는 즉자로부터 자양분을 빨아 내어 그 자양분을 무화시키면서 의미로 바꾸어 즉자에게 되돌려 주면서 초월하는 작업을 계속합니다. 이 작업은 대자가 살아 있는 동안 계속됩니다. 그리고 그 바탕에서 자유가 작동합니다. 이 과정에서 즉자로서의 나의 존재는 계속 두툼해지면서 즉자의 총체 속으로 함입됩니다.

대자가 자신이 한 작업의 결과를 즉자에게로 되돌려 줄 수밖에 없는 사태에는 타자를 중심으로 한 상황이 작동합니다. 만약 작업의 결과를 즉자에게로 되돌려줄 수밖에 없는 것을 죽음이라고 한다면, 대자는 자신의 기획에 있어서 그 이면적인 한계로서 죽음이 작동한다는 것을 벗어날 수 없는 것입니다. 달리 말하면, 대자인 나는 항상 죽고 있는 것입니다. 그리고 대자적인 나의 삶이 실제로 죽게 되면, 자신이 한 작업을 즉자에게로 되돌려 주는 작업은 완전히 마무리됩니다. 이 마무리가 이루어진 뒤부터는 살아 있는 동안 대자가 이루어 놓은바, 즉자에게로 넘긴 즉자로서의 나의 존재는 오로지 타자들의 대자적인 작업의 대상, 즉 먹이가 될 뿐입니다.

대자와 즉자의 관계, 나와 타자의 관계, 자유와 상황의 관계 등으로 이루어지는 나의 삶은 매 순간 그리고 최종적으로 죽음을 이면의 한계로 삼아 대장정을 수행해 나가는 셈입니다. 다만, 이때 삶의 주체성의 중심은 어디까지나 대자적인 자유입니다. 이 삶의 대장정에서 나는 나의 죽음을 나의 가능성으로 여길 수도 없거니와 더욱이 나의 궁극적이고 고유한 가능성으로 여기는 것은 더더욱 불가능한 것입니다. 사르트르는 '나의 죽음'에 관한 분석을 마치는 대목에서 이렇게 말합니다.

'게다가(par-dessus le marché) 실현되어야 할' 이 실현 불가능한 것에 직면하여 수도 없이 많은 여러 태도들을 지닐 수 있지만, 그 태도들에 대해 본래적이라거나 비본래적이라고 해서 등급을 나눌 여지는 없다. 정확하게 말한다면, 그야말로(거래를 넘어서서, *par-dessus le marché*) 우리는 항상 죽고 있기 때문이다.(592/357)

끝끝내 하이데거의 실존철학을 바탕에서부터 공격하고 있습니다.

하이데거의 실존철학에서 인간 현존재의 본래적인 존재양식인 실존과 그 비본래적인 존재양식인 '그들'(das Man) 간의 등급에 따른 구분을 빼 버리고 나면, 그야말로 전체가 무너지는 것이나 다름없기 때문입니다.

그런데 늘 죽고 있으면 왜 이러한 등급에 따른 구분을 할 여지가 없는 것인가요? 하이데거에 따르면, 죽음은 나의 고유한 가능성인데, 죽음이 주는 불안 때문에 죽음으로부터 도피하고자 함으로써 성립하는 것이 비본래적인 '그들'의 존재양식이고, 죽음이 주는 불안에도 불구하고 굴하지 않고 오히려 죽음으로 미리 달려가 죽음을 자신의 삶의 진정한 가능성으로 끌어당김으로써 성립하는 것이 본래적인 '실존'의 존재양식입니다. 그런데 이미 늘 죽고 있는데, 굳이 '실존'이니 '그들'이니 하고서 등급을 나눌 이유가 없다는 것입니다.

이러한 사르트르의 분석은 하이데거의 분석에 비해 훨씬 더 현상학적입니다. 현상학적이라고 할 때, 가장 중요한 것은 선결된 어떤 가치 기준을 들이대지 않고 있는 그대로 기술하는 것이기 때문입니다. 유럽어에서는 'existential philosophy', 'philosophie existentiale', 'existentiale Philosophie' 등 모두 같은 단어로 표현되지만, 사르트르의 '현존철학'과 하이데거의 '실존철학'은 이만큼 크게 다른 것입니다.

12. 상황과 자유, 자유와 책임

1) 상황에 대한 정리

그동안 우리는 사르트르가 전개해 온 순서에 따라, 나의 장소, 나의 과거, 나의 환경, 나이 이웃 및 나의 죽음 따위를 살폈습니다. 사르트르는 이것들을 '상황의 구조들'이라고 말했습니다. 상황은 상황에 처해 있는 자가 없이는 성립할 수 없습니다. 사르트르의 존재론 내지는 인간론에서 이 사람은 대자적인 인간실재입니다. 대자는 무화와 초월 혹은 뛰어넘기(dépassement)를 통해 스스로를 자유롭지 않을 수 없는 자로 노출합니다. 그런데 이 대자는 허공에 떠 있는 존재가 아닙니다. 그러니까 대자는 현사실성을 벗어나서는 현존할 수 없습니다. 방금 열거한 상황의 구조들은 바로 대자의 현사실성을 구성하는 구조들입니다. 이 구조들을 나름 세밀하게 분석·검토한다는 것은 사르트르가 "자유는 '상황에서만' 있을 뿐이다"라는 명제로 표현한 자유에 관한 자신의 기본 입장을 입증해 보이기 위한 것이라 할 수 있습니다. 그런데 사르트르는 이렇게 말합니다.

> 나의 장소, 나의 과거, 나의 환경, 나의 죽음 및 나의 이웃에 관해 여러모로 기술했던 그 목적은 '상황'이 무엇인가에 대한 생각을 더욱 명료하게 하기 위한 것일 뿐이다. 이 기술들 덕분에, 우리는 대자를 자기 존재에 대한 근거가 되지 않으면서 자신의 존재방식에 대해 책임을 지는 존재로 특징짓는바 '상황에-처한-존재'를 더욱 정확하게 정의할 수 있게 되었다.(593/357)

자기 존재에 대한 근거가 아니면서도 자신의 존재방식에 대해 책임을 지는 존재, 이를 '상황에-처한-존재'라고 하면서 바로 이것이 대자라고 말하고 있습니다. 상황에 처해 있다 보면, 자신의 존재방식에 대해 상황에 그 핑계를 댈 수도 있는 것 같은데, 그렇지 않고 철저히 자신의 존재방식에 대해 책임을 지는 존재를 확보하고자 한 것이라 말하고 있습니다. 사르트르의 현존철학에 대해 하이데거적인 '실존철학'적인 측면을 군이 찾는다고 한다면, 바로 이 점이 아닐까 싶습니다. 자신의 삶에 대해 자신 외에 그 어떤 다른 것에도 책임을 전가할 수 없도록 되어 있는 대자적인 인간의 근본적인 모습을 찾고자 하는 것입니다. 그 바탕에는 당연히 자유가 전제되어 있을 터, 자유와 책임이라고 하는 필연적으로 서로 연결될 수밖에 없는 두 항을 염두에 두면서 이제 사르트르가 상황에 대해 어떤 방식으로 정돈하는가를 살펴볼 차례입니다.

(1) 상황에 대한 정의

맨 먼저 사르트르는 상황에 대한 정의를 제시합니다.

> 나는 세계의 한복판에 처해 있다. 이러한 나의 처지는 나 자신의 현사실성에 있어서 나를 둘러싸고 있는 실재들이 갖는 도구성의 관계나 적대성(adversité)의 관계에 의해 정의된다. 즉 이 나의 처지는, 내가 세계 속에서 무릅쓰는 위험들, 내가 세계 속에서 만날 수 있는 장애들, 나에게 제공될 수 있는 도움들 등을, 자유롭게 설정된 목적에 대한 관점에 따라 작동하는바 내 자신에 대한 급진적인 무화와 즉자에 대한 급진적이고 내적인 부정을 통해 발견하는 데서 성립한다. 바로 이것이 우리가 **상황**이라 부르는 것이다.(593/357)

인간이면 누구나 자유에 의거해서 목적을 설정하고, 그 설정된 목적에 의거해서 자기 자신에 대한 무화와 주어진 즉자에 대한 부정을 수행한다는 것입니다. 그리고 그럴 때, 그 무화와 부정에 의거해서 위험이라든지 장애라든지 혹은 도움이라든지 하는 것이 세계로부터 노출되어 발견된다는 것입니다. 바로 이것이 상황을 형성하는 근본 구조라는 것이고,

이를 벗어날 수 있는 인간 삶의 방식은 없다는 것이며, 따라서 인간은 근본적으로 '상황에-처한-존재'라는 것입니다.

(2) 전적으로 주체이자 전적으로 사물인 상황, 오로지 상황인 주체

하지만 목적을 설정할 때, 미리 위험과 장애 혹은 도움을 염두에 두지 않을 수는 없을 터, '상황에-처한-존재'인 인간실재는 항상 주어진 소여를 염두에 둠으로써 성립하는 셈입니다. 이에 상황은 주관적일 수도 없고 객관적일 수도 없는 것으로 됩니다.

> 상황은 **주관적**(*subjective*)일 수 없을 것이다. 왜냐하면 상황은 우리가 사물들에 대해 갖는 인상들의 총합도 아니고 통일도 아니기 때문이다. 상황은 **사물들 자체**이고 사물들 중에 있는 나 자신이다. 왜냐하면 내가 세계 속에서 존재에 대한 순수한 무화로서 발용하는 것은 사물들이 거기에 있게 할 뿐 그것들에 아무것도 보태는 것이 아니기 때문이다.(593/358)

> 그러나 만약 객관적이라는 것이 그렇게 체계적으로 구성됨에 있어서 주체가 전혀 개입하지 않고 그저 확인할 뿐인 순수한 소여를 일컫는다면, 상황은 **객관적**(*objective*)일 수 없을 것이다. 상황은 사실상, 소여의 의미화(signification) 자체(이 의미화가 없이는 도대체 소여라는 것이 없을 것이다.)에 의해 대자에게 대자의 자유를 반영해 보인다. …… 상황은 전적으로 주체이고 또한 전적으로 '사물'이다.(주체는 그의 상황 이외 다른 아무것(*rien*)도 아니다. 그리고 사물들 외에는 아무것도 결단코 거기에 없다.)(593~594/358)

2000년 11월 1일에 발간된 철학아카데미의 정기간행물『아카필로』의 창간호는 '주체'를 특집으로 다루었습니다. 여기에서 본인은 '주체의 신화를 넘어서'라는 글을 실었습니다. 거기에는 이런 대목이 있습니다.

드디어 사회적인 얽힘으로서의 나 자신의 정신과 의지, 즉 사회적인 얽힘으로서의 주체적인 힘과 활동을 생각하게 되었다. 말하자면, 개개인을 하나의 사회적인 얽힘으로 생각하게 되었다. 이를 사회-속-얽힘으로 일컫기로 한다. 미리 말하자면 흔히 말하는 주체란 이런 사회-속-얽힘으로서의 개개인들이 서로 격돌하면서 '대대적인 전투'를 벌이면서 생겨나는 부산물인 것이다.[25]

인간 개개인은 '사회-속-얽힘'이라는 것이고, 주체란 '사회-속-얽힘'들 간의 투쟁에 의해 생겨난 부산물이라는 것입니다. '사회-속-얽힘'은 사르트르가 말하는 '상황에-처한-존재'와 엇비슷하지만, 이보다 더욱 상황 쪽에 가 있습니다. 그렇게 함으로써 아예 주체를 없애 버릴 참이었던 것입니다. 그때 왜 그렇게 본인은 주체에 대해 혐오를 느끼고 있었던 것일까요? 그것은 자본주의의 배타적인 소유-주체야말로 근대가 낳은 주체의 근본적인 모습이라 여겼고, 철학적인 판면에서 주체를 아예 제거해야만 그 신화적인 위력을 삭제할 수 있고, 그렇게 함으로써 자본주의의 존재론적인 기반을 제거할 수 있다고 믿었기 때문입니다. 이 글의 말미에는 이런 대목이 있습니다.

---

25) 조광제, 「주체의 신화를 넘어서」, 『아카필로』, 산해, 2000, 67쪽.

사회-속-얽힘으로서의 나를 물끄러미 바라보면서 내 시선이 저쪽으로 스며드는 것을 느낄 때, 그래서 사회-얽힘이 나의 시선을 따라 타고 올라와 나를 점유하는 힘을 느낄 때 주체의 신화가 얼마나 추상적인 것이며 오인에 근거한 것인가를 알게 될 것이다. 그럴 때, 뭇 사물들은 본래부터 소유-주체인 나의 힘에서 벗어나 있음을 느낄 것이다. 또한 그럴 때, 사물들이 지닌 불투명함을 느끼게 되고 그 사물들과 하나가 되고 싶은 충동을 느낄 것이다. 그제야 본래부터 사물이 더없이 아름다운 것임을 느끼게 될 것이고, 나 역시 아름다운 사물임을 느끼게 될 것이다. 또한 그럴 때 주체 없는 이성이 얼마나 자신의 뿌리에까지 다가가 흘러넘치는가를 느끼게 될 것이다.[26)]

정확히 10년 전, 본인의 사유가 어떤 지경을 거치고 있는가를 보여 줍니다. 사실 이런 대목을 보여 주기 위해 애써 이 글을 찾아 재록(再錄)하는 것은 아닙니다. 사르트르가 "주체는 그의 상황 이외의 다른 아무것도 아니다"라고 말하는 데서 간취할 수 있는 '상황인 주체'를 본인 역시 이즈음에 생각하고 있었기 때문입니다. 이 글을 쓰고 난 2년 뒤, 그러니까 2002년 겨울학기가 시작되고 2002년 12월 20일에 개강된 '몸 현실과 주체 신화의 대결'이라는 본인의 강의를 통해 이를 생각하고 있었는데, 사르트르의 『존재와 무』를 강해하면서 오늘 뒤늦게야 사르트르가 그런 생각을 이미 했었다는 것을 알게 된 것입니다. 2002년 위 겨울강좌의 다섯번째 강의, 그러니까 2003년 1월 24일에 있었던 강의에서 본인은 이런 말을 했습니다.

---

26) 조광제, 「주체의 신화를 넘어서」, 79~80쪽.

알고 보면 일상적인 경험으로 볼 때 나의 사유 내용의 선택과 교정과 결정은 상황에서 비롯되는 것이고, 상황에 의거해서 이루어지는 것이 아닌가. 그렇다고 해서 어떤 일정한 상황에 처하게 될 때 모든 사람들이 동일한 방식으로 사유 내용을 선택하고 교정하고 결정하는 것은 아니다. 왜 그런가? 그것은 내 자신 역시 경험의 역사가 진행되면서 축적된 주름과 그에 따른 두께를 지닌 또 하나의 상황이기 때문이다. 말하자면 늘 두툼한 여분의 잉여와 잔여가 남아도는 하나의 상황이기 때문이다.

나의 존재를 하나의 상황으로 본다는 점은 매우 중요하다. 여러 층의 몸틀이 겹겹이 쌓여 있고 온갖 종류의 기억이 주름져 있는 나의 존재는 분명 하나의 상황이다. 따라서 나의 몸은 제 스스로 자신을 향해 물음을 던지고 또 행위를 통해 답을 한다. 내 존재가 몸에 의해 몸을 통해 구현된다는 점을 염두에 두지 않으면 이러한 상황으로서의 나의 존재가 성립될 수 없다. 이러한 상황으로서의 나의 존재를 '주체-상황'[27]이라 하자. 그리고 이 주체-상황이 언제 어디서나 처할 수밖에 없는 흔히 말하는 바깥 상황을 '세계-상황'이라 하자.

몸을 가진 자들은 모두 다 주체-상황으로 존재한다. 이 주체-상황의 경계는 전체적으로 볼 때 철저히 불투명하다. 경계가 불투명하다는 것은 늘 유동적인 존재방식을 띤다는 것을 함축한다. 각기 그 경계가 철저

---

27) 이는 메를로-퐁티가 몸을 항상 상황 지어진 몸이라고 한 데서 조성한 개념이지만, 하이데 거가 인간을 '현존재'라 부르면서 '세계-내-존재'로 규정한 것과도 유사합니다. 그러나 '주체-상황'은 상황을 중심으로 한 어순에서도 알 수 있듯이 주체에 중심을 두고서 그 주체가 상황에 처해 있다는 것을 강조하는 것이 아닙니다. '주체-상황'은 주체가 곧 상황이라는 점을 강조하기 때문에 조어상 그 의미의 방향이 역전된 것입니다. 메를로-퐁티의 상황 지어진 몸을 주체에 관련해서 보자면 그 주체는 기실 상황에 다름 아니라고 하는 몸철학적인 주체 개념인 것입니다.

히 불투명한 여러 주체-상황들이 '동일한' 세계-상황과 만난다 하더라도 도무지 동일한 세계-상황일 수 없다. '동일하다'는 것은 논리적인 구성물일 뿐 실제로는 동일할 수 없다. 왜냐하면, 그 세계-상황 속에 놓인 주체-상황들이 다 다르기 때문이다. 논리적으로는 다른 주체들이 동일한 대상을 만날 수 있다고 말할 수 있다. 그렇게 되면 여러 주체-상황들이 동일한 세계-상황에 놓일 수 있다고 말할 수 있는 것처럼 여겨진다. 그러나 주체-상황과 세계-상황이 만날 때, 두 상황 모두 상황인 이상 양자는 지금 여기에서 교차하면서 서로 뒤섞인다. 따라서 실제로는 주체-상황과 세계-상황을 엄밀하게 뚜렷이 구분하는 것은 원리상 불가능하다. 결국 '여러 사람이 동일한 상황에 처해 있다고 할 때'와 같은 가정은 애초 불가능한 것이다.

강의 때마다 강의록을 제공하는 버릇에 고착되어 버린 탓에, 여기 이 대목도 그때 그대로 여실하게 제시할 수 있습니다. 가끔씩 이렇게 지나간 강의록을 뜻하지 않게 다시 읽는 느낌은 참으로 묘합니다. 마치 딴 사람이 쓴 것 같기도 하면서도 왠지 익숙한 것 같은 묘한 느낌으로 다가옵니다. 역시 나는 내가 아니면서 나인 셈입니다. 그리고 나라는 것은 나 아닌 나들에 의해 상황으로서 존재하는 것입니다. '주체-상황'과 '세계-상황'은 상황의 주체적인 측면과 객관적인 측면을 나누어 말한 것으로 여길 수 있을 것 같은데, 이 둘을 엄밀하게 뚜렷이 구분하는 것이 원리상 불가능하다고 하는 마지막 대목을 고려하면, 근본적으로는 상황 자체의 존재론적인 근본성을 염두에 두고 있음에 틀림없습니다.

다시 사르트르에게로 돌아갑니다. 사르트르는 상황이 곧 전적으로 주체이자 전적으로 사물이라고 말하고 있습니다. 그러면서 주체를 상황이라고 하고, 상황에는 오로지 사물들밖에 없다고 말합니다. 여기에서 그가 말하는 사물은 도구 관계와 적대 관계를 이미 드러내고 있는 사물들일 테고, 따라서 이미 대자적인 무화와 부정에 의거한 것임을 유의해야 합니다. 중요한 것은 상황에 대한 이러한 기술을 통해 사르트르는 주체가 사물들을 노출시키기 위해서만 대자적으로 작동한다는 것을 분명하게 밝히고 있다는 것입니다.

(3) 항상 각자의 상황이다

대자를 그의 상황 자체로 본다고 해서 갑자기 인간이 소실되는 것은 결코 아닙니다. 상황이란 것 자체가 이미 대자의 무화와 부정에 의거해서, 즉 대자의 자유에 의거해서 성립하는 것이기 때문입니다. 오히려 이를 통해 인간이 더욱 분명하게 그 진실을 보입니다. 그래서 이렇게 이야기됩니다.

> 만약 대자가 그의 상황 이외 다른 것이 아니라면, 그와 동시에 그의 거기-존재(현-존재, être-là)와 그의 너머-존재(être-par-delà)를 고려함으로써, 그로부터 '상황에-처한-존재'가 인간실재를 정의한다는 결론이 따라 나온다. 사실 인간실재는 **자신의 거기-존재를 항상 넘어서 있는 존재**다. 그리고 상황은 너머-존재 속에서 그리고 너머-존재에 의해 해석되고 체험되는 거기-존재의 조직된 총체이다.(594/359)

'거기-존재'와 '너머-존재' 간의 뫼비우스 띠와 같은 관계를 통해 인간실재와 상황이 결합되고, 이를 통해 '상황에-처한-존재'인 인간실재가 규정됩니다. 거기-존재는 상황 쪽에 할당되고 있고, 너머-존재는 인간실재에 할당되고 있습니다. 다만, 이 두 존재방식은 서로를 자신의 필수적인 조건으로 요구하고 있습니다. 상황과 인간실재 간의 교환 관계가 그 바탕에 거기-존재와 너머-존재 간의 교환 관계를 깔고 있다는 것입니다.

그러니까 상황에 처해 있다고 해서 상황에 '처박힌' 것이 아니라는 이야기입니다. 이를 사르트르는 노예의 예를 들어 이렇게 말합니다.

> 사슬에 묶인 노예는 그 사슬들을 깨버릴 수 있는 자유를 지니고 있다. 이는 그를 묶고 있는 사슬이 갖는 의미 자체가 그가 선택할 수도 있을 목적에 입각해서 그에게 나타난다는 것을 의미한다. 즉 그는 노예로 남을 것인가 아니면 예종 상태(隸從, servitude)에서 해방되기 위해 최악의 사태를 무릅쓸 것인가 하는 선택을 할 수 있는 것이다. …… 그는 근본적으로 **노예 상태**(*esclavage*)라고 하는 지반 위에서만 선택을 해야 한다. 그리고 그 지반에 의해서만 그 어두운 속박에 대해 의미를 부여해야 한다.(594/360)

노예 상태라고 하는 상황은 일컫자면 노예의 '거기-존재'를 지적해 줍니다. 그리고 이를 깨버릴 수 있는 자유는 노예에게 '너머-존재'를 지적해 줍니다. 이 둘이 결합해서 노예의 상황이 연출되는 것입니다. 그러니까 상황이란 결코 '처박힐 수밖에 없는' 그런 것이 결코 아닌 것입니다. 이런 노예의 상황은 주인의 상황과 전혀 다른 것입니다. 그런데 사르트르는 두 상황을 비교할 수 있는 것은 제3자에 의해서만 가능하다고 하면서, 그러나 그 제3자가 그렇게 비교하는 것조차 그 나름의 상황 속에서 이루어지는 것임을 강조합니다. 그러니까 상황이란 근본적으로 '상황에-처한-존재'인 각자의 상황일 수밖에 없다는 것입니다.

서로 다른 상황들을 비교하기 위해 자리 잡을 수 있는 절대적인 관점
은 전혀 없다. 각자는 하나의 상황, 즉 **자신의 상황**만을 실현할 뿐이
다.(595/360)

(4) 상황은 구체적이다

각자의 상황은 오로지 자신만의 상황일 뿐이라고 할 때, 그 상황들이 한
데 얽히는 대목은 어떻게 되는가 하는 의문이 떠오를 수밖에 없습니다.
우리로서는 저 앞에서 '주체-상황'과 별도로 '세계-상황'을 제시했습니
다. 물론 이 둘이 엄밀하게 구분되는 것은 아니라고 했습니다. 상호주체
적인 상황, 달리 말하면 '상호상황적인 상황'이 얼마든지 가능하다고 여
겼기 때문입니다. 그러나 사르트르는 일단 이에 대해 별다른 말이 없습
니다. 그 대신 각자의 상황이 대단히 구체적임을 역설합니다.

> 목적들은 그 자체 스스로가 밝히는 '거기-존재'에 입각해서만 선-투된
> 다. 그리고 상황은 이러한 목적들에 의해서만 밝혀진다. 그럼으로써 상
> 황은 유난히 구체적인 것으로서 주어진다. 분명히 상황은 추상적이고
> 보편적인 구조들을 포함하고 있고 또 그것들을 떠받친다. 그러나 상황
> 은 세계가 우리를 향해 내보이는 특이한 표정으로서, 유일하고 개인적
> 인 우리의 기회로서 이해될 수밖에 없다.(595/360)

'거기-존재'라는 것은 그 속에 추상적이고 보편적인 구조나 성격을
포함하고 있겠지만 그 자체로 보면 대단히 구체적인 것입니다. 이에 입
각해서 미리 기획되는 목적들 역시 구체적일 수밖에 없고, 또 이러한 구
체적인 목적들에 입각해서 드러나는 상황 역시 구체적일 수밖에 없습니

다. 요컨대 상황이란 개개인 각자의 상황으로서 대단히 특이하고 각자에게 유일하다는 것입니다.

사르트르는 이를 카프카가 제시한 우화의 한 장면을 인용함으로써 그 실감도를 높이고자 합니다. 한 장사꾼이 고소하기 위해 성(城)으로 들어가려 하는데 문지기가 들어가지 못하게 하자 억지로 들어가려 하지 않고 무작정 기다리다가 죽게 되는데, 죽는 순간 장사꾼이 문지기에게, "무슨 이유로 나 혼자만 기다려야 합니까?" 했더니, 문지기 왈, "이 문은 오로지 당신을 위한 것이야"라고 했다는 것입니다. 바로 이것이 대자에 해당되는 것이라고 하면서, 사르트르는 "**각자는 자기 자신의 문을 스스로 만든다**"라는 말이 더 그럴듯하다고 하면서 이를 덧붙입니다. 여기에서 문은 상황을 은유하는 것일 터입니다. 그러면서 사르트르는 이렇게 결론을 내립니다.

> 대자는 완전히 주어진 목적과 더불어 발용하지 않는다. 대자는 상황을 '만듦으로써' '자신을 만들고', '자신을 만듦으로써' '상황을 만든다'.(596/361)

상황이 곧 자신인 것이 대자임을 감안할 때, 이러한 대자의 자신과 상황 간의 '만들기의 관계'는 근원적인 논리에 있어서 이렇게 구분될 뿐 실제에 있어서는 구분조차 되지 않는다고 보아야 할 것입니다.

(5) 상황은 자유도 속박도 아니다

저 앞에서 노예의 이야기를 했던 것에서 어느 정도 파악된 것이긴 한데, 사르트르는 이렇게 말합니다.

자유는 속박의 의미를 그 자신에게 부여한다. 이 자유에 의해 속박이 밝혀진다. 상황은 속박이 자유에 의해 밝혀지는 그 밝혀짐으로부터 생긴다. …… 그래서 자유는 목적들을 향한 자유로운 기획으로서 세계 속에 속박된다.(596/361~362)

"상황은 속박이 자유에 의해 밝혀지는 그 밝혀짐에 의해 생긴다"라는 것이 핵심입니다. 그저 논리적인 맥락으로 보아, 자유가 전제되지 않으면 속박이 성립되지 않는다는 것이 아니라, 속박이든 해방이든 간에 그 바탕에 대자적인 자유가 존재론적으로 전제되지 않으면 의미를 가질 수가 없다는 것입니다. 자유에 의거한 의미의 밝혀짐이 상황을 구성하는 핵심이기 때문에, 상황이란 것이 애당초 자유 자체도 아니고 속박 자체도 아니라는 이야기입니다.

(6) 상황은 대자의 실체적인 영속성을 고려하도록 한다

대자를 그의 상황이라고 했습니다. 상황은 실재들(réalités)을 염두에 두지 않고서는 성립할 수 없습니다. 그런데 실재들은 즉자의 영구성을 드러냅니다. 대자는 시간화 자체라고 할 수 있을 정도로 현존적인 존재입니다. 그래서 "대자는 **존재하지 않는다**"는 말이 성립하고, "대자는 **스스로를 만든다**"라는 말이 더 정확한 표현이 되는 것입니다(596/362 참조). 말하자면, 자유란 부단한 갱신인 것입니다. 하지만, 대자가 목적을 설정하고 그렇게 설정된 목적을 일정하게 유지하고 끌고 간다고 할 때, 암암리에 대자의 영속성이 일정하게 유지되어야 하지 않을까요?

그뿐만 아니라, 우리는 '너 하나도 변하지 않았구나'라든가 '나이가 마흔이면 자신의 얼굴에 책임을 져야 한다'라는 식의 말을 합니다. 이때 유지되는 나 자신의 동일성은 어디에서 비롯되는 것인가요? 그리고 흔히 어떤 한 사람에 대해 어떤 기질이나 성격을 지녔다고 할 때, 그러한 기질이나 성격의 동일성은 어디에서 성립되는 것인가요? 이에 관해 사르트르는 대자의 실체적인 영속성이라 지칭하면서, 대자 자체가 본래 실체적인 영속성을 지닌 것은 결코 아니지만, 상황에 의거해서 이를 생각하게 된다고 합니다.

상황은, 흔히 사람들에 대해 기꺼이 인정하고 있고 대부분의 경우 사람들이 자신의 것이라고 경험적으로 체험하는바 이 실체적인 영속성을 고려하도록 할 수밖에 없다.(596/362)

그렇다면 과연 상황은 어떻게 해서 이러한 대자의 실체적인 영속성을 고려하도록 하나요? 실체적인 영속성은 즉자의 몫이지 대자의 몫은 결코 아닙니다. 하지만 상황에 처한 대자로서는 실재들과의 관계를 반영하지 않을 수 없습니다. 말하자면 실재들이 드러내는 영속성이 대자에게 반영됨으로써 마치 대자가 실체적인 영속성을 갖기라도 한 것처럼 된다는 것입니다.

특히 장소, 환경, 우리에 대한 이웃의 판단들, 우리의 과거 등이 갖는 영속성은 우리의 **끈기에 대한 퇴락된 이미지를 형태화해서 나타낸다.** 내가 나를 시간화하는 동안에, 나는 **타인에 대해** 언제나 프랑스인이고, 공무원이거나 프롤레타리아이다. [내가] 실현할 수 없는 이것은 내 상황의 불변적인 한계라고 하는 성격을 갖는다. …… 자기(에 대해) 체험되고 의식되는 자유로운 기획이었던 그 성격은 타인의 시선에 의해 받아들일 수밖에 없는바 실현할 수 없는 '불변자'가 된다. …… 내가 나를 타인의 시선에 의해 홀리도록 내버려 두는 한, 나의 성격은 내 자신의 눈앞에서 실현할 수 없는 '불변자' 즉 내 존재의 실체적인 영속성을 형태화해서 나타내게 될 것이다.(596~597/362~363)

나는 한국인을 실현할 수 없고, 철학 선생을 실현할 수 없습니다. 이는 내가 '한국인'을 혹은 '철학 선생'을 이미 항상 넘어서 버리기 때문에, 지금-여기라고 하는 구체적인 현존자로서 곧이곧대로 실현할 수 없다는 것을 의미합니다. 그런데도 그러한 규정들이 타인의 시선에 의해 나에게 달라붙습니다. 말하자면, '거기-존재'가 '너머-존재'를 움켜쥐고서 마치 '거기-존재'인 것처럼 만든다는 것입니다. 그래서 내 자신에게조차 나의 대자적인 본성이 억압되고 그러한 규정들이 기질이라든가 성격이라는 것으로서 마치 내 존재의 실체적인 영속성인 양 주어진다는 것입니다. 상황 때문에 그렇게 된다는 이야기입니다.

하지만 이제까지의 분석적 기술들에 의하면, 상황은 자유에 의해서만 성립하는 것이기에 상황으로부터 주어지는 내 존재의 실체적인 영속성이란 것도 근본적으로는 계속 스스로를 시간화하는 나의 대자적인 자유와 기획을 바탕으로 하지 않고서는 성립할 수 없습니다. 이는 원칙입니다. 이 원칙을 고려할 때, 상황으로부터 투사된 내 존재의 실체적 영속성은 어디까지나 실용적인 차원에서만 성립하기에 허약한 것으로서, 존재론적인 기반에서는 결코 성립할 수 없는 것이라 할 것입니다.

그 외 사르트르는 상황의 복잡성과 단순성, 그에 따른 내 존재의 복잡성과 단순성 등을 논의하는데, 이점은 생략하기로 합니다. 전체적으로 볼 때, 대자를 바로 그 상황이라고 하고, 주체를 곧 상황이라고 하는 사르트르의 말이 가장 울림이 크다 하겠습니다. '대자'라는 말을 들었을 때, 논리적인 직관에 의해 단박 주어지는 선입견, 즉 사르트르는 인간 존재를 반성적이고 추상적이고 논리적인 방식으로 접근해서 순수한 초월의 경지를 노리고자 하는구나 하는 선입견을 처음부터 무너뜨리는 것이 바로 이 상황에 관한 사르트르의 분석이라 하겠다. 메를로-퐁티가 주체를 몸으로 보고, 몸을 항상 '상황에 처한 몸'이라 여겨 대단히 구체적으로 인간 삶의 구도를 밝혀낸 것은 이 같은 사르트르의 분석에 힘입은 바 크다 할 것입니다.

2) 자유와 책임

이렇게 해서 제4부 '가짐, 함 그리고 있음'의 첫번째 장인 '있음과 함: 자유'의 첫 두 절 '행동의 첫째 조건, 그것은 자유다'와 '자유와 현사실성: 상황'을 마쳤습니다. 이제 이 장의 마지막 절인 '자유와 책임'으로 돌입합니다. 그런데 '돌입한다'라고 하면서 기염을 토하기에는 이 절의 분량은 아주 적습니다. 겨우 네 쪽에 불과합니다. 그리고 중심 화제를 '전쟁과 나의 책임'이라고 해도 될 정도로, 전쟁에 동원된 나의 경우를 핵심 예로 삼아 책임 문제를 분석해 들어갑니다.

맨 먼저 사르트르는 우리 인간이 근본적으로 자유로운 존재인 한, 우리는 나 자신과 세계에 대해서 절대적인 책임을 질 수밖에 없다고 말합니다.

인간은 자유로울 수밖에 없도록 선고되었다. 그렇기 때문에, 인간은 자신의 어깨 위에 세계 전체의 무게를 짊어진다. 존재방식에 관한 한,

인간은 세계와 자기 자신에 대해 책임이 있다. …… 그 어떤 낯선 것도 우리가 느끼는 것에 대해, 우리가 살아내는 것에 대해, 혹은 우리 자신인 것에 대해 결정하지 않았다. 게다가 이 절대적인 책임은 수락(acceptation)이 아니다. 그저 이 절대적인 책임은 우리의 자유에 따른 귀결로부터 논리적으로 요구되는 것이다. 나에게 일어나는 일은 나에 의해서 나에게 일어난다. 나는 그 일에 대해 애통해 할 수도 없고 거역할 수도 없고 사양할 수도 없는 노릇이다. 그뿐만 아니라, 나에게 일어나는 모든 일은 **나의 것**이다. 이에 대해 무엇보다도 먼저 인간으로서 내가 나에게 일어나는 일을 항상 감당할 수 있는 능력이 있다는 것으로 이해해야 한다. 왜냐하면, 다른 인간들이나 그 자신에 의해 한 인간에게 일어나는 일은 오로지 인간적일 따름이기 때문이다. …… 비인간적인 상황은 없다.(598~599/364~365)

어떤 행동을 함에 있어서 자유로운 만큼 책임을 져야 하는 것은 당연합니다. 그런데 사르트르가 말하는 자유는 도대체 벗어날 수 없는 자유입니다. 그렇다면, 그 책임은 어쩌면 무한정하다고 할 정도이고, 또 그런 만큼 절대적입니다. 나에게 무슨 일이 일어날지라도, 그것은 나에 의해 일어난 것이라고 하는 사르트르의 언질은 언뜻 듣기에 너무 과격합니다. 나에게는 전혀 뜻하지 않는 끔찍한 재해가 닥칠 수도 있고, 나의 결정과 전혀 무관한 전쟁과 같은 대대적인 사태가 닥칠 수도 있습니다. 그런데도 사르트르는 그 모든 일들이 나에 의해 일어난다고 말하기 때문입니다. 과격하다 못해 아예 말도 안 되는 것 같기도 합니다. 그런데 사르트르는 나에게 일어나는 모든 일들은 나의 것일 따름이고, 그 말뜻은 그 일들이 모두 다 '인간적인' 것이기에 내가 항상 감당할 수 있다는 것으로 이해해야 한다고 말합니다. 과연 무슨 뜻일까요? 급진적인 그의 이야기를 들어 보겠습니다.

만약 내가 전쟁에 동원된다면, 그 전쟁은 나의 전쟁이다. 그 전쟁은 내 모습을 따른 것이고, 나는 그 전쟁을 받을 만한 자격이 있다. 나는 자살이나 탈영에 의해 전쟁으로부터 언제든지 나를 빼내 올 수 있었다. 이 궁극적인 가능들은 상황을 직시하는 것이 관건일 때, 항상 우리에게 주어질 수밖에 없는 것들이다. 그렇기 때문에 나는 그 전쟁을 받을 만한 것이다. …… 만약 내가 죽음이나 불명예보다 전쟁을 더 좋아했다면, 그 전쟁에 대해 내가 전적으로 책임을 지는 것으로 모든 일들이 전개된다. …… 인간실재의 고유성은 변명할 여지가 없이 존재한다는 것이다. 그러므로 나에게는 이 전쟁에 대해 책임을 질 일만 남는다. 그뿐만이 아니다. 그 전쟁은 나의 것이다. 그 전쟁은 내가 존재하도록 했던 상황 속에서만 일어난다. 나는 그 전쟁에 대해 찬성하거나 반대하는 방식으로 참여함으로써만 그 상황에서 그 전쟁을 발견할 수 있을 뿐이다. 그렇기 때문에 나는 지금 내가 내 자신에 대해 수행하는 선택과 내가 그 전쟁에 대해 수행하는 선택을 구분할 수 없다. 이 전쟁을 체험하는 것은 이 전쟁에 의해 나를 선택하는 것이고, 이 전쟁을 선택하는 것은 나 자신에 대한 나의 선택에 의한 것이기 때문이다.(599/366)

대략 무슨 말인지 이해가 됩니다. 원칙적으로 내가 주어진 상황에서 어떤 태도를 취하고 어떤 행동을 하건 간에 그 모든 것은 전적으로 나의 문제이고 나의 권한에 속한 일이라는 것입니다. 나에게 주어진 상황이란 내가 나의 자유로써 떠받치지 않고서는 성립되지 않는 것이기에 더욱 그러합니다. 그 바탕에 선택, 즉 나의 선택이 깔려 있습니다. 죽음을 선택하지 않고 탈영에 의한 불명예도 선택하지 못했다면, 그것은 그저 전쟁에 참여할 수밖에 없는 것을 선택한 것입니다. 그러니까 그 전쟁에 대해 책임을 져야 한다는 것입니다. 철저하고 잔인합니다. 하지만 분명히 맞는 말이 아닐 수 없습니다. 사르트르가 이런 주장을 하는 것은 그만큼 인간 존재는 근본적으로 자유를 바탕으로 해서 이루어진다는 것일 터입니다. 그래서 결국은 이런 결론이 납니다.

> 나는 내 존재의 근거가 아니기 때문에 나의 책임 자체를 제외하고, 실제로 모든 것에 대해 나는 책임이 있다. 내가 책임을 지지 않을 수 없도록 강요당하는 양 모든 일들이 전개된다.(600/367)

자유롭지 않을 자유가 없듯이, 우리는 책임지지 않을 수 없도록 강요당한다는 것입니다. 내가 내 존재의 근거가 아니기 때문에, 내가 모든 것에 대해 책임을 져야 한다는 사실 자체에 대해서는 내가 책임을 질 수 없습니다. 그와 마찬가지로, 우리가 책임지지 않을 수 없도록 되어 있는 것은 본래 그렇게 되어 있을 뿐 그 자체 자기 근거를 지니지 못하기 때문에 어쩔 도리가 없다는 것입니다. 그래서 이렇게 요약됩니다.

> 나는 내 자신에 대해 전적으로 책임을 지도록 선고되었다.(601/368)

그렇다고 해서 내가 처음부터 양심의 부름이라든지 근원적으로 탓이 있다거나 하는 것이 결코 아닙니다. 그건 하이데거의 이야기고, 사르트르가 말하는 책임은 자유와 동전의 양면을 이루는 근원적인 것입니다. 사르트르는 몇 가지 이유를 들어 "대자의 책임은 거주-세계(monde-peuplé)인 세계 전체에로 확장된다"라고 한 뒤, 다음의 이야기를 하고서 제4부의 제1장 '있음과 함: 자유'를 마무리 짓습니다.

> 책임은 자신의 내던져져 있음에까지 이른다. 불안 속에서 이러한 책임
> 에 기획투사되어 있는바 자신의 조건을 실현하는 자는 양심의 가책도
> 후회도 변명도 더 이상 갖지 않는다. 그는 그 스스로를 완전하게 발견
> 하는 하나의 자유일 뿐이고, 그러한 자기 자신의 발견 자체에 그 존재
> 를 두는 하나의 자유일 뿐이다. 그러나 이 저작의 초두에서 지적한 것
> 처럼, 대부분의 경우에 우리는 불안을 피하여 자기기만 속으로 도피한
> 다.(601/369)

그러고 보면, 사르트르가 자기기만에 대해 분석한 내용을 다시 점검
해 보아야 할 것 같습니다. 왜냐하면, 자기기만을 다루면서 우리는 자기
기만이 대자적인 의식을 지니고서 현사실적인 즉자적 상황을 살아야 하
는 인간실재로서는 어쩔 수 없는 근본 구조인 양 생각했기 때문입니다.
아무튼, 사르트르는 내던져져 있음의 불안 속에서조차 양심의 가책이나
후회나 변명을 하지 않을 수밖에 없도록, 즉 책임을 질 수밖에 없도록 되
어 있는 자유로서의 인간 존재를 역설합니다. 여기에서 불안이란 근본적
으로 자기 존재에 대한 근거가 될 수 없다고 하는, 이른바 절대적인 우연
에 입각한 존재인 한에서 벗어날 수 없는 것임을 염두에 둡시다. 그리고
그것이야말로 내던져져 있음이라는 것임을 염두에 둡시다.

제3장 | 함과 가짐

1. 현존적 정신분석

1) 강해 상황

이제 새로운 장(章)이 시작됩니다. 이참에 다시 한번 지금 우리가 어디쯤 와 있는가를 되새겨 보고자 합니다. 『존재와 무』는 모두 6개의 큰 대목으로 구성되어 있습니다. '서설', '제1부 무의 문제', '제2부 대자', '제3부 대타', '제4부 가짐, 함 그리고 있음', '결론'이 그 대목들입니다. 지금 우리는 두 개의 장으로 구성되어 있는 제4부의 제1장 '있음과 함 : 자유'를 마치고, 제2장 '함과 가짐'으로 돌입하고 있습니다. 이 제2장은 세 개의 절로 되어 있습니다. 제1절 '현존적 정신분석', 제2절 '함과 가짐: 소유', 제3절 '존재의 누설인 성질에 관하여'가 그것들입니다. 이 제2장은 불어본으로 전체 쪽수가 61쪽입니다. 그리고 결론이 두 절, '제1절 즉자와 대자: 형이상학적 개관', '제2절 도덕적 전망들'로 되어 있는데, 그 쪽수가 12쪽입니다. 모두 합치면 73쪽이 남은 셈입니다. 2010년 12월이 다 가기 전에는 어쨌든 마치고자 합니다. 정규 학기가 오늘 강의를 포함해서 4회 남았으니 예상컨대 과외로 3회를 더 해야 할 것 같습니다. 물론 예상 외로 종료가 당겨질 수도 있습니다.

2) 현존적 정신분석의 출발

'현존적 정신분석'의 불어는 'la psychanalyse existentielle'입니다. 흔히들 '실존적 정신분석'이라고 번역하지만, 우리는 그동안 견지해 온 입장, 즉 사르트르 철학은 하이데거 철학과는 변별되게끔 '현존철학'이라 불러야 마땅하다고 여기는 입장에 따라 '현존적 정신분석'이라고 번역합니다.

사르트르가 군이 '정신분석'이라는 작업을 해야 한다고 여기는 데에는 여러 가지 이유가 있을 것입니다. 우선 프로이트의 정신분석에 대해 반박을 하지 않으면 안 된다고 여기고 그 대안을 제시하기 위한 것입니다. 사르트르는 저 앞에서 '자기기만'을 분석하면서 프로이트의 정신분석이 갖는 한계를 지적하면서 비판한 바 있고, 또 자유에 입각한 선택 문제를 분석하면서 프로이트의 정신분석을 비판한 바 있습니다. 예컨대 그는 이렇게 이야기했습니다.

압축과 전이와 같은 그 어떤 기계적인 이론도 자기 스스로 자기 자신에게 영향을 미치는 경향을 띤 이러한 변형들을 설명할 수 없다. 왜냐하면 위장(偽裝)의 과정에 대한 기술이 궁극성에 은근히 기대고 있음을 함축하고 있기 때문이다. …… 정신적인 것의 의식적인 통일성을 배척했기 때문에, 프로이트는 현상들을 결합시키는 마술적인 통일성을 도처에서 암시할 수밖에 없다. …… 마술에 의한 설명은 그 원리상의 저급함

외에도, ——무의식의 단계에서, 검열의 단계에서 그리고 의식의 단계에서 ——서로 함축하면서 서로를 파괴하는 모순적이면서 보완적인 두 구조들의 공존을 제거할 수 없다.(88/156~157)

우리는 프로이트처럼 모든 행위를 이해할 수 있는(compréhensible) 현상으로 생각하거나, 또 그와 마찬가지로 결정론적인 '우연'(hasard)을 용납하지 않는다. 그러나 우리는 사안이 되는 현상을 과거에 입각해서 이해하지 않는다. 그 대신 우리는 그 포괄적인(compréhensif) 행위를 미래로부터 현재를 향해 되돌아오는 것이라 생각한다.(503/232)

사르트르가 프로이트의 정신분석을 비판하는 이러한 대목들이 과연 얼마나 정당한가 하는 문제는 프로이트의 정신분석을 깊이 연구하지 않고서는 쉽게 판별할 수 없을 것입니다. 우리로서는 이를 통해 사르트르의 인간론적인 입장을 더 분명하게 파악할 수 있습니다. 그 요지는 프로이트의 정신분석에서처럼 나 자신을 하나의 구조적인 총체로서 이해하되, 정신분석과는 반대로 과거에 입각한 고착된 닫힌 구조로서 이해하는 것이 아니라 미래에 입각해서 현재로 되돌아오는 역동적인 열린 구조로서 이해해야 한다는 것입니다.

이와 관련해서 현존적 정신분석을 제시하지 않을 수 없는 사르트르는 나름의 이유를 이렇게 제시합니다.

우리가 확립하고자 했던 것처럼, 만약 인간실재가 자신이 추구하는 목적들에 의해 알려지고 정의되는 것이 옳다면, 이 목적들을 탐구하고 분류하는 것은 필수불가결하다. 사실이지 앞 장에서 우리는 대자를 고찰하되, 오로지 그의 자유로운 기획이라는 각도에서만, 즉 대자가 자신의 목적을 향해 스스로를 기획투사하는 그 비약이라는 각도에서만 고찰했다. 이제 이 목적 자체에 대해 탐문하는 것이 바람직하다. 왜냐하면 목적은 절대적 주체성의 초월적이고도 객관적인 한계로서 **그 부분을 형성하기** 때문이다.(602/374)

사실이지, 사르트르가 대자의 목적을 운위할 때 우리는 이제까지 그 목적이 과연 무엇인지를 궁금해 했습니다. 그는 그저 대자가 자신의 존재를 확보하는 것을 궁극적인 목적으로 삼는다는 이야기를 들어왔을 뿐입니다. 이제 이를 본격적으로 탐구하려는가 봅니다. 만약 이를 확인하고 나면, 우리는 사르트르가 궁극적으로 인간 존재를 어떻게 보고 있는가를 좀더 구체적으로 알게 될 것입니다.

3) 경험적 심리학에 대한 비판

'현존적 정신분석'이라는 제목을 단 이 장의 서술 목적이 그러하지만, 그 전에 사르트르는 우선 경험적 심리학에 대한 비판을 수행합니다. 그는 경험적 심리학이 특정한 인간을 그의 욕망들에 의해 정의하는 것을 일정하게 인정하면서, 그러나 경험적 심리학이 두 가지 오류를 범한다는 것을 이렇게 지적합니다.

먼저 경험적 심리학은 인간을 그 욕망들에 의해 정의하면서도 여전히 실체론적인 착각의 희생물이 되고 있다. …… 그래서 경험적 심리학은 초월의 이념을 환기시키는 일체의 것들을 회피한다. …… 욕망들을 의식에 거주하는 작은 정신적 실재물들로 간주하지 않도록 조심해야 한다. 의식은 그것이 원칙상 무엇인가에 대한 의식인 한에서, 선-투적이고 초월적인 근본 구조를 지닌다. 욕망들이란 바로 이런 의미로 본 의식 자체이다.

다른 오류는 첫번째 오류와 근본적으로 연결되어 있는데, 경험적인 욕망들의 구체적인 전체에 도달하게 되면 그것으로 심리학적인 탐구가 종결된다고 여기는 것이다. 그래서 한 인간은 경험적인 관찰에 의해 확립될 수 있을 법한 경향들의 다발에 의해 정의되고 만다. 물론 심리학자는 언제나 이 경향들의 **총합**을 구축하는 데 머물지는 않을 것이다. 그는 그 경향들의 유사성들이나 일치 및 조화 등을 드러내기를 좋아할 것이고, [그럼으로써] 욕망들의 전체를 하나의 종합적인 유기적 조직으로서 제시하고자 할 것이고, 그 속에서 각각의 욕망이 어떻게 다른 욕망들에 작용을 가해 영향을 미치는가를 제시하고자 할 것이다.(602~603/374~375)

경험적 심리학의 오류는 첫째, 의식을 하나의 실체로 보아 고정되어 있는바 배타적인 존재론적 자리가 있는 것으로 여긴다는 것입니다. 이는 데카르트가 정신을 실체로 본 것으로 소급될 수 있을 것이고, 더 올라가면 플라톤이 영혼을 영원불멸하면서 윤회하는 것으로 본 것으로 소급될 수 있을 것입니다. 이렇게 되면, 사르트르가 이제까지 애써 곳곳에서 제시해 온 내용에 위배됩니다. 즉 의식이 스스로를 무화하면서 초월하는 이른바 의식의 현존을 드러낼 수 있는 길이 원천적으로 봉쇄됩니다. 그뿐만 아니라, 이렇게 의식을 실체로 여기게 되면 욕망들이 의식의 구성요소들로서 의식에 포함되어 있는 것으로 되면서, 욕망들과 의식의 관계가 그 '관계의 관계의 ……' 하는 식의 무한퇴행의 질곡으로 빠져들 수밖에 없습니다.

"대자는 존재하지 않는다"(596/362)라는 사르트르의 말은 "의식은 존재하지 않는다"라는 말로 바꿀 수 있고, 이는 바로 의식이 실체가 아니라는 것을 지시합니다. 후설의 경우는, 의식이 실체의 차원을 넘어서 있기 때문에 의식이 실체가 아닌 반면에, 사르트르의 경우는 의식이 실체의 근원이라 할 수 있는 즉자존재의 표면에 붙어 있기 때문에 실체가 아닙니다. 그래서 사르트르가 욕망들을 일컬어 바로 의식 자체라고 하는 것은 의식되는 것이 없이는 의식이 성립할 수 없듯이, 욕망되는 것이 없이는 욕망이 성립할 수 없고, 실제로 의식이란 무엇인가에 대한 욕망으로 발용하는 것에 다름 아니라는 것을 함축한다 할 것입니다. 따라서 욕망 자체는 더더구나 실체일 수가 없는 것입니다.

문제는 두번째 오류인데, 첫번째 오류와 근본적으로 연결되어 있다고 하는 대목이 석연찮습니다. 어떻게 연결되는가가 불분명하기 때문입니다. 인간을 경향들의 다발로 여긴다는 것은 의식 혹은 인간의 실체성을 부정하는 것에 해당됩니다. 예컨대 데이비드 흄이 정신(mind)을 '내적 인상의 총합' 혹은 '연결된 지각의 다발'이라고 했을 때, 그것은 정신의 실체성을 부정한 것입니다. 그런데 이에 대한 사르트르의 입론은 '경험적 욕망들의 구체적인 전체'를 '하나의 유기적 조직'으로 보려는 것에 초점을 맞추고 있습니다. 그렇게 '유기적 조직으로서의 욕망들의 전체'를 염두에 둘 경우, 그것은 일종의 실체론적인 사유에 의거한 것이라는 이야기입니다.

여기에서 거론되는 '전체'(ensemble) 내지는 '총합'(somme)은 '총체'(totalité)와 연결됩니다. 그런데 사르트르는 인간을 '탈총체화된 총체'

라고 여김으로써 초월에 의거한 현존을 강조합니다.

> 의식의 시간은 탈총체화하는 효모로서 총체 속으로 미끄러져 들어가는 무다. 자기 뒤를 따라 흐르면서 동시에 자신을 거부하는, 그 자체 자기 자신의 초월이면서도 자기 자신을 향해 자신을 초월하기 때문에 자신의 초월에 있어서 자기 자신에서 그 어떤 종착점도 발견할 수 없는 이 총체성은 그 어떤 경우에도 한 순간의 한계들 속에 존립할 수는 없을 것이다.(185/290~291)

> 나는 탈총체화된 총체인 나 자신으로부터 나의 특이한 가능성들 중 하나를 소묘하는 데로 나아간다.(505~506/235)

망라할 수 있는 경향들 내지는 욕망들이 미리 있다고 여기고, 그것들을 망라해서 하나의 유기적인 조직으로서 제시할 수 있다고 여기는 것은 전적으로 오류라는 것입니다. 그런데 이 두번째 오류에 관련해서 사르트르는 경험적 심리학에 의거한 분석에 있어서 일종의 공준(postulat)으로 떠받들어지는 것이 있다고 하면서 이를 이렇게 비판합니다.

> 이 같은 심리학적 분석은, 개별적인 사실은 추상적이고 보편적인 법칙들의 교직에 의해 산출된다고 하는 공준으로부터 출발한다. …… 가설에 의해, 추상적인 것이 구체적인 것에 앞서고, 구체적인 것은 추상적인 성질들의 유기적 조직에 불과한 것으로 된다. 개별적인 것은 보편적인 도식들의 교차에 불과한 것으로 된다. …… 이 가설은 설명하고자 하는 선-투의 개별성을 이루는 것이 무엇인지를 설명하지 못한다.(603/376)

이를 설명하기 위해 사르트르는 '플로베르(Gustave Flaubert)의 웅대한 야심'을 예로 듭니다. 사르트르가 일찍이 플로베르에 심취하여 결국에는 『집안의 천치』(L'idiot de la famille)라고 하는 원전으로 2,000쪽에 이르는 미완성의 책을 썼다는 것을 염두에 둘 필요가 있습니다. 경험적인 심리학에 입각한 플로베르의 인물 비평에 의하면, 플로베르의 웅대한 야심은 그가 본래 '과잉되게 느끼고자 하는 욕구'가 있었고, 이 욕구가 글쓰기의 욕구로 전환되었다고 설명하는데, 이 뒤의 두 욕구들은 실제로 플로베르 개인의 웅대한 야심에 비하면 훨씬 더 추상적이고 보편적인 것들이고, 따라서 이러한 심리학적인 비평은 플로베르라고 하는 개인을 추상적이고 보편적인 성질들로 환원해 버리는 우를 범하고 있다는 것입니다. 이러한 설명은 왜 플로베르가 과잉되게 느끼고자 하는 욕구를 갖게 되었는가를 설명하지도 못할 뿐만 아니라, 또 그 욕구가 왜 플로베르에게서 다른 방탕이나 사랑의 행각으로 빠지지 않고 하필이면 글쓰기의 욕구로 바뀌었는가를 전혀 설명하지 못한다는 것입니다.

4) 환원불가능한 인간 존재

경험적 심리학의 오류들을 지적한 뒤, 이를 논의의 실마리로 삼아 사르트르는 인간의 욕망을 해석하는 데에 원칙으로 삼아야 할 자기 나름의 터전을 제시하고자 합니다. 그 핵심은 '환원불가능성'(irréductubilité)입니다.

그러나 이 '심리학적인' 설명들은 결국에는 우리를, 그 무엇보다 설명될 수 없는 원초적인 소여들로 이끈다. 그 소여들은 심리학의 원소들이다. 예컨대 사람들은 플로베르가 '웅대한 야심'을 가졌다고 말한다. 전술한 모든 기술들은 이 근원적인 야심에 근거하고 있다. 그렇다 치자. 그러나 플로베르의 이 야심은 도대체 어떤 사람도 만족시키지 않는바 하나의 환원불가능한 사실이다. 여기에서 환원불가능성은 더 이상의 분석을 거부한다는 구실 외에 어떤 것도 아니다. …… 플로베르가 왜 그런 웅대한 야심을 가진 자였는가를 묻는 것은 그가 왜 키가 크고 금발이었는가를 알고자 하는 것만큼이나 헛된 일이다. [환원적인 설명은] 어느 지점에선가 멈춰야 한다. 그 지점은 실재적인 모든 현존의 우연성 자체이다.(605/378)

한 인간의 존재를 설명하기 위해 그 저변에 있을 법한 온갖 요인들을 끌어온다 할지라도, 예컨대 가족사를 들먹이고 신경성의 유전적 소질들을 끌어와 그것들로 환원해서 설명한다 할지라도 도대체 그 인간의 존재를 설명할 길이 없다는 것입니다. 플로베르는 작가가 되었는데, 그의 동생은 작가가 되지 않았으며, 물리화학적인 신경이란 도대체 인간 존재가 지닌 의미화의 구도와는 아예 거리가 먼 것임을 사르트르는 지적합니다. 결국에는 실재적인 모든 현존이 지닌 우연성 자체로 귀착할 수밖에 없으며, 그것은 그야말로 환원불가능한 근본적인 개별적 사실이라는 것입니다. 그래서 이렇게 이야기됩니다.

어떤 의미에서 보면, 플로베르의 야심은 그의 모든 우연성과 더불어 있는 하나의 사실이다. ── 그리고 이 사실 너머로 거슬러 올라간다는 것은 불가능하다. ── 그러나 다른 의미에서 보면, 플로베르의 야심은 **제 스스로를 만들고**(만들어지고 *se fait*), [이에 대한] 우리의 불만은 우리가 플로베르의 야심 너머에서 그 이상의 무언가를, 그러니까 우연함을 멈추지 않은 상태에서 환원불가능한 정신적인 진실이 될 하나의 근원적인 결단과 같은 무언가를 파악할 수 있음을 보장해 준다.(605~606/379)

플로베르의 야심이 그 자체 철저히 우연적인 사실이기에 인과적인 원인들을 통해 결과된 것으로 보아서는 안 된다는 것입니다. 그럴 때, 플로베르의 야심의 정체를 설명하고자 하는 우리는 불만에 휩싸일 수밖에 없습니다. 그런데 사르트르는 바로 그렇게 해서 우리에게서 불만이 생겨난다는 것 자체가 바로 우연 가운데서도 환원불가능한 최종적인 그 무엇이, 즉 플로베르의 존재 자체에서 있음 직한 하나의 근원적인 결단이 플로베르의 야심 너머에 들러붙어 있다는 것을 증시해 준다고 말하고 있습니다. 이 근원적인 결단은 플로베르에게 있어서 일종의 존재 선택임에 틀림없습니다. 중요한 것은 최종적인 정신적 진실은 바로 우연적인 사실성을 수반한 환원불가능한 진실이라는 것입니다. 이를 바탕으로 사르트르는 자신의 현존적 정신분석의 근본 입장을 이렇게 제시합니다.

우리가 요구하는 것 ── 그리고 어느 누구도 제시하고자 결코 시도하지 않은 것 ──, 그것은 환원불가능한 진실이다. 즉 우리가 요구하는 것은 우리에게 있어서 그 환원불가능하다는 것이 명백한바, 바로 그런 환원불가능한 것이다. 이 환원불가능성은 심리학자의 공준으로 주어지는 것도 아니고, 심리학자가 더 멀리 거슬러 올라가기를 거부함의 결과라거나 그가 더 멀리 거슬러 올라갈 수 없다고 하는 그의 무능함의 결과도 아니다. 오히려 우리로서는 이 환원불가능성을 확인함으로써 만족감을 얻게 될 것이다. 우리의 이러한 요구는 원인에 대한 끊임없는 추구에 의한 것도 아니고 무한퇴행에 의한 것도 아니다. …… 우리의 이 요구는 인간실재에 대한 선존재론적인(préontologique) 이해에 입각한 것이고, 인간을 분석 가능한 것으로 여기고 원초적인 소여들로 환원될 수 있다거나 하나의 대상이 속성들을 지탱하듯이 주체에 의해 지탱되는바 결정된 욕망들(혹은 '경향들')로 환원될 수 있다고 여기는 입장을 거부함으로써 성립하는 것이다.(606/379)

환원불가능한 정신적 진실, 이것이 사르트르의 현존적 정신분석이 요구하는 최종적인 것입니다. 그런데 이 요구가 선존재론적인 이해에 입각해 있다는 것이 다소 어려운데, 아마도 그것은 인간 정신을 구성하는 것으로 여길 수 있는 각종 존재론적 층위들에 대한 사유를 거부하는 것이라 할 수 있을 것입니다. 예컨대 프로이트가 정신을 수퍼 에고·에고·이드 등의 층위로 나누어 생각하는 것을 거부하는 것입니다. 그뿐만 아니라, 욕망을 주체에 의해 지탱되는 속성으로서의 성질로 여겨 인간을 분석함으로써, 인간을 그러한 주체의 성질로서의 욕망으로 환원해서 설명할 수 있다는 것을 거부한다고 말하고 있습니다. 이는 앞서 말한바 인간을 하나의 형이상학적인 실체로 보는 실체론적인 관점을 거부하는 것과 상통합니다. 사르트르는 인간이란 욕망을 수동적으로 받아들이게 될 비결정적인 점토와 같은 것이 아님을 역설합니다. 그와 동시에, 그렇다고 해서 인간 존재를 외적인 관계들에 의해 연결되는 현상들의 부스러기로 환원해서도 안 된다고 역설합니다(606/380 참조).

그러면서 사르트르는 '통일'을 제시합니다. 말하자면, 실체가 아니면서 현상들의 부스러기 즉 현상들의 다발도 아닌 인간을 제시하고자 하는 것입니다. 이에 사르트르는 이렇게 말합니다.

> 해당 인간의 존재인 이 통일(unité)은 **자유로운 통일 상태**이다. 통일 상
> 태는 그것이 통일시키는 다양성이 먼저 있고 그 이후에 오는 그런 것일
> 수는 없을 것이다. 플로베르에게 있어서나 '전기'(傳記)의 모든 주인공
> 에 있어서, **존재함**(그러함, être)은 스스로를 세계 속에 통일시키는 것이
> 다. 따라서 우리가 만나야 하는 환원불가능한 통일 상태는 …… 하나의
> **근원적인 기획**의 통일 상태이고, 하나의 **비실체적인 절대자**로서 우리에
> 게 드러나야 하는 통일 상태이다.(606/380)

'하나의 근원적인 기획', '하나의 비실체적인 절대자' 등의 어구로써
는 사르트르가 말하는 통일 상태가 과연 무엇인지 알기가 어렵습니다.
중요한 단서는 "존재함(그러함)이란 스스로를 세계 속에 통일시키는 것
이다"라는 명제입니다. 일정하게 통일된 상태로 계속해서 세계와의 통일
을 일구어 나가기 위해 끊임없이 미래를 향해 기획해 나갈 수밖에 없는
것이 바로 인간 존재라는 것입니다. 말하자면 열린 통일 상태인 셈인데,
이같이 열린 통일 상태로서의 인간 존재야말로 환원불가능한 정신적 진
실을 지시한다는 것입니다.

5) 사르트르의 해석의 원칙과 하이데거의 해석학 비판

이에 사르트르는 인간을 해석함에 있어서 하나의 원칙을 제시하고 이를
바탕으로 하이데거의 해석학을 비판합니다.

다음과 같은 원칙: 명백한 환원불가능성 앞에서만 멈출 것. 즉 기획된 목적이 해당 주체의 존재 자체로서 나타나지 않는 한, 본래의 기도(企圖)에 도달했다고 믿어서는 안 된다는 것. 그렇기 때문에 우리는 하이데거가 확립하고자 하는 분류, 즉 '자기에 대한 본래적인 기획'과 '자기에 대한 비본래적인 기획'을 분류한 데서 멈출 수는 없다. 이 같은 분류는 그 저자[의 의도]에도 불구하고 그리고 그 용어법 자체에 의해 윤리적인 배려로 더럽혀져 있는 데다, 요컨대 주체 자신의 죽음에 대한 주체의 태도에 근거해 있다. 그러나 만약 죽음이 불안을 야기하는 것이고, 따라서 만약 우리가 불안으로부터 도피할 수 있거나 혹은 결단을 통해 불안 속으로 기획투사해 들어간다면, 그 까닭은 우리가 삶에 집착해 있기 때문이라는 것은 자명하다. 따라서 죽음 앞에서의 불안, 단호한 결단 혹은 비본래성으로의 도피는 우리 존재의 근본적인 기획들로서 간주될 수는 없을 것이다. 그 반대로 그것들은 **살아남고자** 하는 원초적인 기획을 바탕으로 해서만, 즉 우리 존재의 근원적인 선택에 의거해서만 이해될 수 있을 것이다. 그러므로 각 경우에 있어서 하이데거적인 해석학의 귀결들을 넘어서서 더욱 근본적인 기획으로 향해 가는 것이 적절하다. 이 근본적인 기획은 그 어떤 다른 기획으로도 송환되어서는 안 되고 그 자체로 파악되어야 한다. …… 한 대자의 근원적인 기획은 **자신의 존재함을 노릴 수 있을 뿐이다.**(609~610/385)

여러 인간들에 대해 그 존재방식을 무 자르듯이 '본래적인 기획' 아니면 '비본래적인 기획' 등으로 일반화해서 분류할 수는 없다는 것입니다. "기획 자체가 지닌 근본적인 의미는 그 세계-내-존재의 개별적인 비밀일 뿐이다"(609/384)라고 말하는 사르트르로서는 하이데거의 이러한 인간 분류에 대해 결코 동의할 수 없는 것입니다.

하이데거의 해석학은 '주체가 자신의 죽음에 대해 갖는 태도' 내지는 '죽음이 주는 불안 앞에서'를 전제로 한 것인데, 그럼으로써 윤리적인 방식으로 오염되어 있고, 그 모든 것이 본래부터 삶 즉 존재함의 문제인데도 이러한 인간의 근본적이고 원초적인 기획을 도외시하고 있다는 것입니다. 이렇게 끝없이 하이데거의 실존철학을 비판하는 데에는 사르트르가 이 책을 저술할 당시 하이데거가 히틀러의 나치 정권에 부역하고 있었다는 정치적인 이유도 작동했을 것입니다. 하지만, 그렇게만 보아서는 안 됩니다. 하이데거적인 죽음과 사르트르적인 삶의 대결이 가로놓여 있는 것입니다.

사르트르는 인간 대자의 자신의 존재함을 향한 근본적이고 원초적인 기획은 자유를 바탕으로 해서 가능을 향해 이루어지는 것이지만, 그 자체 여전히 뭔가 결핍된 것이 있기 때문에 끊임없이 바탕에서부터 이루어지고, 그 결핍을 메우는 데서 가치가 성립한다는 점을 애써 역설합니다. 그 뒤 그는 이렇게 정돈하듯이 말합니다.

> 대자는 결핍이기 때문에 선택을 한다. 자유는 결핍과 하나를 이룰 뿐이다. 자유는 존재 결핍의 구체적인 존재방식이다. 가치와 가능이, 존재 결핍으로서만 현존할 수 있을 뿐인 한, 존재 결핍의 내적인 한계들로서 존재한다고 말하는 것, 그리고 자유가 발용하면서 자신의 가능을 규정하고 그럼으로써 **자신의 가치를 규정한다**고 말하는 것은 존재론적으로 볼 때 동일한 것이다.(610/386)

'존재 결핍'이라는 말이 나옵니다. 이 말은 곧 이어서 '존재 욕망'으로 연결될 것입니다. 인간이 대자적인 삶을 영위할 수밖에 없는 것은 처음서부터 존재 결핍을 지녔기 때문이라는 이야기입니다. 그런데 '존재 결핍'이라는 말이 왠지 애매합니다. 이를 더 직설적으로 번역하면 '존재함에 대한 결핍'이라고 할 수 있습니다. 이는 누구나 아직 제대로 존재한다고 할 수 없다는 것입니다. 즉자는 존재하지만, 대자는 현존할 뿐이라는 사르트르의 기본적인 출발점을 염두에 둘 필요가 있습니다. 제대로 존재한다고 할 수 있는, 그래서 존재하지 않는다고 말할 수 있는 여지가 전혀 없는 경지에로 향하고 있다는 것입니다. 아직 이 경지에 도달하지 못했기 때문에 대자는 존재하는 것이 아니라 현존할 뿐입니다. 그러니까 대자의 현존은 자신이 결핍하고 있는 자신의 존재를 향해 끊임없이 자신을 무화하고 뛰어넘는 데서 성립하는 것입니다. 모든 가능과 가치는 이러한 결핍을 메울 수 있는 가능성이고 가치입니다. 그래서 가능과 가치가 존재 결핍의 한계로 작동한다고 하는 것입니다.

이러한 사르트르의 인간론에 대해 왠지 꺼림칙함이 듭니다. 현존이 결핍이라고 보는 것은 허용할 수 있지만, 그 결핍을 꼭 메워야만 한다는 것은 너무 논리적인 것이 아닌가 하는 생각이 드는 것입니다. 결핍을 반드시 메워야만 하는 것으로 보지 않을 수도 있을 것이기 때문입니다.

6) 존재 욕망

아무튼 사르트르는 존재 결핍을 바탕으로 해서 이제 정신분석에서 가장 문제가 됨 직한 욕망으로 옮겨 갑니다. 존재 결핍에 의거한 존재 욕망의 발응, 바로 그것이 사르트르가 파악하고 있는 욕망의 정체이지요. 그러고 보면, 사르트르가 말하는 욕망은 그야말로 '존재론적인 욕망'이라 하지 않을 수 없습니다. 이를 본격적으로 논의하기 전에 사르트르가 조금 전에 환원불가능성을 운위하면서 욕망에 관해 말했던 것을 되새겨 볼 필요가 있습니다.

환원불가능한 것으로 제시되는 모든 욕망은 부조리한 우연성에 속한 것으로서, 그 전체 속에 사로잡힌 인간실재를 부조리 속으로 끌어당긴다.(607/381)

존재하고자 하는 욕망, 존재하되 스스로를 통일 상태로 유지하면서 계속 새롭게 세계와 더불어 통일되고자 하는 욕망, 이 욕망은 워낙 부조리한 우연에 입각한 것이기에 이 욕망에 사로잡힌 인간을 부조리 속으로 끌어당기는 것은 당연하다 할 것입니다. 이 존재론적인 욕망에는 도대체 하이데거가 말하는바 '죽음으로-향한-존재'라든가 그것에서 귀결되는 일체의 부정적인 계기가 들어 있지 않습니다. 부조리한 우연성은 한편으로 맹목성을 지시합니다. 맹목적으로 살고자 하고, 그 맹목적인 삶에의 욕망이 제 스스로를 목적으로 삼아 다시 끌고 가는 것이 인간 삶이라는 이야기입니다. 그리고 그것이야말로 환원불가능한 정신적 진실이라는 것입니다.

이를 적시한 뒤, 방금 위에서 살펴본 대로 사르트르는 해석의 원칙, 하이데거 해석학에 대한 비판, 존재 결핍을 메우고자 대자의 근원적인 기획에 의한 선택 등에 관한 이야기를 한 뒤, 인간 존재와 욕망의 관계를 이렇게 말합니다.

인간은 근본적으로 **존재 욕망**이다. 이 욕망의 현존은 경험적인 귀납에 의해 확립되어서는 안 된다. 이 욕망의 현존은 대자의 존재에 대해 선험적으로 기술(記述)한 내용에서 확립된다. 왜냐하면, 욕망은 결핍이고, 대자는 그 자신에 있어서 그 자신의 존재 결핍인 존재이기 때문이다. …… 존재 욕망이 **먼저** 있고 **그다음에** 후건적인 욕망들에 의해 표현되는 것이 결코 아니다. 존재 욕망이 구체적인 욕망들에서 발견하는 것은 상징적인 표현 이외에는 어떤 것도 없다. **하나의** 존재 욕망이 먼저 있고, 그 뒤에 수없이 많은 특정한 감정들이 있는 것이 아니다. 존재 욕망은 질투, 탐욕, 예술애호, 비겁함, 용기 따위에 의해서만 그리고 그 안에서만, 그리고 그 외 인간실재로 하여금 **그런 하나의 인간**에 의해서만, 즉 특이한 한 인격에 의해서만 증시되도록 하는바 우연적이고 경험적인 수많은 표현들에 의해서만 그리고 그 안에서만 현존하고 증시된다.(610~611/386)

'존재 욕망'이란 말은 그대로 풀면 '존재함에 대한 욕망'인데, 이는 쉽게 말하면 자신 속에 자신과의 분열된 간극이 없이 존재하고 싶어 하는 욕망입니다. 그러니까 존재 욕망은 대자 자체의 존재론적인 구조와 성격에서부터 이미 성립하는 것입니다.

그렇다고 존재 욕망이 먼저 있고 그런 뒤에 구체적인 욕망들이나 태도들 및 감정들이 있다고 해서는 안 된다고 말합니다. 만약 존재 욕망이 먼저 있다고 해버리면 현행적으로(現行的, actuel) 활동하는 대자가 아닌, 실체로서의 대자가 있다고 말하는 꼴이 됩니다. 그렇게 되면, "대자는 존재하지 않는다"라는 근본 명제를 위배하게 됩니다. 대자는 철저히 현행적으로 현존할 뿐입니다. 이는 '본래 그러그러한 대자'가 없다는 것을 말하기도 합니다. 대자는 본래 그러한 것을 찾아 끊임없이 나아갈 뿐, 결코 본래 그러한 것이 아닙니다. 스스로가 그러그러하다 싶으면 당장 그러한 자신을 무화시키고 앞으로 나아가는 것이 대자이지요.

그렇기 때문에 지금 현재의 그러그러한 인간 혹은 지금 현재의 특이한 한 인격에 대해 그것이 과연 어떤 미리 마련된 특성이나 기질에 의해 생겨난 것인가 하고서 인과성에 입각한 퇴행적인 분석을 할 수도 없고, 그렇게 해서도 안 된다는 것입니다. 여기에서 사르트르의 현존철학의 위력이 드러납니다. 결코 얼어붙어 있지 않고 이미 늘 새로운 삶을 자유롭게 엮어 나가고 있는 인간 현존의 개별성과 특이성을 여지없이 드러내고 있기 때문입니다. 이는 개개 인간들을 그 자체로 존중하지 않으면 안 되고, 개개 인간들 스스로는 자기 존재에 대해 끝없이 책임을 지지 않으면 안 된다는 것을 의미하지 않을까요?

그런데 과연 존재 욕망은 근본적으로 무엇을 향한 것인가요? 즉 존재 욕망을 존재 결핍이라고 할 때, 결핍하고 있는 존재 내지는 존재함이란 과연 어떤 것인가요? 이 문제를 풀어나감에 있어서 사르트르는 서서히 자신의 존재론적인 본색을 드러냅니다. 관건은 즉자입니다.

7) 존재 욕망의 정체

지난 시간에 우리는 사르트르가 욕망을 결핍으로 보면서 '존재 결핍'에 이어 '존재 욕망'을 본격적으로 거론하는 대목에서 강의를 멈추었습니다. 오늘은 이 존재 욕망의 정체를 살펴보는 것으로 강의를 시작하고자 합니다. 우선 사르트르의 다음 이야기를 들어보겠습니다.

이 욕망의 대상인 존재에 관해, 우리는 선험적으로 그것이 무엇인가를 알고 있다. 대자는 자기 자신에 있어서 그 자신의 존재 결핍인 존재다. 그리고 대자가 결핍하고 있는 것은 바로 즉자다. 대자는 즉자에 대한 무화로서 발용한다. 그리고 이 무화는 즉자를 향한 선-투로서 정의된다. 말하자면, 무화되는 즉자와 기획투사되는 즉자 사이에서, 대자는 무다. 그래서 나인 무화의 목표와 목적은 바로 즉자다. 그래서 인간실재는 '즉자존재에의 욕망'이다.(611/386~387)

사르트르의 존재론적인 비밀이 이제야 풀리는가 봅니다. 즉 대자와 즉자의 정체 및 그 관계에 대해 사르트르가 이제야 고백을 하는 셈입니다. 대자가 왜 그렇게 무화·초월·뛰어넘기 등을 할 수밖에 없으며, 그렇게 해서 도달하고자 하는 것이 무엇이며, 그럴 때 도대체 즉자는 어떻게 되는 것인가, 또 대자 즉 'pour-soi'에서 'soi'는 즉자 즉 'en-soi'에서의 'soi'와 같은 것인가 다른 것인가, 그리고 가끔씩 거론되던 '즉자대자'라는 것은 도대체 무엇인가 하는 등이 늘 궁금했습니다. 이는 사르트르가 서설을 마무리 지으면서 『존재와 무』 전체의 기획을 요약하는 데서 제시되었던 것입니다.

즉자와 대자, 이것들에 관해 우리는 아직 피상적이고 불완전한 정보만을 가지고 있을 뿐이다. 수많은 문제들이 아직 대답되지 않은 채 있다. 이 두 유형의 존재의 심오한 **의미**는 무엇인가? 어떤 이유들로 즉자와 대자는 일반적으로 **존재**에 속하는가? 존재가 극단적으로 갈라지는 두 존재 영역을 자신 속에 포괄하는 한, 존재의 의미는 무엇인가? 만약 관념론과 실재론 모두 다 권리상 소통 불가능한 이 영역들을 사실상 통합하는 관계들을 설명하는 데 실패한다면, 이 문제에 대해 어떤 다른 해결

책을 제시할 수 있는가? 그리고 현상의 존재는 어떻게 초현상적일 수 있는가?

우리가 이 책을 쓴 것은 이러한 문제들에 대해 대답하고자 함이다.(33/85)

그런데 여기에서 드디어 그 해답의 물꼬를 트고 있습니다. 욕망은 결핍이고, 대자는 존재 욕망입니다. 대자는 결핍된 존재를 찾아서 자기를 무화하고 초월하는 것입니다. 대자의 결핍된 존재는 과연 무엇인가요? 대자가 찾아 헤매는 결핍된 존재는 다름 아닌 즉자입니다. 대자는 무화하면서 자신의 존재를 기획투사합니다. 이때 기획투사되는 대자의 존재가 다름 아닌 즉자인 것입니다. 이렇게 되니, 즉자가 둘로 나뉩니다. 무화되는 즉자와 기획투사되는 즉자로 나뉘는 것입니다. 굳이 말하자면, 무화되는 즉자는 과거의 즉자이고, 기획투사되는 즉자는 미래의 즉자입니다. 그래서 마치 아우구스티누스가 현재는 과거와 미래 사이기 때문에 없다고 했듯, 이 둘 사이에 낀 대자는 무에 불과합니다. 과거와 미래가 밀려와 현재를 채운다고 할 때, 단적으로 보면, 대자는 없고 오로지 즉자만이 넘치는 것입니다. 그러고 보면, 대자는 즉자의 한복판에서 현존하는 거리=0의 간격인 것입니다. 이제까지 우리가 대자를 두께=0인 즉자의 표면이라고 한 것이 이제 거리=0인 즉자의 간격으로 나타나고 있는 셈입니다. 그런데 거리=0인 대자는 결코 스스로를 아예 현존조차 하지 않는 것으로 만들 수 있는 능력이 없습니다. 끝없는 욕망일 뿐입니다. 이를 바탕으로 사르트르는 "인간실재는 즉자존재에의 욕망이다"라고 하는 것입니다.

그런데 문제는 대자가 추구해 마지않는 즉자는 어떤 즉자인가요? 왜냐하면 만약 대자가 추구하는 즉자가 사르트르가 서설의 제1절 6번 소제목 '즉자존재'에서 말하는 즉자라고 한다면, 그것은 대자로서는 죽음을 추구하는 것이라 말하는 것과 같기 때문입니다. 그런데 사르트르에게서 존재 욕망은 결코 죽음에 대한 욕망이 아닙니다.

서설의 이 대목에서 말하는 즉자는, 설사 신이라 할지라도 그 신적인 주관에 내적인 것이 아니고(31/81 참조), 창조 너머에서 자신의 존재를 두고 있는 것이고, 일체의 자기와의 관계를 벗어나 있으면서 오로지 자기이며(32/82 참조), 스스로를 긍정하거나 스스로에게 작용을 가하거나 할 수 없이 오로지 자기 자체로 반죽되어 있고(31/82 참조), 전혀 비밀이 없이 그 자체로 덩어리져 있고(32/84 참조), 그 속에 어떤 부정이나 타이성(altérité)도 포함하지 않는 충만한 긍정성 자체이며 철저히 우연적인(33/84 참조), 그야말로 순수한 즉자입니다.

만약 대자가 바로 이러한 근원적이고 순수한 즉자를 목표와 목적으로 삼는다면, 이 대자의 존재 자체는 그야말로 자기공격적인(self-defeating) 것이 아닐 수 없습니다. 그러나 사르트르가 제시하고자 하는 인간실재의 존재는 결코 이런 것이 아닙니다. 그래서 사르트르는 이렇게 다시 다른 두 종류의 즉자를 구분합니다.

> 그러나 대자가 욕망하는 즉자는 우연적이고 부조리한 순수 즉자일 수는 없을 것이다. 이 순수 즉자는, 대자가 만나고(rencontre) 무화하는 즉자와 모든 점에서 [대조적으로] 비교가 된다. 우리가 보아 온바, 사실상 무화는, 자신의 우연성에 대항하여 스스로를 무화하는 즉자의 반란과 유사하다.(611/387)

순수 즉자가 아니라고만 할 뿐, 대자가 욕망하는 즉자 즉 대자가 만나서 무화하고 또 새롭게 만나서 무화하는바 대자와의 관계 속에서 운위되는 즉자가 무엇인가에 대해서는 '자신의 우연성에 대항하여 스스로를 무화하는 즉자의 반란'을 말할 뿐 적극적으로 말하지 않고 있습니다.

하지만, 이 '즉자의 반란'은 의미심장합니다. 즉자가 스스로의 우연성을 넘어서기 위해 자신에게서 대자를 발융시키고, 그 대자를 활용하여 스스로를 무화하고자 한다는 것으로 읽을 수밖에 없기 때문입니다. 이에 사르트르는, "대자가 자신의 현사실성을 현존시킨다"라든가, "무화는 하나의 존재가 수행하는바 자신의 존재를 근거 짓기 위한 헛된 노력이다"라든가, "근거 짓기 위한 후퇴가 미세한 간격을 일으켜 무가 존재 속으로 들어가도록 한다"라든가 하는 것은 서로 연결되는 것임을 지적합니다. 여기에서 '하나의 존재'가 도대체 어떤 것이냐가 문제로 등장합니다. 순수 즉자에 대해서는 'un' 즉 '하나의'와 같은 부정관사를 붙일 수 없습니다. 이는 결국 인간실재의 즉자가 아닐 수 없습니다. 그래서 이렇게 이야기됩니다.

> 그러므로 대자의 욕망에 대해 대상을 이루는 존재는 하나의 즉자, 즉 그 자신에게서 그 자신의 근거가 될 그런 하나의 즉자이고, 대자가 자기에 대한 동기부여들에 있어서 존재하는 것과 마찬가지로, 그 자신의 현사실성에 있어서 존재할 그런 하나의 즉자이다. 그 밖에도 대자는 즉자에 대한 부정이기 때문에 즉자에게로 순수하게 그리고 단순하게 돌아가기를 욕망할 수는 없을 것이다.(611/387)

이제 '하나의 존재'가 '하나의 즉자'로 바뀌어 표현되고 있습니다. 인간실재는 분명 하나의 대자이지만, 동시에 하나의 즉자라고 말하고 있는 셈입니다. 인간실재로서의 하나의 즉자가 자신의 우연성에 대항하여 그 스스로에게 존재 근거를 제공하기 위하여 자신에게서 대자를 일으켜 스스로를 단단한 존재의 반석 위에 올려놓고자 한다는 것입니다. 요컨대 인간이란 존재론적인 우연성을 견디지 못하는 존재이고, 자신의 존재 근거와 그에 따른 존재의 이유를 스스로 확보하지 않고서는 견디지 못하는 존재라는 이야기입니다.

여기에 바로 대자가 결핍해 있고 따라서 욕망하는 것이 성립합니다. 그러나 이는 결코 쉽게 달성될 수 있는 것이 아닙니다. 어쩌면 그 자체 모순이라 해도 과언이 아닙니다. 인간실재는 대자를 유지하지 않고서는 현사실적인 즉자로서의 자기가 갖는 우연성을 극복할 수 있는 길이 없는데, 대자를 유지한다는 것은 계속해서 우연성에 위협을 받고 있다는 증거이기 때문입니다. 그래서 인간은 대자로서 자신의 즉자를 욕망하여 확보하고자 하는 끝없는 헛된 노력을 하는 부조리한 존재인 셈입니다. 그 지경은 이렇게 이야기됩니다.

대자가 즉자를 요구하는 소이(所以)는 다름 아니라 탈총체화된 총체, 즉 '대자 속에서 무화된 즉자'이다. 달리 말하면, 대자는 대자인 한에서 그 자신일 하나의 존재가 되고자 기획투사한다. 대자가 그 자신인 것이 되고자 기획투사하는 것은 [대자 자신이] 그 자신이 아닌 것이고 그 자신이 아닌 것인 한에서이다. 대자가 즉자의 불가침투성과 무한한 밀도를 갖기를 원하는 것은 의식인 한에서이다. 대자가 그 자신의 근거이기를 원하는 것은 [대자 자신이] 즉자에 대한 무화인 한에서 그리고 우연성과 현사실성으로부터 끊임없는 탈주인 한에서다. 그렇기에, 일반적으로 가능이 대자가 즉자대자가 되는 데 결핍하고 있는 것으로서 [대자에 의해] 기획투사된다. 그리고 이 기획을 주도하는 근본 가치는 바로 즉자대자, 즉 의식이 자기 스스로에 대해 지닐 순수 의식에 의해 그 자신의 즉자존재의 근거가 되고자 하는 하나의 의식의 이상(理想)이다. 흔히 신이라 부를 수 있는 것이 바로 이 이상이다.(611~612/387~388)

'즉자대자'가 관건입니다. 대자가 즉자의 불가침투성과 무한한 밀도를 확보함으로써 스스로의 존재 근거를 확보해서 그 자신으로 '존재하기'(être)를 원하지만, 말하자면 대자가 현존을 통해 존재를 확보하기를 원하지만, 그렇다고 해서 자신의 의식임 즉 현존을 포기하지는 않는 것입니다. 그렇기에 대자는 즉자를 욕망한다고 하지만, 결국에는 즉자대자를 욕망하는 것입니다.

그런데 마지막 신을 운위하는 대목에 이르러 사르트르는 대자의 욕망이 결국에는 의식으로서의 욕망임을 지적합니다. 그것은 이러한 대자의 욕망이란 결국 자기 자신이 자신의 즉자존재의 근거가 되고자 하는 것을 이상으로 삼는다는 것, 그런 점에서 대자의 욕망은 신이 되고자 하는 욕망이라고 말하는 대목에서 드러납니다. 사르트르가 말하는 '즉자대자'는 결국 대자가 순수 의식에 의해 자신의 즉자존재에 대한 근거인바 의식이 되는 것입니다. 갑자기 왜 이렇게 뒤집어지는지 알 수가 없습니다. 이제까지 대자의 존재 근거가 즉자라고 해놓고서 왜 이제 와서 갑자기 의식이 즉자존재의 근거이고자 한다고 말하나요? 그러면서 신을 들먹이기까지 하나요?

이러한 사르트르의 입장을 최대한 존중하고자 할 때, 우리는 즉자대자에 대해, 대자와 즉자가 서로가 서로에게 존재 근거가 되는 상호 교환적인 통일된 상태를 지적하는 것이라고 말하지 않을 수 없습니다. 하지만, 후설을 연상케 하는 '순수 의식'까지 들먹이면서 대자의 즉자존재에 대한 근거됨을 말하는 대목에서는 당황스러운 것이 사실입니다. 그래서 이어지는 다음의 사르트르의 이야기에서 약간의 위로를 얻고자 합니다.

> 신, 가치 및 초월의 지고한 목표 등은 인간이 자기가 누구인가를 스스로 에게 알게 하는 데 입각하지 않을 수 없는 영구적인 한계를 나타낸다. 인간이라는 것, 그것은 신이기를 지향하는 것이다. 더 그럴듯하게 말하면, 인간은 근본적으로 신이고자 하는 욕망이다.(612/388)

여기에서 위로를 얻을 수 있는 대목은 '영구적인 한계'라는 것입니다. 신, 즉 즉자대자는 결코 도달할 수 없는 일종의 이념적인 한계로서 끊임없이 인간의 삶의 여정을 근원적으로 추동하는 것이고, 그런 점에서 보면 인간은 비극적일 수밖에 없다고 할 것입니다. 사실이지 인간은 얼마나 일체의 것들을 넘어서서 그리고 그 일체의 것들을 자신의 품속에 거두고자 하나요? 이는 헤겔의 절대지에 대한 사유에서 쉽게 확인할 수 있습니다. 그러나 결코 그렇게 될 수 없다는 것이 사르트르의 입장입니다. 사르트르가 동의를 할지는 알 수 없지만, 비극적이라고 해서 불행한 것은 결코 아닙니다. 오히려 인간의 삶은 비극적이기에 더욱 찬란한 것입니다. 아무튼 '영구적인 한계' 내에서의 실제로 보자면, 대자는 끝없이 자신의 존재 근거로서 즉자를 찾아 헤맬 수밖에 없습니다.

이에 우리는, 사르트르가 인간의 존재 근거는 유물론적인 데 반해 인간의 존재방식은 일종의 관념론적인 경향을 띠고 있는 것으로 분석·판단하고 있다는 결론을 내리게 됩니다. 그렇다고 해서 사르트르가 관념론을 주장하고 있다고 하는 것은 결코 아닙니다.

8) 신과 자유

이와 관련해서는 비록 인간이 신이고자 하는 욕망이긴 하지만, 그렇다고 해서 그것이 인간의 본질인 것은 아니라고 말하는 데서 확인할 수 있습니다. 사르트르는 자유 문제를 거론하면서 이렇게 말합니다.

> 여기에서 인간을 '정의하는'바 신이고자 하는 본원적인(initial) 기획은 인간의 '본성' 내지는 '본질'에 거의 가까운 것으로 나타나는 것 같다. 그런데 자유는 스스로 자기 자신의 가능성들을 창조하는 하나의 선택 이외 다른 것이 아니지 않은가. 그렇다면, 자유는 어떻게 되는 것인가? 이에 대해 우리는 이렇게 대답하고자 한다. 욕망이 그 최종적인 의탁에 있어서 신이고자 하는 기획을 향한다 할지라도, 욕망은 결코 이 방향에 의해 **구성되지** 않는다. 그 반대로, 욕망은 항상 자신의 목적들을 **특수하게 안출**한다. 실제에 있어서, 이 목적들은 특정한 경험적인 상황에 입각해서 추구된다. 이런 식으로 욕망이 목적들을 추구함으로써 환경은 **상황**이 된다. 존재 욕망은 항상 존재방식의 욕망으로서 실현된다.(612/388)

실제의 현실적인 삶 속에서의 욕망과 근본적인 존재 욕망을 구분하고 있습니다. 전자의 욕망을 여기에서는 '존재방식의 욕망'이라 부르지만, 이를 '경험적인 욕망'이라 달리 부르기도 합니다. 구체적인 특정한 상황을 벗어나서는 이런 존재방식의 욕망이 발동되거나 실현될 수 없고, 또 이 존재방식의 욕망이 아니고서는 존재 욕망이 발동되고 실현될 수 없다는 것입니다. 이렇게 되면, 이야기가 또 한층 복잡해집니다. 만약 존재방식의 욕망들, 즉 경험적인 욕망들이 없이도 존재 욕망이 따로 존재한다면 그 존재 욕망은 실체가 되고 말 것입니다. 이는 사르트르가 일관되게 거부해 온 것입니다. 결국에는 경험적인 욕망들밖에 없는 셈인데, 그런데도 존재 욕망을 굳이 말하지 않으면 안 되는 이유가 무엇일까요? 각자 개인의 인격을 유지하는 것이 바로 이 존재 욕망이라고 보기 때문입니다. 그리고 이 인격이 바로 자신의 존재를 문제 삼는 방식을 결정한다고 보기 때문입니다. 그러면서 이렇게 이야기합니다.

> 이 근본적인 욕망은 그 나름으로, 세계 속에서 구체적으로 그러니까 인격을 둘러싸고 있는 특이한 상황 속에서, 의미화하는바 하나의 추상적인 구조를 표현한다. 이 구조는 존재 욕망 일반이고, 또 **인격을 지닌 인간실재**로서 간주되어야 마땅하다. 이 구조는 인간실재가 타인과 더불어 공동성(communauté)을 이루도록 하는 것으로서, 비교할 수 없는 개별성들뿐만 아니라 인간에 대한 하나의 진리가 있음을 확인하도록 하는 것이다. 그러므로 절대적인 구체성과 완전성 그리고 총체로서의 현존은 자유롭고 근본적인 욕망 혹은 **인격**에 속한다.(612/389)

매번 이루어지는 경험적인 욕망들 각각은 근본적인 존재 욕망을 상징화하는 역할을 한다고 말하면서, 사르트르는 그 상징화의 기초로서 근본적인 존재 욕망을 제시합니다. 그러면서 이 근본적인 존재 욕망이란 것이 인간을 인간이게끔 하는 인격을 구성하는 토대가 되는 가운데, 또 한편으로 타인이 없이는 성립할 수 없기에 타인들과 더불어 공동성을 형성하고, 그럼으로써 인간에 대한 하나의 진리로서 작동한다는 것입니다. 그렇기 때문에 이 존재 욕망은 근본적이면서도 대단히 구체적이라는 게 사르트르의 설명입니다.

> 존재 욕망은 그 추상적인 순수함 속에서, 근본적이고 구체적인 욕망의 진리가 된다. 그러나 현실이라는 자격으로 현존하는 것은 아니다. 근본적인 기획, 혹은 인격, 혹은 인간적 진리의 자유로운 실현은 도처에 즉 모든 욕망들에 있다. 근본적인 기획은 욕망들을 통해서만 파악될 뿐이다. …… 이를 통해 우리는 '존재 욕망'의 추상적이고 존재론적인 구조가 인격의 근본적이고 **인간적인** 구조를 대표하려 해도 허사임을 이해할 수 있다. '존재 욕망'의 추상적인 존재론적 구조가 인격의 자유에 대해 족쇄가 될 수는 없는 노릇이다.(613/389)

존재 욕망은 항상 경험적인 욕망들을 통해 실현될 수밖에 없다고 했습니다. 그러니까 존재 욕망이 추상적이고 존재론적인 구조를 표현한다고 할지라도, 어디까지나 경험적인 존재 욕망들을 통해 표현할 수밖에 없습니다. 그런데 근본적인 욕망인 존재 욕망이 표현하는 추상적이고 존재론적인 구조는 인격을 지닌 인간실재로 간주되어야 한다고 했습니다. 이는 인간실재로 하여금 인격을 지닌 존재이게끔 하는 근본적인 토대가 따로 있다는 이야기입니다. 인격의 근본적이고 인간적인 토대는 다름 아닌 자유입니다. 제아무리 인간이 즉자대자이고자 하는, 즉 신이고자 하는 욕망이라 할지라도, 그럴 수 있는 가능성의 근거는 근본적으로 자유라는 이야기입니다. 그래서 이렇게 이야기됩니다.

> 자유는 바로 스스로를 존재 욕망으로 만드는 존재이다. 그러나 우리가 확립한바, 욕망은 존재 결핍과 동일하기 때문에, 자유는 스스로를 존재

욕망으로 만드는 존재로서만, 즉 **즉자대자**이고자 하는 대자적인 기획이 아니고서는 발융할 수 없을 것이다. 여기에서 우리는 하나의 추상적인 구조에 도달했다. 이 구조는 결코 자유의 본성이나 본질로 간주될 수 없을 것이다. 왜냐하면 자유는 현존이고, 현존은 자유 속에서 본질에 앞서 있기 때문이다. 자유는 직접적으로 구체적인 발융이다. 자유는 자신의 선택, 즉 인격과 구분되지 않는다. 그러나 이 구조는 자유의 진리라고 이야기될 수는 있다. 다시 말하면, 이 구조는 자유의 인간적인 의미화인 것이다.(613/389~390)

알듯 말듯 기묘한 것 같기도 하고 위험하게 줄타기를 하는 것 같기도 합니다. 이 인용문에서 말하는 '하나의 추상적인 구조'는 자유의 발융에 관한 구조임에 틀림없습니다. 그것은 자유가 바로 즉자대자이고자 하는 대자적인 기획으로서만 발융한다는 것입니다. 이쯤 되면, 이 추상적인 구조가 곧 자유의 본성 내지는 본질이라고 해도 될 것 같은데, 사르트르는 그렇지 않음을 애써 역설합니다. 그 역설을 위해 자유는 현존이고, 현존은 본질에 선행한다는 것을 제시하지요. 그러면서 굳이 그것이 자유의 본성 내지는 본질은 아니라 할지라도 '자유의 진리'라고 말할 수는 있다고 하고 '자유의 인간적인 의미화'라고 말할 수 있다고 합니다.

개개 인간의 정신을 분석함에 있어서 그 인간이 근본적으로 무엇을 추구하는가를 파악하는 것은 대단히 긴요할 것입니다. 개개 인간이 근본적으로 어떤 것을 욕망할 때 그 근본적인 욕망은 존재 욕망이고, 따라서 개개 인간이 존재 욕망으로서 결핍하고 있는바 즉자대자를 욕망하는데, 바로 그 욕망을 개개 인간이 자신의 자유를 통해 근원적으로 선택했다는 것입니다. 여기에서 우리가 갖는 의문은 인간이 자신의 자유를 통해 하필이면 왜 즉자대자이고자 하는 욕망을 근원적으로 선택하느냐는 것입니다. 말하자면, 얼마든지 다른 욕망을 선택할 수도 있는 것 아니냐는 것입니다. 그러나 사르트르는 자신이 이제까지 전개한 존재론에 의거해서 보자면, 근본적으로 볼 때 그럴 수밖에 없다는 식입니다.

왠지 갑갑합니다. 그러면서 헤겔이 떠오릅니다. 헤겔에서의 인간이 절대지 단계에 올랐다고 하는 것은 바로 즉자대자적인 경지에 올랐다는 것을 의미합니다. 그리고 헤겔에게서는 이 경지에 올랐을 때 비로소 자유가 완전히 실현되는 것으로 여겨집니다. 대자인 의식을 방해할 수 있는 즉자적인 계기가 대자 바깥에 더 이상 존재하지 않기 때문입니다. 헤겔의 관점에서 보자면, 사르트르는 의식의 모든 변증법적인 발달 단계에 이미 늘 자유가 실현되고 있고, 그 자유의 단계적인 실현이라든지 혹은 완전한 실현이라든지 하는 것을 염두에 두지 않는 셈입니다. 그리고 일체의 변증법적인 발달에 의해 실현되는 것을 끝내 무화시키고자 하는 것이 자유입니다.

그래서 만약 사르트르가 심지어 대자가 완전한 즉자대자의 상태가 되었다 할지라도 그것마저 또다시 무화시키고자 하는 근본적인 힘이 바로 자유라고 여긴다면, 그때 자유는 자유의 본성이나 본질은 말할 것도 없고 자유의 진리마저 벗어나는 것이 될 것입니다. 하지만, 즉자대자의 상태마저 무화시켜 버리면 그 자유는 자유로서 선택할 아무것도 없는 상태에서 현존하는 것으로 되고 맙니다. 따라서 즉자대자란 대자가 자신의 자유로서 선택을 할 수는 있어도 도달할 수는 없는 것입니다. 그렇기 때문에 즉자대자를 향한 존재 욕망의 구조는 자유의 진리는 될 수 있어도 자유의 본질은 될 수 없는 것입니다.

9) 현존적 정신분석

이렇듯, 인간이란 자신의 자유를 바탕으로 즉자대자를 향한 존재 욕망을 근원적으로 선택함으로써 바로 그러한 즉자대자를 향한 존재 욕망이 된다고 정의해 놓고서, 사르트르는 현존적 정신분석에 관해 다음과 같이 그 요목을 제시합니다.

> 현존적 정신분석의 **원칙**은 인간이 하나의 집합이 아니라 하나의 총체라는 것이다. ……
>
> 현존적 정신분석의 **목표**는 인간의 경험적인 행동들을 해독하는 것, 즉 각각의 행동에 내포되어 있는 개현들(ré-vélaitons)을 백일하에 드러내고 또 그것들을 개념적으로 정착시키는 것이다.
>
> 현존적 정신분석의 **출발점**은 경험이다. 현존적 정신분석의 **받침점**은 인간이 인간적인 인격에 대해 갖는 선존재론적이고 근본적인 이해이다. …… 현존적 정신분석의 **방법**은 비교적인(comparative) 방법이다. 왜냐하면, 사실상 각각의 인간적인 행위는 그 나름대로 그것이 환희 드러내야 하는 근본적인 선택을 상징화하고 있기 때문이다. 그리고 그와 동시에, 각각의 인간적인 행위는 그 우발적인 성격들과 그 역사적인 계제 하에 이 근본적인 선택을 숨기고 있기 때문이다.(614/391)

근본적인 존재 욕망이 곧 인격을 형성하고, 또 경험적인 욕망들이 근본적인 존재 욕망을 상징적으로 의미화하여 나타낸다는 것을 염두에 두고 보면, 여기에서 제시되고 있는 '현존적 정신분석의 원칙·목표·출발점·받침점·방법'은 어쩌면 당연한 귀결이라 할 수 있습니다. 이것들이 갖는 구체적인 의미에 관해서는 사르트르가 자신의 현존적 정신분석을 프로이트의 경험적 정신분석과 어떻게 같고 다른가를 비교·분석하는 데서 알 수 있습니다.

10) 현존적 정신분석과 경험적 정신분석

사르트르는 자신의 정신분석에 대해서는 '현존적 정신분석'이라 하고, 프로이트류의 정신분석에 대해서는 '경험적 정신분석'이라 합니다. 그러면서 양자가 어떻게 같고 다른가, 그리고 왜 경험적 정신분석보다 현존적 정신분석이 중요한가를 역설합니다.

(1) 양자의 공통점

이에 관해서는 여러 곳에 퍼져 있는 중요한 대목들을 한꺼번에 인용해서 뭉뚱그려 설명하기로 합시다.

> 두 정신분석 모두 '정신생활'(vie psychique)에 관하여 객관적으로 확인할 수 있는 모든 표출 내용들이 그 인격을 고유하게 구성하는 근본적이고 전반적인 구조들에 대해 상징화와 상징의 관계에 있는 것으로 본다.(615/392)

> 두 정신분석 모두 인간 존재를 영속적인 역사화라 보고, 정적(靜的)이고 항상적인 소여들을 발견하기보다는 이 역사의 의미와 방향 및 전변(轉變, avatars)을 발견하고자 한다.(615/392)

두 정신분석 모두 단순하고 논리적인 정의들에 의해 표현될 수 없는 상황에 처한 근본적인 태도를 탐색한다.(615/392)

이러한 두 정신분석의 공통점에 관한 사르트르의 언명들을 그의 말을 빌려 그대로 풀면 이렇습니다. 겉으로 드러나는 정신적 상태에 관한 여러 내용들은 근본적으로 심층의 인격에 대해 상징으로서 작동하고, 따라서 그 두 정신분석은 그 상징들을 해독해서 인격 구성을 분석할 수 있도록 노력합니다. 그리고 이를 위해 분석대상자인 피험자가 탄생에서부터 분석을 하는 지금 이 순간까지 남겨놓은 모든 역사적인 흔적들을 정신 발달의 요소로서뿐만 아니라 그 상징으로서 파악하고자 합니다. 그리고 그런 가운데 상황을 대하는 근본적인 태도가 무엇인가를 파악하고자 하지요. 그런데 경험적 정신분석은 그 근본적인 태도를 콤플렉스로 파악하고, 현존적 정신분석은 그 근본적인 태도를 근원적인 선택으로 본다는 점에서 다르긴 하지만, 둘 다 인간을 논리에 앞서 있는바 다가적(多價的)인 무한정한 의미화에 있어서 지시 중심이 된다고 여깁니다.

(2) 양자의 차이

사르트르는 우선 경험적 정신분석이 리비도를 앞세워 개인의 근본 기분을 그 역사에 앞서서 처녀림과 같은 양초와 같다고 여기는 데 반해, 자신의 현존적 정신분석은 인간 자유의 근원적인 발융에 앞서 있는 것을 전혀 고려치 않는다고 말합니다. 그러면서 그 핵심적인 차이를 이렇게 말합니다.

사실이지, 경험적 정신분석은 원칙상 주체(피험자)의 직관을 벗어나 있는 무의식적인 하나의 심리의 현존이라고 하는 공준으로부터 출발한다. 현존적 정신분석은 무의식적인 것의 공준을 거부한다. 현존적 정신분석에 있어서, 심리적인 사실은 의식과 공외연적(共延的, coextensif)이다. 그러나 근본적인 기획이 주체(피험자)에 의해 충분히 **체험되고** 또 그렇기에 전적으로 의식된다고 해서, 그것이 동시에 주체에 의해 **인식되어야** 한다는 것을 의미하는 것은 결코 아니다. 오히려 그와는 반대다.(616/393)

묘한 사이 지대를 뚫고 들어갑니다. 이제까지 사르트르는 의식의 본모습은 인식되거나 지성적으로 반성되기 이전의 의식, 즉 비정립적인 체험의 의식임을 강조해 왔습니다. 그것을 무의식적인 것으로 보아서는 안 된다는 것을 여기에서 강조하고 있습니다. 무의식적이지 않고 의식적이라고 해서 인식되는 것은 결코 아니라는 것, 그러면서 프로이트가 제시한 무의식적인 심리 상태를 거부한다는 것이 현존적 정신분석의 특징입니다.

사르트르는 반성마저도 비정립적인 의식에 의거한 반성이 본래의 반성이라고 하면서 주체(피험자)가 자신을 체험적으로는 반성하고 있다는 점을 은근히 제시합니다.

반성 역시 반성인 자기에 대한 비정립적인 의식이다. 그런 한에서, 반성은 비반성적인 의식임과 동시에 그 동일한 기획이다. 그러나 그렇다고 해서, 반성이 상징화된 선택을 고립시키고 그 선택을 개념들에 의해 정착시키고, 또 그 선택만을 따로 환하게 드러내는 데 필요한 도구들과 기법들을 마음대로 활용할 수 있다는 것은 아니다. 반성은 어떤 거대한 빛으로 밝혀지고 있는데, 다만 이 빛이 밝히고 있는 그것을 표현할 수가 없는 것이다. 프로이트 학파의 사람들이 믿는 것처럼 짐작할 수 없는 수수께끼가 가로놓여 있는 것이 아니다. 모든 것은 거기에 빛을 받아 빛나고 있다. 반성은 모든 것을 향유하고, 모든 것을 파악하고 있다. 그러나 이 모든 '충만한 빛 속에 있는 신비'는 그 향유가 통상적으로 분석되고 개념화될 수 있는 수단들을 상실하고 있다는 데서 성립되는 것이다. 반성은 모든 것을 단번에 파악한다. 거기에는 그림자도 없고, 요철도 없고, 크기와의 관계도 없다. 이것들이 어디엔가는 있지만 반성에게 숨겨져 있다는 것이 전혀 아니다. 그것들을 확립하는 것은 인간의 다른 태도에 속한 것이며, 그것들은 오로지 인식에 의해서만 그리고 인식을 위해서만 현존할 뿐이기 때문이다.(616/394)

사르트르의 현존적 정신분석이 어떻게 주체(피험자)를 근본적으로 신뢰하는가를 잘 보여 주는 대목입니다. 프로이트 학파처럼 무의식적인 수수께끼가 아예 주체로부터 은폐되어 있다고 하고, 그것을 분석가만이 파악할 수 있다고 하는 것은 암암리에 폭력이 될 수 있지 않겠는가 싶습니다. 그런데 사르트르는 주체가 이미 비반성적이고 비정립적인 반성에 의해 왜 그렇게 자신이 그런 식으로 자신의 존재를 선택하게 되었는가를 환히 알고 있다는 것입니다. 다만, 그것을 통상적인 어법으로 분석해서 개념화할 수 있는 수단들을 갖지 못하고 있을 뿐이라는 것입니다.

그러나 사르트르는 주체의 반성이 현존적 정신분석의 기반이 되지는 못한다고 하고 그저 분석가가 객관적인 태도로써 파악해야만 하는 생생한 자료들을 제공할 뿐이라고 말합니다. 그러면서 프로이트적인 정신분석뿐만 아니라 현존적 정신분석에 대해서조차 그 한계를 지적하듯이 하면서 이렇게 말합니다.

분석가는 자기가 이미 이해하고 있는 것을 인식할 수 있을 뿐이다. 그렇기 때문에, 무의식적인 심층을 제거해 버린 콤플렉스들은 현존적 정신분석에 의해 발견된 기획들인바, 타인의 관점에서 파악될 것이다. 따라서 이와 같이 밝음 속에 놓인 **대상**은 초월된 초월의 구조들에 따라 분절될 것이다. 즉 그 대상의 존재는 대타존재가 될 것이다. 가령 정신분석을 하는 사람과 정신분석을 당하는 사람이 동일인이라 할지라도 달라지지 않는다. 그러므로 경험적 정신분석가건 현존적 정신분석가건 그들이 그들의 대타존재 안에 있는 한에서, 그들에 의해 밝혀진 그 기획은 [피험자인 주체의] 인격의 총체 즉 초월의 환원불가능성일 수 있을 뿐이다. 이러한 탐구 방법을 언제든지 벗어나는 것은 바로 대자인 한에서의 기획이고, 그 자신의 존재 속에 있는 콤플렉스이다. 이 대자적인 기획(projet-pour-soi)은 그저 **향유될** 뿐이다. 대자적인 현존과 객관적인 현존 사이에는 양립불가능성이 있다.(616~617/394~395)

분석 대상인 주체가 대자적으로 향유하고 있는 현존과 분석가가 분석 대상인 주체의 현존을 객관적으로 파악하고자 할 때 주어지는 객관적인 현존은 동시에 양립할 수 없다는 말이 상당히 설득력 있게 다가옵니다. 그렇기 때문에, 근원적인 기획이라고 하건 아니면 콤플렉스라고 하건, 그 자체는 인격의 총체로서 도대체 환원불가능한 근본적인 사태로 다가올 수밖에 없다는 것입니다. 그렇다면, 과연 현존적 정신분석은 어떻게 분석의 길을 연다는 것인가요? 사르트르는 우선 이렇게 프로이트의 경험적 정신분석을 비판합니다.

리비도 혹은 권력의지는 심리생물학적인 잔재를 형성한다. 이것은 그 자체에 있어서 명백한 것도 아니고, 탐구의 환원불가능한 종착점이 되어야만 하는 것으로서 우리에게 나타나는 것도 아니다. …… 권력의지에 의해 표현되지 아니하는, 그리고 그 리비도가 근원적이고 무차별적인 기획을 구성하지 아니하는 인간실재를 선험적으로 생각하는 것을 방해하는 것은 아무것도 없다. 그와는 반대로, 현존적인 정신분석이 그곳에까지 거슬러 올라가게 될 선택은, 그야말로 그것이 선택이기 때문에, 그 근원적인 우연성을 설명한다. 왜냐하면 선택의 우연성은 자유의 이면이기 때문이다. …… 각각의 결과는 충분히 우연적이고 응당 환원불가능한 것이리라. 게다가 각각의 결과는 항상 **특이한**(*singulier*) 것으로 머물 것이고, 따라서 우리는 탐구의 궁극적인 목표인 양 그리고 모든 행동들의 기반인 양 예컨대 리비도처럼 추상적이고 일반적인 최종점에 도달하지 않을 것이다.(617/395)

선택의 결과는 충분히 우연적이고 응당 환원불가능하고 항상 특이하기 때문에 그것을 리비도나 권력의지와 같은 최종적인 기반으로 환원해서 설명한다는 것은 처음부터 불가능하다는 것입니다. 그러면서 사르트르는 현존적 정신분석에서 볼 때, 리비도나 권력의지는 모든 인간들에게 공통되고 일반적인 성격들도 아니고 더욱이 환원불가능한 것도 아님을 강조합니다(618/396 참조). 그러면서 현존적 정신분석의 연구조사 방법에 대해 이렇게 말합니다.

연구조사의 목표는 하나의 **상태**가 아니라 하나의 **선택**을 발견하는 것이어야 한다. 바로 그러하기 때문에, 이러한 연구조사를 할 때마다 그 대상이 무의식의 어둠 속에 숨겨져 있는 소여가 아니라 자유롭고 의식적인 결정임을 상기해야 할 것이다. 이 자유롭고 의식적인 결정은 그 자체 의식에 거주하고 있는 것이 아니라 그 의식 자체와 하나를 이루고 있는 것이다. 경험적인 정신분석이 자신의 원칙보다 자신의 방법이 더 훌륭할 경우, 그런 만큼 종종 현존적인 발견법의 길에 들어서게 된다. 비록 도중에 멈추긴 하지만 말이다. 경험적 정신분석이 근본적인 선택에 접근할 때, 주체(피험자)의 저항은 순식간에 무너진다. 그리고 그는 갑자기, 마치 그가 거울을 통해 자신을 보듯이, 사람들이 자기에게 제시하는 자신에 대한 이미지를 **인식한다**. …… 만약 진실로 콤플렉스가 무의식적이라면, 즉 만약 기호가 하나의 방화벽에 의해 기의로부터 분리된다면, 주체(피험자)는 어떻게 그것을 **인식**할 수 있을 것인가? 스스로를 인식하는 무의식적인 콤플렉스라니? 콤플렉스는 이해의 능력을 상실하지 않았는가? …… 정신분석가는 의식적인 것과 무의식적인 것이 갑자기 일치하는바 그 애매한 이미지를 틀림없이 갖는다. 그러나 정신분석가는 이와 같은 일치를 적극적으로 생각할 수 있는 수단들을 <u>스스로 포기하고 만다</u>.(619/397~398)

분석 대상인 주체에게서 그 주체가 수행했던 근본적인 선택과 자유롭고 의식적인 결정을 찾아내야 한다는 것이 요체입니다. 흥미로운 것은 경험적인 정신분석가들이 때로는 주체의 저항이 무너지는 지점에 이르게 되는데, 이를 사르트르가 그것은 정신분석가들이 주체의 근본적인 선택에 접근했기 때문이라고 해석하는 대목입니다. 흔히 정신분석에서는 트라우마를 일으킨 지점은 주체에게서 엄청나게 깊게 억압되어 은폐되어 있기 때문에, 대화를 통해 그 지점에 가까이 갈수록 주체의 저항이 거세진다고 말합니다. 그리고 그 저항을 분쇄할 때에만 비로소 그 트라우마의 지점에 가닿을 수 있고, 그럼으로써 치료가 가능해진다는 것입니다. 그리고 대체로 그 트라우마를 해석할 때 리비도적인 왜곡이 있다고 리비도가 왜곡된 지점을 찾아가려 한다는 것입니다.

그런데 이와 관련해서 사르트르는 프로이트의 무의식 이론을 논리적으로 공박합니다. 주체가 자기 스스로의 모습을 인식하게 되었다고 할 때, 그 인식은 과연 무의식이 한 것인가요, 아니면 의식이 한 것인가요? 무의식적인 콤플렉스가 그런 인식을 할 수 있다고 한다면, 전제의 오류인 셈입니다. 경험적 정신분석에서는 누적된 무의식적인 억압을 제거함으로써 주체가 억압된 내용을 의식적으로 인식하게 되었다고 합니다. 사르트르가 묻는 것은 그럴 때 억압된 내용을 의식의 판면으로 올려 주는 것은 과연 무의식인가 의식인가를 묻는 것입니다. 이에 대해 제대로 답하기 위해서는 무의식과 의식이 공외연적이며 본래 서로 하나의 인격적인 총체로서 현존한다고 말해야 한다는 것입니다. 그러면서 사르트르는 결국 이렇게 말합니다.

그러나 주체의 각성(illumination)은 하나의 사실이다. 거기에는 실로, 명증성을 수반하는 직관이 있다. 정신분석가에 이끌려, 주체는 하나의 가설에 동의하는 것 이상의 보다 훌륭한 일을 한다. 그는 자신이 무엇인가를 만지고 본다. 이것이 실로 이해될 수 있는 것은 주체가 자신의 심층의 경향들을 의식하기를 결코 그치지 않는 한에서만, 아니 이러한 경향들이 그의 의식 자체와 구분되지 않는 한에서이다. 이 경우에, 앞서 우리가 살펴본 것처럼, 정신분석적인 해석은 주체로 하여금 주체 자신에 대한 **의식을 갖도록** 하지 않는다. 정신분석적인 해석은 주체로 하여금 주체 자신에 대해 인식을 하도록 한 것이다. 그러므로 주체의 최종적인 직관을 결정적인 것으로 요청하는 것은 현존적 정신분석의 몫으로 돌아간다.(620/398~399)

의식과 인식의 차이를 확연하게 주지시키고 이를 활용해서 프로이트의 정신분석을 공격하고 있습니다.

2. 함과 가짐: 소유

1) 구체적 욕망의 세 범주

지난 시간에 사르트르가 현존적 정신분석을 통해 인간을 근본적으로 존재 욕망으로 본 것은 존재론을 바탕으로 하지 않고서는 정신분석, 즉 인간 내지는 인간 욕망에 대한 분석이 불가능하다는 것을 보인 것입니다. 이제 절을 바꾸어 '함과 가짐: 소유'라는 제목의 절로 들어선 것은 일상적으로 우리가 욕망을 발휘하고 그런 욕망을 통해 나의 존재를 확보해 나가는 양상을 분석해 보고자 하는 것이라 할 수 있습니다. 이에 관련해서 우리는 사르트르가 어떻게 논의의 물꼬를 트고자 하는가를 다음의 대목에서 파악할 수 있습니다.

인간실재는 신이 되고자 하는 순전한 노력이다. 그런데 이러한 노력을 위한 어떤 기체(基體, Substrat)가 있는 것도 아니고, 그렇게 노력하는 것이 아무것도 아니라는 것도 아니다. 욕망은 이 노력을 표현한다.
그런데도 그저 욕망은 자기-원인인 즉자와의 관계에 의해 정의되는 것만은 아니다. 욕망은 흔히 욕망의 대상이라 부르는 생생하고 구체적인 현존자와도 관계한다. 이 대상은 때로는 빵 한 조각일 수도 있고, 때로는 한 대의 자동차일 수도 있고, 때로는 한 여인일 수도 있고, 때로는 예술가가 예술 작품을 창조하고자 욕망할 때처럼 아직 실현되지 않았지만 정의되고 있는 대상일 수도 있을 것이다. 그래서 욕망은 그 구조 자체에 의해 인간과 세계 내의 하나 혹은 여러 대상과의 관계를 표현한다. 욕망은 세계-내-존재의 여러 양상들 중 하나이다.(621~622/401)

간단히 말하면, 근본적으로는 욕망이 존재 욕망으로서 자기-원인인 즉자, 즉 신이고자 하는 것이지만, 구체적인 삶에 있어서는 생생하고 구체적으로 현존하는 대상을 욕망하는 것이라는 이야기입니다. 이를 요약해서 나타내는 것이 "욕망은 세계-내-존재의 여러 양상들 중 하나이다"라는 문장입니다. 대체로 쉽게 수긍할 수 있는 내용입니다. 그런데 실제로 우리 삶에서 발휘되는 욕망들을 볼라치면, 무엇인가를 만들고자 하고, 그렇게 만들어서 소유하고자 하고, 그렇게 소유함으로써 새로운 누군가가 되고자 하는 것입니다. 이에 대해 사르트르는 다음과 같이 말합니다.

실제로 수없이 많은 경험의 사례들을 통해 알 수 있는 것은 우리가 그러한 대상을 **소유하기**를 욕망하고, 혹은 그러한 물건을 **만들기**를 욕망하고, 혹은 어떤 사람이 **되기**를 욕망할 것이다. …… 그래서 애당초 구체적인 인간 현존의 세 가지 대(大)범주들, 즉 **함**(*faire*), **가짐**(*avoir*), **됨**(…임, *être*)은 그 근원적인 연관 속에서 나타난다.(622/401~402)

'faire'에 대해 '함'이라 번역하기도 하고 '만들기'로 번역하기도 하는데, 이는 맥락에 따른 것일 뿐 큰 차이는 없습니다. 한다는 것이 만드는 것이기도 할뿐더러 만드는 것이야말로 하는 것이기 때문입니다. 중요한 것은 사르트르가 함, 가짐, 됨을 인간 현존 즉 욕망의 세 가지 대범주로서 제시하고 있다는 사실입니다. 이는 인간이 자신의 현존을 유지해 나가는 데 있어서 결코 벗어날 수 없는 틀이 된다고 말하는 것입니다.

이렇게 제시하고 난 뒤, 사르트르는 '함'의 욕망은 환원불가능한 것이 아니라 '가짐'의 욕망으로 환원될 수 있다고 말합니다. 예컨대 그는 내가 산행을 하면서 나뭇가지를 이용해서 지팡이를 만들었을 때, 그 만듦은 지팡이를 갖기 위한 것이라고 말합니다. 그래서 그는 "'함'은 가짐의 수단으로 환원된다"(622/402)라고 합니다.

2) 예술 작품에 대한 전유 욕망

이런 경우가 가장 흔한 경우라고 말한 뒤, 우리의 활동이 당장에 환원 가능한 것으로 나타나지는 않지만 그렇다고 해서 그 함이 환원불가능한 것은 아닌 경우들이 있다고 합니다. 그 예로 과학적인 탐구, 스포츠, 미학적인 창조 등을 듭니다. 그리고 그 대표적인 경우로 우선 그림 그리기를 분석합니다. 이에 관한 사르트르의 분석은 대단히 흥미로운데, 그것은 사르트르의 '예술 작품론'을 제시하는 셈이기 때문입니다. 상당히 중요한 대목이기 때문에 길게 인용하고자 합니다.

내가 생각하고 있는 그 그림이 현존한다는 것만이 중요한 것이 아니다. 그 그림은 나에 의해 현존해야 한다. 한편으로는, 내가 그 그림을 일종의 연속적인 창조에 의해 존재하도록 하고 그럼으로써 그 그림이 계속해서 갱신되는 유출로서 나의 것이 되는 것이야말로 분명 이상(理想)일 것이다. 그러나 다른 한 편으로는, 그 그림이 내가 아니고 나의 것이 되기 위해서는 나 자신으로부터 확연하게 구분되어야 한다. 실체들에 대한 데카르트의 이론에서처럼 여기에서도 위험이 도사리고 있다. 그 위험은 그림의 존재가 독자성과 객관성을 갖지 못함으로써 나의 존재 속에 흡수될 수 있다는 것이다. 그렇기 때문에, 그 그림은 **즉자적으로** 현존해야 한다. 말하자면 그 그림은 계속해서 자신의 현존을 **자기 자신으로부터** 갱신해야 한다. …… 모든 예술 작품은 하나의 사유, 하나의 '관념'이다. 예술 작품이 하나의 기호의미 외에 다른 것이 아닌 한, 예술 작품의 성격들은 분명히 정신적이다. 그러나 다른 한편으로, 이 기호의미, 이 사유는, 마치 내가 그것을 끊임없이 형성하기라도 하듯이, 마치 ─나의 정신일 그런─하나의 정신이 그것을 쉼 없이 사념하기라도 하듯이, 영속적으로 현행성을 유지한다. 말하자면, 이 사유는 홀로 자신을 존재하도록 하고, 이 사유는 내가 그것을 현행적으로 생각하지 않을 때에도 결코 현행적이기를 멈추지 않는다. 그러므로 나는 이 사유와 이중적인 관계에 돌입한다. 즉 나는 그것을 **사념하는** 의식이면서 동시에 그것과 **맞닥뜨리는** 의식인 것이다. 이 사유는 내 **것**이라고 말함으로써 내가 표현하는 것은 바로 이 이중적인 관계다.(622~623/402~403)

예술 작품의 존재를 파악코자 할 때, 바로 이러한 사르트르의 생각이 대단히 중요합니다. 그 요지는 예술 작품이란 분명히 우리가(혹은 내가) 만들었는데도(혹은 만드는데도), 그래서 오로지 우리에(혹은 나에) 대해 존재해야 마땅한데도, 우리(혹은 나)와 확연히 구분되어야 할 뿐만 아니라, 그러한 구분은 예술 작품이 지닌 독자성과 객관성 즉 예술 작품이 우리(혹은 나)와 상관없이 그 자체로 현존하는 것이어야 한다는 것입니다.

따지고 보면, 예술 작품은 그 자체로 지각되는 하나의 물질적 성격을 띤 것에 불과합니다. 예컨대 전시장 벽에 걸려 있는 한 폭의 그림이 있다 할 때, 존재한다고 할 수 있는 것은 액자와 화폭(캔버스) 및 그림물감뿐입니다. 하지만, 액자는 말할 것도 없고 화폭과 그림물감 자체를 그림이라 할 수는 없습니다. 그림은 그것들을 기호로 삼아 거기에서 발용하는 하나의 기호의미인 것입니다. 사르트르는 이를 지적하면서 '사유'(pensée)라고 달리 말하고 있습니다. 그것이 기호의미이고 사유라면, 도대체 그것을 사념하고 사유하는 우리가 없이는 존재할 수 없다고 해야 할 것 아닐까요? 하지만 그렇지 않다는 것이 사르트르의 주장입니다. 이를 가장 잘 나타내는 것이 "이 사유는 홀로 자신을 존재하도록 하고, 이 사유는 내가 그것을 현행적으로 생각하지 않을 때에도 결코 현행적이기를 멈추지 않는다"라는 말입니다. 예술 작품은 그것을 만든 인간들과는 별개로 나름의 독자성과 객관성을 띤 현존을 형성하고 발휘하는 것입니다.

철학아카데미 2002년 봄 학기의 '예술적 공간에 대한 현상학적 이해'라는 강좌를 개설한 적이 있습니다. 그때 저는 다음 도표를 작성해 수강자들에게 설명했었습니다.

예술적 공간물의 현상에 대한 위 분석을 표로 정리하면 이렇습니다.

현상	체험		대상	
인위성	대자성	종적 대자성	탈고유성	보편적 탈고유성
	종적 성격		보편성	
	종적 대자성을 따른 인위성		보편적 탈고유성을 따른 인위성	
독자성	향자아성	탈향자아성	대타성	대타즉자성
	탈자아성		즉자성	
	탈향자아적 독자성		대타즉자성을 따른 독자성	

예술 작품은 다른 도구들과 마찬가지로 인위적으로 만든 것입니다. 인위적인 산물에 대해 인간들이 체험을 할 때에는 오로지 나 자신의 개별성에 의거한 체험을 하는 것이 아니라 인류 종(種)적인 체험을 합니다. 그러면서 자신이 거기에 반영되어 있다는 이른바 대자성을 체험하게 됩니다. 그래서 예술 작품이 갖는 인위성은 체험에 있어서 '종적 대자성을 따른 인위성'이라고 하는 성격을 갖게 됩니다. 이에 짝하는 체험의 대상은 인간 종에 의거해서 자신의 고유성을 상실하고서 예속된 상태로 존재하게 됩니다. 이에 예술 작품이 갖는 인위성은 대상에 있어서 '보편적 탈고유성을 따른 인위성'이 됩니다.

한편, 예술 작품은 다른 도구들이 철저히 인간의 욕구와 욕망에 예속되어 있는 것과는 달리 그 나름의 독자성을 갖습니다. 그런데 예술 작품의 독자성을 체험할 때 그 예술 작품이 우리, 즉 나를 향해 있는 것 같으면서(사르트르식으로 말하면 기호의미로만 혹은 사유로만 존재하는 것 같으면서) 동시에 우리, 즉 나를 끊임없이 벗어나 버린다는 것입니다. 이에 예술 작품의 독자성은 체험에 있어서 '탈향자아적(脫向自我的) 독자성'이라는 성격을 갖게 됩니다. 이와 짝하여, 대상으로서의 예술 작품은 자신이 아닌 우리 인간을 향해 있으면서도 제 스스로 즉자성을 띠는 묘한 성격을 갖습니다. 이에 예술 작품의 독자성은 대상에 있어서 '대타즉자성을 따른 독자성'이라는 성격을 갖는 것입니다.

방금 인용한 사르트르의 문장들에서, 사르트르의 대목을 전혀 읽지 못한 채 그저 현상학적인 사유를 발휘해 저 나름대로 했던 예술 작품에 대한 분석 내용을 거의 그대로 확인할 수 있다는 사실은 저로서는 무척 흥미롭습니다. 현상학적인 사유 방식이란 것이 이렇게 두루 엇비슷한 방식으로 전개될 수 있다는 것을 확인하게 되기 때문입니다.

자, 아무튼 예술 작품에 대한 이중적인 관계를 제시한 뒤 사르트르는 이 이중적인 관계를 하나로 통일할 수 있는 종합을 제시합니다.

> 내가 나의 작품을 창조하는 것은 전유의 종합 속에서 이 이중적인 관계를 유지하기 위한 것이다. 사실이지, 내가 작품을 나의 소유물로 만들고자 하면서 내가 노리는 것은 나와 나 아닌 것 간(사유의 친밀성과 반투명성과 즉자의 불투명성과 무차별성 간)의 이 종합이다.(623/403)

'전유의 종합'을 통해 사르트르는 '함'이 '가짐'으로 환원된다는 사실을 강조하고자 합니다. 그러면서 예술 작품뿐만 아니라 자신이 만든 도구들을 자신의 곁에 두고자 하는 사람들은 전유에 대해 지나치게 신경을 쓴다는 사실을 강조합니다. 욕망의 관점에서 보면, 그러한 전유와 그것을 뒷받침하고 있는 '가짐'을 강조할 수 있을 것입니다. 그러나 적어도 예술 작품이 도구성을 벗어남으로써만 현존하게 된다는 사실을 철저하게 견지해 온 나로서는 이러한 사르트르의 생각에 결코 동의할 수 없습니다. 예술 작품에 대해서만큼은 설사 내가 만든 예술 작품이라 할지라도 도대체 '전유'라든지 '나의 소유물'이라든지 하는 가짐의 범주로써 그 근본적인 존재방식을 제대로 파악할 수 없기 때문입니다.

아무튼 사르트르는 전유를 두 가지로 나눕니다. 하나는 '향유에 의한 전유'이고, 다른 하나는 '창작에 의한 전유'입니다. 여기에다 우리로서는 '배타적인 점유에 의한 전유'를 보태고자 합니다. 만약 누군가가 사르트르가 말하는 두 가지 전유를 강화하기 위해 배타적인 점유에 의한 전유를 고집한다면, 그 전유는 한편으로 앞의 두 전유를 오히려 약화시킬 것입니다. 타인들과 더불어, 함께 누리면서 함께 전유함으로써 즐김에 의한 전유를 더 강화할 수 있고, 나아가 창작에 의한 전유를 더 강력하게 부추길 수 있을 것이기 때문입니다. 이에 관해서는 사르트르가 별다른 언급이 없습니다.

3) 인식함에 나타나는 전유 욕망

그 대신 사르트르는 인식과 놀이를 차례차례로 전유의 욕망에 관련하여 분석하는 쪽으로 나아갑니다. 먼저 인식함에 대해 사르트르는 이렇게 말합니다.

> 인식한다는 것도 전유함이다. 이는 과학적 탐구가 어째서 전유의 노력 이외 다른 것이 아닌가 하는 이유를 말해 준다. 예술 작품과 마찬가지로, 발견된 진리는 나의 인식이다. …… 세계의 한 면모가 드러나는 것은 나에 의해서이고 나에게 있어서이다. 이와 같은 의미에서 볼 때, 나는 창작자이자 소유자이다. 이는 내가, 내가 발견하는 존재의 양상을 순수한 표상으로 간주하기 때문이 아니라, 그 반대로 오로지 나에 의해서만 발견되는 이 양상이 심중하게 그리고 실재적으로 **존재하기** 때문이다. …… 나는 나의 사유의 **진리**가 갖는 특성에서 즉 나의 사유의 객관성에서 예술 작품의 독자성과 유사한 하나의 독자성을 재발견한다.(624/404)

내가 예술가로서 예술 작품을 만들어 전유한다고 해서 그 예술 작품이 그저 나에게 속한 것이 아니듯이, 내가 인식을 해서 갖는 나의 사유 내용이 진리임을 파악한다고 할 때, 그 나의 사유 내용의 진리는 나의 사유 내용이 나로부터 독자적으로 존재하는 것임을 일러 준다는 것입니다. 인식함이 전유함이라고 해서, 그 전유가 배타적인 전유가 될 수 없음을 말하고 있습니다. 사르트르는 나의 사유 내용이 나에 대해 독자성을 띤다는 것은 그것이 모든 다른 사람들에 의한 사유 내용인 한에서 그 현존을 확보한다는 점을 강조합니다. 사르트르는 이를 이렇게 정돈해 보입니다.

> [인식함에 의해 획득된 진리인] 이 나의 사유는 이중적으로 나이다. 이 나의 사유는 나에게서 발견되는 세계이기 때문에 나이고, 또 이 나의 사유는 타자들에게서의 나 즉 타자의 사유와 함께 나의 사유를 형성하는 나임으로써 나이기 때문이다. 또한 이 나의 사유는 나와 대립해서 이중적으로 폐쇄되어 있다. 이 나의 사유는 내가 아닌 존재(이 존재가 나에게 드러나는 한)이기 때문에, 그리고 이 나의 사유는 드러나자마자 모두의 사유, 즉 익명성에 결부된 사유이기 때문이다. [그런데] 나와 나 아닌 것 간의 이러한 종합은 여기에서도 여전히 나의 것이라는 용어에 의해 표현될 수 있다.(624/404)

예컨대 뉴턴이 "질량을 가진 두 물질은 거리의 제곱에 반비례하여 서로 끌어당긴다"라는 중력 법칙을 인식해서 발견했다고 해보겠습니다. 이는 분명 뉴턴의 사유 내용입니다. 그런 점에서 이 뉴턴의 사유 내용은 **뉴턴**(Newton)입니다. 그렇지만, 이 '뉴턴'인 뉴턴의 사유 내용은 타인들 속에서의 '뉴턴'이고, 말하자면 익명성 속에서의 '뉴턴'입니다. 그런 점에서 이 뉴턴의 사유 내용은 뉴턴과 대립해서 독자적으로 존재합니다. 모든 인식에는 바로 이러한 이중성이 종합되어 있다는 것이 사르트르의 인식에 대한 이론입니다. 그러면서도 중력법칙을 둘러싼 이러한 이중성의 종합은 '뉴턴의 것'이라는 전유를 나타내는 용어로 표현될 수 있다는 것입니다.

굳이 '나의 것', 즉 전유를 중심으로 인식함을 파악하고자 하는 사르트르는 인식함이 하나의 욕망이라는 생각을 깔고 있습니다. 그리고 욕망이란 근본적으로 전유적인 향유(jouissance appropriative)라는 생각을 깔고 있습니다. 인식함에 대한 사르트르의 이야기들을 죽 나열하면 다음과 같습니다.

> 봄은 즐김이다. 본다는 것은 **처녀성을 빼앗는 것**(*déflorer*)이다. …… 탐구의 대상은 인식되고 있음을 모른다. 마치 목욕 중인 여자가 행인에 의해 우연히 발견되는 것처럼, 탐구되는 대상은 자기를 몰래 살피는 시선을 감지하지 못한 채 자기 일에 열중하고 있다. …… 우리는 자연의 베일들을 벗긴다. 우리는 자연을 드러나도록 한다. 모든 탐구는, 악타이온이 아르테미스를 더 잘 보기 위해 나뭇가지들을 옆으로 치우듯이, 항상 나체를 가리고 있는 장애물들을 열어젖힘으로써 나체를 백일하에 드러내고자 한다는 관념을 포함하고 있다. …… 인식함은 눈으로써 먹는 것이다. …… 인식함에 있어서, 의식은 자신의 대상을 자기에게로 현혹한다. 그러고는 그 대상을 자신에게 합체시킨다. 인식은 동화(assimilation)이다. …… 인식된 것은 나로 변형된다. 인식된 것은 나의 사유가 된다. 그리고 바로 그럼으로써 나로부터만 자신의 현존을 받아들일 것을 수락한다. 그러나 이 용해(dissolution)의 운동은 인식되는 것이 동일한 자리에 머물러 있다는 사실에 의해 고정된다. 인식된 것은 언제까지나 흡수되고 먹히고 언제까지나 손대지 않은 채 전적으로 소화되고 있다고 할 수 있지만, 그러나 마치 하나의 덩어리로 소화되지

않은 채 전적으로 바깥에 있는 것이다. …… 타조의 위장 속에 있는 돌 덩어리 혹은 고래 뱃속에 있는 요나 등의 이미지는 파괴적이지 않은 동화에 대한 꿈을 나타낸다. …… 대자는 나에 의해 전적으로 동화됨으로써 나가 될, 그러면서 내 속에서 용해되지 않고 자신의 **즉자적** 구조를 유지하고 있을 그런 대상을 꿈꾼다. …… 인식함은 소비하지 않고 바깥에서 먹는 것이다. …… 인식은 **관통**이자 동시에 **표면적인** 애무이다. 인식은 소화이자 동시에 변형될 수 없는 대상을 거리를 두고서 물끄러미 바라봄이다. 인식은 연속적인 창조에 의해 사유를 창조하는 것이자 동시에 이 사유로부터 전적으로 객관적인 독자성을 확증하는 것이다. 인식된 대상은 바로 **사물인 나의 사유**다. 그리고 내가 탐구에 착수할 때 내가 근본적으로 욕망하는 것은 바로 나의 사유를 사물로 파악하고 사물을 나의 사유로 파악하는 것이다. 너무나도 다양한 경험들을 한꺼번에 끌어모으는 혼합적인 관계는 오로지 **전유**의 관계일 수밖에 없다. 그 때문에, 인식함의 욕망이 제아무리 무사무욕(無私無慾)하게 보인다 할지라도, 전유의 관계이다. **인식함은 가짐**이 지닐 수 있는 형식들 중의 하나이다.(624~626/404~407)

대단히 길게 인용했습니다. 결론은 인식한다는 것이 가짐의 한 방식이라는 것입니다. 가짐에서 떼려야 뗄 수 없는 것은 욕망입니다. 그러니까 인식이나 인식적인 사유 역시 욕망을 발휘하는 특정한 방식이라는 것입니다. 그렇게 되면, 개념도 판단도 나아가 모든 과학적인 체계들 역시 인간 욕망의 결과물이 됩니다. 뒤집어 말하면, 욕망의 근본 구조를 분석하지 않고서는 인식론을 근본적으로 펼칠 수 없다는 이야기가 됩니다.

이에 관한 사르트르의 표현은 거침이 없습니다. 인식은 눈으로써 먹는 것이라고 하고, 인식에서 기초가 되는 보는 것은 처녀성을 빼앗는 것이라고 합니다. 그러면서 인식은 대상을 소화시켜 용해해서 동화하는 것이라고 말하고 있습니다.

그런데 악타이온과 아르테미스의 이야기가 재미있습니다. 신화에서 사냥꾼인 악타이온은 어쩌다가 사냥의 여신인 아르테미스(다이애나)가 님프들과 함께 목욕하는 것을 보게 됩니다. 더 잘 보기 위해 나뭇가지를 치우기까지 해서 아르테미스의 벗은 몸을 보았지만 그것은 완전한 저주였습니다. 화가 난 아르테미스가 악타이온에게 물을 끼얹자 악타이온은 머리에서 뿔이 나고 몸 전체가 괴물 같은 동물로 변하게 되고 그 결과 자신의 사냥개들에게 물려 죽게 되기 때문입니다. 사르트르는 인식함을 '악타이온 콤플렉스'라고까지 부르면서 악타이온이 저주받은 것은 들먹이지 않고 아르테미스의 벗은 몸을 더 잘 보기 위해 나뭇가지를 치우는 이야기만 합니다. 인식이란 즉자적인 자연의 베일을 벗기는 것이라고 말하기 위한 비유로 들먹인 것입니다.

메를로-퐁티는 『보이는 것과 보이지 않는 것』에서, "내 시선이 사물들을 감쌈으로써 그 사물들을 은폐하지 않고, 결국에는 내 시선이 사물들을 베일로 가림으로써 그 사물들이 노출되도록 하는 까닭은 도대체 무엇인가?"[1]라고 심중하게 물음을 던진 적이 있습니다. 사르트르는 인식이 사물들의 베일을 벗기는 것이라고 말하는데, 메를로-퐁티는 인식이 사물을 내 시선이라는 베일로 덮는 것이라고 말하고 있습니다. 그러면서 메를로-퐁티는 내 시선으로써 사물들을 감싸고 덮음으로써 오히려 사물들을 발가벗긴다고 말하고 있습니다. 이 대목에서는 분명 메를로-퐁티

---

1) Maurice Merleau-Ponty, *Le visible et l'invisible*, Paris: Gallimard, 1964, p.173.

가 한 수준 더 깊은 차원에 가닿아 있음에 분명합니다.

그런데 사르트르는 인식이 대상을 소화해서 나 자신으로 만드는 것이긴 하되, 동시에 그야말로 소화시켜 용해시키는 것이 아니라 고래 뱃속의 요나처럼 대상을 자신의 뱃속에서 그냥 그대로 놔두는 격이라고 말합니다. 그리고 이는 인식된 것, 즉 인식 대상이 그 자체로 즉자적인 구조에 의거한 독자성을 유지하게 된다는 것을 의미하는 것이라고 말합니다. 그러면서 인식이란 성적인 욕망에서처럼 표면을 쓰다듬는 애무라고 말합니다. 사르트르가 제시하는 이 대목은 바로 메를로-퐁티가 '나의 시선으로써 사물을 감싸고 덮음으로써' 오히려 '사물들을 그 자체로 드러나도록 한다'고 했을 때, 후자의 대목과 일치합니다. 우리 나름으로 악타이온 이야기를 원용해서 말하자면, 악타이온이 아르테미스에 의해 죽음을 면치 못한다는 것은 인식된 것, 즉 인식 대상이 인식 주체에 결코 합입되지 않고 인식 주체와 관계를 유지하면서 그 자체로 독자성을 발휘하게 된다는 것을 은유한다고 할 수 있습니다.

사르트르나 메를로-퐁티 두 사람 모두 인식 주체인 인간과 인식 대상인 사물 간의 기기묘묘한 숨바꼭질과 같은 수수께끼를 풀고자 노력하고 있습니다. 그 결론으로 사르트르는 "인식은 소비하지 않고 바깥에서 먹는 것이다"라는 명제를 비롯해서, "인식은 **관통**이자 동시에 **표면적인** (*de surface*) 애무이다. 인식은 소화이자 동시에 변형될 수 없는 대상을 거리를 두고서 물끄러미 바라봄이다. 인식은 연속적인 창조에 의해 사유를 창조하는 것이자 동시에 이 사유로부터 전적으로 객관적인 독자성을 확증하는 것이다. 인식된 대상은 바로 **사물인 나의 사유**다. 그리고 내가 탐구에 착수할 때 내가 근본적으로 욕망하는 것은 바로 나의 사유를 사물로 파악하고 사물을 나의 사유로 파악하는 것이다"라는 이중배리적인 통일을 제시하고 있는 것입니다.

그렇다고 해서 인식함의 비의가 깔끔하게 해결된 것은 결코 아닙니다. 인식한다는 것 혹은 본다는 것은 어쩌면 인간의 사유 능력을 완전히 넘어서 있을 정도로 그 비의가 무궁무진하기 때문입니다. 사르트르는 인식함을 전유 욕망의 한 방식이라고 함으로써 대략 해결되는 것처럼 말하고 있지만, 인식함이란 그 정도로 해서 해결될 문제가 결코 아닙니다.

욕망의 존재론적인 바탕인 몸을 치밀하게 분석하지 않으면 안 되고, 몸이 인식 주체이면서 동시에 인식 대상임을 근본적인 조건으로 여겨 활용하지 않으면 안 되며, 몸 역시 인식된 것 즉 인식 대상으로서 일체의 인식 대상과 동연적인 방식으로 세계와 근원적으로 소통하고 있다는 사실을 염두에 두지 않으면 안 되고, 그럴 때 몸에서 발원하는 인식의 욕망이 근본적으로 자신에게서 발원하기도 하지만 동시에 세계로부터 발원하는 것임을 염두에 두지 않으면 안 됩니다. 그리고, 몸이 인식하고자 하는 자신의 욕망을 통해 제 스스로를 대상적인 세계에 완전히 양도함으로써 일체의 존재와 통일되고자 한다는 사실을 고려하지 않으면 안 되고, 그럴 때 급기야는 몸에서 발원하는 인식의 욕망이란 다름 아니라 자신을 근원적으로 무화시키고자 할 정도로 급격하기 이를 데 없는 충동을 그 바탕에 깔고 있다는 것을 확인하지 않으면 안 됩니다. 인식을 통해서 인식의 정체를 밝히고자 하는 무한한 자기 꼬리 물기이지요.

4) 놀이에서 나타나는 전유 욕망

사르트르는 예술 작업, 인식에 의한 학문 활동, 그리고 스포츠를 통한 놀이 등에서도 소유 내지는 전유의 성격을 파악할 수 있다고 여깁니다. 이는 인간은 근본적으로 존재 욕망으로서 여러 개별적·경험적 욕망들을 충족하기 위해 여러 활동(함, faire)들을 하는데, 이 여러 활동들은 결국 가짐(avoir, 소유 내지는 전유)으로 환원된다고 하는 것을 보이고자 하는 것입니다. 지난 시간에는 예술 작업과 인식 활동에 관한 분석을 했습니다. 오늘은 이에 이어 놀이에서 나타나는 전유 욕망을 분석하고, 이 활동들 모두를 통해 본 소유의 존재론적인 구조와 성격을 살펴보고자 합니다. 먼저 사르트르가 이 세 가지 활동을 일괄해서 하는 언명을 들어보기로 합니다.

예술, 학문, 놀이는 전반적으로건 부분적으로건 전유의 활동들이다. 이 활동들이 자신들이 추구하는 구체적인 대상 너머에서 전유하고자 원하는 것은 존재 자체, 즉자적인 절대적 존재이다.

그래서 존재론은 욕망이 본래 존재 욕망임을 우리에게 가르치고, 욕망이 자유로운 존재 결핍으로 특징지어진다는 것을 가르친다. 그러나 또한 존재론은 욕망이 세계 한복판에 있는 구체적인 현존재와의 관계임을 가르치고, 이 현존재가 즉자의 유형에 속한 것으로 생각된다는 것을 가르친다. 즉 존재론은 욕망되는 이 즉자와 [욕망하는] 대자 간의 연관이 전유라는 사실을 가르친다.(631/415)

존재, 욕망, 결핍, 전유로 이어지는 대자와 즉자의 연관을 제시하고 있습니다. 본래 대자는 근본적으로 존재 욕망이고, 근본적으로 존재에 대한 결핍 상태이며, 그래서 즉자를 통해 주어지는 존재를 전유함으로써 자신의 존재를 완성하고자 한다는 것입니다. 그리고 이를 위한 노력의 일환으로 예술, 학문, 놀이 등의 작업을 한다는 것입니다.

그렇다면, 인간 삶의 일체의 과정이 대자를 통한 즉자의 다양한 전개와 분출인 것으로 됩니다. 달리 말하면, 인간은 즉자인 존재가 드러나 전개되는 통로인 셈이고, 개개 인간들의 삶의 다양성은 즉자인 존재가 그만큼 다양하게 드러나면서 실현되는 통로들인 셈입니다. 이러한 우리의 분석을 사르트르는 과연 인정할까요? 일단 사르트르가 어떻게 놀이를 존재론적으로 분석하는가를 살펴보고자 합니다.

(1) 놀이와 주체성

사르트르는 놀이에서조차 과연 전유의 경험을 발견할 수 있을까 하고서 자문한 뒤, 놀이는 심각한(sérieux) 정신과 대립되기 때문에 소유와 가장 덜 관련되는 것이라고 말합니다. 그러고는 유물론이 심각하다는 사실은 우연이 아니라고 하고 또 혁명가들은 심각하다고 하면서 "그래서 모든 심각한 사상은 세계에 의해 둔중해지고 응결된다. 모든 심각한 사상은 세계를 위해 인간실재를 포기한다. 심각한 인간은 '세계로부터' 존재하고 자신으로 더 이상 회귀하지 않는다"(626/407)라는 말을 하면서 맑스에 대해 이렇게 말합니다.

> 맑스가 주체에 대한 대상의 우선권을 확인했을 때, 그는 심각한 것에 대한 제1의 교설을 정립한 것이다. 대상을 위해 자신을 파악할 때, 인간은 심각해진다.(626/408)

놀이하는 사람과 대립되는 유형으로 심각한 사람을 제시하고 있습니다. 그리고 심각한 사람은 자신의 주체를 돌보지 않고 오로지 세계 내지는 대상만을 문제 삼는 사람이라고 여깁니다. 이렇게 되면, 앞에서 사르트르의 대자와 즉자에 관한 우리의 분석, 즉 대자의 주체적인 활동은 즉자인 존재가 자신을 실현하는 통로라고 하는 우리의 생각은 사르트르를 이런 '심각한 태도'에 입각한 사상가로 보게 합니다. 우리의 생각이 잘못된 것일까요? 이에 대해서는 일단 유보를 하고 다음의 사르트르 이야기에 귀를 기울여 보겠습니다.

> 사실, 놀이는 키르케고르의 아이러니처럼 주체성을 해방시킨다. 놀이는 인간이 그 첫 기원이 되는 활동이고, 인간이 스스로 원칙들을 설정하는 활동이며, 설정된 원칙들에 따라서만 귀결들을 지닐 수 있는 활동이다. 이게 아니라면, 놀이는 도대체 무엇이겠는가? 한 인간이 자신을 자유로운 자로 파악해서 자신의 자유를 활용하기를 원하자마자, 그의 불안이 어떠하건 간에 그의 활동은 놀이에 입각한 것이다. …… 그러므로 놀이하는 인간은 자신의 행동 자체에서 자신을 자유로운 자로 발견하고자 집중하면서 어떻게 하면 세계의 존재를 소유할 수 있을까를 결코 염려하지는 않을 것이다. 그의 목적은 …… 어떤 하나의 존재인 자기 자신, 즉 정확하게 말해 자신의 존재에 있어서 문제가 되는 존재에 도달하는 것이다. …… 놀이를 하고자 하는 욕망은 어떤 하나의 존재 욕망으로 환원된다.(626~627/408)

우리는 키르케고르가 미적 실존에서 윤리적 실존을 넘어 종교적 실존으로 나아가야 한다고 했다는 것은 대충 알고 있습니다. 그리고 그가 말하는 아이러니는, 말하자면 사르트르가 말하는 절대적 우연으로서의 즉자적인 세계로부터 "짐짓 거리를 둠으로써" 인생 자체가 충분히 향유할 만한 것이라고 여기는 미적 실존의 바탕이 되는 것이라 알고 있습니다. 아이러니라는 것은 기본적으로 그렇다는 것을 숨기고(혹은 알지 못한 채) 그렇지 않은 것처럼 말하거나 행동하는 데서 생겨나는 것이기 때문입니다.

사르트르가 놀이가 주체성을 해방시킨다고 할 때, 그것은 즉자적인 세계로부터 거리를 두는 것이라고 여기는 것입니다. 그런 까닭에 인간이 놀이를 통해 자신의 존재 자체를 확보하고자 한다는 말을 하는 것입니다. 아닌 게 아니라, 놀이 혹은 유희라고 하는 것은 삶에 있어서 어쩌면 최종적인 것이 아닐까 할 정도로 그 바탕에 자유로움을 깔고 있으면서 또 그런 자유로움을 가장 선연하게 드러내는 것이 아닌가 하는 생각을 하게 됩니다. 그래서 놀이를 하기 위해 노동을 하고, 놀이를 더 잘하기 위해 혁명을 하고, 놀이를 더 다양하게 더 깊이 있게 하기 위해 교육을 받는 게 아닌가 하는 생각이 듭니다. 이 정도 되면, 인생 전반이 바로 놀이를 향하고 있는 것이 아닐까 하는 짐작마저 하게 됩니다.

사르트르가 '놀이 욕망'이 어떤 하나의 '존재 욕망'으로 환원된다고 말하는 것, 그리고 "어쨌거나 놀이 욕망은 근본적으로 존재 욕망이다" (627/409)라고 말하는 것은 존재 욕망이 현실적으로 가장 정확하게 그 모습을 드러내는 것이 바로 놀이 욕망임을 넌지시 암시하는 것이 아닌가 싶습니다.

이러한 사르트르의 생각은 "즉자적인 세계를 벗어남으로써 존재 욕망을 실현하고자 하는 것이 자유를 바탕으로 한 놀이 욕망이다"라고 정돈됩니다. 사르트르는 존재 욕망이 즉자대자적인 신이 되고자 하는 욕망이라고 했습니다. 이는 즉자인 존재를 전(全) 포괄적으로 안중에 두지 않으면 성립될 수 없는 것입니다. 그렇다면, 심각한 인간이 자신의 주체를 아랑곳하지 않고 오로지 대상에 열중한다고 했을 때, 그 심각한 인간은 자신이 즉자인 전 포괄적 존재를 제대로 드러내어 실현할 수 있는 통로가 된다는 사실을 놓치고 있는 셈입니다. 그러니까 사르트르를 그가 말하는 '심각한 태도'에 입각한 사상가로 볼 뻔했던 우리의 생각은 잘못된 것입니다. 사르트르의 철학에서 즉자와 대상을 손쉽게 동일시해서는 안 되는 것입니다.

그 반대로 놀이야말로 즉자 실현의 통로로서의 자유로운 대자를 가장 잘 드러내 주는 것이라는 잠정적인 결론을 내리게 됩니다. 그런 만큼 놀이에 대한 존재론적인 분석은 긴요한 것입니다. 우선 사르트르는 놀이를 주로 스포츠를 예로 들어 분석하고자 합니다. 그러면서 이렇게 이야기를 시작합니다.

스포츠의 행위에서조차 전유적인 성분이 있다. 사실, 스포츠는 세계의 환경을 행동을 지탱하는 요소로 자유롭게 변형하는 것이다. 그렇기 때문에 스포츠는, 예술과 마찬가지로 창조적이다. 알프스의 설원을 본다는 것은 이미 그것을 소유하는 것이다. 그 설원은 이미 시선에 의해 그 자체로 존재의 상징으로서 파악된다. 그 설원은 순수한 외면성과 철저한 공간성을 재현한다. 그 무차별성과 단조로움 그리고 그 순백은 실체의 절대적인 발가벗음을 증시한다. 그것은 즉자이기만 한 즉자, 즉 모든 현상의 바깥에서 갑자기 증시되는 현상의 존재이다. 그와 동시에, 그 설원의 **견고한** 부동성은 즉자의 객관적인 영속성과 저항성을 표현하고, 즉자의 불투명성과 침투불가능성을 표현한다. 하지만, 직관적으로 즐기는 처음의 이 향유는 나를 [완전히] 만족시킬 수 없을 것이다. 이 순수한 즉자는 …… 비자아(non-moi)의 순수한 현출로서 나를 매혹시킨다. 그때 내가 원하는 것은 바로 이 즉자가 스스로에게 머물면서도 나와의 관계에 의해 발산의 관계 속으로 진입했으면 하는 것이다. …… 만약 내가 설원에 접근해서 설원과의 전유적인 접촉을 확립하고자 한다면, 모든 사태는 바뀌고 만다. 그 존재 척도가 변경된다.(627~628/409~410)

사르트르는 보는 것은 이미 보이는 것의 처녀성을 빼앗는 것이라고 했습니다. 그래서 그 원시적인 순백의 알프스의 설원을 본다는 것 자체만으로 이미 그것을 소유하는 것이라고 말하는 것입니다. 시선 속에 붙들린 즉자이기만 한 즉자, 역시 시선 속에 붙들린 그 즉자의 영속성·저항성·불투명성·침투불가능성. 나의 시선에 붙들렸다는 사실 자체만으로 혹시 그러한 즉자의 객관성이 훼손되는 것은 아닐까요? 있는 그대로 소유된다는 것이 과연 가능한 일일까요? 인간의 인식 활동 자체가 이미 폭력적인 것은 아닐까요? 처녀성을 빼앗는다고 하는 것은 그 자체로 폭력이 아닌가요? 하지만 설사 폭력이라 할지라도 그 폭력을 행사하지 않을 수 없는 방도는 도무지 없습니다. 그런데도 전인미답의 시원적인 알프스의 설원을 보면서 사르트르는 '즉자이기만 한 즉자'를 운위하고 있습니다. 어떻게 된 것일까요? 이는 결코 분석해 내기 쉽지 않은 존재와 인식의 근원적인 관계입니다.[2]

(2) '존재 놀이'로서의 삶

그런데 사르트르는 설원에 대해 내가 전유적인 접촉을 확립하고자 하면 모든 사태가 바뀌고 만다고 말하고 있습니다. 이는 '즉자이기만 한 즉자'

---

2) 이에 관해서는 필자가 쓴 『의식의 85가지 얼굴』(글항아리, 2008)의 말미에 부록으로 붙여 놓은 「'이 뭐꼬'를 통해 본 포유와 통직」을 일독해 주시기 바랍니다.

로서의 설원이 다른 존재 척도를 통해 드러나게 된다는 것입니다. 어떻게 바뀌는 것일까요? 눈을 만지는 순간 녹아 버리고, 눈과 설원이 지닌 그 즉자성이 사라져 버립니다. 이제 나는 아예 스키를 타기로 합니다. 스키를 타게 되면 과연 나와 설원의 관계는 어떻게 변하게 될까요? 사르트르가 묘사하고 있는 주요 내용들을 열거하면 이렇습니다. 그냥 죽 읽어 보기로 합시다.

현재 나는 설원을 무엇인가로 만든다. 이는 스키어로서의 내 행동 자체에 의해 내가 설원의 소재와 의미를 변경시킨다는 것을 뜻한다. …… 스키를 타는 현재, 설원은 하나로 연결된 피륙이다. …… 이 설원은 내가 나에게 할당한 그 지점을 **향해 주파된다**. 활강은 그저 장소 이동의 활동에 불과한 것이 아니다. 활강은 또한 도대체 조직하고 연결하는 종합적인 활동이다. 나는 내 앞에 스키장을 펼친다. …… 설원이 통일되는 것은 그 자체를 위해서도 그 자체에 있어서도 아니다. …… 눈의 공간은 암암리에 아래쪽에서 밀집된다. 그 응집은, 예를 들면 내가 원의 검은 원주의 선을 주시할 뿐 원 안의 표면에 대해 명백하게 주의를 기울이지 않을 때 그 원주의 내부에 포함된 하얀 공간에서 일어나는 응집과 같다. …… [스키의] 속력은 그 전체들을 제 마음대로 조직한다. 내가 어느 정도의 속력을 내느냐에 따라 [설원의] 그러저러한 대상은 한 특정한 그룹의 부분이 되기도 하고 안 되기도 한다. …… 그러므로 나는 내가 조절하는 자유로운 속력에 의해 설원에 **형태를 부여하는**(*informe*) 자다. 그런데 그와 동시에 나는 나의 소재에 작용을 가한다. 속력은 그와 별개의 장소에서 주어진 하나의 소재에 하나의 형식을 부과하는 것에 머물지 않는다. 속력은 하나의 소재를 **창조한다**. 내가 걷고 있을 때에는 나의 체중에 의해 가라앉아 버리고 내가 잡으려고 할 때 물이 되고 말던 눈이 속력을 내는 나의 행동 밑에서 갑자기 고체화된다. 눈이 나를 지탱한다. 그것은 내가 눈의 가벼움, 눈의 비실체성, 눈의 끊임없는 소실 등을 시야에서 놓쳤기 때문이 아니다. 전혀 그 반대다. 나를 지탱하는 것, 즉 나를 지탱할 정도로 응집되어 스스로를 세우는 것은 바로 눈의 그 가벼움과 소실 및 그 은밀한 유동성이다. 그것은 내가 눈에 대해 특수한 전유 관계, 즉 **활주**를 수행하기 때문이다. …… 활주는 **거리를 둔** 행동이다. …… 활주는 심오한 소재적인 통일을 실현하면서도 표면 아래로 침투하는 일이 없다. …… 활주는 바로 전유이다. 왜냐하면 속력에 의해 실현되는 지탱의 종합은 활주하는 자에게만 그리고 활주할 때에만 유효하기 때문이다. …… 이리하여 활주는 끊임없는 창작과도 같은 것으로 나타나는 것이다. 여기에서 속력은 의식에 비유되면서 의식을 상징적으로 나타낸다고 할 수 있다. ……

스포츠적인 전유의 이 양상에 다른 양상을 첨가해야 한다. …… 이 눈 덮인 경사면을 내려오기 전에 그 경사면을 힘겹게 기어 올라야 하는 것이다. …… 여기에서 눈은 **타자**와 같다. 그리고 '길들인다', '극복한다', '지배한다' 등등 흔히 사용되는 표현들이 충분히 나타내는 것처럼 나와 눈(雪) 사이에 주인과 노예의 관계를 확립하는 것이 현안으로 등장한다. …… 그래서 스포츠 활동의 주된 양상은——야외의 스포츠가 특히 그러한데——선험적으로 길들여질 수 없고 이용할 수도 없는 것처럼 보이는 물·흙·공기 등의 거대한 덩어리들을 정복하는 것이다. …… 우리가 땅이니 바위니 하는 것들에서 전유하고자 하는 것은 즉자의 침투 불가능성이고 그 비시간적인 영속성이다. 예술, 학문, 놀이는 전반적으로건 부분적으로건 전유의 활동들이다. 이 활동들이 자신들이 추구하는 구체적인 대상 너머에서 전유하고자 원하는 것은 존재 자체, 즉자적인 절대적 존재이다.(628~631/409~415)

원전 4쪽, 번역본 7쪽을 한꺼번에 '활주해' 버렸습니다. 활주하다 보니, 마치 스키를 타고 속력을 내어 활주할 때 활주에 필요한 방식으로 설원이 재구성되는 것처럼, 책의 활자들이 오로지 우리의 강의 편의를 위해 재구성됩니다. 스키 놀이를 이렇게 분석·기술할 수 있는 사르트르의 섬세한 능력에 감탄할 뿐입니다. 혹시 그는 스키광이었을까요? 아무튼 요약을 하자면, 스키 놀이가 즉자의 존재적인 성격들을 최대한 활용함으로써 그 성격들을 전유하는 활동 중 하나라는 이야기입니다. 그런데 사르트르는 이러한 놀이뿐만 아니라 예술과 학문마저 즉자적인 절대적 존재 자체를 전유하고자 하는 활동이라고 합니다.

삶을 바라보고 사는 데 있어서 제아무리 존재론적인 측면이 중요하다 할지라도 이건 너무 심한 것 아닌가 하는 느낌이 듭니다. 예술, 학문, 놀이 모두에는 창조와 향유가 배어 있음에 틀림없습니다. 그런데 그러한 창조와 향유의 바탕에 바로 이 같은 즉자적인 절대적 존재 자체를 전유하고자 하는 근본적인 존재 욕망이 깔려 있다는 것입니다. 과연 그런가요? 그럴 것 같습니다.

사르트르에게 무조건 백기를 들어서가 아닙니다. 충동을 염두에 두고 있기 때문입니다. 무엇보다도 예술은 충동, 그것도 존재론적인 충동이라 일컫는 것에 근원을 두고 있다고 여기기 때문입니다. 마르셀 뒤샹(Marcel Duchamp, 1887~1968)의 작품 「샘」(*La fontaine*, 1917)에 이어 특히 미니멀리즘적인 예술은 그 자체로 사물이라고 하는, 사르트르식으로 말하면 '즉자적인 절대적 존재 자체'를 치고 들어가고자 하는 데서 성립합니다. 인간은 하나의 즉자적인 가능성, 즉 그 중에서도 가장 탁월한 즉자적인 가능성이라 할 수 있습니다. 도대체 도망갈 길이 없는 것 아니겠습니까. 인간의 모든 활동들이 바로 알고 보면 존재 자체의 활동인 것입니다. 장구하기 이를 데 없는 진화의 과정이 그 정점에 이르러 탄생한 것이 인간임을 염두에 두기만 하더라도 이러한 사실을 쉽게 이해할 수 있습니다. 그러고 보면, 사르트르의 이러한 생각을 활용해서 우리 나름으로 삶을 요약한다면, "산다는 것 일체가 한편으로 '존재 놀이'이다"라는 명제가 성립합니다. 죽음은 말할 것도 없고요. 그리고 그 존재는 결국 신비할 뿐만 아니라 무진장하고 무진장하기에 신비하기 이를 데 없는 즉자의 존재인 것입니다. 그러한 존재 놀이 자체에 완전히 몸을 드리우고 싶어 하는 것이야말로 충동이 아니고 무엇일까요?

5) 소유에 대한 분석

이런 정도로 욕망이 어떻게 전유의 성격을 띨 수밖에 없는가에 대해 논의를 한 뒤, 사르트르는 소유 일반을 검토하고자 합니다.

(1) 욕망의 이중적인 규정

그러기 전에, 사르트르는 일단 욕망의 이중적 규정을 이렇게 정돈해서 제시합니다.

> 그러므로 우리는 이제 욕망의 이중적인 규정에 직면한다. 한편으로, 욕망은 **즉자대자**이면서 그 현존은 이념적인(idéale) 어떤 존재이고자 하는 욕망으로 규정된다. 다른 한편으로 욕망은 무수히 많은 경우에 그러

한데 욕망이 전유하고자 기획하는 우연적이고 구체적인 즉자와의 연관으로서 규정된다.(632/415)

간단히 말하면, 욕망은 '존재 욕망'이면서 동시에 '전유 욕망'이라는 것입니다. 존재 욕망은 즉자대자와의 관계 유형이고, 전유 욕망은 즉자와의 관계 유형임을 적시한 뒤, 사르트르는 이 두 유형이 어떻게 하나로 통일될 수 있는가를 존재론적으로 보이지 않으면 안 된다고 말합니다. 특히 존재론적인 이러한 작업이 없이는 '현존론적인 정신분석' 자체가 그 원칙들을 확인할 수가 없다고 말합니다.

(2) 전유 일반에 대한 분석

그러니까 이러한 존재론적인 작업을 하기 위해서는 전유가 과연 무엇인가에 대해 깊이 있게 분석하지 않으면 안 되는 것입니다. 사르트르는 우선 소유함이 무엇인가에 대한 통념들을 검토합니다. 맨 먼저 소유함은 사용함(소비함, user)이라고 하는 통념을 검토합니다. 하지만 내 것이 아닌 것들도 내가 사용하고 소비하는 경우가 많기 때문에 별달리 도움이 안 된다고 말합니다. 소유함을 파괴하는 권리를 가진 것으로 보는 등 해서 소유함을 권리로 환원시키고자 하는 통념은 회사 주인이라고 해서 회사를 함부로 폐쇄하지 못한다거나 고대 로마시대에 주인이 노예를 소유하지만 함부로 죽일 수 없는 경우가 있었다는 점을 들기도 하면서 이 역시 도움이 못 된다고 말합니다. 사회적으로 소유권을 인정한다고 해서 곧 소유를 사회적인 기능으로 여겨서는 안 된다고 말하는 것입니다. 사회란 고작해야 전유의 관계를 합법적인 것으로 만드는 것일 뿐이라는 것입니다. 그러면서 이렇게 말합니다.

소유가 신성한 수준에까지 고양될 수 있기 위해서는 무엇보다도 소유가 대자와 구체적인 즉자 간에 자발적으로 확립된 연관으로서 존립해야 한다. …… 소유와 소유권은 구분되어야 한다. 같은 이유에 입각해서, 나는 "소유, 그것은 도둑질이다"라고 하는 프루동과 같은 유형의 모든 정의(定義)를 배척한다. …… 소유는 그 자체로 기술될 수 있고 정의될 수 있다. 도둑은 자신을, 그가 도둑질한 돈에 대한 소유자라고 생각한다. 그러므로 [여기에서] 중요한 것은 도둑이 약탈한 재산에 대해 갖는 정확한 연관을 기술하는 것이고, 아울러 합법적인 소유자가 '정직하게 획득한' 자신의 재산에 대해 갖는 정확한 연관을 기술하는 것이다.(632~633/416~417)

"소유는 도둑질이다"라는 프루동의 명제는 유명합니다. 프루동은 맑스에게 영향을 미치면서 동시에 맑스에 의해 호되게 비판받은 인물입니다. 자본주의적인 소유 양식을 비판하기 위한 프루동의 입장에 대해 맑스는 과학적인 분석이 없이 감정에 치우쳐 현상적인 문제에 급급하고 있다고 비판했던 것으로 기억됩니다. 프루동의 소유에 대한 정의를 뒷받침하는 '도둑질'이라는 것이 아예 처음부터 소유관계를 바탕으로 한 것이기 때문에 결코 제대로 된 정의일 수 없다는 것이 사르트르의 요지입니다.

아무튼 사르트르가 욕망을 전유 욕망으로 규정하는 한, 그로서는 전유 내지는 이와 직결되는 소유에 대해 그 존재론적인 근원을 밝혀내지 않을 수 없습니다. '대자와 구체적인 즉자 간에 자발적으로 확립된 연관'으로서의 소유를 과연 어떻게 규명해 낼 것인가가 궁금해집니다. 우선 사르트르는 소유 대상의 존재와 성질에 대해 천착해 들어갑니다.

내가 소유한 대상을 고찰하게 되면 다음과 같은 사실을 알게 된다. 그 소유 대상에 대해 소유됨의 성질이 그 소유 대상과 나와의 외적인 관계를 지시하는 외적인 순수한 지칭으로서 나타나는 것이 아니라는 사실, 그 반대로 소유됨의 성질이 그 소유 대상을 심오하게 정의한다는 사실, 그리고 그 소유됨의 성질이 소유 대상의 존재의 부분을 형성하는 것으로서 나에게도 나타나고 타자들에게도 나타난다는 사실을 알게 된다.(633/417)

소유됨의 성질이 소유 대상의 존재에 있어서 부분을 형성한다는 것인데, 글쎄 이해하기에 어려운 것은 아닙니다. 그 예로 사르트르는 원시사회에서 죽은 자들이 사용하던 물건들을 부장(副葬)한다거나 과부들을 죽은 자와 함께 불태우는 관습을 들고 있습니다. 그리고 죽은 자가 살았던 집에 죽은 자의 유령이 나타난다는 것은 죽은 자와 함께 매장할 수 없는 대상들의 경우, 예컨대 집이라든지 가구라든지 하는 것이 본래 죽은 자에게 '소유되어 있었음'을 구체적으로 물질화한 것에 다름 아니라는 것 등을 듭니다. 그러면서 사르트르는 이렇게 말합니다. 다소 길게 인용하고자 합니다.

소유의 유대는 존재적인 내적인 유대다. 나는 소유자가 소유하는 대상에서 그리고 그 대상에 의해 그 소유자를 만난다. ……
소유물과 소유자 간의 이 내적이고 존재론적인 유대는 전유에 대한 '실재론적인' 이론에 의해 설명될 수 없을 것이다. 만약 실재론이 주체와 대상을 각각 그 자신에 대해 그리고 그 자신에 의해 현존을 소유하는 독립적인 두 실체로 여기는 교설로서 정의된다면, 전유의 여러 형식 중

하나인 인식은 물론이고 그와 마찬가지로 전유를 이해할 수 없을 것이다. 주체와 대상은 일시적으로 주체를 대상에 연결하는 외적인 관계들을 유지할 것이기 때문이다. 그러나 우리가 본 바와 같이, 실체적인 현존은 인식된 대상에 귀속되어야 한다. 이는 소유 일반에 대해서도 마찬가지다. 이때 즉자적으로 현존하고 영속성과 비시간성 일반과 존재적인 충족 등에 의해, 한마디로 말해 실체성에 의해 정의되는 것은 바로 소유된 대상이다. 그러므로 **비자립성**(Unselbstständigkeit)을 첨가하는 것은 소유하는 주체 쪽이다. 한 실체가 다른 실체를 전유할 수는 없는 노릇이다. 만약 사물들에서 '**소유됨**'의 어떤 성질을 파악한다면, 그것은 본래 대자와 대자의 소유인 즉자 간의 내적인 관계가 대자의 존재적인 비충족성으로부터 그 원천을 끌어오기 때문이다. ……

만약 소유자와 소유물이 대자의 비충족성에 근거한 내적인 연관에 의해 연결된다면, 이들이 형성하는 **한 쌍**의 본성과 의미를 결정하는 것이 문제로 나서게 된다. 그 내적인 연관은 종합적인 것으로 됨으로써 소유자와 소유물의 통일을 이룬다. 이는 소유자와 소유물이 이념적으로 유일한 하나의 실재를 구성한다는 것을 의미한다. 소유한다는 것, 그것은 전유의 기호하에 소유되는 대상에 자신을 통일시키는 것이다. 소유하기를 원한다는 것, 그것은 이러한 관계에 의해 하나의 대상에 자신을 통일시키고자 하는 것이다. 그래서 특정한 대상에 대한 욕망은 이 대상에 **대한**(de) 단순한 욕망이 아니다. 그 욕망은 내적인 관계에 의해, 대상과 더불어 '소유자-소유물'의 통일성을 구성하는 방식으로 대상에 자신을 통일시키는 욕망이다. 어떤 존재 관계 속에서 어떤 하나의 대상과의 관계에 의해, **가짐**의 욕망은 근본적으로 존재 욕망으로 환원된다.(634~635/418~419)

대자의 존재적인 비충족성이 소유의 원천이라는 이야기입니다. 이는 대자가 존재 욕망이고, 또 존재 결핍이라는 데서 이미 이야기된 것이라고 할 수 있습니다. 대자가 자신의 존재적인 비충족성을 채우고자 하는 욕망이 바로 가짐의 욕망이고, 그러한 욕망이 바로 특정한 어떤 대상을 소유하고자 하는 것으로 나타난다는 것입니다. 그래서 한편으로 보자면, 소유된 대상이 지니는 비자립성은 실체로서의 대상에게서 발원한 것이 아니라 소유하는 자인 대자 주체로부터 덧붙여진 것이 됩니다. 간단하게 말하면, 소유하는 자가 소유되는 대상과 존재론적인 내적 통일을 이루고자 하는 것이 바로 소유이고, 소유하는 자가 어떤 대상에 자신을 존재론적으로 넘겨 통일시키고자 하는 것이 바로 가짐의 욕망이라는 이야기입니다. 그래서 결국 가짐의 욕망은 존재 욕망으로 귀착된다는 것입니다.

이러한 사르트르의 존재론적인 소유 이론은 곧 이어서 이렇게 정돈됩니다.

그래서 전유는 대자와 구체적인 즉자 간의 존재 관계가 될 것이다. 그리고 이 관계에는 대자와 소유되는 즉자 간의 동일화를 나타내는 이념적인 지시가 붙어 다닐 것이다.

소유한다는 것, 그것은 **나를 향해 갖는 것**, 즉 대상의 현존에 대해 고유한 목적이 되는 것이다. 만약 소유가 전적으로 그리고 구체적으로 주어진다면, 소유하는 자는 소유되는 대상의 **존재 이유**다. 내가 이 만년필을 소유한다는 것은 이 만년필이 **나를 위해 현존한다**는 것이고 나를 위해 만들어졌다는 것이다. 본래 무엇보다도, 내가 소유하고자 하는 대상을 나를 위한 것으로 만드는 것은 바로 나이다.(635/420)

이 정도 되면, 소유하고자 하는 욕망이 얼마나 근본적이고 끈질긴 것인가를 알게 되는 셈입니다. 소유되는 대상들이 나를 위해 나와 동일하게 되는 것이기에, 나는 특정한 대상들을 소유하는 그만큼 더욱더 풍부한 대자로서 구성될 것이기 때문입니다. 그렇다면 남는 문제는 대자가 과연 소유를 통해 자신의 비충족성 내지는 존재 결핍을 메우고자 하는 것이 문제되는 대자의 존재 자체를 해결하는 근원적인 길이 될 수 있을 것인가 하는 것입니다. 이에 관해서는 어떻게 될지 알 수 없지만, 계속 사르트르의 이야기를 기다려야 할 것 같습니다. 일단 핵심은 소유는 대자와 구체적인 즉자 간의 존재 관계라는 것입니다.

(3) 창조로서의 전유

소유한다는 것이 '나를 향해 가짐'이라 하고, 이를 통해 소유하는 자가 소유되는 대상의 존재 이유가 된다고 했던 사르트르는 본래 전유를 구성하는 것이 창조(창작, création)의 관계라고 말합니다. 그러면서, 그 예로 사치와 돈을 제시합니다.

> 본래 전유를 구성하는 **창조** 관계를 가장 잘 드러내는 것이 바로 사치다. …… 내가 소유하는 대상은 나에 의해 **구매된** 것이다. 돈은 나의 힘을 나타낸다. 그 자체로 보면 돈은 소유라기보다 소유하기 위한 하나의 도구이다. 이 때문에 아주 특별한 수전노의 경우를 제외하고, 돈은 그 구매 가능성 앞에서 지워진다. 돈은 사라진다. 돈은 대상, 즉 구체적인 사물을 노출시키기 위해 만들어진다. 돈은 그저 과도적인 존재이다. 그러나 나에게서 돈은 하나의 창조적인 힘으로 나타난다. 어떤 물건(대상, objet)을 산다는 것은 그 물건을 창조하는 데 가치를 발휘하는 상징

적인 행위다. 이 때문에 돈은 역량과 동의어가 된다. 실제로 돈이 우리가 욕망하는 것을 얻게 해 줄 수 있을 뿐만 아니라, 특히 그러저러한 나의 욕망의 실효성을 나타내기 때문이다. 돈은 사물을 향해 초월되고, 건너뛰어지고 또 그저 **함축될** 뿐이기 때문에, 돈은 내가 맺는 대상과의 마술적인 유대를 나타낸다. …… 호주머니에 돈을 갖고서 진열장 앞에 서보라. 거기에 진열된 물건들은 이미 반 이상 당신에게 속한다. 그러므로 돈에 의해, 대자와 세계의 물건들을 죄다 끌어 모은 전체 사이에서 전유의 유대가 확립된다. 돈에 의해 욕망 그 자체는 이미 조형하는 자이고 창조자가 된다. 그래서 연속적으로 희미해지긴 하지만, 주체와 대상 사이에는 창조의 유대가 유지된다. 갖는다는 것은 우선 **창조하는 것**이다. 이때 확립되는 소유의 유대는 연속적인 창조의 유대이다. 소유되는 대상은 나에 의해 **나의 환경**이라는 형식 속으로 삽입된다. 소유되는 대상의 현존은 나의 상황에 의해 그리고 나의 상황 자체에 그 소유 대상이 통합됨에 의해 결정된다.(635~636/420~421)

워낙 중요한 주제인 돈에 관한 것이기에 다소 길게 인용했습니다. 돈은 쓰기 위해서 갖는 것이지 갖기 위해서 갖는 것이 아님을 그럴듯하게 잘 표현하고 있습니다. 돈이란 본성상 구매 가능성으로 인해 지워지는 것이고, 따라서 초월되는 것이고 과도적인 것에 불과하다는 것입니다. 딱 맞는 말입니다. 지갑에 돈을 두둑하게 지니고서 백화점의 진열장 앞에 섰을 때, 이미 그 물건들은 반쯤 내 것이라고 하는 기분을 지적한 것은 한편으로 대단한 유머라고 할 수 있을 것입니다.

중요한 것은 돈이 대자와 세계 내의 대상들 간에 전유의 유대를 확립한다는 언명입니다. 이는 화폐 경제라고 일컬어지는 자본주의적인 구도가 어떻게 확립될 수 있으며, 또 그 구도가 얼마나 강고한 것인가를 드러낸다고 할 수 있습니다. 대자와 대자의 욕망 그리고 그 대상들이 펼쳐 보이는 관계들에 입각해서 돈의 존재론적인 근본 속성이 작동하고, 이를 바탕으로 한 것이 자본주의적인 구도임을 드러낸 것이라 할 수 있기 때문입니다. 하지만, 이 대목에서 사르트르가 그저 자본주의적인 구도만을 염두에 둔 것은 아닙니다. 돈의 기나긴 역사를 통틀어 하는 말이기도 하기 때문입니다.

문제는 돈이 욕망 그 자체의 조형자이자 창조자라는 대목에서 과연 창조라는 것이 무엇인가 하는 것입니다. 그것은 나의 환경을 창조하고 나의 상황을 창조한다는 그런 넓은 의미의 창조라고 할 수 있습니다. 여기에서 우리로서는 굳이 돈에 의해서만 내가 나의 환경을 창조하고 나의 상황을 창조하는 것은 아니지 않은가, 대자인 주체와 즉자적인 도구적 대상들 간의 관계 자체가 이미 나의 환경과 상황을 창조하는 것 아닌가 하는 의문을 제시하게 됩니다. 그러고 보면, 여기에서 돈을 들먹이면서 전유의 욕망을 삶의 환경을 조형하는 창조자로 본 것은 대단히 구체적인 현실을 전제로 한 것이라 할 것입니다. 결국 보면, 대자적인 욕망을 바탕으로 해서 삶을 영위하는 각자는 자신의 삶을 창조할 뿐만 아니라 자신의 삶의 환경을 창조하는 것이라는 이야기입니다. 그래서 사르트르는 이렇게 말합니다.

나는 내 소유물들의 인간적인 질서에서 그 현존을 책임진다. 소유에 의해, 나는 나의 소유물들을 함수적인(기능적인, fonctionnel) 존재 유형으로까지 끌어올린다. 나의 삶 그것이 창조적인 것으로 나에게 나타나는데, 이는 나의 삶의 연속성에 의해 나의 삶이 내 소유 대상들의 각각

에서 **소유됨**의 성질을 영속화하기 때문이다.(636/422)

지금 이 강의록을 준비하는 내 방에는 수없이 많은 물건들이 있습니다. 그것들은 모두 다 나의 소유물들입니다. 그것들에는 길게는 30년 이상의 이력을 가진 것들도 있고 심지어 내 삶의 발버둥을 고스란히 새겨 놓은 것들도 있습니다. 내가 살아 있는 한, 그리고 내가 이것들을 폐기하지 않는 한, 이것들은 내 삶을 통해 나에게 소유되어 있다고 하는 성질을 결코 상실하지 않을 것이고, 내 삶을 통해 계속해서 새롭게 창조될 것입니다. 이 나의 소유물들과 내 자신의 삶이 다른 사람들에게 암암리에 그 의미와 가치를 드러내고 있고 더 많이 전달되었으면 하는 바람은 물론입니다.

(4) 내 존재의 발산인 전유

그러니까 구체적인 나의 존재를 운위하게 될 때, 그 내용을 구성하는 것은 당연히 나의 소유물들입니다. 물론 이때 소유물이라는 개념은 최대한 넓게 새겨야 할 것입니다. 사르트르는 이를 '발산의 관계'라고 말합니다. 우선 그는 이렇게 말합니다.

근원적이고 철저한 창조의 관계는 발산의 관계다. …… 오로지 전유 관계만으로 내가 **창조자**로서 대상들을 나에게 나타나게 하는 한에서, 이 대상들은 나이다. 만년필과 파이프, 옷가지, 사무실, 집 등은 바로 나이다. 나의 소유물의 총체는 내 존재의 총체를 반영한다. 나는 내가 가진 것이다. 내가 이 찻잔과 이 작은 장식품에서 만지는 것은 **바로 나이다**.(637/422)

이 말을 하기 전에 사르트르는 절대적인 창조의 비극을 말합니다. 그것은 창조자가 자기 자신을 벗어날 수 없다는 것이고, 따라서 피조물이 그 자체 그 나름의 객관성과 독립성을 가져올 데가 없다는 것이라고 말합니다. 당연하지만 멋진 지적입니다.

그러니까 전유의 관계에서 내가 창조자로서 존립한다거나 나의 소유물들이 바로 나라고 할 때, 그렇다고 해서 그 소유물들이 존재론적인 기반에 있어서 소유관계를 벗어나는 객관성이나 독립성마저 완전히 상실해 버린 그런 것들은 아닌 것입니다. 나의 소유물들이 나의 존재를 반영하면서 나의 존재를 발산하는 역할을 하는 것은 분명합니다. 심지어 내가 내 방을 나오더라도 내 방 안에 있는 나의 소유물들은 나의 존재를 여전히 발산하고 있을 것입니다. 그런 점에서 나는 나의 소유물들을 창조한 것입니다.

(5) 소유 대상 및 소유자인 나의 존재론적인 이중성

그렇다고 해서 내가 나의 소유물들이 지닌 즉자존재마저 창조한 것은 결코 아닙니다. 소유는 대자인 나에 의해서만 성립합니다. 그런 소유가 소유물에게 소유됨의 성질을 부가합니다. 하지만 그와 동시에 소유물은 그 즉자존재에 있어서는 도대체 내가 어찌할 수 없는 침투불가능성을 지니지요. 이 침투불가능성에 의해 '나'인 나의 소유물들은 내 바깥의, 혹은 나를 벗어난 '나'를 유지합니다. 이에 관해 사르트르는 이렇게 말합니다.

소유되는 한에 있어서, 소유된 대상은 연속적인 창조물이다. 그러나 그런데도 소유된 대상은 거기에 머문다. 소유된 대상은 스스로 현존한다. 소유된 대상은 즉자다. 설사 내가 그것들로부터 몸을 돌린다 할지라도, 소유된 대상은 그러한 것으로 현존하기를 그치지 않는다. 만약 내가 그것으로 나아가면, 그것은 나의 사무실에서, 나의 방에서, 세계에 속한 이 장소에서 나를 **재현한다**. 본래부터, 소유된 대상은 침투불가능하다.(637/423)

내가 사용하지 않을 때 나의 컴퓨터와 내가 사용할 때의 나의 컴퓨터는 과연 어떻게 다른가요? 후자에 비교해서 볼 때 전자의 경우, 나의 컴퓨터는 나의 소유를 현실화하고 있다고 할 수 없습니다. 진정한 의미의 소유는 내가 내 컴퓨터를 사용할 때에만 발생합니다. 사용하지 않을 때에 나의 컴퓨터는 마치 자기 스스로에게로 돌아가 버린 것 같은 느낌을 줍니다. 이 느낌에서 소유된 대상은 비록 소유되었다고는 하나 그 스스로 현존하면서 즉자로서 존재하는 것입니다.

여기에서 사르트르가 소유된 대상이 '스스로 현존한다'고 하면서 동시에 즉자라고 하는 대목에 대해 우리로서는 꽤나 세심한 접근을 하게 됩니다. 현존한다는 것은 기본적으로 대자에 의거한 것입니다. 순수 즉자는 현존하는 것이 아니라 존재할 뿐입니다. 순수 즉자는 무차별하고 비시간적이기 때문입니다. 굳이 말하면, 소유 대상은 즉자로서 현존한다고 할 수 있습니다. 이에 대해 우리는 소유 대상의 존재론적인 이중성을 언급할 수 있게 됩니다. 대자의 전유 욕망으로 향한 존재론적인 계기는 현존을 자아내고, 순수 즉자의 근원적 물질성으로 향한 존재론적인 계기는 즉자를 자아냅니다. 소유 대상은 근본적으로 나를 벗어나 있는 것입니다. 그래서 그런지 사르트르는 이렇게 말합니다.

소유는 마술적인 관계다. 나는 내가 소유하는 대상들이다. 그러나 바깥에서 나와 면전하는 데서 그러하다. 나는 그 대상들을 나와 독립된 것들로서 창조한다. 내가 소유한 것은 내 바깥의 나이고, 모든 주체성 바깥의 나이고, 매 순간 나를 벗어나는 하나의 즉자로서의 나이고, 그것에 대해 내가 매 순간 창조 작업을 그치지 않는 그런 나이다.(637/424)

나와 소유 대상의 일치를 이야기하는 셈입니다. 다만, 이때 나는 나를 벗어난 즉자로서의 '내 바깥의 나'입니다. 소유관계에서 볼 때, 나의 삶은 본래부터 이중 분열적인 셈입니다. 소유 대상의 존재론적인 이중성은 나의 존재론적인 이중성으로 그대로 이관되는 셈입니다.

그런데 이때 내 쪽에서의 나는 도대체 어떤 존재인가요? 결국 대자로서의 나일 것인데, 소유 대상인 나를 끊임없이 창조하면서 계속해서 '앞으로 나아가는' 아무런 내용도 없는 것에 불과할 것입니다. 이에 사르트르는 이렇게 말합니다.

소유관계에서 [소유자와 소유 대상이라는 두 항 중에서] 강력한 항은 소유되는 사물이다. 소유 대상을 벗어나면 나는 하나의 소유하는 무 이외에 아무것도 아니다. 그 나는 순수한 소유함 자체, 일종의 미완성적인 것, 일종의 비충족적인 것 외에 그 어떤 것도 아니다. 이 나의 충족과 완성은 저기 저 대상에 놓여 있는 것이다.(637~638/424)

순수 즉자의 방향으로 빨려 가는바, 소유관계의 존재론적인 측면을 확인하게 됩니다. 소유관계야말로 인간 중심적인 것, 즉 대자 중심적인 것이라 할 수 있을 것인데, 여기에서조차 사르트르는 이른바 유물론적인 입장을 내보입니다. 물론 그 스스로 자신이 유물론적인 입장을 취한다고 말하는 것은 결코 아닙니다. 우리가 보기에 그런 것입니다.

아무튼 결국 소유자 및 소유 대상의 존재론적인 이중성을 이렇게 논의한 뒤, 사르트르는 이를 즉자대자의 이념으로 연결시킵니다.

[소유대상인] 나는 나와의 관계에 있어서 무차별하고 즉자로서 존재한다. 그런 한에서의 나에 대해 나는 근거이다. 그런데 이는 바로 즉자대자에 대한 기획 자체이다. 왜냐하면 이 이념적인 존재는, 대자인 한에서 그 자신의 근거가 되는 즉자로서 정의되거나, 혹은 그 본래의 기획이 하나의 존재방식이 아니라 하나의 존재일, 즉 바로 그것인 즉자존재일 하나의 대자로서 정의되기 때문이다. …… 소유하는 대자와 소유되는 즉자라고 하는 이 한 쌍은, 자기 자신을 소유하기 위해 존재하는 존재, 그 소유가 자기 자신의 창조인 존재, 즉 신에 값한다. 그래서 소유자는 자신의 즉자 됨, 즉 자신의 바깥에-있음(자신의 외부 존재, son être-dehors)을 누릴 것을 노린다.(638/424)

즉자대자의 이념에 관련해서 계속 '신'(Dieu) 이야기가 등장합니다. 이 신은 기독교적인 배타적인 초월적 신이 아니라, 스피노자적인 신으로 읽어야 할 것입니다. 스스로를 산출하면서 스스로이고, 그러면서 존재 전체인 것이 스피노자적인 신입니다.

(6) 소유에 의한 타인의 극복

문제는 한 소유자가 이런 신의 경지를 누릴 것을 노린다고 할 때, 다른 소유자들이 현존한다는 사실입니다. 나의 그런 경지에서 타인들이 언제나 구멍들로 작동할 것입니다. 그런데 사르트르는 이에 관해서는 논의를 하지 않고, 다른 맥락에서 소유에 관련된 타자 문제를 잠시 언급합니다.

> 타인이 일으키고자 하는바 대타자아(moi-pour-l'autre)인 존재를 나는
> 이미 소유한다. 그리고 그 존재를 누린다. 따라서 소유는 다른 한편으로
> **타자에 대한 하나의 방어**이다. 내 것이란, 내가 그것에 대해 자유로운 근
> 거가 되는바, 비주체적인 나이다.(638/425)

이 대목은 한편으로 대단히 중요합니다. "타인은 지옥이다"라는 유
명한 명제로 알려져 있는 흔히 이야기하는바 비극적인 사르트르의 타인
이론이 재검토되지 않으면 안 된다는 것을 말해 주고 있기 때문입니다.
나에게서 타인이 발생하고 타인이 문제가 되는 것은 이른바 타자의 시
선이었습니다. 그 시선은 대자인 나를 대상으로 즉자화하는 데서 타인으
로서의 힘을 발휘하는 것이었습니다. 그래서 위 명제가 성립하는 것처럼
여겨지는 것이었습니다.

그런데 이 대목을 보면, 사르트르가 소유관계를 통해 설사 비주체적
이고 나를 벗어난 즉자로서의 나라고 할지라도 얼마든지 그 나를 이미
내가 누릴 수 있다는 것을 말하고 있습니다. 소유를 '타자에 대한 방어'라
고 말하는 것은 소유를 강고한 막으로 해서 내가 타인에 의해 크게 손상
을 입지 않고 살아갈 수 있다는 것을 말합니다. 그리고 그 바탕에는 어디
까지나 그 외화된 나의 자유로운 근거인 대자로서의 내가 버티고 있다는
것입니다. 이렇게 되면, 굳이 타인을 지옥이라고 여길 까닭이 없는 것입
니다. 나를 타인에게 내 주면서 그런 나를 내가 누리고, 내가 나를 누리면
서 그 나를 타인에게 내 줄 수 있는 길이 열린 것입니다.

(7) 소유와 향유, 그리고 파괴

이 제목은 필자가 평소 자본주의적인 삶의 체제를 넘어서서 진정한 인문 예술적 삶을 살아야 한다고 주장할 때, 가장 중요한 주제로 내세워 온 것입니다. 배타적인 소유와 그에 따른 배타적인 향유가 아니라, 공유로서의 소유와 그에 따른 공유적인 향유를 목표로 삼아 사회를 구성해야 한다는 것이 그 요지이지요. '배타와 공유'라고 하는 대립 쌍에서 가장 먼저 검토되어야 할 개념은 타인 개념입니다. 이에 관해서 사르트르에게서 도움을 얻을 수 있는 여러 논의들이 있습니다. 예컨대 사르트르가 산 자가 죽은 자의 삶을 책임지게 된다고 했을 때, 그리고 지금 이 맥락에서 '나 바깥의 나' 내지는 '비주체적인 나'를 언급하는 대목들은 이른바 나를 죽이지 않고서도 공유적인 향유로 나아갈 수 있는 실마리를 제공하는 것으로 여겨집니다. 그 상세한 논의는 다음 기회로 미루고자 합니다.

사르트르는 '전유적인 향유'라는 용어를 씁니다. 그러면서 내가 소유하고 있는 물건을 사용한다는 것은 이 전유적인 향유를 위해 끝없이 다른 방식으로의 사용으로 연기되면서 이어진다는 것을 지적합니다. 그래서 결국 전유는 결코 완료될 수 없는 상징에 불과하다고 말합니다. 그리고 이를 바탕으로 그는 파괴 욕망을 끌어들입니다.

그 어떤 **사용**의 동작도 진정으로 전유적인 향유를 실현하지 않는다. 전유적인 동작들 각각은 그저 주술적인 가치를 가질 뿐인데, 사용의 동작은 그런 다른 전유적인 동작들로 환송된다. …… [자전거를 사서 프랑스 전역을 횡단할 정도로 혹은 그 이상으로 자전거를 진정으로 소유하는바] 그러한 소유를 실현하기 위해서는 나의 전체 삶이 필요할 것이다. 내가 대상을 획득함으로써 [예컨대 내가 돈을 주고 자전거를 샀을 때]

느끼는 것은 바로 이 점이다. 소유는 죽음이 항상 미완성으로 만드는 바 하나의 기도(企圖, entreprise)이다. 이제 우리는 그 의미를 파악한다. 즉 전유에 의해 상징화되는 연관을 실현하는 것은 불가능하다는 것이다. 그 자체로 보면, 전유는 결코 구체성을 띠지 않는다. (먹고 마시고 잠자고 하는 등의) 실재적인 활동은 특정한 하나의 욕망에 대해 상징으로 소용될 것이다. [하지만] 전유는 이러한 실재적인 활동이 아니다. 그 반대로 전유는 오로지 상징이라는 자격으로만 현존한다. 전유에 대해 그 의미와 그 응집성 그리고 그 현존을 제공하는 것은 전유가 지닌 상징성(symbolisme)이다. 그러므로 전유에서는 그 상징적인 가치 말고는 적극적인 향유를 발견할 수 없을 것이다. 전유는 지고한 향유가 있다는 것을 알려 줄 뿐이다. 이 지고한 향유가 실현되는 방향에서 보면, 이 지고한 향유는 언제나 모든 전유적인 행동들 너머에 있다. 그것은 바로 한 대상을 **소유하는** 것이 불가능하다는 인식이다. 이 인식은 대자에게 있어서 대상을 **파괴하고자** 하는 격렬한 시기심(욕망, envie)을 불러일으킨다. 파괴한다는 것은 내 속으로 재흡수하는 것이고, 파괴된 대상의 즉자존재와 더불어 창조에서와 같은 관계에 돌입하는 것이다.(638~639/425~426)

'전유적인 향유'가 '지고한 향유'와 어느 정도 대비되고 있습니다. 전유를 통해 전유적인 향유를 실현하고자 하는데, 전유적인 향유는 결국 지고한 향유를 향해 있기 때문에 전유는 전유 그것을 넘어서 있는 지고한 향유에 대한 상징적인 지시에 불과하다는 것입니다. 간단히 말해서, 이는 소유를 통해서는 도대체 진정으로 완성된 향유를 누릴 수 없고, 오로지 그러한 지고의 향유를 지향적으로, 그리고 이념적으로 넘겨받을 뿐이라는 것을 뜻합니다.

따라서 전유에는 항상 지고한 향유가 불가능하다고 하는 인식이 따라붙게 마련이고, 이 인식에 의거해서 대자에게서 소유 대상에 대한 파괴욕이 생겨난다는 것입니다. 마지막 대목에서 파괴한다는 것에 대한 정의가 무슨 뜻인지 알기가 어렵습니다.

사르트르는 내가 나의 농장에 불을 지르는 예를 듭니다. 나의 농장을 태우는 불길이 농장을 없앰으로써 나와 나의 농장이 하나로 혼융되도록 한다는 것입니다. 이때 농장은 실제로 존재하는 것이 아니라 비가시적인 것입니다. 비가시적인 형태로 농장이 내 속에 재흡수된다는 것입니다. 말하자면, 파괴 역시 하나의 전유 방식으로서 말 그대로 파괴적인 방식으로 완전히 내 것으로 만드는 것이라는 이야기입니다. 그러면서 사르트르는 이용하는 것과 소비하는 것도 이에 해당한다고 말합니다.

그 외에 많은 전유적인 행위들은 다른 구조들과 더불어 파괴성이라고 하는 구조를 갖는다. 사용한다는 것은 써버리는 것이다. 나의 자전거를 사용함으로써, 나는 그것을 써버린다. 즉 연속적으로 이루어지는 전유적인 창조는 부분적인 파괴로 그 특징을 나타낸다. 이 써버림은 엄밀하게 공리(功利)적인 이유로 따지면 고통스러운 것일 수 있다. 그러나 대부분의 경우, 이 써버림은 거의 향유에 가까운 은밀한 즐거움을 야기한다. 써버림이란 **우리로부터 오는 것**이기 때문이다. 우리는 **소비한다**. '소비한다'라는 표현은 전유적인 파괴와 동시에 음식섭취적인 향유를 지시한다. 소비한다는 것은 무화시키는 것이고 또 먹어 치우는 것이다. ······ 대상을 써버리는 것이 나이기 때문에, 대상은 나에게 속한다. 나의 **것**을 써버림, 그것은 바로 내 삶의 이면이다.(639~640/426~427)

충분히 납득할 수 있는 이야기입니다. 내 것이라고 해서 그저 표식을 해두기만 한다고 해서 도대체 진정 전유를 실현할 수는 없는 노릇입니다. 그러니까 내 것을 아예 나 자신을 위해 써버리고 소모시켜 버리는 것입니다. 이때 당연히 감각적인 향유가 뒤따릅니다.

이렇게 보면, 우리가 관심을 갖는 배타적 향유는 그야말로 파괴적인 전유에서 비롯되는 것이라 할 수 있습니다. 이와 반대로, 제아무리 먹어 치우고 소비해 없애려고 해도 그럴 수 없는 것이 바로 공유적인 향유의 대상이 된다는 점을 암암리에 알게 됩니다. 예컨대 음악을 듣는다거나 시를 읽는다거나 하는 향유는 도대체 써버릴 수 없는 것이 아겠습니까.

그런데 사르트르는 우리가 관심을 갖고 있는 이런 대목에 대해서는 거의 말이 없습니다. 그 대신 증여를 이야기할 때 대표적으로 거론되는 '포틀래치'(potlatch)를 지적하면서 증여 자체가 어떻게 파괴적인 전유에 해당하는가를 이렇게 말합니다.

사실이지, 증여는 파괴의 원시적인 한 형태이다. 예를 들어, 포틀래치는 엄청 많은 재화들의 파괴를 수반한다. 이 파괴들은 타자를 속박하여 얽어맨다. 이 수준에 있어서는, 대상이 파괴된다거나 타자에게 주어진다는 것은 매한가지다. 어떤 방식으로건, 포틀래치는 타자에 대한 파괴이고 속박이다. …… 그래서 시혜는 우선 파괴적인 기능이다. 어떤 시기에 어떤 사람들을 사로잡는 증여의 열광은 우선 파괴의 열광이다. 그것은 광포한 태도라든지 아니면 대상들의 파손을 수반하는 '사랑'과 맞먹는다. 그러나 시혜의 바탕에 놓여 있는 이 파괴의 열광은 다름 아니라 바로 소유의 열광이다. …… 증여는 격렬하고도 짧은, 거의 성적인 것에 가까운 하나의 향유이다. 준다는 것은 주는바 대상을 소유하는 방식으로 즐기는 것이다. 그것은 파괴-전유적인 접촉이다. 그러나 그와 동시에 증여는 증여를 받는 상대방을 매혹해서 호린다. …… 준다는 것, 그것은 노예로 만드는 것이다. …… 준다는 것은 타자를 노예로 만들기 위해 이러한 파괴를 활용함으로써 파괴에 의해 전유하는 것이다. 그러므로 시혜는 타인의 현존에 의해 구조화된 감정으로서 **파괴에 의한 전유에 대한 선호를 나타내는 감정이다.**(640~641/427~428)

우리들에게 숨겨져 있던 어쩌면 섬뜩하다고 할 수 있는 증여와 시혜의 특징을 여지없이 드러내고 있습니다. 증여한다는 것은 한편으로 타인을 매혹시켜 어떤 의미로건 노예로 만들고자 하는 것이라는 사르트르의 이야기는 냉정하다 못해 잔인하기까지 한 것 같습니다. 그러나 이는 사실이 아닐 수 없습니다. 그리고 보면, 받은 만큼 주어야 합니다. 그래서 "오른손이 한 것을 왼손이 모르게 하라"는 예수의 말이 우리의 삶에 적중합니다. 심지어 "오른손이 한 것을 오른손조차 모르게 해야" 합니다. 대단히 힘든 이야기입니다. 그만큼 소유 내지는 전유는 근본적으로 섬뜩한 것인지도 모르겠습니다. 가장 그럴듯한 전유는 타인에 대한 전유이고, 그 타인을 파괴시키면서 내 것으로 '먹어 치우는' 것이라는 결론에 도달하는 것 같습니다. 이 정도 되면, 다시 "타인은 지옥이다"라는 말이 더 세게 울려 퍼지는 셈입니다. 어쩔 것인가요? 사르트르는 아무 말이 없습니다.

6) 소유의 전반성(全般性)

그 대신 사르트르는 이제까지 전유적인 유대의 특성과 모든 전유적인 행위의 상징적인 기능을 분석했다고 하면서 이제 여기에다가 "상징이란 주체 자신에 의해 해독되지 않는다"라는 말을 덧붙여야 한다고 말합니다. 그리고 나서 그는 이것이 '세계-내-존재'의 구조 자체에서 기인한다고 말합니다.

그런 뒤, 사르트르는 이제 소유 대상의 의미를 일반적으로 결정하는 일이 남아 있다고 말하고, 이 작업을 수행함으로써 전유적인 기획에 대한 우리의 인식을 완결해야 한다고 말합니다. 그러면서 "우리가 우리에게서 전유하고자 추구하는 것은 과연 무엇인가?"(642/430)라고 묻습니다. 그 대답은 이렇게 됩니다.

> 각각의 소유 대상은 세계를 배경으로 해서 부각된다. [그럼으로써] 각각의 소유 대상은 세계를 전반적으로 증시한다. 이는 마치 [내가] 사랑하는 여자가 나타날 때 그녀가 그녀를 둘러싸고 있는 하늘이며 해변이며 바다를 증시하는 것과 같다. 그러므로 소유 대상을 전유하는 것은 세계를 상징적으로 전유하는 것이다.(642/430)

> 근본적으로 하나의 대상 속에서 우리가 전유하고자 욕망하는 것은 그 대상의 존재이고 또 세계이다. 전유의 이 두 목적은 실제로는 하나이다. 나는 현상 배후에서 현상의 존재를 소유하고자 하는 것이다. 그러나 우리가 이미 살펴본바, 존재의 현상과는 너무나 다른 이 존재는 바로 즉자존재이다. 여기에서 문제가 되는 것은 보편자로의 이행이 아니다. 오히려 그 구체적인 발가벗음에서 고려되는 존재는 단번에 총체성의 존재가 된다. 그래서 소유관계는 우리에게 확연히 드러난다. 즉 소유한다는 것, 그것은 특정한 한 대상을 [관]통하여 세계를 소유하고자 하는 것이다.(643/432)

사르트르는 언젠가 자신이 담배를 끊고자 노력해 본 경험을 예시로 듭니다. 그러면서 "담배를-피우는-나에-의해-만나게-됨으로써-받아들여지는-존재, 그것은 사물들 위로 보편적으로 확장되는 구체적인 성질이었던 것이다"(642/431)라고 말합니다. 말하자면, 담배라고 하는 하나의 특정한 대상을 소유함으로써 실제로는 사물 전체를 새롭게 소유하는 것임을 느꼈다는 것입니다. 이런 사례를 원용하면서 사르트르는 각각의 소유 대상은 세계를 전반적으로 증시하는 것이고, 결국 소유한다는 것은 세계를 소유하고자 하는 것이라는 결론을 내리고 있습니다.

그런데 그 와중에 하나의 대상을 소유한다는 것은 그 대상의 존재를 소유하고자 하는 것인데, 그 대상의 존재란 기실 현상의 배후에 도사리고 있는 현상의 존재, 즉 즉자존재입니다. 그러니까 하나의 대상을 소유한다는 것은 그것을 통해 드러나는 즉자존재를 소유하고자 하는 것이라는 이야기가 됩니다. 그러면서 사르트르는 즉자존재란 구체적인 발가벗음을 통해 단번에 총체성의 존재가 된다고 말합니다. 이를 어떻게 이해해야 할까요? 순수 즉자의 영역에서는 도대체 개별성이란 것이 아무런 의미를 갖지 못합니다. 그러니까 한 특정한 대상의 즉자존재를 소유하려 한다는 것은 곧 즉자의 총체를 소유하려 한다는 것이 된다는 것입니다. 그러니까 결국은 한 특정한 대상에 대한 소유는 끝없는 지향일 뿐이라는 이야기입니다.

그러면서 사르트르는 소유에 관련해서 대자의 근본적인 존재방식인 '세계-내-존재'에 대해 이렇게 말합니다.

대자는 하나의 선택인 만남(rencontre-choix)이다. 즉 대자는 그가 그것과의 만남인바 그 존재에 기초를 제공하고자 하는 선택으로서 정의된다. 이는 개별적인 기도인 대자가 개별적인 존재 총체인 세계를 선택하는 것임을 의미한다. 대자가 논리적인 보편성을 향해 세계를 넘어가는 것이 아니다. 하나의 동일한 세계가 있어 그 속에서 존재가 대자에 의해 기초 지어진 즉자가 될 것인데, 대자는 바로 그 동일한 세계가 드러내는 새로운 한 구체적인 '상태'를 향해 세계를 넘어간다. 즉 대자는 하나의 구체적으로-현존하는-존재-너머의-구체적인 존재를 향해 세계를 넘어가는 것이다. 그래서 세계-내-존재는 이 세계에 대한 소유의 기획이요, 대자에 붙어 다니는 가치는 이 여기-대자와 이 여기-세계 간의 종합적인 함수에 의해 구성되는바 개별적인 존재를 구체적으로 지시하는 것이다. 실상 존재는, 그것이 어디에 있건, 그것이 어디에서 오건, 그리고 우리가 그것을 어떤 방식으로 고려하건, 말하자면 그것이 즉자이건 대자이건 혹은 즉자대자라고 하는 불가능한 이념이건 간에, 그 원초적인 우연성에 있어서 하나의 개별적인 모험인 것이다.(644/433~434)

가장 중요한 것은 개별성입니다. 대자의 삶도 개별적이고, 대자가 수행하는 선택도 개별적이고, 그렇게 해서 선택되는 세계도 개별적인 존재 총체입니다. 대자가 구체적인 만남인 선택으로 정의되면서 전체적으로 구체성이 강조되는 것도 이 때문입니다. 결코 논리적이고 추상적인 보편성을 바탕에 깔고 있는 것이 아니라는 것입니다. 살면서 선택하고 만나고 했던 개별적인 총체로서의 세계를 적분하면 보편적인 하나의 세계가 나올 것 아닌가 싶지만 그게 아니라는 이야기입니다. 끝없이 새롭게 주어지는 개별적 총체로서의 세계 상태, 만약 논리적이고 보편적인 그런 세계가 있다고 한다면, 대자는 이 세계 상태의 한 부분을 이룬다고 해야 할 것입니다. 그만큼 대자를 세계-내-존재라고 했을 때, 그리고 대자가 세계를 소유하고자 한다고 했을 때, 그 세계는 도대체 철저히 개별적인 것이고, 대자와 더불어 그 세계의 바탕에서부터 드러난다고 할 수 있는 존재는 그 어떤 방식의 것이라고 할지라도 철저히 '개별적인 모험'이라는 것입니다.

이러한 사르트르의 존재에 대한 설명은 그야말로 현존철학을 여실히 드러낸다고 할 수 있습니다. '이 여기-대자'와 '이 여기-세계' 간의 이른바 상호함수적인 종합의 관계를 벗어날 수 없다는 것이 바로 대자의 '세계-내-존재'가 일컫는 것이고, 따라서 여기에서 구성되는바 개별적인 존재가 그 원초적인 우연성에 있어서 개별적인 모험이라고 하는 것이야말로 보편적인 본질을 완전히 넘어선 데서 성립하는 현존철학의 핵심이 될 것이기 때문입니다.

3. 존재의 누설인 질에 관하여

1) 사물들에 대한 정신분석: 바슐라르에 관하여

최종 결론을 제외하고 보면, 이제 책 전체의 마지막 절을 만나는 셈입니다. 이 절의 제목은 '존재의 누설인 질에 관하여'입니다. 대단히 중요하고 흥미롭기 짝이 없는 절입니다. 이 절은 특히 소설 『구토』와 짝해서 읽어 보면 훨씬 실감이 날 것입니다. 사르트르는 이 절을 이렇게 시작합니다.

아주 단순하게, 사물들에 대한 정신분석을 시도하는 것이 관건이다. 이는 바슐라르 씨(M. Bachelard)가 그의 최근의 저작인 『물과 꿈들』

(*L'eau et les rêves*)에서 훌륭한 재능을 가지고서 시도한 것이다. 이 저
작에는 대단한 약속들이 있다. 특히 지적할 것은 '물질적 상상[력]'과
같은 진실한 발견이다.(646/436)

본인의 대학 시절에 그러니까 1975년 이가림 씨가 번역해서 출간한
『촛불의 미학』을 통해 맨 처음 바슐라르를 접했던 것 같습니다. 그 뒤 여
기에서 말하고 있는 『물과 꿈들』은 역시 이가림 씨가 번역해 1980년에
『물과 꿈』(문예출판사)으로 출판되었습니다. 본인으로서는 글쎄, 번역된
『촛불의 미학』에 그다지 심취하지 못한 탓인 것으로 여겨지는데 그 뒤 바
슐라르에 관해 크게 관심을 갖지 않았습니다. 바슐라르는 시학보다는 과
학 철학에 대한 전문가로 더 많이 알려져 있습니다. 특히 과학사에 대해
그가 제시한 '인식론적인 단절'(rupture épistémologique)이라는 개념
은 루이 알튀세르(Louis Althusser, 1918~1990)에 의해 부각됨으로써 널
리 알려져 있습니다. 토머스 쿤(Thomas Kuhn, 1922~1996)이 '패러다임'
(範型) 개념도 바로 이 바슐라르의 '인식론적인 단절' 개념에 영향을 받
은 것으로 알려져 있습니다.

여기에서 사르트르가 말하고 있는 '사물들에 대한 정신분석'은 바슐
라르가 역사적 인식론을 제시하면서 과학적 정신에 대한 일종의 정신분
석을 전개한 것으로 운위되게끔 한 동인이 된 것이 아닌가 짐작됩니다.
이와 함께 거론되고 있는 개념이 바슐라르의 '물질적 상상[력]'입니다.
『물과 꿈들』에 대한 기억이 없어 잘 알 수는 없지만, 가장 기초가 되는 것
은 물질에 의거하지 않고서는 상상을 할 수 없다고 하는 상상의 물질성
을 강조한 데 있지 않나 싶습니다. 이를 사르트르가 상찬하고 있는 셈입
니다.

그런데 곧 이어 사르트르는 '상상[력]'이라는 용어가 적절치 않다는 것을 들먹이면서, 물질적인 여러 상태들에 대해 그 배후에서 우리가 투사한 '이미지들'을 찾으려 하는 것 역시 적절치 못하다고 비판합니다. 그러면서 상상은 지각과 근본적으로 다르다는 것을 제시하면서 정신분석이 해야 할 무엇인가를 이렇게 말합니다.

> 지각은 상상과 공통된 것이 전혀 없다. 지각은 상상을 배제하고, 상상은 지각을 배제한다. 지각한다는 것은 감각들로써 이미지들을 끌어 모으는 것이 결코 아니다. 이러한 이설은 관념연합론자들에 의한 것으로 전적으로 배척해야 한다. 그러므로 정신분석은 이미지들을 탐구하려 해서는 안 된다. 실로 정신분석은 사물들에 실재로 속하는 **의미들**을 밝혀야 한다.(646/436)

어디에서 보았는지 정확하게 기억이 나지 않기 때문에 난감하긴 하지만, 사르트르는 사유의 대상은 개념이고, 상상의 대상은 이미지이며, 지각의 대상은 사물이라고 해서 인간의 기본적인 세 인식 활동의 권역을 분명하게 구분한 적이 있습니다. 예컨대 사르트르는 그의 『상상계』에서 이렇게 말합니다.

> 지각의 세계에서는 그 어떤 '사물'도 다른 사물들과 무한한 관계 속에 돌입하지 않고서는 나타날 수 없다. 더욱이 이 관계의 무한성은──그 관계의 요소들이 서로에게서 유지하는 관계의 무한성인 동시에──한 사물의 본질 자체를 구성하는 관계의 무한성이다. …… 그런데 그 반대로, 이미지에서는 일종의 본질적인 빈곤이 있다. 한 이미지의 서로 다른

요소들은 세계의 다른 나머지와 그 어떤 관계도 맺지 않는다. 그 요소들끼리 두세 가지 관계를 맺을 뿐이다. …… 요컨대 지각의 대상은 끊임없이 의식을 넘어선다. 이미지의 대상은 우리가 그것에 대해 가지는 의식 이상의 것이 결코 아니다. 이미지의 대상은 그 의식에 의해 정의된다. 우리는 이미지에서 우리가 이미 알고 있는 것 외에는 아무것도 알아낼 수 없다.[3]

『존재와 무』를 출간하기 3년 전에 출간된 이 책에서 이미 지각과 상상은 근본적으로 다르다는 것을 이처럼 역설한 바 있는 사르트르로서는 바슐라르가 지각을 상상과 뒤섞어 놓는 것에 대해 상당한 반감을 가질 수밖에 없는 노릇입니다. 그러면서 앞 인용문의 맨 마지막, "실로 정신분석은 사물들에 실재로 속하는 의미들을 밝혀야 한다"라는 문구야말로 흔히들 알고 있는 정신분석과는 전혀 그 궤를 달리하는 것임을 여실히 눈치채게 됩니다. 다만, 라캉의 경우, 상상계(l'imaginaire)나 상징계(le symbolique)와 구분되는 실재(le réel)에 대한 제시가 바로 이 같은 사르트르의 노선과 일정하게 견주어 볼 만한 것이 아닌가 싶긴 합니다. 이에 관해서는 전혀 새로운 논의가 요구될 것입니다.

어쨌든 우리로서는 사르트르가 말하는 '사물의 정신분석'이 과연 어떤 것인가에 관심을 집중할 수밖에 없습니다. 우선 사르트르가 바슐라르를 비판하면서, 이른바 사물의 정신분석에 대해 어떻게 자신의 입장을 드러내는가를 보기로 합시다.

---

3) Jean-Paul Sartre, *L'imaginaire, Psychologie phénoménolgique de l'imgination*, 1940, pp. 20~21. 한글본으로는 『사르트르의 상상계』, 윤정임 옮김, 기파랑에크리, 2010, 31~32쪽.

한 물체(un corps)의 잠재적인 에너지는 이 물체의 객관적인 질이다. 이 질은 오로지 객관적인 정황들을 감안해서 객관적으로 측정되어야 한다. 그러나 이 에너지가 하나의 물체에 깃들게 되는 것은 오로지 세계 속에서이고, 이 세계의 출현은 대자의 출현에 대한 상관자이다. 마찬가지로 엄격하게 객관적인 정신분석에 의해 사물들의 물질에 더욱 깊이 개입되어 있는 다른 잠재성들을 발견하게 될 것이다. 이 잠재성들은, 인간실재의 보다 더 근본적인 선택 즉 **존재** 선택(choix d'être)에 상응하긴 하지만, 전적으로 초월적인 채로 머물러 있다. 이 일은 바슐라르 씨와 우리가 어떻게 다른가에 관련된 두번째의 지점으로 나아가게 한다. 실로, 모든 정신분석이 그 선험적인 원칙들을 지녀야 하는 것은 분명하다. …… 프로이트의 리비도는 분명 단순한 요청이다. 아들러의 역능의지(volonté de puissance)는 방법도 없이 경험적인 소여들을 일반화한 것 같아 보인다. 이 일반화는 방법이 없을 수밖에 없는데, 그 까닭은 정신분석적인 방법의 기초를 구축하도록 허용하는 것이 바로 이 일반화이기 때문이다. 바슐라르는 이러한 선배들을 따르는 것 같다. 성욕(sexualité)에 대한 요청이 그의 탐구를 지배하는 것 같다. 경우에 따라서는 우리를 죽음으로, 탄생의 외상(traumatisme)으로, 그리고 역능 의지로 송환시킨다. 요컨대 그의 정신분석은 그 원칙들에 관해서보다 그 방법에 대해 더 분명한 것 같다. 물론 그의 정신분석은 탐구의 명확한 목표에 입각해서 그 방법을 밝히기 위해 그 결과들을 고려한다. 그러나 이는 소 앞에 쟁기를 매는 격이다. 유한한 양태들의 총합이 실체에 대한 파악을 허용하지는 않을 것이다. 이에 못지않게 귀결들이 원칙을 확립케 할 수 없는 노릇이다. 그러므로 우리로서는 이런 것 같다. 즉 여기에서 인간에 대해 선험적으로 주어질 법한 이러한 경험적인 원칙들이

나 이러한 요청들, 즉 성욕이라든지 역능 의지라든지 하는 것을 포기해야 한다. 존재론에 입각해서 정신분석의 목적을 엄격하게 확립하는 것이 적절한 것이다. …… 우리가 이미 살펴본 바대로, 리비도니 역능의지니 하는 것으로 기술될 수 있기에 앞서서, 직접적으로건 세계에 대한 전유에 의해서건, 인간실재는 **존재 선택**이다. 또 우리가 살펴본 바,──선택이 전유로 향해지는 때에는──각각의 **사물**은 마지막 분석에서 선택되되, 그 성적인 잠재력에 있어서가 아니라, 그 사물이 존재를 되돌려주는 방식에 따라, 즉 그 존재가 사물의 표면에 퍼지는 방식에 따라 선택된다. 그러므로 **사물**들과 사물들의 **물질**(matière)에 대한 정신분석은 무엇보다도 각각의 사물이 그 존재의 객관적인 상징이 되는 방식 그리고 그 존재와 인간실재가 관계를 맺는 방식을 확립하는 데 주력해야 한다.(648~649/438~440)

뭔가 복잡한 내용들이 포진되어 있습니다. 우선 눈에 띄는 것은 정신분석, 특히 '사물의 정신분석'은 성적인 잠재력을 비롯한 인간 중심의 사안들보다 앞서 있는 것으로 여겨지는바, 사물들과 사물들이 갖는 물질성이 인간들에 대해 어떻게 상징적인 관계를 맺는가를 살펴보아야 한다는 것입니다.

이를 위해 분명한 원칙과 방법 및 목적을 먼저 확립해야 한다는 것을 주장하고 있습니다. 그리고 그것들을 확립하는 작업은 반드시 존재론에 입각하지 않으면 안 된다는 것을 주장하고 있습니다. 그래서 예컨대 이 인용문의 맨 앞에서 지적하고 있는 것처럼, 물체와 세계 및 대자적인 인간실재의 관계를 염두에 두지 않으면 안 된다는 것입니다. 세계를 벗어나서는 물체의 존재라고 할 수 있는 객관적인 에너지가 드러날 길이 없고, 또 대자의 출현이 없이는 세계의 출현도 없기 때문에, 사물의 물질성이 세계 속에서 이중적인 성격, 즉 분명히 초월적인 것으로 머물러 있으면서도 동시에 대자의 근본적인 존재 선택과 맞물려 있다는 것을 원칙으로 삼아야만 사물의 정신분석이 가능하다는 것입니다.

그런데 바슐라르는 프로이트나 아들러와 같은 선배 정신분석자들의 길을 따라 성욕, 죽음, 탄생의 트라우마, 역능의지 등을 방법적으로 활용하면서 그 정당성을 밝히기 위해 그 적용의 귀결들을 검토하지만 이는 선결문제 요구의 오류에 빠져 있는 것이고, 그 근본 원인은 존재론적인 기반이 없기 때문이라는 것입니다.

2) 존재론에 입각한 사물의 정신분석

그렇다면, 사르트르는 자신이 제시하는 존재론에 입각한 사물들에 대한 정신분석, 줄여 말해 '사물의 정신분석'을 어떻게 구체적으로 개진하고자 하는가가 궁금해집니다. 일단 그가 다시 한번 이와 관련해서 정돈하듯 제시하는 대목을 보기로 합시다.

> 정신분석에게 존재론이 가르칠 수 있는 것, 그것은 실로 우선 무엇보다도 사물들의 기호의미들의 **참된** 기원이 무엇이며, 그 기호의미들이 인간실재와 이루는 **참된** 연관이 무엇인가 하는 것이다.(649/440)

제아무리 인간과 무관한 영역을 향해 자신의 존재를 감추고자 하는 존재 경향을 갖추고 있다고 할지라도, 사물들이란 어차피 세계 속에 노출될 수밖에 없습니다. 세계 속에 노출된다는 것은 대자와의 연관을 벗어날 수 없다는 것입니다. 그렇다고 해서 사물들의 존재 자체가 주관적이라거나 인간 의식에 의해 본질적으로 침윤될 수밖에 없다고 하는 등속의 관념론에 의해 유혹을 받아서는 안 됩니다. 사물들이 대자와의 연관을 벗어날 수 없다고 할지라도, 그 연관 속에서 사물들이 제 나름의 초월적이고 독자적인 이른바 즉자존재를 노출해 보인다는 것은 도무지 부정할 수 없기 때문입니다. 그것이 맨 앞 서설에서 '현상의 존재'라는 개념을 통해 사르트르가 애써 보이고자 한 것임을 잊어서는 안 됩니다.

문제는 바로 그와 같은 사물들이 갖는 초월적이고 독자적인 즉자존재가 노출될 때, 대자의 입장에서는 암암리에 사물의 그 즉자존재를 상징적으로 즉 기호화 내지는 의미화하게 된다는 것입니다(이 대목에서 또한 조심해야 할 것은 사물의 즉자존재를 곧 대자에 의한 상징적 기호의미들로 받아들여서는 안 된다는 것입니다). 그래서 존재론에 입각함으로써, 비로소 사물들이 상징적으로 내보이는 기호의미들의 참된 기원을 파악할 수 있고, 또한 그럼으로써 그 기호의미들이 인간의 삶과 근본적으로 어떤 연관을 이루고 있는가를 파악할 수 있는 정신분석, 즉 사물의 정신분석이 확립된다는 것입니다.

(1) 이것과 질, 질의 순수 즉자로의 상징성

이와 관련해서 탐구하지 않으면 안 되는 것이 사물들의 질입니다. 저 앞에서, 그러니까 제2부 제3장 제3절에서, 질을 다룰 때 문제 삼은 것은 '이것'(ceci)이었습니다. "이것이라 불리는 것은 이러한 [질들 간의] 전반적인 상호관통이다. 이는 화가들 특히 세잔의 경험들이 잘 보여 준다"(223/345)라는 말을 사르트르가 했던 것을 알고 있습니다. 이 대목을 되새기면서 사르트르는 이렇게 말합니다.

이것은, 그 존재의 무차별적인 외부성에 있어서 그리고 대자의 발융과 독립해서, 모종의 기호의미를 갖는 것이었다. 우리가 살펴본바, 분명 그 **질**은 그 존재에 다름 아니다. ······ 또한 우리가 드러낸 바, 레몬은 전적으로 레몬 그것의 질들을 관통해서 확장되어 있다. 그리고 그 질들 각각은 다른 질들을 관통하여 확장되어 있다. 바로 이것이 우리가 '이것'이라 부른 것이다. 그 존재의 모든 질은 그 존재 전체이다. 그 존재의 모든 질은 그 절대적인 우연성의 현전이다. 그리고 그 존재의 모든 질은 그 존재의 무차별적인 환원불가능성이다.(649/440)

이는 특히 '이것'이라 지칭되는 한에서의 사물들의 질에 대해 그 즉자적인 성격을 한껏 강조한 것입니다. 그런데 사르트르는 이 인용문에 곧 이어서 이렇게 말합니다. 대단히 중요한 대목이라 길게 인용할 수밖에 없습니다.

그렇지만 본서의 제2부로부터 우리는, 질 자체에 있어서 기획과 현사실성의 불가분리성을 주장한다. 실제로 우리는 이렇게 쓴다. "질이 있기 위해서는, 본성상 존재가 아닐 하나의 무에 대한 존재가 있어야 한다. ······ 질, 그것은 **거기에 있음**(*il y a*)의 한계들 속에서 노출되는 그 존재 전체이다." 그래서 본래부터, 우리는 **즉자적인** 존재에 입각해서는 질의 기호의미를 설립할 수 없다. 왜냐하면 질들이 있기 위해서는 이미 '거기에 있음' 즉 대자의 무화하는 매개가 있어야 하기 때문이다. 그러나 이러한 지적을 통해 쉽게 이해할 수 있는데, 질의 기호의미는 그 나름으로, '거기에 있음'을 보강해 주는 그 무엇을 지시한다는 것이다. 그 까닭은 우리가 질을 받침점으로 삼아 '거기에 있음'을 넘어서서 절대적으로 그리고 즉자적으로 있는 그대로의 존재에로 육박해 들어가기 때문이다. 이런 측면에서 보면, 질에 대한 모든 파악에는 우리의 조건을 벗어나고자 하는 형이상학적인 노력, '거기에 있음'의 무에 의거한 외피를 꿰뚫고자 하는 형이상학적인 노력, 그럼으로써 순수 즉자에까지 관통해 들어가고자 하는 형이상학적인 노력이 스며들어 있는 것이다. 그러나 우리는 분명히 질을 우리로부터 전적으로 달아나고자 하는 한 존재에 대한 상징으로서 파악할 수 있을 뿐이다.(649~650/440~441)

지금 우리는 질, 상징, 거기에 있음, 무의 외피, 순수 즉자 등의 개념들이 엮어내는 대단히 근본적인 지형에 들어서 있습니다. 가장 원초적인 시각에서 볼 때, 거기에 있다고 할 수 있는 것은 질들뿐입니다. 이 질들이 일정하게 독립된 상호관통의 구조를 지닐 때 '이것'으로 파악될 것입니다. 그리고 여기에 인간의 구체적인 욕망들이 관계하면서 도구들로 파악될 것입니다. 아닌 게 아니라, 예컨대 여기 교탁이 있다고 할 때, 그 교탁이 과연 직접 눈으로 확인되는 것인가 하는 물음은 충분히 일리가 있습니다. 교탁이 보이는 것이 아니라, 교탁이라 지칭되는 이것(혹은 저것)의 감각적인 질들만 보일 뿐입니다. 그리고 보면, 교탁을 눈으로 본다는 것은 대단히 기이한 일임에 틀림없습니다. 이 순서를 거꾸로 보면, 교탁이라는 도구를 넘어서서 이것이라는 단적인 사물로 육박해 들어가고, 단적인 사물인 이것은 질들의 상호관통에 다름 아니기에 질들의 단적인 상호관통으로 육박해 들어가는 셈입니다. 그렇다면 그다음에는 어디로 육박해 들어갈 것인가요? 이 교탁은 말할 것도 없고 이것 혹은 질들의 이 상호관통마저 적어도 거기에 있는 것으로 파악되기 위해서는 대자의 개입이 불가피합니다. 마지막으로 육박해 들어가고자 하는 것은 대자의 개입을 근원적으로 넘어서 있는 존재, 즉 순수 즉자에로 육박해 들어가고자 하는 것입니다.

이러한 순수 즉자에로의 육박을 유인하는바, '거기에 있음'을 보강해 주는 것이 바로 질이라고 사르트르는 말하고 있습니다. 그리고 그렇게 순수 즉자에로 육박해 들어가고자 하는 노력을 형이상학적인 노력이라고 지칭하고 있습니다. 그리고 인용문의 마지막 대목이 결코 예사롭지 않습니다. 질이 지니는 상징은 우리 인간의 구체적인 삶에 대한 상징이 아니라, 바로 순수 즉자에 대한 이른바 존재론적인 상징이라는 것입니다.

조금 더 짚고 넘어가야 할 것들이 있습니다. 우선 질 전체가 '거기에 있음'을 한계로 해서 노출되는 존재 전체라고 하는 말은 방금 우리가 말한바 "가장 원초적인 시각에서 볼 때, 거기에 있다고 할 수 있는 것은 질들뿐이다"라는 것과 일치합니다. 그렇다고 해서 사르트르의 존재론에서 순수 즉자가 '거기에 있는' 질들로 완연히 나타날 것인가 하는 점에 대해서는 결론을 내릴 수 없습니다. 다만, 사르트르가 그 원리적인 가능성만큼은 충분히 인정할 것이라는 결론을 내릴 수 있습니다. 그가 『존재와 무』의 부제로서 '현상학적인 존재론에 대한 시도'라는 글귀를 붙이기 있기 때문입니다.[4] 또 한 가지, '거기에 있음'(il y a)을 명사 형태로 쓰고 있는데, 이 명사화된 '일리야'(il y a)는 레비나스의 존재론에서 근간을 이루는 개념입니다. 그가 쓴 『시간과 타자』에 있는 한 대목을 참고로 인용해 보기로 합니다.

---

4) 참고로 소설 『구토』의 한 구절을 읽어 보겠습니다. "그만큼 무를 생각하기란 어려운 일이었다. 이제 나는 알았다. 사물이란 순전히 보이는 그대로의 사물인 것이다. 그 뒤에는······ 아무것도 없다."(장 폴 사르트르, 『구토』, 방곤 옮김, 문예출판사, 1999, 182쪽)

그런데 우리는 존재자 없는 존재에 어떻게 접근할 수 있는가? 모든 사물, 존재, 사람들이 무로 돌아갔다고 상상해 보자. 그러면 우리는 순수 무를 만나는가? 상상 가운데서 모든 사물을 파괴해 보자. 그러면 그 뒤에 무엇이 남는가? 남는 것은 어떤 것, 어떤 사물이 아니라 단순히 있다(il y a)라는 사실뿐이다. 모든 사물의 부재는 하나의 현존으로 돌아간다. 모든 것이 무너진 장소로, 대기의 밀도로, 텅 빔의 가득 참으로, 침묵의 중얼거림으로 돌아가는 것이다. 모든 사물과 존재들이 파괴된 후 존재하는 것들의 비인칭적인 '힘의 장'이 있을 뿐이다. 주어도 아니고 명사도 아닌 것, 존재하는 것이 아무것도 없을 때, 스스로 부과하는 존재함의 사실, 이제 그것은 익명적이다. 이 존재를 자신의 것으로 수용하는 사물이나 사람은 전혀 없다. 있다는 '비가 온다'(il pleut), '날씨가 덥다'(il fait chaud)라고 말할 때처럼 그렇게 비인칭적이다. 부정을 통해 떼어 낸다고 해도 그와 같은 존재는 되돌아온다. 어쩔 수 없는 순수 존재로 그렇게 있을 뿐이다.[5]

이 대목을 보면, 비록 레비나스가 '일리야'를 사람을 포함한 사물이 파괴된 뒤의 순수 존재라고 말하고 있긴 하지만, 그래서 사르트르가 말하는 순수 즉자와 유사한 것 같지만, 사르트르의 입장에서 보면 결코 그게 아닙니다. 왜냐하면, '일리야'가 성립하려면 적어도 대자적인 무가 있어야 하기 때문입니다. 결국 레비나스는 '일리야'가 그 존재론적인 성격상 그 이상의 근본, 즉 순수 즉자를 향한 문을 거느리고 있다는 사실을 유념하지 않은 것이 되고, 결국에는 존재론적인 궁구가 치밀하지 못한 것

---

5) 에마뉘엘 레비나스, 『시간과 타자』, 강영안 옮김, 문예출판사, 1996, 40쪽.

이 되고 맙니다. 사르트르의 입장에서 보면, 레비나스는 여전히 대자를 바탕으로 한, 즉 인간을 바탕으로 한 존재론에 머물고 있는 셈이 됩니다. 이는 레비나스가 일리야에 대한 경험을 불면증을 통해 드러내고자 한 데서도 여실히 드러납니다.

각설하고, 다시 사르트르가 말하는 질의 근원적인 상징성으로 돌아가 보기로 합니다. 거기에 있는 한 질은 대자와의 연관을 벗어날 수 없지만, 그 상징적인 기호의미는 대자의 손아귀를 벗어나 순수 즉자로 육박해 가도록 유인한다는 것입니다.

(2) 끈적끈적함에 대한 분석

그런데 묘하게도 사르트르는 이러한 상징성을 발휘하는 대표적인 질로서 '끈적끈적한 것'(le visqueux) 내지는 '끈적끈적함'(viscosité)을 듭니다. 이것은 소설 『구토』에서 표현되고 있는 것과 대단히 유사한 질이라 할 수 있을 것 같습니다.

> 갑자기 그것은 거기에 있었다. 대낮처럼 분명했다. 존재가 갑자기 탈을 벗은 것이다. 그것은 추상적 범주에 속하는 무해한 자기의 모습을 잃었다. 그것은 사물의 반죽 그 자체이며, 그 나무의 뿌리는 존재 안에서 반죽된 것이다. 또는 차라리 뿌리며, 공원의 울타리며, 의자며, 드문 잔디밭의 잔디며, 모든 것들이 사라졌다. 사물의 다양성, 그것들의 개성은 하나의 외관, 하나의 칠에 불과했다. 그 칠이 녹은 것이다. 괴상하고 연한 것의 무질서한 덩어리 ──헐벗은, 무섭고 추잡한 나체만이 남아 있었다.[6]

『존재와 무』를 읽기 전에 그리고 읽은 후에 반드시 사르트르의 소설 『구토』를 읽어야 합니다. 지금 여기에 인용한 『구토』의 대목은 '거기에 있음'만 대동하고서 번연히 드러나는 질 자체의 세계를 그리고 있다고 할 수 있습니다. 또한 그 자체 순수 즉자의 영역으로 이미 상당 정도 밀려들어가 있음을 그리고 있다고 할 수 있습니다. 여기에서 '헐벗은', '무섭고 추잡한', '존재 안에서 반죽된', 그리고 '무질서한 덩어리' 등의 표현은 지금 여기 『존재와 무』의 말미에서 '끈적끈적한 것'으로 바뀌어 논의되고 있다 할 것입니다. 이에 대한 사르트르의 분석적인 표현들을 살펴보기로 합니다.

> 끈적끈적한 것이라 일컫는 특수한 이 질은 어른인 유럽인들에게 있어서, 쉽게 존재적인 연관들로 환원되는바 일단의 인간적이고 도덕적인 성격들을 의미한다. 어떤 악수는 끈적끈적하고, 어떤 미소는 끈적끈적하고, 어떤 사유, 어떤 감정 역시 끈적끈적할 수 있다.(650/442)

일단은 끈적끈적함이 일상생활에서 얼마든지 느껴질 수 있는 여러 성격들의 질이라는 것을 지적하고 있습니다. 중요한 것은 이 성격들이 존재적인 연관들로 환원된다는 사실입니다. 그 중간 과정에 대해 사르트르는 이렇게 말합니다.

> 요컨대 어떤 개체들에 있어서 끈적끈적함과 끈적거리는 비천함 간의 상징적인 연관을 의식적으로 그리고 명백하게 확립하기 위해서는, 미

---

6) 사르트르, 『구토』, 240쪽.

리 어떤 끈적끈적함에서 비천함을 그리고 어떤 비천함에서 끈적끈적함을 파악해야 할 것이다.(651/442)

끈적끈적하다는 것은 참으로 묘합니다. 점착성이란 것은 그저 물처럼 쉽게 흐르는 것도 아니고, 단단한 고체처럼 형태가 고정되어 있는 것도 아닙니다. 질경질경한 것은 형태가 있다고도 할 수 없고 없다고도 할 수 없으며, 잡혀진다고도 할 수 없고 잡혀지지 않는다고도 할 수 없습니다. 떼버려야 하는데도 한번 만지고 나면 좀처럼 떨어지지 않습니다. 대표적인 것이 아스팔트 길을 만드는 데 쓰는 석유피치지요. 혹은 가래 덩어리를 생각할 수도 있을 것이고, 끈끈한 정액이나 핏덩어리 등을 생각할 수도 있을 것입니다. 다소 맛있는 것으로는 꿀을 생각할 수도 있습니다. 크리스테바(Julia Kristeva, 1941~)가 말하는 '아브젝트'(abject)를 떠올릴 수도 있을 것입니다. 아무튼 지금 여기에서 사르트르는 끈적끈적함과 비천함이 동시적으로 작동한다는 것을 지적하고 있습니다. 그 이유가 과연 무엇일까요? 다른 구절을 보기로 합시다.

끈적끈적함이 야기하는 혐오를 설명하려면 반드시 어떤 도덕적인 질들에 의해 이 물리적인 질이 오염되는 것을 고려해야 한다. 그러므로 끈적끈적한 것에 대해 상징적인 가치를 배우고 익히는 것과 같은 무엇이 있어야 할 것이다. 그러나 잘 관찰해 보면, 아주 어린 아이들조차도 끈적끈적한 것을 볼라치면 마치 그것이 이미 심리적인 것에 의해 오염되기라도 한 것 같은 반감을 보인다는 것을 알 수 있다. 이는 그 아이들이 말을 할 수 있게 되자마자 '부드러운'이니 '낮은'이니 하는 낱말들이 갖는 가치가 감정적인 기술에 적용된다는 것을 이해하고 있다는 것을 말

한다. 이 일은 …… 마치 물질적인 실체들이 본래부터 심리적인 기호의
미를 가지고 있어 그 심리적인 기호의미들이 물질적인 실체들을 혐오
나 공포를 일으키게 하고 매혹을 일으키게 하는 그러한 영토에서 일어
나는 것처럼 이루어진다.(651~652/443)

참으로 묘한 일입니다. 아닌 게 아니라, 우리는 본능적인 양 어떤 질
들에 대해서는 끌림을 느끼고 다른 어떤 질들에 대해서는 혐오를 느끼
지요. 특히 끈적끈적한 것들에 대해서는 대부분 혐오감이나 심지어 공
포감을 느낍니다. 재미있는 사실은, 크리스테바의 아브젝트 개념에 의하
면, 그렇게 혐오와 공포를 느껴 그것을 보려 하지 않으려 몸을 돌리면서
도 암암리에 그것을 흘깃 뒤돌아본다는 것입니다. 끈적끈적한 것에 암암
리에 매혹적인 대목이 있다는 이야기입니다. 우리로서는 이에 대해 '존
재론적인 충동', 즉 순수 즉자에로 육박해 들어가고자 하는 존재론적인
충동이 인간에게 있다는 것으로 해석해서 앞으로 더 깊이 궁구해 보고자
합니다(묘하게도 사르트르는 '존재 욕망'이라고 할 뿐 '존재 충동'이라는 말
은 쓰지 않습니다).

아무튼 과연 물리적인 질과 심리적인 감정의 질 간의 이 같은 긴밀
성은 어디에서 연유하는 것일까요? 사르트르는 투사(projection)나 유추
(analogie)에 의거한 설명은 결코 받아들일 수 없다고 합니다. 그러면서
문제를 정돈해 제시하고 그 연구에 있어서 배척해야 할 점을 다음과 같
이 상기시킵니다.

원칙상 그 물질성이 비의미적인(non-signifiante) 상태로 있는 대상들
에 대해 우리의 혐오, 우리의 미움, 우리의 공감, 우리의 매혹 등으로 표

현되는바 이 보편적인 광범위한 상징관계(symbolique)를 어떻게 생각해야만 할 것인가? 이 연구를 진전시키기 위해서는 몇 가지 요청들을 포기해야 한다. 특히 끈적끈적함이 그러그러한 감정에 귀속되는 것은 그저 하나의 이미지일 뿐 인식이 아니라는 사실을 **선험적으로** 정립해서는 안 된다. 또한 우리는 한층 더 광범위한 정보를 얻기 전에는, 물리적인 물질을 상징적으로 형태화하는 것을 허용하는 것이 심리적인 것이라는 주장이라든지 '끈적끈적한 것'을 의미적인 것으로 파악하는 것에 앞서서 인간적인 비천함에 대한 경험이 더 먼저 성립한다는 주장을 허용해서는 안 된다.(652/444)

사물의 물질성을 드러내는 질이 어떻게 해서 감정적인 질로 상징화되어 나타나는가를 연구하는 것이 핵심이라는 이야기입니다. 그러면서 이를 연구할 때, 심리적인 것의 토대성이나 우선성을 주장해서는 안 된다는 것입니다. 그렇다면 사르트르 본인은 과연 어떤 길을 제시하고자 하나요? 결코 쉽지 않은 길임에 틀림없습니다. 우선 그가 말하는 시발점을 생각해 보기로 합시다.

근원적인 기획으로 되돌아가자. 근원적인 기획은 전유의 기획이다. 그러므로 전유의 기획은 끈적끈적한 것을 압박하여 그 존재를 드러내도록 한다. 존재에서 대자가 발용하는 것은 전유적이기 때문에, 지각된 끈적끈적한 것은 '소유되어야 할 끈적거리는 것'이다. 즉 나와 끈적끈적한 것 간의 근원적인 유대는, 이념적으로 보아 그 끈적끈적한 것이 나 자신인 한에 있어서, 내가 끈적끈적한 것의 존재에 대한 토대가 되고자 기획한다는 것이다. …… 끈적끈적한 것의 물질성 자체가 심리적인 기호의미를 가진 것으로서 나에게 노출된다. …… 끈적끈적한 것이 그 모든 기호의미들을 **갖게끔 하는** 이 전유적인 방식은 하나의 공식적인 **선험**으로서 간주될 수 있다.(652/444)

존재로부터 대자가 발용한다는 것은 즉자로부터 대자가 발생되어 나온다는 것입니다. 그런데 그 대자의 발생은 결국 존재를 전유하고자 하는 것이고, 존재를 전유한다는 것은 존재에 대해 존재 근거가 되고자 한다는 것이라는 이야기입니다. 이는 사르트르의 존재론에서 기본이 되는 사항입니다. 존재인 순수 즉자는 그 자체로 절대적인 우연일 뿐 아무런 존재 근거를 갖지 않는 것이고, 이러한 순수 즉자가 자신의 존재 근거를 확보하기 위해 제 스스로에게서 발용시킨 것이 대자이며, 대자가 순수 즉자의 존재 근거가 됨으로써 즉자대자의 신적인 경지를 확보하게 된다는 것이었습니다.

그러니까 대자인 내가 끈적끈적한 것의 존재 토대가 되고자 하기 때문에, 이를 바탕으로 해서 그 여러 기호의미들이 성립한다는 것은 궁극적으로 순수 즉자에서의 일로 회귀되어야 할 일이라는 것입니다. 요컨대 존재 자체에서부터 이미 물리적인 질과 심리적인 질의 결합이 준비되어 있었다는 이야기입니다. 이러한 사르트르의 설명은 자칫 동어반복처럼 들릴 수도 있는 그야말로 형이상학적인 설명이라 하지 않을 수 없습니다. 결국에는 이렇게 됩니다.

객관적인 질로서 우리를 향해 다가오는 것은 하나의 새로운 **자연**이다. 이 새로운 자연은 물질적(그리고 물리적)인 것도 아니고 심리적인 것도 아니다. 심리적인 것과 물리적인 것 간의 대립을 넘어선 것이다. 그 까닭은 이 새로운 자연이 세계 전반의 존재론적인 표현으로서 우리에게서 발견되기 때문이다. 즉 이 새로운 자연이, 물질적인 구성체들의 분류가 문제가 되건 초월된 초월성들의 분류가 문제가 되건 간에, 세계의 모든 이것들을 분류하기 위한 항목으로서 제공되기 때문이다. 이는 다음과 같은 사실을 의미한다. 즉 끈적끈적한 것을 있는 그대로 파악한다는 것은 끈적끈적한 것이 세계의 즉자에 대해 주어지는 특정한 방식을 창조한다는 것이고, 그와 동시에 존재를 그 나름으로 상징화한다는 것이다. 말하자면, 우리가 끈적끈적한 것과 접촉을 유지하는 한, 우리에게서 모든 일들이 마치 끈적끈적함이 세계 전반의 의미인 양, 즉 즉자존재의 유일무이한 존재양식인 양 일어난다는 것이다.(653/445~446)

이해하기에 결코 만만찮은 논변입니다. 하지만 단박 보아도 대단히 중요한 논변임을 알 수 있습니다. 물리물질적인 것과 심리정신적인 것을 구분 내지는 심지어 분리하는 이분법을 거부하지 않을 수 없는 근본적인 이유를 나름대로 제시하고 있기 때문입니다. 객관적인 질, 예컨대 끈적끈적함이라는 질은 그 자체 물리물질적인 것도 아니고 심리정신적인 것도 아니라는 것입니다. 오히려 물리물질적인 것이라 할 수 있는 물질적인 구성체들이나 심리정신적인 것이라 할 수 있는 초월된 초월성들(즉 타인들)인 '이것들'을 분류하는 공통된 항목이 된다는 것입니다.

그다음의 이야기가 어렵습니다. "끈적끈적한 것이 세계의 즉자에 대해 주어진다"라는 말이 우선 어렵습니다. '세계의 즉자'란, 세계가 대자가 없이는 존립할 수 없지만 그렇다고 해서 대자에 의해 만들어지는 것이 아님을 염두에 둘 때, 세계가 대자를 벗어나 즉자 쪽으로 향하는 데서 성립하는 것이라 이해할 수밖에 없습니다. 그렇게 세계가 즉자 쪽을 향하는 데에 끈적끈적한 것이 주어진다는 이야기입니다. 이는 객관적인 질인 끈적끈적함이 세계 전반의 즉자성을 지시해 주는 것이 된다는 것입니다. 그리고 그와 동시에 세계 전반의 즉자성을 지시해 주는 이 끈적끈적함을 접촉하는 한에 있어서는, 즉자존재가 우리에게 드러날 때 즉 즉자존재가 세계로 드러날 때, 그 드러남의 존재양식 혹은 세계 전반의 의미가 바로 끈적끈적함이라고 말하고 있습니다.

요컨대 세계 전반이 끈적끈적하다는 것입니다. 이는, 아예 단단한 고체가 되어 우리의 삶과 애당초 무관한 것으로서 존립하는 것도 아니고, 아예 물처럼 완전한 유체가 되어 우리의 삶 속으로 이미 스며들어 와 버리는 것도 아닌 것이 세계라는 것을 의미합니다. 소유할 수도 없고 소유하지 않을 수 없는 애매하기 짝이 없는 이 끈적끈적한 세계, 창조적이면서도 파괴적인 이 끈적끈적한 세계, 바로 이 세계야말로 끈적끈적함을 비롯한 온갖 객관적인 질들이 심리적인 질들을 함축할 수밖에 없도록 하는 기반이라는 이야기입니다. '세계-내-존재인 대자'와 '대자의 현사실성' 등을 돌아보건대, 이 세계를 벗어나서는 도대체 대자적인 삶이 불가능하기 때문입니다.

사르트르는 계속해서 이 끈적끈적함에 관련해서 온갖 다른 것들과의 상대적인 비교를 해 가면서 그 여러 성격들을 분석·기술한 뒤 이렇게 말하기 시작해서 결국에는 본론의 맨 마지막 대목, "그래서 인간의 수난 자체는 그리스도의 수난의 역(逆)이다. 왜냐하면 인간은 신이 태어나도록 하기 위해서 인간으로서의 자신을 상실하기 때문이다. 그러나 신의 이념은 모순적이고, 그래서 우리는 우리를 헛되이 상실한다. 말하자면, 인간은 무익한 수난인 것이다"(662/458~459)라는 언명으로까지 이어집니다.

내가 끈적끈적한 것을 소유한다고 믿는 바로 그 순간에, 기묘한 역전에 의해 나를 소유하는 것이 오히려 그 끈적끈적한 것이 된다. 거기에서 끈적끈적한 것의 본질적인 성격이 나타난다. 즉 끈적끈적한 것의 질경질경함은 빨판을 만드는 것이다. 내 손으로 잡은 것이 고체라면 내가 원하기만 하면 그것을 놓을 수 있다. 고체인 그 대상의 타성은 나에 대해 나의 전적인 역능을 상징한다. 말하자면 내가 그것을 근거 짓지만, 그것이 나를 근거 짓는 것은 전혀 아니다. 그것 자체에게 즉자를 집약시키는 것은 대자다. 그리고 그것을 즉자의 위엄에까지 끌어올리는 것도 대자다. 이때 대자는 여전히 동화시키고 창조하는 역능으로 머물면서 자신을 위험에 빠뜨리지 않는다. 말하자면, 즉자를 흡수하는 것은 대자다. 달리 말하면, 소유가 '즉자대자'라는 종합적인 존재에 있어서 대자의 우위를 확인한다. 그러나 보다시피 끈적끈적한 것은 이 항들[의 관계]를 역전시킨다. 즉 대자가 갑자기 위험에 빠지는 것이다. 내 손을 펼쳐 끈적끈적한 것을 놓으려 하는데 그것이 나에게 달라붙어 나를 빨아 당기고 흡입한다. 끈적끈적한 것의 존재방식은 고체적인 것에서 찾을 수 있는 안심할 수 있는 타성도 아니고, 나에게서 달아나 소진되어 버리는 물의 역동성과 같은 것도 아니다. 그것은 녹진녹진하고 미끈미끈한 여성적인 열망의 활동이다. 그것은 나의 손가락들 밑에서 음침하게 살고, 나는 현기증과 같은 것을 느낀다. 그것은 깊숙한 벼랑이 나를 유인할 수도 있는 것처럼, 자신 속으로 나를 유인한다. 거기에는 끈적끈적한 것의 촉각적인 매혹 같은 것이 있다.(655/448~449)

끈적끈적함은 그저 널브러진 객관적인 질에 불과한 것이 아닙니다. 그것은 이른바 인간 존재의 존재론적인 운명을 폭로하는 질입니다. 사르트르는 이 끈적끈적함의 존재론적인 위력에 대해, 지금 이 인용문에서 시작하여 원문으로 거의 7쪽에 이르는 분량을 어느 누구도 흉내 낼 수 없는 기가 막힌 표현으로 채우고 있습니다. 요컨대 이 세계를 내 것으로 만들어 최대한 우월한 주체성을 확립하려 하면 할수록 오히려 더욱더 존재 자체의 끈적끈적한 위력에 의해 빨려 들어가고 만다는 것입니다. 다음 시간에 그 진면목을 보게 될 것입니다.

3) 끈적끈적한 존재의 질, 인간의 근본적인 무용한 존재론적인 수난

오늘은 예고한 것처럼, 사르트르가 『존재와 무』의 본론 전체를 마무리 짓는 대목에서 그야말로 요약이 불가능한 중요한 이야기들을 많이 하기 때문에 사르트르가 하는 이야기를 직접 들어보고자 합니다. 지금까지 강의를 따라 온 사람이라면, 이제 아무런 보조자의 설명이 없이도 아래의 사르트르 이야기를 실감나게 따라갈 수 있을 것입니다. 무엇보다도 사르트르의 이야기가 워낙 실감나고 멋지기 때문입니다. 이제까지 강의해 온 중에서 가장 길게 인용하는 경우가 될 것입니다.

그러나 보다시피 끈적끈적한 것은 이 항들[의 관계]을 역전시킨다. 즉 대자가 갑자기 **위험에 빠지는 것**이다. 내 손을 펼쳐 끈적끈적한 것을 놓으려 하는데 그것이 나에게 달라붙어 나를 빨아 당기고 흡입한다. 끈적끈적한 것의 존재방식은 고체적인 것에서 찾을 수 있는 안심할 수 있는 타성도 아니고, 나에게서 달아나 소진되어 버리는 물의 역동성과 같은 것도 아니다. 그것은 녹진녹진하고 미끈미끈한 여성적인 열망의 활동이다. 그것은 나의 손가락들 밑에서 음침하게 살고, 나는 현기증과 같은 것을 느낀다. 그것은 깊숙한 벼랑이 나를 유인할 수도 있는 것처럼, 자신 속으로 나를 유인한다. 거기에는 끈적끈적한 것의 촉각적인 매혹 같은 것이 있다.

나는 더 이상 전유의 과정을 **멈추는** 주인이 아니다. 전유의 과정은 계속된다. 어떤 의미에서 보면, 이는 소유되는 것의 최상의 온순함 같은 것이고, 사람들이 더 이상 원하지 않는데도 자신을 내주는 개의 충실성과도 같은 것이다. 그런가 하면, 이는 이러한 온순함을 통해 이루어지는바, 소유된 것이 소유하는 자를 음험하게 전유하는 것이다. 여기에서 갑자기 상징이 발견된다. 독성을 띤 소유물들이 있고, 즉자가 대자를 흡입해 버릴 가능성이 있다. 즉 어떤 하나의 존재가 '즉자대자'가 전복되는 가운데 구성될 가능성이 있는 것이다. 거기에서 즉자는 대자를 그 [즉자]의 우연성 속으로, 그 [즉자]의 무차별한 외재성 속으로, 그 [즉자]의 근거 없는 현존 속으로 끌어당길 가능성이 있는 것이다. 바로 이 순간, 나는 갑자기 끈적끈적한 것의 덫을 파악한다. 그것은 나를 관통해 울려 퍼져 나를 위태롭게 하는 유동성이다. 내가 끈적끈적한 것에 미**끄러져** 갈 수는 없다. 그 모든 빨판들이 나를 물고 늘어진다. 끈적끈적한 것은 나에게 미끄러져 올 수 없다. 끈적끈적한 것은 거머리처럼 나를 붙들고 늘어진다. 그러나 미끄러짐(활주, glissement)은 고체적인 것에 의한 것인 것과는 달리 간단히 **거부되지** 않는다. [그저] **훼손된다.** 끈적끈적한 것은 그러한 훼손에 응하는 것처럼 보인다. 끈적끈적한 것은 그러한 훼손에 나를 초대한다. 왜냐하면, 도사리고 있는 끈적끈적한 것의 면은 아주 밀도가 높은 유체의 면과 감각적으로 구분되지 않기 때문이다. 그것은 그저 함정일 뿐이다. 미끄러짐이 미끈미끈한 실체에 의해 흡수되기 때문이다. 그러면서 미끄러짐은 나에게 흔적들을 남긴다. 끈적끈적한 것은 악몽을 꿀 때 보는 유체, 그 모든 속성들이 일종의 생명으로 활성화되어 나를 향해 달려드는 그러한 유체인 것 같다. 끈적끈적한 것, 그것은 즉자가 [나에 대해] 수행하는 복수다. 그것은 **달콤함**의 질에 의해 다른 판면 위에서 상징화될 달착지근하고 여성적인 복수이다. 그런 까닭에 **달콤한 입맛** ——삼킨 뒤에도 입속에 무한정하게 남아 지워 버릴 수 없는 단맛 ——인 달콤한 것이 끈적끈적한 것의 본질을 완전히 완성하는 것이다. 달착지근한 끈적끈적한 것은 끈적끈적한 것의 이상이다. 달착지근한 끈적끈적한 것은 대자의 달콤한 죽음을 상징한다 (잼에 둘러빠져 익사해 버린 말벌처럼). 그러나 동시에, 내가 끈적끈적한 실체의 전유를 대략 윤곽 지었다는 사실만으로도, 끈적끈적한 것은 나이다. 내가 내 손에서 느끼는 끈적끈적한 것의 빨아 당김은 끈적끈적한 실체가 내 자신에게 **연이어진다는 것**을 나타낸다. (예컨대, 내 손을 거기에 담갔다가 그것으로부터 내 손을 떼 내려고 할 때) 내 손으로부터 끈적끈적한 면까지 질컥하게 내려뜨려져 있는 기다랗고 질겅질겅한 기둥들은 끈적끈적한 것을 향한 내 자신으로부터의 유출 같은 것을 상징한다. 이 기둥들의 밀동이 면과 혼융하는 데서 내가 확인하는 응고지연 (hystérésis)은 내 존재가 수행하는 즉자의 흡입에 대한 저항 같은 것을 상징한다. 만약 내가 물에 빠져 거기에 잠겨 거기에서 내가 흘러가도록 내버려 둔다 할지라도, 나는 그 어떠한 거북함도 느끼지 않을 것이다. 왜냐하면 내가 그 속에서 녹아 버리지 않을까 하는 두려움을 조금도 갖지 않을 것이기 때문이다. 말하자면, 나는 물이라는 유체 속에서 고체성을 유지할 것이기 때문이다. [그런데] 만약 내가 끈적끈적한 것 속에 빠진다면, 내 자신을 잃게 되지 않을까 하는 느낌을 가질 것이다. 즉 내가 끈적끈적한 것으로 녹아 버리지 않을까 하는 느낌을 가질 것이다. 그것은 끈적끈적한 것이 고체화되고자 하기 때문이다. 이 관점에서 보면, **반죽 같은 것도** 끈적끈적한 것과 동일한 양상을 드러낸다 할 수 있을 것이다. 그러나 반죽은 나를 매혹시키지 않는다. 반죽은 위험하지 않다. 반죽이란 타성적이기 때문이다. 끈적끈적한 것에 대한 전유 자체에는 진득거리면서 위태로운, 그러면서도 균형을 갖추지 않은 실체, 흡사 변신(métamorphose)에의 강박 관념 같은 실체가 있다. 끈적끈적한 것을 만진다는 것은 끈적끈적함에 자신이 녹을 수도 있는 위험을 감수하는 것이다.

그런데 이 용해는 그 자체 이미 무시무시한 것이다. 그 용해는, 마치 압지에 의해 잉크가 빨아들여지듯이, 즉자에 의해 대자가 흡수되는 것이기 때문이다. 그러나 **그렇지 않더라도**, 사물로 변신하기 위해 갖은 노력을 다 기울인다 할지라도 그것이 바로 끈적끈적**하게** 변신하는 것이라면 무시무시한 것이다. 설사 내가 내 자신이 액화되는 것, 즉 내 존재가 물로 변형되는 것을 생각할 수 있다 할지라도, 나는 그것에 대해 과도하게 영향을 받지는 않을 것이다. 왜냐하면 물은 의식의 상징이기 때문이다. 물의 운동, 물의 유동성, 물 존재의 견고하지 않은 연대, 물의 영구적인 도주 등, 물의 그 모든 것은 나에게 대자를 상기시키기 때문이다. 의식의 **지속**에 대한 성격을 제시했던 앞선 심리학자들(제임스, 베르그송)은 너무나도 자주 의식의 지속을 강물에 비유하였다. 하나의 전체를 이루는 부분들 간의 끊임없는 상호관통이라든가 그 부분들이 갖는 영구적인 분리에 대한 이미지를 가장 잘 상기시키는 것이 바로 강물이다. 그러나 끈적끈적한 것은 섬뜩한 이미지를 제공한다. 왜냐하면, 끈적끈적한 것의 존재는 질경질경한 점착성이기 때문에, 그 모든 부분들이 갖는 빨판들에 의해 각 부분이 다른 부분들과 맺는 연대와 음모가 그 각 부분들이 개별화되기 위해 수행하는 애매하고 질겅질겅한 노력이기 때문에, 말하자면 그 노력을 통해 개체가 사라져 버린 아래로 떨어져 실체에 의해 전적으로 빨려듦으로써 납작하게 된 것을 산출할 뿐이기 때문에 그러하다. 그러므로 끈적끈적하게 되고 말 의식은 그 관념들이 반죽을 이룸으로써 변형되고 말 것이다. 우리는 우리가 세계 속에서 발용하자마자 그러한 끈적끈적한 의식을 가진다. 이 의식은 미래를 향해 그리고 자기에 대한 기획을 향해 돌진하지 않으면 안 된다고 하는 강박에 사로잡힌다. 그런데 거기에 도달했다는 의식을 가지려고 하는 바로 그 순간에, 이 의식은 과거의 끌어당김에 의해 눈에 띄지 않게 엉큼하게 다시 붙들린다는 것을 느낀다. 그뿐만 아니라 이 의식은, 자신이 달아나고자 하는 이 과거 속으로 서서히 녹아 버리는 상태에, 그리고 급기야 자신이 완전히 자기 자신을 잃어버리게 될 때까지 수많은 기생물들에 의해 자신의 기획이 침식되는 상태에 놓여 있지 않으면 안 된다. 이러한 섬뜩한 조건에 대해서는, 외부의 힘이 자신의 생각을 빼앗아간다고 두려워하는 강박정신병에서 나타나는 이른바 '사상의 도둑'이 가장 그럴듯한 이미지를 우리에게 제공한다. 그런데 존재론적인 판면에서 볼 때 이 두려움은 정말이지 현사실성의 즉자로부터 대자가 도피하고자 하는 것, 말하자면 바로 시간화가 아닐 수 없다. 끈적끈적한 것에 대한 공포는 시간이 끈적끈적해지지 않을까 하는 데 대한 공포이고, 현사실성이 계속해서 느끼지도 못한 상태에서 진행됨으로써 '그 현사실성을 현존토록 하는' 대자를 먹어치우지 않을까 하는 데 대한 공포다. 그것은 죽음에 대한 공포도 아니고, 순수 즉자에 대한 공포도 아니고, 무에 대한 공포도 아니다. 그것은 아무 특수한 유형의 존재에 대한, 즉 **즉자대자**와 마찬가지로 더 이상 현존하지 않는 존재에 대한, 끈적끈적한 것에 의해 **대표될** 뿐인 존재에 대한 공포이다. 그 존재는 내가 전심전력으로 배척하고자 하지만 **가치**가 내 존재 속에 붙어 다니듯이 나에게 붙어 다니는 이념적인 존재다. 말하자면, 그 존재는 거기에서 근거를 갖지 않은 즉자가 대자에 대해 우선성을 갖는 것으로서, 우리 나름으로 **반가치**라 부를 이념적인 존재다.

그래서 끈적끈적한 것에 대한 전유 기획에 있어서, 끈적끈적함은 반가치의 상징, 즉 비실재적이긴 하나 위협적인 존재 유형의 상징으로서 갑자기 드러난다. 이 존재 유형은 의식에 대한 항상적인 위험으로서 의식이 그것으로부터 달아나고자 하지만 의식에 영구적으로 들러붙어 있다. 그렇기 때문에 이 항상적인 위험은 갑자기 전유 기획을 도주 기획으로 변형시킨다. 모종의 무언가가 나타나는데, 이것은 앞선 그 어떤 경험으로부터도 생겨나지 않고, 그저 즉자와 대자에 대한 선존재론적인 이해로부터 생겨난다. 이것이야말로 끈적끈적한 것의 **의미**다. 어떤 측면에서 보면, 이것은 경험이다. 끈적끈적함은 직관적으로 발견되는 것이기 때문이다. 다른 측면에서 보자면, 이것은 존재에 대한 모험으로부터 안출된 것이라 할 수 있을 것이다. 이에 입각해서, 대자에게는 어떤 새로운 위험이 닥친다. 대자가 도처에서 발견하게 될 구체적인 범주로서, 피해야 할 위협적인 존재 유형이 닥치는 것이다. 끈적끈적한 것은 선험적으로 그 어떤 정신적인 태세도 상징하지 않는다. 끈적끈적한 것은 존재가 그 자신과 맺는 어떤 연관을 증시한다. 이 연관은 근원적으로 **정신화되어**(*psychisée*) 있다. 그 까닭은 내가 그것을 전유의 테두리 속에서 발견했기 때문이고, 또 끈적끈적함이 나에게 나의 이미지를 다시 가져다주었기 때문이다. 그래서 내가 처음으로 끈적끈적한 것과 접촉한 이후로, 나는 정신적인 것과 비정신적인 것 간의 구분 너머에서 존재론적인 도식으로 풍요로워진다. 이 존재론적인 도식은 현존하는 모든 것들의 존재를 어떤 하나의 범주로써 해석하기에 적합하다. 더구나 이 어떤 하나의 범주는 여러 다른 종류의 *끈적끈적한* 것들을 경험하기에 앞서서 하나의 텅 빈 틀로서 발음한다. 나는 끈적끈적한 것을 마주하면서 나의 근원적인 기획에 의해 그 범주를 세계 속에 투사한 것이다. 그 범주는 반가치이면서 동시에 세계의 객관적인 구조이다. 즉 그 범주는 끈적끈적한 대상들이 나란히 정돈하게 될 구역을 결정한다. 그때부터 하나의 대상이 나에게 그 존재 관계를 열어 보일 때마다, 문제되는 것이 악수건 미소건 생각이건 간에, 그 대상은 정의상 끈적끈적한 것으로서 파악될 것이다. 말하자면 대상은, 자신의 현상적인 맥락 너머에서, 송진이나 풀 혹은 꿀 등과 하나를 이루면서 끈적끈적함의 거대한 존재론적인 구역을 구성하는 것으로서 나에게 나타날 것이다. 또한 그 반대 방향으로, 내가 전유하고자 하는 **이것**이 세계 전체를 재현하는 한, 내가 끈적끈적한 것을 맨 처음 직관적으로 접촉하면서부터, 그 끈적끈적한 것은 그 자신을 뛰어넘는 한 무리의 애매한 기호의미들과 지시들을 풍부하게 지닌 채 나에게 나타난다. 끈적끈적한 것은 '끈적끈적한 것보다 더 풍부한' 것으로서 제 스스로를 드러낸다. 발현된 이후로, 끈적끈적한 것은 정신적인 것과 물리적인 것 간의 구분이라든가, 야생적인 현존자와 세계의 기호의미들 간의 구분이라든가 하는 일체의 구분들을 넘어선다. 끈적끈적한 것은 존재의 한 가능한 의미이다. 그러므로 아이가 끈적끈적한 것에 대해 맨 처음 갖게 되는 경험은 정신적으로 그리고 도덕적으로 그 아이를 풍요롭게 한다. 흔히 비유적으로 '끈적끈적하다'라고 부르는 점착성의 기분 나쁜 부류를 발견하기 위해 성인의 나이가 되도록 기다릴 필요가 없는 셈이다. 점착의 기분 나쁨은 거기 아이의 곁에 꿀이나 끈끈이의 끈적끈적함 속에 있다. 우리가 끈적끈적한 것에 대해 말하는 내용들은 아이를 둘러싸고 있는 모든 대상들에 대해 적용된다. 그러니까 그 대상들의 물질이 주는 단순한 계시가 그 지평을 존재의 극단적인 한계들에까지 넓히고, 그와 동시에 모든 인간적인 사실들의 존재를 해독할 수 있는 **열쇠** 뭉치를 아이에게 부여한다. 이는 아이가 본래 삶의 '비루함들'이나 그 반대로 현존의 '성격'이나 '아름다움들'을 인식한다는 것을 결코 의미하지 않는다. 그저 아이가 모든 **존재 의미들**을 소유한다는 것이다. 비루함들이나 아름다움들, 태도들, 정신적인 특질들, 성적 관계들 등은 그저 존재 의미의 특정한 예들에 불과할 것이다. 끈끈하게 들러붙는 것, 물컹물컹한 것, 흐릿한 것 등, 모래나 땅의 구멍들, 동굴들, 빛, 밤 등 이것들은 아이에게 정신 이전의 그리고 성 이전의 존재 양태들을 드러낸다. 아이는 그 이후에 일생에 걸쳐 그것들을 밝히게 될 것이다. '순진무구한' 아이는 없다. 특히 우리는 프로이트 학파와 더불어, 아이들을 둘러싼 어떤 질료들과 형식들이 성욕에 개입된 수없이 많은 연관들을 기꺼이 인정할 것이다. 그러나 우리는 그로써 이미 구성된 성적 본능이 아이들에게 성적인 기호의미를 짐 지우는 것으로 이해하지 않는다. 그 반대로, 우리에게는 그 질료들과 형식들이 그 자체로 파악된다고 여겨지고, 그 질료들과 형식들이 아이에게 그의 성욕을 밝히면서 만들어갈 대자의 존재 양태들과 존재에의 연관들을 나타내는 것으로 여겨진다. 한 가지 예만 들자면, 많은 정신분석가들은 모든 종류의 **구멍들**(모래 속이나 땅속의 구멍들, 굴들, 동굴들, 움푹 팬 것들)에 대해 아이가 매료되는 것에 크게 놀란다. 그리고 그들은 이 매료를 유아적인 성욕이 지닌 항문적인 성격에 의한 것이거나 탄생 전의 충격에 의한 것이거나 혹은 심지어 본래의 성숙한 성 행위에 대한 예감에 의한 것으로서 설명한다. 우리는 이러한 설명들 중 그 어떤 것도 받아들일 수 없다. '탄생에 의한 트라우마적 상태'(traumatisme de la naissance)에 의한 설명은 심히 공상적이다. 구멍을 여성 성기와 유사하게 보는 설명은 아이가 할 수도 없는 경험 혹은 누구도 타당하게 여길 수 없는 경험을 아이가 한다는 것을 전제한다. 아이의 '항문' 성욕에 관해, 우리도 부정하려고 생각하지는 않지만, 아이가 지각 장에서 만나는 구멍들의 정체를 밝히고 그것들에 상징을 부여할 수 있기 위해서는, 아이가 자신의 항문을 구멍으로서 파악해야 할 것이고, 막힌 구멍이나 뚫린 구멍의 본질에 대한 파악이 아이가 자신의 항문에 대해 갖는 감각에 일치해야 할 것이다. 그러나 우리는 '대아신체'(對我身體, corps-pour-moi)가 주관적인 성격을 갖는다는 것을 충분히 보여 주었다. 그렇기 때문에 아이가 자신의 몸의 어떤 일부를 우주의 객관적인 구조로 파악하는 것이 불가능하다는 것을 이해할 것이다. 항문이 뚫린 구멍으로 나타나는 것은 타인에 대해서다. 아이는 그런 체험을 할 수 없다. 심지어 엄마가 아이에게 베푸는 친밀한 보살핌조차 항문을 그렇게 발견하도록 할 수는 없을 것이다. 성감대이자 통감대(痛感帶)인 항문은 촉각적인 신경 말단들을 갖추고 있지 않기 때문이다. 그 반대로, 아이가 자신의 항문이 하나의 **구멍**임을 배우게 되는 것은 타인에 의해 ——엄마가 아이의 몸을 지적하기 위해 활용하는 낱말들에 의해 ——서다. 그러므로 아이에게 항문 부위의 객관적인 구조와 의미를 밝혀 주게 될 것은 세계 속에서 지각되는 구멍의 객관적인 본성이다. 그때까지는 아이가 '현존한다'는 데 그쳤던 성욕을 자극하는 감각들에 초월적인 **의미**를 부여하는 것은 세계 속에서 지각되는 구멍의 객관적인 본성이다. 그런데 **구멍**은 그 자체에 있어서 현존론적인 정신분석이 밝혀야 하는 존재 양태의 상징이다. 여기에서 우리가 그것을 계속 역설할 수는 없다. 그러나 본래 구멍이 내 자신의 살로써 '메워야' 하는 하나의 무로 주어진다는 사실만큼은 당장에 알게 된다. 아이는 자신의 손가락이나 자신의 팔 전체를 구멍 속에 넣지 않고서는 배기지 못한다. 그러므로 구멍은 내 자신에 대한 비어 있는 이미지를 나에게 제시한다. 나는 나를 기다리고 있는 세계 속에 나를 현존시키기 위해 구멍 속으로 흘러들 수밖에 없다. 그러니까 구멍의 이념은 굴이다. 이 굴은 내 살 위에 조심스럽게 조성될 것인데, 그 굴의 조성은 나를 거기에 꽉 끼게 하고 나를 거기에 밀착시켜 맞춰지도록 함으로써 세계 속에 존재적인 충만이 현존토록 하는 데 내가 기여하게 될 그런 방식으로 이루어질 것이다. 그래서 구멍을 틀어막는 것은 본래 존재 충만이 현존토록 하기 위해 내 몸을 희생하는 것이다. 말하자면, 그것은 즉자의 총체성을 만들어 내고 완성하고 구원하기 위해 대자가 겪는 수난을 견디는 것이다. 우리는 거기 구멍의 근원에서 인간실재의 가장 근본적인 경향들 중의 하나, 즉 **충족시키고자 하는** 경향을 파악한다. 우리는 이러한 경향을 청년기와 성인에게서 다시 발견하게 될 것이다. 우리는 구멍들을 틀어막고 텅 빈 것들을 채우고 해서 충만을 상징적으로 실현하고 확립하기 위해 우리네 삶의 적지 않은 부분을 보낸다. 아이는 자신의 원초적인 경험들에 입각해서 자기 자신이 구멍 뚫려 있다는 것을 인지한다. 아이가 손가락을 입으로 가져갈 때, 아이는 자신의 얼굴에서 구멍들을 막아 바르려는 것이다. [이때] 아이는 손가락이 입술과 입천장과 혼용되기를 기대하고, 마치 시멘트로써 벽의 균열을 메우려고 하듯이, 손가락이 목구멍을 틀어막는 것을 기대한다. [그러면서] 아이는 밀도, 즉 파르메니데스적인 존재의 단일하고 구형적인 충만을 추구한다. 그리고 아이가 손가락을 빼는 것은 바로 손가락을 녹여 풀기가 많아 쩍쩍 들러붙는 반죽으로 변형시키려는 것이다. 그 반죽은 입의 구멍을 틀어막는 성질을 띠고 있음은 물론이다. 틀림없이, 이러한 경향은 먹는 행위에 기초로서 작동하는 여러 경향들 중에서 가장 근본적인 것들 중 하나이다. 음식물은 입을 틀어막을 '덩어리 접착제'이다. 먹는다는 것은 다른 짓이기도 하겠지만 자신의 입을 틀어막는 짓이기도 하다. 오로지 이러한 사태에 입각해서만 성욕의 문제로 넘어갈 수 있다. 여자 성기의 음란성은 벌어진(béante) 모든 것들의 음란성이다. 그 밖의 모든 구멍들에서와 마찬가지로 그것은 하나의 **존재 요청**(*appel d'être*)이다. 그 자체에 있어서, 여자는 관통과 용해에 의해 자신을 존재 충만으로 변형시킬 낯선 살을 요청한다. 또한 그 반대로 여자는 자신의 조건을 하나의 요청으로써 느끼는데, 그것은 다름 아니라 여자가 '구멍이 뚫려' 있기 때문이다. 이는 아들러적인 콤플렉스의 진정한 기원이다. 성기가 입인 것은 여지없는 사실이다. 게다가 성기는 페니스를 삼키는 탐욕스러운 입이다. ——여기에서 거세의 관념을 제대로 끌어낼 수 있다. 사랑하는 행위는 남자의 거세다. ——그러나 그런 까닭은 무엇보다도 성기가 구멍이기 때문이다. 그러므로 여기에서 중요한 것은 **성 이전의**(*présexuel*) 지참물이다. 이 지참물은 경험적이고 복합적인 인간 태도인 성욕을 구성하는 요소들 중 하나가 될 것이다. 그러나 성 이전의 이 지참물은 성적 존재로부터 자신의 기원을 끌어오기는커녕, 우리가 제3부에서 그 본성을 설명한 바 있는 근본적인 성욕과 아무런 공통점도 없다. 그런데도, 아이가 현실을 볼 때 갖게 되는 구멍에 대한 경험이 성 경험 일반에 대한 존재론적인 예감을 포괄하고 있는 것은 사실이다. 아이는 자신의 살로써 구멍을 틀어막는다. 그리고 모든 성적인 특화에 앞서서 구멍은 외설적인 기다림, 즉 살에 대한 요청이다.

현존적인 정신분석에 있어서, 직접적이고 구체적인 이 현존적 범주들을 밝혀내는 것이 다시금 얼마나 중요한가를 알게 된다. 이에 입각해서, 우리는 인간실재의 아주 일반적인 기획들을 파악한다. 그러나 정신분석가에게 가장 흥미로운 것은, 존재에 대한 이 여러 다른 상징들에 개인을 결합시키는 개별적인 연관에 입각해서, 특정 개인의 자유로운 기획을 규정하는 일이다. 나는 끈적끈적한 접촉들을 좋아할 수도 있고, 구멍들에 대해 공포를 느낄 수도 있다. 그 외에도 나는 여러 기획을 할 수 있다. 그렇다고 해서 나에게 있어서 끈적끈적한 것, 미끈미끈한 것, 구멍 등이 일반적인 존재론적인 기호의미를 상실했다는 것을 뜻하지 않는다. 오히려 그 반대로, 이 기호의미로 인해 나는 그것들과의 관계에 의거해서 그러저러한 방식으로 나를 규정한다는 것을 뜻한다. 만약 실로, 끈적끈적한 것이 즉자가 대자를 마셔 버리는 일이 벌어지는 하나의 존재에 대한 상징이라면, 타자들과는 반대로 내가 끈적끈적한 것을 좋아한다고 할 때 그 나는 도대체 어떤 자인가? 만약 내가 매몰시키고 탐욕적인 즉자에 대한 나의 애호를 명백히 드러내기를 원한다면, 나는 내 자신의 어떠한 근본적인 기획으로 회송되는 것인가? 그렇기 때문에 **취향들**이란 환원불가능한 소여에 머문 것이 아니다. 그 취향들에 대해 물음을 던질 줄 안다면, 그 취향들은 개인의 근본적인 기획들을 드러낼 것이다. 음식 기호(嗜好)들에 이르기까지, 의미를 갖지 않는 것은 없다. 잘 생각해 보면 알 수 있을 것인데, 각각의 취향은 변명해야 할 부조리한 여건으로서 주어지는 것이 아니라 명백한 가치로서 주어진다. 내가 마늘 맛을 좋아한다면, 타자들이 그러할 수 없다는 사실이 나에게는 불합리하게 보일 것이다. 사실이지, 먹는다는 것은 파괴에 의한 전유이다. 또 동시에 먹는다는 것은 어떤 하나의 존재로써 **틀어막히는** 것이다. 이 존재는 온도와 밀도와 본래의 풍미의 종합으로서 주어진다. 요컨대 이 종합은 어떤 **하나의 존재**를 의미한다. 우리가 먹을 때, 우리는 맛에 의해 이 존재의 어떤 질들을 **인식하는** 데 만족하지 않는다. 그 질들을 먹음으로써 우리는 그 질들을 전유한다. 미각은 동화(同化)이다. 그러니까 이빨은 씹는 작용 자체에 의해 음식물을 한번에 삼키는 음식 덩어리로 변형시키면서 그 음식물의 밀도를 드러낸다. 그러니까 음식물에 대한 종합적인 직관은 그 자체에 있어서 동화시키는 파괴이다. 이 종합적인 직관은 내가 어떠한 존재로 나의 살을 만들고자 하는가를 나에게 드러낸다. 그때부터 내가 받아들이는 것 혹은 혐오를 느끼면서 내가 물리치는 것, 그것은 그 현존자의 존재이다. 더 그럴듯하게 말하면, [내가 먹는] 음식물은 총체적으로 내가 받아들이거나 물리치는 존재의 어떤 존재 양태를 나에게 제시한다. 이 총체성은 하나의 형식으로서 구성된다. 그 형식 속에서 밀도나 온도와 같은 잘 붙들리지 않는 질들은 그것들을 **표현하는** 본래의 풍미에 가려 지워진다. 예컨대 한 숟가락의 꿀이나 당밀을 먹을 때, 마치 해석적 함수가 기하학적인 곡선을 표현하듯이, 그 '달콤함'은 끈적끈적한 것을 **표현한다**. 이는 본래의 풍미가 아닌 모든 질들이 그 풍미 속에 집약되고 융합되고 가라앉아 그 풍미의 **질료**로서 위신을 유지한다는 것을 의미한다(처음에는 이빨 사이에서 버티다가 나중에 갑자기 굴복하고 바스라진다. 그 처음의 저항과 나중의 바스라짐이 초콜렛이다). 더욱이 그러한 질들은 풍미의 어떤 시간적인 성격들에, 즉 풍미의 시간화 양식에 결합된다. 예컨대 어떤 맛들은 단번에 주어지고, 다른 어떤 맛들은 서서히 혼합된 것으로서 주어진다. 이 다른 어떤 맛들은 단계적으로 자기를 넘겨 준다. 어떤 맛들은 천천히 엷어지기 시작해 결국 없어진다. 그런가 하면, 다른 어떤 맛들은 그것을 충분히 느낀다고 생각되는 바로 그 순간에 사라져 버린다. 이 질들은 밀도와 온도와 더불어 조직된다. 그런가 하면, 이 질들은 다른 판면에서 음식물의 시각적인 양상을 표출한다. 장밋빛의 과자를 먹는다면, 그 맛은 장밋빛이다. 달콤한 가벼운 향기와 버터를 바른 크림의 기름기는 장미 모양이다. 그래서 달콤함을 보기 때문에 장밋빛을 먹는다. 이에 의거해, 풍미가 복합적인 건축구조와 분화된 물질을 받아들인다는 것을 이해하게 된다. 우리의 근원적인 기획에 따라 동화시킬 수도 있고 구토로써 배격할 수도 있는 것은——우리가 특이한 존재 유형으로 제시하는바——바로 이러한 구조화된 물질이다. 그러므로 이 음식물들의 현존적인 기호의미를 조금이라도 분별할 줄 안다면, 굴이나 대합, 혹은 달팽이나 작은 새우를 좋아한다는 것은 결코 아무래도 상관없는 것이 아니다. 일반적으로 보아, 환원불가능한 취향이나 경향은 없다. 그것들은 모두 다 존재에 대한 어떤 하나의 전유적인 선택을 나타낸다. 그것들을 비교하고 분류하는 것은 현존적인 정신분석에 속한다. 존재론은 여기에서 우리를 포기한다. 존재론은 인간실재의 최종적인 목적들과 근본적인 가능성들 및 인간실재에 붙어 다니는 가치를 규정하는 것을 간단하게 허용한다. 각각의 인간실재는 자기 자신의 대자를 즉자대자로 변신시키고자 하는 기획인 동시에, 하나의 근본적인 질을 드러내는 여러 종류의 질들 아래 세계를 즉자존재의 총체로서 전유하고자 하는 기획이다. 모든 인간실재는 하나의 수난(une passion)이다. 그것은 인간실재가 존재에 근거를 제공하기 위해서 자신을 상실코자 기획하기 때문에, 또 동시에 그 자신의 근거가 됨으로써 우연성으로부터 벗어난바 즉자가 되기 위해, 즉 종교들이 신이라 부르는 **자기 원인의 존재**(*Ens causa sui*)가 되기 위해 인간실재가 자신을 상실코자 기획하기 때문이다. 그래서 인간의 수난은 그리스도의 수난의 역(逆)이다. 인간은 신이 태어나도록 하기 위해 인간으로서의 자신을 버리기 때문이다. 그러나 신이라는 관념은 모순적이고, 우리는 우리를 헛되이 버린다. 인간은 일종의 무용한 수난(une passion inutile)인 것이다.(656~662/449~458)

결론 | 존재론과 형이상학 그리고 윤리학

글쎄, '대장정'이라는 표현을 써도 될지 모르겠습니다. 2009년 1월 8일 저녁 7시에 시작해서 오늘 2010년 12월 30일 저녁 9시까지 장 폴 사르트르의 『존재와 무』와 씨름을 한 셈이군요. 그동안 8학기를 쉬지 않고 강의를 했습니다. 공식적인 총강의시간을 집계해 보니, 167시간이 되더군요. 그동안 여러분들과 함께 한 시간이 정말이지 '대장정'이라고 해도 과언이 아닐 것 같습니다. 고맙습니다. 여러분들 덕분에 저의 강의 경력에서 가장 긴 강의록을 남기게 되었습니다. 200자 원고지로 약 6,200매에 육박하더군요. 저의 메를로-퐁티 『지각의 현상학』에 대한 강해서인 『몸의 세계, 세계의 몸』이 200자 원고지로 약 1,900매가 되는데, 그러니까 내년에 이 강의록을 책으로 출판하게 되면, 그 책의 세 권 분량이 될 것 같습니다. 다시 한번 고맙다는 말씀을 드립니다.

*   *   *

사르트르는 책의 마지막 결론에서 크게 두 가지 내용을 담습니다. 하나는 책 전체를 아우르는 존재론적인 문제, 즉 즉자와 대자라고 하는 존재의 두 양태와 그 관계를 다루면서 존재론에서 형이상학으로의 길을 여는 것이고, 다른 하나는 존재론에서부터 윤리학으로의 길을 여는 것입니다. 그는 이를 '즉자와 대자: 형이상학적 개관'과 '도덕적 전망'이라는 두 절로 나누어 고찰합니다. 이를 차례대로 간략하게 살펴보는 것으로 오늘 강의를 마무리하고자 합니다.

1. 즉자와 대자: 형이상학적 객관

1) 존재론적인 현실과 형이상학적인 이념

이 절의 내용을 이해하기 위해 사르트르가 존재론과 형이상학을 어떻게 구분하는가를 먼저 살피는 것이 중요합니다. 그는 이렇게 말합니다.

> 존재론에 있어서, 밝혀질 수 있는 유일한 영역들은 즉자의 영역, 대자의 영역, 그리고 '자기원인자'(la 'cause de soi')의 이념적인 영역이다. 즉자에 연결된 대자를 하나의 뚜렷한 이원성으로 보느냐 아니면 하나의 분열된 존재로 보느냐 하는 것은 존재론에 있어서 아무래도 좋은 사안이다. …… 우리가 현상이라 부르는 하나의 존재가 있는데 그것이 존재적인 두 차원 즉 즉자의 차원과 대자의 차원을 갖는 것으로 취급하는 것(이 관점에서는 하나의 현상, 즉 세계가 있을 뿐이다)이 인식(특히, 현상학적 심리학이나 인간학 등)에 더욱 유리할지, 아니면 '의식-존재'라고 하는 오래된 이원성을 기어코 견지하는 것이 여전히 더 바람직할지를 결정하는 것은 형이상학에 속한다.(672/471)

이러한 사르트르의 구분법에 따르면, 존재론은 존재 영역들이 드러나는 대로 그 특성들을 기술하는 것이고, 형이상학은 그 존재 영역들이 근본적으로 통일되어 있는지 아니면 분리되어 있는지를 고찰하는 것입니다. 그러니까 다음 물음들은 존재론에 입각해서 던지는 형이상학적인 물음들인 셈입니다. 존재 전체가 근본적으로 즉자로 환원될 수 있는가, 환원된다면 대자가 즉자로 존재론적으로 환원되는 것일 텐데, 그때 존재 전체는 과연 어떤 존재방식을 취하는가, 대자와 즉자는 본래 서로 환원될 수 없는 영원한 이원성을 바탕으로 한 것인가, 만약 그렇다면 그렇게 영원한 이원성을 견지하는 두 존재 영역 간의 관계는 어떻게 해서 이루어질 수 있는가 하는 등의 물음들이 그것입니다. 그런데 사르트르는 존재론과 형이상학에 대해 이렇게 이야기하기도 합니다.

스스로가 근거를 갖추게끔 하려는 기획이 되기 위해서는, 즉자가 본래 자기에의 현전이어야 할 것이다. 즉 즉자가 이미 의식이어야 할 것이다. 그러므로 존재론은 마치 모든 일들이 즉자가 자기 자신에게 근거를 부여하는 기획을 수행하면서 대자의 변양을 스스로에게 부과하고자 하는 것인 양 이루어진다는 것을 밝히는 것으로 만족하게 될 것이다. [그런데] 이러한 과정을, 존재의 현존인 개별적인 모험에 왕관을 씌워 주러 오는 절대적인 사건으로서 생각토록 하는 가설들을 마련하는 것은 형이상학에 속한다.(669/466)

아닌 게 아니라, 그냥 일반적으로 생각해서 존재를 전체적으로 일별하고자 할 때, 가장 신비한 것 중의 하나는 '의식함-의식됨'이라는 쌍으로서의 사건이 아닐 수 없습니다. 왜 하필이면 심지어 의식 자신을 포함해서 존재하는 모든 것들은 스스로를 의식되도록 하나요? 존재는 근본적으로 '의식함-의식됨'이라는 쌍 구조를 벗어날 수 없는 것 아닌가요? 하지만, 도대체 존재 전체라는 것은 왜 이 '의식함-의식됨'의 쌍 구조를 넘어서야만 진정한 자신의 모습인 것처럼 '의식되는' 것일까요? 달리 말하면, 의식은 왜 자신이 더 이상 필요가 없는 방향으로 끝없이 나아갔을 때, 비로소 존재 전체의 진정한 모습이 드러날 것이라고 여기나요?

이러한 우리의 물음들을 염두에 두면서 사르트르가 말하는 존재론과 형이상학의 차이를 생각하게 되면 다소 유리한 이해의 지점들을 확보할 수 있지 않을까 싶습니다.

존재론은 존재론을 펼치는 자가 자기 스스로 하나의 대자라는 점을 항상 염두에 두는 데서 성립합니다. 말하자면, 존재론은 대자 즉 자기에의 현전을 넘어선 자리에서 사유를 펼치는 것이 아니라, 어디까지나 대자의 얼개 내에서 사유를 펼치는 것입니다. 그렇기 때문에, 존재론은 즉자가 스스로를 문제 삼는 '듯이' 해서 자기에의 현전, 즉 대자적인 구도를 스스로에게서 일구어 내어(대자적인 변양을 일으켜) 대자로 하여금 즉자인 자신에게 존재 근거를 확보해 주기 위해 모든 일이 벌어지는 것인 양한다는 것입니다.

그런데 형이상학은 대자의 얼개를 벗어난 사념을 일삼습니다. 즉자가 그렇게 스스로 대자적인 변양을 일으키는 그 절체절명의 순간을 파고들어가는 것입니다. 이 순간은 도대체 현상학적으로 분석할 수도 없고 기술할 수도 없습니다. 이 순간에 대해 '절대적인 사건'이라는 이름을 붙이는 것은 이미 현상학적인 권리를 넘어선 이른바 형이상학적인 권한 행사입니다. 그러나 형이상학적인 권한 행사라는 것은 그 자체 '가설적일' 수밖에 없습니다. 그 가설의 설정에서 충분히 격돌하는 것이 일원론이냐 이원론이냐 하는 것입니다. 어느 가설을 받아들이고, 그 외 다른 가설을 받아들이지 않을 것인가를 결정하는 것은 현상학적인 존재론의 귀결들을 사변적인 근거로 삼아 일종의 존재론적인 비약을 하는 것이라 할 수 있습니다.

하지만, 사르트르가 지적하는 것과는 달리 이는 단순히 현상학적인 심리학이나 인간학과 같은 이론적인 인식에 유리한가 아니면 불리한가 하는 문제에 불과한 것은 아닙니다. 물론 '형이상학적인 존재론적 결단'(이렇게 부르는 것이 더 적절할 것 같습니다)은 그러한 이론적인 인식에도 당연히 크게 영향을 미칠 것입니다. 그뿐만이 아니라, '형이상학적인 존재론적 결단'은 일체의 가치 지향적인 실천에 오히려 더 큰 영향을 미칩니다.

예컨대 일원론으로 결단하되 정신 위주의 일원론으로 결단할 경우, 서양 전통을 지배해 온 기독교적인 신 일원론을 받아들이면서 일체의 행동과 그에 따른 가치 지향에 있어서 보수적·순종적·수동적·퇴행적인 삶의 방식을 추구할 수밖에 없습니다. 역시 일원론으로 결단하되 물질 위주의 일원론으로 결단할 경우, 신의 위압으로부터 벗어나되 물질이 갖는 기계적·타성적·객관적인 삶의 방식을 추구할 수밖에 없습니다. 이 또한 물구나무 선 신 일원론처럼 우리의 삶에서 역동성을 빼앗기 일쑤지요. 그렇다고 해서 '물질/정신' 내지는 '의식/존재'의 이원론으로 결단할 경우, 인간 존재뿐만 아니라 인간을 중심으로 해서 일어나는 일체의 현상들에 대해 그 통일적인 접근을 포기한 것이고 그에 따라 생겨나는 일체의 충돌과 분열을 해소해 나갈 수 있는 존재론적인 원리를 포기한 것이 되고 맙니다.

그렇다면, 사르트르의 '형이상학적인 존재론적 결단'은 과연 무엇인가요? 그는 우리에게 '두 존재 차원을 지닌 하나의 존재'로의 결단을 제시합니다. 우리로서는 이에 대해 '이원론적 일원론'이라 부를 수 있을 것 같습니다. 그런데 이때 '하나의 존재'는 과연 무엇일까요? 순수 즉자, 말하자면 대자 이전의 순수 즉자일까요? 그렇지는 않을 것 같습니다. 즉자는 '하나의 존재'가 지닌 하나의 존재적인 차원일 뿐이기 때문입니다.

그러나 우리는 저 앞의 제2부 '대자존재'의 제1장 '대자의 직접적인 구조들'의 제1절 '자기에의 현전'을 다루면서, 어쩌면 『존재와 무』에서 가장 '형이상학적'이라 할 수 있는 다음과 같은 사르트르의 문장을 눈여겨 둔 바 있습니다.

> 즉자에는 자기 자신에 대해 거리가 없이는 존재할 수 없는 한 조각의 존재도 없다. 이렇게 이해된 존재 속에는 최소한의 이원성의 기미도 없다. 이는 우리가 즉자의 존재적인 밀도는 무한하다고 말함으로써 표현하고자 하는 것이다. 즉자라는 존재 속에는 최소한의 공백도 없다. 즉 무가 끼어들 수 있는 최소한의 틈도 없다.
> 이와 반대로, 의식의 특징은 그것이 존재적인 감압(減壓)이라는 데 있다. 의식을 자기와의 일치로 정의하는 것은 실제로 불가능하다.(110/185)

그때 우리는, 여기에서 의식을 '존재적인 감압'이라고 했을 때, 그 감압은 분명 바로 그 앞에서 말하고 있는 '무한한 존재론적인 밀도를 지닌 즉자'에서 일어나는 것일 수밖에 없는 것으로 이해했습니다. 그리고 우리는, 사르트르가 시시때때로 즉자가 자신의 절대적 우연성 즉 근거 없음을 극복하기 위해 대자를 자신에게서 발융시켰다는 취지의 발언을 했다는 사실을 알고 있습니다. 이렇게 되면, 그가 말하는 형이상학적인 '하나의 존재'는 결국 즉자라고 해야 하지 않을까 싶습니다. 그런데 그는 이런 말을 합니다.

> 대자가 출현하기 이전에 존재였던 것이 과연 무엇인가 하고서 묻는 것은 무의미할 것이다.(669/466)

이 문장에서 '이전에'에 방점을 찍고 있습니다. 그러니까 사르트르가 이 말을 하는 것은, '이전'이니 '이후'니 하는 것은 어디까지나 시간성에 입각한 제한 사항이고, 시간성은 근본적으로 대자에게서 비로소 발원하는 것임을 염두에 두고 있기 때문입니다. 말하자면, 이는 사르트르가 자신이 제시하고 있는 형이상학적인 '하나의 존재'에 해당하는 후보로서 순수 즉자를 완전히 배제한 것은 아님을 일컫습니다.

아무튼 사르트르는 존재론과 달리 형이상학은 대자가 출현하기 이전에 과연 존재가 어떤 것인가를 물을 수 있다고 하면서 위 인용문에 바로 이어 이렇게 말합니다.

> 그러나 형이상학은, 개별적인 모험(또는 즉자의 현존)과 절대적인 사건(혹은 대자의 발융)의 연결인바, 역사 이전의 그 과정과 역사의 원천이 갖는 본성과 의미를 결정하고자 하지 않을 수 없다. 특히 형이상학자는 운동이 즉자가 자신을 근거 짓기 위한 최초의 '경향'인지 아닌지를 결정하는 것을 과제로 삼게 되고, '존재의 질병'인 운동과 병이 더욱 깊어 무화에까지 이른 질병인 대자와의 관계들이 과연 어떤 것인가를 결정하는 것을 과제로 삼게 된다.(669/466)

일체의 운동을 '존재의 질병'으로 지칭하는 것은 그 병을 치유하기 위한 노력의 일환으로 운동이 일어난다는 것을 비유적으로 표현한 것이라 할 수 있습니다. 그렇다면 대자를 일컬어 무화에 이르도록 더욱 심각한 존재의 질병을 앓고 있는 것으로 본다는 것은 대자가 결국에는 즉자에로 돌아감으로써 치유받게 된다는 비유적인 의미를 담고 있다 할 것입니다. '역사 이전'이라든가 '역사의 원천'이라는 말은 대자가 출현하기 이전의 존재를 지칭하는 것입니다. 이 영역을 치고 들어가는 것이 형이상학이라는 이야기입니다.

그런데 이제까지 좀처럼 들어보지 못한 '즉자의 현존'이라는 말이 나옵니다. 즉자는 항상 존재로 이야기되었지, 현존과 결합될 수 있는 것이 아니었습니다. 현존을 갖는다는 것은 자기 나름의 존재 근거를 추구한다는 것입니다. 결국 '즉자의 현존'은 '자기 근거를 갖고자 하는 즉자'라는 말로 달리 풀 수가 있습니다. 사르트르는 "즉자는 자신의 현존을 자신을 의식하는바 무화로부터 얻는다"(670/468)라고 말합니다. 이를 통해서 우리는, 이제 즉자가 대자와 완전히 결합함으로써 비로소 '현존적인 즉자'라고 하는 그야말로 형이상학적인 존재의 경지를 획득하게 된다는 것을 알게 됩니다. 이는 나중에 나오는 '현존자'와 직결되는 것입니다. 아무튼 이를 '개별적인 모험'과 동일하게 보고 있는데, 이 '개별적인 모험'에 대해서는 사르트르가 이렇게 단 한 번 말한 바 있습니다.

실상 존재는, 그것이 어디에 있건, 그것이 어디에서 오건, 그리고 우리가 그것을 어떤 방식으로 고려하건, 말하자면 그것이 즉자이건 대자이건 혹은 즉자대자라고 하는 불가능한 이념이건 간에, 그 원초적인 우연성에 있어서 하나의 개별적인 모험인 것이다.(644/433~434)

근원적이면서 최종적인 존재를 일컬어 개별적인 모험이라고 한 것입니다. 이 존재는 대자가 끝없이 찾아가 하나를 이루고자 하는 존재라는 점에서 최종적이고, 그런 대자를 발융시켰다는 점에서 근원적이라 할 것입니다. 그리고 보면, 역시 형이상학적인 사유가 펼쳐지는 지경은 워낙 사변적이면서 심오합니다. 결국은 즉자와 대자의 관계와 그 귀결로 연결될 수밖에 없는 것이 바로 사르트르의 형이상학입니다. 이 문제는 결국 '존재의 총체성'으로 귀착됩니다.

우리는 즉자와 대자가 병치되지 않는다는 것을 보였다. 오히려 그 반대로, 즉자가 없는 대자는 하나의 추상적인 그 무엇이다. 형태 없는 색이라든가 높낮이와 음색이 없는 소리는 있을 수 없듯이, 아무것도 아닌 것에 **대한** 의식일 그런 의식은 하나의 절대적인 공허일 것이다. 그러나 만약 의식이 **내적인** 연관에 의해 즉자에 연결되어 있다면, 그것은 의식이 하나의 총체를 구성하기 위해 즉자와 관절로 이어져 있다는 것을 의미하는 것이 아니고 무엇이겠는가? 그리고 존재니 실재니 하는 지칭이 귀착되는 곳은 바로 이 총체가 아니고 무엇이겠는가? 분명, 대자는 무화이다. 그러나 무화의 자격으로 대자는 존재한다. 대자는 선험적으로 즉자와의 통일 속에서 존재한다. 그래서 그리스인들은 그들이 **토 판**이라 불렀던 우주적 실재와 이 실재를 둘러싸고 있는 무한한 공허와 이 실재에 의해 형성되는 총체 ──그들이 **토 홀론**(to holon)이라 불렀던 총체── 를 구분하는 관습을 지녔던 것이다. 말할 것도 없이, 우리는 대자를 아무것도 아닌 것(un rien)이라 부를 수 있었고, 즉자의 '바깥에는' **아무것도** 없고, 만약 있다면 이 아무것도 아닌 것의 반영이 있을 뿐이라고 선언할 수 있었다(이때 아무것도 아닌 것은 그 자체 즉자에 의해 극화되어 정의된 것이고, 말하자면 그것은 이 **즉자**에 대한 무인 것이다). 그러나 그리스 철학에서와 마찬가지로 여기서도, 하나의 물음이 제기된다. 즉 우리가 거기에 **존재**를 부가하게 되면서 **실재적**이라 부르게 될 것은 과연 무엇인가? 우주에 대해서인가, 아니면 우리가 방금 전에 **토 홀론**이라 지칭한 것에 대해서인가? 순수 즉자에 대해서인가, 아니면 우리가 대자라는 이름으로 지칭해 온 무(無)의 토시로 감싸진 즉자에 대해서인가? 그러나 만약 우리가 즉자와 대자의 종합적인 조직에 의해 구성된바 존재 전반을 감안해야 한다면, 피하고자 하는 난관에 다시 봉착하는 것 아닌가? 존재 개념 안에서 우리가 발견했던 이 간극을 이제 현존자 자체에서 다시 맞닥뜨리는 것 아닌가? 즉자인 한에서 있는 그대로의 것이고, 대자인 한에서 있는 그대로의 것이 아닌 하나의 현존자에게 어떤 정의를 내릴 것인가?(669~670/467~468)

대단히 길게 인용했습니다. 대자와 즉자는 같은 차원에서 나란히 병치되는 것이 아니라, 어떻게든 결합되어 하나의 존재적인 총체를 이룬다는 것입니다. 즉자 외에는 아무것도 없지만, 아무것도 아닌 무로서 그 즉자를 에워싸고 있는 대자를 도대체 감안하지 않을 수 없다고 하는 절절한 존재론적인 느낌을 지니고 있습니다. 고대 그리스 철학을 끌어들여 '판'과 '홀론'의 차이를 적절한 비유로 들면서, 즉자와 대자가 종합적으로 통일된 존재 전반을 염두에 두고 있습니다. 그러면서 이를 '현존자'라고 부르는 것이 대단히 특이합니다. 말하자면 현존자는 즉자이면서 대자이고, 대자이면서 즉자인 것입니다. 굳이 이를 우리 나름으로 분석하자면, '현존자'에서 '현존'은 분명 대자에 의거한 것이고, '……자'는 즉자에 의거한 것이라 할 수 있을 것입니다. '대자와 즉자의 종합적인 조직'이라는 말은 대자와 즉자가 완전히 하나로 통일된 것을 뜻합니다.

사르트르는 형이상학적인 사유의 시선으로 바라보면서 '하나의 존재' 혹은 '존재 전반' 혹은 '현존자' 혹은 '종합적인 조직' 혹은 '자기원인의 존재' 혹은 심지어 '토 홀론' 등으로 그 궁극적인 명칭을 모색하고 있는 셈입니다.

문제는 이를 동어반복적인 개념의 놀이를 일삼지 않고 과연 거기에 의미 있게 도달할 수 있는가 하는 것입니다. 이에 관한 사르트르의 이야기를 들어보도록 하지요.

> 존재 전반, …… 이 이념적인 존재(cet être idéal)는 대자에 의해 근거 지어진 즉자이고, 즉자를 근거지은 대자와 동일한 것, 즉 자기원인자일 것이다. 그러나 우리가 이 이념적인 존재에 입각한 관점을 견지하는 것은 우리가 홀론이라 부르는 실재의 존재를 판단하기 위해서이기 때문에, 우리는 이 실재가 자기원인의 위업에 도달하고자 하는 노력이 실패한 결과임을 확인하지 않을 수 없다. …… 즉자와 대자 간의 불가용해성과 둘 간의 상대적인 독립성을 동시에 설명한다는 것, 그것은 끊임없는 좌절이다. …… 즉자존재라는 개념에서 대자존재라는 개념으로 넘어가는 것이 불가능하다면, 그것은 서로 간의 사실상의 이행과 [그에 따른] 양쪽의 재결합이 작동할 수 없기 때문이다. …… 그러므로 우리는, 염두에 두고 있는바 '홀론'은 목이 잘린 개념으로서 영구적인 탈통합 상태에 있다고 말할 것이다. …… 여기에는 이루어지지 않는 길, 즉 일종의 단락(短絡)[1]이 있다. 이 판면에서 우리가 대자 자신과 타인의 의식들에 관해 논의할 때 이미 맞닥뜨렸던 탈총체적인 총체라는 개념을 다시 발견하게 된다. 그러나 이것은 제3의 종류의 탈총체화이다. ……

나는 존재를 파악한다. 나는 존재에 대한 파악이다. 나는 존재에 대한 파악일 뿐이다. 내가 파악하는 존재는 나를 파악하기 위해 나에 대해 적대적으로 자기를 정립하지 않는다. 존재는 파악되는 것이다. 다만 그 존재는 결코 그의 파악된-존재와 일치하지 않는다.(670~672/469~471)

즉자와 대자의 완전한 결합, 즉 양자 간의 종합적인 조직은 그저 형이상학적으로 이념적인 방식으로 궁구될 뿐, 그 존재에 있어서 실재성(혹은 현실성)을 확보할 수 없다는 이야기입니다. 말하자면, 즉자와 대자의 완전한 결합에 대해, '끊임없는 좌절', '영구적인 탈통합 상태', '제3의 탈총체적인 총체' 등을 운위할 수밖에 없는 것이 존재론적인 현실이라는 이야기입니다.

2) 형이상학과 행동

그러나 사르트르는 형이상학적인 이념적 고찰이 행동에 관련해서 큰 의미를 갖는다고 봅니다. 이 대목은 아주 간략하게 마지막에 덧붙이고 있는데, 그 의미가 커 보입니다. 그래서 따로 살펴보기로 합니다.

형이상학은 일차적으로 중요한 여러 문제들, 특히 행동(action)의 문제에 착수할 수 있도록 할 것이다. 실제로, 행동은 대자의 판면에서와 동시에 즉자의 판면에서 고찰되어야 한다. 왜냐하면 [여기에서] 초월자의

---

1) 단락이란, 과부하가 걸리면 끊어지는 회로, 그러니까 이는 결합되려면 끊어지는 관계를 말하는 셈입니다.

존재에서 변양을 결정하는바 내재적인 기원을 지닌 기획이 관건이 되기 때문이다. …… 찻잔의 존재가 그 질에 다름 아니라고 할 때, [그와 관련해서] 계획된 행동은 찻잔의 존재 자체를 변양하는 것이 가능해야 한다. 그러므로 행동의 문제는 의식이 초월적으로 발휘하는 효력에 대한 해명을 전제하고 있다. 또 그렇기 때문에, 행동의 문제는 의식이 존재와 맺는 진정한 존재 관계를 알려 주는 길로 우리를 이끈다.(673/472)

형이상학은 즉자와 대자의 결합을 염두에 둔 사유라고 했습니다. 그런데 이 결합을 염두에 두지 않고서는 해명할 수 없는 것이 행동이라는 것입니다. 상식적으로 생각하더라도, 행동은 그저 존재를 파악하기만 하는 의식과 그 발휘 방식이 전혀 다릅니다. 행동은 대자적인 것만도 아니고 즉자적인 것만도 아닙니다. 사르트르에 따르면, 즉자를 대자적인 방식으로 변양해 나가는 것이 바로 행동이라는 것입니다. 행동은 즉자를 현존케 하는 구체적이고 직접적인 활동이라는 이야기입니다. 그렇다면, 우리로서는 결국 최종적인 행동은 과연 어떤 것일까를 묻지 않을 수 없습니다. 그가 말하는 '끈적끈적함'과 '구토'에 의거한 행동이 아닐까요? 사르트르는 이런 최종적인 행동에 대해 아무 말이 없습니다. 그러나 위 인용문에 곧 이어서 "행동은 세계 내에서 작용(acte)이 일으키는 반향에 의해 존재와 존재 간의 연관(relation de l'être avec l'être)을 노출한다"라는 말을 하는 것으로 볼 때, 이러한 우리의 추정이 어느 정도 정당한 것 아닌가 하고서 생각하게 됩니다. 그러면서 이 연관에 대해 이렇게 말하면서 결론의 제1절을 끝마칩니다.

존재와 존재 간의 이 연관은, 설사 물리학자에 의해 외부성으로 파악된다 할지라도, 순수한 외부성도 아니고, 내재성도 아니다. 이 연관은 게슈탈트적인 **형태**(*forme*)라는 개념으로 우리를 이끈다. 그러므로 자연의 형이상학을 시도할 수 있는 것은 바로 여기에 입각해서이다.(673/472)

게슈탈트적인 형태는 모양과 배경이 서로 교환될 수 있는 기묘한 형태입니다. 이렇게 볼 때, '존재와 존재 간의 연관'이라 할 때, 이 존재는 대자와 즉자가 아니라, 이제까지 써 온 용어법대로 하나의 현실적인 즉자와 다른 하나의 현실적인 즉자를 지칭하는 것이고, 따라서 현실적인 즉자들 간에 게슈탈트적인 교환적 형태 짓기가 일어나는 것을 지칭하는 것이라 보아야 합니다. 그 와중에서 행동이 이루어지고, 따라서 행동이 그런 존재 연관을 노출시킬 수 있다는 것이고, 그런 만큼 행동이 갖는 형이상학적인 의미가 크다는 것, 즉 자연 존재를 궁극적으로 파고들어가는 길을 열고 있다는 것입니다.

이를 감안해서 볼 때, 사르트르의 형이상학은 '행동의 형이상학'이라 부를 수 있을 것 같고, 아울러 '행동의 존재론'이라 부를 수 있을 것 같습니다. 대자와 즉자가 함께 끌려오는 중심으로서의 인간 행동이야말로 존재론이 야기하는 형이상학의 문제를 해결해 갈 수 있는 거점이 된다는 것입니다.

2. 도덕적 전망

사르트르는 존재론이 워낙 존재하는 것 자체에 오로지 몰두할 뿐이기 때문에, 그 자체 도덕적 처방들을 공식화할 수 없음을 천명합니다. 그런데도 그는 존재론을 참고로 해서 도덕적인 전망을 어느 정도는 할 수 있다고 여깁니다.

그 실마리로 잡는 것이 '상황 속에서의 인간실재가 취하는 책임'과 '가치의 기원인 대자적인 결핍'입니다. 그리고 이를 바탕으로 한 '현존적인 정신분석'이 도덕적인 기술(記述)이라고 말합니다. 그러면서, 현존적인 정신분석에 의거한 도덕론은 이기심에 대한 심리학이나 인간의 공리적인 모든 해석을 거부한다고 말한 뒤, 특히 심각한 정신을 거부해야 한다고 말합니다.

> 우리가 알다시피, 세계를 지배하는 심각한 정신(l'esprit de sérieux)의 결과는 사물들이 갖는 경험적인 특이성(idiosyncrasie)에 의해 사물들이 갖는 상징적인 가치들을 마치 압지처럼 빨아들이도록 한다. 심각한 정신은 바람직한 대상의 불투명성을 전면에 내세우고서 그것을 그 자체로 환원불가능한 바람직한 것으로 정립한다. 이에 우리는 이미 도덕의 판면에 서 있게 되고, 그러나 동시에 자기기만의 판면에 서 있게 된다. …… 자기기만은 불안으로부터 벗어나기 위해 그 모든 목표들을 흐린다. [이에] 인간은 자유로운 기획을 스스로에게서 숨김으로써 무턱대고 존재를 추구하게 된다. …… 대상들은 무언의 요구들로 존재하고, 인간은 그 자체 이러한 요구에 수동적으로 복종하는 것일 뿐이다.(674/473~474)

언젠가 저 앞에서도 말한 바 있는데, 심각한 정신은 오로지 세계의 즉자적인 객관성에만 매달린 정신입니다. 이는 대자와 즉자의 완전한 결합을 무시한 것이고, 따라서 사르트르 본인이 말하는 현존적인 정신분석의 바탕인 존재 욕망과 존재 결핍 등에 의거한 행동의 구도를 제대로 반영하지 못하는 정신입니다. 대자적인 구도에 의거한 일체의 기획을 짐짓 혹은 자기도 모르게 무시한 행동, 예컨대 순수 명상에 빠진 구도자의 모습이나 오로지 철의 법칙에 의거한 혁명에의 참여 등이 이에 해당합니다. 요컨대 오로지 대상들에게만 문을 열어 놓고서 거기에서 들려오는 요청에 수동적으로 임하는 정신적 자세를 심각한 정신이라 일컫는 것입니다. 사르트르는 이를 철저히 거부합니다.

실제로 많은 사람들은 그들이 추구하는 목표가 존재라는 사실을 안다. 그리고 그들이 이러한 인식을 소유하고 있는 한, 그들은 사물들을 그것들 자체로 전유할 것을 무시하고 사물들의 즉자존재에 대한 상징적인 전유를 실현하고자 한다.(675/474)

사르트르 나름의 대안의 핵심은 사물들이 갖는 즉자존재의 상징적인 전유를 실현할 수 있어야 한다는 것인데, 여기에서 '상징적인 전유'라는 말이 어렵습니다. 이에 대한 구체적인 설명이 없이 사르트르는 자유의 문제로 넘어갑니다. '자기 나름의 자유로운 기획을 바탕으로 한 사물들에 대한 전유'가 바로 상징적인 전유가 아닌가 싶습니다.

존재론과 현존적인 정신분석은 도덕적 행위자에게서 **그에 의해 가치들이 현존케 되는** 그런 존재를 드러내 보여야 한다. 그럴 때, 도덕적 행위자의 자유는 자유 자체에 대한 의식을 가질 것이며, 가치의 유일한 원천인 불안에 의해 그리고 그 속에서 스스로를 발견하게 될 것이며, 아울러 **세계를 현존토록 하는 무를 발견하게** 될 것이다. 도덕적 행위자에게서 존재에 대한 탐색과 즉자에 대한 전유가 **그의 가능들**로서 발견되자마자, 그의 자유는 불안에 의해 그리고 불안 속에서 그 가능들이 다른 가능들의 가능성을 바탕으로 해서만 가능하다는 것을 파악하게 될 것이다.(675/474~475)

도덕적 행위는 행위자 자신이 근본적으로 자유임을 정확하게 인식하는 데서부터 출발한다는 것입니다. 그 자유 때문에 설사 불안할지라도, 오히려 불안이야말로 도덕적 가치의 원천임을 정확하게 깨닫고, 나아가 불안에 의해 그리고 불안 속에서 가치를 자아내는 나의 가능들이 여러 다른 가능들이 존립하는 가운데 이루어진다는 것을 아울러 깨닫고, 그럼으로써 나 자신이 세계를 현존토록 하는 무에 의거한 강력한 존재임을 바탕으로 계속해서 열린 가능성들을 향해 전진해 나가는 것이야말로 도덕적인 행위자라는 것입니다.

이러한 사르트르의 현존철학적인 자유에 의거한 도덕론은 미리 주어진 그 어떠한 선험적인 도덕적 계율이나 미덕도 거부하는 것입니다. 그렇다면, 그의 도덕론은 과연 어떻게 완성된 모습을 보일까요? 이와 관련하여 사르트르는 자유에 관한 여러 물음들을 스스로에게 던지면서 이렇게 책 전체를 마무리 짓습니다.

특별히 자유가 스스로를 목적으로 삼음으로써 모든 **상황**으로부터 벗어날 것인가? 아니면 그 반대로, 자유는 상황에 처한 채 머물 것인가? 혹은 자유가 조건하의 자유로서 불안 속에 보다 더 많이 자신을 기획투사하고, 또 자유가 세계를 존재케 하는 현존자의 자격으로 자신의 책임을 더 많이 떠맡는 그 만큼, 더욱더 정확하게 그리고 더욱더 개별적으로 상황에 처할 것인가? 음모적이지 않은 순수한 반성으로 우리를 이끄는 이 모든 물음들은 오로지 도덕적인 지대에서만 그 대답을 발견할 수 있을 것이다. 우리는 이 책에 이은 다음의 저작을 이 문제에 바치고자 한다.(676/475~476)

결국에는 자유와 상황의 관계에 대한 물음으로 책이 마무리 됩니다. 자유가 스스로를 목적으로 삼아 모든 상황으로부터 벗어나는 것은 오로지 대자 일변도의 방향이고, 자유가 상황에 처한 채 머무는 것은 오로지 즉자 일변도의 방향입니다. 최종적으로 사르트르가 노리는 것은 마지막 물음에서 상황에 처하는 만큼 더 많이 자신을 기획투사하고, 그런 만큼 세계에 대해 더 많이 책임을 지면서 세계 속으로 개입해 들어가는 그런 상호교환적인 방향, 즉 즉자대자적인 방향으로 길을 여는 것입니다. 자기 결정적이면서 동시에 상황 조건적인 양 방향의 결합을 바탕으로 한 도덕론의 길을 여는 것입니다. 사르트르의 이러한 도덕론에 대한 예견은 아무래도 『변증법적 이성 비판』을 겨냥한 것 아닌가 싶습니다.

선험적이어서 억압적일 수밖에 없는 일체의 본질을 거부함으로써 대단히 불안하지만 근본적으로는 존재의 우연성을 바탕으로 한 현존적 삶을 아예 기정사실화함으로써 오히려 평안함 속에서 철저히 투쟁적인 삶을 살 수 있는 길을 여는 사르트르의 철학, 그 기묘한 힘이 심오한 '존재 질병'을 앓는 인간인 우리 삶을 관통하면서 일종의 치유의 손길을 내보였기에 만 2년에 걸친 『존재와 무』의 긴 탐색이 가능했던 것 같습니다.

부록 | 하이데거의 '실존'을 벗어난 사르트르의 '현존'[1]

1. 후설의 '현존주의'

후설의 저 유명한 현상학적-초월론적 환원, 즉 에포케(epoché)[2]는 현상
학적인 사유를 하려면 수행하지 않으면 안 되는 일종의 명령이다. 그 명
령은 내 눈앞에서 전개되는 이 모든 것들에 대해 존재론적인 판단을 중
지하라는 것이다. 있음과 없음, ⋯⋯임과 ⋯⋯가 아님에 대한 판단을 중
지하고서도 과연 남아도는 것이 무엇인가를 직접 확인해 보라는 것이다.
이른바 최종적인 '현상학적인 잔여'를 확보하라는 것이다.

　물질이니 몸이니 정신이니 심리니 하는 판단을 하지 말고, 그것들
이 갖는 본질에 관련해서 갖는 일체의 인식적 규정들을 삭제하라는 것이
다. 그리고 그것들에 대해 있다느니 없다느니 하지 말라는 것이다. 그렇

---

1) 이 논문은 2010년 10월 1일, 서강대학교철학연구소 주최로 열린 추계 학술 심포지엄에서 발
표한 것이다.
2) 이에 관해서는 Edmund Husserl, *Ideen zu einer reinen Phänomenologie und
phänomenologischen Philosophie, ersters Buch*, Martinus Nijhoff, 1950, §31-33에 소
상하게 나와 있다.

게 할지라도 무언가 최종적으로 주어지는 것이 있을 것이니 그렇다고 해서 주어지는 것에 대해서조차도 있다느니 없다느니 하는 생각을 하지 말라는 것이다. 있음과 없음, ……임과 ……가 아님은 최종적으로 남아도는 최종적인 소여에 비해 파생적이고 이차적인 이른바 사후의 일이라는 것이다.

과연 최종적으로 남아도는 현상학적인 잔여는 무엇이던가? 그것은 일체의 통념적인 시간적인 규정을 벗어나 버린 극미한 순간들을 주파하는 현출(顯出, Erscheinung)들의 급격한 흐름이다. 이를 일컬어 후설은 질료(Hyle)라는 이름을 붙였다. 그리고 이 질료의 급격한 흐름이 주어지는 터가 있어야 할 터, 이를 초월론적인 순수의식이라 부르면서, 그러나 최종적인 현상학적 잔여의 차원에서 질료와 초월론적인 순수의식이 존재에 있어서 분리가 될 수 없음을 염두에 두어 이 둘이 하나로 통일되어 흘러가는 것으로 보았다. 그래서 이 영역을 순수의식의 내실적 영역(reelle Späre des reine Bewußtseins)이라 불렀던 것이다.[3]

순수의식의 내실적 영역은 가장 근원적이고 내적인 의식의 영역으로서 여기에서 이른바 '내적 시간의식'이 성립해서 발동된다. 후설이 진정한 시간이라고 내세운 저 유명한 '생생한 현재'(lebendige Gegenwart)를 산출해 내는 것이 바로 내적 시간의식이다. 내적 시간의식에서 이루어지는 종합은 질료의 급격한 흐름을 붙들어 일정하게 통일된 최초의 사태를 일구어 내는 이른바 수동적이면서도 가장 근원적 종합(Ursynthesis)이다. 이는 질료의 급격한 흐름에서 미분적으로 성립하는 바 극미한 순간인 지금 주어지는 원인상(原印象, Urimpression), 그 원인

---

3) ibid, p.175 참조.

상이 극미한 순간이 지난 뒤 변경되면서도 그다음의 극미한 순간에 주어지는 또 다른 원인상에 거의 가감 없이 '아직 붙들려' 있는 파지상(把持象, Retention), 그리고 극미한 지금의 순간에 극미한 순간의 간격을 두고서 '미리 붙들려' 있는 예지상(豫知象, Protention) 등 이 셋이 저절로 종합되는 것이다. 그다음에 이 종합을 바탕으로 해서 파지가 연속적으로 일어나면서 생겨나 뒤늦게 붙들려 들어오는 상기(Erinnerung)와 재상기(Wiedererinnerung) 그리고 예지가 연속적으로 이어지면서 확대되어 붙들려 들어오는 예상(Erwartung) 등의 결합이 이루어지면서 생생한 현재가 산출된다.[4]

이러한 후설의 시간론에 있어서 가장 근원이 되는 것은 '극미한 지금'(infinitestimales Jetzt)이다. 이 극미한 지금은 그 존재방식에 있어서 그야말로 철저히 현존이다. 라틴어로 보아, 'existentia'(現存)는 'essentia'(本質)와 대립되면서 전통적인 존재론의 두 축 중의 하나로 자리매김되어 왔다. 그리고 한자말 '現存'에서 '現'은 '지금'과 '드러남'이라는 뜻을 동시에 지닌다.

라틴어 'existentia'의 동사는 'exsistere'이다. 이는 'ex-sistere'인데, 'ex-'는 그리스어 '…… 밖에' 혹은 '…… 너머'라는 뜻을 지닌 'εξ-'(eks-) 혹은 'εκ-'(ek-)에서 온 것이다. 그리고 'sistere'는 '자리를 잡다'라는 뜻을 갖는다. 그러니까 'existere'는 '…… 밖에 자리하다' 혹은 '…… 너머에 자리하다'라는 뜻이다. 문제는 여기에서 '……'가 무엇인가 하는 것이다. 내용의 판면에서 보자면 '어떤 것'이겠지만, 후설의 현상학적인 잔여

---

4) Husserl, *Zur Phänomenolgie des innern Zeitbewußtseins(1893-1917)*, Martinus Nijhoff, 1966, pp. 24~29 참조.

에서는 이미 내용적인 규정은 삭제되고 없다. 따라서 시간 발생의 근본 형식으로 볼 수밖에 없다. 그것은 다름 아닌 '극미한 지금'이다. 그렇게 되면, 'exsistere'는 '극미한 지금의 밖에 자리하다' 혹은 '극미한 지금의 너머에 자리하다'가 된다. 그래서 '극미한 지금은 극미한 지금의 자신 밖에 자리한다'라고 하는 일종의 역리가 성립한다. '극미한 지금'이라는 술어로써 지칭할 수 있는 일정한 지점이 성립할 수 없다는 이야기이다. 그러니까 일체의 현존을 바탕에서부터 그 근본 형식에 있어서 떠받치는 것은 바로 '극미한 지금'인 것이고, 후설 현상학의 근원은 바로 현존에 있는 것이다.

후설 현상학에 대해 본질주의라는 명칭을 붙일 수 있는 것은 '노에마의 구성'이니 해서 사후에 이루어지는 후설의 작업에 대해서일 뿐, 그의 최종 근원적인 철학적 작업에 대해서는 어디까지나 '현존주의' 내지는 '현존철학'이라고 해야 한다. 특히 후설의 '현존주의' 내지는 '현존철학'은 그가 존재한다고 일컬을 수 있는 일체의 것들을 싸잡아 '절대적 체험류'(abolutes Erlebnisstrom)라고 하는 데서 절정을 이룬다. 이 절대적 체험류의 근원적인 축은 바로 '현존'을 근원적인 존재방식으로 하는 내적 시간의식이기 때문이다.

2. 하이데거의 '실존주의'

그런데 하이데거는 이러한 후설의 시간론을 한껏 활용하면서도 거기에서 충분히 간취할 수 있는 '현존주의'를 짐짓 비틀어 버린다. 그것은 그가 'Existenz'에 대해 인간중심주의에 입각해 '독창적으로' 전혀 다른 의미를 부여함으로써 일종의 독단적인 이설을 풀어낸 데서, 그리고 이를 위해 그의 주저 『존재와 시간』이라는 제목에 들어 있는 시간 내지는 시간성 (Zeitlichkeit) 문제 역시 인간중심주의에 입각해 전혀 엉뚱하게 '독창적 으로' 해석해 활용하는 데서 드러난다. 먼저 그가 말하는 시간성에 대한 해석부터 보기로 하자.

> 우리가 현존재라고 이름 붙이는 그 존재자의 존재의 의미로서 **시간성** (*Zeitlichkeit*)이 제시될 것이다. …… 현존재는 존재하면서 존재와 같 은 어떤 것을 이해하는 그런 방식으로 존재한다. 이러한 맥락을 확고하 게 견지하면서 보여 주어야 할 것은, 현존재가 도대체 존재와 같은 어 떤 것을 노골적이지 않게 이해하고 해석할 때 출발하는 것이 있는데 그 것이 바로 **시간**이라는 점이다. 시간이 모든 존재이해 및 모든 존재해석 의 지평으로서 밝혀져야 하며 진정으로 파악되어야 한다. 이것이 통찰 될 수 있기 위해서는, **시간을 존재이해의 지평으로서 설명하되 존재를 이 해하는 현존재의 존재인 시간성에서부터 근원적으로 설명하는 일이 필요하 다.**(『존재와 시간』, 17/35)[5]

시간성이란 후설이 본래의 진정한 시간인 '생생한 현재'를 일구어 내는 내적 시간의식의 근원적인 종합을 일컫는다고 보아야 한다. 후설의 내적 시간의식은 엄격하게 말하면, 그리고 하이데거의 용어를 빌려 말하 면, 현존재인 인간에 해당하는 것이 아니다. 에포케를 통해 인간을 비롯

---

5) 앞의 쪽수는 *Sein und Zeit*, Tübingen: Max Niemeyer Verlag, 1972의 쪽수이고, 뒤의 쪽 수는 이기상 선생의 한글번역본 『존재와 시간』(까치, 1998)의 쪽수이다. 이하 특별한 다른 지 적이 없는 한, 하이데거의 언명에 대한 인용은 이를 나타낸다.

해 일체의 존재자의 판면을 넘어서 있는 것이고, 굳이 하이데거와 비교를 하자면 하이데거가 말하는바 존재로 육박해 들어간 것이라 할 수 있기 때문이다. 이 대목에서 하이데거가 말하는 '존재'(Sein)라고 하는 것이 후설의 내적 시간의식의 근원적인 영역을 하이데거가 그야말로 '독창적으로' 짐짓 오독함으로써 신비화시킨 것이 아닌가 하는 생각을 해볼 수 있다. 예컨대 하이데거는 1979년에 출판된 『존재와 시간』 15판의 어느 각주에서 "(존재자의 존재)로서의 존재가 차이로서 (던짐에 의해), 내던져진 것으로서의 현-존재 '안에' 있"다고 말한 적이 있는데,[6] '존재'를 이렇게 '차이'로 본다는 것은 한편으로 보면 동일성 철학을 거부하는 하이데거의 면모를 보이는 것이기에 특히 현대 프랑스 철학과 견주어 볼 때 철학사적으로 대단히 큰 의미가 있다고 할 것이다. 그러나 다른 한편으로 보면, 이는 하이데거가 말하는 '존재'란 것이 근원적으로 후설의 내적 시간의식에서 비롯된 것임을 방증하기도 한다. 후설의 내적 시간의식에서 간취되는 '극미한 지금'의 현존과 그 급격한 흐름이야말로, 데리다가 『목소리와 현상』에서 후설의 시간론을 역이용해 흔적의 흔적이 동일자인 원본의 근원임을 역설한 데서 엇비슷하게 알 수 있듯이, 바로 차이의 급격한 흐름이라 할 수 있기 때문이다.

사실상, 현존이란 것은 차이와 동일성을 구분하는 것 자체가 의미가 없는 것일 수도 있는 그야말로 근원적인 존재방식이다. 차이와 동일성도 현존에 비하면 결코 근원적인 사유의 범주가 아니라는 것이다. 현존이 근원적인 존재의 판면에서 성립하는 반면, 차이와 동일성은 인식의 판면에서 성립하는 것이다. 미리 말하자면, 차이와 동일성을 놓고서 싸우는

---

6) 마르틴 하이데거, 『존재와 시간』, 까치, 1998, 250쪽.

것보다 현존과 존재를 놓고서 싸우는 것이 훨씬 더 근본적이다.

더 큰 문제는 하이데거가 '현존'이라는 존재론적인 근본 개념을 아예 인간 현존재에게만 축소시키고, 게다가 여기에 '본래적인'(eigentliche)이라는 관형어를 붙이지 않으면 안 된다는 식으로 부가적으로 해석함으로써, '현존'이라고 번역되어야 마땅한 'Existenz'를 굳이 '실존'이라고 번역하지 않으면 안 되도록 만든다. 이를 살펴보기로 하자.

> 현존재가 이렇게 또는 저렇게 관계를 맺을 수 있고 또 언제나 어떻게든 관계를 맺고 있는 그 존재 자체를 우리는 **실존**(*Existenz*)이라고 부른다.(『존재와 시간』, 12/28)

문맥상 '그 존재 자체'라는 말만 보면, 실존이 현존재의 존재가 아니라 존재자와 존재론적인 차이를 갖는 존재인 것처럼 여겨진다. 하지만 하이데거가 여백 주들[7]을 통해 밝히고 있는 것을 반영해서 다시 쓰면 이렇게 된다.

> 현존재가 이렇게 또는 저렇게 관계를 맺을 수 있고 또 언제나 어떻게든 자신의 고유한 존재로서 관계를 맺고 있는바 그러한 존재를 우리는 **실존**이라고 부른다.

실존, 즉 현존은 다름 아닌 현존재의 존재인 것이다. 이는 이보다 앞서 하이데거가 '현존재'를 자신의 존재에 대해 물음을 던지는 존재자라

---

7) 참고로, 이 여백 주들은 한글번역본(까치, 1998)에 '·' 표시와 함께 각주형태로 실려 있다.

고 정의할 때 나온 바로 그 '자신의 존재'다. 그는 이렇게 말했다.

> 존재물음의 정리 작업이란, 한 존재자——묻고 있는 자——를 그 자신
> 의 존재에서 투명하게 만드는 것을 말한다. …… 이러한 존재자, 즉 우
> 리들 자신이 각기 그것이며 여러 그 중에서도 물음이라는 존재가능성
> 을 가지고 있는 그런 존재자를 우리는 **현존재**라는 용어로 파악하기로
> 하자.(『존재와 시간』, 7/22)

여기에서 "그 자신의 존재에서"라고 할 때 이는 곧 현존재의 존재
인 것이고, 그 자신의 존재에 대해 물음을 던지는 존재자를 현존재라고
하자는 것인데, 그가 말하는 'Existenz'는 바로 현존재의 현존에만 해당
하는 것이다. 더군다나 하이데거는 "**현존재의 '본질'은 그의 실존에 있다**"
(42/67)라고 함으로써 이 'Existenz'를 확실하게 현존재에 해당하는 것
으로 굳히게 된다.

그런데 하이데거는 여기에서 한 걸음 더 나아간다. 그것은 '실존'
(Existenz)에서 그 동사형을 이끌어 내어 '실존함'(existieren)이란 말을
하면서 거기에 일종의 당위의 측면을 부가하는 것이다. 예컨대 그는 이
렇게 말한다.

> 현존재는 언제나 자기 자신을 그의 실존에서부터, 즉 그 자신으로 존재
> 하거나 그 자신이 아닌 것으로 존재하거나 할 수 있는 그 자신의 한 가
> 능성에서부터 이해한다. …… 실존은 오직 그때마다의 현존재에 의해
> 장악하거나 놓치는 방식으로 결정된다. 실존의 문제는 언제나 오직 실
> 존함 자체에 의해서만 처리될 수 있다 이때의 주도적인 자기 자신에 대

한 이해를 우리는 실존적 이해라고 부른다.(『존재와 시간』, 12/28~29)

　이제 여기에서부터는 'Existenz'와 그에 따른 형용사 'existenzielle' 혹은 동사 'existieren'에 대해 미련 없이 '현존'이라는 번역어 대신에 '실존'이라는 번역어를 사용할 수밖에 없다. 하이데거는 '실존함'이라는 것이 현존재가 자신의 실존을 장악할 수도 있고 놓칠 수도 있다는 것을 전제로 해서, 현존재가 자신의 실존을 장악함으로써 성립하는 것인 양 말하고 있다. 말하자면 현존재가 실존하지 않고서는 자신의 존재이자 본질인 실존에 대해 이른바 '실존적 이해'를 할 수조차 없다는 것이다.

　후설의 내적 시간의식에서 간취할 수 있는 '현존'은 그럴 수도 있고 그렇지 않을 수도 있는 것이 아니다. 그렇게 되려고 한다고 해서 그렇게 되는 것도 아니고, 그렇게 되지 않으려 한다고 해서 그렇게 되지 않는 것도 아니다. 그런데 하이데거가 말하는 '실존'은 그렇게 되지 않을 수도 있으니, 아니 그렇게 되지 않을 가능성이 더 크기 때문에, 그렇게 되도록 노력해야 한다는 것을 함축하고 있다.

　이에 하이데거가 말하는 'Existenz', 즉 '실존'은 이른바 '그들'(세인, das Man)과 한껏 대비되면서, '그들'이 현존재의 이른바 '비본래적인' (uneingentliche) 존재양태로, 즉 자신의 본질을 상실한 것으로 정의되는 데 반해, '실존'은 현존재의 이른바 '본래적인'(eigentliche) 존재양태로 정위된다. 그 바탕에는 물론 잘 알려진 것처럼 현존재의 '죽음으로 향한 존재'와 죽음으로부터 유래되는 불안과 그 불안을 맞닥뜨려 도피하느냐 아니면 결단을 통해 자신이 근원적으로 탓이 있음(죄의 상태에 있음)을 받아들임으로써 정면 승부를 하느냐 하는 등의 문제들이 고스란히 작동하고 있다. 우선 하이데거의 다음 이야기를 들어보자.

일상적 현존재의 자기는, 우리가 **본래적인 자기**, 다시 말하게 고유하게 장악한 자기와 구별하고 있는 **그들-자기**(*Man-selst*)이다. …… **우선 현** 사실적인 현존재는 평균적으로 발견된 공동세계(Mitwelt) 속에 존재한다. 우선 '나'는 고유한 자기의 의미에서 '존재하지' 않고 오히려 '그들'의 방식으로 타인들로 존재한다.(『존재와 시간』, 129/180)

'eigentliche'란 'Eigentum'이 '소유물' 내지는 '재산'이라는 뜻을 갖는 데서 잘 알 수 있듯이, '자기 자신에게만 속한' 혹은 '자기 자신에게 고유한'이란 뜻을 지닌다. 이를 '본래적'이라고 번역하는 것이 과연 뜻을 제대로 살린 것인가 하는 문제가 있을 수 있다.

하이데거가 말하는 '실존'이란 것이 각 현존재의 '자기만의 고유한' 존재를 의미한다면, 게다가 하이데거가 현존재의 '각자성'(Jemeinigkeit)을 현존재의 근본 성격으로 삼는다는 사실과 본래성과 비본래성이라는 존재 양태가 현존재의 각자성에 근거해서 성립하는 것으로 본다는 사실(43/68 참조)을 염두에 둔다면, 하이데거가 말하는 '실존'은 자폐적인 유아론적 구도를 벗어나기가 결코 쉽지 않은 것이라 말할 수 있게 된다. 설사 그가 '공존재'(Mitsein) 혹은 '공현존재'(Mitdasein)를 운위한다 할지라도 그것은 기실 '그들'의 존재방식일 뿐이다. 이는 '그들'이 현존재가 '공동세계'에서 평균적으로 존재한다는 사실에서 잘 드러난다.

말하자면, 하이데거는 우선 현존재를 본래적인 존재양태에서 보면 유아론적이고, 비본래적인 존재양태에서 보면 평균적이고 전혀 자신이라고 할 수 없는 익명성으로 빠져 버린 것으로 보는 것이다. 하이데거는 현존재가 완전히 대립된 두 존재 양태를 동시에 지닌 것으로 보는 셈인데, 하지만 본래적인 '실존'의 존재양태란 것이 현존재가 비본래적인

'그들'의 존재양태를 결단을 통해 초월함으로써 성립한다는 점을 감안할 때, 비록 그가 이 둘 사이에 존재등급의 문제가 없다고 말하긴 하지만 (42/68 참조), 적어도 결국에 가서 하이데거의 철학이 본색을 드러내는 '신학·윤리학적인 관점'에서 볼 때에는 존재 등급이 있다고 할 수밖에 없다. 다음의 대목들은 하이데거의 철학에 대해 '신학·윤리학적인 관점'을 운위할 수밖에 없도록 하는 대표적인 것들이다.

> 양심은 '어떤 것'을 이해하게 해준다. 즉 양심은 **열어 밝힌다.** …… 양심에 대한 더 철저한 분석은 양심을 **부름**(*Ruf*)으로서 밝힌다. 부름은 말의 한 양태이다. 양심의 부름은 현존재를 그의 가장 고유한 자기존재가능으로 **불러냄**이라는 성격을 가지며, 아울러 가장 고유한 탓이 있음으로 불러냄이라는 성격을 가진다. …… 양심의 부름에 가능한 들음이 대응한다. 양심의 불러냄을 이해함은 **양심을 가지기를 원함**으로 밝혀진다. 그러나 이러한 현상 안에는 우리가 찾고 있는, 자기존재의 선택을 실존적으로 선택함이 놓여 있으며 우리는 이것을, 그 실존론적인 구조에 상응해서, **결단성**(*Entschlossenheit*)이라 일컫는다.(『존재와 시간』, 269~270/360)

> 현존재 자신 안에서 그의 양심에 의해서 증시되고 있는, 탁월한 본래적인 이러한 열어 밝혀져 있음을, 즉 **침묵하고 있으면서 불안의 태세 속에서 가장 고유한 탓이 있음으로 자기 자신을 기획투사함**을 우리는 **결단성**이라 부른다.(296~297/395)

이를 재구성하면 이렇다. 일상적인 삶을 살고 있는 나는 죽음에서 오는 불안으로부터 도피하고자 한다. 그런데 양심이 나를 부르면서 내게 가장 고유한 탓이 있다고, 즉 내가 근원적으로 죄가 있다고 찔러 댄다. 그리고 그 '원죄'를 인정하면 그 속에서 내가 나의 가장 고유한 존재를 확보해서 전혀 다른 방식으로 살 수 있다고 속삭인다. 그러면서 그런 쪽으로 결단하라고, 말하자면 '회개하라'고 촉구한다. 그렇게 되면, 비본래적이고 평균적이고 익명적인 타인에 불과한 '그들'로 둘러빠져 있는 (verfallen) 상태에서 벗어나, 즉 타락한 상태(175/240 참조)에서 벗어나 본래의 실존적인 존재 양태를 회복할 수 있다고, 즉 구원받을 수 있다고 속삭인다.

영락없이 기독교 신학의 골간을 기이한 이른바 실존론적인 용어로 변형시킨 것이고, 이를 통해 윤리학이 출발하는 근본 지점을 드러내고 있는 것 같은 형국이다. 그러니 '신학·윤리학적인 관점'이라고 하지 않을 수 없게 되고, 현존재의 존재에 대해 존재등급을 언급한 것이라 하지 않을 수 없다.

이러한 존재 등급을 염두에 둘 수밖에 없기 때문에 하이데거 철학에 있어서 'Existenz'는 '실존'(實存), 즉 진정으로 존재함이라는 번역어를 할당하는 것이 적절한 것이고, 그의 철학에 대해서도 '실존철학'이라는 명칭을 붙여 마땅한 것이다. 이러한 하이데거의 실존철학은 앞서 간단히 제시한 후설의 '현존주의' 내지는 '현존철학'에 비교해 보면, 가능한 한 인간주의(Anthropologismus)를 벗어나 하이데거 자신의 말처럼 '사태 그 자체'를 추구하는 현상학적·존재론적인 차원을 벗어나 있는 셈이다. 그 대신, 종래의 신학적·존재론적인 구도를 인간주의에 입각해 재구성한 것이다.

3. 사르트르의 '현존주의'

1) 사르트르의 기본 입장

이런 정도의 'Existenz'에 대한 고찰을 하고 나면, 하이데거의 실존철학과 사르트르의 이른바 '실존철학'이 얼마나 다른가를 다소 쉽게 드러낼 수 있다. 미리 말하자면, 사르트르의 철학에 대해 하이데거적인 의미의 '실존철학'이라는 명칭을 붙여서는 결코 안 된다는 것이다. 사르트르가 후설의 '현존철학'의 정신을 그대로 이어받으면서 하이데거와는 전혀 다르게 특수한 유물론적인 입장을 취한다고 하는 점에서, 사르트르의 철학은 '유물론적 현존철학'이라 불러야 한다. 어째서 그럴 수밖에 없는가를 살펴볼 차례다.

　사르트르가 하이데거로부터 상당하게 영향을 받은 것은 사실이다. 예컨대 사르트르가 인간을 지칭하는 데 쓰는 '인간실재'(réalité-humaine)라는 개념은 하이데거의 '현존재'를 그대로 받아 불어로 번역한 것임에 틀림없다. 그리고 인간실재의 근본적인 존재방식의 하나로서 제시하는 '세계-내-존재'(être-dans-le-monde)가 하이데거의 '세계-내-존재'(In-der-Welt-sein)를 그대로 받아 불어로 번역한 것임에 틀림없다. 그리고 인간실재가 자신의 가능들을 선택해서 나아간다고 하는 것도 하이데거의 '존재 가능'(Seinskönnen)에서 가져왔다는 느낌을 준다. 그래서 적어도 인간실재에 대한 탐구를 해나감에 있어서는 하이데거의 '실존론적인 분석'을 상당히 원용하는 것 같은 느낌을 준다.

　그러나 사르트르의 철학에서는 하이데거의 '실존철학'에서 드러나는바 '신학적·존재론적인 측면'은 전혀 찾아볼 수 없고, 더욱이 책임을 중심으로 한 윤리학적인 측면은 강하지만, '양심'을 중심으로 한 윤리학적인 측면을 찾기는 쉽지 않다. 하이데거에서는 전혀 찾아볼 수 없는 의식에 대한 분석이 많은 양을 차지하고, 의식의 존재방식과 그 근본 구조 및 성격을 있는 그대로 분석·기술함으로써 말 그대로 현상학적인 태도를 견지한다. 즉 사르트르는 하이데거와는 달리 '본래적인 실존'을 향한 결단 등과 같은 어디를 향한 목적 지향적인 당위에 의거한 주장을 거의 하지 않는다.

전체적으로 볼 때, 사르트르는 하이데거보다 후설에 훨씬 더 충실하다고 할 수 있다. 특히 의식을 철학의 중심에 놓는 것이 그러하다. 다만, 사르트르는 후설이 '선술어적인 영역'(vorprädikative Sphäre)이라고 해서 수동적인 의식의 영역으로 취급했던 것을 자신의 의식 탐구 중심에 놓는다. 이른바 'conscience (de) quelque chose'의 형식으로 표현되는 바 비정립적 내지는 선반성적 의식을 의식의 본령으로 삼아 분석하는 것이 후설과 다르다. 또한 하이데거는 물론이고 후설 역시 전혀 다루고 있지 않은 이른바 '즉자'를 '대자'의 존재적인 근거로 삼는다는 점에서 이들과는 완전히 다른, 굳이 말하면 유물론적이라 불러 마땅한 존재론을 펼친다는 점이 확 다르다.

그러나 본 논문에서 이 모든 것들을 일일이 다룬다는 것은 논문의 의도에도 어긋날뿐더러 주어진 여건도 허락하지 않는다. 중점적으로 보이고자 하는 것은 사르트르가 말하는 'existence'가 하이데거적인 의미로 '실존'이라고 번역되면 왜 안 되고 굳이 '현존'이라고 번역되어야 하는지, 아울러 'existentialisme' 역시 '실존주의'라고 번역하면 왜 안 되고 굳이 '현존주의'라고 번역해야 하는지 하는 것이다. 물론 이를 드러내는 과정에서 위 사안들에 관한 논의도 곁들이게 될 것이다.

2) 존재함과 현존함의 구분

사르트르가 쓴 그의 주저 『존재와 무』를 제대로 이해하고자 할 때, 가장 긴급한 것은 존재함과 현존함을 잘 구분하는 것이다.[8] 예컨대 다음의 언명을 보자.

> 시간성은, 자신의 존재여야만 하는 하나의 존재 그 내부구조로서만, 즉 대자의 내부구조로서만 있다. 대자가 시간성에 대해 존재론적인 우선성을 갖는 것이 아니다. 시간성은, 대자가 탈자적으로(ek-statiquement) 대자로 있어야 하는 한에서 대자의 존재다. 시간성은 존재하지 않는다. 대자가 현존하면서 스스로를 시간화한다.(172/272)[9]

여기에서 눈여겨보아야 할 대목은 "시간성은 존재하지 않는다"라는 것이다. 이는 시간성에 대해서 '존재하다'라는 동사를 쓸 수 없다는 것을 의미한다. 그 대신 'il y a'라는 표현을 쓸 수는 있다. 그런데 사르트르는, "존재의 '거기에 있음'(qu'il y ait)이라는 사실은 존재의 내적인 규정 ─있는 그대로의 그것임(qui est ce qu'il est) ─이 아니고, 부정성의 내적인 규정이다"(215/335)라고 말하고 있다. 이를 별 수 없이 '있다'라고 번역했지만 존재함의 순전한 의미를 갖는 것이 아닌 것이다.

이렇게 시간성에 대해 '존재함'이라는 동사를 쓸 수 없는 까닭은 시

---

8) 사르트르의 『존재와 무』를 가장 먼저 국문으로 완역한 인물은 손우성 선생이다. 그런데 그는 이 한글번역본에서 이 두 낱말을 모두 '존재하다'로 번역함으로써 혼란을 빚었다.
9) 앞의 강의에서처럼 괄호 속 숫자 중 앞의 것은 『존재와 무』 불어판(*L'être et le néant*, Paris: Gallimard, 1943)의 쪽수이고, 뒤의 번호는 손우성 선생의 한글번역본 쪽수이다.

간성이 근본적으로 대자가 '현존하면서'(en existant) 스스로를 시간화하는 데서만 성립하기 때문이다. 대자는 존재하는 것이 아니라, 오로지 현존하는 것이다. 따라서 대자에 의거하지 않고서는 존립할 수 없는 일체의 것들은 근본적으로 존재하는 것이 아니라 현존할 수밖에 없는 것이다. 사르트르는 이를 이렇게 정돈한다.

> 시간성은 모든 존재들, 특히 인간실재들을 담아내는 보편적 시간이 아니다. 시간성은 바깥에서부터 존재에게 강제될 법한 전개의 법칙이 더 이상 아니다. 시간성은 더 이상 존재가 아니다. 시간성은 그 자신의 고유한 무화인 존재의 내부 구조다. 즉 대자존재에게 고유한 **존재방식**이다. 대자는 시간성의 디아스포라적인 형식하에서 자신의 존재여야 하는 존재이다.(178/281)

대자가 갖는 현존[성](existence)은 대자의 존재방식 자체에서 본래부터 피할 수 없이, 일컫자면 운명적으로 그러한 것이지 대자가 추구해서 달성해야 할 무엇이 결코 아니다. 이러한 대자는 현존할 뿐 존재할 수 없다는 것에 대해 사르트르는 이렇게 말한다.

> 대자가 존재한다고 긍정할 수 있을 그 어떤 순간도 결코 없다. 그것은 바로 대자가 결코 존재하지 않기 때문이다. 그 반대로 시간성은 전적으로 순간의 거부로서 시간화된다.(185/290~291)

시간성이 시간화된다는 것은 대자의 구조 내에서의 일이다. 이를 통해 대자가 현존적인 존재방식만을 갖지만, 한편으로 이는 대자가 '자기에의 현전'으로 존립한다는 데서, 그에 따른 '자기와의 분리' 혹은 '자기와의 간극' 등에 의거해 존립한다는 데서 비롯된다. 이에 관한 사르트르의 언명을 다소 길지만 그대로 인용하면 이렇다.

> 대자의 존재 법칙은 의식의 존재론적인 토대인바, 그것은 자기에의 현전이라는 형식하에 자기 자신이라는 사실이다. …… 모든 '……에의 현전'(présence à ……)은 이원성을 함축한다. 그러므로 적어도 잠재적인 분리를 함축한다. 존재의 자기에의 현전은 자기와의 관계에 있어서 존재를 벗겨냄을 함축한다. …… 자기에의 현전은 만져서 느낄 수 없는 미세한 균열이 존재 속에 스며들어 있다는 것을 전제한다. 만약 자기가 자기에게 현전한다면, 그것은 전적으로 자기가 아니기 때문이다. 현전은 일치의 직접적인 파괴다. 왜냐하면 현전은 분리를 전제하기 때문이다.(113/189)

저 앞에서 후설의 '현존철학'을 제시하면서 설명한 'exisistere' 즉 현존함에 대한 어원적인 분석의 내용이 여기 사르트르가 대자를 설명하는 데에 그대로 적용되고 있다. '對自'(대자)는 말 그대로 자기를 대해 있는 것이고, 자기에게 현전해 있는 것이다. 이 현전은 오로지 시간성이 시간화되는 구조 속에서만 성립한다. 극미한 지금이 스스로 존재할 수 없고 항상 자기가 아닌 것으로서 존재할 수밖에 없는 것이고, 그런 점에서 오로지 현존할 뿐이라고 한 것과 그 구조가 완전히 동일하다. 그래서 사르트르는 현재도 없고, 미래도 없다고 말한다(158/252~253, 164/262 참조). 다만, 대자와 마찬가지로 현재와 미래는 존재하지 않고 현존할 뿐이다.

이러한 대자의 '자기에의 현전'에 의거한 대자의 현존은 그저 자기에의 현전에만 머물지 않는다. 사르트르는 대자가 '존재에의 현전'으로 정의된다고 말한다. 그러면서 즉자존재의 총체를 있도록 하고 존재하는 모든 것들이 하나의 세계 속에 공현전하도록 한다고 말한다. 그리고 이를 이렇게 장엄하게 표현한다.

> 존재들은 하나의 세계 속에 공현전하는 것으로 드러나고, 그 세계 속에서 대자는 자기 자신의 피로써, 현전으로 호칭되는 자기의 탈자적인 (ek-statique) 그 전반적인 희생에 의해 그 존재들을 결합시킨다. ……
> 대자는 현재가 세계 속에 들어오도록 하는 존재이다.(157/251)

대자가 자신의 존재함을 희생하고 오로지 현존함만을 취함으로써 일체의 존재들이 하나의 세계 속에 공현전하면서 현재의 시제 속에 결합되도록 한다는 것이다. 그렇기 때문에 대자는 존재와 내립되는바 부(néant)일 수밖에 없고, 이 무는 대자가 현전하고 있는 대자의 자기를 무화하는 초월 내지는 넘어서기(dépassement) 혹은 존재를 벗겨 내기 (décollement de l'être)라고 하는 대자의 작용을 지시하는 것이다. 무로서의 대자가 수행하는 이 모든 작용들은 존재함의 방식이 아니라 근본적으로 현존함의 방식을 지칭하는 것이다. 그런데 이러한 대자의 작용들은 할 수도 있고 하지 않을 수도 있는 것이 아니라, 대자가 현존하는 한 이미 늘 수행되는 것이다. 그리고 대자가 현존함으로써 수행하는 이 모든 작용들은 당연히 자기 동일적인 것들을 파괴하는 힘이다. 이에 관해 사르트르는 이렇게 웅변한다.

대자는 그 자신의 무여야 한다. 의식인 한에서 의식의 존재는 자기에의 현전으로서 **자기와의 거리를 두고서** 존립한다. 그리고 이러한 존재가 자신의 존재 속에 지니고 있는 전무(全無)한 이 거리, 그것은 무다. 그래서 하나의 **자기가** 존립하기 위해서는 이 존재의 통일성에, 자기 동일적인 것에 대한 무화로서 자기 나름의 무가 포함되어 있어야 한다.(114/190~191)

그렇다고 해서 일체의 존재들이 근본적으로 보아 무라는 것은 결코 아니다. 오히려 무는 존재를 드러내는 역할을 할 뿐이고, 그리고 그렇게 드러내면서 존재를 넘어서는 역할을 할 뿐이고, 그렇게 존재를 넘어섬으로써 존재를 드러내게 하는 역할을 할 뿐이다. 무인 대자 내지는 의식이 존재 그 자체를 건드릴 수 있는 것은 결코 아니다. 무는 존재에 대한 기생충이되, 그 '심장'에 이미 늘 들러붙어 있는 기생충이다. 이에 관한 사르트르의 언명은 이렇다.

무는 존재라는 바탕 위에서만 스스로를 무화할 수 있다. 만약 무가 주어질 수 있다면, 그것은 존재 이전도 아니고 존재 이후도 아니고, 일반적으로 말해 그것은 존재 바깥에서도 아니다. 무가 주어질 수 있는 것은 존재의 중심 자체에서이다. 무는 기생충처럼 존재의 심장에 붙어 있다.(55~56/111)

사르트르의 이 언명은 흔히 사르트르에 대해 데카르트의 이원론을 더욱 극단화했다고 말하거나 사르트르의 존재론을 마치 극단적인 관념론인 양 말하는 일체의 주장들이 아예 말도 안 되는 것임을 여실히 보여 준다. 그 반대로 이 언명은 사르트르가 유물론적인 입장을 견지한다는 것을 말해 준다. 의식은 근본적으로 존재가 없이는 아예 존립할 수 없다고 말하고 있기 때문이다. 이는 사르트르의 다음의 언명에서 더욱 강화된다.

> 즉자는 그 자체로 충만해 있다. 더 이상의 충만함을 생각할 수 없을 것이고, 내용이 내용을 담는 용기와 그보다 완전히 일치하는 것을 생각할 수 없을 것이다. [즉자라는] 그 존재 속에는 최소한의 공백도 없다. 즉 무가 끼어들 수 있는 최소한의 틈도 없다.
> 이와 반대로, 의식의 특징은 그것이 존재적인 감압(減壓, décompression)이라는 데 있다. 의식을 자기와의 일치로 정의하는 것은 실제로 불가능한다.(110/185)

말하자면 완전한 충만함의 밀도를 지닌 즉자라고 하는 존재가 감압을 일으킴으로써 의식이 발생한다는 식의 이야기이다. '존재적인 감압'이라는 말이 상당히 비유적이긴 한데, 그렇다고 그저 비유적인 것은 아니다. 다만, 그 실증성이 허약할 뿐이다.

이를 존재함과 현존함에 적용해서 말하면, 현존함이란 존재함에 비해 존재론적인 비중이나 그 위상에 있어서 이차적이고 파생적이라는 것을 말한다. 따라서 "존재는 **있고**, 무는 **없다는 것이다**"(49~50/103)라고 말할 수밖에 없고, "존재하지 않는 무는 차용된 현존만을 가질 수 있을 뿐이다. 무가 그 존재를 갖는 것은 존재로부터이다. 무의 존재적인 무(son néant d'être)는 존재의 한계들 안에서만 만나진다. …… **비존재는 존재의 표면에서만 있을 뿐이다**"(50~51/104~105)라는 식으로 말할 수밖에 없는 것이다.

그런데 이 무를 세계 속에 가져오도록 하는 것, 달리 말하면 존재가 세계로서 드러나도록 하는 것은 바로 인간이라고 사르트르는 말한다. 그러면서 이에 관해 이렇게 말한다.

인간은 무를 세계에 오도록 하는 존재다. 그러나 이는 곧바로 다른 물음을 일으킨다. 인간에 의해 무가 존재에로 오도록 하기 위해서 인간은 그 존재에 있어서 어떠해야 하는가?(59/115)

이에 대한 사르트르의 다음과 같은 답변은 그의 철학적 인간학의 요체를 말해 준다고 할 수 있다.

문제는 인간실재를, 그러하지 않은 그것이면서 그러한 것이 아닌 것인 존재로 구성하는 것이다.[10](93/163)

'사람이 사람 그것인 것이 아님'(n'être pas ce qu'on est)이라는 근원적인 구조는 미리부터, [사람이] 즉자존재로 된다거나 '사람이 사람 그것인 것임'(être ce qu'on est)으로 되는 모든 일을 불가능하게 한다.(97/169)

---

10) 이에 관한 원문은 이렇다. 원문을 제시하는 까닭은 우리말로 번역했을 때 다소 혼란이 올 수 있기 때문이다. "il s'agit de constituer la réalité-humanine comme un être qui est ce qu'il n'est pas et qui n'est pas ce qu'il est."

"자기인 것이 아니면서 자기가 아닌 것이어야 한다는 것", 이것이 바로 인간실재를 현존이게끔 하는 근원적인 구조다. 이 구조는 대자가 아니고서는 존립할 수 없는 인간실재가 이미 늘 발휘하는 근본 구조다. 사르트르의 'existence'는 인간실재에게만 해당되는 것이 아닐뿐더러, 인간실재의 것일 경우 하이데거처럼 무슨 결단을 통해 가능적으로 획득해야 하는 것이 아니라, 본래부터 그러하고 그러하지 않을 수 없는 근본 구조인 것이다. 그렇기 때문에 이를 하이데거에서처럼 '실존'이라고 번역해서는 안 되고, '현존'이라고 번역해야 한다.

3) 사르트르의 유물론적 현존주의, 본질주의에 대한 근원적인 배격

사르트르의 철학을 가장 잘 대변해 주는 것으로 유명하게 알려진, 흔히 "실존은 본질에 앞선다"라고 번역되는 명제야말로 '실존' 대신에 '현존'이라고 번역해야 한다. 이 명제는 사르트르가 1946년에 발간한 『실존주의는 휴머니즘이다』에서 언명된 것으로서, 그 원문은 "L'existence précède l'essence"이다. 이 명제는 당연히 "현존은 본질에 앞선다"로 바꾸어 새롭게 번역해야 한다. 그뿐만 아니라 이 명제가 들어 있는 책의 제목 역시 『현존주의는 휴머니즘이다』로 새롭게 번역해야 한다.

이렇게 해야만 사르트르의 철학사적인 진면목이 드러날 수 있다. 포스트모더니즘 내지는 포스트구조주의가 힘을 발휘하면서 플라톤에서부터 연원하는 본질주의에 대한 거부가 대단히 확산되어 있다. '본질주의'에 정확하게 대립될 수 있는 말은 바로 '현존주의'이지 '실존주의'가 아닌 것이다. '현존주의'는 본질에 대한 존재론적인 근거인 플라톤의 이데아 내지는 형상(eidos)을 최종적인 존재론적인 근원으로 삼는 것을 배격한다. 그뿐만 아니라, 아리스토텔레스처럼 질료와 형상이 결합되어 있음으로써 비로소 존재자로서의 자격을 갖는다는 입장도 배격한다. 사르트르의 바로 위 명제에서 선언되고 있는 '현존주의'는 일체의 본질 혹은 형상이 '지금·여기'의 현존에 비해 파생적인 존재임을 확언한다.

조심해야 할 것은 사르트르가 일체의 현존에 대해 그 바탕으로서 언급하고 있는 존재, 즉 근원적인 존재 충만인 즉자는 현존에 비해 더욱더 본질과 거리가 멀다는 사실이다. 이는 소설『구토』의 주제이기도 하지만, "즉자는 비밀을 가지고 있지 않다. 즉자는 **덩어리져** 있다"[11](33/84)라고 말하는 데서, 그리고 "존재는 자기와의 관계가 아니다. 존재는 **자기**이다. 존재는 자기를 실재화(réaliser)할 수 없는 내재성이요, 자기를 긍정할 없는 긍정함이요, 작용을 가할 수 없는 능동성이다. 왜냐하면, 존재는 자기 자체로 반죽되어 있기(s'est empâté) 때문이다"(32/82~83)라는 데서 분명하게 제시되고 있다. 이는 더 이상 왈가왈부할 필요가 없다.

다만, 이에 관해서는 즉자가 세계에 드러나는 최초의 형태인 '이것(들)'(ceci)에 관한 논의를 통해 더욱 상세하게 이야기해야 할 것이다. 그것은 즉자가 무차별하게 덩어리져 있긴 하지만, 칸트의 '물자체'처럼 우리에게서 원리상 완전히 은폐되어 있는 것이 아니라, 구토를 일으키는 방식으로 해서 드러날 수 있다는 것이다. 문제는 어떻게 드러나는가 하는 것이다. 이는 사르트르가 '이것(들)'에 관련해서 제시하는 다음의 언명을 통해 알 수 있다.

이것이 세계 혹은 다른 이것들과의 모든 외적인 관계를 벗어나 있는 것

---

11) 원문은 이렇다. "L'en-soi n'a pas de secret : il est *massif*."

으로 간주될 때, 질(qualité)은 **이것**의 존재 이외 다른 것이 결코 아니다. ······ 이 레몬의 노랑은 이 레몬에 대한 주관적인 파악 양식이 아니다. 이 레몬의 노랑은 이 레몬이다. 대상 X가 잡다한 전체 질들을 거머쥐고 있는 텅 빈 형식으로 나타난다는 것을 더 이상 참이 아니다. 사실, 레몬은 그것의 질들을 관통하면서 전적으로 연장되어 있고, 레몬의 질들의 각각은 레몬의 다른 각각의 질들을 관통하면서 전적으로 연장되어 있다. 노란 것은 레몬의 새콤함이고, 새콤한 것은 레몬의 노랑이다. ······ **이것**이라 불리는 것은 이러한 [질들 간의] 전반적인 상호관통이다. 이는 화가들 특히 세잔의 경험들이 잘 보여 준다.(222~223/345)

설명을 하자니까 '레몬'이라는 예를 든 것일 뿐, 실상은 여기에서 '레몬'은 레몬이 아니라 그냥 특정한 하나의 '이것'이다. 통상적으로 말하면 '이것'은 사물이다. 그리고 여기에서 질이란 바로 감각적인 질이다. '이것'이 질들 간의 전반적인 상호관통이라고 말하는 것은 사르트르가 들고 있는 예에서 잘 알 수 있듯이 사물이 곧 감각들 자체로 된 덩어리라는 이야기이다. 이는 메를로-퐁티가 훨씬 더 뒤인 1958년쯤에 『보이는 것과 보이지 않는 것』의 「교직-교차」에서 살 존재론을 전개하면서 언급한 '감각 덩어리'(masse du sensible)[12]를 사르트르가 일찍이 선취한 것이 아닐 수 없다. '사르트르의 현존주의'가 개별적인 사물을 보편적인 형상보다 훨씬 더 중요시한다는 것은 인식적인 판면에서 보자면 이같이 개념보다 감각을 훨씬 더 근원적인 것으로 본다는 것을 의미한다.

'현존주의'는 '지금·여기'의 탈자적인 현존을 바탕으로 한다. 이는

---

12) Maurice Merleau-Ponty, *Le visible et l'invisible*, Paris: Gallimard, 1964, p.179 참조.

'현존주의'가 보편적인 개념이나 구조 및 법칙들에 비해 '이것'인 개별적인 사물을 인식적으로뿐만 아니라 존재적으로도 더 근본적인 것으로 본다는 것과 직결된다. 중요한 것은 지금 여기에서의 이 개별적인 사물을 '감각적인 질들의 전반적인 상호관통' 즉 '감각 덩어리'로 본다는 것이다. 화가 세잔까지 들먹이는데, 세잔은 "온 우주는 색으로 되어 있다. 심지어 나 자신도 색으로 되어 있다"라고 말한 적이 있다. 이 레몬의 노랑이 이 레몬에 대한 주관적인 파악 양식이 아니라고 하는 것은 세잔의 말처럼 감각적인 질 자체가 인간을 넘어선 지경(地境)에서 그야말로 객관적으로 존재한다는 것을 의미한다.

이 대목에서 필자는 사르트르가 말하는 즉자 내지는 존재 역시 '감각 덩어리'가 아닐까 하는 생각을 하지 않을 수 없다. 그러니까 방금 앞에서 말한바 즉자를 '덩어리'라고 했을 때, 그 '덩어리'를 바로 '감각 덩어리'로 보아야 하지 않느냐 하는 것이다. 이에 관한 사르트르의 언명은 없다. 하지만 필자로서는 이를 거의 확신한다. 그래서 예컨대 앙리 레비가 사르트르에 대해 '20세기가 낳은 가장 위대한 유물론자'라고 했을 때,[13] 그 유물론에서 존재의 근원이 되는 '물질'은 물리학에서 말하는 비가시적이고 추상적인 물질이 아니라, 비록 그 분절은 카오스적이라 할지라도 감각적인 질의 덩어리인 물질이라 해야 하고, 따라서 사르트르의 유물론은 '감각적 유물론'이라 불러야 할 것이다. 더욱이 이를 그의 현존주의와 결합해서 생각하지 않으면 안 되기에 그의 철학은 '감각적 유물론에 입각한 현존주의'라 불러야 하는 것이다.

---

13) 베르나르 앙리 레비, 『사르트르 평전』, 변광배 옮김, 을유문화사, 2009, 331쪽.

4. 덧붙이는 이야기

이미 '실존' 혹은 '실존주의'가 수십 년간 정식 번역어인 양 고착되어 쓰이고 있다. 한때 "실존주의는 극복되어야 한다"라는 말이 한국에서도 유행을 했다. 70년대 들어 한국 사회에서 민주화를 위한 노력들이 새로운 사회주의적인 체제를 형성하고자 하는 것과 맞물려 돌아갈 때, 실존철학 내지 실존주의는 자신의 세계에 자폐되어 있는 극단적인 개인주의의 한 형태로 인식될 수밖에 없었기 때문이다. 그래서 '실존주의'라는 말에는 이중적으로 갈래가 지는 함의가 들어 있었다. 한편으로는 박정희의 독재에 의거한 전일적이고 획일적인 전체주의에 적극적으로 대항하는 개인의 결단과 그에 따른 자유의 획득이라고 하는 비타협적인 저항성을 담고 있었다. 다른 한편으로는 박정희의 전체주의의 정치경제학적인 바탕은 자본주의이고 자본주의는 철저히 개인주의에 입각한 것인데 철저히 개인성에 입각함으로써 자본주의 체제를 암암리에 방기 내지는 심지어 옹호한다고 하는 순응적인 타협성을 암암리에 담고 있었다.

하지만 결국 '실존'이라는 말은 자폐적인 소영웅주의에 불과한 것으로 거의 결론이 나버렸다. 1987년 이후 일정하게 법적·형식적 차원의 민주화가 정착되면서 실존철학 내지 실존주의가 어느새 그야말로 자폐성을 면하지 못하는 것으로 '용도 폐기'된 식물 상태가 되고 만 것이 이를 잘 말해 준다. 이를 더욱 부추긴 것은 80년대 후반부터 슬그머니 들어와 90년대 들어 크게 힘을 발휘하게 된 포스트모더니즘과 이를 뒷받침하는 포스트구조주의의 득세였다. 대체로 일군의 프랑스 철학자들로 구성된 포스트구조주의는 그 바탕에 구조주의를 깔고 있었다.

그런데 프랑스에서 구조주의는 1950년대 들어 왕성해지는데, 그 출발점은 사르트르의 이른바 '실존주의'에 대한 거부였다. 사르트르의 실존주의는 과도하게 개인적 주체에 중심을 두고서 일체의 의미들을 주체 중심으로 재구성해 나가는 것으로 해석되었던 것이다. 그리고 주체 대신에 구조를 내세워 구조 내에서 주체가 어떤 위치에 있는가에 따라 주체가 전적으로 규정된다는 것이 구조주의의 핵심 주장이었다.

이런 구조주의적인 생각이 '철퇴'를 맞은 것이 1968년 5월 프랑스에서 일어난 이른바 '5월 사태'이다. 이때 프랑스의 지성인들은 인민의 대대적인 욕망을 보았고, 그 욕망의 주체를 기반에 두지 않으면 안 된다는 생각에 구조주의가 포스트구조주의로 전환한 것이다.

다시 되돌아가 말하자면, 사르트르의 철학에 대한 구조주의적인 독법이 완전히 잘못되었다고 할 수는 없다. 하지만 반은 맞고 반은 틀렸다. 뭉뚱그려 말하면, 그래서 틀렸다. 예컨대 사르트르의 철학적 인간학에서 기반을 이루는 것은 자유다. 그런데 사르트르가 말하는 자유는 구속이나 예속과 대립되는 것이 아니다. 예컨대 사르트르는 "상황 속에서만 자유가 있을 뿐이고, 자유에 의해서만 상황이 있을 뿐이다"(534/274~275)라고 말한다. 그런가 하면 "우리는 자유를 중지할 자유가 없다"(484/206)라고 말한다. 자유로워야 한다는 것이 아니라, 인간인 이상 이미 늘 근원적으로 자유롭다는 것이고, 이를 벗어날 수는 없다는 것이다. 사르트르가 말하는 주체는 이미 늘 자유로운 주체이지, 자유로운 주체가 되어야 하는 그런 주체가 아니다. 달리 말하면, 자유로운 주체는 욕망의 근원적인 분출 지점일 뿐이다. 사르트르에서 자유는 인간의 'existence'가 성립하는 이른바 대자의 근본적인 존재론적인 성격으로서 그 자체 현존하는 것이지 존재하는 것이 아니다. 그리고 하이데거의 실존철학에서처럼 획득되어야 하는 것이 아니다.

사르트르가 말하는 '현존'은 이 세계에 존재하는 모든 것들에 대해 적용될 수 있는 것이고, 그 와중에 인간에 대해서도 적용될 수 있는데, 다만, 인간의 '현존'은 존재하는 모든 것들의 각 '현존'이 성립하는 데 근본적인 바탕이 될 뿐이고, 그렇기 때문에 인간과 관련해서만 이 세계에 존재하는 모든 것들에 대해 현존한다고 할 수 있는 것이다.

사르트르의 현존주의 내지는 현존철학은 일체의 본질주의를 바탕에서부터 거부하고, '천상'으로 향한 본질적인 영원을 거부하면서 우리 자신과 존재하는 모든 것들을 바탕에서부터 떠받치고 있는 '지상'으로 혹은 심지어 '지하'로 향하는 하강의 철학이다. 사르트르의 하강의 철학인 '현존주의 철학'은 지금 우리의 삶을 적극적으로 긍정하지 않으면 안 된다고 하는 강력한 메시지를 담고 있다. 그런 점에서 사르트르의 '현존주의 철학'이야말로 여전히 긴급하게 살아 있다고 할 수 있다.

다시 말하거니와 '실존' 대신에 '현존'을, '실존주의' 대신에 '현존주의'를, 그리고 '실존철학' 대신에 '현존철학'을 제시해야 한다. 이는 물론 하이데거적인 철학적 사유 대신에 사르트르적인 철학적 사유를 내세울 필요가 있다는 것을 의미한다.

다소 거칠지만 심하게 말하면, 하이데거는 끝내 인간을 넘어선 존재론을 펼치지 못하고 있다. 저 앞에서도 말했지만, 하이데거는 1979년에 출판된 『존재와 시간』 15판의 어느 각주에서 존재를 '차이'(Differenz)라고 말한다. 하이데거가 존재를 차이라고 말하는 것은, 하이데거 스스로도 말하고 있는 셈이지만, 사르트르의 입장에서 보면 하이데거가 말하는 존재란 근본적으로 인간실재, 즉 인간의 수중을 벗어나지 못한다는 것을 증시한 것이다. 차이에 대해 사르트르는 이렇게 말하기 때문이다.

대자가 취하는 존재에의 현전은, 대자가 존재가 현전하는 가운데 존재가 아닌 것으로서의 자기에 대한(de soi) 증인임을 함축한다. 말하자면, 존재에의 현전은 대자가 존재하지 않는 한에서 대자의 현전이다. 왜냐하면 부정은 대자를 존재로부터 구분하는 존재방식의 차이에 관한 것이 아니라, 존재적인 차이(une différence d'être)에 관한 것이기 때문이다. 사람들이 현재는 존재하지 **않는**다고 말함으로써 간단하게 표현하는 것이 바로 이것이다.(158/252~253)

사르트르에게서 부정은 대자인 인간실재에 의거한 것이다. 그러나 이때 부정은 대자가 수행하고 말고 하는 대자의 자의에 의거한 것이 아니라, 대자의 존재 자체에 근본적인 구조적 성격으로서 이미 늘 주어져 있는 것이다. 이는 대자에게서의 자유와 마찬가지다. 사르트르는 이러한 대자의 부정에 의거해서 대자와 즉자 간의 존재적인 차이가 드러난다고 말하고 있다. 이 존재적인 차이는 이제까지 말한바, 존재함과 현존함의 차이라 하지 않을 수 없다.

하이데거가 존재와 존재자 간의 **존재론적인** 차이를 제시했다면, 사르트르는 대자와 존재, 즉 대자와 즉자 간의 **존재적인** 차이를 제시하는 셈이다. 그런데 바로 앞에서 제시한바 하이데거가 존재를 차이라고 했을 때, 그 차이는 존재와 존재자 간의 존재론적인 차이가 아니라 사르트르가 말하는 존재적인 차이라고 보아야 할 것이다. 만약 이를 용인한다면, 하이데거가 말하는 '그 대단한' 존재(Sein)는 사르트르의 입장에서 볼 때, 인간실재에 의거해서만 성립할 수 있는 것에 불과한 것이다.

하이데거가 존재자 일반을 넘어선 존재를 제시해서 대단한 존재론적인 위업을 쌓은 것으로 평가되지만, 그 바탕에 '인간중심주의'를 둠으로써 존재자 일반을 넘어선 것이 아니라 존재자 일반에게서 존재론적인 근원성을 박탈해 버렸다고 할 수 있다. 사르트르로 오면 존재자 일반은 즉자가 된다.[14]

즉자의 존재적인 감압에 의해 생겨난 대자, 그 대자의 부정에 의해 생겨나는 현존적인 차이, 그 현존적인 차이를 극대화(極大化)하여 안출한[15] 하이데거가 말하는 존재, 그 존재로써 존재자 일반에게서 즉 즉자에게서 존재론적인 근원성을 박탈해 버린 하이데거, 이를 뒤엎어 제자리로 돌려 놓고자 하는 사르트르의 지난한 노력. 이것이 최종적인 결론이라 할 것이다. 그렇기에 사르트르의 현존 내지는 현존주의를 하이데거의 실존 내지는 실존주의로 바꿔치기 해서는 안 되는 것이다.

---

14) 사르트르가 쓴 『현존주의는 휴머니즘이다』라는 책 제목만 보더라도 사르트르 역시 인간중심주의가 아니냐고 말할 수 있을 것이다. 그러나 앙리 레비는 오히려 사르트르의 "현존주의는 반휴머니즘이다"라고 말하고 있다. 이에 관해서는 따로 논의가 있어야 할 것이다.

15) 이러한 하이데거의 철학적 안출은 사르트르가 공박해 마지않는 '허공의 사유'(pensée du survol)의 가장 교묘한 형태라 할 수 있다. 사르트르는 "대자존재, 그것은 세계를 넘어서고 그럼으로써 세계를 있게 한다. 그러나 세계를 넘어섬, 그것은 바로 허공에서 세계를 내려다보는 것이 아니다. 세계를 넘어섬은 세계로부터 창발하기(émerger) 위해 세계 속에 참여하는 것이다. 세계를 넘어섬은 필연적으로 이러한 넘어섬의 조망을 이루는 것이다. 이런 의미에서, 유한성은 대자의 근원적인 기획에 있어서 필수적인 조건이다"(366/45)라고 말한다.

찾아보기